# 自動車事故の供述調書作成の実務
## ―取調べの基本と応用―

富松 茂大 著
Shigehiro Tomimatsu

立花書房

## はしがき

　本書は，人身自動車事故事件における供述調書の記載の在り方について解説したものである。
　従来，類書は，主に形式的な供述調書の記載要領を中心に解説するものが多く，取調べの在り方や供述の真偽についての判断方法等と絡めて解説するものは少なかったように思われる。しかしながら，供述調書は取調べの結果を文章化したものであるから，その記載の在り方を，取調べを抜きにして説明することはできない。また，供述調書は本来どうあるべきか及び何が真実であるかの判断についての正しい知見がないと，裁判で通用する供述調書を作成することはできない。したがって，これらについて認識を深めるものでなければ，取調べ対象者の供述とは無関係に取調官の都合の良い文章にすればよいという誤った考えを植え付けてしまう危険性が生じてくるようにも思われる。
　そこで，本書においては，人身自動車事故事件における供述調書の記載の在り方を述べる前に，まず，総論として，取調べの在り方等を念頭に供述調書の作成はどうあるべきかについて，解説することとした。
　人身自動車事故事件の取調べは，取調べである以上，この基本に基づいて行う必要がある。その上で，人身自動車事故事件という事実関係とそれを取り巻く人間の活動領域の特殊性を考慮し，いかに真実の記憶を明らかにするために充実した取調べを行い，記憶に正確な，かつ人身自動車事故事件の立証に役立つ供述調書の作成を行うかの留意点を説明したのが，本書である。
　なお，平成28年5月，裁判員裁判対象事件等取調べの録音・録画等を盛り込んだ刑事訴訟法の改正が行われた。そして，この改正の趣旨は，取調べ及び供述調書に過度に依存した捜査・公判の在り方の抜本的な見直しにあるとされていることからすると，今後，取調べ及び供述調書の位置付けが大きく低下しそうに思われるかもしれない。

しかしながら，今後も決して取調べ及び供述調書の意義が，なくなることはない。今次の刑事訴訟法の改正は，取調べ及び供述調書に過度に依存した捜査・公判の在り方を見直そうというものであり，決して取調べ及び供述調書の価値を軽視しようとするものではない。

取調べの意義は依然として存在する上，供述調書も極めて有力な捜査の一手段として存在し続ける。取調べにおいて真実の記憶を明らかにして真相を解明し，それを供述調書という形で証拠化することの価値は厳然として存在する（取調べの録音・録画媒体を実質証拠として用いれば供述調書の存在意義は減じるとしても，その意義がなくなることはない。）。したがって，むしろ，このような時期であるからこそ，取調べ及び供述調書の記載の在り方に関して解説した本書を上梓する意味もあるのではないかと考える。

もっとも，人身自動車事故事件における取調べについては，裁判員裁判対象事件が危険運転致死事件に限られていることなどから録音・録画下で取調べを行う事例は必ずしも多くはない。しかしながら，そのことは，この分野における旧来の取調べ及び供述調書の記載の在り方を改める必要はないということを，決して意味しない。取調べの可視化という時代の波は人身自動車事故事件にも押し寄せているのであり，交通警察官も，これを前提にして，基本に立ち返り，かつこれからの時代にふさわしい取調べ及び供述調書の記載の在り方を模索してゆくことが求められているのだと考える。

もとより，私の能力や経験不足から不十分な記述も少なくないと思われるので，批判的に読んでいただいた上，少しでも本書が交通警察官の取調べ及び供述調書作成の技術向上に資することができれば，と考える次第である。

最後に，本書における見解は全て筆者個人の見解であり，法務・検察の見解とは関係のないことをお断りしておく。

　　平成28年10月

　　　　　　　　　　　　　　　　　　　　　　　　　　富松茂大

## 凡　例

【法令表記】
　引用した関係法令については，有斐閣の六法全書に準じた略語を用いるが，正式名称や定着している略語（道交法，刑訴法等）で表示する場合もある。

【判例表記】
　判例の表記方法については，以下のような略語を用いるなど大方の慣例によった。
　最高裁判所判決昭和52年7月19日最高裁判所刑事判例集38巻7号111頁
　　　＝最判昭和52年7月19日刑集38巻7号111頁
　仙台地方裁判所石巻支部判決昭和53年7月19日刑事裁判月報37巻8号777頁
　　　＝仙台地石巻支判昭和53年7月19日刑月37巻8号777頁

【判例集略語】

| | |
|---|---|
| 刑集 | 最高裁判所刑事判例集 |
| 裁判集刑 | 最高裁判所裁判集刑事 |
| 高刑 | 高等裁判所刑事判例集 |
| 東高刑報 | 東京高等裁判所判決特報 |
| 東高時報 | 東京高等裁判所判決時報 |
| 高検速報 | 高等裁判所刑事裁判速報 |
| 下刑 | 下級裁判所刑事裁判例集 |
| 刑月 | 刑事裁判月報 |

【雑誌略語】

| | |
|---|---|
| 判時 | 判例時報 |
| 判タ | 判例タイムズ |
| 警論 | 警察学論集 |

## 【参考文献】

本書の執筆に当たっては，以下の文献等を参考にさせていただいた。

仲真紀子編著『認知心理学—心のメカニズムを解き明かす』（ミネルヴァ書房，2010）
大山正著『心理学史—現代心理学の生い立ち』（サイエンス社，2010）
道又爾ほか『認知心理学—知のアーキテクチャを探る　新版』（有斐閣，2011）
佐藤信夫『レトリック認識』（講談社，1992）
渡辺慧『知るということ—認識学序説』（筑摩書房，2011）
R・ミルン＝R・ブル著（原聰編訳）『取調べの心理学—事実聴取のための捜査面接法』（北大路書房，2003）
ウドー・ウンドィッチ編著（植村秀三訳）『証言の心理—性犯罪被害者の供述を中心として』（東京大学出版会，1973）
竹澤哲夫＝和多田進監修『検事聴取書全62回—帝銀事件の研究Ⅰ』（晩聲社，1998）
フランシス・ウェルマン（梅田昌志郎訳）『反対尋問』（旺文社，1984）
ジョン・A・パウロス著（松浦俊輔訳）『確率で言えば—日常に隠された数学』（青土社，2001）
松枝茂夫＝竹内好監修（村山孚訳）『中国の思想Ⅹ　孫子・呉子』（徳間書店，1996）
ダイヤモンドルール研究会ワーキンググループ編著『実践！刑事証人尋問技術—事例から学ぶ尋問のダイヤモンドルール』（現代人文社，2009）
D・カーネギー著（山口博訳）『人を動かす』（創元社，2016）
G・レイコフ＝M・ジョンソン著（渡部昇一ほか訳）『レトリックと人生』（大修館書店，1986）
藤沢晃治『「説得力」を強くする—必ず相手を納得させる14の作戦』（講談社，2015）
草野耕一『日本人が知らない説得の技法』（講談社，1997）
平野龍一『刑法総論Ⅰ』（有斐閣，1972）
山口厚『刑法総論 第3版』（有斐閣，2016）
酒井肇ほか著『犯罪被害者支援とは何か—附属池田小事件の遺族と支援者による共同発信』（ミネルヴァ書房，2004）

# 目　次

はしがき
凡　例

## 第1篇　総　論 ...... 1
### 供述調書及び取調べの基本

### 第1章　供述調書の記載要領総論 ...... 3

　はじめに　3
　1　供述調書　3
　2　供述調書の作成目的と供述調書が備えるべき真実性　4
　3　形式的真実性の確保　5
　4　実質的真実性（信用性）の確保　5
　5　取調べの在り方　7

### 第2章　供述調書の記載要領各論 ...... 84

　1　身上調書の作成　84
　2　身上調書（基本書式）の記載の在り方　85

### 第3章　事実関係調書の記載要領 ...... 92

　1　人身自動車事故の事件としての特殊性　92
　2　取調官（主に警察官）側の傾向　94
　3　人身自動車事故供述の裁判における扱い　99
　4　人身自動車事故供述の特性と取調べ及び供述調書作成の在り方　100

5　実況見分及び実況見分調書　110
　　6　実況見分調書と供述調書　114

## 第4章　事実関係調書の具体的な記載の在り方　117

　　1　はじめに　117
　　2　具体的な記載の在り方について　118

## 第5章　被害者供述調書の具体的な記載の在り方　132

　　1　はじめに　132
　　2　進行状況及び事故状況　132
　　3　受傷状況　132
　　4　示談関係　133
　　5　処罰感情（被害感情）　133

## 第6章　人身自動車事故事件の被疑者の取調べについて　135

　　1　「取調べの在り方」の応用　135
　　2　人身自動車事故事件の被疑者取調べの留意点1（形式面）　135
　　3　人身自動車事故事件の被疑者取調べの留意点2（内容面）　136

## 第7章　人身自動車事故事件の被害者・目撃者の取調べについて　137

　　1　被害者の取調べ　137
　　2　目撃者等参考人の取調べ　139

## 第8章　分かりやすい供述調書の作成 …………………… 141

1　はじめに　141
2　分かりやすい調書の一般論　141
3　裁判員裁判事件である危険運転致死事件における配慮　143

# 第2篇　各　論 ……………………………………………… 145
## 自動車事故の供述調書の実務

## 第1章　供述調書記載の在り方各論 …………………… 147

はじめに　147

## 第2章　追突事故 …………………………………………… 148

1　追突事故の要点　148
2　取調べの留意事項　148

### 追突事故① ……………………………………………………… 150

> **事例①**
> 大型貨物自動車が車間距離不足及び前方不注視（動静不注視）により急停止中の普通乗用自動車に追突

Ⅰ　被疑事実の要旨　150
Ⅱ　被疑者供述調書（身上調書・事実関係調書）　151
Ⅲ　被疑者供述調書（第1回の被疑者供述調書作成後，被害者が死亡して罪名が変更になった時の被疑者供述調書）　157
Ⅳ　被害者供述調書（追突事故の被害者〔同乗者死亡〕）　158
Ⅴ　交通事故現場見取図　162

## 追突事故② ……………………………………………………………… 163

> **事例②**
> 普通乗用自動車が車間距離不足により進路を急変した前車の普通貨物自動車に即応できず，右折待ちの自動二輪車に追突

 Ⅰ 被疑事実の要旨 163
 Ⅱ 被疑者供述調書（前車の進路急変に即応できず，右折待ちの自動二輪車に追突） 163
 Ⅲ 交通事故現場見取図 168
 Ⅳ 被害者供述調書（右折待ち中，追突された被害者） 169

## 追突事故③ ……………………………………………………………… 172

> **事例③**
> 車間距離不足による玉突き（大型貨物自動車，普通貨物自動車，普通乗用自動車）追突

 Ⅰ 被疑事実の要旨 172
 Ⅱ 被疑者供述調書（車間距離不足による玉突き追突事故） 174
 Ⅲ 被疑者供述調書（車間距離不足による玉突き追突事故〔追突し，追突された被疑者〕） 179
 Ⅳ 被害者供述調書（車間距離不足による玉突き追突事故で2回追突された被害者） 185
 Ⅴ 交通事故現場見取図 188

## 第3章 交差点事故 ……………………………………………………… 189

 1 捜査及び取調べの要点 189
 2 取調べ事項又は留意事項 190

## 信号交差点における事故① ……………………………………… 199

**事例④**

普通乗用自動車が赤色信号を看過して交差点に進入し，青色信号に従い直進してきた普通乗用自動車（タクシー）と衝突

Ⅰ　被疑事実の要旨　199
Ⅱ　被疑者供述調書（青色信号を認めた後，赤色信号に気付いたのは交差点の直前の事例）　200
Ⅲ　交通事故現場見取図　206
Ⅳ　被疑者供述調書（信号交差点を青色信号で直進する際，右方から赤色信号を看過して進行してきた車両と衝突）　207
Ⅴ　交通事故現場見取図　212
Ⅵ　被害者供述調書　213

## 信号交差点における事故② ……………………………………… 217

**事例⑤**

自動二輪車が黄色信号を認めたのに停止処置を講ぜず，交差点に赤色信号で進入して青色矢印信号で右折してきた自動二輪車に衝突

Ⅰ　被疑事実の要旨　217
Ⅱ　被疑者供述調書（青色矢印信号で右折してきた自動二輪車に衝突）　218
Ⅲ　交通事故現場見取図　224
Ⅳ　被害者供述調書（青色矢印信号に従った右折中，信号無視の直進車に衝突された被害者）　225

## 信号交差点における事故③ ……………………………………… 228

**事例⑥**

赤色信号看過による普通乗用自動車同士の衝突

Ⅰ　被疑事実の要旨　228

Ⅱ 被疑者供述調書（警察官が，被疑者の供述をあえて録取しなかった事項を検察官において録取して訂正した調書） 228

## 非信号交差点における事故 …………………………………………… 234

> 事例⑦
> 見通しの良い交差点における中型貨物自動車と普通乗用自動車の衝突

Ⅰ 被疑事実の要旨 234
Ⅱ 被疑者供述調書（身上調書） 235
Ⅲ 被疑者供述調書（事実関係調書） 238

## 見通しの困難な交差点の事故 ………………………………………… 250

> 事例⑧
> 非信号交差点を右折していた普通貨物自動車が，交差点内に右方道路から進行してきた原動機付自転車に衝突

Ⅰ 被疑事実の要旨 250
Ⅱ 被疑者供述調書（見通しが極めて困難な，非信号交差点の右折車が右方道路から進行してきた原動機付自転車に衝突した事故） 251
Ⅲ 交通事故現場見取図 256
Ⅳ 被害者供述調書（左右の見通しの悪い交差点を直進する原動機付自転車が，右折車両に衝突されて受傷） 257

## 出会い頭の事故① ……………………………………………………… 261

> 事例⑨
> 赤色点滅信号無視，黄色点滅信号看過による普通乗用自動車同士の出会い頭の衝突

Ⅰ 被疑事実の要旨 261
Ⅱ 被疑者供述調書（赤点滅信号に気付きながら，交通閑散に気を許して

徐行せず直進した，出会い頭の事故）　262
　　Ⅲ　交通事故現場見取図　269

## 出会い頭の事故②（ 事例⑨ の相被疑事件） ……………… 270

事例⑩
普通乗用自動車の黄色点滅信号看過及び徐行義務違反

　　Ⅰ　被疑事実の要旨　270
　　Ⅱ　被疑者供述調書（身上調書・事実関係調書）　270
　　Ⅲ　参考人供述調書　274

## 出会い頭の事故③ ……………………………………………………… 279

事例⑪
左右の見通しの悪い非信号交差点で，普通乗用自動車同士の一時不停止の標識無視及び徐行義務違反（2名の被疑者の指示説明を1通の図面に記載した事例）

　　Ⅰ　被疑事実の要旨　279
　　Ⅱ　被疑者供述調書（故意の一時不停止）　280
　　Ⅲ　被疑者供述調書（左右の見通しの悪い交差点での徐行義務違反）　284
　　Ⅳ　交通事故現場見取図　289

## 右折事故① ……………………………………………………………… 290

事例⑫
青色信号に従い右折進行した普通乗用自動車と直進してきた自動二輪車が衝突

　　Ⅰ　被疑事実の要旨　290
　　Ⅱ　被疑者供述調書（事実関係調書）　290
　　Ⅲ　交通事故現場見取図　301

## 右折事故② ……………………………………………………………… 302

**事例⑬**
信号交差点で右折する普通貨物自動車が連続停止車両の左側から直進してきた原動機付自転車に衝突

Ⅰ　被疑事実の要旨　302
Ⅱ　被疑者供述調書（右折する普通貨物自動車が，通行余地部分を直進してきた原動機付自転車に衝突）　303
Ⅲ　交通事故現場見取図　307
Ⅳ　被害者供述調書（連続停止車両の左側の通行余地部分から直進して右折する普通貨物自動車に衝突されて受傷）　308

## 左折事故① ……………………………………………………………… 311

**事例⑭**
交通整理の行われている交差点を，信号に従い左折する普通乗用自動車が，左後方から直進する原動機付自転車に衝突

Ⅰ　被疑事実の要旨　311
Ⅱ　被疑者供述調書（交通整理の行われている交差点を左折する普通乗用自動車が，左側の通行余地から直進する原動機付自転車に衝突）　312
Ⅲ　交通事故現場見取図　316
Ⅳ　被害者供述調書（交通整理の行われている交差点を信号に従い直進する原動機付自転車に，左折する普通乗用自動車が衝突）　317

## 左折事故② ……………………………………………………………… 320

**事例⑮**
交通整理の行われていない丁字路交差点を左折する普通貨物自動車（4トントラック）が，歩道の切れ目を左側歩道から右側歩道に向かい横断する自転車に衝突

Ⅰ　被疑事実の要旨　320
　Ⅱ　被疑者供述調書（丁字路交差点を左折する際，左側の歩道からの自転車に衝突）　321
　Ⅲ　被害者供述調書（交通整理の行われていない丁字路交差点を自転車で横断中，左折する普通貨物自動車に衝突）　324
　Ⅳ　交通事故現場見取図　327

## 第4章　進路変更・追越し・追抜き事故　328

　1　進路変更事故の捜査の要点と取調べの留意事項　328
　2　追越し事故の捜査の要点と取調べの留意事項　329
　3　追抜き事故の捜査の要点と取調べの留意事項　330

## 進路変更時の事故　332

**事例⑯**
　客を拾う普通乗用自動車（タクシー）が急に進路を左に変更して，渋滞車両と駐車車両の間を進行してきた原動機付自転車に衝突

　Ⅰ　被疑事実の要旨　332
　Ⅱ　被疑者供述調書（急に進路を左に変更して渋滞車両と駐車車両の間を進行してきた原動機付自転車と衝突）　333
　Ⅲ　被害者供述調書（駐車車両と渋滞車両の間を進行してきた原動機付自転車が急に左に進路変更したタクシーに衝突）　337
　Ⅳ　交通事故現場見取図　341

## 追越し事故　342

**事例⑰**
　普通乗用自動車が無理な追越しをして対向車両と衝突しそうになり左急転把し，道路外の畑に転落して，同乗者が負傷

Ⅰ　被疑事実の要旨　342
　Ⅱ　被疑者供述調書（対向車線に進出して追越しを開始し，進行してきた対向車を避けるため左転把して路外に転落）　343
　Ⅲ　交通事故現場見取図　347

## 追抜き事故 348

**事例⑱**
中型貨物自動車が第一車線の駐車車両と第二車線を進行中の自車との間を進行中の原動機付自転車を追い抜く際に衝突

　Ⅰ　被疑事実の要旨　348
　Ⅱ　被疑者供述調書（車線区分線付近を進行中の原動機付自転車の追抜きを開始し，前方の駐車車両を避けて右に若干転把した原動機付自転車に衝突）　349
　Ⅲ　被疑者供述調書（実況見分調書添付写真を示しての供述）　352
　Ⅳ　被害者供述調書（原動機付自転車に乗車中，右側方からの追抜き車両に衝突されて受傷）　353
　Ⅴ　交通事故現場見取図　357

# 第5章　カーブ進行時の事故 358

　1　カーブ進行時の事故の捜査の要点と取調べの留意事項　358

## カーブ進行時の事故① 360

**事例⑲**
普通乗用自動車を無免許で運転し，カーブの発見遅滞と速度超過のため，ガードレールに衝突

　Ⅰ　被疑事実の要旨　360
　Ⅱ　被疑者供述調書（カーブの発見遅滞と速度超過）　361

Ⅲ　参考人供述調書（飲酒して運転できないため運転を依頼した同乗者，事故の目撃なし）　366
　Ⅳ　参考人供述調書（電話で運転を依頼した同乗者）　369
　Ⅴ　交通事故現場見取図　372

## カーブ進行時の事故②　373

**事例⑳**
　普通乗用自動車が前方不注視のため左急カーブに気付くのが遅れたことと，速度超過により壁に衝突

　Ⅰ　被疑事実の要旨　373
　Ⅱ　被疑者供述調書（左急カーブの発見遅滞と速度超過）　374
　Ⅲ　被害者供述調書（左急カーブ発見遅滞の被害者〔同乗者〕）　377
　Ⅳ　交通事故現場見取図　380

## 第6章　げん惑事故　381

　1　げん惑事故の捜査の要点と取調べの留意事項　381
　2　被疑者　381

## げん惑事故①（対向車両の前照灯）　383

**事例㉑**
　普通乗用自動車が対向車両の前照灯の光にげん惑されたにもかかわらず進行して，進路前方を左方から右方に横断する歩行者に衝突

　Ⅰ　被疑事実の要旨　383
　Ⅱ　被疑者供述調書（対向車両の前照灯の光にげん惑されたのに減速せず進行して，左方からの横断者に衝突）　384
　Ⅲ　被害者供述調書（道路を横断中，げん惑した普通乗用自動車に衝突されて受傷）　387

Ⅳ　交通事故現場見取図　390

## げん惑事故②（太陽光線〔西日〕） ……………………………… 391

> **事例㉒**
> 　普通貨物自動車が西日にげん惑されたのに減速することなく進行して，交通整理の行われている横断歩道を左方から右方に横断する歩行者に衝突

　　Ⅰ　被疑事実の要旨　391
　　Ⅱ　被疑者供述調書（西日にげん惑されたのに減速せず進行して，前方の横断歩道を信号に従い左方から右方に横断する歩行者に衝突）　392

## 第7章　歩行者事故 ……………………………………………………… 396

　　1　横断歩道上の事故の捜査の要点と取調べの留意事項　396
　　2　横断歩道上以外の事故の捜査の要点と取調べの留意事項　398

## 歩行者事故① ……………………………………………………………… 400

> **事例㉓**
> 　普通乗用自動車が黄色信号不停止により横断歩道を左方から右方に横断中の自転車に衝突

　　Ⅰ　被疑事実の要旨　400
　　Ⅱ　被疑者供述調書（押しボタン式歩行者用信号機により交通整理の行われている横断歩道上の事故〔黄色不停止〕）　402
　　Ⅲ　交通事故現場見取図　407
　　Ⅳ　被害者供述調書（横断歩道を自転車で横断中の被害者）　408
　　Ⅴ　参考人供述調書（黄色信号違反の目撃者）　411
　　Ⅵ　交通事故現場見取図　414

## 歩行者事故② ……………………………………………………………… 415

> **事例㉔**
> 信号交差点を右折する普通貨物自動車が，横断歩道を右方から左方に横断中の歩行者に衝突し，轢過

- Ⅰ　被疑事実の要旨　415
- Ⅱ　被疑者供述調書（右折する普通貨物自動車が，交差点の横断歩道の歩行者に衝突転倒させた上，轢過）　416
- Ⅲ　交通事故現場見取図　420
- Ⅳ　参考人供述調書（交差点の横断歩道で事故を起こした右折車の同乗者）　421

## 歩行者事故③ ……………………………………………………………… 425

> **事例㉕**
> 交通整理の行われている交差点を左折する大型貨物自動車（10トンダンプ）が，横断歩道を左方から右方へ横断中の歩行者に衝突し，轢過

- Ⅰ　被疑事実の要旨　425
- Ⅱ　被疑者供述調書（左折する大型貨物自動車が，交差点出口横断歩道の歩行者に衝突転倒させた上，轢過）　426
- Ⅲ　交通事故現場見取図　431
- Ⅳ　参考人供述調書（左折する大型貨物自動車が，交差点出口横断歩道の歩行者を轢過したのを目撃）　432

## 歩行者事故④ ……………………………………………………………… 436

> **事例㉖**
> 飲酒後，高速度で普通乗用自動車を運転し，信号交差点の横断歩道を赤色信号を無視して右方から左方に横断中の歩行者に衝突

- Ⅰ　被疑事実の要旨　436

Ⅱ　被疑者供述調書（飲酒〔呼気中アルコール濃度1リットル当たり0.15ミリグラム未満〕後，高速度で普通乗用自動車を運転し，信号交差点の横断歩道を赤色信号を無視した右方から左方に横断中の歩行者に衝突）　437

Ⅲ　交通事故現場見取図　441

Ⅳ　被疑者供述調書（第1回の調書作成後，被害者が死亡して罪名が変更になった時の調書）　442

## 歩行者事故⑤ ………………………………………………………… 444

### 事例㉗
普通乗用自動車が横断歩道の手前に駐車車両があるにもかかわらず停止せず，横断歩道を左方から右方に横断中の歩行者に衝突

Ⅰ　被疑事実の要旨　444

Ⅱ　被疑者供述調書（横断歩道の直近手前に駐車車両があるのに一時停止せず，徐行もしないで進行して左方から出てきた小学生に衝突）　445

Ⅲ　被害者供述調書（横断歩道を駆けて渡る際，右方からの普通乗用自動車に衝突された小学生）　450

Ⅳ　参考人供述調書（横断歩道を駆けて渡る際，右方からの普通乗用自動車に衝突された小学生の母〔2週間後に受傷が判明〕）　453

Ⅴ　交通事故現場見取図　456

## 歩行者事故⑥ ………………………………………………………… 457

### 事例㉘
深夜，普通乗用自動車が横断歩道を右方から左方に横断中の歩行者に気付くのが遅れて衝突

Ⅰ　被疑事実の要旨　457

Ⅱ　被疑者供述調書（平成○年○月8日付警察官面前調書）　458

## 第8章　運転避止義務違反・運転中止義務違反の事故 ……………………………………………………… 467

1　運転避止義務違反・運転中止義務違反について　467
2　運転避止義務違反・運転中止義務違反の態様と捜査の要点　468
3　運転避止義務違反・運転中止義務違反の捜査の際の留意事項　472

## 2条の危険運転及び3条の危険運転の成否が問題となる事故 ……………………………………………………… 473

> 事例㉙
> 普通乗用自動車で飲酒運転の上，先行している普通乗用自動車に追突

Ⅰ　被疑事実の要旨　473
Ⅱ　被疑者供述調書（身上調書，平成〇年12月6日付警察官面前調書）　474
Ⅲ　被疑者供述調書（事実関係調書①，平成〇年12月6日付警察官面前調書）　477
Ⅳ　被疑者供述調書（事実関係調書②，平成〇年12月10日付警察官面前調書）　479
Ⅴ　被疑者供述調書（事実関係調書③，平成〇年12月12日付警察官面前調書）　485
Ⅵ　被疑者供述調書（事実関係調書④，平成〇年12月13日付警察官面前調書）　490
Ⅶ　被疑者供述調書（事実関係調書⑤，平成〇年12月13日付警察官面前調書）　492
Ⅷ　被疑者供述調書（事実関係調書⑥，平成〇年12月17日付警察官面前調書）　494
Ⅸ　参考人供述調書（クレマティスのママの供述，平成〇年12月1日付警察官面前調書）　500

## 第9章　後退事故 ················································· 510

1　後退事故の要点　510
2　後退事故の捜査の要点と取調べの留意事項　510

## 後退事故 ······················································· 513

**事例㉚**
普通乗用自動車が路外駐車場から，後退して道路に進出する際に歩行者と衝突

Ⅰ　被疑事実の要旨　513
Ⅱ　被疑者供述調書（様式第4号，特例書式）　513
Ⅲ　交通事故現場見取図　516
Ⅳ　被害者供述調書（様式第5号，特例書式）　517

## 第10章　その他の事故 ·········································· 519

## 正面衝突事故 ··················································· 519

**事例㉛**
スマートフォンの操作に気を取られ，脇見して対向車線に進出した大型貨物自動車が対向中型貨物自動車と衝突

Ⅰ　被疑事実の要旨　519
Ⅱ　被疑者供述調書（身上調書）　520
Ⅲ　被疑者供述調書（事実関係調書）　524
Ⅳ　交通事故現場見取図　531
Ⅴ　被疑者供述調書（検察官面前調書）　532
Ⅵ　参考人供述調書（目撃者供述調書）　537
Ⅶ　被害者供述調書（被害者の遺族（妻）の供述調書）　540

## 対歩行者・ひき逃げ事故 ……………………………………………… 545

> **事例㉜**
> 普通乗用自動車が横断歩道を右方から左方に横断中の歩行者と衝突し，逃走

- Ⅰ 被疑事実の要旨　545
- Ⅱ 参考人供述調書（目撃者供述調書）　546
- Ⅲ 被疑者供述調書（ひき逃げの犯意否認調書）　549
- Ⅳ 被疑者供述調書（ひき逃げの犯意自白調書）　560
- Ⅴ 被害者供述調書（平成○年6月3日付）　570
- Ⅵ 被害者供述調書（平成○年6月10日付）　575

## 交通トラブルに起因する傷害事件（簡易書式対象事件）…… 578

> **事例㉝**
> 車の運転を注意したことにより，暴行され，負傷

- Ⅰ 被害者供述調書（〔簡〕様式第7号）　578
- Ⅱ 被疑者供述調書（〔簡〕様式第6号）　584

# 第11章　危険運転致死傷事件 ……………………………………… 591

- 1 アルコール類型（自動車運転死傷処罰法2条1号前段）の捜査の要点と取調べの留意事項　591
- 2 薬物類型（自動車運転死傷処罰法2条1号後段）の捜査の要点と取調べの留意事項　595
- 3 高速度類型（自動車運転死傷処罰法2条2号）の捜査の要点と取調べの留意事項　595
- 4 殊更赤色信号無視（自動車運転死傷処罰法2条5号）の捜査の要点と取調べの留意事項　597
- 5 3条危険運転致死傷事件（自動車運転死傷処罰法3条1項）の捜査の

24

　　要点と取調べの留意事項　599

## アルコール類型の事故① ……………………………………… 601

> **事例㉞**
> 　普通乗用自動車を飲酒による居眠り運転により暴走させ，道路右側を歩行中の歩行者と衝突

　Ⅰ　被疑事実の要旨　601
　Ⅱ　被疑者供述調書（事実関係調書）　601

## アルコール類型の事故② ……………………………………… 608

> **事例㉟**
> 　飲酒による意識もうろう状態による普通乗用自動車の運転により，対向普通自動二輪車と衝突

　Ⅰ　被疑事実の要旨　608
　Ⅱ　被疑者供述調書（身上調書，過失運転致死・道交法違反容疑）　609
　Ⅲ　被疑者供述調書（事実関係調書①，過失運転致死・道交法違反容疑，逮捕当日のもの）　611
　Ⅳ　被疑者供述調書（事実関係調書②，過失運転致死・道交法違反容疑，逮捕当日のもの）　612
　Ⅴ　被疑者供述調書（事実関係調書③，過失運転致死・道交法違反容疑）　617
　Ⅵ　被疑者供述調書（事実関係調書④，過失運転致死・道交法違反容疑）　621
　Ⅶ　被疑者供述調書（事実関係調書⑤，危険運転致死・道交法違反容疑）　625

## アルコール類型の事故③ ……………………………………………… 629

> **事例㊱**
> 飲酒後の普通貨物自動車の運転により，大回りに左折して左方道路進行の普通乗用自動車と衝突

　Ⅰ　被疑事実の要旨　629
　Ⅱ　被疑者供述調書（事実関係調書①）　630
　Ⅲ　被疑者供述調書（事実関係調書②，危険運転致傷）　635

## アルコール類型の事故④ ……………………………………………… 642

> **事例㊲**
> 普通貨物自動車の危険運転の認識を否認している運転者に対して，同乗者の供述により危険運転致傷罪が成立

　Ⅰ　被疑事実の要旨　642
　Ⅱ　被疑者供述調書（事実関係調書①，平成○年2月11日付警察官面前調書）　643
　Ⅲ　被疑者供述調書（事実関係調書②，前同日付警察官面前調書）　646
　Ⅳ　被疑者供述調書（事実関係調書③，平成○年2月12日付警察官面前調書）　651
　Ⅴ　被疑者供述調書（事実関係調書④，平成○年2月17日付警察官面前調書）　656
　Ⅵ　被疑者供述調書（平成○年2月24日付検察官面前調書）　666
　Ⅶ　被疑者供述調書（同乗罪：深田智弘，平成○年2月12日付警察官面前調書）　674
　Ⅷ　交通事故現場見取図　683

## 薬物類型の事故 ……………………………………………………… 685

事例㊳
睡眠導入剤服用後の普通乗用自動車の運転により，対向歩行者と衝突

　Ⅰ　被疑事実の要旨　685
　Ⅱ　被疑者供述調書（身上調書）　685
　Ⅲ　被疑者供述調書（事実関係調書）　688

## 高速度類型の事故① ……………………………………………… 696

事例㊴
湾曲する道路における普通乗用自動車の高速度運転により，対向普通乗用自動車と衝突

　Ⅰ　被疑事実の要旨　696
　Ⅱ　被疑者供述調書（事実関係調書①）　697
　Ⅲ　被疑者供述調書（事実関係調書②）　699

## 高速度類型の事故② ……………………………………………… 703

事例㊵
湾曲する道路における酒気帯びによる普通乗用自動車の高速度運転により，対向普通乗用自動車と衝突

　Ⅰ　被疑事実の要旨　703
　Ⅱ　被疑者供述調書（身上調書）　704
　Ⅲ　被疑者供述調書（事実関係調書）　706

## 殊更赤色信号無視の事故① ················································ 712

**事例㊶**
　交差点の赤色信号機を殊更無視した普通乗用自動車の運転により，横断歩道上を左方から右方へ横断中の歩行者と衝突

　Ⅰ　被疑事実の要旨　712
　Ⅱ　被疑者供述調書（事実関係調書①）　713
　Ⅲ　被疑者供述調書（事実関係調書②）　716

## 殊更赤色信号無視の事故② ················································ 720

**事例㊷**
　交差点の赤色信号機を殊更無視した原動機付自転車の運転により，右方向から進行の原動機付自転車と衝突

　Ⅰ　被疑事実の要旨　720
　Ⅱ　被疑者供述調書（事実関係調書）　721

## 殊更赤色信号無視の事故③ ················································ 726

**事例㊸**
　交差点の赤色信号機を殊更無視した普通乗用自動車の運転により，左方向から進行の普通乗用自動車と衝突

　Ⅰ　被疑事実の要旨　726
　Ⅱ　被疑者供述調書（様式第4号，特例書式。警察官の取調べにおいては赤信号看過の認識しか認めていなかった被疑者が，検察官事務取扱検察事務官の取調べで殊更赤色信号無視の犯意を認めたため副検事に割り換えて副検事が殊更赤色信号無視の自白調書を作成した事例）　727
　Ⅲ　被疑者供述調書（検察官面前調書）　729
　Ⅳ　交通事故現場見取図　735

## 過失運転致傷アルコール等影響発覚免脱罪の適用が問題となる事故 737

> **事例㊹**
> 信号交差点における右直事故後，アルコールの影響による事故であることの発覚を免れようとした

- Ⅰ 被疑事実の要旨　737
- Ⅱ 被疑者供述調書（事実関係調書①）　738
- Ⅲ 被疑者供述調書（事実関係調書②）　746
- Ⅳ 交通事故現場見取図　753
- Ⅴ 被疑者供述調書（事実関係調書③）　754
- Ⅵ 被害者供述調書　760

# 第1篇　総　論

## 供述調書及び取調べの基本

# 第1章　供述調書の記載要領総論

## はじめに

　本書は，人身交通事故における供述調書の記載の在り方を説明することを目的としている。しかしながら，人身交通事故における供述調書の記載の在り方が他の一般刑事事件における供述調書の記載の在り方と別に存在するわけではない。明らかにすべき事実関係が異なるため，一定の特殊性が存在するが，基本は同じである。そこで，まず，供述調書の記載要領総論として，供述調書の意義，取調べの在り方，真実の記憶供述の判定方法等について説明する。

　したがって，この部分は，交通事件にかかわらず刑事事件一般にも参考にしてもらえる部分と考える。

## 1　供述調書

　捜査官が，被疑者や被害者その他参考人から事情を聞き，その供述を録取した文書が供述調書である[1]。

　供述調書は，他人が他人の供述を聞いて録取して作成するものであるから，その録取した供述の内容と，供述の主体である事情聴取の対象者が実際に供述した内容に食い違いがある可能性がある[2]。したがって，供述調書は，その食い違いを可能な限りなくすための手続が必要になる。そのために現在制度化されているのが，供述を録取した文書を供述者に読み聞かせ，又は閲読（閲覧）させ，自らの供述内容と異なるか否かを確認させた上，異なるところがないという趣旨で署名・押印を行うという手続である[3]。

---

1)　これに対して，自らの供述（しようとすること）を文書に録取したものは供述書と呼ばれる。

## 2 供述調書の作成目的と供述調書が備えるべき真実性

### (1) 供述調書の作成目的

供述調書は，刑事訴訟における証拠として使用するために作成するものである。そして，刑事訴訟の目的は，真実を明らかにすることである（刑訴法1条参照）から，刑事訴訟において証拠として用いられる供述調書は，真実を明らかにするのにふさわしいものでなければならない。

### (2) 供述調書が備えるべき真実性

供述調書は真実性を備えていることが求められるのであるが，その真実性には，実質的な真実性と形式的な真実性の2つを考えることができる。

「実質的な真実性」とは，供述調書の記載内容が真実であること，であり，「形式的な真実性」とは，供述調書の内容の真実性とは関係なく，供述調書の記載内容が供述人の供述したことを記載したものであること，である。

刑事訴訟の真実解明に大きく役立つのは，当該供述調書に記載されている

---

2） これに対して，供述書は，その内容に本人の記憶違いや文書にする時の勘違い等があった場合であっても，本人の「供述」であることに疑いの余地はない。なお，供述調書には，いわゆる速記調書と要約調書がある。速記調書は，公判における速記録（現在は録音テープの反訳書もある。）のように，調書が供述と逐語的に一致すること求める調書である。要約調書は，調書の記載と供述の逐語的な一致を要求せず，両者が意味的に一致していればよいとするものであるが，刑訴法は供述調書としていずれを作成すべきかについて特段規定していない。いずれも許されると解されるが，捜査実務で作成される供述調書のほぼ100パーセントは要約調書である。そして，要約調書の場合には，食い違いの可能性は増す。そもそも，要約調書は，「要約」を必然とするため，食い違いを完全になくすことはできない。食い違いを完全になくすには，録音した上で，それを正確に逐語化して文書にするほかはないが，手間がかかり極めて不便であり現実的でない。

3） 刑訴法198条4項，5項（被疑者の場合），223条（被疑者以外の者の場合）参照。法の要求は読み聞かせ又は閲読（閲覧）のいずれか行えばよいというものであるが，現在の捜査実務は，読み聞かせだけでなく閲読（閲覧）の双方を行うこととしている。

なお，供述を録取する際に，面前性つまり被疑者や参考人の前で調書を作成することが重要になるのは，録取の正確性（供述と録取内容の一致）をより確保するためである。面前で口述してそれを立会補助者が録取する場合は，供述者は録取している内容を耳で聞いているので，調書の内容を把握することができる。取調官にとっても，録取に当たって聞き漏らすなどして不明なところは，目の前にいる被疑者，参考人から確認することができる。その上で，最後に再度読み聞かせ，閲読（閲覧）させることによって正確性を確認することで，録取の正確性を十全に担保することが可能になる。

供述内容が真実である場合であるが，供述調書は，まず，取調べ対象者が行った供述を録取するという形式的真実性を満たす必要がある。[4]

## 3　形式的真実性の確保

供述調書は，供述者の供述を録取するものでなければならない。この実態が備わって初めて，実質的な真実性（信用性）を主張することが可能になる。逆にいうと，これが備わっていなければ，いくら供述の内容に信用性が認められたとしても，証拠として使ってもらえないということになる（証拠能力を欠くことになる。）。つまり，証拠判断の入口で拒否されることになる。[5]

## 4　実質的真実性（信用性）の確保

刑事訴訟において，供述調書が最もその効果を発揮するのは供述者が客観的に真実の供述を行ってこれを録取した場合であるが，供述調書は取調べ対

---

[4] その理由は，①供述調書は，供述者の「供述」を録取するものであるから，その本質からくる制約がある。すなわち，供述者が供述していない事実を真実だからといって供述調書に盛り込むことはできない。②供述者が，常に真実を供述するとは限らない。嘘を言う場合もあるし，嘘を言うつもりがなくても記憶が誤っている場合もある。したがって，供述調書の内容が真実であることは望ましいと言えても，限界がある。③そもそも，事実認定というものは，客観的に明白な証拠が存在しているような場合は別として，当事者がそれぞれの記憶を持ち寄って初めて可能になるものである。誰にも自明の事実があるという場合はむしろ少ない。しかるにその際，取調官が予断をもって客観的に真実だと考えている事実を対象者に誘導したり押し付けたりして供述させることがあるとすれば，その事実が実は真実でなかった場合には事実認定作業を混乱させて間違った事実認定をしてしまうことになる。④さらに，このような供述調書の記載を許すとすれば，対象者が供述していないにもかかわらず署名だけさせて供述調書を作成するような弊害をもたらす可能性がある。⑤また，客観的な事実が明らかで対象者の記憶がこれに反して間違っている場合，あるいはあえて虚偽供述を行っていることが明らかな場合に対象者の供述をそのまま録取したとしても，対象者の記憶が間違っていること（そのような記憶力であること，あるいは記憶を間違うような目撃状況であること等）等の事情を明らかにし得るし，供述者があえて虚偽供述を行う動機が存在すること等の背景事情を明らかにし得るという意味で（常に明らかにし得るわけではないが，正しい判断を行えば明らかにし得，より深い事実認定を可能にする。しかも，それを行う（行える）のがプロの捜査官であり，裁判官である。）事実認定に貢献する。しかるに，それにもかかわらず仮に供述者の供述と異なる客観的な真実を録取するとすれば，以上の事情を見えなくさせてしまい，皮相な事実認定しか行い得ず，場合によっては最終的な事実認定を誤らせてしまう危険があるからである。

象者(以下,単に「対象者」又は「相手」ということもある。)の供述を録取するものであるから,それができない場合があり,限界を有することについては既に述べた。

しかし,形式的真実性を確保することを前提にしたとしても,正しい事実認定を行うためには可能な限り真実性を確保すべきなのは言うまでもない。そして,そもそも事実認定は客観的な証拠の存する場合以外は当事者の記憶を持ち寄って積み重ねていって初めて可能になるものであるから,取調べ対象者の供述は,自己の記憶を正確に供述するものであることが求められ,その意味で,供述調書には実質的な真実性が求められている。

そこで,取調官として,対象者の記憶を正確に録取した供述調書を作成するためにどうすればよいかが問題となる。これについては,「**良い供述調書は,良い取調べに宿る**」ということに尽きる。信用性の高い供述調書を作成するためには,良い取調べをすることが何よりも必要なのである。

---

5) 例えば,「読み聞かせをされていないので,調書の内容が分からないまま署名押印を強要された。」,「自分の言っていないことが録取されていたが,署名すれば起訴されない(あるいは,刑を軽くする,保釈を認めてやる等々の利益供与)と言われた。」,「自分の話したことと違うことが録取されていたが,それを指摘すれば訂正等でまた取調べ時間が長くなるのが嫌だったので署名した。」という弁解がなされることがあるが,これらは,その弁解が排斥されない限り,証拠価値を認めてもらえない。従来,判例や裁判例では,このような「供述調書性」の問題として争われたものはなく,常に任意性の問題として問題にされていたと思われるが,理論的にはあり得ることであり,録音・録画媒体によって供述調書の作成過程が明らかになる事例においては,任意性に加えて「供述調書性」についても問題とされる余地はあると思われる。函館地判平成9年3月21日判時1608号33頁は,「供述録取書は,原供述を聞き取った者が,その内容を書面で報告するという意味において,二重の伝聞性をもつ証拠である。その上,捜査官による供述調書は,単に供述者が自発的に述べたことをそのまま書き取るものではなく,取調べの結果を事後的に整理し,編集要約して記載するものであるから,原供述が意識的無意識的にゆがめられて記載される危険性がある。したがって,証拠能力を具備するには,客観的に供述されなかった事項が記載されたり供述者の供述内容と矛盾するような内容が記載されたりしていないこと,調書の記載内容の正確性を確認した上で供述者が署名又は押印することが最低限の要件である。」としているのを参照。

6) 不正確な記憶や忘れている記憶も記憶喚起に努め,正確な記憶を喚起して得られた供述(それでも喚起できないときは,喚起できた限りの記憶に基づく供述)のことである。供述調書が,客観的な真実を録取するものではなく,対象者が述べた供述を録取するものである以上,そうならざるを得ない。もっとも,供述者が客観的な事実を他から聞くなどして知っているが,自分の記憶とは異なっていることを認識しているときは,その記憶がいかに喚起の努力をしても修正されないときは,その記憶に基づく供述が真実の供述である。

7) 別所汪太郎「人の取調べ」研修第369号(昭和54年3月号)3頁参照。

## 5　取調べの在り方

### (1)　はじめに

　良い取調べを行わなければ良い供述調書を作成することはできない。

　取調べは，簡単なものではない。インタビューなら誰でもできる。それも取調官が行ったということで取調べと呼ぶことは可能であろう。しかしながら，取調べは真実を解明すべき責務を負っている捜査官である取調官が供述者から真実の供述を引き出して証拠化する手続であるから，単なるインタビューのような取調べは，責務を果たした取調べとは言えない。

　良い取調べとは，取調べの精神に導かれた取調べである。では，取調べの精神とは何か？　①「真実を追求する熱意」と②「真実に対しては常に首を垂れる，真実に謙虚な心」のことである。熱意を持って真実の記憶供述を求め，常に真実を基準として取調べを行うことで初めて，相手から真実の供述を引き出すことができる。

　しかし，取調べの相手から真実の供述を引き出すことは，相手が真実を語ろうとしない場合，質問するだけでは不可能である。そもそも，相手が真実を語る意欲を持っていたとしても，真実の記憶かどうかの見極め自体が困難なことも少なくない。

　さらに，相手が知的障害者や精神障害者であったり幼児や児童であったりするなど，そもそも記憶力，質問を理解する能力，記憶を想起する能力，それを表現する能力等に問題を抱えている対象者（いわゆる供述弱者）であれば，真実の記憶を引き出すことは，更に簡単ではなくなる。

　健常の大人であっても，相手の置かれた状況（生育歴，学歴，職歴，事件に関わった経緯，事件における利害関係，家庭や社会における環境や取調べに協力できる時間的余裕（繁忙度）），性格や健康状況等により記憶喚起の可能性や記憶喚起のインセンティブの強弱，供述意欲や誠実さに千差万別の違いがあり，それぞれに応じた取調べを行わなければならない。

　そのような対象者に対して，取調官は，言葉による質問を唯一の手段として真実の供述を引き出すのである。そして，引き出そうとする事実は，過去の事実，すなわち既に存在しなくなった事実である。今現在の目の前の事実

ですら，一瞬にして過去に流れ去り，現実は時々刻々と変化し，全ての事象が一時もとどまることを知らない。にもかかわらず，取調べは遠くすぎた過去の事実を人の記憶を頼りに明らかにしようとする試みである。そして，その過去は，取調べ対象者の記憶のどこに，どのような痕跡を残しているのかも不明である。痕跡を残しているとして，どの程度残しているかも千差万別であり，不明というほかない。時には，対象者自身でさえ意識していない記憶も存する。また，相手は動くことのない物ではなく，人間という意思と思考，感情を有し，かつ認知能力に限界を持った極めて複雑な対象であり，質問者の質問内容や態度等に影響される存在であるから，取調べはとてつもなく複雑かつ微妙な作業であり，それゆえにとても深遠であり，かつ知的で困難な作業なのである。

したがって，取調官は，全身全霊をかけ最善を尽くしてその困難を克服し，対象者からその記憶にとどめられた過去の事実を正確に引き出して，証拠化（供述調書化）しなければならない。

### (2) 取調べの位置付け

取調べは，犯罪の捜査のために，被疑者及び被疑者以外の者に対して事情聴取を行い犯罪の証拠を収集するための手続である（刑訴法198条1項，同223条）[8]。取調べの結果，起訴するに足る証拠がないとして起訴しない場合（嫌疑不十分）もあるほか，起訴に足りる証拠があってもあえて起訴しない場合（起訴猶予）もある。しかしながら，取調べの真価が問われるのは，起訴され，裁判の中で取り調べで得た供述が証拠として顕出され，事実認定に供される場面においてである。

捜査においては，取調べは起訴するに足りる（有罪になる）証拠があるか否かを判断する上で重要な意味を持つが，いざ起訴された場合においては，その供述が公判に耐える価値を有するものか否かということが決定的に重要である。起訴時点で信用できると考えた供述証拠が，いざ証人尋問や被告人質問の過程等で公判に顕出されたときに，証明力を否定されたり任意性を否

---

8) 刑訴法198条1項及び223条は，捜査機関が行う取調べの根拠規定である。

定されたりしたのでは意味がない。

その意味で，取調べは，供述証拠を得るというだけでなく公判に耐える任意性及び信用性の認められる（＝真実の記憶を述べた）供述証拠を得ることが目的であり，そのようにして公判の準備を行うという機能を有しているのである。特に，公判についての意識が乏しくなりがちな警察官は，このことを常に認識しておいてもらいたい。

### (3) 法律による規制の遵守

取調べは，犯罪の捜査のために，被疑者及び被疑者以外の者に対して，事情聴取を行い，犯罪の証拠を収集するための手続（刑訴法198条1項，同223条）であり，法によって規制されている。すなわち，暴行を加えることや脅迫すること，あるいは拷問することはそれ自体犯罪であるし，それに至らなくとも，被疑者の取調べは，任意性に疑いが認められる場合には，自白調書及び被疑者に不利益な事実の承認供述は，刑訴法319条1項，322条1項によって証拠能力が否定される。したがって，任意性を欠く取調べはもちろん任意性に疑いを抱かせる取調べを行ってはならない[9]。

取調べは，真実を明らかにすることを目的とする刑事訴訟の手続の一環として行われるものであるから，任意性に疑いを抱かせる取調べでなくとも（つまり判例等によって任意性を否定され，あるいは疑いがあるとして証拠能力を否定されるような取調べでなくとも）[10]，虚偽供述に追い込んだり，虚偽供述を促したりなど，虚偽供述の動機を与えるような取調べは避けなければならない（そのつもりでなくとも，対象者に結果的に虚偽供述の動機を与えてしまうこともあるので，注意が必要である。）。

---

9) 任意性に疑いのある供述に証拠能力が認められないのは，虚偽供述である可能性が高いからである（虚偽排除説。他に，人権擁護説，違法排除説のほか虚偽排除だけでなく人権擁護の観点からも排除すべきとの折衷説（任意性説）等があるが，学説上は折衷説が有力とされる。

10) 「否認していると裁判で反省していないとして量刑上不利になる」旨告げたとしても任意性を欠くことにはならない（名古屋高金沢支判昭和56年4月14日高検速報331号参照）が，虚偽自白を招く可能性もあるので避けるべきであろう。

## (4) 科学的根拠に基づいた取調べの実施

取調べは，対象者から真実の記憶を供述という形で表白してもらう手続である。したがって，記憶に関する心理学の成果を前提にすることはもちろんのこと，供述は対象者の供述心理が反映するものであるから，供述心理学の成果も活用すべきことは言うまでもない[11]。

## (5) 真実の供述を得る
### ア 真実の記憶についての知見の重要性

前述したように，取調べは供述者に客観的な真実を供述してもらうのではなく，供述者が記憶している事実を正確に供述してもらうのが目的である。

もっとも，真実の記憶とは何かについての認識がなければ意味がない。なぜなら，それがあって初めて取調べの目的を達することができるからである。そこで，まず「真実の記憶供述とは何か」の判定方法について述べる[12]。

---

[11] この点は，平成23年9月28日，日本学術会議（心理学・教育学委員会・法と心理学分科会）が「科学的根拠にもとづく事情聴取・取調べの高度化」と題する提言を行っているとおりである。近年，警察においても検察においても，心理学の知見を取調べに取り入れようとしている（「捜査手法，取調べの高度化を図るための研究会 最終報告」（平成24年2月警察庁））。

[12] 人間の記憶のメカニズム等に関しては，心理学の知見は尊重すべきである。
　現在，心理学の主流となっている**認知心理学**は，コンピュータ科学の情報処理理論を参考にして仮説を設定し，実験によって人間の心理活動を解明しようする心理学である。
　それによれば，人が（知覚によって得た）情報を保持する活動，保持されている情報内容を記憶という。記憶には，瞬時（0～2秒）保持される記憶（**感覚記憶**），10～15秒といった短い期間保持される記憶（**短期記憶**），より長い期間保持される記憶（**長期記憶**）に区別される。短期記憶は，繰り返し声に出したり（あるいは頭の中で）唱えたりすること（**リハーサル**）で，その間短期記憶にとどめることができ，他の情報と結び付けたり（**精緻化**），まとめたり（**チャンク化**）することで長期記憶に転送される（仲真紀子編著『認知心理学―心のメカニズムを解き明かす』70-71頁（ミネルヴァ書房，2010））。
　短期記憶が，作業される場をワーキングメモリという（仲・前掲72頁）。
　また，これとは異なる記憶の分類として，**自伝的記憶，エピソード記憶，意味記憶**がある。自伝的記憶とは，自己が体験した出来事の記憶や，自己に関わる記憶のことである。エピソード記憶とは，特定の時間，場所で自分が体験した出来事の記憶であり，意味記憶は，辞書的な意味，世界に関する知識であり，自伝的記憶は，自己の体験のエピソード記憶と自己に関する意味記憶（自分は○○で生まれ，△△で育った等）からなる（仲・前掲79頁）。
　なお，**宣言的記憶**は意識的に議論したり，宣言（言明）したりすることができる記憶のことをいう（**陳述記憶**ともいう）が，このできない，例えば，自転車の乗り方等の言葉で表せない記憶は**手続き記憶**という。
　エピソード記憶と意味記憶は，宣言的記憶である（仲・前掲100-101頁）。
　取調べは，主に，自伝的記憶のうちのエピソード記憶を対象者から聞き出す作業である。

イ　真実の記憶供述の判定方法総論
㋐　はじめに
　真実の記憶，すなわち人が記憶している事実は，それが外部に言葉で表出された場合，一定の特性を有している。したがって，その観点から冷静かつ合理的に真実性を見抜く必要がある。真実の記憶に基づく供述は，他の証拠の裏付けがあることが多いので，裏付け証拠がある供述は真実であると判断することができる（当然のことである。捜査は，主にこの観点から行われている。）。

　しかしながら，裏付け証拠はなくとも真実であると判断できる供述はある。客観的証拠や真実であることが動かない客観的事実と矛盾する供述は，原則として虚偽供述と考えられるが，そのような真偽を確定するだけの客観的証拠がない場合でも供述の真偽（供述に現れた記憶の真偽）の判断は可能である。

　取調官は，正しい供述の真偽判定の物差しをもって取調べに当たらなけれ

---

「スキーマ，スクリプトとしての記憶」
　スキーマ（scheme）とは，例えば，「家」などの認知の枠組みのことである。家の属性としては，屋根や窓，壁，入口などの要素もあるはずであるが，これらの「変数」は捨象して，枠組みでその事実を表現することで，意味を伝えることができる（例えば「○○さんが家を建てた」。）。そして，記憶もそれ自体が真の記憶として記銘，保持，想起されることがある（仲・前掲81頁）。また，スキーマは，認知の枠組みであるから，人はその持っているスキーマによって，情報自体を選別して記憶し，あるいは情報を変容させて記憶する機能も有している，とされる（仲・前掲81頁，大山正『心理学史─現代心理学の生い立ち』235頁（サイエンス社，2010），道又爾ほか『認知心理学─知のアーキテクチャを探る　新版』126頁以下（有斐閣，2011））。
　スクリプトとは，「レストランに行く，歯医者に行く等」などの事象の流れに関する枠組みのことであり，枠組みとしてはスキーマとしては同じであるので，**出来事のスキーマ**とも呼ばれる（道又ほか・前掲130頁）。
「概念」
　概念とは，物事の様々な相違を無視してある特定の範囲の対象を１つにまとめたものである。例えば，犬，鳥，平行四辺形等である。現実の犬や鳥，平行四辺形は，いずれも同種のものと具体的な要素では異なっているが，上位の共通する概念で表すことができる。そして，あるドーベルマンを見て，犬と表現するのは，犬という概念を知っているからである。子供が，どの犬も「ワンワン」と表現するのは，ワンワンという概念を知っているからである。もし，その概念を知らなかったら，チワワを見て犬や「ワンワン」とは表現できず，したがって，犬やワンワンとして，記憶もできなかったと考えられる（仲・前掲98頁以下参照）。
　分野は異なるが，佐藤信夫『レトリック認識』104頁（講談社，1992）は，「ことばは事実を表現するのではなく，事実に対する私たちの見方を表現するものだ」というのに通じるものがある。

ばならない。プロである以上当然のことである。そのためには，取調べにおいては，鋭敏な感覚を持ち，全身全霊を傾けて真偽判定に力を尽くすべきである。[15]

(イ) 真実の記憶＝現実の反映

真実の記憶は体験した事実であるので，現実を表現している（供述者はそれを表現しようとしている。）。もちろん，記憶が現実の全てを説明することは不可能である。その場にいたとしても見えないものを視覚で記憶することはできない。また，知覚したものであっても，そのときの人間の興味関心，認識能力等によって，選択的に記憶に取り込まれるため，その点でも制約を受ける。[16] まして，忘却によって，記憶はさらに劣化し（時間の経過とともに指数関数的に減衰する。），時間が経つにつれて，その記憶も変容してくる。しかしながら，正しい記憶は現実を表現するものであるから，その記憶が現実を表現してい

---

13) なお，ここで述べる判定方法は生の供述についての判定方法であり，供述調書に録取されている供述の判定方法ではない。

もっとも，供述調書における供述も，その供述性，体験供述性等を吟味し真偽判定することはある程度可能である。

14) 客観的な事実に反していても常にそれが虚偽供述であるとは言えないので留意を要する。客観的（だと思っていた）事実と異なる供述を行っているにもかかわらず，供述者が自信を持って真実だとして供述している場合や，客観的な事実に反している供述部分以外の部分でも真実性が感得される供述を行っていることもある。そのような場合は，客観的な事実だと思われていた事実が，その後の捜査で動いてしまい（時期がずれる等，事実としてはその時期であるが実は想定していたほどの幅を持った事実ではなく，過大評価されていたので矛盾することになっていただけであることが判明する等の事情），実はその「客観的」事実と矛盾するものでないことが判明することも少なくない。

もちろん，客観的な事実が正しく対象者が勘違いして記憶していることも多いので，記憶喚起に努めるべきことは言うまでもない。

15) 平成28年5月24日成立した改正刑訴法（合意制度）が施行される時には，免責等の利益を与えることによって供述を得ることが合法化されるわけであるが，問題は，得られた供述の「真実」性（又は「虚偽」性）いかんであろう（立法者の「真実の供述」（改正刑訴法350条の2第1項1号イ・ロ参照）についての解釈は「自己の記憶に従った供述をすること」である（吉田雅之「刑事訴訟法等の一部を改正する法律の概要について」警論69巻8号20頁）。もちろん，虚偽であることが判明した場合の制裁はあるとしても，虚偽供述の危険性がなくなるわけではない。したがって，これまで以上に供述の真偽判定の必要性は増すと考える。

16) 「認識というものには価値がなければ成り立たないということであります。……しかもその価値というものはそれぞれの個人，それぞれの場合，それぞれの環境，それぞれの用途が目的によって違うという重要なことを発見したわけです」（渡辺慧『知るということ：認識学序説』169頁（筑摩書房，2011）〔ちくま学芸文庫，同（東京大学出版会，1986）の文庫版〕。前記のスキーマ等もこれと同様のことと考えられる。

るか否かの判断は，我々が日常体験している現実を基準にして行われなければならない。

　犯罪は，現実に，現実の世界の中で生起したことであり，現実そのものなのであるから，それを再現する記憶（自白），あるいはそれを推認する記憶も，現実を反映したものでなければならず，それが真実の記憶に基づくものであれば，現実を反映している（その特徴を有している。）。[17]

　もちろん，対象者の認識・表現能力も考慮に入れて，対象者が，何を（どういう記憶表象を）表現しようとしているのかを，十分吟味した上で，判断する必要がある。

#### ウ　真偽判定の基準

　現実を反映したとされる供述の真偽，すなわち記憶があるとして述べられた事実の真偽の判定は，**現実反映性，能力基準，供述動機，供述経過**という4つの視点から判断することが可能であり，その判断基準は，**合理性**である。

　以下，これらについて説明する。

#### (ア)　現実反映性

　体験した記憶は，現実の世界で実際に体験したものであるから，それを説明する記憶も現実を反映したものになる。また，現実を反映したものでなければならない。しかし，そのことは，体験供述が現実そのものということではない。防犯カメラに映された現実はまさに現実そのものであるが，人間の体験供述は防犯カメラの映像とは異なっている。それは，体験供述は，人間の知覚と記憶，記憶の保持，検索と表出という人間の行為を介して述べられるものであるため，変容するのは当然だからである。しかしながら，それでも，体験供述は現実を反映している，という特徴を有している。問題は，減衰し，変容を余儀なくされる記憶供述のどこに現実反映性の兆候を見いだすかにある。

##### ①　時間的，物理的，論理的整合性

　現実の出来事は，時間的にも物理的にも論理的にも整合している（のが本来である。）。したがって，真実の記憶も，時間的，物理的，論理的に整合し

---

17)　対象者の表現能力の低さのため，表現された話自体から現実を表現しているか否かを判断することが難しい場合もあると思われるが，その判断は決して不可能ではない。

ている。よって，供述がこれらの点で整合的でない場合には，その供述は真実の記憶ではないことになる。もっとも，誰でも経験のあることであろうが，過去の記憶があるにもかかわらず，どうしてもその事実が時間的にあるいは物理的に客観的な事実などと矛盾するためおかしいものの，体験した事実として確かに記憶に残っているということもある。それは，要するに，勘違いしたりして記憶の一部に変容が起きて，時間的あるいは物理的に客観的な事実と矛盾することになっているからである。したがって，記憶の喚起が十分でないことが原因であることが少なくないので，十分な記憶喚起が必要である。その努力を怠って，時間的，物理的，論理的に整合的でないからといって，その供述の真実性を安易に否定し去らないことが肝要である。

② 他の証拠や事実による裏付け

真実に体験したことは周囲の事実によって裏付けられている。現実の中で人間が行動して起きたことは，周囲の出来事等の事象によって影響されて生じたものであり，その行動は，後に周囲の人や物に物理的，あるいは心理的あるいは因果関係的に影響を与える。これに反する体験事実はあり得ない。目に見えず，触ることも嗅ぐこともできず，聞くこともできず，他からの物理的，心理的な影響を一切受けない人間の行動はあり得ないので，当然である。たとえて言えば，現実の体験談は，いわばジグソーパズルのピースである。周囲の出来事とぴったり符合するのである。そういう形で現実を反映している。

したがって，真実の記憶には必ずそれを支える事実が存在する。それが，客観的な（存在が明らかな）事実であれば，記憶の真実性は，格段に高まる。支える事実が多ければ多いほど真実性は高まる。支える事実が客観的な証拠物によって支えられている場合は，より真実性は高まる。死体が発見されていない事件で，人を殺して埋めたという供述を得て，埋めたという場所から死体が発見されたときは，埋めたという自白の信用性は100パーセントである（殺したかどうかは，死体が供述どおりの場所から発見されたという事実からだけでは，100パーセント判断できるわけではない。）。

記憶を支える客観的な事実も，それが多ければ多いほどその記憶の真実性は高まる。日常の捜査のほとんどは，この観点から行われている。そして，

この観点からする真偽判定の確度には高いものがある。

しかし，客観的な（存在自体が明らかな）事実によって裏付けられる記憶というものは必ずしもそう多くはない。他の事実によって裏付けられるとしても，その事実自体が他人の記憶である場合には常に不確実さが付きまとう。まして，他の事実の裏付けがない記憶は，更にその真偽の判断が難しい。しかしながら，そのような記憶であったとしてもそれが真実の体験した記憶を説明するものである以上，一定の特性を持っている。そして，その特性を見分けることによって記憶の真偽を判定することができる。その特性は，記憶が（客観的な事実の裏付けに関わらず）現実を反映しているということである。

③ 同一供述者の供述事実による裏付け

供述者が記憶している事実が，同じ供述者の記憶している他の事実に補強されている場合も，その事実が真実である蓋然性を高める。

例えば，後退して歩行者を転倒させて車底部で轢過した事故について，事故直後の取調べにおいて被疑者が「私はバックしている時に，少し車の揺れの衝撃はあったのですが，それはアスファルトの穴とか段差があるためと思い，別に気にすることなくバックしているのです。」という供述の場合，後退時に少し車の揺れがあった事実は間違いないと推認できる。というのは，この場合，被疑者には，「少し車の揺れがあった」という記憶だけでなく，その感覚が被疑者自身が「アスファルトの穴とか段差があるため」と頭の中で解釈したという別の事実の記憶が存在することによって補強され，確証を与える関係になっているからである。さらに，その揺れの程度は，アスファルトに穴があってそれに車輪が落ちたり，アスファルトの段差があって揺れたりした程度のものということも，推認が可能である。[18)19)]

なお，この供述は，供述者が被疑者であって，自己に不利益な事実を認め

---

18) 裁判所は，この供述を「体験供述的ではある」としたが，「被害者が肋骨骨折するなどの損傷を負っているのに，被告人車両が轢過したのであれば『少しの揺れ』程度の認識にとどまったというのは疑問である」などとして被告人（車両）の犯人性を認めなかった（札幌高判平成23年11月10日公刊物未登載）。しかしながら，被害者は車輪で轢過されたのではなく，車底部で轢過されたのであるから，この判断は極めて不当である（事案の詳細は，→98頁注112）参照）。

ているという観点を加味することで，その信用性は高いと評価することが可能になる。

④ 必然性

　事件には，必ず必然性がある。軽微な事件には軽微な事件なりの必然性があり，重大な事件には重大な事件なりの必然性がある（今までの自らの捜査の経験からすると，その必然性がない事件はなかった）重大な事件では，重大な動機等の必然性が，重罪でない事件では，それなりの動機等の必然性があった。[20] 被疑者に対して，「なぜ犯行に及んだのか？」，「なぜ，その時期に犯行に及んだのか？」，「なぜ他の方法ではなくその方法を用いたのか？」，「なぜ，その被害者を狙ったのか？」，「なぜ，他の共犯者に持ち掛けなかったのか？」，「なぜ，その地位の公務員に賄賂を贈ったのか？」，「なぜ，その時期に賄賂を贈ったのか？」，「なぜ，その金額なのか？」等々疑問をしつこくぶつけて聞いているうちに，素直に話してくれる被疑者や被害者の場合，自ずと，被疑者がその事件を起こさざるを得なかった必然性が明らかになり，取調官として得心することになる。もし，その必然性が明らかになっていない場合には，被疑者が嘘をついているか，犯人ではないかのどちらかである。

　特に，故意犯の場合は，違法を冒してまで行為に及ぼうとするため，違法を乗り越えるだけの動機が存在するので，そこに必然性が顕現する。軽微な事件もそれに応じた軽微な動機が存在し，同様に必然性が顕現する。

　したがって，その事件の必然性が解明できていれば，その事件はそれだけで固い事件[21]といえる。なお，必然性には，犯人が事件を起こすこと自体の必

---

19) また，この供述の場合，「外界の事実」→「内心における認識と解釈」→「外界での次の行動（の事実）」という経過を辿っているが，一般的に，「外界の事実」が客観的に明らかな事実であれば，「内心における認識と解釈」が合理的で具体的なものであれば「外界での次の行動」が客観的に明らかでなくとも，次の行動が実際に存在した蓋然性は高くなるであろう。また，逆に「外界での次の行動」が客観的に明らかな事実で，その行動を起こした理由の説明である「内心における認識と解釈」が合理的で具体的であれば，その認識及び解釈の対象であった「外界の事実」は，客観的に存在した蓋然性が高いであろう。

20) 重罪は，罪の意識が大きいためそれを乗り越える大きな動機等の必然性があって起きる。また，そうでない事件についても，その罪の意識を乗り越えるほどの動機等の必然性が認められることが多い。

21) 犯人性に問題はない上，動機，態様等も問題がない（確実に有罪になる）という意味で固い事件。

然性，事件の日時，場所についての必然性，手段方法等の態様についての必然性，被疑者が犯人であることの必然性，被害者についての必然性等も考えることができる。もっとも，裁判員裁判の実施以降，「精密司法から核心司法へ」，「ミリで測る事実認定から，センチで測る事実認定へ」とパラダイムが変化したため，必然性まで解明しようとすることはできにくくなったが，被疑者の犯人性その他の事件の成否を検討するときには，この必然性という視点で事件を見ることは極めて重要である。

それゆえ，事件の当事者の供述（記憶）も，この意味で必然性を明らかにするものであれば，その記憶は現実を反映している蓋然性が高いと考えられる。

過失運転致死傷罪は故意犯ではなく過失犯であるが，だからと言って必然性がないわけではない。誰でも，車の運転は危険だと知っている。事故を起こすのは大変であること，ゆえに，事故を起こしたくないと思っている。運転すれば必ず事故を起こすならともかく，普段は事故を起こすことはない。それは，上記の事情から運転に注意しているからである。事故を起こした場所が，誰でも事故を起こす場所であれば特段の必然性はないであろうが（といっても，そのように誰でも事故を起こす場所である，という必然性はある。），事故の多い場所であったとしても事故は通行する車の量に比してわずかであり，事故は起こさないのが普通なのである。にもかかわらず，事故が起きたのにはやはり必然性があるのである。事故を起こした者の運転の際の注意の仕方，その前提となる日常生活上の考え事や急いでいた事情，体調の不良や通行人等付近に気を引く物や人の存在，運転の危険性に対する認識が希薄になる事情，Ⓥ（被害者）や周囲の車両への運転行為の予測不可能性や危険性等の事情が存在しており，それが，不注意な運転に繋がり，事故に結び付いているのである。したがって，事故を起こした者（被疑者）から，事故の必然性を明らかにする事情が説明されている記憶は，現実（この場合は必然性）を明らかにしたものとして，信用できると考えてよい。[22]

⑤　人間の行動としての事態の自然な流れ

犯罪は，人間が起こす事象である。したがって，なぜ，どのように人間が犯罪を犯したかは，人間の心理や行動原理に照らして説明できるものである。現実の人間が犯したものである以上，人間の心理や行動原理という現実

に制約されている。精神を病み，普通の人間なら犯さないであろう犯罪を犯した場合であっても，その人の精神の病の有様に従った心理と行動に照らせば，必然性が説明できるので，基本的な考え方は変わらない。

　犯罪は特別な人間が犯すものであるという考えを持っていれば，その心理や行動は（判断の基準が定まらないので）理解不可能となる。しかしながら，犯罪は特別な人間が起こすものではなく，誰でもその境遇にいた場合には，犯し得るものであるから，理解は可能である（これまで30年以上，犯罪現象と向き合ってきた筆者の経験からすると，理解不能な事件は1件もなかった。）。したがって，犯人が，なぜ犯罪を犯したのか，なぜその時に犯行に及んだのか，なぜ他の方法ではなくその方法を採ったのか等の事情を記憶に基づいて説明した場合，取調官にも十分に納得がゆく自然なものになる。仮に理解不能な事情があったとすれば，まだ説明し（きれ）ていない事情が存在するということに他ならない（要するに解明不足，質問不足なのである。）。

　つまり，被疑者をはじめ対象者が記憶に正直に供述していれば，その際の心理，その際の感情，抱いた動機，取った行動等がその場に置かれた人間として自然なものとして描写され，十分に共感できる内容となる。したがって，供述の真偽を検証する基準としては，その事件についての説明がその場に置かれた人間の心理等に照らして自然な内容であるか否かということで判断すべきことになる。

　ただし，この基準も，一定の部分社会における関係者の犯罪の場合は，その部分社会における人間の行動原理を念頭に置かなければ理解できないことが多い。例えば，選挙犯罪や企業犯罪，贈収賄や暴力団同士の殺傷事件や抗争は，その例である。成人の心理や行動原理と異なる少年の犯罪もその中に含まれるであろう。これらの事件の場合は，その部分社会等における人間特有の価値基準や行動原理，あるいは特有の心理特性を明らかにし，これを踏まえた上で自然な流れが明らかにされているか否かが基準となる。

---

22）　そもそも，<u>人間の行為には意味がある。どんな些細な行為であっても意味がある</u>（と考えてよい。）。逆にいうと，<u>人間の行為で無駄な行為はない</u>と考えてよい。したがって，人が特定の行為したということが事実であれば，その意味（多くは必要性）があるのであり，それを説明できる供述や事実は，多くの場合，真実なのである。

事態の自然な流れという基準で真偽を判断する場合の例として交通警察官も時として扱うことがある交通トラブルによる暴力事件を挙げ，説明したい。

Aが車で公道を走行中，Bの車が自車の前に急に割り込んで妨害してきたので抜き返してBの車の前に出たところ，Bが再度抜き返して自車の前に出て車を停止させたので，これに応じて自車を停止して，その後，互いが車を路肩に止めて，その後2人の間で暴力沙汰が起きたというようなケースは極めて多数に上っている。そして，被害者と被疑者の供述が食い違うことも少なくない。

この点は，
① 通行方法の非（通行方法の危険性や悪質性）がどちらにあるか。両方か。両方の場合，いずれの非が大きいか
② （非が自分にあるとして）自分の非を認識しているか否か。しているとして，自分の非と相手の非のどちらがどの程度大きいと考えているか
③ 非を行った相手は自分に対してわざとやったと思うのか，否か
④ 当事者の性格は，攻撃的か否か（自己中心的か否か），平素から暴力的か否か
⑤ 同乗者の存在及び同乗者との関係，その影響の有無，程度
⑥ 相手の対応が怒りを鎮めるものか，高めるものか（相手が謝ったか，そうではないか，あるいは相手に責任転嫁してきたか否か等）
⑦ どちらが車を止めたのか
⑧ どちらが（あるいはどちらが先に）車を降りて相手のところに行ったのか
⑨ どちらが警察に被害申告をしたのか
⑩ 当事者の体格，年齢等の人物像，仲間の存在

を考えれば，おおよそ暴行の必然性は明らかにすることができる。

暴行は，相手に対する怒り（攻撃心）の感情の発露であるので，相手に暴行を加えるほどの怒りを抱いたかどうかが決定的なものである。そこで，そのような怒りを抱く事情があったかどうかを判断する事項が，①〜⑥になる。①〜③の通行方法において，いずれに非があるか及びその程度（通行方法の非の存在についての客観的状況），それについての当事者の認識（客観的な

状況を認識していることが多いであろうが、常にそうだとは限らない。状況を正確に認識できているとは限らない。）は、怒りの原因であり、その内容いかんは怒りの程度を決める。わざとやって自分に対して攻撃的な意図でやったかどうかについての認識も同様である。意図的ではなかったのに相手の車に幅寄せ等の危険な運転行為に及びそれに気付いていない場合には、相手が自分にケンカを売ってきたと思って攻撃的になってしまうことがある。

　また、④の当事者の性格も、怒りを発する素因として重要な意味を持つ。もっとも、平素の性格は温厚であったとしても、そのときに別の原因でイライラしているなどの心理状況であった場合には、そのことが素因になることもある（交通トラブルの場合は運転者が飲酒していることは稀であるが、飲酒していれば、そのことで易怒性が高くなる。）。

　⑤は、同乗者の存在、事件前の同乗者との会話が、当事者の怒り及び攻撃意思を抑制的にも、促進的にも働くので、その点も明らかにする必要がある。また、同乗者との関係も影響を与える。同乗者の手前、どう行動すべきかを意識するからである。

　⑥は、暴行は怒りの結果であるから、その怒りを収める対応が取られれば、怒りは解消され暴行には至らないためである。もっとも、中には、相手の謝罪いかんにかかわらず（謝罪されても怒りが収まらず）暴行する意図で相手に臨んでいる場合もあるので留意すべきである。

　⑦⑧は、どちらの怒りが大きかったかを判断する間接事実として挙げたものである。

　⑨は、警察に被害申告した方が被害者意識を有している（したがって、加害者でない可能性が高い）ことを示す間接事実であり、⑩は、当事者の人物像は、当事者が相手の人物像としてどのような印象を抱くかどうか（相手が自分より強いものかどうか、暴力を加えてきそうなものかどうかいう点での印象）、仲間がいて助力をするか否かを示す間接事実として挙げたものである。この点は、相手と相対して初めて相手の人物像が掴めるのであるが、相手の車を止めて、相手のところに文句を言いに行くまでに、運転手がどういう人間なのか同乗者がいるのか等を、その車の車種等も含めて観察していることが多いと考えられる。

もっとも，これらは一応の目安であり，車を止められた方でも，相手を怖がりすぎるあまりの防衛意識から，攻撃されないように近づく相手を両手を出して遮ろうとしたり機先を制して暴行を加えたり，逆に，その場のやり取り等で，強い怒りを抱いて先に暴行を加えることもあるので，杓子定規な判断をすべきでないことは付言しておく（この防衛本能に基づく行為が，相手にとっては先制攻撃と認識されることも多い。）。

　本書の各論における，交通トラブルに端を発した傷害事件の供述調書の紹介事例は，注意された運転手ではなく，注意された運転手の車の助手席に乗っていた車の所有者が暴力を加えた事件であり，やや特殊な事例であるが，一部未解明な部分もあるものの，④⑤⑧⑩等から説明が可能であり，それなりに必然性は明らかにされている事案である。近年注目されているいわゆるあおり運転事故は，この交通トラブルが死傷事故に発展したものであることが多い。以上の当事者の供述心理を念頭に置いて取調べを行うとよい。

　また，交通トラブルでなくとも，2人の暴力事件であれば，上記の判断基準を参考に考えれば，自ずからおよそ真偽の判断はつく。流れとして不自然な状況で，例えば，他に怒りを抱く原因がないのに文句の言い合いもなくいきなり相手が殴ってきたとか，胸ぐらを掴んできたというような供述は嘘である蓋然性が高い。また，2人の関係から，いきなり暴力沙汰に発展することはないと思われる事件では，2人の間の言葉のやり取りが相手の（怒りを誘発して）暴力を誘発するものでない場合は嘘である可能性が高い。暴力は怒りに発するものであるが，怒りは，主に相手の言葉等の対応によって誘発されるので，相手の言葉は，怒りを発するに足りる内容のものであることになる。もっとも，それ自体が怒りを発する言葉である場合もある（例えば，馬鹿にする言葉等）が，そうではなく，相手が自分が発した言葉を無視したり，言葉でなく行動で反撃したりすることが怒りを誘発する場合もある。怒りを発するに足りる内容と言っても，受け取る方の怒りが暴発寸前の状況の場合は，些細なことでも引き金になるので，その点は，受け取る方の怒りの内容やその程度との相関関係になることに留意すべきである。

---

23)　各論→578頁　事例㉝　参照。

⑥　唯一無二性

　個人の体験は，歴史上1回しか起きない事実であるから，その記憶を述べる供述も唯一無二性の特徴を持つ。その体験は，体験した者でしか語り得ない唯一無二で個性的なものとなる。その事実は，人の内面の点においても，事実を飾る周辺の事実においても，実に多様なものである。<sup>25)</sup>

⑥'　特に「現場における言葉」の唯一無二性

　体験供述は，前記のとおり，周辺の事実と整合的であるが，この点で，関係者の現場における話し言葉は唯一無二性を帯びる。というのは，事件や事故の機会に関係者が述べる言葉には，そのとき当該関係者が置かれた立場や状況における内心の認識や気持ちが端的に表出されているからである。つまり，唯一無二の出来事である事件・事故の機会において（厳密にいえば事件・事故の機会に限らないが），関係者が話した言葉は，その発言者が自分の置かれたその場の現状や自分の立場，問題状況等についての認識を前提にして，自分の認識や思い，感情等を述べるものであるから，それらの状況等についての認識等を的確に反映しており，その状況のその場で，当事者が話す言葉も，その全てを満たす唯一無二性を持った言葉になるのである。<sup>26)</sup>　し

---

24)　ここで述べている事態の自然な流れも，必然性と言い換えられることであり，人間の心理に照らして怒りを感じ，それが我慢できずに手を出してしまう必然性を，その事態の流れの中で説明できるものになっているかどうか，それができている供述は真実である蓋然性が高いのである。**虚偽供述では，必然性をもって説明することはできない。**必然性を装うとすれば，積極的な虚偽の事実（相手の言葉等）を作出しなければならないが，事態の流れの中で浮き上がってしまうからである。それを避けようとすれば曖昧な話にして矛盾を彌縫（びほう）することになる。

25)　活動する人間を取り巻く周囲の状況は，刻一刻と変化している。1秒違っても同じではない（雑踏で人の動きを観察しているとよく分かる。）。取り巻く人や物，その全ての事象は常に変化しており，歴史的に1回限りの経験は，それにふさわしい唯一無二の個性的な経験になるのは当然である（周囲の唯一無二の個性的な出来事によって彩られるので）。活動しなくても，人間は存在しているだけで，他の場所とは異なる個性的な様々な物や周辺の出来事によって取り囲まれ，飾られており，人の経験は，ここでも個性的な唯一無二のものになる。もちろん，人の内面も多様であり，常に変化している。しかしながら，取調官は，対象者から聞き出すべき事実に捉われすぎている（理論的には，犯罪構成要件に該当する事実（該当しないことを示す事実も）と情状事実である）が，そのため，人が「スキーマ」や「スクリプト」，「概念」に影響されて事実を選別して記憶するのと同様に，これらに該当しない内面や周辺事実と嘘の記憶の唯一無二性を示す事実に気が付かず，証拠化できないことが多いのではないかと思われる。人身自動車事故事件の取調べを行う警察官・検察官も，過失の有無や過失内容の特定という最重要の課題の解明というスキーマに捉われて，それを裏付ける具体的事実を対象者が語ったにもかかわらず，それに気付かず，素通りしてしまうことがあるのではないかと思われる。

がって，当事者の語った言葉は事実認定に極めて重要であり，したがって，会話で述べられた生の言葉を正確に再現することが求められることになる。もっとも，人の会話での言葉は関係者に比較的記憶されやすいと考えられるので[27)28)]，関係者の発言は要旨ではなく，可能な限り，生の記憶を呼び起こしてもら

---

26) 例えば，検察官に反感を抱いて起こした公務執行妨害事件で逮捕・勾留されていた者が，検察官の取調べへの押送のために留置管理の警察官に護送されるため署の階段を下りているとき，前を歩いていた警察官の背中を足で蹴って転倒させて階段から転げ落として怪我をさせ，再び起こした公務執行妨害・傷害事件の捜査段階における取調べで，被疑者が「バランスを崩して警察官に倒れかかっただけで，蹴ったりしていない。」と述べて暴行の故意を否認している場合において，複数の押送警察官が「警察官が転倒したとき，被疑者は『これが俺のけじめのつけ方だ。』と叫んだ。」旨供述していた。被疑者の述べた「これが俺のけじめのつけ方だ。」という言葉は，警察官がこのような言葉を思い付くということも考え難い上，何よりも，前述の唯一無二性を現した当事者の言葉といえる。すなわち，「これ」とはその場で起きたこと，すなわち，警察官が階段から転げ落ちて怪我をしたことを示すものであり，被疑者がそのことを明確に認識した上での発言であることを示し，「俺のけじめのつけ方だ。」というのは，この出来事が，「俺」（被告人）の意思によるものであることを示し，かつ「けじめ」として起こしたこと，すなわち，警察官に対して，報復として行ったものであること（さらに，その場にいた押送の警察官に対して，そのことを宣言する目的をも有していること）までも示し，ぴったりとその場の状況にはまっている。そして，その言葉だけで被告人が故意に警察官を階段から蹴落としたことを認定することができるものとなっているのである。言葉は，このようにその場の状況を余すことなく説明するものなのである。後述(イ)能力基準②（→27頁）で紹介する保険金目的の殺人未遂事件における共犯者の誘いの言葉も，その一例である。

　また，こういう事件がある。11歳の娘の首を電気コードで絞めて殺そうとした母親が，娘の「生きたい。うんち，うんち。」と口にするのを聞いて翻然として犯行を思いとどまったという事件において，娘の上記言葉も唯一無二性を示すものといえる。娘は最終的には意識を失ったため自分が何を言ったかも覚えていない状況にあったため，娘の上記言葉は，母親の自白に基づくものであるが，なかった事実を述べるには不可能な事実であるところ，その場の状況にもぴたりと当てはまる言葉であるからである。そして，この言葉は被告人の殺意を認定するに当たって重要な意味を持つ言葉であった。すなわち，この事件では，母親が首を絞めていた時間は証拠上明確ではなく，顔のうっ血の状態から1分以上絞めていたことはいえたがそれ以上の正確な時間は不明であったところ，この言葉は娘にとってそのまま首を絞められた場合に死ぬと思うほど苦しい状態に陥ったことを示すものであり，被告人の行為が被害者に死ぬ危険性を感じさせる行為であったことを意味するからである（仮に，被害者は「生きたい」と言ったのではなく，被告人が被害者の何らかの言葉を勘違いしたのだとすれば，被告人はそのように受け止め，犯行を思いとどまったのであるから，被告人の犯行はその言葉とは両立しない，つまり「生きること」と反対のこと（＝死）を招来させる意図で行っていたことを推測させるものといえる。なお，「うんち，うんち」という言葉も，便意を生じたということを意味するが，これは呼吸が困難になることによって腸の運動亢進が生じ排便が促されるという医学的な見地からの裏付けもあった，という点でも状況にぴたりと当てはまる唯一無二性を示すものである。

27)　もっとも，**話した本人より，聞いた人間の方がよく覚えていることが多い**ように思われる。捜査の比較的初期の段階では，被害者や目撃者等の参考人が，何気なく記憶していた犯人達の言葉が，事件の実態を指し示していて，それが解決の糸口になることも多い。

い，具体的な言葉として述べてもらうことが重要である。[29]

　人身自動車事故事件の場合は，事故前や事故後の，運転者（被疑者）と同乗者との会話や，運転者（被疑者）と事故後の被害者や目撃者等との運転者，同乗者との会話等がこれに該当する（駆け付けた警察官に対して述べた供述もこれに該当しよう。）。犯人性や，事故状況，過失の特定，事故や被害者の受傷事実についての認識を明らかにするものである可能性が高い。

　交通警察官は，事故状況そのものや過失に関係する事実などに意識をとられ，この点の重要性に意識が行っていないことが多いので，特に留意すべきであろう。

⑦　ランダム性の随伴

　**現実の世界は，ランダムな出来事に満たされている（囲まれている）。**したがって，体験供述もランダム性（ランダムな出来事による影響）を蔵している（もっとも，ランダムな出来事は，意味のあるものとして記憶されるとは限らない上，記憶されていたとしても，事件に意味のあることとしての認識が乏しいため，対象者側の事情でも取調官側の事情によっても取調べにおける供述としてはそぎ落とされる可能性も高い。）。前述の「唯一無二性」も，ランダム性の一面を別の角度から説明したものといえる面もある。

　一般に犯行を計画しても計画どおりに進行することは，まずない。偶然の（ランダムな）様々の出来事が障害となってジグザグと進行するのがほとんどである。したがって，供述が，そのランダムな出来事を取り込んでなおかつ犯行を整然と説明している場合には，体験供述性が高いといえよう。ここでいう整然と説明している場合というのは，犯行の必然性を明らかにしているということである。

　例えば，借金の返済に窮して，郵便局強盗を計画して包丁を使って，会社が非番の日に実行しようとしていたが，サバイバルナイフ購入後3回目の非

---

28）　自分が発した言葉は，覚えていないこともよくある。心で思っていたことをどこまで話したか，つまり内心の気持ちをどこまで言葉に出したかの区別がつかないことが少なくないからと思われる。意識して，この気持ちだけは言わないでおこうと決めて話したような場合には，言わないと決めたことは言っていないと明確に記憶に残っているだろうが，そうでないと，区別はつかないであろう。しかし，聞いた方にとって相手の内心と言葉は連続しておらず，外に出た言葉しかないので，より明確に記憶に残る。

29）　メールや「ライン」アプリの送信内容も，話し言葉と同様の特性を有している。

番の日にようやく目出し帽を使って犯行に及んだという事例の場合，相当窮していたのに，3回目の非番の日（目出し帽を購入してから9日目）にようやく犯行に及んだのかについて説明していないため，いまいち得心がゆかず，強取金の使途の裏付けもできていない状況で，防犯カメラの映像（目出し帽と服装，犯人の体格等が被疑者に似ており，目出し帽や服装も同種のものが押収されている。）から被疑者が犯人である可能性は濃厚であるものの，決め手に欠けるというとき，被疑者が，犯行の1週間前，一度犯行に及ぼうとして，狙っていた郵便局に行ったところ，付近で交通事故が起きて警察官が見分をしていたため，その日の実行をあきらめ，次の非番日は，発熱で動けなかったので，3回目の非番日にようやく実行したとか，事件の前日に，債権者から，明日中に金を返さないと，家に押し掛けるという強い催促の電話があったため，迷っていたが意を決して犯行に及んだなどという説明を行い，その裏付けができた場合には，いずれもランダム性が犯行に影響を与えており，かつ，犯行の実行日を必然性をもって説明していることから，体験供述性は高い。そして，そのランダムな出来事が，供述者に創作できない内容であれば，**更に体験供述性を高めるところ**，上記のランダム性は，いずれも，創作できない内容とは言えないであろうが，現実に裏付けが取れている事実であれば，その意味では，秘密の暴露的な事実であるので，体験供述性は極めて高いといえる。[30]

ただし，「見せ掛けのランダム性」もある。すなわち，ランダムを装う虚偽供述（疑似ランダム供述）があり得るが，それは，注意深く分析すれば，見破ることは可能と考える。

⑧　取調官の予想を裏切る供述

前述のランダム性は，取調官の予想を裏切るものである。そして，これまでの筆者の経験からすると，ランダムな出来事に限らなくても，一般に取調官が被疑者等取調べ対象者の当時の認識や行動について想定していたことと異なる説明をした場合，その事実は真実である蓋然性が高い。それは，対象者が自ら主体的に自分の言葉として述べたもので，真実であることの自信がある話であることが多いからである。もちろん，積極的に嘘を言う場合もあるので，留意が必要であるが，このような場合は，根拠を聞いても具体的に

納得のゆく説明がなされることが多い[31]。

　(イ)　能力基準

　前記のとおり自らが体験した真実の記憶は，唯一無二の体験である。悠久の歴史の中でも，同じ事実は一度もない[32]。その体験は，体験した者でしか語り得ない唯一無二で，個性的なものとなる。したがって，他者から想定できない（経験しない者には作出できない[33]）唯一無二の個性的な内容のものである[34]。しかも，その供述者の個性（的体験）にふさわしい周辺事実を伴っており，その点でも体験していない者には語り得ないものである。したがって，供述能力の観点から体験供述性の有無を判断することが可能である。

---

30)　しかし，ランダム性が常に記憶に基づく供述に現れるとは限らない。体験自体にランダム性が乏しいこともあるであろうし，ランダム性があったとしても，対象者が質問に有意な事実しか述べないため，ランダム性が供述に現れないこともあるからである。したがって，取調官は，有意（と思っている）供述だけを聞き出すのではなく，自由再生質問を行うなどして，記憶にある限りの事実を聞き出す姿勢が必要になろう（その点で，1980年代にアメリカで開発された捜査面接の技法である認知面接における，全てを報告させる悉皆報告教示（思い出したことを編集せずに，たとえ被面接者がそんな詳しいことは重要でなく些細なことだと思っても，あるいは想起されるべき出来事のある側面を完全に思い出せなくても，全て報告するよう勧める教示のこと）（R・ミルン＝R・ブル著（原聰編訳）『取調べの心理学―事実聴取のための捜査面接法』42頁参照（北大路書房，2003））は，参考になる。）。もっとも，人身自動車事故事件の場合，関連する周囲の事実関係が限られてくるため，供述にランダム性が伴うことは少ないようであるが，実は，人身自動車事故事件はそのほとんどがランダムである。すなわち，事故の日時場所，被害者，周囲の交通状況，衝突状況，受傷状況，目撃者の存在，目撃状況等全てが，実は，ランダムなのである。しかし，ここでいうランダムはさらにその先にある。すなわち，その先の具体的な事実，つまり運転目的，運転中の思考や同乗者との会話，不注意の内容やその原因等，過失の認定に繋がる具体的な事実には，ランダムが反映していることが多いので，それを対象者に供述してもらうことが必要になってくる。

31)　取調官が予想から行った誘導等に対して，対象者が異議を述べる言動は，見過ごされがちであるが留意すべきことについては，後述オ(ウ)③（→56頁）参照。取調官にとってのランダムといえる。したがって，この場合は必ずその理由，根拠を聞くべきである。

32)　交通事故はかなり類型化が可能であり，被疑事実（公訴事実）も日時場所，被疑者・被害者，事故状況，位置関係，受傷状況等が異なるだけで，注意義務や過失内容は同じものが多く見られる。しかしながら，同じ事故は歴史上一度もない。あり得ない。このことは，供述調書を作成する際及び被疑事実（公訴事実）を起案する時に念頭に置いておくべきである。特に，特例書式事件の場合に，供述調書の簡略化が前提となっているので，取調官の耳も簡略化というスキーマ以外のものを受け付けていないように思われる。

33)　体験した者から聞かされていたりして知っている場合には，経験しない者でも語り得るので，その可能性は十二分に吟味しなければならない（ひき逃げ事件で身代わり犯人の供述は，その典型的な場合である。）。また，類似の経験を，その場の経験として語ることもあり得るので，留意すべきである。

34)　前記⑥唯一無二性（→22頁）参照。

前述した秘密の暴露供述も，能力基準から説明することができる。体験していなければ語り得ない事実だからである。
① でっち上げ得ない細部の供述
　その供述の持つ細部が，他の客観的な事実と分かち難く結び付いていて，供述者において意図的にそのような細部の描写をでっち上げることができないほど具体的ないし個性的なものである場合（供述者において細部の描写をでっち上げる必要性を認識できない場合も含まれる。）には，体験供述と考えてよい。
　特に，人間の行動は内心の意図に基づいて行われるし，周りで起こったことについて，人は好悪，快不快，喜びや期待感，不安や恐怖その他種々の情緒的な感情を伴って受け入れるので，自らの行動や周囲で起きた出来事は情緒的な感情を伴って記憶される。そのため，それらの客観的に起こったことを述べるときには，同時に情緒的な感情もセットになって述べられることになる。事実のみを述べる場合であっても，その時どういう気持ちであったか質問すれば，対象者はその時抱いた具体的な感情も説明できることになる。したがって，そのような情緒的な感情と結び付いた事実についての供述は体験供述である蓋然性は高い。
② 経験及び知的能力から作話することができない供述
　供述者の経験及び知的能力から作話することができない供述も，体験供述である可能性が高い。
　ある保険金目的による殺人未遂事件で，実行犯である女性が，共犯者である愛人の男性からその妻の殺害を持ち掛けられた時，その男性から，犯行後のこととして，「僕と△△（実行犯である女性のニックネーム）が同じマンションの階だけ違う部屋を借りていつも2人で一緒にいるということを考えても楽しくなるだろう。」と言われた旨供述していた。この共犯者の男性から言われたとする話は，実行犯の女性が，なかった事実を創作して語るには，極めて難しい事実である（まして取調官にとっても同様である。）ので，体験供述性は極めて高いと考えられる。すなわち，共犯者の男性のこの話は，愛人女性に，妻殺害後自分と一緒に暮らすことを提案しているのであるが，2人の関係を疑われないためにマンションは同じであるものの別の階に

住むことを提案するものである。共犯者の男性が妻と離婚するのであれば，堂々と同じ部屋に住めばよい。したがって，2人の関係を疑われないようにするのは，妻を殺害した犯人として2人が疑われないようにする必要がある（と考えている）からにほかならない。というのは，2人の間では，実行犯の女性が，妻がチャイナドレスを作るための採寸を頼んだ中国人女性を装ってホテルの部屋に入った上で妻を殺害する計画であったから，犯行後犯人が女性であることはすぐに判明することであり，犯行後に，実行犯の女性と共犯者の男性が同じ部屋で同棲し始めたのでは，当該女性が実行犯と疑われてしまう可能性があることからこれを避ける必要があるからである。しかしながら，このように極めて簡潔な言葉で，かつ共犯者と主犯の男性のコンプレックス（発覚しないようにする必要性）と犯行への巧みな誘いの2つを同時に表す話を，当時24歳で社会的経験も少ない女性が，現実に体験していないにもかかわらず犯行を持ち掛けられた際に共犯者の男性が行った説明として想像して行うことは，ほとんど不可能なことと考えられるからである。したがって，実行犯の女性の供述は上記一部の供述のみならず，共犯者の男性から殺害を持ち掛けられて実行したという全体の供述の信用性をも，肯定するほどの価値を持つものと考えられるのである。[35)][36)]

③ 供述者の能力以上の事実は供述し得ない

逆に，虚偽供述には，供述者の能力以上で述べることのできない事実は含まれないものである。供述者に能力がないと思われる事実であっても，よくよく調べてみると，どこかで体験していたとか，事前に調べて準備していたとか，他人から聞いたなどの事情が判明する。したがって，供述者の能力以上の事実が含まれていない供述は体験供述性を認めるのに慎重でなければならない。

---

35) いわゆるロス疑惑事件（殴打事件）における共犯者女性の供述である。この共犯者の供述部分は筆者が同事件（いわゆる銃撃事件の殴打事件部分）の論告を起案しているときに，その重要性に気付いて論告でも指摘したものである。

36) 実行犯の女性の同供述は，共犯者の男性の持ち掛けた「言葉」であった。言葉は，前述ウ(ア)③(ア)現実反映性⑥'→22頁)のとおり，発言者の置かれたその場の状況や発言者の立場，事態の状況，これらに対する発言者の認識や気持ちを的確に示すものであるが，この言葉もその例といえる。

④　平然と嘘をつける能力

　内容的に嘘をつける能力だけでなく，手続的に嘘をつける能力がなければ嘘はつけない。例えば，嘘を言うと顔が真っ赤になったり，緊張したりするような正直な性格の者は，その性格からして嘘をつくことはできないであろう。嘘をつけたとしても，嘘をつき通すことは難しいであろう。

　これに対して，嘘をついても顔色ひとつ変えず，平然と嘘をつける者は，虚偽供述を行いやすいであろう。嘘をつく経験を多く経ているため嘘をつくことについての自信があり，嘘をつくことについての心理的な抵抗も少ないからである。そういう意味で，取調べ対象者の性格は，虚偽供述か否かを判定する際の判断資料の１つである。

㈢　供述動機

　真実の記憶を語る意欲を持っている対象者であっても，記憶の減衰，記憶の間違い及び変容がある上，それを表現する際の間違いもあり得るため，注意が必要である。しかしながら，真実の記憶を語る意欲があるので記憶喚起等の働き掛けに応じてくれ，その供述の真偽の判定は，多くの体験供述が含まれるし，記憶の正確性もそれなりに判断できるので比較的容易である。

　しかしながら，その意欲を有していない対象者の供述の場合は記憶喚起には骨が折れる（応じないことも少なくない）し，真偽判定も困難さを増す。まして，真実の記憶を述べようとしない（避ける）者あるいは積極的に虚偽供述をしようと考えている者の場合は，抵抗があるのでなおさらである。

　そこで，対象者が真実の記憶を話そうという意欲（動機）を有しているか否か，逆に，虚偽供述をしようとする（嘘をつく）意欲（動機）を有しているかによって供述が真実の記憶を述べているか否かを判断する基準が導き出される。もっとも，この供述動機による真偽判定の基準は，供述自体の真偽判定の基準というより，虚偽供述であることの危険性を告げ，その真偽判定を慎重にすべきとの警告を与える基準というべきものである。

①　利害関係による供述分析

　真実の記憶を供述する意欲の有無は多く利害関係に影響される。その利害関係は，事件の成否（犯罪の存否や成否）自体に関わるものもあれば，事件の当事者の立場に関するものもあるし，また，取調べ等，捜査に協力するこ

とについての利害関係など様々のものがある。

　一般に，人は誰でも，その事実を話すことによって不利な事態に陥る（と予想される）場合には，たとえその事実の存在が真実であったとしても，そのことを話したくないと思うものである。だからといって話さない（隠す）とは限らないが，真実を話す動機が強くなければ，隠すことも少なくない。隠すだけでなく，積極的に反対の虚偽事実を述べることもある（攻撃は最大の防御の心理。ただし，墓穴も掘りやすくなるが。）。

　取調べの対象者が犯人であれば，真実を話すことにより逮捕され，勾留されたり，刑罰を受けたりしなければならなくなるし，職を失い生活ができなくなるなどの経済的不利益，離婚等の身分上の不利益や名誉の失墜等の人格的不利益や生活上の不利益等様々の不利益を受けるので，真実を話したがらないという動機は高まる。[37]科される刑が重ければ重いほど，その動機も高まるであろう（刑罰以外の不利益も大きくなる。）。刑事責任が，死刑や無期懲役（禁錮），それに至らなくとも，長期服役や実刑が予想される場合には，その動機は強まる。

　もっとも，その不利益が，自分一人にかかるのであれば，身から出た錆として甘受もやむなしという気も起こる可能性も高くなるが，自分の周囲にいる家族（先祖や一族）や恋人，友人，さらに所属する会社等の組織や集団等にも不利益を与え，迷惑をかけることになるので，事件や刑が重ければ重いほど隠したくなる動機も高まる。隠そうとする事実も，事件をやったか否か（犯人か否か）だけでなく，情状が悪くなり刑が重くなることに繋がる（と対象者が考えている）事実，すなわち犯行の動機や計画性等の犯行態様，それ以前に行っている余罪や常習性に関する事実，与えた損害（財産犯の被害金額）等についても同様である。

　事件自体には関わらなくても，事件の経過で出てくる事実で，その事実を明らかにすれば自らの不名誉な事実が明らかになったり，無関係の人に取調べを受けさせたりすることになる等の不利益を与えるような場合にも隠したくなる（だけでなく積極的に嘘をつきたくなる）ものである。

---

37)　仕事で運転免許を必要とする場合は，免許取消しは失職に繋がるため，虚偽供述の動機になる。

犯罪の被害者も，事件自体についての利害関係を有していることから生じる虚偽供述の動機を有している。例えば，殴られて怪我を負わされた傷害事件において，その経緯で，被害者に落ち度があり，犯人の犯行の原因を作っていたとしても，その事実を述べないこと，あるいは過少に説明したりして積極的に虚偽供述することもある。多くの場合，被害者が警察に被害申告する場合は，実際に被害を被（こうむ）ったためであることが多いが，被害申告すること自体で，自己の社会や所属する部分社会（家族や友人関係も含む。）における立場をよくしようとして，あえて虚偽の被害申告を行うことがある。強姦や強制わいせつ事件で，虚偽告訴が行われるのもこの例である。すなわち，被疑者と性交渉等をしたことが，夫や交際相手，両親等の家族に知られた場合，自己の体面を守り，自分に対する非難を避けるため，強姦されたとか，嫌がるのに無理やりわいせつ行為をされた旨弁解して，刑事告訴にまで至るのである。この手の事例は，頻繁に経験する。

交通事故の場合も，被害者に過失があったために事故が起きることも多いが，被害者も自己の刑事責任や免許の取消し等の行政処分をおそれ，あるいは民事上の責任を免れよう，あるいは民事上の損害賠償を多く得ようとして過失を認めず虚偽の事故状況を説明することもある。

以上に述べたことは，類型的に虚偽供述等の動機として考えられることであるが，利害関係は人間生活の全てに及んでおり，事件の内容，被疑者及び被害者その他の個別の事情によって様々な虚偽供述の動機があり得るので，事件ごとに慎重に，虚偽供述等の動機がないかを見抜く必要がある。例えば，犯行を認めることによる逮捕・勾留・服役や家族への不利益その他は甘受しても，特定の人物から嫌われたり，非難されたりするのだけは避けたいとして（そのことによる不利益が大きいことが背景にあるが，その不利益を常に捜査官が把握できるとは限らない。），事実を隠すこともある。

ところで，虚偽供述等の動機は，その動機に関わる部分が虚偽供述になるので，虚偽供述の動機と虚偽供述部分の剔抉（てっけつ）は，的確に行う必要がある。もちろん，その部分だけ虚偽供述を行えば，不自然，不合理ですぐに虚偽供述と見破られるような場合には，それを避けようとし，周辺の事案にも虚偽を述べて迷彩を施すことになるので留意を要する。

② 虚偽供述の特性

　虚偽供述は，真実の体験記憶ではないので，真実の体験記憶が備えている前述の特性を欠いている。すなわち，①時間的，物理的，論理的整合性を欠いていることが少なくない。また，②他の事実による裏付けがないだけでなく，矛盾することも多いほか，③同一供述者の供述事実による裏付けも欠いていることが多く，④必然性も欠き，⑤その場に置かれた人間の行動として唐突ないし不自然な流れとなることが多い。⑥もちろん，唯一無二性を欠く平板な供述になる。

　もっとも，故意に虚偽供述を行う場合には，体験供述性を装うであろうので，その判定はさほど簡単ではない。虚偽供述は，虚偽供述を行う動機の内容及び強さと虚偽供述を行う能力の高低によって様々なバリエーションがある。これに加えて，虚偽供述は，証拠関係から虚偽供述を許す範囲いかんにも左右される。

　動機が強くなければ，さほど凝った虚偽供述まで行わないであろうし虚偽供述を行う能力が乏しければ，巧妙な嘘はつけないであろう。下手な嘘しかつけないと思えば，黙秘するか，「やっていない」，「覚えていない」，「違う」程度の，かけられた嫌疑を否定するだけにとどまるであろう。

　虚偽供述の動機が強ければ，罪を逃れようとして，必死に虚偽の弁解を考えるであろう。どのように言えば信用してくれるか，というより，どのように言えば嘘がばれないか，責任を回避できるか（起訴されないか，起訴されたら，有罪にならないか）を必死に考えることになる。知的能力は劣っていたとしても，必死に考えればそれなりの虚偽の弁解は考え付くものである。というより，罪名や事件の証拠関係にもよるが，巧妙な虚偽供述よりも単純な虚偽供述の方が手強いこともある。巧妙な虚偽供述は，かえって，自縄自縛に陥り，捜査の進展で破綻するのも早くなることも少なくない。

　また，隅々まで事実関係が解明されている証拠関係の場合には，もはや虚偽供述を行ってもその虚偽性は明らかであるので，虚偽供述を行う意味がない。せいぜい，内心の事実（認識や動機等の気持ち）について虚偽供述を行う程度であろう。しかし，証拠が乏しく，事実関係がほとんど解明できていない場合には，虚偽供述を行っても虚偽供述がそれと見破られず通用する可

能性は高く，虚偽供述の動機も高まり，真実性を装った巧妙な虚偽供述でなくとも（例えば，「覚えていません」，「深い意味はない」等の曖昧で漠然とした供述であったとしても），排斥されにくくなる。[38)][39)]

③　供述動機からの虚偽供述の判定方法

先に述べたように，意図的に行う虚偽供述を虚偽だと見破ることは必ずしも容易ではないが，意図的な虚偽供述であるから，その意図に従った特性を有しているわけで，その特性をあぶり出すことによって判定が可能となることがある。

例えば，自己に不利な事実，犯人性が焦点の事件であれば，犯人であるのにそれを否認する被疑者は，自己の犯人性に影響する事実については，積極的に虚偽供述を行ったり，覚えていないと言ったり，曖昧な供述をしたり（これらが併存することもある）して，否定する趣旨の供述をするが，それ以外の事実については，真実を話すことから，その供述意図をあぶり出すことが可能となる。これは，仮説を設けて検証するという判定法の一類型であ[40)]

---

38)　証拠が薄くとも，弁解供述が，真実の記憶供述の持つ前記特徴を備えていない場合には，虚偽供述として排斥してよいと思われる（覚えていないはずがなく，やっていないのであれば覚えていることを言いさえすれば自己に対する冤を雪ぐことができるのに，それをしないで，「覚えていない」としか言わないのであれば，その供述態度自体を自認供述と認定することは可能と思われる。）。

39)　この場合，意図的に虚偽供述を行おうと考えていなくても，**自己防御本能**から，程度のある事柄や，評価に関わる事項，内心の気持ち等に関しては，ほとんどの場合過少（ないし過大。いずれ刑事責任が軽くなる方向で）に供述する傾向がある。その真偽判定は必ずしも容易ではないが，取調官としては，その傾向は常に念頭に置いて，供述を鵜呑みにすることなく，多角的に質問して吟味する必要がある。特に，共犯関係にある被疑者の場合は，共犯者に責任を転嫁する危険性があるのと同時に，自己の関与を低めようとして過少に申告する傾向がある（後述(ｳ)'供述心理特性ａ特に共犯者の供述心理特性について（→35頁以下）参照。）。そして，それは，関わる共犯者が逮捕されていない（あるいは逮捕されていたとしても黙秘したり否認したり，他の共犯者をかばって本当のことを話していない場合。遠からず共犯者が捕まる状況の時は，その動機はさほど強くないかもしれないが，捕まる見込みがない場合はその動機は強まる。）場合には，逮捕された被疑者の言いなりになる（嘘だとする反対事実（共犯者の供述）がないので）可能性が高いので，取調官としては，鵜呑みにしないで，あらゆる角度から質問して吟味する必要がある。また，共犯事件は，このような危険があるため，取調官が予断をもって取調べを行うと，誤った供述を引き出してしまう危険性がある。というのは，両者がともに相手が主犯である旨の供述を行っているとき，どちらの供述が正しいと判断する際（いずれかが正しい場合もあるが，いずれも間違っている可能性＝両者が対等である可能性もある。）に，予断が影響を与えて一方の供述が正しいと判断して，間違った供述を引き出してしまう危険性があるからである。

る。供述内容の分析が，仮説に整合的であれば，意図的な虚偽供述である蓋然性は増す。

　虚偽供述であれば，体験していない事実であるから，頭の中で考えた事実である（もちろん，それまでの人生経験や類似の経験等を参考にして迷彩を施すであろう。）。したがって，その事実はその時の体験事実としてしっかり脳裏に刻み付けられてはいない。よって，再現性が悪くなる。もちろん，意識的に脳裏に刻み付けることもあるので一概には言えないが，場当たり的なその場しのぎの虚偽供述は，言った本人さえ覚えていないことが多いので，聞く度に違う説明になることがある。また，意識的に虚偽事実を脳裏に刻み付けたとしても，体験した事実ではないので，周囲に存在した事実や自分の内心の気持ちと整合的ではないため，多角的な質問を行えば，周囲の事実や対象者の当時の内心の気持ち等と整合させることができず（そこまで整合的になるように頭の中で覚えきれないので），矛盾したり，浮き上がったりする供述になってしまうので，判定は容易である。

　もっとも，虚偽供述を行う動機が強い場合は，綿密に虚偽供述を構成しようとするので，周辺の事実と整合性を保つように工夫しているし，脳裏にも刻み付けるので，ボロが出ることが少なくなるとはいえる。しかしながら，現実に起こった事実ではないので，どこかで矛盾をきたすことは必定である。そこを見付けるのである[41]。

　その虚偽事実と考えられる事実の補助線（延長線）を引き，その補助線と現実（客観的に存在が明らかな事実）の交わるところで，両者の矛盾を示して虚偽性を明らかにするのである[42]。それに気付ける取調官は優れた取調官である。

---

40) 特に，取調べが録音・録画下で行われ，録音・録画媒体がある場合には，被疑者に不利な特定の事項についての質問に対してだけに話題を避けたりする等の特異な供述態度が見られるときは，明確にこれを明らかにし得る。
41) 共犯事件で共犯者と通謀している場合や関係者と通謀して口裏合わせをしている場合，かなり頑固に虚偽事実を言い張るが，**完璧な口裏合わせを行うことは簡単でないため，多くの事件でボロを出し，かえって本当のことを話さなければならなくなり，真実が表れやすい**面もある。
42) 対象者が述べた虚偽事実を真実と仮定した場合，その延長上（別の場所や時点）に予想される事実（対象者の行動等）と，現実の事実（人間の通常の行動学）は矛盾する（はずである）ので，その矛盾を見付ける。

(ウ)' 供述心理特性

　最終的に確定された供述を分析するための利害関係に基づく供述動機という大きな視点からの分析ではなく，もっと微視的に対象者の供述心理的特性から，個々の供述の真偽を検討する必要もある。これは，特に取調べの場において多く必要となる視点である。

　もっとも，供述心理特性といっても既に述べた利害関係に基づく供述動機と共通している面も多く，截然と分けられるものではないが，そこで触れ得なかったことを落穂拾い的に述べることとしたい。なお，共犯者の供述心理に関しては，まとめて，ここで触れることにする。

a　特に共犯者の供述心理特性について

　共犯者の供述心理は，一般的に，全ての場合に多かれ少なかれ存在する心理特性もあるが，共犯者同士の関係からくる特殊な心理特性もある。

　①　前記(ウ)**供述動機**②**虚偽供述の特性における**注39)で述べたように，共犯関係にある被疑者の場合は，共犯者に責任を転嫁する危険性があるのと同時に，自己の関与を低めようとして関与の度合いについて過少に申告する傾向がある。

　②　既に触れたことであるが，上記共犯者の供述動機は，共犯者の存在が既に明らかになっている場合であっても，当該共犯者が検挙されていなかったり，検挙の可能性が低かったりするような場合には，自分の供述が虚偽であることが見破られないと思うため，その虚偽供述（責任転嫁及び自己の役割の過少申告）の誘惑は強くなる。

　③　他方で，共犯者とのそれまでの関係から絆が強い場合には，かばう気持ちも強く，かえって身代わりになるなど自分で責任をかぶることもある[43]。特に組織犯罪の場合は，組織や上位者に累を及ぼしたり，迷惑をかけること

---

43) これは，供述心理の問題でもなく，虚偽供述の例でもないが，筆者が若いころ，被疑者が友人と夜間に飲酒の上，2人で警察官に暴行を加えたという公務執行妨害事件を担当していたところ，被疑者が，私の取調べにおいて，友達が警察に暴力を加えていたのを見て，彼一人を悪者にするわけにはゆかないと思って，私も警察官に暴力を加えました，と述べたことがある。これは，私には予想外の供述であったが，被疑者と友人は親しい間柄であったこと，最初の警察とのトラブルも被疑者が原因を作っていたのを友人が加勢しようとして間に入り，警察官ともめた上，暴力沙汰に発展したという経緯があったので，被疑者の動機に関する上記供述は真実だと判断して検察官調書に録取した。共犯者の心理にはこのような心理もある。

のないように，それに繋がる事実を隠したり，かばおうとして必要な事実関係について積極的な虚偽供述を行い，あるいは関連する事項についての質問に黙秘する等の対応を取ることが少なくない。

④　共犯者同士が事件時やその後の事情等から捜査時点において反目し合っている場合もある。この場合は，共犯者をかばうことはせず，共犯者に不利なことを述べることが多いであろう。その不利なことというのは，不利な虚偽事実である場合もあるし，不利だが真実である事実だけを述べることもある。また，共犯者の述べた事実とあえて反する事実を述べて共犯者を困らせようという場合もあろう。

⑤　自分の供述によって共犯者が捕まることも避けようとして，共犯者の存在を秘匿したり，存在は述べたとしても，共犯者の氏名等特定に関する供述を避けたりすることもある。後者は，共犯者のことを真に思ってかばうこともあれば，共犯者やその属する部分社会ないし友人関係の中における評価やその後の付き合い等における不利益を避けるという自らの利益を考えた上での秘匿の場合もある。

⑥　共犯者からの評価や共犯者を含むグループや組織の者からの評価を気にするなどの理由から，共犯者複数が検挙された場合，真っ先に事実を認めることを嫌うという心理もある。また，自分一人だけが逮捕されたとしても，逮捕されてすぐに自白するのも軟弱と批判されることからしばらく否認を続ける（その極端な場合は否認を貫くことも少なくない）という心理もある。暴力団や暴走族などの不良グループなどによく見られることである（これらのグループに特有なものとして一般化すると危険であるが。）。その心理があるので，自分の事実は認めても共犯者のことについてだけは話さないというケースもよく見られることである。

⑦　共犯事件においては，以上とは別に，共犯者相互の特殊な心理的影響の仕方に端を発する問題もある。

すなわち，共犯事件は，相互の意思疎通を徹底し，相互の真意を理解した上で，謀議を重ねて犯行を実行する場合もあるが，現実の一般の犯罪ではそこまで意思疎通がなされているケースはむしろ少ないであろう。そして，意思疎通が十分でない場合には，相手の真意が十分に理解できていないため一

部誤解から共謀が形成されていってしまうことがある。人間が本音と裏腹な言動を行うことに端を発することもある。例えば，共犯者Bから犯行を持ち掛けられた共犯者Aは，Bの真意がどこまでなのかを完全には理解できていない状態で，Bの発した言葉や行動等を真に受けて自己の犯意を形成することがある。その場合，A自身は，内心はやりたくなかったとしても，いざBから弱虫だとか批判されたり，後で仲間外れにされたりするなどの不利益を被るのが嫌で強がって加担の意思を示し，言葉や行動で積極的な姿勢を示す。ところが，犯行を持ち掛けたBは，実は半ば冗談で持ち掛けた（あるいは条件付きの犯行の持ち掛け，すなわち相手の拒否を期待して拒否すれば犯行をしないつもりであった）のに，Aが積極的に賛成したので今更引っ込められないと考えて，Aの積極的な加担の意思に沿う形で犯行に及ぶというような場合がある（このような事例はまま見掛ける。）。この場合，AもBも，どちらかというと本音では犯行に及ぶことには消極的であったにもかかわらず，表向きだけでなく，結果的に極めて積極的に犯行を遂行する旨の意思を形成してしまったのである。このようなケースでは，いずれの共犯者も，弁解としては「私はやりたくはなかったのに，共犯者が誘ってきたので，やむなくやることにしました。」という供述を行うことが多い。この場合，その弁解は，後に双方の会話等の事実が明らかになるにつれて，撤回されることが多いのであるが，当初，本気でなかったのは真実なので，その気持ちが弁解として出てしまうのである（あるいは，その気持ちを弁解にするのである）。この場合，この弁解は完全に虚偽だというわけでもないので，真実の供述を得るまでに取調べは難航するのが通常である。

　もちろん，「本音ではやりたくはなかった」というのが虚偽の弁解である場合もある（上記の共謀形成経過が真実ではない場合もある）ので，早とちりは禁物である。

　b　その他の供述心理特性
　①　人は，自分に不利な事実を隠そうとするだけでなく，逆に，不利になるのを承知の上で積極的に自分に不利な虚偽供述を行うこともある。それは，任意性を欠く取調べが行われた場合だけでなくともあり得るので，その点は，肝に銘じておく必要がある。組織的な事件や共犯者のいる事件は，特

にその傾向が高く，少年の事件でもその傾向がある。むしろ，人はいとも簡単に虚偽自白をすると考えておいた方がよいくらいである。

　身代わり犯人は，日常的によく遭遇する事件である。身代わりになる者に，真犯人をかばう理由があり，かつ，自分が犯人として検挙されたり処罰されたりしたとしても，その不利益を上回る理由がある場合である。[44]

　少年も，犯人でないにもかかわらず罪を認めることによる自己の不利益の大きさや社会的な影響の大きさを的確に認識できず，その心理特性から，安易に罪を認める傾向がある。少年は，取調官に対する抵抗力の弱さ（長年子供を続けていて，強い大人には逆らわないで，謝っておけば解放されてその場を過ごせるという経験（あるいは逆らうこと自体で大人の怒りを増幅させてしまうという経験）に基づく心理的特性）[45]から，悪いことはしていなくても，「（やりました）ごめんなさい。」と言ってしまい，安易に虚偽自白してしまうからである。したがって，少年の場合は，より慎重に判断する必要がある。

　②　取調官に対して特定の感情（好悪，信・不信，党派心から来る敵対意識，味方意識，反発，気に入られたい，評価されたい，嫌われたくない）を抱いて，そのことが供述の信用性に影響することがある（これらは，真実の記憶を喚起して供述する方向に作用することもあれば，思い出していないのに取調官の期待している虚偽供述を行う方向に作用することもある。）。取調官に対する感情とは無関係に，あるいはそれと関係しつつ，自身の名誉（知識のないことを侮られたり，愚かと思われたりするの避けようとするのも含まれる。）やメンツ等

---

44) 処罰されることまで考えていない場合もある。一応は処罰を受けてもよいと考えていたとしても，実際の刑罰の重さまで認識していなかったため，いざ，処罰の段階で身代わりを白状することも多い。身代わりになる理由としては，自分から進んでかばって犯人になる動機がある場合，真犯人に頼まれ，真犯人との関係等から断り切れず，やむなく身代わりを引き受ける場合など様々なケースがある。酒気帯び運転や無免許運転で事故を起こした場合に，刑罰や免許取消処分等をおそれ同乗者が身代わり犯人として申告してくる場合，事故現場から逃走して，後から身代わり犯人が警察に出頭してくる場合，拳銃の発砲事件等の暴力団組織による事件で上位の者の代わりに警察に出頭する場合もある。

45) これも，少年は人生経験や知識が乏しいため，やっていないことを認めることによって被ることとなる不利益の実態を知らないという思慮の浅薄が背景にある。
　その他，少年には社会的な経験の乏しさ及び身体的未成熟による目撃や記憶力の問題性，表現力の低さ等の問題に加えて，被暗示性や迎合性のほか，取調べの重要性についての理解が十分でない上，取調べ以外のことに関心がわく（早く帰って遊びたい等）などして真面目に取調べに取り組まないこともある。

から，完璧を期そうとして，あるいは一貫性を保とうとして，記憶にないことでも，つじつまを合わせて述べたり知ったかぶりをしたりして虚偽供述を行う可能性もある。[46)]

③　取調べの生活に対する影響（早く取調べが終わらないと仕事や生活等に影響が及ぶ）から，早く取調べを終わらせたいと思って，記憶にない適当な話をしてしまう（逆に早く取調べを終わらせるために，一生懸命記憶を喚起させて取調べを終わらせようと努力する場合もある。）。

④　加害者と被害者の間に立って，双方との特別な関係から親密な関係のある当事者に殊更有利な供述を行ったり，有利になるように事実を隠したりする等の心理特性もある。同じことは，当事者との関係はなくとも，当該犯罪行為自体に対する肯定，否定の感情から，いずれかの当事者に有利になるような供述を行うこともある。[47)]

⑤　傷害事件等の暴力事件の被疑者と被害者は，いずれも自分の非は控えめに話す（全く話さないことも多い）ものの，相手の非は目ざとく指摘するものである。もちろん，相手のその非を強調することもある。そして，これまでの経験からすると，程度に関して誇張することはあるとしても，相手の非として述べた事実は，存在することがほとんどである。したがって，このような事例では，双方が述べた相手の非たる事実を併せて事件の全体像を描いてみれば，事案の実態が浮き彫りになることが多い。

⑥　そもそも記憶を喚起する作業自体，かなり大変な作業であるから，対象者が怠け心を起こして，その作業をさぼることもある。また，記憶を正直

---

46) 時には，対象者に対して何度も同じことを聞くことがある。それは，疑うわけではなく，何度も同じことを聞いて，同じ話が返ってくるのを確認して信用したいからであることが多いが，相手は，そう思わず，自分を疑っていると勘ぐって，取調官に不信を抱いて，へそを曲げ取調べに応じないといったことも出てくる。この点は，子供であっても有している供述特性であるので，留意すべきである。また，何度も同じ質問を繰り返すことは，相手に，自分が述べたことが間違っていたと思わせて誤導になる可能性もある。もちろん，違うことを言ってほしいサインと受け止めてしまう危険もある。
47) したがって，当事者と無関係の中立的な立場であるということだけを供述の信用性の根拠にするのは，必ずしも十分でないことを認識すべきである。交通事故の目撃者も目撃した状況から（それ自体が正確性でないため誤解がある場合もある。）事故の原因等を自分なりに思い込んでいて，その見方に従って正義感を抱いて，一方当事者に有利な供述を行うこともあると思われる。

に話したり，記憶を喚起して話したりすることで，将来法廷で証言する羽目になることを恐れて，その作業をあえて怠り，正しい記憶を話さない，ということもある。

⑦　いずれ本当のことを話す気持ちを有していても，最初から話すことはせず，取調べの推移等を見て，あるいは最初はもったいぶって話さず，しばらく取調官を困らせた後，最後に本当のことを話す者もいる。

⑧　体験供述は，体験に基づき，記憶に刻まれた事実であるために，意図や計算が及ばない時には体験事実が自然と供述に現れてしまうことがある。すなわち，意図的に犯人性を否認し，それと矛盾する話はしないように考えていたとしても，記憶の中では，犯人であることを自覚しその記憶が刻み込まれているため，隠すべき部分であるとの計算が及ばないときやその防御心が心から去っているとき，体験供述がつい顔を出してしまうのである。取調べにおいて対象者が激高したりして冷静さを失った場合に，思わず本音が出てしまうというのは，その最たるものである（孫子の「怒にしてこれを撓（みだ）す」例といえよう。）が，そうでなくとも，本人はうまく隠していると思っても，気が付かないところで実態を示す言葉遣いをして本音を現すことは少なくない。ただし，これは，取調官がよほど敏感になってその現れに気が付くようにしていないと見過ごしてしまう（微妙な表現も多い）ので，細心の注意を払って探知するようにしなければならない。

　㈣　供述経過（取調べによる虚偽供述の剔抉供述の変更）

取調べは，質問者の質問と対象者の供述によって，動的に展開してゆく。その動的な展開の中で，個々の質問と応答を，その場で判断することによって供述の真偽の分析及び判定が可能になる。現実の捜査においては，こちらの方が価値は高い。取調べの場で，対象者自身に虚偽供述であることを認めさせ，真実の供述を得ることができるからである。

　この動的判断は，1回の取調べの中で動的に判断する場合と取調べ毎の供述の変化について動的に判断する場合の2つが考えられる。取調官が対象者の供述の真偽についての心証を最も摑みやすいのは取調べ中における供述の変遷や出方等についての動的な分析においてである。また，取調べの録音・録画が拡大された現在においては，立証上も極めて価値の高い分析である。

① 取調べの場における供述の真偽判定及び質問の在り方

 取調べでは，常に取調官による反対質問が可能であるから，記憶の有無，記憶の正確性，表現の正確性，体験供述性を確認するための質問を行って吟味することができる。また，取調べ対象者の誠実さ（真実の記憶を思い出して述べようとすることの）を判断することも可能である[48]。ただし，問題は質問の在り方である。「本当に見たんですか。」という質問は，愚の骨頂である。「本当です。」という供述が返ってくるだけで，判断資料は全く得られないからである。

 対象者が虚偽供述を行っているときは，反対質問による追及を避けたいと思えば，黙秘すればよい。特に，被疑者の場合は，黙秘権が保障されている。といっても，黙秘による事実上の不利は甘受せざるを得ない。容易に証（あかし）を立てられるのに，それをしないで黙秘するということは，疑念を深めることになるからである[49]。したがって，その不利を避けるためには，何らかの応答を行うほかないが，体験した事実を述べれば，犯人性を認めることになるので，積極的な虚偽供述を行うか，曖昧模糊とした裏取りのできないような鵺（ぬえ）的な供述を行うことになることが多い。

 個別の反応，例えば，ためらい（アポリア。言いよどみ。言い間違い。），沈黙，曖昧さ，語尾の不明瞭さ，訂正（言い直し），表情，目の表情，声の大きさ，強さや速さ，声の高低や声の裏返り等，供述する際の対象者の有様は，対象者の内心の気持ちを反映したものであることは疑いない（供述した言葉の意味以上の情報を有している）ので十分に留意しなければならない（特

---

48) 分かっているはずのことを避ける，客観的な事実と違うことを述べる等の態度を示す。誠実さを試すリトマス試験紙的質問を行う。
49) それは人間の判断の経験則でもある。黙秘権は自白の強要を避けるために普遍的な原理として考え出された権利ではあるが，万能ではない。「本件のように，本館に立てこもった被告人ら5名が共謀してこれに放火したものではないかと事実上推定させる証拠が，検察官から数多く提出されており，しかも，建物内における被告人らの行動は被告人に対する質問の方法によってこれを明らかにすることが容易である場合において，被告人らがあえてこれを明らかにしようとしないときには，右の事実上の推定がそのまま維持され，あるいは一層強められることになったとしても，それは心証の働きとしてむしろ自然なことといえる。そして，このことは，いわゆる自由心証の分野に属する問題であって，所論の如く挙証責任分配の原則に反するものでないことはもちろん，被告人らの供述を強要するものではないから憲法38条，刑訴法311条に触れるものでもない。」とした札幌高判昭和47年12月19日刑月4巻12号1947頁参照。

に，ためらい，沈黙，語尾の不明瞭さ，訂正には，重要な意味が隠れている。)[50]。もっとも，これらの情報は，対象者がその背景にある内心の気持ちを正直に説明してくれればよいが，説明してくれないことが多いので必ずしも明確に分かるわけではない。しかし，供述した言葉の意味や，その供述が行われた際の取調官の質問内容，当該質問が行われた際の取調べの内容や取調べの流れ，事件の内容，対象者の立場や境遇，対象者の性別，性格，経歴等や証拠関係等の諸々の状況を総合すれば，おおよそその理由は推認することは可能である。

　そして，その際の対象者の心理やコンプレックスを見抜いて，質問をし（不明瞭な供述をした場合には，改めて供述した内容を確認することは必須である。)，さらにそれに対する供述や反応を見て，真実を述べているのか否か，どこに真実の記憶があるか，真実の記憶を述べようとする意思はあるのか否か，虚偽であるとしてなぜ虚偽供述を行おうとしているのか等を見抜くのである。

　そして，臨機応変の対応が必要である。相手が言いよどんだりしたときは，相手の気持ちを察して，すかさず「何か気になっていることがあるの。」，「何が気になっているの。」などと水を向けて心情を吐露してもらい，さらに事実関係を聞き出すなどである。いずれにしても，このような供述態度に現れたサインを見逃さないことが重要である。

　供述の内容の面に関しては，**立体的な質問を行ったり**（同一の事実について，別の角度から複数の質問を行って事実としての確実性を確認する。)[51]，**時系列を無視した質問をしたり**（意図的な虚偽供述の場合は，時系列的に一方方向から覚え込んでいることが多いので，時系列を無視した質問を行うと，混乱して虚偽であることは露見してしまう。他方，体験供述であれば，事実が前後左右，上下，過去未来と結び付いているので，仮に一瞬戸惑うことはあっても混乱することは

---

50) しかし，現実の取調べにおいては，取調官がその点に鈍感なことが多い。なお，ウドー・ウンドウィッチ編著（植村秀三訳）『証言の心理：性犯罪被害者の供述を中心として』（東京大学出版会，1973），庭山英雄＝田中嘉之「書評のリチャード・エグレストン『証拠・証明および確率』（一九七八年）」中京法学16巻3号1頁（1982）は，これら供述の際における対象者の態度等を独立の真偽判定基準として挙げている（ウンドィッチ・前掲は「供述態度」として，エグレストン・前掲は，「証言台における証言態度」として。→63頁注73）参照）。

ないと考えられる。），**意表を突く質問**（対象者が予想していない事実を質問する。体験供述であれば，予想外の事実であっても記憶に従って答えることができるが，意図的な虚偽事実の場合は，答えられず，しばらく沈黙するであろう。）や**遠くから攻めて退路を狭めて行う質問**を行ったり（虚偽供述は，必ず現実や人間の行動原理等と矛盾する。しかし，その矛盾を露骨に追及したのではすぐ気付かれて適当な答えで逃れられてしまう。そこで，矛盾に気付かないところから質問して正直な答えを引き出して，逃れられないように念を押して固め，もはや逃れられない状況にして，矛盾を追及して，しどろもどろにさせて，虚偽供述であることを認めざるを得ないように仕向けるのである。），**知っている事実を示さないで記憶の正確性や供述の誠実性等を試す質問**（これは，容易な質問であるが，相手も簡単にはボロを出さないので，留意しておく必要がある。）[52] などを行い，供述の真偽とその精度を見抜く。もちろん，勘違いや十分記憶が喚起されないときに，意図的な嘘ではなくとも間違うことがあるので早合点することは危険であり，この点も留意すべきである。

② 取調べの場における供述の変更と真偽

取調べの場で供述が変わることがある。厳密に言えば，これも「供述の変遷」であるが，記憶の正確性や表現の正確性等の吟味をするのが取調べである以上，取調べによって記憶の誤りを訂正し，表現の誤り等も訂正して一旦述べた供述を変更させることは，正確な記憶を引き出すのが取調べの目的である以上当然のことである，というよりむしろ望ましいことである。

取調官にある特定の出来事について思い出してほしいと言われても，相手は徒手空拳の状態で，すぐに正確な記憶が喚起できるわけではない。様々な客観的な事実の手掛かりを示してもらったりして，少しずつ正確な記憶が喚

---

51) 例えば，対象者が「〇〇が△△しました。」と述べたときに，話の内容は明確なので，それ以上聞く必要がないようであるが，それだけでは危険である。「あなたの目で見たのですか。」と聞いて，更に見たときの状況等を確認する。それだけではなく，「誰かの話を聞いて，自分で見たといっているというようなことはないですか。」，「そのことはこれまで，誰に話しましたか。」，「話していないのはなぜですか。」，「いつその話を警察官にしたのですか。」，「なぜ，それまでしなかったのですか。」等々その供述の信用性を確認すべき事情は多数あるので，複数の角度から確認して初めて供述の信用性が確認できる。

52) これらは，公判の反対尋問に使うと効果的であるが，捜査においても，録音・録画下での取調べにも使える。

起されてくるのである（したがって，参考人に対しては記憶喚起のために手帳等の資料の持参を依頼すべきである。）。記憶喚起の実際では，むしろ始めから変遷の余地のない記憶が喚起できることの方が少ないというべきであるので，このような意味で供述に変化があったとしても，それを供述の信用性のマイナス要素とするのは正当ではない。

しかし，最終的に喚起できた記憶として述べられることになった供述がこれまで述べた基準で真実性が認められなければ意味がない。最終的に喚起できた記憶として述べられた供述が真実の記憶としての特徴を有しているときは，その記憶喚起の過程で供述に変遷があったとしても，信用性を害すべきものと考える必要はないということである。

もっとも，記憶を喚起する過程で正しい記憶を思い出したとして，前の供述を訂正する中には，当初虚偽事実を述べようとしていたにもかかわらず，嘘をつき通せないと考えて方針を変更して「思い出した」ということにして，真実の記憶を供述するに至ることも少なくないので，その場合は最終的な供述についても真実の記憶の特徴を備えていたとしても，他に虚偽事実が紛れ込んでいる可能性もあるので，留意しておくことが必要であろう。

⑷′　供述経過（供述の変遷）

供述が変遷するのは供述の信用性を阻害する，というのが一般的な理解である。というのは，体験した事実は1つであるので，それを説明する供述が異なるのは，いずれかが虚偽であり，虚偽を行う動機が供述者に存在していることを示し，したがって，新たな供述も虚偽供述ではないかとの疑念も湧く（それとともに供述者の供述の誠実性に対する疑念も生じる。）からである。これに対して，供述が一貫しているのは，体験供述が1個の体験である以上当然のことであるし，一貫して同じ事実を述べるというのは，それが揺るぎない体験事実だからであると思わせるのである。

しかしながら，これは一般論であり，変遷した供述であっても一概に信用できないということはできないし，逆に，一貫しているからといってそのことだけをもって信用できる（体験供述である）ということはできない。

まず，人は，時と所が違えば，同じことを説明するにも表現が一字一句同じになることはあり得ず，異なった表現で説明することになる（ことが多い。）。[53]

説明する際の相手や説明する文脈が異なれば，当然表現は異なる上，説明する事実も取捨選択されて異なってくる。また，記憶喚起する時に常に同じ事実だけが記憶喚起できるとも限らない。もちろん，記憶は常に忘却にさらされていて思い出せなくなる記憶もある。したがって，必ず変遷はあるものなのである。

そもそも，記憶は，文章として記憶されているのではない。記憶は，視覚的なものとしても，聴覚的なものとしてもその他のものとしても，心の中で想起しても，その原像（表象。目の残像とは異なる。）は，目に見え，耳に聞こえ，触覚などそのものとして感じられてくるものではない。にもかかわらず，視覚的なものとして，あるいは聴覚的なものなどとして再現して説明することはできる。心理学上，この記憶を陳述性記憶（又は宣言性記憶）というのは，想起した記憶の原像を相手に言葉で説明できる記憶だからである。[54] しかしながら，記憶そのものが説明した言葉で記憶されているわけではない。説明するときに，意識が保存された記憶を参照しつつ，その時に思い付いた言葉で表現するわけである。したがって，常に同じ言葉を思い付くわけではない。説明の順序や方法も説明の都度異なってくる。想起するときに同じ事実を想起できるとは限らない。そして，その時使った言葉が的確に記憶の原像を表しているとも限らない（言葉を間違うこともある[55]。）。まして，説明する相手や相手との関係や説明する目的や動機等の文脈の中で，意識的あるいは無意識的に脚色（事実を取捨選択したり，オーバーに表現したり）されることになるので，同じ記憶の原像が基になったとしても，説明の内容は，その都度異なるのは当然なのである。

ただ，真実の記憶であれば，記憶の原像自体は同じなのであるから，核となる事実には変化がないのが通常である。そういう意味で一貫している供述は，信用性が高い（体験供述である[56]。）。

しかしながら，核となる事実自体を変遷させる場合がある。それは，意図

---

53) しかし，何度も同じ体験事実を述べているうちに，表現自体が，固定化してくるのはやむを得ないので留意する。
54) 仲真紀子編著『認知心理学』102頁（伊東裕司）（ミネルヴァ書房，2010）参照。
55) むしろ，記憶を正確に一度で説明すること自体（語ろうとする記憶の複雑さにもよろうが），それほど簡単なことではない。

的に事実を隠し，あるいは虚偽供述を述べており，それをさらに変遷させる場合である。その際，さらに虚偽供述を行う場合もあるし，真実の供述を行うに至る場合もある。これが，通常言われている「**供述の変遷**」である。いずれにしても，この場合供述者自身は，変更した現在の供述が真実の記憶で正しい事実であると主張しているわけである。その最終的な供述が，既に述べた供述分析の観点から検証して真実性が認められる場合には，その前に変遷があったとしても最終的な供述の信用性は認められるというべきである。

また，Aという供述を行った者が今度はBと言うとき，なぜ最初Aという，事実と異なる供述を行いBという供述を行うことにしたのか，その理由が合理的に説明できないときは，その者の誠実さに疑念が残るので，Bという最終供述が前記供述分析の観点から信用できるという事情がない限り，信用が認められることは難しいであろう。これに反して，その理由を合理的に説明している場合は，原則的には信用できるといえる。まして，最終的な供述が，既に述べてきた分析の観点から体験供述性が認められるなら，最終的に表れた供述は極めて信用できる供述と考えてよい。

したがって，変遷があったとしてもその変遷を合理的に説明できるのに，ただ変遷があるというだけで供述の信用性を否定するのは不当であり，正しい事実認定ができなくなってしまう可能性がある。

しかしながら，一般的には，変遷のない一貫した供述が信用性のある供述の特徴として捉えられることが多い。多くの判決でも，供述が一貫していることを信用性が肯定される理由として述べられている。それが，以上に述べたことを前提に判断しているのであれば妥当であるが，そうでないのであれば妥当ではないと考える。

なお，被疑者が自白している場合であっても，最初から100パーセントの事実を自白することが少ないのは取調官にとっては経験的事実である。捜査が進んで，次第に事実が明らかになって，隠し切れないと考えて，自白する

---

56) しかしながら，核となる事実に変化がないにもかかわらず，それ以外の事実に変遷があるからといって，鬼の首を取ったように，信用性を弾劾するのは，愚かなことである。記憶を想起して語るときに当然生じ得る変遷を，(それが核となる事実の存在に何ら疑問を生じさせるものではないのに)信用性に疑問をさしはさむものとして主張し，裁判所がその主張を容れてきたことが，いびつな精密司法を育てた面もあるのではないか，と考える。

ことが多いのである（「小出しの原則」と言ってもよい程の一般的な傾向である。）。あるいは共犯事件で，自分が最初に自白したり，最初に共犯者の関与を認めたりする者になりたくないことから否認している場合には，共犯者が先に自白した場合には，あっさりと認めることもよくあることである。

　もっとも，これは他の者や物（の発見）に先駆けて自白するのではないので，自発性の点で劣ることは疑いがない。そのため，取調官に押し付けられた可能性も考えられ，最悪の場合には，真実ではない他の証拠（他人の供述であることが多い。）を押し付けられて虚偽自白するという可能性もあるので，留意を要する。

　しかしながら，その場合であっても，一面に油の浮いた水面に水滴を落とすと水滴が大きく広がる場合のように，他の事実や証拠を突き付けられてその事実や証拠から推測可能な範囲を超えて視界を大きく広げさせ，周辺の事実やその背景，その時の内心の認識や感情等を明らかにする供述は，真実である蓋然性が極めて高い。

### エ　真実に対する謙虚さと合理的な判断

　虚偽供述か否かを判断する時に重要なのは，冷静さと合理性である。

　冷静さとは，真実に対する謙虚さ，注意深さと言ってもよい。

　人間は，一定の事実の立証と利害関係を持ってしまうと，自分に都合のよい事実を信じたくなるが，そうなると判断が曇ってくる。相手が犯人だと思い込んでしまうと他のマイナスの証拠や事実が見えにくくなり，また過小評価してしまう。罪を免れようとするから，曖昧不自然な供述をするに違いないなどと思い込んでしまうのである。また，マイナスな証拠について，有利に解釈する。そして，一旦思い込んでしまうと，思い込んだ自分の判断の正当性を保持したいため，「信仰化」し，考えを変えることができなくなる。自分は常に冷静に判断していると自負していたとしても，誤った判断をしてしまうことはある。一旦誤った判断をしてしまうと，後は，その判断を維持することが自己目的化して思考を停止させてしまう（起訴した後は，起訴の正当性を維持したいという欲求（自己の判断が誤っていたと評価されることを回避したいという欲求）が生じ，冷静な判断ができなくなる。）。それが，組織体に問題がある場合は，事態をより複雑化し，難しくしてしまう。過去の考えら

れないような捜査の失敗は，そのパターンも多い。そのような誤りを押しとどめる際に必要な心構えが，冷静さであり，真実に対する謙虚さであり，物差しが合理性の基準である。合理的に考えて，それがあり得ないことであれば（あり得ても，その蓋然性が低ければ）虚偽と考えるべきなのである。

　逆に，不合理だと判断されても相手が何度も何度も同じ不合理な供述を繰り返していると（「検事さん，信じてくださいよ。それは本当のことです。どうして今更，嘘を言いますか。」など），ひょっとしたら真実かもしれないと思えてくるものである。証拠関係からどう見てもあり得ないはずの話なのに，そのような嘘を言っても信じる者もいないはずで，そのことは分かっているはずなのにその話をずっと話し続けるのは，ひょっとすると何か自分の判断の及ばない事情があって，実は本当のことかもしれない，と。私の経験からすると，相手から強い動物的なエネルギーを受けて，（心理力学的に）判断が曇ってくるのだと思う[57]。しかし，まさに，その場合にも，正しい判断をするのに不可欠な基準が合理性なのである。

　常に冷静かつ合理的に判断を行うこと[58]が重要である。そして，判断を間違ったとしても，その後冷静かつ合理的に考えて誤っていたことが判明した

---

[57] 公益のために，破邪顕正を徹底させなければならない警察官・検察官も，相手の人柄や境遇，犯行動機等から，相手に惹かれ，あるいは同情し，追及の勢いが鈍ることもある。検察官は血も涙もある人間である。事実上の問題として，証拠の薄い事件では，同情すべき情状と相手の否認のエネルギーに影響されて追及の矛先が鈍ることも少なくないであろう。しかし，それでも警察官・検察官は，鬼になるべきである。

[58] 実際には，合理的に考えても真偽の判断が難しい供述もある。特に，虚言癖のある人間の供述の場合は，その判断が難しい。日常的に嘘を言うのに慣れている上，人をだますのに成功した経験が豊富であるので，嘘のつき方がうまいし，言い逃れもうまい（平然としているため表情等から虚偽性を窺うことは難しい。）。このような者の供述の特徴は，虚実取り混ぜた嘘であり，一部真実もあるので，虚偽部分も勘違いの可能性がある（意図的な嘘との断定ができず）と判断せざるを得ないことから判断に迷ってしまうのである。そのような典型例として，帝銀事件の平沢貞道被告人が挙げられよう（竹澤哲夫＝和多田進監修『検事聴取書全62回―帝銀事件の研究Ⅰ』（晩聲社，1998））。このような場合でも，冷静に合理性の観点から，前記の分析基準を用いて真偽判定を行うことが重要である。なお，微視的な視点に捉われて全体的な視点を見失わないようにする必要がある。真実を述べさえすれば嫌疑がないことの証（あかし）が立つのにそれをしない（で虚実取り混ぜた不誠実な供述態度を取り続ける。）以上，話せば自分に不利になることを認識しているという推定が働くからである。もっとも，「不利」の内容は，犯人性を認められてしまうことだけでなく，犯意の存在や真の動機が判明してしまうこと，共犯者の存在等を明らかにしてしまうこと，余罪の存在を気付かれてしまうこと等，種々の事情が存在し得るので，慎重に考えるべきである。

場合は，潔くそれを認め，事態の収拾を先送りせず，直ちに，改めて，採るべき手続を踏むべきである。

　オ　真実の供述を得るための具体的技術

　次に，真実の供述を得るための方法について述べる。要するに，取調べの在り方であるが，取調べは相手のあることであり，その相手は千差万別であり，また事件の内容も千差万別，証拠の状況やその他事件や相手を取り巻く環境も千差万別である上，取調官自身の能力，経験，知識，性格，人柄その他取調官を取り巻く周囲の環境も千差万別であるので，その組み合わせは無限といってもよく，取調べの方法も無限にあるといえよう。しかし，私にはそれを述べる能力はないし，紙幅も限られているので，ここでは，基本的なことを記するにとどめたい。

　なお，取調べは，法廷における尋問と同じ性質を要する行為であるところ，彼の有名な『反対尋問』（旺文社，1984）（梅田昌志郎訳）の著者であるフランシス・ウェルマンは，同書26頁で「（反対尋問に成功するには）たいへん高度な才智，論理的に物を考える習慣，知覚の鋭敏さ，無限の忍耐と自制力，他人の心を直感的に読み取り，顔から性格を判断し，動機を理解する能力，力強く正確な行動力，当面する問題そのものの細部にまでわたる知識，細心の注意，そしてとりわけ尋問中の証人の弱点を見抜く直感が要求される。」と述べているが，これらは，取調べにおいても当てはまるものである。その上で，十分な準備をし，水のように柔軟に，すなわち臨機応変に，取調官の全知全能を総動員し，その場で最も適切な対応（発問）を行うことによって，取調べは，良い結果を勝ち取ることができるのである。

　さて，まず，基本的な取調べの技術について説明する。

　㈰　取調べの準備

　①　証拠関係の把握

　取調べに当たっては，情報を広く収集し，検察官であれば，送致された記録を精査し，記録に記載されていないことも警察等の第一次捜査機関からの電話等による情報収集を行うべきである。相手が被疑者で過去に前科・前歴がある場合には，確定記録等過去の事件の資料を取り寄せて被疑者の情報を把握しておく。共犯事件の場合には，共犯者の事件記録も取り寄せる。情報

は多ければ多いほど、取調べにおいて供述の真偽判定に資するからである。
　② 取調べ対象者についての情報収集
　取調べは、取調官と対象者との対話によって成り立つ作業である。対象者についての情報を可能な限り収集しておけば、ラポール（信頼関係）の形成や質問の在り方等に様々な点で有利（話題の提供ができ、会話の糸口を得られる等）であり、かつ効果的である。取調べもある種の「戦い」であるから、孫子の「敵を知り、己を知らば百戦危うからず」が当てはまる。対象者に応じた取調べの在り方を事前に準備する。
　③ 取調べの目的の設定
　効果的な取調べを行うには、取調べの目的を明確に設定して（もちろん、1つとは限らない）、効果的な取調べを準備する。弁解録取時の取調べと、その後の取調べ、追及又は説得するための取調べでは、質問事項や質問の順序その他は異なる。
　④ 心構え
　取調べは、事前の計画どおり進むわけではない。常に、その場に最もふさわしい質問は何か、どのように追及するのが効果的なのかを、臨機応変に考えて、柔軟に対応することが必要である。
　もちろん、真実に対する謙虚な気持ちは、常に堅持しておかなければならない。また、人間同士の戦いの側面も有しているから、気迫で負けてはならない。自信と余裕を持って取り調べに当たることが肝要である。他方、人間として対等だという意識を持ち、相手を尊重した上で臨むことである。
　(イ) 対象者との信頼関係の構築
　① 不安の排除
　まず、前提として、取調べの対象者に、取調べの目的や取調べの予定時間等対象者が取調べで負担すべきことの概況（外枠）について説明し、対象者に無用の不安を抱かせないようにする。グラウンドルールの説明と呼ばれるものである。
　その際、取調べの対象者に対して、自分の記憶にあることを思い出し、記憶にあることだけを話してもらうように約束してもらう。また、推測した事実を述べることもあってよいが、その場合は、見たわけではなく推測である

こと，及び推測の理由も説明してもらうこと，伝聞は伝聞である旨明示してもらうことについて，約束してもらった上で，取調べを開始することが重要である。

② ラポールの形成

その上で，対象者が自らの記憶を喚起した上で供述して，取調べに協力しようとする気持ちになるように，対象者との信頼関係を形成することも重要である。

幼児や小学生等の幼い者については，信頼関係の形成は不可欠である。そうでないと，彼らは取調べというこれまで経験したことのない状況に置かれて，戸惑い，おそれ，不安を抱き，あるいは人見知りをし，退屈し，あるいは反感を抱いて，取調官に心を開いてくれず，ほとんど話を聞けないまま取調べが終わってしまいかねない。彼らの取調べは，参考人としての任意の取調べであり，相手が協力してくれないことには目的を達することができないので，信頼関係の形成は特に重要である。この点は中学生の場合も基本的な問題状況は変わらない。

そこで，前提として，①不安の排除で述べたように，話を聞くことの目的を分かりやすく説明し，取調べの概要（時間（何時になったら帰れるか，どういう話が聞けたら帰れるか。）等）を説明して，不安を除いた上，取調官である自分のことを信頼してもらえるように，対象者が好きなこと（遊びやスポーツ，歌，アニメなど）等に関する雑談を行って，打ち解けてもらい，その過程で取調官自身のことも語り，人となりを知って，安心してもらう。そのためには，ある程度時間をかけることも必要である。

この点は，司法面接のガイドライン[59]を参考にすべきであるが，このガイドラインどおりにやればよいわけではないことには留意する必要がある。ラポールの形成のための例文のマニュアルどおりにやって，相手がまだ打ち解けていないにもかかわらず，取調べの本論に入ってしまう者もある。マニュアルは，相手が打ち解けるための例文を記載しているだけであるから[60]，相手が実際に打ち解けているかどうかをよく判断して，取調べを始めるべきであ

---

59) 北大司法面接ガイドライン（仲真紀子）2010.10等参照。
60) 同上ガイドラインの例文参照。

る。なお、そのためには、まず、取調官自身がリラックスしていなければならない。取調官自身が緊張して（表情が硬かったり、声が上ずっていたりして）いれば、その緊張は相手に伝播しリラックスを妨げるからである。

対象者が大人であったとしてもラポールの形成は必要であるが、幼児や児童等ほどは困難ではない。身柄の被疑者の場合は、取調べの時間が長くなる上、相手は取調べ受忍義務を負っており、取調べからは逃げられないので、その点ではラポールの形成が容易な側面もあるが、必ずしも簡単ではない。というのは、そもそも、取調官とは、基本的には対立する利害関係にあるからである。相手は取調官に対して、警戒し敵意を抱いていることも少なくないであろう。[61]それでも、相手に興味を持ち、その人格を尊重し、境遇や経歴等にも十分な敬意を払い、相手の立場に十分に理解と共感を持って対応しなければならない。これは相手を尊重する姿勢が相手との信頼関係を形成するということにとどまらず（その前に一人の人間として必要なことである。）、信頼関係が形成できているか否かはその後に対象者の語った供述の真偽や記憶喚起の状況等を判別するためにも影響を与えるものと考えられることだからである。

③ 取調べに集中できる状況の設定

身柄を拘束されている被疑者は、日常生活から隔離されており、取調べが日常的な作業になるので、必然的にそれに意識を集中することになる（もっとも、身柄を拘束されて間もない被疑者は日常生活から切り離されて心理的に混乱していることが少なくない。）が、身柄を拘束されていない在宅の被疑者や被害者その他の参考人は、日常生活の合間に取調べを受けることになるので、取調べに集中することが必ずしも十分にできるわけではない。取調べの時間の確保すら、仕事等の生活上の諸事情とバッティングするためにままならないし、何よりも仕事や生活の算段をしなければならないため、取調べ（のための記憶喚起）に意識を集中することはできないのが実情である。その

---

61) 相手が真犯人でない場合、利害関係が対立する様相を呈する場面があるが、それは本来表面的であるべきことである。取調官は常に真実に謙虚でなくてはならないからである。真実を追求するという点では、その場合の被疑者も同様である。予断と偏見を排し、語るところを真摯に聞いて、合理性の観点から納得のいく説明をしている場合には、素直に受け入れなければならない。

ような中での取調べであるので，記憶喚起にとって万全な状況にはないのである。とすると，取調べの時間は可能な限り雑念を払い，記憶喚起に集中してもらうように配慮することが求められることになる。もちろん，それでも集中できないときは期日を改めることも必要になってくる。

　(ウ)　相手からの情報の的確な収集

　①　相手の話をよく聞く

　相手の話をよく聞くことである。予断を持ってはならない。といっても，捜査である以上，一定の見込み（仮説）を持つことは避けられないことであるが，その見込みは間違っている可能性があることは常に念頭に置いて取調べを行うべきである。したがって，相手が話そうとすることを遮ることは避けるべきである。話したいことを全て話させることが重要である。相手の話を遮るのは，明らかに無関係な供述を始めた場合を除いて行ってはならない。そうでないと，自分の話を聞いてもらえない相手は，取調官に不信の念を抱き，真実の記憶を話そうという意欲を喪わせることになりかねない上，重要な事実を聞き漏らすだけでなく，話を聞いてもらえなかったという弁解の理由にもなる[62]。

　②　遺漏のない質問を行う

　相手が，素直に取調べに協力していても，相手から重要な事実を聞き漏らしてしまうことも少なくない。相手は取調官が何を語ってほしいのか分からないことがある。取調官が，取調べに当たって対象者から聞きたい事実関係等を説明していたとしても，関連性があるかどうか判断がつきかねるところは，説明から抜け落ちることも少なくない。後で，公判で初めて証言したときに，「なぜ捜査段階で話してくれなかったのですか？」と聞いて，「質問されなかったからです。」と証言することは，少なくない。それは，実は弁解にすぎないこともある（実際は聞かれていたのに答えなかった。）が，真実として警察官も検察官も聞いていなかったためであることも多い。

　そのようなことがないように，関連すると思われる事象を幅広く想定し

---

[62] 被疑者の取調官は，犯罪構成要件該当事実というスキーマに捉われ，直接的には犯罪構成要件該当事実ではないが，間接的に重要な意味を持つ事実や供述に気付かず見過ごしてしまうことが少なくないと思われるので，留意が必要である。

て，質問するべきである。

　例えば，犯行状況の目撃者に対する取調べでは，目撃状況が最優先の聴取事項であるのが通常であろうが，犯行現場に至るまでの経緯や犯行後の経緯等についても漏れなく聴取すべきである。犯行前後の状況が犯人の特定や犯行の動機等に関する有力な情報になる可能性もあるからである（犯行状況に関する供述が通常の価値を有するに至ることもあり得るからである。）。

　分かり切っていると思われることでも，具体的な供述を引き出して内容を確認する。答えが分かり切っていて質問するまでもないと思っていたが，念のために確認したところ，対象者が思っていたことと全く異なる供述をして驚いたことは何度もある。そのたびに先入観がいかに恐ろしいか思い知らされたわけであるが，若い取調官は，分かり切っているという口調で確認の質問をしないことが多く，また，当然という感じで分かり切ったことを誘導して同意を求めるような取調べもある。心しなければならない。

　例えば，堤防から川に被害者を突き落として殺害した事件において，被害者を後ろから突き落とした時，どこを押したのかは，明るい時間なら目で見た記憶を聞けばよい。しかしながら，夜間であたりは漆黒の闇で視覚の記憶がない場合は，手で押した時の手の高さと相手の身長や姿勢から，押した手に相当する位置ということになろう。しかしながら，それだけではない。押した時の手の感触等でも確認できる（押した相手の背中の柔らかさや硬さ，硬さの部位等。）。あるいは，自分の体を近づけていた場合には相手の息の感覚や髪の毛の匂い等もろもろの感覚を確認することによって見当を付けられることもあるであろう。したがって，視覚以外の感覚に残っている記憶についても質問することを考えるべきである。

　大事なことは発想力である。しかし，その発想力は，経験から湧いてくることもあるが，自分を対象者のアバターとして，シミュレーションして考えると，良い発想が湧いてくるものである（後記⑨記憶喚起の手法（→64頁）参照）。

　人の記憶は，人が当時置かれた状況において，その人がその時点で抱いていた感情及びその時点におけるその人の興味や関心に左右される[63]。恐怖に支配されていたとすれば，恐怖の対象となる物や事態に対して意識を集中させるであろう。そのことについての記憶は鮮明で詳細に記憶は残るであろう

が，他のことに関しては，注意が向いていないため，記憶は乏しいであろう（もっとも，行き過ぎた恐怖は，見えないものを見せ，聞こえない声を聞かせたりもする。）。また，その時点におけるその人の興味や関心があれば，それに関することについての記憶は鮮明に残るであろう。したがって，当時の興味関心は何にあったのか，その時の心情はどういう心情で事態を見ていたのか，は必ず聴取しておく必要がある。

それは，供述の信用性を検証する上で重要な補助事実になるからである。

なお，遺漏のない質問は，対象者に分かりやすい言葉で質問をすることによって初めて可能となる。特に子供や知的障害者等理解力の低い者が対象者である場合には，彼らにも分かる言葉で質問を行わなければ意味のない取調べになってしまう。この点は，健常な大人であっても難しい言葉で質問をする場合にも同様の問題を生じるので，相手にとって分かりやすい言葉で分かりやすい質問を行うべきである。

③ 相手の些細な言動も見逃さない

取調べは，情報収集の大変貴重な機会である。質問という武器によって，相手の供述が真実の記憶を述べてものであるかどうか，また，相手が何を考えているか，何を知り，何を知らないか，何かを隠そうとしているのか否か，隠そうとしているとして何を隠そうとしているのか等を知る大変貴重な機会なのである。もちろん，相手の性格や人間性，知的レベル等の情報も得られる。いわば，潜水艦の（アクティブ）ソナーで，敵潜水艦や敵艦艇の位置等を探査するのに似ている。質問に対して帰ってくる供述の内容や対象者の供述状況等の反応の情報を全て把握して，背後に隠れている対象者の内心の実態（上記の何を考えているか等）を探るのである。常に鋭敏な感覚を持っていなければならない。

その際の情報としては，供述の内容が最も重要ではあるが，それだけでなく，表現自体[64]，相手が話すときの声の大きさ，調子，高低，表情や動作も注意して，それと供述内容をセットで受け取り，他の証拠関係等の全ての情報[65]を勘案して判断を行う。

---

63) 現在心理学の主流を占める認知心理学では，人の記憶は，その人の持つ認知の枠組みであるスキーマ等によって，選別され，また変容するとされている（→10頁注12）参照）。

また，相手は，口ごもったり，言いよどんだり，あるいは，しばらく沈黙した後に話したりすることがあるが，これらには当然その理由がある（迷いがある）のであるから，相手の気持ちを推測して，察し，真に言いたいこと，背後に隠れていることを十分に聞き出して，意を尽くした話をさせるべきである。相手の様子を冷静に把握して，その言葉や態度等の背後に隠れている心理も見通して，それに応じた質問を行って供述を引き出していくべきである。

　取調官の投げ掛けた誘導事実なり一定の見方に対して，対象者が「そうですね」に続いて，「でも，……」とか「ただ，……」などと述べて，その誘導事実や見解に異議を述べて別の事実や自分の見解を述べる場合には，そのことには注意しておかなければならない。事実の場合は真実である可能性が高いし，また，意見に関しては，そこ（相違していること）に問題が伏在していること示すものだからである。

　ところで，取調べ対象者は，さりげなく，（意図的にせよ意図的でないにせよ）重要な事実を述べることがある。重要な事実かどうかは，対象者自身には分からないからである。しかるに，現実の取調べにおいては，対象者が，重要な事実を述べている，あるいは述べようとしているのにもかかわらず，それに取調官が気付かないで，他の質問に移り，素通りしていくことも散見される。

　例えば，対象者が特定の事実や言葉にこだわったりすることが，ヒントになる場合もある。被害者が結束バンドで両手を緊縛された状態で死体で発見されたという逮捕監禁致死事件で，緊縛行為を行った嫌疑が濃厚になった参

---

64) 特定の用語について，略称を用いて話すことなどから使い慣れていることが分かり，それが，事案解明の糸口になることもある。これは，私がかつて担当した外国為替及び外国貿易法（外為法）違反事件（ジェットミル（粉砕機）を通商産業大臣（当時）に無許可で某国に不正輸出した事件）で，同大臣の許可を要するスペックとして，過塩素酸アンモニウム（ロケットの固体燃料の酸素供給材）を粉砕できるものであることが必要であったところ，被疑会社関係者はそれを否定していたが，同社の技術者が，過塩素酸アンモニウムのことを，「過塩素酸アンモ」と使い慣れた略称で呼んでいたことが分かり，ジェットミルで同物質の粉砕経験のあることが窺い知れ，会社ぐるみで不正輸出の確定的認識を有していたとの確信を得たことがある。
65) 言葉以上に，しぐさや態度は，雄弁に気持ちを語るといわれる。これらは，パラ言語情報と呼ばれる（仲・前掲注54）115頁）。

考人を取り調べたところ,「どうして被害者が緊縛された状態で遺体となって発見されたのか分からない。自分は被害者のいた部屋には行ったが,自分が部屋から出るとき,被害者は緊縛されていなかった。」旨の事実を繰り返し述べていて,関与を否定する供述を行っていたが,その中でも「自分は被害者のいた部屋には行ったが,自分が部屋から出るとき,被害者は緊縛されていなかった。」旨の事実について,不自然にこだわっているのに取調官が気付いたことから,「それなら帰る前は縛られていたことがあったのか。」と聞いたところ,参考人は考え込み,最終的に「自分はAから言われて一度被害者の手首を結束バンドで縛った記憶がある。その後,被害者に食事をさせる際に,Aから言われて被害者の結束バンドを鋏で切った。その後,Bが部屋に来て自分は部屋から出たので,被害者が結束バンドで手を縛られた状態で発見されたのであれば,自分が帰った後に残ったAかBが結束バンドで縛ったとしか考えられない。」旨結束バンドで緊縛した真実を認めるに至ったという例がある。

　また,例えば,被害者を堤防から川に突き落として殺害したという先の事件で弁解録取の際に被疑者が,その後すぐに現場を離れて逃げたと述べたので,取調官がその理由を聞いたところ「怖かったので」と答えた。にもかかわらず取調官がなぜ怖かったのか聞かないことがあった。この事件は殺意が問題になる事案であるから,即座に質問は行うべきである。怖かった理由は聞かなくても分かっていると思うと聞かないことにもなろうが,「怖かった」と被疑者が述べたのは,実際にその場で怖い気持ちを感じたからである(根拠があったのである。)。とすれば,なぜ,「怖かったのか」と聞けば,その理由(怖いと思った根拠)は説明したはずである。そうすれば,例えば,相手が溺れて死ぬ様子を見るのが恐ろしかったという説明をしたとすると,死ぬと認識した上で突き落としたことを推認させることになるから,相手が溺れて死ぬ危険性の高い行為を行ったことについての認識を証拠化することができたはずである。もちろん,恐怖を感じる理由は人それぞれであるので,一概には言えないが,そのような重要な供述を引き出すチャンスを見過ごすのは,得策ではない。[66]

　④　反(何を言わなかったか)にも留意
　対象者が質問に対して,何を言ったかがもちろん重要なのであるが,「反」

すなわち、「なぜ、それ以外のことを言わなかったか。」、「何を言わなかったのか。」も重要である。「Aです」と述べたときは、「Bです」とは言わなかった（二者択一の場合）のである。あるいは、様々な答えが想定できるのに、ある1つの答えXだけをした場合には、他のことを言わなかった理由があるのである。後者の場合には、さらに、別の事実Yを付け加えることもあり得る。その場合は、Xを最初に述べた理由があるのである。なぜ、他のことを述べなかったのか、なぜ、Xを最初に答え、Yを最初に答えなかったのか、にも意を用い、その理由を考える必要がある。そうすれば、相手（対象者）の内面のコンプレックスや体験供述性の有無等が理解できてくる。

⑤ 記憶の鮮明な時期に事情聴取する

記憶は、時間の経過とともに指数関数的に減衰するとされている。したがって、相手から正確な情報を豊富に収集するためには、まず何よりも、事件・事故からあまり時間が経っておらず記憶が鮮明な時期に取調べを行う必要がある。したがって、可能な限り事件・事故の直後に事情聴取を行うべきである。

身柄事件の場合は、逮捕当初の弁解録取及びその直後の送検までの取調べ、検察官の場合は、弁解録取時の事情聴取が最も価値が高い。裁判官の勾留質問以後の取調べは、被疑者がその後の処分等に気を取られるようになり、利害関係を供述に盛り込むことが増えるため、留意が必要になってくる。

もっとも、事件・事故の直後の場合は、事件・事故の動揺があって心理的に混乱している可能性もある上、記憶自体も混乱している可能性が高いので、十分に記憶を喚起し、記憶を整理しながら、聴取する必要がある。そうでないと、前後の脈絡がなく、また印象の強いことばかりが思い出されて、印象は強くないが事件・事故の解明にとって重要な事実を思い出せずに、供述調書から脱落させてしまう可能性があるからである。したがって、基本的

---

66) 対象者が、体験的事実として自ら特定の感情等を供述したときは、必ず、その理由を聞くべきである。自ら進んで述べたことについては、供述者自身に説明の責任があるし、本人も責任を自覚している。また、当然のことながら、理由があって述べたはずであるので、有益な情報が得られることが多いからである。

には，動揺が収まり，ある程度冷静に話ができる状態になるのを待って事情聴取するのがよいと思われる。

　しかし，他方で，事件・事故の直後の事情聴取は，事件・事故の当事者が心理的に混乱していたとしても，その時点での供述をそのまま録取する場合は，事実を記憶のまま（前後等が混乱している可能性はあっても）話す可能性が高いという側面もあるので（冷静になった後に事情聴取する場合は，事件・事故の当事者が利害得失を考えて虚偽供述を交える可能性も増えてくる。），事件・事故の直後に間髪を入れず事情聴取して迅速にその供述を録取することも考慮する。その調書が，後々公判になって否認された時などに，威力を発揮することに繋がることも少なくない。したがって，事案ごとに，その得失を考えて，どの時点で事情聴取して調書を作成するか，臨機に判断する必要がある。[67]

　記憶の鮮明な時期に事情聴取して供述調書を作成し証拠を確保するという意味では，事件・事故に最も早く接する警察官の作成する供述調書の価値は高いものがある（事件・事故に最も早く接する警察官の強みである。）。その時点で，供述者（被害者，目撃者，被疑者等）の生々しい具体的な供述を遺漏なく聴取して録取すれば，その後の捜査に大きな意味を持つのである。したがって，警察官に対してはこのことは強調しておきたい。その場合は，調書として何を録取して何を録取しないかや体裁などを，あまり考えすぎず，素直に，被疑者や事件・事故の関係者が話したことは全て録取する方がよいことが多いのである。

⑥　記憶の喚起及びその手伝い

　やむを得ず事件・事故の直後の取調べができなかった場合で，対象者の記憶が必ずしも鮮明に残っていないときは，可能な限り記憶を喚起してもらう必要がある。そのためには，取調官が記憶喚起の手伝いをしなければならない。記憶喚起のヒント（手掛かり）を与えるなどである。[68][69] 生の記憶は，記憶

---

67）　この点で，対象者の気持ちが落ち着き，また記憶も整理された段階で述べた供述は，事件直後の供述と異なり，変遷が生じ得るわけであるが，それはある意味当然のことである（もちろん合理的に判断できる範囲で）ので，形式的な変遷を根拠に，安易に供述の真実性を否定することはあってはならないであろう。ときとして，弁護人はこの点の変遷を鬼の首を取ったように重大視して信用性の弾劾ネタとして使ってくるのであるが，さして気にする必要はない。

自体が相互に矛盾したり，客観的な事実と矛盾したりすることが少なくない。したがって，これをそのまま鵜呑みにして録取するわけにはゆかない。もちろん，後述のとおり，必要な記憶喚起をしても，相手がその記憶に固執する限り，そのまま録取するほかないが，その前に十分な記憶喚起を行って，矛盾を解消し，正確な記憶を喚起するようにアドバイスを行う必要がある。「よく思い出してください。」というだけで，記憶喚起してくれるわけではない。記憶喚起は，供述者と取調官の共同作業なのである。これが，取調べの最も重要であり中心的な作業である。その場合のアドバイスとは，時間的な先後等も含めた上での客観的に明らかな事実や手掛かりとなる事実や事柄を指摘したり，論理的な矛盾等を指摘したりする等して，記憶の誤りや混同を解消させることである。

もっとも，記憶喚起によって正しい記憶を取り戻すことで，脳裏に誤って焼き付いた記憶を変えるのは実は簡単なことではない。これまでの経験からすると，記憶喚起できることはあるが，完全に矛盾点を解消させることはできないことの方がむしろ多いので，その場合は，せいぜい「私の記憶では……なのですが，……の事実（客観的に明らかな事実）から，それがあり得ないことは分かります。ですから，……の印象が強くて，それに影響されて，……という記憶が残っているものと思います。」程度の供述に落ち着くことが多いであろう。

---

68) 1か月前の何月何日の何時ころ何をしていたかを聞かれたとしても，記憶だけでは答えられないであろう。しかし，カレンダーや手帳等を見ればかなりのことを思い出すこととなる。

69) 取調官が，（思い出すのは相手の作業だからということで）「思い出してください。」と言って思い出すのを待っているだけでは，記憶を喚起することはできない。思い出す作業は，それなりに労力を有することだから，思い出すことの必要性を十分認識していない場合は，面倒くさがって思い出す努力をしてくれないからである。被疑者の処罰を積極的に求める被害者は別として（もっとも，被害者の中にも当事者意識が弱く，というより，被害者意識が強く，自己の立場に甘えて，記憶喚起に積極的でない人もいるので留意を要する。），目撃者や単なる参考人は，受け身でいることが多く，取調官が記憶喚起を促さないと思い出す作業をしてくれないことの方が一般的であると思われる（対象者にとっては，思い出す作業は「自分の仕事」ではない。）。まして，相手が被疑者の場合等で思い出すことがむしろ自分の不利になる場合は，なおさらである。相手が曲がりなりにも記憶喚起に協力的な場合は，相手の努力だけにとどまらず，取調官自身も，記憶喚起の手伝いを必死になって行わなければならない。しかし，<u>あまりに記憶喚起がしつこいと，相手は記憶喚起していないのに「思い出した。」など嘘を言って取調官の期待する記憶に反する供述を行う危険があるので，記憶喚起にも限度があることは思い知るべきであり，常にその限度かどうか間合いを計っていなければならない。</u>

ただし，記憶喚起も度を過ごすと，供述者に，取調官に対する迎合した供述をさせてしまう危険があるので，留意を要する。迎合した虚偽供述を（訴追に有利だからと言って）吟味する（真実性を備えているかを吟味する）ことなく録取することは絶対に避けなければならない。

　個人的な経験からすると，記憶喚起の努力をしてもその取調べ中に記憶喚起ができないことも少なくない。日常生活での我が身を省みても，大事な時に記憶喚起できず，後から思い出して臍を噛むということはよくあることである。むしろ，取調べ後にふと記憶喚起されることもあるので，記憶が喚起できた場合には直ちに連絡をもらえるようにしておくとよい。

　記憶喚起のために，他の者の供述を伝えて記憶喚起することはもちろん許される。しかしながら，その場合であっても，不当な誘導を行うなどして真に記憶が喚起できていないのに，特定の取調官が期待する供述を引き出そうとするべきではない。[70]また，記憶が明確で断定できる事実であるのか不明確で断定できない事実であるのかも，明確に区別させなければならない。

　しかしながら，何が真実の記憶であるか，不明なことも少なくない。特に，取調官にとって取調べ時点で，まだ何が客観的な事実かが明らかになっていないような場合は難しい。そのような場合は，勢い相手の供述を受け入れるほかないことが少なくない。しかしながら，そのような場合であっても，記憶の根拠を確認することでかなり明らかになるし，そうでなかったとしても，記憶を正直に語っているか嘘を言っているかはおおよそ判断はつくものである（ウ　真偽判定の基準→13頁参照。取調べ及び捜査経験の少ない者の場合は，難しいが。）。したがって，<u>取調官は虚偽供述を行っていると考えられる場合には，説得を行って真実の供述を行うように促すのである。そして，そのためには，取調官は何が真実の供述であるかその判断能力を備えておかなければならない。</u>

　なお，この際留意しておくべきことは，取調べにおける供述を記載する供

---

[70]　取調官が期待する供述が得られたとしても，飛び付かず，記憶に基づく供述であるか否かを吟味した上で受け入れるべきである。相手の自発的な供述であるからと言ってそのまま供述調書にすることは妥当ではない（「相手がしゃべったから」などと言い訳することは許されない。それでは取調官の職責を果たしたことにならない。そこから，事実認定の誤りに繋がることもあり得るからである。）。そこで，取調官のマインドが試されるのである。

述調書はあくまでも供述「調書」として「文章」にして録取するものであるが，前述のとおり記憶自体は，文章の形で脳に記録されているわけではないということである。文章は論理的に整理しないと意味をなさないが，記憶は文章として脳に記録されているわけではないので，供述という形で表出される時に，最初から論理的にまとまっているわけではない。したがって，記憶を話してもらった上で，文章にする過程で，論理的な関係や時間の先後等を考慮することで表出された記憶が整理されていくことになる。そして整理過程で，新たに矛盾が看取された場合には，そこでも確認しながら記憶の訂正を行い，より精度の高い記憶を引き出していくことになる。[71]

⑦ 記憶喚起に必要な時間をかける

事件・事故から時間があまり経っていない場合は，記憶が保たれていることが多いが，その場合であっても記憶喚起にはそれなりの時間がかかる（→58頁参照）。時間が多く経過している場合はなおさらである。当時のことを思い出そうとしても，最初は断片的な記憶が浮かんでくるだけであり，次第に多くの断片的な記憶が思い浮かんでくるとはいっても，だからと言って，相互の関連や順序まですぐに思い出せるわけではない。相互の出来事の論理的な比較の作業によって関連が判明し，出来事の順序が喚起されるのである。[72] この記憶喚起は対象者の努力だけでは十分でない場合が多い。対象者は記憶喚起のための手段を持っていない場合もあるし，そもそも何のために記憶喚起するのか，必要性についての認識が十分でない場合もある。もちろん，取調べを早く終わらせたいと考えたりして記憶喚起についての意欲が乏しい場合もある。被疑者の場合は，自己の責任を少しでも軽くしたいという欲求があるので，記憶喚起に消極的であることも少なくない。したがって，

---

71) その意味で，供述調書を録取する意味は，可視化が進展したとしてもあるといえよう。
72) Ａという事実がないと，論理的にＢという事実が生じ得ない関係にある場合である。例えば，共犯者の一人がＶを殺そうという犯行持ち掛けの提案があった場合に，どういう手段で殺すかを話し合い，共犯者の一人から，歩いて帰るところを車でひき殺すという方法が提案されたが，ガソリンが少ないので，ガソリンを入れに行こうということになって，ガソリンを入れに行ったという事実の場合を例に取ると，共犯者のそれぞれから，断片的な供述，すなわち「ガソリンを入れに行った。」という供述と，別の共犯者の「殺人の提案がなされた。」という供述があった場合，論理的な関係でいえば，当然後者の方が先に出た話ということになる。この論理的な機序を手掛かりに記憶喚起する方法は，共謀の形成や会話，電話等における通話内容の解明の場面でよく現れる。

捜査官は，これを前提に取調べにそれなりの時間をかけるべきである。それに加えて，取調官の記憶喚起についての協力と働き掛けが必要になってくるのである。

対象者が記憶喚起できているか否か，どの程度までできているか，記憶喚起にはどういう手掛かりが必要かなどを，対象者を観察して的確に判断（脳裏に具体的な記憶表象を思い浮かべているかどうか，さらにそのような記憶表象を抱いているかまで見通す。）し，その手助けを行うべきである。

なお，記憶喚起に時間をかけるといっても，物理的（取調べ時間の確保上の問題）かつ対象者の心理的（記憶喚起の努力意思が続くかどうか。）かつ能力的（そもそも能力的に無理な場合もある。）な限界があるので，留意すべきである。前にも述べたが（→60頁注69)），しつこすぎる取調べが虚偽供述の動機になるおそれもあるからである。

⑧　対象者の供述が記憶喚起できた故の体験供述か否かを的確に判断する

前記真偽判定の基準により真実の供述か否かの判断を行う。それだけでなく，供述の際における対象者の言葉以外の身体や顔の表情等に現れた全てこと（相手の目の動きや表情（自信の有無等），言葉の大きさ等（語尾が不明瞭で，何か言いたいことが残っていないか等）のパラ言語情報[73]）を観察して，相手が自分の記憶を喚起できた上で，その事実を述べているかを判断する。決して，相手から形式的なクレジットを得るだけ（相手に「十分に記憶を喚起した上でのことですか。」と聞いて相手が「はいそうです。」と肯定しただけ。）で満足してはならない。

また，記憶の精度についても多角的に質問して検証する。例えば，事故で，「そのとき，相手の車が急発進してきたのです。」という被害者の供述

---

[73] 供述時の対象者の言動であるパラ言語情報も，真偽判定に重要であり，これも総合して判断すべきであることは言うまでもない（→42頁注50）参照）。しかしながら，これを過大視すると危険である。あくまでも真偽判定の要は供述自体の内容によるべきであり，パラ言語情報を過大視すると判断を誤るおそれがある。例えば，人は涙を流しながら嘘も言えるからである。その場合の涙は，自分に対する憐憫（悲観的な将来等に対する。）であることも少なくないのである（もちろん心から悔いての涙であることもある。）。特に，幼児時代から泣くことで許しを得られたという経験を積んでいると，そのような態度を取ることがある。その他の表情も，人の思いは極めて複雑であり，対象者の内心が必ずしも全て読み取れない（不可知の領域が広い。）以上，これによる短絡的判断は危険である。

は，よく目にする。これは，事実に対する供述であり，記憶に基づくものと受け取られるのが通常と思われる。しかし，厳密にいうと，実際にその状況を見た上での供述か，前後の状況からする判断（に基づく記憶）であるのか，不明である（このような例は交通事件以外においてもいくらでもある。）。相手の車を注視していた場合や注視していなくとも相手の車が視野に入っている場合であれば，記憶に基づく事実の供述として問題はないが，相手の車が視野に入っていない場合で，前後の状況から急発進してきたに違いないため，判断として急発進してきたと考えている場合は，見た事実として記憶に残っているのではなく，そのように判断した記憶が残っているのであるから，事実の記憶の精度が異なる（後者の場合は，判断の誤りの可能性が出てくる。）。したがって，実際に見たのか，そうではないのかは，明確にしておく必要がある。

体験している場合には，多角的な質問にも答えられるが，**体験していない場合は多角的な質問に遭うと破綻をきたす**。体験した事実はそれ自体が独立して存在するのではなく，現実に存した周囲の多くの事実と関連し，それに基礎を置いている。しかるに，体験していない事実はそれがないため，多角的な質問（周囲に実際に存在した事実との関連を聞かれても）に答えられず，答えたとしても矛盾することしか話せない（答えられたとしても，当てずっぽうが当たったにすぎず，幾多の質問に答えることはできない。）。

時には，その危険性を十分認識した上で，試す意味で，あえて誤導質問を行ってみるのもよいであろう。

⑨　記憶喚起の手法（取調官はアバターたれ！）

取調官が被疑者の取調べを行うに当たり，我が身を被疑者に置き換え（アバター化），被疑者に成り代わった（アバターの）自分であれば，過去の一時点において，どのようなことを認識し，どのような動機から，どのように行動しようとするか等を考え，自分であれば考えること行動すると思われることと実際に被疑者が考えて行った旨の供述とを照らし合わせて明らかになる食い違いを被疑者にぶつけて，被疑者の説明を求め，それについてもアバ

---

74) 他人の話などから，自分で事実認定を行った上で，見ていないのに見たと言うこともある。

ターとしての自分から疑問が生じれば，さらに，被疑者に質問をぶつけて，これを繰り返して被疑者の記憶喚起を図って供述を促し，多角的な質問も加えて供述の真偽も確認しながら取調べを行うのである。

　これは，被疑者に限らないことであるが，取調官が対象者に成り代わってアバターのようにその立場になって考えると，その場における対象者の問題意識や気持ち等が切実さをもって発想できるからである。取調官が自らの視点を現在に置いて，他人事として対象者に過去の説明を求めるのであれば，質問も十分には発想できないため，対象者も十分な記憶が喚起されず不十分な事実しか得ることができない。取調官がアバターになって質問（アバター質問）をすると，様々な疑問が発想され，その質問に対して対象者が意外な答えをした場合，なぜそうなのかを問いただすことになるが，その過程で，対象者に記憶喚起が更に促され，あるいは根拠づけて説明を受けることによって，正しい記憶を得ることができるようになるのである。[75]

　また，犯罪を計画したとしても，現実は計画どおり進むことは少なく，様々な障壁（ランダム性）により曲折を余儀なくされるものである。もちろん，計画どおり進むことがないというわけではないが，現実にはそれはむしろ少ない。しかしながら，このような様々な障壁による紆余曲折は，事後的に犯行の経過を辿ろうとするとき無視されがちである。というのは，犯行は結果として遂げられ成功しているのであるから，全てはそれに向けて進んでいったという見方を取調官がしてしまうからである。[76][77][78]それに加えて，被疑者が自発的にこれらの紆余曲折を供述しようとしないということも原因の一端である（というより，対象者において，そのような紆余曲折を話すべきかの判断自体できないことも多い。）。それを避けるためには，取調官において，前述のように，被疑者のアバターとなって，事件当時に身を置きこれから犯罪に向かう立場で，取調べを行うのである。そうすることによって，通常であれば容易なＡという方法を採るのに，実際はＢという方法で犯行に及んだとすると，アバターの自分であればＡという方法を採ると思うが，「なぜＡでは

---

75) そうすることによって，対象者も，その時点にタイムスリップして当時の状況をまざまざと思い出すことができるようになる。もっとも，決して，誘導の道具として用いるべきではない。常に，真に記憶喚起できたか否かを判断した上で，受け入れるべきである。

なくBという方法を採ったのか？」という疑問が湧いてくる。そこで，その旨被疑者に問いただすことによって，被疑者から「実は，……という事情があったため，Aという方法は採らずやむなくBという方法でやることにしたのだ。」という供述が引き出せる，というわけである。

　私は，このような形で（アバターになって），過去の一時点から犯行時又はその後の検挙までの時点ごとにおける被疑者の認識やその後の方針等を聴取していくことが多かったが，そのような取調べをして得た供述をまとめた供述調書を「リアルタイム調書」と呼んでいた（行動の都度の結果も記載しつつ常に未来（犯罪）に向かっていく内容となる。）。被疑者がある犯行前の時点で，現状認識としてどう考え，その後未来に向けて何を，どうしようかと考えて，何を行い，その結果どうなって，その後さらにその結果をどう受け止めてさらにどうしようとしてどういう行動を取ったか，をアバターになって考えることにより，最終的に犯行に至るまでの経緯を余すところなく明らかにすることができ（前述のように，途中の予期せぬ障害や出来事等によって当初の計画が変更していった状況も明らかになる。），真実を反映した質の高い供述を

---

76) ロシア皇帝の軍隊にいた徴兵係がある小さな町を馬で回っていた時，ある納屋の壁面にいくつものチョークで描いた丸い的があって，その真ん中を弾が貫通しているのに気付き，感心して近所の人に誰が撃ったのか尋ねた。すると，近所の人は「シェプセルですよ。靴屋の息子です。」と答えた。喜び勇んで徴兵係はシェプセルを勧誘するために靴屋に駆け出そうとしたところ，近所の人は，さらにこう言った。「シェプセルは最初に弾を撃って，その後で弾が通った穴の周りにチョークで丸を描いたんですよ。」という話における，靴屋に駆け出しそうになった徴兵係の類である（ジョン・A・パウロス著（松浦俊輔訳）『確率で言えば一日常に隠された数学』33頁（青土社，2001））。この類の間違いは，契約書や会計帳簿等の証拠物が物をいういわゆる二課事件に多い。犯行を隠ぺいするために作出した虚偽の証拠書類を，犯行の手段として作成された証拠書類と誤ってしまうのである。

77) ただし，自分の物差しで相手を計って型にはめること（誘導して自分の考えを押し付けること）は，絶対に避けなければならない。

78) 前にも述べたように世の中の出来事はランダム（無作為・偶然）性に満ち溢れている。人間は，自分の意図した行動は，もちろん，意思＝作為に基づいた行動なので，ランダム性は欠如している。自分以外の者の行動やそのほかの事象も（行為者にとっては）ランダムなので，行為者の意図的な行為もこれに影響されてかなりランダムな様相を呈する（犯罪でなく，何かを成し遂げようとする時，多くの障害に突き当たり計画どおりに進まないことがほとんどではないか。）。しかしながら，この現実が，記憶として人の脳の中で秩序立てられて記憶される時，ランダム性は捨象され，多くの場合に必然に彩られた物語になる面もある（それゆえ，ランダムな出来事がそぎ落とされる。）。もちろん，取調官の持っているスキーマ等の意識もその原因になっていることもある。

得ることができた。[79)80)]

#### カ　戦術的な取調べの実施

　誠実な対象者の場合は別であるが，真実の記憶を話そうとしない不誠実な対象者に対する取調べは，戦いの側面を有する。そこでは，駆け引き，すなわち戦術的な発想による取調べが必要になってくる。

　ただし，戦術的な発想と言っても，代表的な戦術書である「孫子」の「兵は詭道なり」（孫武『孫子』「第一編始計偏」）[81)]は，取調べにおいては，注意する必要がある。詭道は，相手をあざむくことをいうとされる（松枝茂夫＝竹内好監修（村山孚訳）『中国の思想Ⅹ　孫子・呉子』38頁（徳間書店，1996））が，「あざむくこと」の中には，嘘を言って相手をだますことも含まれるからである。言うまでもなく，捜査においてはこれは許されない。それ以外のこと，例えば，相手の意表を突いたり等をすることは，許される。

　いずれも，あざとい対応と非難されることは避けなければならず，常に虚偽供述を引き出すことに繋がらないかに留意し，正々堂々と駆け引きを行うのである。

#### ①　取調べの目算を行う

　取調べの事前準備を行う（→49頁）。証拠関係，対象者の性格，社会的地位，事件における立場等の情報を得た上で，どのような取調べを行えば，真実の供述を得られるかの目算を遂げる。目算を行うことは，取調べ後の総括と相まってその後の取調べの向上に役立つことでもある。

---

79)　しかしながら，リアルタイム調書は，「リアルタイム」とはいわないまでも，綿密な聴取が必要である上，録取事項も増えるため多くの時間が必要となる。したがって，全ての事件でリアルタイム調書を作成するのが現実的ではない。事件の重大性や証拠関係等，事案の必要性に応じて作成を検討すべきことになろう。しかし，取調官は，理念型としてそのような調書が存在することは認識しておく必要があるし，作成できるようにしておかなければならないと考える。

80)　被疑者が警察ではきれいに自白していたとしても，アバターとなって質問することにより，答えられず，虚偽供述で犯人でないことが判明することもあろう。

81)　「兵は詭道なり。故に，能なるもこれに不能を示し，用なるもこれに不用を示し，近くともこれに遠きを示し，利にしてこれを誘い，乱にしてこれを取り，実にしてこれに備え，強にしてこれを避け，怒にしてこれを撓し，卑にしてこれを驕らせ，佚にしてこれを労し，親にしてこれを離す。その無備を攻め，その不意に出ず。これ兵家の勢，先には伝うべからず」（松枝茂夫＝竹内好監修（村山孚訳）『中国の思想Ⅹ　孫子・呉子』39頁（徳間書店，1996）。

② 全包囲作戦

証拠が十分で対象者が被疑者で否認しても意味がない場合には，否認しても無駄なことを分かってもらい，真実を供述してもらう。ただし，そのような証拠関係であっても，相手にもそれぞれの立場で事情があり否認を通さねばならない事情等もあったり，気持ちの整理がついていなかったりすることもある。抵抗しても無駄と押し切ろうとするのではなく，相手の状況に応じて，供述しやすい状況を設定することも考慮すべきである。

③ 主導権を握る

主導権を握って取調官の自由度を確保する。そうでないと，事前の方針どおりの取調べができず，質問も十分にできない上，心理的な余裕もなくなり，逆に相手に心理的余裕を与えて真実の供述を得られなくなる。

④ 意表を突く

これも，主導権を握ることの1つであるが，相手が予想しておらず，したがって防御の準備もできていない時に，相手が予想もしない質問を行って真実の供述を引き出す。タイミング的に意表を突く場合もあれば，質問の内容的な意味で意表を突く場合もある。

お定まりの質問をして，否定供述を引き出してしまえば，それを撤回させるのには相当なエネルギーを要するものである。もっとも，上記の場合は，誘導しているので，さらに，詳細に被疑者の口から具体的な事実（体験供述）を引き出す必要がある。

⑤ 弱点を突く

これも主導権を握ることの1つであるが，相手の論拠の弱いところを追及したり，矛盾する供述を弾劾したりする。また，供述の内容ではなく，真実を語ろうとしない動機に関して，その弱点を指摘してその動機をくじくなどである。それが，脅しや威嚇，その他圧力を感じさせ，あざとい取調べになったり，虚偽供述を引き出したり，その弁解に利用されるような取調べを行ってはならないことは言うまでもない。

また，相手の話を逆用するのも効果的である。相手の「語るに落ちる」供述や供述の論理矛盾を突く。また，人は自分が話した言葉については，責任を取らなければならないので，その理由や根拠を聞くことにより，さらに新た

な供述を引き出すことができたり，場合によっては答え（られ）なかったりするということになるが，答え（られ）ないことの不合理さを突く。

⑥　勢いを利用

真実を話そうとしていなかった相手のガードが崩れたとき，あるいは相手の抵抗の程度が弱まったとき，その流れを利用して一気に，真実の供述を促す。相手の気持ちの動揺もあるので，一気呵成に畳み掛ける。もっとも，状況をよく見て行わなければ，失敗し，後に禍根を残しかねない。

⑦　機を活用

物事には，常にそれにふさわしい「とき」がある。機があり，タイミングがあり，チャンスがある。その「とき」が来ているかどうかを的確に摑んで，活用する。相手が，その説得の言葉を受け入れる状況になっているかどうかを計り，質問を行い，説得する。無駄な労力を費やさずに済む。逆に，「とき」が来ていない時は，雌伏（しふく）のときであり，周辺の事実や基礎的な事実についての解明に向ける等して，「とき」を待つ。なお，状況が許せば，自ら，「とき」を作り出すこともあり得よう。

⑧　相手の力（言葉）を利用する

人は自分が語った言葉に責任を持たなければならない。中には，無責任な者もいるが，そのような人間の話は信用されない。だからこそ，自己矛盾供述は供述の信用性の弾劾として効果があるのである（刑訴法328条参照）。それゆえ，人は自らが話したことに責任を持たざるを得ない。したがって，法廷での尋問はもちろん，取調べにおいても，対象者が述べたことを，逆手にとって，その矛盾を追及して，進退窮まらせ，真実の記憶供述をせざるを得ない状況に追い込むのである。[83]

もっとも，問題は，その矛盾を察知できる機転，才智が必要なのである。現実とかけ離した虚偽供述には，必ずどこかに矛盾が潜んでいる。それをい

---

82)　自分が言ったことである以上，その内容や理由は説明しなければ，自分に対する信用がなくなってしまうため，説明せざるを得ないのである。「あなたがさっき言ったことですよ。どうして説明できないのですか。なのにどうして先ほどそういうことを言ったのですか。」と追及することが可能なのである。

83)　法廷における証言や供述は訂正がきかないので，この方法は効果的である。取調べにおいても，密室における取調べと異なり録音・録画されている場合には供述が客観的に記録されるので，供述者においても抜き差しならないものになっているといえるため，活用すべきである。

かに，即座に，虚偽供述が発せられた直後に見付けて，追及するのである。
　⑨　常に冷静でいる（感情的にならない）
　時には，相手の供述により感情を害されたり，憤りの気持ちが起きたりすることもある。取調官も人間なのでやむを得ないことである。しかしながら，取調べの目的は，あくまでも真実の供述を得ることであり，それが叶わない場合でも，相手から，その主張する事実を引き出して，それを証拠化することである。決して，自己の感情の満足を図ることではない。常に冷静でいることが必要である。対象者によっては，取調官を怒らせて混乱させ，取調べをかき乱そうとする者もいないわけではない。それにまんまと乗せられて，相手に振り回されたのでは，取調べは失敗である。冷静でないと，取調べの目的を損なってしまいかねない。
　もっとも，対象者との信頼関係の形成は重要であるので，多少の感情的な対応を行うことも許される（かえって信頼関係が形成されることもある。）が，その場合であっても，正当な義憤であるべきであり，その自分の感情は背後で冷静に観察し，コントロールしなければならない。取調官の個人的な事情を背景とする感情を表出することは，決してあってはならない。
　また，その前提として，取調官は心に余裕を持つことが必要である。取調べの時間が不足している場合や聴取事項が多く，重大な事件で取調べが事件の成否を握っている場合に対象者が真実の記憶を話そうとしない等のときには，勢い時間的な余裕だけでなく心理的な余裕がなくなり，効果的な取調べができなくなる上，焦って不当な誘導や誤導，押し付けその他の問題のある取調べも誘発されやすい。したがって，まず第一に，そのような事態に陥らないように余裕を持った取調べ計画を立てるべきである。そのような計画を立てたとしても状況によっては時間的な余裕がなくなることもある（状況は常に変化する。）が，そうなったとしても慌てないこと，決して焦らないこと，心に余裕を持つことが何よりも肝心であり，取調べ成功の秘訣である（古今東西の「戦い」の歴史を紐解いてみても焦って成功した事例は稀である。）。
　⑩　臨機応変の対応
　状況は常に変化する。取調べも同じである。予想したとおりには進まない（良きにつけ悪しきにつけ）ものである。したがって，取調べの状況に適した

臨機応変の対応を取らなければならない。

　捜査の進展に伴う証拠状況の変化，時間の経過による被疑者を取り巻く環境の変化及びこれに伴う被疑者の心情の変化，勾留満期等処分時期の切迫による被疑者の心情の変化等である。取調べの環境は常に変化している。変化の条件は十分に揃っているのである。したがって，取調べにおける被疑者の供述態度も一定ではない。気持ちは常に揺れている。

　また，被疑者が取調官に反抗的な態度を取っていても，それが継続するとは限らない。反動がある。[84] 作用があれば反作用がある。このことを常に認識しておき，変化に柔軟に対応することが肝要である。

⑪　信頼関係の維持を最優先に

　戦術的な取調べの発想は，技術的で功利的な側面がある。対象者の中には取調官がそのような発想でいることを感じさせると心を閉ざしてしまう者もいると思われる（かつての公安事件の被疑者はそのようなケースが見られた。）。不誠実な対象者との戦いである以上，戦術的な視点を持つことは絶対に必要であるが，そのこと以上に，相手との間で利害得失を超えた信頼関係を形成することの方が真実の記憶を供述してもらう上で価値が高いと判断される場合には，あえて戦術的な発想による取調べは行わず，肚（はら）を割って本音で話をして取調べを行うことが必要になろう。

　キ　説　得

　㋐　説得の意義

　真実（の記憶）を供述しようとせず，あるいは記憶の喚起に不誠実な者に対しては，説得して真実の記憶を語らせるべきである。体験している者が真実の供述を行う場合には，他の捜査が不要になるくらい真相解明に寄与するので，それを追求しない手はない。まして，説得することでそれが可能になるのであるからなおさらである。このことは，録音・録画下の取調べであっても変わるところはない。それは，被害者や遺族のみならず国民の期待でもある。被疑者の場合において罪を犯しているのであれば，真実に向き合い自分がしたことのけじめをつけることになるのであるから，意味のあることで

---

84)　反抗の態度や言い過ぎたことを反省する気持ちが生じる。

ある。自らやったことを明らかにして向き合い，きちんと責任を取る人間ほど更生の可能性が高いことは明らかである。しかしながら，死刑・無期懲役や長期の服役が予想される事件は，更生するといっても，社会内での更生には大きな障害が横たわっているので代償の大きさを思うにつけ，罪を認めるのは強いためらいが生じるであろう。まして，証拠の薄い事件であれば罪を逃れられるのではないかと思い，（心の中では後悔していたとしても）何とか罪を逃れようとして，否認するのは人情でもある。それを，反省していないとして非難するのは，間違ってはいないにしても，否認する被疑者に対する説得としては皮相であって説得の効果はあまりないと思われる。しかし，だからと言って，取調官は，真実を語ろうとしない者や記憶喚起の努力をしない者に対し，あるいは，犯人であるにかかわらず否認を続ける被疑者に対して，記憶喚起させて真実を話すように説得し，真実の供述を述べさせなければならない。それが，国民，社会から負託された取調官の職責だからである。

(イ) 説得の在り方[85]

ではどうするか。被疑者の置かれた境遇，環境に十分に思いを致し，真実を話すことによって被る不利益の重みを十分に感じ，そのつらい心情を察した上で，なおかつ，真実を明らかにすることが，罪を犯した者の責任であり，人間としてあるべき姿であることを，粛然と襟を正して説得し，分かってもらうことだと考える。薄っぺらい反省やおためごかしのきれいごとで済むようなことではない。人生をかけた決断，極めて重い，しかし，それだからこそ，尊く，価値のある回心を被疑者に促す作業なのである。

したがって，脅迫や利益誘導その他任意性を欠く説得を行うべきではないのは当然であり，仮に法律上任意性が肯定される場合であるとしても，相手の利害打算に訴えかけるあざとい取調べはすべきでないことも明らかであろう。そのような取調べは，捜査機関に対する信頼を損ないかねないし，被疑者に対して非礼であるばかりでなく，その更生に悪影響をもたらすことでもあるからである。もちろん，真犯人でない場合には，虚偽供述の動機になっ

---

85) しかしながら，説得は相手は真実の記憶を述べようとしていない場合にのみ行うべきである。そうでないと，「説得」が，虚偽供述（被疑者の場合は虚偽自白）の原因になってしまうからである。

てしまいかねず，冤罪をもたらす由々しき事態になるからである。堂々と情理を尽くし，小手先の技術に頼ることなく，王道をゆく説得を試みるべきなのである。[86]

　取調べにおける「説得」とは，相手に真実の供述を行うように働き掛けることである。一般的に説得という場合には，相手に利益を与えて行動を促すことも含まれるが，取調べにおいては真実の供述を行うことの見返りに利益を提供することも許されない。[87] 利益供与を伴わずに心からの説得を行うほかはないのである。このように，取調官は手を縛られているわけであるが，悲観することはない。人の気持ちは一面では岩よりも固く，命をすら捨てることも厭わない強いものではあるが，その気持ちを変えることは，人の心である以上，絶対に不可能ではないからである。

　そのためには，熱意や粘り強さも必要になってくる。説得は，相手の気持ちを変えることであるから，エネルギーも必要である。また，取調官の人柄に対する信頼も極めて重要になってくる。そこに抗しきれない人間的なオーラがあればなおよいであろうが，全ての者がそのようなオーラを発することはできないし，そうでなければ説得できないということもない。真実に謙虚であること，しかしながら，あくまでも真実だけを追求しようとする真摯な姿勢が相手に理解されることが，信頼を得るために最も重要なことだからである。

　その上で，その場合の説得の本筋は，真実を話すことは人間の正しい行いであることの指摘である。事実としてあったことをあったとして話すことは真実を話すことであり，逆に真実を隠し嘘を述べることは真実に背を向ける卑劣な行為であるということである。そして，真実を話すことは誰にも止めることはできず非難されることでもない，ということである。例えば，会津藩校日新館の什の掟（嘘言（嘘）を言ふことはなりませぬ。），モーゼの十戒

---

[86] もっとも，相手にも言い分があるし，それなりの事情がある場合も少なくないので，その言い分は十分に聞くべきであり，相手が言い分等を話さないとしても，そのことを十分に理解した上で，説得すべきである。しかしながら，必要以上の共感は，被疑者を甘やかすことになり，その後得られた供述の信用性等に問題を生じかねないので，留意すべきである。

[87] ここでいう利益とは，経済的利益はもちろん，身分上の利益，名誉その他の社会生活上の利益や各種の便益等が含まれる。要は，虚偽自白の理由になり得る利益であれば，全てこれに該当すると考える。

(偽証してはならない。)，薩摩の郷中教育（嘘を言うな。）等にも同様に嘘をついてはならないことを説いている。「あったことをあったということがなぜ言えないのか？」，「あったことをあったということをなぜためらうのか？」と。

次に，それでも，真実を話してもらえないときは，話せない理由について攻撃（弾劾）し，又はその理由の無力化，相対化を行うことである。もっとも，前提としてその理由を突き止める必要がある。しかし，理由によっては，無力化が不可能な場合がある。

例えば，刑務所に行きたくないために否認している人間に対しては，刑務所に入ることが確実な場合にはその理由を無力化することはできない。その場合は「刑務所に行きたくない」ことの根本の理由を聞いて，その理由の無力化，相対化を行う。あるいは，価値の逆転を図る等して，本人が前向きになるように，気付きの機会を与える。

ここで大事なことは，嘘を言って価値観の転換を図ることは許されないということである。また，おためごかしではダメであり，誠心誠意説明することが必要である。単なる知識やテクニックとしての説得では実質的に欺罔行為ともいえるものであって，卑劣なことだからである。

説得のための言葉（フレーズ）も重要である。「初めに言葉ありき」とは新約聖書の言葉であるが[88]，言葉の影響力は大きい[89]。

説得には，比喩，なかでもメタファ[90]が有効である。メタファとは，隠喩又は暗喩と呼ばれる比喩の一種であるが，状況を分かりやすく伝え，相手の心に訴える力が強いので，効果が高い[91]。

---

88) ヨハネによる福音書1章の冒頭の言葉。
89) 卑近な例で言えば，いわゆるDJポリスの群衆に対する説得の言葉がある。同じことを言うにしても，言い方を工夫することで説得できる（相手の行動が変わる）良い例である。ネガティブ（後向き）なことを言うより，ポジティブ（前向き）なことを，レトリックをうまく言った方が人は動くものである（後掲・注92）参照）。よく臨機応変にその場に適した言葉が思い付くならよいが，難しいので，自分なりに常日頃から説得のための言葉を用意しておくとよいであろう。ただし，それも，上辺の言葉尻だけのことであれば，すぐに誠意のないことが見破られ逆効果になるので，技術に走らないことが肝要である。説得の技術に関しては，セールスマンの説得術や心理カウンセラーの技術，その他社会生活のあらゆるところで培われていることであり，それらを参考にすることも一助であろう。D・カーネギー著（山口博訳）『人を動かす』（創元社，2016）はその代表的なものである。人の言葉には言霊が宿るように，取調官の言葉にも言霊が宿る。どのような言霊を込めるかが極めて重要である。

例えば，贈収賄事件で政治家が秘書の責任に転嫁する弁解をしているときに「いつも秘書が秘書がと言って，秘書を金魚の糞のように連れて回るのですか。」と言って，自己の醜さを自覚させ，自白を得るというようなこともあろう（ただし，これは厳密にいえば直喩である。）。

　ただし，メタファを使う場合には，相手に理解できるメタファを使わねばならない。いわゆる「対機説法」（相手に応じた言葉を使って説くこと）である。メタファは，どこかに既にあるメタファを使うこともあるであろう（常日頃から読書を怠らず，収集しておくことも無駄ではない。）が，取調官が，その場の状況にふさわしいメタファを，考え出して使うのも効果的であるので，メタファを知らないからと言って，悲観することはない。DJポリスもメタファを活用している。[92]

　また，説得にも「とき」（＝機，タイミング，チャンス）がある（→69頁）。その「とき」を，的確に捉えて，説得的なメタファを用いるなどして，説得するのである。

　㈬　説得の時期

　説得は取調べの最初からいきなり始めるべきではない。人間関係も築かれておらず，取調べが始まったばかりの時期では，対象者の気持ちも説得を受

---

90) メタファは人間の類推能力の応用とされることもあり，さらに認知言語学の一部の立場では，人間の根本的な認知方式の1つと見なされている（概念メタファ）。メタファは，単に言語の問題にとどまるというよりも，もっと根源的で，空間の中に身体を持って生きている人間が世界を把握しようとする時に避けることのできないカテゴリー把握の作用・原理なのだと考えられるようになってきている（G・レイコフ＝M・ジョンソン著（渡部昇一ほか訳）『レトリックと人生』7頁参照（大修館書店，1986）「メタファーの本質は，ある事柄を他の事柄の通して理解し，経験することである」）。だから，素直に頭に入り，影響力が強いのである。

91) 藤沢晃治『「説得力」を強くする―必ず相手を納得させる14の作戦』67頁以下（講談社，2015）及び草野耕一『日本人が知らない説得の技法』245頁以下（講談社，1997）参照。なお，草野・前掲は，類推と比喩は異なり，「比喩は比喩にとどまる限り形容の仕方の問題であって，説得の技法とはなりがたい」と述べ，類推（例えば「桃李もの言わざれども，下自ずから蹊を成す。」（史記）など）は説得力を持つ旨述べている。しかしながら，前掲・注90）で述べたように，メタファ（暗喩）も，類推という思考過程を通じて，複雑な事態を簡単なたとえ話で理解させるものであり，説得のレトリックとして十分活用できると考える。

92) 「今ここにいる皆さんは日本代表のチームメートです。」，「皆さんは12番目の選手です。日本代表はルールとマナーを守るフェアプレーのチームとして有名です。12番目の選手である皆さんルールを守って。おまわりさんからのお願いです。」，「皆さんがそのように交通ルールを無視していると，おまわりさんからイエローカードが出るかもしれません。」など。

け入れる体制になっていないことが少なくなく，説得が失敗する可能性が高い上，そこで手の内を見せたのでは，後に行う説得の方法も限られてくるなどのため，説得がより難しくなるからである。

また，最初から最後まで説得したものの説得が失敗した場合には，被疑者の供述として何も残らないことになりかねない。

したがって，まず行うべきは，相手の言い分をじっくり聞いて，その供述内容を明確にしてそれを記録にとどめることである（取調べの最低限の目的はこれである。）。虚偽の弁解であれば，必ず不自然・不合理な箇所か存在するので，その不自然・不合理な箇所を追及することによって不自然・不合理さをさらに明瞭にし，その供述を調書等（録音・録画媒体）にとどめるのである[93]。録音・録画の場合は，供述を明確にしてメリハリをつける作業をすることによって，自ずから記録媒体に供述が記録されて証拠として残る。録音・録画下の取調べでない場合は，供述調書に録取することになる。この点で，不自然・不合理な供述をいったん調書に録取すると，事後の説得にマイナスになるからとして録取を消極的に捉える考え方もあり得よう。しかしながら，不自然・不合理な供述を供述調書にとどめておかないと，いざ公判になって，捜査段階の供述と異なる弁解を始めたときに，供述の変遷を明らかにして弾劾しようとしても（刑訴法328条）利用できないことになる。このマイナスは少なくなく，公判での使用を念頭に置けば，調書化（録音・録画に

---

93) 虚偽（弁解）供述を行って罪を認めようとしない場合，不自然・不合理な供述を追及して，否認し通せなくして自白に持ち込むことは，効果的な取調べであるが，実は不自然・不合理であるかは誰が見ても明らかとは限らない。鋭敏な嗅覚で嗅ぎつけないと見過ごしてしまうものである。否認している場合，それが虚偽供述であるならば，どこかに矛盾する事実がある。周辺の客観的な事実と矛盾し，供述自体が論理的に矛盾している場合もあり，通常人の感覚や行動としては考えられないという意味で不自然・不合理な場合もある。そもそも，嘘を言っている場合は，矛盾を生じさせないでおくことは不可能なのである。中には，語るに落ちる供述もある（「問うに落ちず語るに落ちる」の略。聞いても秘密を漏らさないのに，自分から話すときに口を滑らせて秘密を漏らしてしまうこと。）。供述における言葉にも，（供述者の）言霊が宿っていると言ってよい。供述者が積極的に真実を話そうとしている場合には，もちろん，その供述者が供述しようとする心の衝動が言葉に自ずから現れる。そのことは，供述者が，虚偽供述を行っている場合も同様で，何かを隠そうとしたり，供述しないでおこうとしたりする心の衝動が，自ずと現れるからである。分かりやすくいうと，真実を避けようとすることからくる，話しぶり，一時の沈黙，微妙な逃げ，言い直し，曖昧な表現，質問へのはぐらかし，都合のよいことだけ明確に述べる等の虚偽供述のしるし（特徴）が現れるのである。

よる証拠化）は必要である。[94]

　ク　説得が成功した後の対応
　説得が成功して，対象者が真実の記憶を供述するに至ったとき，取調べは成功である。対象者が被疑者であって自白を得た場合（特に犯人性を否認していた被疑者が犯人性を認めた場合）は，取調官としては無上の達成感を得ることができる。しかし，その自白が真実の自白でない場合には，ぬか喜びにすぎない。したがって，まずは，その供述を真実の記憶に基づくものであるか慎重に吟味した上で受け入れなければならない。
　また，取調べにおいて，真実の供述を得たい事実関係（問題箇所）は複数ある場合が多い（犯人性以外にも故意や共犯者の有無，凶器の投棄場所，強取金の使途，犯行前後の行動等）が，その全てに真実の記憶を供述してくれているとは限らない。依然として，虚偽供述している部分があることも少なくない。にもかかわらず，一部で真実の供述（特に最も重要な事実。例えば犯人性を否認している事件では犯人性を認める供述）を得たからといって，ぬか喜びをし，その他の事実を追及をしないで供述調書を作成したのでは，九仞（きゅうじん）の功を一簣（き）に虧（か）くことになりかねない。一部が真実だとしても他の事実に虚偽供述が含まれていると分かれば，その供述は全体として信用性を認めてもらえないことがあるからである。
　一部の事実だけ真実の記憶に基づく供述を行って他の事実については依然として真実の記憶を述べていない供述を，「半割れ」の供述という。この半割れの供述は危険である。というのは，対象者が争う意思を放棄していない（完全に落ちていない）ことが多いからである。対象者が完全に真実の記憶を述べていないということは，一部は否認しており隠そうとしているということであり，それは，罪から逃れたいという気持ちが潜んでいるのである。そして，一部しか本当のことを話していないのに，そのことに気付かないで，自白を得たとしてぬか喜びをしている取調官の能力を軽蔑して，争えば裁判で無罪を勝ち取れるかもしれないという気持ちを起こさせることにもなる。

---

94）　したがって，20日の身柄拘束期間を，弁解を確認するための時間と，その後における供述の不合理性をついて弾劾し，さらにその後説得して自白を求める取調べの段階とに分け，計画的に取調べを進めていくことが重要になってこよう。

そのため，公判で否認する可能性も少なくないのである。

真実の記憶を述べていない部分に，重要な落とし穴が潜んでいる。一部の自白という毒饅頭を与えて，取調官を油断させる者もいないとは限らない。

したがって，説得して真実の供述を得たと思われる時こそ，取調官は冷静になるべきなのである。被疑者に対して質問を行ってその供述の真偽を確認し，それ以外の事実関係についても綿密に取調べを行って，真実の供述と確認できて初めてその供述を受け入れるようにすべきなのである。

説得して真実の供述を得ると，うれしさのあまり，どうしても気分的に甘くなる。つらい事実を話してくれた被疑者に対して，同情心が湧く。特に相手が凶悪事件の犯人であれば相手に憐憫の気持ちも湧いてくる。そして，被疑者をそれ以上追及する気持ちが鈍る。それは人情でもある。しかし，それでもやはり取調官は心を鬼にして追及するほかない。それが取調官の職責なのである。被疑者に出し抜かれないためにも必要なことである。

### ケ　供述を正確に受け取る

まず，供述者の供述は，取調官の質問に対する答えとして行われるのが通常である。相手が質問の趣旨を誤解していた場合には，供述も間違っていることになる。したがって，相手が質問の趣旨をきちんと理解しているかどうかを判断していなければならない。それを抜きにして，都合のよい供述が出てきたからといって，飛び付いて録取してはならない。

相手が，質問の趣旨を理解しているかどうか不明な時は，質問の趣旨を説明して再度供述を求めるか，別の角度から質問をし直す必要がある。

また，相手が，その記憶にあることを正確に表現できているかどうかも，的確に検証する必要がある。記憶は，脳の中で言葉で記憶されているわけではない。脳内にある記憶のイメージ（表象）を，その場で言葉で表現することになるのである。常に適切な言葉が見付かるとも限らない。それは，供述者の能力や置かれた環境や状況にもよろう。したがって，取調官としては，何が本当の記憶であるのかを，多角的な質問を行って，探り当て，供述者に正確な表現ができるように手助けをしなければならない。時には絵や写真を示したり，計測したり等して，供述（記憶）の明確化を図る必要がある。[95]

## コ　正確に録取する

　その上で，供述者の供述を正確に録取する（供述調書の形式的真実性）。

　供述を正確に録取したことを示すためには，話した言葉をできるだけ正確に再現して録取した方がよい。取調官がその方言を話すことができない場合，供述者が話した方言で録取すれば，録取の正確性は一目瞭然である。

　なお，録取した供述は，読む者が正確に理解できるように記載するのが望ましいので，分かりやすく，二義を許さない記載にするべきであるが，これも，供述者の供述を離れたものであってはならない。

　ところで，現在の供述調書は要約調書であり，供述者の供述をそのまま録取するものではない。したがって，その際，供述者の現実の持つ供述の特徴（個性）がそぎ落とされて録取される可能性がある。例えば，供述者は特定の事項の記憶の有無を尋ねられた時，必ずしも理路整然と答えるわけではない。にもかかわらず，調書には，整然と供述が録取されることになる。もちろん，これは許されているが，公判で，供述の信用性（形式的真実性はもち

---

95)　取調官が，供述を正確に受け取らず，供述を誤解し，あるいは勘違いして間違った事実を調書に録取してしまうことが少なくない。そして，それが読み聞かせや閲読（閲覧）の時点で，対象者自身にも訂正されないで署名押印（指印）されて調書として完成してしまうことがある。読み聞かせをして，対象者に正確性を確認していたとしても，対象者は注意力が散漫となり（取調べで疲れている，取調官が録取したものだから間違いないであろうという信頼感，調書の正確性は取調官の仕事だ等の理由から）気付かないのである。あるいは気付いていたとしても，大筋では間違いないのでそれで十分だと考えて（あるいは気付いていたとしても，もうすぐ取調べが終わる，訂正すると長引く等と考え），訂正を申し立てない等のこともあろう。対象者にも問題があることはなくはないであろうが，調書の作成は彼らの仕事ではないので彼らの責任に帰すことはできない。間違った供述を調書に録取した取調官のミスなのである。にもかかわらず，公判では，弁護人から，その記載ミス部分について，「調書では本当のことを言いましたか。」（証人）「はい。」（弁護人）「調書は呼んで聞かされ，自分でも読んで，内容が正しいと判断して署名・指印したのですか。」（証人）「はい。」と押さえられ，取調官が間違って録取したのに気が付かなかった，あるいは認識していたが訂正は申し立てなかった（後者の弁解は，それが真実であるにしても，訂正しなかったという不誠実さは否めない。）という弁解自体を封じられてしまうのである（ダイヤモンドルール研究会ワーキンググループ編著『実践！刑事証人尋問技術―事例から学ぶ尋問のダイヤモンドルール』（現代人文社，2009）を参照）。刑訴法328条等で自己矛盾供述を弾劾される多くは，そのようなミスに基づくものである（もちろん，そうでない，実質的に自己矛盾のものもあることを否定するものではない。）。しかしながら，署名・押印（指印）の趣旨は，正確性を確認した上でのものであるとしても，現実にはミスのあり得ることであるから（実際にも多いのであるから），その場合は正直にミスを認めるほかない。そして，それでよいのである。この点は，「コ　正確に録取する」場合においても，同じ問題が生じる。

ろん，実質的真実性も）を争われた時，整然としすぎているために，マイナスになってしまう。というのは，供述者はそのような理路整然とした供述をしていない（するはずがない，あるいはできるはずがない。）という弁解（批判）が可能となるし，供述者の供述であることは認められたとしても，本当に体験した供述なのか疑われてしまいかねないからである。したがって，可能な限り，原供述を録取するように努めるべきである。[96]

## (6) 取調べは，高度の知的作業であること

　誰でも，取調べの真似事はできる。しかし，相手の供述の真偽を見抜き真実を供述してもらうことは，至難の業である。真偽を見抜くだけでなく，相手が何を記憶していて，何を記憶していないか，何を，何のために隠そうとしているか，あるいはしていないか，を相手の人物像を見抜いた上で，個々の供述ごとに，又は全体の供述を的確に判断し，真実を語ろうとしない対象者に対してはどのような説得が有効か等を瞬時に見抜き，実際に説得して，真実の供述を引き出すこと，世にこれほど困難な知的作業はない，といってよい。

　取調官は，常にこのことを念頭に置いて，全知全能を傾けて取り調べに当たらなければならない（安易に考えている者が多いのではないかと思われる。）。取調べは，対象者の心の中に仕舞い込まれている真実（の記憶）を，取調官が手伝いながら表出してもらい，真実を明らかにする，神聖かつ尊い作業で

---

[96] この点を考えれば，録音・録画は，生の供述をそのまま記録するので，体験供述か否かを検証するのに役立ち，供述調書よりも優れている面がある。なお，知的障害者や児童，幼児の取調べで，要約調書を作成した場合，別の意味で，問題を生じる。例えば，知的障害者に対して，「人のものを盗むことが悪いことは分かっているね。」と聞いたところ，被疑者は「はい。」と答えたので，取調官が「どうして人のものを盗むことが悪いの？」と聞いたところ，被疑者は答えることができなかった，としよう。そこで，取調官が，「自分のものが盗まれたときに君はどう思うか？」と聞いて，被疑者が「困ります。」と答えた。それで，取調官が「そうだね，人のものを盗むことが悪いのは，盗まれた人が困るからだね」と聞いて，被疑者が「はい」と答えたとしよう。このとき，取調官が，同被疑者の供述を「人の物を盗むことは，相手の人が困るので悪いことは分かっていました。」と要約して調書を作成したとしたらどうであろうか。知的障害者である被疑者が，そのような論理的な思考能力を有していると誤解されてしまうであろう。しかし，それは真実ではない。したがって，このような場合は要約調書にはなじまないというべきであるので，問答式で，かつ供述者が述べた言葉そのもの使って調書を録取するべきである。同じことは，児童や幼児の場合にも当てはまる。

ある。時には、無実の者を救い、時には、被疑者自身に真実に気付かせて立ち直りの機会を与えるものである。

そのことを自覚し、常に精進を怠らないことである。また、取調官は、そのような高度の知的作業を行っていることに誇りを持つべきである。

### (7) PEACE モデルについて

ここで、PEACE モデルについて、説明する。

PEACE モデルは、1992年イギリスにおいて導入された取調べ技術であり、取調官に対する取調べ技術の訓練法でもある。イギリスの深刻な冤罪事件等における取調べの反省から導入されたものであるが、Pは計画・準備（Planning & Preparation）、Eは引込みと説明（Engagement & Explain）、Aは弁明（Account）、Cは終結（Closure）、最後のEは評価（Evaluation）の意味であり、それぞれの頭文字をとったものである。各項目を説明すると、

Pは、取調べの計画を立て、準備を行うことである。現在の証拠関係を把握して（証拠の有無や程度、捜査の必要性等も）、要証事実を確認した上で、取調べの目標を設定し、そのために必要な情報を集め、取調べの準備を行う。

Eは、取調べに当たって取調べの目的の説明を行い、被疑者と親密な関係を築くことである。

Aは、被疑者に弁明（説明）を求めることであり、説明に当たっては、自由再生法で説明させた後、取調官側で供述の内容を確認し、矛盾点を追及することである。取調べの本質部分である。

Cは、終結（締めくくり）で、被疑者が説明したことをまとめをする作業のことである。

最後のEは、評価で、取調官の取調べを自分で評価することである。

このモデルは、常に新たな知見を盛り込んで年々進化しているということ[97)98)99)]である。もちろん、人身自動車事故事件にも当てはまるものである。

97) R・ミルン＝R・ブル著（原聴編訳）『取調べの心理学―事実聴取のための捜査面接法』199頁以下（北大路書房，2003）等参照。
98) このモデルは，これまで私が述べてきたことと矛盾するものではない。そして，このような原則的な枠組みを設けておくことの意義はあると考える。
99) PEACE モデルについて補足する。

P（計画・準備）に関しては，事前準備は極めて必要なことである。孫子にもあるように，「敵を知り，己を知れば百戦危うからず」であって，被疑者の情報の収集と「己」（おのれ），すなわち，現在の手持ちの証拠の内容を把握して立証の難易を判断する。自白がなければ有罪になしえないか否か等，己＝取調官の優位さを判断するのである。被疑者の情報は，被疑者自身の情報（身上，経歴，教養や知的能力，性格，趣味，健康状態）だけでなく，被疑者を取り巻く環境（職場，家族，友人関係，収入や財産，負債等の経済的状況等），事件との関わり（動機の有無，被害者との関係，共犯者との人間関係等）の情報を幅広く収集することである。したがって，直接的に事件の立証に役立つ証拠を収集するだけでなく，被疑者の情報を収集するための捜査も必要になるのである（もちろん，これは，どんな事件でも常に同程度の情報を得る必要があるというわけではない。立証との関連性の強弱があり，収集するための労力や相手の受ける不利益等を勘案して，合理的な範囲で収集すべきことになる。）。

E（引込みと説明）に関しては，取調べに先立って取調べの目的等やいわゆる黙秘権，弁護人選任権等のグラウンドルールを説明すること，及びラポールを形成することであるが，当然のことである。しかし，ラポールを形成するように努力することは必要であるが，ラポールが常に形成されるとは限らないので，限界があることは認識しておくべきである。また，数次の取調べを経て初めてラポールが形成されることもある。相手が否認していても，ラポールは形成されるものである（だからと言って自白するわけではない。）。

A（弁明）については，取調べの最も大事なところで，取調べの始めは，自由再生法で自由な供述を促した上，その後，そこで語られた事実について事項ごとに掘り下げた質問をしていく（焦点化）。2回目以降の取調べにおいては，自由再生法は必ずしも必要ではなく，事項別に質問をしていくことでよい。

取調べの在り方については，これまで本文で述べてきたことを参照。

C（終結）は「まとめ」であるが，供述を整理して確認することである。言いっぱなし，聞きっぱなしでは供述を誤解したままで終わる可能性がある。質問者の質問意図と供述者の供述意図が食い違っているのに気付かないまま取調べが進んでいくことがあり得るからである。また，長い取調べの場合など，だらだらと供述が続き供述の要旨が見えにくくなることから，供述の要点を簡潔に示す必要があるところ，その要点をまとめる時点で，供述者はもちろん，取調官が誤解しないように確認しながら正確な要旨をまとめるのである。

E（評価）は，取調べの総括及び反省であるが，これは，今後の取調べをよりうまく行うために是非とも必要なことである。当事者でいる時には気付かなかったことを気付けるからである。そのことは，決裁官の録音・録画媒体を視聴しての指導についてもいえることであり，虚心に指摘を聞き，向上に生かすべきである。それは，ベテランと言われる立場になっても，同じことである。

この点で，常に謙虚であること及び向上心を備えていることが重要である。

しかしながら，PEACEモデルには，注意が必要である。というのは，以上の説明の中で，説得という過程が出てきていないことが示すように，**このモデルは，自白を獲得することを目的とするものではない**。あくまでも取調べは，対象者から**公判の使用に耐える事件に関する情報を収集するための手続**と考えている。取調べの結果相手が自白した場合は，もちろん成果ではあるが，それを目的としているのではないというスタンスなのである。そこには，自白の獲得を取調べの目的とすることに対して，否定的な考えが横たわっている。それは，虚偽供述を

引き出す危険性を排除するために必要なことだという考えがあるのだと思われる。すなわち自白を得るという病的な欲求が無理な取調べにつながり虚偽供述を引き出し，冤罪につながったという強い反省があるのだと思われる。それは一つの見識であるが，歴史的，社会的，民族的な条件が異なり，国民性の異なる我が国には受け入れがたいモデルであると考える。イギリスの捜査に深刻な反省をもたらしたのは，その基本にある事実認定のレベルや捜査の質等の問題，取調べ時間が短いという手続的な問題，裁判の問題（陪審制の問題）等が背景にあるので，我が国とは事情が異なる。録音・録画が重大な事件や供述弱者に関わる事件等の必要性の高い事件で制度化され，録音・録画下の取調べを試行する事件も格段に増えている現在，冤罪防止という観点からの説得の可否や自白を得ることを目的とするかすべきでないかは，すでに，結論は出ていると考える。イギリスの説得を目指さない取調べは，意味を持たないというべきである。

被疑者が真犯人の場合，心からの自白がなければ，あるべき更生も期待できない。これは，真実である。我が国では律令の昔から心からの悔悛による自首や自白を尊んできた歴史もある。やはり，説得と自白を得ること（真実の供述を得ること）は，刑事司法の目的と言わなければならないと思う。

それだけでなく，説得による自白という成功体験を積み重ねることにより，人が否認する理由や自白に至る理由も明らかになり，より犯罪者の真理に関する知見を増やすことができ，更なる取調べ技術の向上につながる。

そして，元来，取調べは，ある意味たたかいである以上，本質的に取調官が戦術的な優位性をもっておくためにも取調官に自由が必要であり（もちろん法律による規制があるにしても），真実の供述を得ることが可能な場合は，臨機かつ柔軟に（もちろん，虚偽供述を引き出す可能性のある方法は許されないが）取調べを行って，真実の記憶を引き出すことが重要である。したがって，このモデルに従っていないからといって，得られた供述が虚偽供述であることにはならないし，まして，真実の記憶供述であることの基準として絶対視されることがあってはならない。なぜならば，上記のとおり戦術的に得策でない上，これまでの取調べの歴史において，このモデルに従わずとも，真実の記憶供述が得られてきたという実績もあるからである。また，事案によっては，自白を得ることが必要になる事態も考えられなくはない上，真の自白を得るという努力を積み重ねることによって，取調官個人の取調べ能力や事実認定力，真相把握力引いては捜査能力が向上するし，その国の刑事司法の真相の解明力自体が進歩することにもつながるからである（説得して，真実の自白を得ることができた場合，なぜ，それまでに否認していたのか，また，なぜ認めることになったのか，が明らかになる。そして，それは，逆になぜ人が否認を続けるのか，という真実に触れ，認識できることにつながり，なお事件の真相に触れ得，なぜ，どういう場合に犯人がどういう否認をし，どういうことが理由で否認をするのかについての認識が深まり，取調べ能力及び捜査能力が向上することにつながるのである）。逆にいえば，真実の記憶を得ることを取調べの目標にしなければ，捜査能力が劣ってきて，引いては刑事司法における真相解明力が劣化し，不真実が世に通用することになってしまうと考えられるからである。そして，そのような刑事司法は国民から信頼を失ってしまうことになるであろう。科学や学問の世界ならいざ知らず，政治の世界には欺瞞や嘘がつきものであり，真実を明らかにすべき司法の場である法的紛争においてすら真実が解明できず，正義が貫徹しないようなことになれば，社会はもやのかかった息苦しいものになるであろう。大げさのようにも思えるかもしれないが，決して誇張ではないと考える。

したがって，ＰＥＡＣＥモデル等取調べの準則に従っていることが，供述の信用性を肯定する条件になるということもないというべきで，例えば，心理学者に，「準則に従っているから，供述の自発性がある」などのお墨付きを得ることも必要がない，というより意味がないことだと考える。

# 第2章　供述調書の記載要領各論

## 1　身上調書の作成

### (1)　身上調書の作成目的

　人身自動車事故の供述調書は，基本書式事件の場合，身上調書を事実関係調書とは別に作成するのが一般である。特例書式事件及び簡約特例書式事件の場合，身上調書の作成は省略されている。それは，結果が軽微であること，事件の処理が不起訴になるか仮に起訴されたとしても罰金刑が科されることがほとんどであり，被疑者の経歴や家庭環境，生活状況等いかんが処分に影響を及ぼすことが少ないからである。

　基本書式事件の場合に身上調書を作成することになっているのは，重大な事件であり公判請求され体刑（禁錮刑又は懲役刑）が科されることが多いため，その判断資料として必要になるからである。すなわち，体刑を科す（場合によっては実刑を科す。実刑でなくとも，再犯に及んだ場合は猶予された刑が取り消され服役することになる。）以上，被告人の経歴等の人物像，家族の状況等の生活環境等を十分に考慮に入れて，犯人性を始めとする被疑事実の存否及び量刑についても慎重に判断する必要があるからである。資産の状況等の経済状況や生活状況，健康状況等は，保釈の判断（権利保釈の判断はもちろん，裁量保釈，及び保釈金額の決定）に当たっても意味のある情報である。

　平成28年5月24日成立した改正刑訴法90条は，「裁判所は，<u>保釈された場合に被告人が逃亡又は罪証を隠滅するおそれの程度のほか，身体の拘束の継続により被告人が受ける健康上，経済上，社会生活上又は防御の準備上の不利益の程度その他の事情を考慮し</u>，適当と認めるときは，職権で保釈を許すことができる。」と改められた（下線部が追加された）。これらは，従来も裁量保釈に当たって考慮されていた事情であるが，明文化されたことにより，身上調書において，これらの事情を明らかにする意義もより明確になったと

言えよう。

　特例書式事件として送致されたものの捜査の結果，公判請求する場合もあるが，その場合は，警察官作成の身上調書がないため，検察官において身上調書を作成しているのが実情である。

　身上調書の作成に当たっては，上記の作成目的を念頭に，必要十分な情報を盛り込む必要がある。


(2)　身上調書の正確性の確保

　身上調書は，短時間のうち（身柄事件の場合は送検までの48時間以内）に作成するのが一般的である。実際は，数時間で被疑者から聴取して記載するのが実情であり，その内容も被疑者の説明をそのまま録取することが多い。その供述の真偽に関しても，作成時間が限られていること，犯罪事実に関する事実関係調書ほどの重要性はないと考えられることなどから裏付けを取ることも少ないように思われる。しかしながら，身上関係についても被疑者が嘘を言うこともあり得，それがその後の捜査にマイナスに作用することもあるので，裏付けを取れるものは裏付けを取り，可能な限り正確なものになるように努めるべきである。後に間違っていることが判明した場合には，訂正の調書を作成すべきである。


## 2　身上調書（基本書式）の記載の在り方

(1)　人定欄

　人定は，被疑者に刑罰を科す上で前提となる最も基本的な事項である。被疑者の前科・前歴を明らかにする上で重要であるし，犯人性の判断はもちろん，過失の有無や情状等にも影響をもたらすものだからである。

① 本籍欄

　基本書式事件の場合は，身上調査照会の回答書又は戸籍謄本で確認する。特例書式事件の場合は，従来は，免許証の本籍欄の記載で確認していたが，ICカード免許証が導入された後は，運転免許証の本籍地は空欄になっている上，運転免許取得後婚姻や養子縁組等によってICカード免許証のデータ

の本籍地が変わっている場合があるので，特例書式事件でも身上調査照会の回答書か戸籍謄本で確認する必要がある。

本籍地は，「○○番地」，「○○番」，「○○番地1」，「番地の1号」等があるから，最後まで確認する。

被疑者が述べた本籍地に戸籍がない場合は，とりあえず本籍等の人定事項は自称とし，後日捜査して確定する。

② 住居欄

住居は，住所と居所の併称である。住所とは生活の本拠地であり，居所とは生活の本拠ではないが，人がある期間継続して居住する場所のことである。被疑者の特定，事件の管轄の有無のために必要である（刑訴法2条1項）ばかりでなく，送致後の呼出しや，書類の送達等に必要であるから，住民登録も確認する。

免許証記載の住居にこだわり，実際の住居を述べない被疑者もいることに留意する。

定まった住居があるか否かは，勾留の要件刑訴法60条1項1号を判断する場合に重要な要素となるので，住居への宿泊状況等を詳細に聴取する。

③ 職業欄

職業は，現在の職業を正確に記載する。土工を土建業とはしないで，土木作業員等とする[100]。実態は個人経営であっても株式会社の取締役（会社役員）を，例えば製菓会社の場合でいえば菓子製造・販売業などとしない。

職のない者については，その地位を表示することは差し支えない。例えば，学生，主婦などである。

④ 氏名欄

氏名は，戸籍上の氏名を正確に記載すべきである[101]。

⑤ 生年月日欄

年齢は，満年齢で記載する。

---

100）事業を営んでいるわけではなく雇われている（給料をもらっている）にすぎない。
101）なお，近年パソコンが普及し手書きで書類を作成することがほとんどなくなっているが，裁判所は事務の効率化を図るため戸籍原本に記載されている漢字が点の打ち方やはね方等でJISコードの漢字と異なっている場合でも，基本となるJISコードの漢字を使うことにしている。

## (2) 取調べ日，場所等欄

調書の冒頭に記載する取調べ日は，取調べを行った日を記載する[102]。供述調書の作成日ではない。したがって，複数日にわたって取調べを行い，その結果を調書にした場合は，冒頭の取調べ日の欄には，取調べを行った複数の日付を記載するべきであろう。もっとも，最後の取調べ日を記載した場合であっても許される[103]。

取調べ場所については，場所が捜査官署の場合は官署名，その他の場合は「○○区○町○丁目○番○号○○病院」のように記載する。複数の場所で取調べを行った場合には，それらの場所を全て記載してもよいし，最後の調書を作成したときの取調べ場所を記載するだけでもよい。

## (3) 出生地欄

自分の出生地を知らない被疑者もいることから，○○県以下不詳の例が多いが，出生地の違いから氏名詐称が判明する例もあるので，おろそかにしない。

## (4) 位記，勲章，褒章，記章，恩給，年金欄

位記とは，位階を授けられる者に天皇がその位階を書き記して与える文書のことである。位階令（「日本国憲法施行の際現に効力を有する勅令の規定の効力等に関する政令」により，政令としての効力が認められている。）に規定があり，正一位から従八位までの位階がある[104]。

勲章は，現在，菊花章，桐花章，旭日章，瑞宝章，宝冠章及び文化勲章がある（政令である「勲章制定ノ件」，「大勲位菊花大綬章及副章製式ノ件」，「宝冠章及大勲位菊花章頸飾ニ関スル件」「文化勲章令」が根拠である。）。

褒章とは，天皇から社会に貢献した人に授与される栄典の1つで，紅綬褒

---

102) 東京高判昭和29年5月6日東高刑特40号86頁，東京高判昭和52年12月6日公刊物未登載。
103) 供述調書が要約調書であること，複数日の取調日を記載したとしても，正確に，いつ，どの供述を行ったかまで明らかにすることは不可能である上，最終的に完成した調書に内容確認の上，署名押印していることで，供述者の供述を録取したものであることが明らかであるからである。
104) 戦後，生前に位階を授与することは廃止され，死後の叙位のみとなったので，生前位階を授けられた者は，戦前に授けられた者だけになったため現在では位記を記載する意味はほぼない。

章，緑綬褒章，黄綬褒章，紫綬褒章，藍綬褒章，紺綬褒章の6種類がある（政令である「褒章条例」が根拠である。）。

記章とは，日本政府が授与する勲章，褒章以外の佩章で，現在有効なものは11種類であるが，戦後は発行されていない。

日本国憲法下では，勲章等の栄典には年金を伴わない[105]。文化功労者に対する年金及び障害者年金，国民年金，厚生年金[106]，共済年金[107]などがある。

### (5) 前科欄

本欄には，前科，反則歴及び行政処分を記載する。

① 前　科

前科は，交通関係事件，一般刑事事件を問わず累犯（刑法56条），執行猶予（同法25条）中，仮釈放（同法28条）中の前科や，これらに接近している前科，例えば執行猶予期間が切れて間がないうちの前科等は必ず記載する。その他前科でも，本件の情状に影響する前科は記載する。

人身自動車事故事件は基本的には過失犯であり誰でも起こし得るものであるため，一般の刑事事件における規範意識の欠如とは関係が乏しいのが通常であることから，一般刑事事件の前科は人身自動車事故事件の情状にはあまり影響することはないと考えられるが，赤色信号の無視事犯など道交法等の法規を無視して危険な運転を行った場合や飲酒運転等の刑事事件と同様の規範意識の欠如が事故の原因となっている場合には，同質の反規範的な人間性が事故に結び付いている可能性が高く，被疑者の人間性を把握する上で必要であり，情状（実刑にするか執行猶予にするか等）にも影響することがある。

また，現在執行猶予中の場合は，勾留の要件（逃亡及び罪証隠滅のおそれ）

---

105) 戦前の勲章や叙勲には年金が伴っていたが，勲章を受章した後に死刑，懲役又は無期もしくは3年以上の禁錮に処せられるなど「勲章褫奪令」に定められた事由が生じた時には，勲章を剥奪される（同令1条，2条）。なお，文化勲章受章者には年金はないが，文化功労者には年金が終生支給される。
106) 国家公務員については1958年まで恩給法により恩給（遺族に対して扶助料）が，地方公務員については1962年までは，退職年金条例により恩給（同上）が支給されていたが，その後は共済年金が支給されるようになった。
107) これらは，被疑者の人物像を明らかにするとともに，年金は経済的な状況を明らかにする意味もある。

にも影響する。

　なお，前科は，交通関係前科と，一般刑事事件前科は，区別して記載すべきである。

　前科照会の回答が来ないうちに身上調書を作成せざるを得ない場合もある（身柄事件の場合は特にそうである。）が，その場合は，被疑者の記憶に基づいて録取するほかはない。ただし，検挙歴は，警察でデータ化されているので，それを参照して正確性を確保する。

② 反則歴

　反則歴については，反則内容と反則金の納付状況を記載する。

③ 行政処分歴

　免許停止の行政処分は，前科や反則歴を引用するなどして記載すると分かりやすい。

　以上の前科・前歴等については，被疑者自身に説明させて確認することによって人違いを防ぐことにも繋がるので，取調官から被疑者に示して確認を求めることのないようにしなければならない。

(6) 学歴欄

　学歴は，小学校，中学校，高等学校，大学の卒業を全て記載する必要のある事例は少なく最終学歴を記載すれば足りる場合が多い。

(7) 経歴及び職業欄

　生育歴や被疑者の職歴を知ることは，その人となり，性格や知的レベル，生活状況，生活態度などを把握するのに極めて役立つ情報である。生育歴や経歴，職歴は被疑者の家庭環境，社会的資源を明らかにするとともに，現在の人間性を形成した原因であり，かつその人間性そのものを示すものでもある。

　また，生育歴や学歴，職歴等を聴取していく中で，苦労話を聞いて被疑者との信頼関係が形成されることも稀ではない。

　といって，職を転々としている被疑者につき，全ての勤務先を記載することは煩雑に過ぎるので，主な職歴と本件事故と関連がある職業を中心に記載

すれば足りる。

現在の職業の有無及びその内容は，身柄事件の場合，勾留の要否を判断する際に重要な要素となる上，事故の過失の有無等事案にも影響を与えることもあるので，具体的な職務内容を明らかにしておく。

(8) 資産，収入欄

資産と収入は被疑者の生活状態を知り，示談の可能性の判断の資料ともなる上，罰金等刑罰の影響を考慮する上で必要であるが，起訴後保釈の可否や保釈金を決定する際にも必要である。

同居家族からの援助収入，被疑者本人の負債もあれば記載する。

(9) 家族関係欄

家族関係欄記載の家族は通常同居家族を記載するが，出稼ぎの場合や独身者の場合は，妻子や父母を家族とし，同居家族については氏名・年齢・職業も記載する。

身寄りがない被疑者については，家族同様の友人，知人とその住居，電話番号等を家族関係欄に記載する。

家族関係も身柄事件の場合，勾留の要否を判断する際や保釈の可否を判断する際にも重要な情報となる。

(10) 趣味，嗜好欄

趣味・嗜好を記載するのは，人となりを把握するためである。事件とは無関係のようであるが，事件・事故に関連していることもあるし，趣味・嗜好に関する会話が取調べの進展に役立つこともある。

アルコールに対する嗜好の程度は，事故との関係（特に飲酒運転での事故の場合）が考えられるので，日常の酒量，飲酒する酒類の種別，アルコールに対する強弱等を明らかにする。

(11) 健康状態欄

被疑者の健康状態は事故にも関係することがある上，取調べに耐え得るか

否かの判断に重要な情報であるほか，逮捕・勾留の要否を決する場合や保釈の可否を判断する際にも影響を与える事項であるので，必ず聴取する。[108]

被疑者の持病が事故に影響を与えている場合には，その詳細は事実関係調書で明らかにすることになる。飲酒運転の場合は，特に肝臓病の有無や程度は，アルコールの分解能力に影響することであるので，必ず明らかにしておくべきである。

(12) 免許関係欄
① 有免許者
免許の種類と，取得の経歴，実際の運転経験を明らかにするとともに，現在の日常における運転状況も明らかにする。

免許証番号は，最初に免許を取得した公安委員会の特定（最初2桁），取得年（次2桁。西暦），再発行回数（末尾1桁）等を示すもので，これを記載しておくと便宜である。

② 無免許者
かつて運転免許を取得したことの有無を記載する。かつて有しており現在無免許の場合は，取得した年と免許の種類，運転経歴，無免許となった経緯（免許取消，うっかり失効等）を明らかにする。

一度も運転免許を取得したことがない場合は，どのように運転技術を習得したのか（運転免許教習を受け，技能は合格したが，学科が受からなかった等）及び運転技術の巧拙を明らかにする。これは，過失の有無にも影響する。運転技術が著しく劣る場合は，未熟運転類型の危険運転致死傷罪の成立が問題となる。

また，日常における運転状況，免許取得の予定の有無等も明らかにする。

---

108) 犯罪捜査規範には，健康状態欄を記載すべき旨の規定はないが（同規範178条参照），実務上多くの場合は記載されているし，有益な情報になっている。

# 第3章　事実関係調書の記載要領

## 1　人身自動車事故の事件としての特殊性

### (1)　事実そのものが持つ特殊性

　交通事故は車両の運転中に起きる（ことがほとんどである。）。その車両の運転は，運転そのものが目的ではなく（もちろん，運転そのものが目的の場合もある。例えば，職業運転手の仕事上の運転やF1ドライバー等のカーレーサーのレース中の運転等），生活上の移動，貨物や人の運送のための手段として行うものであることから，運転中においては運転者は運転行為自体及び運転行為に関係する事実や事項を強く意識することは少なく，運転行為が奉仕する生活上の諸目的（例えば，到着後のこと等）及びその周辺の事情等を考えながら運転しているのが実情であり，そのため運転行為についての認識や記憶が薄くなる傾向がある。
　また，単調な道路を運転している場合には緊張感が薄れてくるため，必然的に運転行為に対する記憶も残りづらくなる。また，ラジオや音楽を聴きながら運転していたり，同乗者と会話をしながら運転していたりする場合にも，同様に運転行為への注意が乏しくなって同様に運転行為等についての記憶が残りづらくなる。

### (2)　車両運転者の意識と結果のギャップが大きいことからくる特殊性

　運転行為を日常的に行っている場合は事故を起こすことも稀であるところ，その場合に運転者は運転行為の危険性を意識することが少ない。すなわち，日常的な運転行為が事故に繋がるとの意識が乏しいため，事故を惹起した時の結果の重大性に相応した事故前の状況についての十分な記憶がとどまっていることは他の犯罪と異なって少なくなる。

## (3) 過失犯であることによる特殊性

　過失犯は，注意義務に違反することにより惹起される犯罪である。「注意義務に違反する」とは，要するに結果予見義務と結果回避義務に違反する危険な運転をすることであるが，予見すべきことを予見しなかったこと，回避義務を尽くすべきにもかかわらずこれを行わなかったことが本質である。

　しかしながら，いずれも意図してのことではなく，不注意によって予見せず，回避行為の必要性を認識していなかったため行わなかったものであるから，行為者自身が行為時の不注意の内容を説明できないことが多いのである。この意識していなかったことが過失の本質であるため，行為者自身に過失の内容を説明させること自体に困難を伴う。事故現場の状況や交通の状況，運転状況等の背景事情に照らし合わせ，運転者が意図して行っていたこと，つまり明瞭に記憶して述べ得ること（個々の生活上等のことを考えながら運転していたこと）の反面として，無意識（不注意）を浮かび上がらせるほかない。

## (4) 短時間の出来事が重要な意味を持つことの特殊性

　また，事故は数分ないし数十秒の間に，危険状態を経て結果としての事故に至るものである。その短時間のことを明瞭に認識し，記憶することはそれ自体で難しいが，これに加えて，事故直前の心理状態は，驚愕等によって平常心を欠いているため，正確な記憶自体が阻害されることがある上，事故の衝撃を受けることによって，その前の記憶が阻害されることもある。脳に対する打撃によって記憶自体が記憶に残らないことも少なくない（例えば，外傷性健忘症等）。

## (5) 目撃者等の散逸

　事故の当事者以外の目撃者等事故当時現場に存在していた交通関与者や車両等が，警察が臨場するまで現場にとどまっていることは稀で，現場の交通の状況が変化していることがほとんどである。そして，そのことは被疑者らに対する記憶喚起にも大いにマイナスである。

### (6) 在宅で被疑者を取り調べることによる困難性

被疑者を逮捕・勾留して取り調べることは少なく，在宅で取り調べなければならないことが多い[109]。そのために，十分な取調べ時間を確保することが難しく，また，自己の刑責を軽くしようとして否認する被疑者から真実の供述を引き出すことが難しくなる。

### (7) 供述より客観的解析が優先される特殊性

交通事故は，車両と車両の衝突であれ，車両と人の衝突であれ，いわゆる驚愕転倒事故であれ，物理現象であり，事故の状況（その直前直後も含む。）は，科学的・客観的に解析が可能であり，最も科学的捜査に適するものである。その解析が信頼できるものである限り，それに矛盾する供述は排斥されることになる。

しかるに，事故当事者の供述は，前記各理由から，客観的な解析事実と合致しないことが少なくない。主観的な記憶の根本的な問題性でもある。

以上のように，交通事故に関する事故当事者の記憶は，他の故意による犯罪の場合と異なって，一般的に弱い傾向がある。その反面，物理的な事故状況に関する証拠が重視されることになる。

## 2 取調官（主に警察官）側の傾向

### (1) 客観的事故状況を優先しすぎることの問題性

交通事故の捜査に当たる交通警察官の主たる関心は事故状況の解明とこれに見合う過失の存否の認定であるが，前述したように，交通事故が物理法則（主に力学）に則った現象であり，客観的な現場痕跡や物理法則，自動車の客観的な特性等から客観的に解明することができ，そうでなければならない

---

109) 交通事故の被疑者を勾留しないで在宅で取り調べることが多いのは，勾留の要件が備わっている場合が少ないからである。逮捕はともかく，勾留は，「住居不定」，「逃亡のおそれ」，「罪証隠滅のおそれ」（刑訴法60条1項参照）が具体的に認められる場合に初めて認められるが，一般市民が被疑者になる場合が少なくなく，ひき逃げが伴っているような事故や極めて重大で重刑が予想される場合等を除いて，逃亡のおそれや罪証隠滅のおそれが認められないことが少なくない。

という意識が強いためか，取調べの目的は事故当事者から客観的な事故状況に合致する供述を得ることと考えているものと思われる。

そのこと自体は誤りではないし，客観的な事故状況が解明できていて，事故当事者が事故の記憶としてその事故状況に合致する事故状況を供述した場合には何の問題もない。というより理想的ですらある。

しかしながら，このような考え方は，時として弊害をもたらす。というのは，これがスキーマないしスクリプト（→前掲注12）参照）のように作用し，これに反する事実を受け入れず，逆に取調官が考える事故状況を押し付ける危険もあるからである[110]。警察官の見立てが誤っていたときには，この姿勢は致命的なミスに繋がることにもなる。

供述調書の在り方に関する総論で述べたように，供述調書はあくまでも供述者の供述（記憶に基づく供述であることが望ましいが，対象者の非誠実な態度から常にそうとは限らないことも前述のとおり。）を正確に録取するものであるから，当然に限度がある。客観的に明らかな事故状況が明らかになっているのであれば，そのことを被疑者ら事故関係者に伝えて記憶喚起を試みるのは当然のことである。むしろ，それは真相を解明することになるのであるから，しなければならないことである。しかしながら，それにも限度があるのであって，記憶喚起しても記憶が喚起できない以上（供述者が意識的に嘘を言って記憶がよみがえらないと言い張る場合も同じ。），供述そのままを録取するほかない。

### (2) 悪質事案の見逃し

一見過失による交通事故のように見えても，実は殺人事件であったり，保険金詐欺を目的とした偽装交通事故であったりすることもある。事故直後にそのことが判明することは稀である。捜査を進めていかないと分からないことも多いのでやむを得ないこともあるが，交通警察官としての経験と見識に

---

110) この点は，いわゆる特例書式事件にその傾向が高いように思われる。否認事件は特例書式にできず，基本書式にしなければならないため，手間のかかる基本書式になるのを避けようとして，客観的な事故状況に合った被疑者の自白調書を作成したいという欲求が生じるからである。

よって，決め付けることはできないにしても事故としては不自然で，あり得ない徴表が必ずあるので，それを見逃さずその後の補充捜査の端緒にするとともに，後の捜査を見通して，徹底した現場の検証等の採証活動を行うべきである。捜査が遅れることによって，現場の変化，証拠の散逸等により立件自体が困難になることもあり得るからである。

　死亡事故を起こしたトラック運転手が，搭載されていたタコグラフのチャート紙を取り外して捨て，出発時にチャート紙を付け忘れた旨嘘を言った事例もある。

　このような悪質な事例は稀ではあるが，警察官はひき逃げ事件であればともかく，ひき逃げ事件でない以上通常の事件と思い込んでしまう傾向もないわけではないと思われる。しかし，被疑者の供述を鵜呑みにして，プロの経験と見識を発揮せず，事務処理的に事件捜査を行い真相解明ができないようでは，国民の信頼は得られない。

### (3)　付随的な事実に関する供述の軽視

　客観的な事故状況に合致し，かつ過失の有無の判断ができる供述を得ればよいという意識が強いと，現実に事故当事者が事故時に認識し，体験した事故に付随する（しかし事故当事者には印象深く記憶に残っている）事実を供述したとしても，些末なこととして調書の記載から省くことが多いように思われる。この点は，検察庁に被疑者を呼んで調べてみると，警察の調書にはない具体的な事実を述べることが少なくないことからも分かる。

　多くの事故当事者にとっては事故は初めての経験である。したがって，動揺や恐怖その他様々な感情を伴って記憶しているものである。また，事故に付随した事実ではあるものの事故の本質とは必ずしも関係ない事実でも，個人的に印象深い事実を記憶していたりするものである。そしてそれらの事実（供述）は，実は記憶の真実性を示す重要な意味を有しているのである。ところが，これを取扱う交通警察官は多くの事件を取り扱ってきたためそのような事故にまつわる感情やその他の付随的な事実は事故の本質とは関わりがないとして記憶との関係の重要性に意を払わないことが多いように思われる（検察官にもその傾向は少なからず認められる。）。

そもそも供述調書の目的は供述者から事故に関する記憶に基づく供述を得てこれを正確に録取することにあるから，事故当事者が事故時の記憶として事故状況に付随して具体的な記憶を述べた場合には，それも録取すべきものであろう。それは，事故と分かち難く結び付いた状況であれば，事故状況を確信を持って印象付けることに繋がり，事故状況等に関する供述の信用性を裏付けることになり，後の公判において威力を発揮することになる。

　客観的な事故状況が隅々まで明らかになっている事件であれば，そのような付随的な事実を捨象した筋となる事実のみを録取した供述調書であっても通用するが，客観的な事故状況が不明な場合や，客観的な事故状況は明らかであっても，運転者の内心の認識や行動が過失認定に意味を持つ場合には，供述調書の信用性が事実認定の鍵となることが少なくない。その場合，付随的な事実や記憶を伴っていない供述は，いざ公判で供述を翻したとき裁判官に信用してもらうことはなかなか難しく[111]，そのため，無罪を甘受せざるを得ないこともあるのである。したがって，事故状況に関する供述は，供述者の記憶を正確に，かつ，その体験した事実を供述者が語る言葉で，具体的に，周辺の事実をも踏まえて録取しなければならないわけである[112]。

　さらに，車の運転は，運転そのものを職業としている者の場合を除いて，生活上の手段である。生活上の所用が運転の目的であり，運転者の意識は車の運転だけでなく，目的とする生活上の所用を絶えず意識して，そのことのために運転行為をコントロールしているのであるが，調書上は，その目的である生活上の所用は捨象して手段たる運転行為のみを聴取し録取すれば足りると考えている場合が多いように思われる。

　しかしながら，この運転行為の目的である生活上の所用も聴取した上で，それとの関係の中で運転行為を位置付けて調書に録取しなければ，運転行為の正確な再現は不可能なのである。そして，運転行為をこれとの関係で正確に位置付けて初めて過失行為の内容も明らかにし得るし，裁判官にも信用される調書にすることができるのである（と私は考えている。）。

---

111) このような付随的な事実をそぎ落とした事故状況を説明した供述調書は取調官に押し付けられたという弁解を許しやすく，現実に弁解された場合に排斥し難くなる。

(4) 危険運転致死傷事件等の故意犯の動機や認識の取調べが苦手

　故意犯の事件の取調べの経験が少ないことから，危険運転致死傷事件やひき逃げ事件等故意犯の事件における被疑者調書において，危険運転の動機や認識及びこれを裏付ける事実に関する聴取が苦手であり，十分な調書の録取や十分な裏付け捜査ができない傾向がある。

(5) 受傷についての関心の乏しさ

　次に，事故で被害者が怪我をしたことについての関心が乏しい。事故状況を解明することへの関心が強すぎるため，衝突状況まで解明すれば，後は事故の因果の流れにすぎないという意識になるからである。そもそも，怪我をしたかどうかは医者の判断することであって捜査官が判断できることではないという意識も少なくないように思われる。この点は，被害者の供述調書に，衝突状況として，例えば「出会い頭に衝突しました。」とだけ記載し，怪我については，「（私の怪我は）病院で診てもらったところ，頚椎捻挫で約1週間の加療を要するという診断書が出ました。」程度の記載だけで済まされていることが少なくないことからも窺える。

---

112) 札幌高判平成23年11月10日公刊物未登載は，被告人が普通乗用自動車を後退させて，老女を転倒させて車底部で轢過して死亡させた自動車運転過失致死事件において，被告人を無罪にした原審判決を維持したものであるが，被告人は，当初犯人性を認め，後にこれを否定するに至ったものであるところ，被告人は，事故当日，警察官に対し「私はVさんを轢いている時に，少し車の揺れの衝撃はあったのですが，それはアスファルトの穴とか段差があるためと思い，別に気にすることなくバックしているのです。ハンドルをとられるという感覚はありませんでしたが，少しはあったかもしれません。」と述べていたのである。裁判所は，この供述について，「体験的供述」と認めたものの，①被害者が肋骨骨折しているにもかかわらず，少しの揺れにとどまったのは疑問であること，②他の同乗者が，何も異常を感じなかった，ぶつかったような衝撃はもちろん，車の下に何かが巻き込まれたような衝撃等もなかった旨供述しているとして，被告人が上記揺れを供述している点は，被告人車両が本件事故を惹起したか否かの認定に大きな意味を持つものではないとして，犯人性の証拠として一蹴したのである。もちろん，本件事故では，被告人車両車底部に被害者の着衣の印象痕と矛盾しない真新しい払拭痕（布目痕）が認められていた（それも，被害者の車底部での動きと矛盾しないものであった。なお，被告人は，これについて，倒れていたエゾシカを轢いたときに付いたものであるなどと弁解していた。）が，判決は，これをも警察官がジャッキアップして車底部の痕跡を確認作業しているときに印象された可能性もあるなどと指摘するなどして，検察官控訴を棄却したのである。判決の認定は，極めて不当だと考えるが，本書の主題である供述調書の在り方でいうと，前記衝撃を感じた事実やそれを穴や段差と考えた事実などを具体的に聴取し録取しており，良い調書である（→前掲注18）参照）。

しかしながら，事故による怪我かどうかは捜査で明らかにすべきことであり，医者に判断を委ねてしまうのは誤っている。また，医者の診断（診断書の記載）が常に信用できるとは限らない。傷害とは，人の生理的機能に障害を与えること又は健康状態を不良にすることである。しかるに，被害者とされる者の中には，何の症状もないのに医者に対して偽りの症状（例えば首に違和感がある等）を訴え，医者も患者の主訴だけに基づいて，安易に「頚椎捻挫（頚椎挫傷）等」の診断書を作成することが多い。この点は，昭和60年代に，受傷の事実を否定されて無罪事件が相次いだことで大いに問題となったが，現在でも問題状況は何ら変わっていない。したがって，取調官としては，衝突の状況が具体的にはどういうもので，そのために，自分の身体にどのように衝撃が伝わって，どのように身体が動き，身体のどこを痛めたのか（受傷経緯），また，その痛みはどのようなもので，いつからいつまで続いたのか，その後どのような治療を受けて，いつ治った（痛みがなくなった）のか等受傷の状況（受傷内容及び治療経緯）も綿密に聴取して録取しておかなければならない。もちろん，言いなりに録取するのも問題であり，疑問は問いただしつつ信用性を吟味し録取することが肝要である。

また，衝突以降は因果の流れにすぎないという認識では，多重衝突のような複数人の過失が絡む事故の場合に問題が生じることがある。被害者が複数の車両と衝突して怪我した場合，その衝突でどの怪我をしたのかが不明であると，過失行為と受傷の因果関係が不明となって無罪となる場合があり得るからである。もちろん，事故は一瞬の出来事で，被害者も身体に受けた衝撃や身体の動きを明確に記憶しているとは限らないから，困難は伴うが，可能な限り記憶を喚起して受傷経緯を明確にして個々の衝突との因果関係を明らかにする必要がある。

## 3 人身自動車事故供述の裁判における扱い

(1) 人身自動車事故供述の主要な2つの要素（事故状況供述と過失供述）

人身自動車事故供述調書には，身上調書や事故後の状況や被害者との示談

関係の供述調書（別調書にするとは限らないが）のほか，事実関係調書がある。事実関係調書における供述は2つに分かれる。すなわち，事故状況に関する事実を説明する供述（事故状況供述）と事故の過失に対する被疑者の認識を説明する供述（過失供述）である。どちらも被疑者の供述ではあるが，両者はその性質が異なっている。前者は，事実についての記憶に基づく供述（事実供述）であるが，後者は，前者の事実を前提として，過失（例えば，前方注視義務違反，左右方の安全確認義務違反，速度調節義務違反等）という法的評価についての自己の認識を述べた供述（評価供述）である。

(2) 事故状況供述と過失供述の裁判における取扱いの違い

両者の性質の違いから裁判における扱いも異なってくる。後者の過失についての被疑者の供述は過失という法的評価についての判断であるので，裁判官を拘束しない。また，事故状況に関する事実認定が前提となるので，裁判官の認定した事実が被疑者の供述した事実と異なれば当然過失判断に関する供述は意味をなくしてしまう。

この点は，多くの裁判例で，「被告人は，司法警察員及び検察官に対する各供述調書において，事故に過失があったことを認めるがごとき趣旨の供述をしていることが認められるけれども，これは，本件事故発生後に，後から考えて，かくもしておれば本件衝突事故を避けえられたであろうことを供述したにとどまり，右供述をもって直ちに被告人の過失を認めることはできない。」などとして，簡単に排斥されることが示している。[113]

前者の事故状況についての供述は，その供述が信用できるものである限り事実認定の基礎として裁判官を拘束することになる。

## 4 人身自動車事故供述の特性と取調べ及び供述調書作成の在り方

以上を前提に，人身自動車事故供述調書の作成に関する在り方を述べる。

(1) 心構え

事故の実態を解明するとの強い意欲を持って取調べに当たる。事故の実態

とは，故意による事故（傷害事件や殺人，殺人未遂事件や保険金詐欺事件等）ではないか，過失による事故であれば事故状況の実態は何か，過失はあるか否か，過失があるとして何が過失であるかであるが，これらについて，交通鑑識や運転者の心理や車や運転者の運転特性等についてのプロとしての経験と知識を総動員して，真の事故の実態を解明するとの強い意欲を持って取調べに臨むべきである。

　取調べの時点では，既に実況見分は終了していることが多いであろうが，そうであっても，取調べにおいて実況見分を前提にしてこれを維持することに意識をとられて取調べを進めるべきではなく，取調べにおいて不自然なところが窺えた場合には実施した実況見分にこだわることなく，事故の実態を明らかにしていくことである。そして実況見分が実態と食い違うことが明らかになった場合には，再度実況見分を行うことである。

　人身自動車事故のほとんどは過失犯であるが，だからと言って故意による事故（である可能性があるのに）を過失犯に仕立て，過失犯としての形式を整わせた供述調書を作成して済ませることは許されない（各論 事例㊸ →726頁参照）。このことを念頭に置いて過失犯としての供述調書の作成に当たる。

---

113）東京高判昭和44年4月24日東高時報20巻4号71頁，判時572号86頁，判タ240号300頁参照。
　　また，奈良地葛城支判昭和46年8月10日刑月3巻8号1104頁は，「ところで，被告人は，司法警察員に対する供述調書第11項において，『あの様な場合警音器を有効に使用して相手に事前に警告を与えておけばよかったのですがこれを怠り』と述べ，更に検察官に対する供述調書第3項において，「私もこの自転車を追抜く際，警音器を鳴らして相手に私の車の近づくのを知らせる可きでした。そうしてそれからスピードを落として相手の様子を良くたしかめ大丈夫であると見極めてから追抜きをする可きでした。それを『相手が真直ぐ進むものと考え相手の動きに余り注意しないでそのままの速度で進んだのがいけなかったのです。』と述べ，自ら自己の注意義務懈怠を認めているが如くであるが，被告人に過失があったのか否かの認定は，事故当時の道路，交通状態，事故当事者双方の運転状況等により客観的に判断すべきものであるから，これらの被告人の主観的意見によって，直ちに被告人に過失ありと認定することはできない」としており，さらに，いわき簡判昭和43年4月26日下刑10巻4号404頁は，「被告人の司法警察員に対する供述調書中に『この事故の原因は……私がもっとその動向に注意が足らなかったためと思います』との記載があるが，右供述は司法警察員の取調に対し，あとから考えてもっと注意をしていれば事故がさけられたかもしれないとのことを述べたにすぎないものと解され，右供述調書の他の部分と対比しても，右供述部分が動向不注視の事実をのべたものとは到底解されない。」としている。他に東京高判昭和45年6月30日判タ255号212頁，判時606号106頁，東高時報21巻6号238頁，名古屋高判平成21年7月27日高検速報（平21）号195頁等参照。

## (2) 事故の必然性を明らかにする

　総論（→17頁）でも述べたことであるが，過失運転致死傷事件であっても事故が起きたことには必然性がある。普段の運転の際の注意の仕方，運転以外のことに気を取られる事情や運転を急ぐ事情の有無，被害車両や周囲の車両の運転行為の予測不可能性や危険性等の事情を明らかにすることで不注意な運転に至った必然性を明らかにするのである。そして，その必然性が明らかにされれば，後述の予見可能性や回避可能性を裏付ける事実も明らかになるであろう。また，被疑者が必然性を明らかにできなければ，故意による事故であることや，身代わり犯人であることに思い至ることにもなるのである。

## (3) 人身自動車事故事件における供述調書の目的

　人身自動車事故事件において供述調書を作成する目的は，事故当事者の立場から事故状況を明らかにして被疑者の過失の有無（刑事責任の有無）を明らかにすることにある。

　もっとも，相手が真実を述べない時もあるが，その場合は真実を述べるように説得し，勘違いで間違った記憶を持っているときは十分な記憶喚起を行うべきことは総論で述べたとおりである。それでも，相手が真実を述べず，あるいは記憶喚起できないときは，やむを得ずその時点での供述状況を録取しておくことになる。その場合であっても，弾劾証拠等としての意味があることも総論で述べた（→76頁）。

　なお，過失認定に直接役立たない事項であっても，過失判断が誤っていないことを明らかにすること及び新たな弁解を封じるという意味で事故に関わる道路状況や車両の故障の有無，天候，運転者の健康状態等の基本的な周辺の事実関係を明らかにして保存しておくことも交通事故における供述調書の重要な役割である。これが一部でも抜けていると，抜けている事実関係に関して新たな弁解が出てきたときに苦慮することになりかねない。

　もっとも，これらは，結果的に過失認定に直接役立たないことになっただけで，臨場後は事故原因（したがって過失）を絞り込むために必要な捜査事項なのである。

## (4) 録取すべき事実関係

被疑者の過失の有無が明らかになる具体的な事実を録取しなければならない。

ところで，過失とは，結果予見義務と結果回避義務に違反することである。結果予見義務と結果回避義務は，事故前の現場の状況を前提とする具体的な事故状況から導かれる。なお，結果予見義務は結果予見可能性の存在が前提であり，結果予見可能性が認められない場合には予見義務はない。

また，結果回避義務も結果回避可能性が認められない場合には結果回避義務はない。したがって，供述調書で明らかにすべき事実関係は，結果予見可能性と結果回避可能性を根拠付ける事実でなければならない。[114]

### ア 結果予見可能性を根拠付ける事実関係

#### (ア) 結果発生の予見可能性

結果発生の予見可能性とは，一般人にとって結果が発生することを予見することができることである。自動車を運転していれば，一般的には事故が発生する可能性はないとはいえず，その可能性があることは誰もがそのことは認識しているし，認識は可能である。

しかしながら，ここにおける結果予見可能性とは，**当該事故現場における実際に起きた事故（による人の死傷）についての具体的予見可能性**である。[115] したがって，上記のような交通事故の一般的予見可能性が認められたとしても予見可能性が認められることにならない。

そして，この結果発生の予見可能性は，事故現場における予見可能性である。例えば，見通しの悪い交差点では，道交法上は，車両には徐行義務が課

---

114) もちろん，捜査したものの常に過失が肯定されるとは限らないので，全ての事件で「結果予見可能性と結果回避可能性を根拠付ける事実」が存在するとは限らない。したがって，無理にこれらの事実を作り出す必要もない。その場合は，「結果予見可能性と結果回避可能性に関連する事実」を記載すべきことになる。

115) 一般に人身自動車事故事件の過失を論じる書物では，予見可能性を，「交通事故」が起きることについての予見可能性と述べるのがほとんどである。しかし，厳密には，交通事故によって「人が死傷すること」についての予見可能性であるので留意する必要がある。この衝突に対する予見可能性でも足りるというのは，交通事故が発生する予見可能性があれば事故によって人の死傷が発生することはほとんど必然であることから，事故＝人の死傷と考えても不都合がないからである。実務的には，両者を区別しなくてもよいが，理論的には両者は異なるので留意すべきである（拙著『自動車事故の過失認定』（立花書房，2015）28頁参照）。

せられている（道交法42条1号）が，徐行しないで交差点に進入して，出会い頭に他の車両と衝突して相手に怪我をさせた事故を想定すると，徐行しなかったことが直ちに過失になるのではなく，この場合でも，交差道路から車両や歩行者等が進出してきて衝突することについての予見可能性の有無が問題となり，それが予見可能であり，徐行しないで交差点に進入することで事故の蓋然性が高い場合に初めて過失として認められる。この場合の予見可能性は，具体的な予見可能性をいう（大阪高判昭和45年6月16日刑月2巻6号643頁，札幌高判昭和51年3月18日高刑29巻1号78頁，判時820号36頁，判タ336号172頁，大阪高判昭和51年5月25日刑月8巻4・5号253頁参照）。

もっとも，このような交差点での具体的な予見可能性は，時間や交差点の車や歩行者の通行状況，交差点の設置された周囲の環境，天候等の周囲の具体的な条件から判断しての予見可能性ということになるが，具体的な予見可能性といっても，相手車両等の存在を認識していなければならないというわけではないし，逆に，深夜で交通閑散だからといって予見可能性がなくなるわけではない。[117]

見通しの悪い交差点での事故でも，特段の事情によって，予見可能性が否定される状況にあるときは，予見可能性は否定される（最判昭和43年12月17日刑集22巻13号1525号，最判昭和48年5月22日刑集27巻5号1077頁，最判昭和48年9月27日裁判集刑190号391頁等参照。）。

---

116) 拙著・前掲19頁，260頁等参照。すなわち，道交法上の義務違反が直ちに過失になるわけではない。
117) 例えば，深夜，車両も人通りも全くないような見通しの悪い交差点で，徐行しないで交差点に進入して，たまたま通りかかった歩行者に衝突させて怪我をさせた場合，予見可能性は否定されない。通常，誰にとっても，このような時間に人が通行することはないと考えられる状況であったとしても，徐行しないで交差点に進入した場合には交差道路から進行してきた歩行者と確実に衝突し事故を回避することができない状況にあったとすれば，過失は肯定される。この場合，歩行者との衝突の可能性は確率論的には低くかなり抽象的な一般的予見可能性ともいえるようなものであるが，徐行しないで交差点に入ることで万一歩行者が通りかかった場合に確実に衝突する状況にあれば，この程度の予見可能性も予見可能性として肯定される。なぜならば，予見可能性はそれ自体に意味があるのではなく，結果回避義務を課して事故を防ぐために必要となるのであるから，結果回避行為を行わない場合（この場合であれば徐行しないで交差点に進入したこと）で，確実に結果が発生すると認められる場合には，予見可能性の程度が微弱であったとしても回避義務を課して事故を防ぐべきだからである（拙著・前掲29頁では，結果の重大な時は，予見可能性が微弱であるとしても予見可能性は肯定される，としたが，その場合だけでなく，本文のような場合も予見可能性は認められるべきと考える。）。

なお，この手の事故でよく見掛ける調書は，「見通しの悪い交差点なので，徐行しなければならないのは分かっていました。しかし，交差道路から車が来ることはないと思っていたので，時速約20キロメートルくらいの速度で交差点に進入してしまったのです。」という類の供述である。この供述のどこにも，予見可能性についての言及はない（道交法上の義務についての認識を述べているが，これは予見可能性ではない。）上，道交法上の義務がそのまま過失犯の結果回避義務になるという誤解に基づいている。厳密にいえば，人が来ないとか車が来ないと思う特段の事情はなかった旨の押さえの供述を記載すべきである（もっとも，対象者が供述する限りでの話である。）。

　そして，徐行しなかった場合であっても，前方左右の安全不確認による発見遅滞があり，早く発見して制動していれば事故を防げていたような場合には，前方左右の安全不確認が過失になるので留意を要する（もっとも，徐行しなかったため怪我の程度が重くなったといえるのであれば，これも過失とすることができる。）。

(イ)　事故の予見可能性を根拠付ける事実関係

　事故が起きて人が死傷するのは，通常は行為者の運転する車両と他の車両や歩行者等の人との衝突によってである。したがって，予見可能性としては，行為者の運転する車と他の車両や人とが衝突することについての予見可能性を考えればよい。そこで，予見可能性を根拠付ける事実関係というのは，通常は行為者の車両と他車あるいは歩行者等の人が衝突することを予測させる事実関係になる。それには，事故の時間，昼夜の別，天候，事故現場の状況（交差点か否か，見通しの良し悪し，信号交差点か否か，横断歩道の有無，道路の広狭，交通規制の状況，交通頻繁な道路か否か，生活道路か否か，繁華街か否か，自動車道か否か等），交通状況（車両の具体的な通行状況，歩行者等の通行状況），行為者の車両の運転状況（行為者の体調その他の状況，車両の速度，直進，後退，右左折等の進行状況，車両の故障の有無等の状況等）など，事

---

118）もちろん，行為者の車両と衝突せずとも相手が驚愕して転倒したり，事故を避けようとしてハンドル転把したりするなどして他車などに衝突するなどして怪我をする場合もある。この場合は，相手車両や人が驚愕して転倒したり，事故を避けようとしてハンドル転把するなどして他車などに衝突するなどして怪我することについての予見可能性である。なお，前掲注115）参照。

故を取り巻くあらゆる状況が含まれる。それは，これらの事情が相まって予見可能性を基礎付けることになるからである。

とはいっても，個別の事故の状況ごとに，事故の予見可能性を根拠付ける事実関係は異なっている。例えば，赤色信号を看過した事故の場合は，信号の変化の状況と行為者の運転状況だけで足り，その他の状況は必ずしも必要ではないことが多い（場合によっては，他車や歩行者等の交通状況，事故の時間や昼夜の別等は予見可能性に影響してくる。）。したがって，供述調書においては，当該事故で事故の予見可能性を根拠付けるために必要で十分な事実について触れられれば足りることとなる。

(ウ) 認識のある過失と認識のない過失

ここで，認識のある過失と認識のない過失について触れる。認識のある過失とは，結果発生の可能性を認識（予見）していた場合の過失であり[119]，認識のない過失とは，結果発生の可能性を認識（予見）していなかった場合の過失である。

どちらも過失として責任が肯定されるものであるから，前提として一般人において事故発生の予見可能性が認められることが前提となっているのは言うまでもない。

(エ) 結果発生の認識（予見）及び認識（予見）可能性に関する被疑者の供述の録取

当然，結果発生に関する認識（予見）の有無について，被疑者から聴取して調書に録取しなければならない。認識（予見）がない場合には，予見可能性についても聴取した上で録取すべきである[120]。しかしながら，前に述べたように，予見可能性についての被疑者の供述については，最終的には法律判断

---

[119] 認識のある過失は，可能性を認識しつつも結果が発生しないであろうと判断した場合であるため，故意が認められず，過失犯として処罰される場合である（この考えは，いわゆる動機説（平野龍一『刑法総論Ⅰ』188頁（有斐閣，1972））による定義である。他に，認容説は，「行為者において，事故発生の可能性を認識していながら，結果に対する認容がない場合をいう」とし，認識説（蓋然性説）は，「犯罪事実の確定的な認識・予見はないが，その蓋然性（結果発生の可能性が高いこと）を認識・予見している場合をいう」としている（山口厚『刑法総論第3版』214，215頁参照（有斐閣，2016）)。）。

[120] 例えば，「深夜でしたが，道路を横断する人がいることは，今まで，この道路を通った経験から，予想できたことですし，前方を注視せず進行した場合，横断者と衝突する可能性があることは認識することは可能でした。」などである。

として裁判官が認定することになるので，被疑者が認めていたとしても裁判官が同様に認定してくれるとは限らないし，仮に被疑者が否定したとしても裁判官も否定するとは限らないのではあるが，被疑者の予見可能性を認める供述が現場の状況等から具体的な根拠を示して述べているものである場合には，裁判官もむやみに否定することはできない。裁判官が被疑者が予見可能性を認めているにもかかわらず，これを否定するのは，被疑者の予見可能性を認める供述が，具体的な根拠を示すことなく結論として予見可能性があった旨述べるだけであり[121]，被疑者の自発的な供述というよりも取調官に押し付けられて認めたと推認されるような場合である。また，自発的な供述であるとしても，それを認める供述が事故時の具体的な状況を予見可能性の根拠とするのではなく抽象的・論理的な根拠から導かれている場合には，安心できない。したがって，具体的な根拠と現実に事故前に認識していたことが明らかになるように，可能な限り具体的な供述を求めるべきである[122]。

#### イ　結果回避可能性を根拠付ける事実関係

結果の回避可能性は，被疑者の供述で立証するというより実況見分等の客観的な事実関係で立証されることがほとんどである。例えば，発見可能地点の特定，制動距離等の客観的な事実関係が明らかになれば，いくら被疑者が回避可能性を否定しようが逆に認めていようが，これらの供述によって認定が左右されることはないからである[123]。

ただ，厳密にいうと，回避可能性について被疑者の主観的な認識が影響を与えることもある。というのは，回避可能性について認識の可能性がないこと（そうすれば回避できるとは思わなかったし，そう認識することもできなかったという場合）[124]もあるところ，その場合，客観的に回避可能だったからといって，過失責任を問うのは期待できず，それを期待するのは酷だからである（拙著・前掲11頁，33頁参照）。したがって，この場合は，被疑者から回避可能性についての認識を聴取して録取する必要がある。

---

121)「交差道路から車両が来る可能性があることは分かっていました。」等の供述である。
122) この点は，取調べを録音・録画下で行い，自発的な供述であり，具体的に予見可能であったことの根拠も述べられていることが立証可能であれば，裁判官もむやみに否定できないであろう。

それ以外については，調書に録取する意味はあまりないといってよい。

もっとも，実務上，この点についても録取するのが通例であるが，これも当該供述が事実認定において重要な意味を持っているかというと，そうではなく，被疑者が回避可能性を認めていること，したがって，公判でも争う可能性がないことを示す程度のものでしかない（もっとも，それも確定ではなく，被疑者が公判で争うことを防ぐ効果はない。その旨の供述を得て略式請求したとしても，正式裁判の申し立てをすることも少なくない。）。

### ウ　過失判断の前提となる事実関係

特定の過失が認定されるためには，原則としてそれ以外の過失は認定できない状況にあるといえることが必要である。[125]

例えば，時速約60キロメートルで進行中，前方不注視のため歩行者が道路を右から左に横断しているのを右前方約33メートル地点に迫るまで気付かず，その地点で初めて歩行者を認め急制動したが及ばず歩行者に衝突させて転倒させて怪我を負わせた事故を想定する。歩行者が道路を横断し始めた時点では，被疑者の車両は衝突地点の手前約40メートルであったとすると，通常の場合被疑者に前方不注視の過失が認められることは明らかである。しかしながら，仮に，同車両のブレーキに故障があり，制動しても効きにくく停

---

[123] 例えば，被疑者が何秒間もわき見して前方注視を欠いた運転行為をしていて歩行者と衝突させる事故を起こしたものの，相手が死亡したり意識不明になったりして，目撃者もおらず事故直前の被害者の行動を明らかにできないという事故を考える。この場合，いくら被疑者が「前方を注視していれば早く相手に気が付いて事故を防ぐことができました。」と述べたとしても，回避可能性が認められることにはならない。というのは，前方注視していたとしても，相手が直前で飛び出した場合には，事故を防ぐことができないが，被害者の行動が不明なため飛び出しの可能性を否定することができず，前方注視が事故の原因になったということが認定できないからである。

もっとも，厳密にいうと，飛び出した直後に気付いて制動していた場合に衝突は避けられなかったとしても，もっと軽い怪我で済んだ（あるいは死なずに済んだ）ということが立証できる場合には，前方注視義務違反が過失になる（大阪高判昭和60年4月10日高刑38巻1号90頁，判タ564号269頁参照）が，その立証はさほど簡単ではない。

[124] もっとも，交通事故の場合，回避可能であること（回避方法）については誰でも認識しているし，仮に当該運転者が認識していなかったとしても認識可能である。

[125] といっても，段階的過失論（直近過失論ないし直近過失一個説）を採るわけではない。過失の併存は認められるとしても，過失は，一つひとつが特定されて初めて併存も認められるのであり，複数の過失が併存するかもしれないという意味で1つの過失が認められるわけではないからである。

止距離が約45メートルであったとすれば，前方注視義務違反を過失とすることはできない。いくら前方を注視していて歩行者を横断開始と同時に発見して制動したとしても防ぐことができないからである。この場合の被疑者の過失は，前方不注視ではなく，歩行者を発見して直ちに制動をかければその手前で停止できる速度に速度を調節する義務を怠っていたことが過失になる。[126] さらに，仮にブレーキが全く効かない場合であれば，そもそも運転すること自体を避けるべきであるので，その認識可能性があることを前提として運転避止義務違反が過失になる。

同じことは，道路が雨で濡れていて停止距離が通常よりも伸びる状況であった場合にもいえる。

したがって，前方不注視という過失を認定するためには，それ以外の過失が認められる余地がないことを明らかにしておく必要がある。上記の例であれば，ブレーキの効き具合が正常であるか否かや道路の湿潤状況である。停止距離が延びるという点では，タイヤの摩耗の程度も影響するし，被疑者自身の反応速度，すなわちアルコール酩酊の有無や過労，薬物の影響なども関係してくるので，これらの事実を明らかにしておく必要がある。もちろん，これらの事実は客観的に見分する等して確認する必要があるが，その認識という点では，被疑者自身から聴取しておくことが必要となるのである。

このように，過失を判断する前提となる基礎的な事実関係は極めて多岐にわたるが，基本書式の実況見分調書及び特例書式の実況見分調書の書式では，事故現場道路の状況（路面の状況），同道路の位置する付近の状況（市街地等の区別，交通量），同道路における交通規制の状況等の細かい記載事項が定められており，チェックしたり，必要事項を記入したりして，基本的な事項が漏れなく記載されるようになっている。[127]

これらの基本的事項を実況見分で明らかにした上で，被疑者に対して事故

---

126) もっとも，これも歩行者の存在が予見可能であり，かつブレーキの効きが悪いことを認識できる状況にあったことが前提である（道路の最高制限速度が時速40キロなどと指定されていない場合でも同様である。）。
127) 過失犯捜査の基本である。これらの基本的事項が漏れなく明らかにされていないと，そのミスを突いて，記載のない事項に関し（例えば道路の湿潤の状況），後日新たな弁解を始めたときにそれを排斥できなくなる可能性がある（→102頁参照）。

当時の認識を聴取すべきである。

## 5 実況見分及び実況見分調書

### (1) 実況見分の重要性

　交通事故は物理現象であり，過失の有無は客観的な事実関係によってほとんどが決まるといってよいため，これを明らかにする実況見分とこれを証拠書類化した実況見分調書の証拠価値は極めて高い。

　事故状況は，ドライブレコーダーや街頭の防犯カメラ，TAAMS（交通事故自動記録装置）等で撮影されていた場合は別であるが，普通は痕跡しか残っていない。しかしながら，事故状況（すなわち車両と人，車両同士の衝突等）は物理法則（力学）に従った現象であるので，痕跡を正確に収集すれば解明可能である。したがって，その痕跡，すなわち現場に残ったタイヤ痕，ガウジ痕等の痕跡，被疑車両，被害者車両に残った痕跡，人に残った痕跡，車両の破片や人の所持品等の散乱状況等の客観的資料を収集する作業である実況見分が，交通事故捜査において，まず，何よりも重要な捜査である。これを便宜上，「現場見分」と呼ぶ。

　また，被疑者，被害者及び目撃者に対して，事故現場において，事故状況についての指示説明を求める実況見分も，現場において記憶を喚起した上での指示説明であるという意味で，事故状況を明らかにするものとしての証拠価値は高く，現場の上記見分と同様，重要な捜査事項である。これを便宜上，「指示見分」と呼ぶことにする。

　なお，交通事故の実況見分には，現場見分と指示見分を同じ実況見分調書にまとめることも多い。

　前に述べたとおり，交通事故は物理現象であるから，客観的な証拠及び事実が明らかになれば，事故の大半が解明できるので，これを明らかにする上記2つの実況見分の価値は極めて大きい。したがって，見分を綿密かつ正確に行った上で，それを正確に実況見分調書に記載しなければならない。

(2) 現場見分について

　現場見分は，現場等に残る痕跡を綿密に見分して収集することが重要である。雨の日はスリップ痕は残りにくいが，舗装道路の場合，アスファルトの汚れをぬぐうため乾くと周りより白く印象されることがあるので，現場が乾いた後に行うことも必要になる。事故現場はほとんど公道であるため，いつまでも通行禁止にすることはできない。現場見分は多くの場合，任意処分として現場の交通を止めるなどして行っているが，事故によっては，令状を取って通行止めにして現場見分を行うことも必要になる場合がある（この場合は，検証（刑訴法218条）である。）。

　特例書式の事件だけでなく，基本書式の事件でも詳細な現場見分が行われていることは少ないように思われる。送致されて被疑者の弁解を聞くなどして捜査を遂行中，現場の痕跡の有無等が，が然，焦点として浮上しているにもかかわらず，その点の収集や証拠化がなされておらず，こちらで地団太を踏むことも多い。死亡事故の場合でも，詳細な現場見分がなされていないものも散見される。課員数に対して事故が多く，道路という市民生活への影響の大きい場所での現場見分であるため，綿密な現場見分を行う余裕がないことも背景にあろう。また，現場見分には，交通鑑識の専門知識が必要になるところ，所轄警察においては交通鑑識技術に長けた警察官が少ないことや課員の意識の問題もあるであろう。県警によっては，死亡事故の場合は必ず本部に報告した上で，本部の交通捜査課の交通鑑識係の班員を派遣して綿密な現場見分を行う体制を築いているところもあるが，本部の交通鑑識の体制自体が弱体である県警も少なくないようである。また，上記の体制を築いていても同時に複数の死亡事故が起きることもあるので，遺漏なく現場見分ができるとも限らない。更なる交通鑑識部門の拡充強化が望まれる。

　現場見分を綿密，周到に行って資料を収集したとしても，それを実況見分調書に漏れなく正確に記録しなければ意味がない。些細なことでも，現場で気付いた痕跡は，残らず詳細に記録すべきである。そうでないと，現場見分した意味がない。文書や図面で明らかにすることだけでなく，見えるものは写真によって明らかにする必要がある。[128]

(3) 指示見分について
ア 現場指示と現場供述

　指示見分は，被疑者，被害者及び目撃者等が現場で自らの記憶に基づいて，現場道路等の地点を指示して，事故状況を説明し，それによって事故状況を明らかにする見分である。事故関係者の記憶に基づく指示であるから本質は供述である。もっとも，厳密にいうと，指示者の現場における説明には２つがある。現場指示と現場供述である。これは，証拠能力の付与の仕方による区別であるが，立証しようとする事実との関係で異なってくるものである。
　被疑者が，「被害者を発見した地点は，①地点です。」と述べて，①地点を指示した場合を想定すると，①地点を（被疑者が被害者を発見した地点として）指示したという事実を立証する場合は，その指示を確認して実況見分調書を作成した警察官の作成の真正に関する尋問を行うこと（それにより作成の真性が立証できた場合）で証拠能力が付与される。しかしながら，これだけでは，①地点が，被疑者が被害者を発見した地点であることは，立証することはできない。それは，そこで被害者を発見したという被疑者の供述の真実性を前提として初めて認定できることであるが，警察官の尋問を行ったとしても被疑者に対して，その供述の真実性について反対尋問を行っていないため伝聞証拠と言わざるを得ず刑訴法320条１項により証拠能力が認められない。この場合，被疑者の供述であるので同法322条の要件を満たせば証拠能力が認められる。もっとも，そのためには，被告人の署名又は押印が必要であり，これがあれば証拠能力が認められるが，ないのが通常である実況見分調書においては，同条の要件を満たしていないので，同意（同法326条）がない限り証拠能力が認められることはない。被害者や目撃者の場合は，刑訴法321条１項３号の問題となるが，同じく署名又は押印がないのが普通なの

---

128）しかしながら，時として，写真写りが悪く（車両に関して光の反射で損壊や擦過等の痕跡が写っていないケースが少なくない。），使いものにならない写真もある。この場合，文章で記録したとしても裁判官に信用してもらえないこともある。案外綿密な現場見分を行っても，正確な証拠化という点で，不十分なケースが多いように感じられる。なお，存在した痕跡だけを明らかにすればよいわけではない。あり得る痕跡がなかった場合には，そのことも明らかにする。例えば，砂利道での轢過事故のように，引きずり痕等の痕跡の有無が重要な意味を持つ場合で，現場見分してその痕跡がなかった場合には，実況見分調書に「なかった」旨明示しなければならない。もちろん，写真化も必要である。

で，同意（同法326条）がない限り，同号により証拠能力が認められることもない[129]。

### イ　現場指示における十分な記憶喚起

現場指示で重要なことは，十分な記憶喚起が必要だということである。現場指示も，事故当事者の記憶に基づくものであるが，前記（→92頁）のとおり，事故状況に関する事故当事者の記憶は明確に残っているとは限らない。というよりむしろ，不明確であることの方が多いと思われる。したがって，記憶喚起にも限界はある。しかしながら，現場指示を得る時に何の手掛かりを与えず当事者の記憶のみに依拠することは相当ではない。それだけでは，客観的に見ても不合理な指示説明となってしまい，真実を明らかにすることができなくなるからである。交通警察官の経験と交通鑑識における科学的知見から，客観的に明らかなものに関しては，これを当事者に情報提供し，合理的な範囲で十分に記憶を喚起してもらった上で指示説明を求めるべきである。

例えば，時速約40キロメートルで進行中，道路を横断中の歩行者である被害者を発見して直ちに制動をしたものの，被害者に衝突させて転倒させて怪我をさせた事故の場合，被疑者が被害者を発見して制動をかけた場所を衝突地点の25メートル手前の地点だと指示したとすると，時速40キロメートルの制動距離は20メートル弱であるから，この指示説明は客観的に誤っている。速度がもう少し出ていたか，制動をかけた地点がもう少し衝突場所に近かったはずである。したがって，これを前提に記憶喚起してもらう必要がある。

これは，当事者の記憶に基づく指示を，警察官が誘導して都合のよいように改変するのとは違う。もともとの指示説明自身に確たる根拠がないことが

---

129) 犯罪捜査規範は，105条1項で，「被疑者，被害者その他の関係者に対し説明を求めた場合においても，その指示説明の範囲をこえて記載することのないように注意しなければならない。」と規定し，同2項で，「被疑者，被害者その他の関係者の指示説明の範囲をこえて，特にその供述を実況見分調書に記載する必要がある場合には，刑訴法第198条第3項から第5項までおよび同法第223条第2項の規定によらなければならない。この場合において，被疑者の供述に関しては，あらかじめ，自己の意思に反して供述をする必要がない旨を告げ，かつ，その点を調書に明らかにしておかなければならない。」と規定している。これは，実況見分における被疑者や被害者等の指示説明が単なる指示説明にとどまらず供述（現場供述）にわたることが少なくないため，取調べに関する規定を準用することを求めたものである。被疑者の場合には，当然，黙秘権があるので，黙秘権を告知し，実況見分調書上でも告知の事実を記載すべきこととしたものである。

多い。別の機会に指示説明を求めると，前の指示説明と異なる地点を指示するのはおそらく必定であり，そのような薄弱な根拠しか持っていない記憶であるので，明確で客観的に動かすことのできない事実は，これを前提にした上で可能な限り実態に近い記憶を喚起させるのは当然のことである。

## 6　実況見分調書と供述調書

### (1)　事故状況供述の求め方

　被疑者調書の事故状況に関する部分は，被疑者立会いの上で行った前者の実況見分（指示見分）調書末尾の現場見取図（交通事故現場見取図）を被疑者に示し，同見取図に基づいて事故状況を説明させてその供述内容を録取することになる。

　被害者や目撃者に関して，彼らの立会いを得て行った事故状況に関する実況見分調書を作成した場合も同様である。

### (2)　事故状況供述と実況見分調書の内容が異なる場合

　被疑者立会いの実況見分（指示見分）調書は，被疑者の記憶を喚起した上で，被疑者に被害車両や被害者を発見した地点，危険を感じた地点，制動をかけた等の回避措置を講じた地点，衝突した地点，停止した地点等を現場で指示説明させ，事故状況を明らかにするものであり，後日その内容を図面等に正確に記録して保存し調書として証拠化したものである。

　したがって，通常は事故状況に関する被疑者の供述は実況見分の内容と食い違うことはない。しかし，中には事故状況に関して取調べを行った際に，被疑者が実況見分調書の記載内容と異なる事故状況を説明することも少なくない。この場合安易に実況見分での指示説明を変更させるべきではない。

　取調べで実況見分時における指示説明と異なる説明をする中には，単に記憶が薄れたため，あるいは現場での印象と図面での印象が異なるために違和感を抱いて前の説明と異なる説明をする場合も少なくないので，じっくり記憶を喚起し，それでも違うのかを確認する必要がある。その結果，被疑者の記憶が喚起され，元の指示説明に戻ることも多い。

また，実況見分の際，見分官に被疑者が指示説明した地点とは異なる各地点を押し付けられたなどとして実況見分の内容を否定することもある。残念ながら，弁解どおりであることもないわけではないが，他方で，実況見分後，自己の責任をおそれて責任を否定ないし軽減するために，当初の実況見分の内容を否定しようとして虚偽供述をするに至ったものもある。この場合は，実況見分当時の状況を聴取し，見分官にも実況見分当時の状況を確認した上で，真実の供述をするように説得する必要がある。しかし，それでも被疑者が実況見分調書の内容を否定する場合には，どこがどう違うのか，なぜ実況見分の際に違う指示説明を行ったのか，なぜ実況見分と異なる説明をすることになったのか等について聴取した上で，記載するのもやむを得ないし，そうせざるを得ない。

被疑者が，実況見分の指示説明の内容を否定した場合に，再度の実況見分を実施するか否かは事案にもよるので一概にはいえないが，現場で確認するまでもない軽微な変更は，供述調書で訂正するだけでよいであろう。しかし，現場で確認しなければ分からない重要な変更の場合で，被疑者の指示説明を証拠化しておく必要があると考えられる場合には[130]，再度実況見分を実施するべきである。

なお，被疑者供述と目撃者の目撃供述による事故状況に食い違いがあった場合，仮に被疑者が過失を認めていたとしても，安易に，目撃者の供述を，誘導して被疑者の供述に合わせることはすべきではないし，そのために再度の実況見分を実施すべきではない。もちろん，目撃者の目撃状況が不正確なもので本人も記憶に自信がない場合で客観的な状況と矛盾するような場合は別であろうが，証拠の整合性を図ろうとするあまり（被疑者は過失を認めているのだからとして），目撃者に被疑者供述を押し付けて目撃供述を変更させるようなことは，決してすべきではない。もちろん，そのような取調べは不当であるが，それだけではなく，後に被疑者が当初の供述を翻して事故状況

---

[130] 変更後の事故についての説明を実況見分という形で明瞭に明らかにしておく必要がある場合である。変更後の事故についての説明が信用できない場合であっても，その説明を明確にすることが後の公判での立証に役立つ場合や後の更なる説明の変更を防ぐために事故の説明を固定する必要がある場合である。そのような必要性もないのに，実況見分をやり直すのは，労力の無駄であり，行う必要はない。

についての供述を変遷させ，過失を否認するに至った場合，当初の目撃者供述が仮に被疑者の過失認定に重要な価値を持っていたものであるとしても，もはや，公判では使えないからである（そのような変遷のある供述の信用性を裁判官は認めない。そのために，公判立証に大変苦労した事件がある）。専門家である交通警察官の誘導や被疑者供述を示されれば，目撃者としても目撃状況は瞬間的なものであることもあって，そうだったかもしれないと考えるに至り誘導に乗って供述を変えることもあるので，危険な捜査であることは十分に認識しておくべきである。

# 第4章　事実関係調書の具体的な記載の在り方

## 1　はじめに

　前記第3章で，事実関係調書の記載の在り方についての理論的な説明を行ったが，ここでは，具体的な記載の在り方について説明する。

　既に述べたとおり，被疑者供述調書で最も重要なものは，事実関係を記載した調書である。

　過失運転致死傷事件の場合は，主にこの被疑者供述調書と被疑者が事故状況を指示説明した実況見分調書（指示見分調書。同調書は現場見分調書と矛盾するものであってはならない。）によって，被疑者に過失があるか否か（その前提として犯人性が認められるか）が判断されることになる。

　事実関係調書で録取すべき事実関係は，被疑者の過失判断に必要な事実であり，これまで述べてきたように，理論的には，結果予見可能性を根拠付ける事実，結果回避可能性を根拠付ける事実である。

　しかしながら，最初から，被疑者の過失が明らかというわけではなく，捜査を行う過程で被疑者の過失が浮かび上がってくるのである。浮かび上がってくる過失は，もちろん1つではなく，複数の過失が浮かび上がってくることも多い。

　その過程は，まず，どういう事故であったのかという事故の具体的な状況を解明することから始まる。そこで，現場見分が意味を持つ。道路状況や天候，昼夜の別，付近の明るさ，交通状況，運転車両の状況（ブレーキ等の故障の有無，死角の有無及び状況，積載物の状況，同乗者の有無等も含む。），運転車両や被害者車両の損傷状況等，被害者の受傷状況等を明らかにする。

　その上で，指示見分を行い，運転者（被疑者）から，その認識している事故状況を自らがどのような運転行為を行ったかも含めて指示説明させて，事

故状況を明らかにする。

　つまり，被疑車両が，どこのどのような道路で，どういう速度で，どこからどこに向けて進行中，どういう状況で，どういう状況の被害車両，あるいは，歩行者と衝突し，被疑車両や被害車両，あるいは歩行者が，衝突後どのようになったか，その際，被疑者及び被害者はどのような運転操作や回避行動をとったか，ということを聴取して明らかにする。

　そして，この事故の状況が判明した後，どのようにすれば事故は防げていたかを検討する。どの地点で，どのようにすれば事故を防ぐことができたかを判断し，事故を防ぐことができたと判断された時点で，事故（結果）を予見することが可能であったかどうかを更に判断することになる。回避可能な地点で，予見可能性が認められるということになった場合に，過失が肯定されることになる。一方，回避可能な地点で予見可能性が認められないと判断される場合には，過失は否定されることになる。

　そこで，事実関係調書で被疑者に明らかにさせるべき事実としては，その認識している事故状況と自らの運転行為の具体的な内容（その結果も）を中心として，それ以外では，現場見分で明らかになっている事故前の状況，すなわち前記道路状況や天候，昼夜の別，付近の明るさ，交通状況，運転車両の状況（運転目的と運転経路，運転時間，被疑車両の走行速度，ブレーキ等の故障の有無，死角の有無及び状況，積載物の状況等も含む。）についての認識の有無を明らかにする必要がある。また，現場見分では明らかにならない運転者（被疑者）の運転時の心身の状況についても，明らかにさせなければならない。

## 2　具体的な記載の在り方について

### (1)　書き出し

　読んだだけで事故の概要が分かるような書き出しが望ましい。
　例えば，
　「私は，タクシーでお客さんを亀有に送って行く途中の本日午前1時頃，東京都台東区〇〇1丁目〇番〇号先の交通整理の行われていない交差点を，一時停止の標識を無視して，〇〇方面から〇〇方面に向かい直進しよ

うとして交差点に進入したとき，左方から交差点に進入してきた○○さん運転の普通乗用自動車と出会い頭の事故を起こし，○○さんに重傷を負わせる交通事故を起こしましたので，この事故の状況についてお話しします。」

これは，被疑者の過失（一時停止無視）を盛り込んだ例である。

被疑者の過失を記載せず，単に，

「私は，本日午前1時頃，タクシーを運転中，東京都台東区○○1丁目○番○号先の交通整理の行われていない交差点で，左方道路から進入してきた車と出会い頭の事故を起こし，相手に重傷を負わせる交通事故を起こしましたので，この事故の状況についてお話しします。」

と記載することもある。

(2) 運転車両
ア 車種，性能（排気量，製造会社名等を記載すると分かりやすい。）
イ 所有関係（割賦購入車は使用者），購入時期と運転車両の運転経験の有無，程度
ウ 故障の有無，有りの場合はその故障を知った時期，理由，初期の状況，事故直前の状況（ブレーキ系統の故障については，事故に至る間の各停止状況）[131]
エ タイヤの摩耗度，タイヤがパンクしている場合は，事故前か後か，タイヤ交換の有無，時期等

(3) 心身の状況
ア 持病の有無と持病の内容[132]
イ 持病がないとしても運転時の体調のいかん
ウ 疲労の有無と原因

---

[131] 故障が事故の原因である疑いがあるときは，故障の認識や修理の有無，修理の日時，内容等の事実が，過失を裏付ける事実となる可能性があるので，車両の実況見分等を実施し，故障の有無を明らかにした上で，故障が事故の原因なのか否かを明らかにし，被疑者から，故障の認識の有無，修理の有無，修理の日時，内容等の事実を聴取して記載する。

エ 考え事の有無とその内容
オ 飲酒（含薬物）の有無と酔い（薬物の影響）の程度，状況
　酒気帯びや酒酔いが立件できない場合であっても，飲酒時期や飲酒量，酔いの程度は聴取して記載する必要がある。

(4) 同乗者[133)]
ア 有無と特定（誰か），被疑者との関係，同乗の経緯
イ 乗車位置

(5) 積載物[134)]
ア 有無と種類，重量
イ 積載者と方法
ウ 積載物があっても運転者である被疑者が積載しなかったときは，積載の事実（誰が積載したか等）及び積載方法についての確認の有無

---

132) てんかんや，糖尿病による低血糖，脳梗塞等の疾病によって運転中に意識喪失して事故を起こすこともある。この場合は，運転中に意識喪失することの予見可能性が問題となるので，意識喪失の原因が疾病によるものか否かを明らかにした上で，疾病の認識の有無，過去に同疾病により意識喪失したことがあるかどうか，どういう時に意識喪失したのか，医師から運転についての注意を指導されていなかったのかどうか，意識喪失しないための投薬等の対処方法をどのように指導され，それを遵守していたかどうか等の事実を聴取して記載することになる。
　①安全な運転に必要な認知，予測，判断又は操作のいずれかに係る能力を欠くこととなるおそれがある症状を呈する統合失調症，②意識障害又は運動障害をもたらす発作が再発するおそれがあるてんかん（発作が睡眠中に限り再発するものを除く。），③再発性の失神（脳全体の虚血により一過性の意識障害をもたらす病気であって，発作が再発するおそれがあるもの），④①の症状を呈する低血糖症，⑤①の症状を呈するそう鬱病（そう病及び鬱病を含む。），⑥重度の眠気の症状を呈する睡眠障害に罹患している場合は，自動車の運転により人を死傷させる行為等の処罰に関する法律（以下「自動車運転死傷処罰法」という。）3条2項の危険運転致死傷罪が成立する可能性があるので，同罪の成立も検討することになる。
133) 同乗者は，事故の目撃者でもあることが多い上，犯人性を判断する上で重要な存在となる。車から降りる直前に，座席の位置を替わって降りてくるケースもよくある（身代わり犯人になる。）ので，同乗の経緯等を聴取して慎重に判断する。客観的な証拠を収集する（エアバッグの血痕のDNA型鑑定や毛髪の付着の有無，車内の血痕等の付着の有無，被疑者，同乗者の着衣の損傷状況，繊維片の付着状況等の裏付けを行う。）。
134) 積載物の落下が事故の原因になっている場合には，積載物の内容や積載状況，積載状況に関する認識等を聴取して記載する。

(6) 天候と天候に関連する道路状況等[135]
ア 降雨，積雪の程度と道路状況（濡れている場所，程度，状況，積雪の場所と凍結状況――部分凍結もあることに留意する。凍結の場合は，時間（夜間ないし明け方か日中か）及び日陰か否か等でも凍結状況や予見可能性に影響するので留意する。）
イ 降雨，降雪注意情報の有無

(7) 運転目的・運転経路・所要時間[136]
ア 運転の目的は何か。何のために，どこに行こうとしたのか
イ 出発地点から事故地点までの経路――事案により概略（管内図のコピーを示す等）又は一部省略等とする
ウ 通行経験の有無
エ 出発時間，急いでいたのか否か，目的地の到達予定時間

(8) 道路状況と進行状況等[137]
ア 直線，湾曲状況――事案に応じ概略，一部省略等とする
イ 広狭――中央分離帯，中央線，車線の有無と数等の状況

---

135) 被疑者調書に記載するのは被疑者の認識であり，客観的状況は実況見分によって立証する。被疑者が認識していないのに，客観的な状況は事実であるからとして調書に記載すると，被疑者がその状況を認識していると受け取られかねないので留意すべきである。被疑者が認識していない客観的状況を調書に録取する場合には，「当時現場の道路は，雪が凍ってアイスバーンの状況になっていたのですが，そのことは，事故後知ったことで，事故の前は，気が付きませんでした。」などと，認識のなかったことを明示する。
136) 運転目的及び目的地にいつ着く予定であり，急いでいたのか，急いでいたとしてどの程度急いでいたのか等の事実は，被疑者の運転時の意識状態や運転及び安全確認にどの程度注意を払っていたのかを推測する上で，意味のある事実であるから，聴取した上で，記載する必要がある。
137) 道路状況は，事故に関係のある範囲で録取する。道路の客観的な状況も，前述したとおり，被疑者が認識していないのに認識していたと思われるような記載をしてはならない。もっとも，道路状況は，過失の有無の判断に直接関係してくることも多いので，客観的な道路状況は調書上に記載した上，被疑者が当時，道路状況を認識していたか否か，認識していなかった場合は，認識しなかった理由を録取するように心掛けるとよいであろう。

ウ　交差点の有無
　　信号機有──信号機の種別，各通過時の信号の色（概略又は事故に関
　　　　　　　連がある限度）
　　信号機無──一時停止標識，カーブミラーの有無と各通過の際の状況
　　　　　　　（概略又は事故に関連がある限度）
エ　標識の設置状況
オ　横断歩道──有無，認識の有無及び認識可能か否か
カ　進行状況──他車を追い抜き，追い越した又はいわゆるあおったか等

(9)　速　度[138)]
ア　主要地点における速度──速度計での確認か，感覚によるか等根拠の
　　有無
イ　いわゆる流れに乗っての進行の有無

(10)　他車両[139)]
ア　先行車両の有無，状況──車種，数，進行車線，車間距離，引き離
　　し，車線変更等の有無，状況，事故の際の行動等とライトの明るさと事
　　故との関連等
イ　後続車両の有無，状況──車種，進行車線，車間距離，追上げ，追抜
　　き，追越し，事故の際の行動等とライトの明るさと事故との関連等
ウ　並進車両の有無，状況──事故の際の行動とライトの明るさ等

---

138) 速度は，ほとんどの事故で過失の判断に影響を及ぼす重要な事実であるので，必ず聴取して記載する必要がある。実際のところ，被疑車両の速度の記載のない被疑者供述調書はないが，速度の根拠を記載した調書はさほど多くない。しかし，根拠が記載されていない速度供述は，後に，「時速70キロメートルなどではなく，せいぜい時速50キロメートルだった。」などと供述を覆されたとき，大きく価値が損なわれてしまう。速度判断の根拠は必ずあるはずであるので，可能な限り，その根拠，速度メーターで確認したのか，普段の走行速度を基準に判断したのか，その他判断した根拠を，必ず被疑者から聴取し，これを記載するようにすべきである。

139) これらも，事故に関係のある範囲で録取する。もっとも，当初関係がないと考えていても，被疑者の弁解いかんによっては，関連が出てくる可能性もあるから，被疑者が記憶しているのであれば，車種も含めて幅広く記載した方がよいと思われる。後から，否認するために，いなかった車両をいたなどと言い出す可能性もある（その例は少なくない。）。したがって，先行車両や並進車両，後続車両がなかったと述べた場合には，何も記載しないのではなく，これらの車両はいなかった旨調書上明示する。

エ　対向車両の有無，状況——対向車両のライトにげん惑されたとの主張がなされることに留意

## (11)　事故状況及び事故直後の状況

　事故状況は，過失の認定を行う場合に最も重要な事実であるので，その状況は具体的に記載する必要がある。被疑者の運転操作の具体的状況や車両の挙動等も含めた事故の物理的なメカニズムを可能な限り思い出させて録取するべきである。

　すなわち，被疑車両が，どこで，どういう速度で，どこからどこに向けて進行中，どういう姿勢と速度で，どういう姿勢と速度で進行中の被害車両，あるいは，歩行者のどこにどこが衝突し，衝突後，被疑車両や被害車両，あるいは歩行者が，どのように遭遇し，それをいつ，どこで発見し，どの時点で，どういうことから危険を感じ，どのような回避措置（具体的な運転操作）を講じ，その結果として，どのようになり，どこで，被害車両や歩行者の被害者と，車両のどこが衝突し（あるいは衝突せず），被害車両や被害歩行者は，どのような動きをして，どこで停止し，あるいは，転倒したか否か，転倒したとすれば，どこにどのように転倒したのか等を聴取して具体的に明らかにする。

　なお，実況見分を行った後に，事故状況についての被疑者供述調書を作成する場合には，実況見分調書の図面に基づいて供述を求め，被疑者が行った具体的な事故状況を記載することになる（なお，その際の留意事項については，114頁参照）。

　特例書式事件の場合，この事故状況についての記述がコンパクトすぎて，具体的な事故状況が不明確な（イメージしにくい）供述調書が少なくなく，検察官（検察官事取扱検察事務官を含む。）が，改めて聴取して補充しているのが実情である。

ア　現場の範囲

　衝突場所からどのくらい遡った地点から，事故状況としての記載を始めるかは事故の態様にもよるので一概には言えないが，一般的には，過失に影響のある運転行為を始めた地点の前の地点から記載することになる。信号看過

事故では，看過した信号に気付いた地点から始めるのが一般である。

イ　進行状況
　　○　どこ方面からどこ方面に向けて進行していたか
　　○　走行車線，走行車線のどこを走行していたか
　　○　どういう速度だったか
　　○　何を考えて運転していたか，どこを見て運転していたか
　　○　携帯電話使用の有無，ラジオやテレビ視聴や同乗者との会話の有無
　　○　現場の状況をどのように認識していたか
　　○　対向車等の他の車両に対してどのような留意をしていたか
　　○　運転姿勢はどのようなものであったか等

ウ　他車両
　　○　先行車（同一車線，他車線それぞれ）の有無と車間距離及び速度並びに現場における車線変更，加減速の有無，合図
　　○　後続車（同一車線か他車線の別）の有無と車間距離及び速度並びに現場における追越し，追抜きの有無，状況
　　○　対向車の有無と進行状況，夜間のときはライトの照射状況等

エ　対被害車両と被害者
　　○　発見時と危険を感じた時期及び地点，その際の相互の距離，相互の進行（歩行）方向，速度（歩速）
　　○　具体的にどのような危険を感じたのか
　　○　回避措置を講じた地点，その際の相互の距離，相互の進行（歩行）方向，進行状況，速度（歩速），回避措置の具体的内容
　　○　相手の顔の向き，表情
　　○　衝突までの具体的な車の進行状況（進路を変更したか，減速したか，斜行したのであればその状況）や挙動等

オ　衝突の状況
衝突の具体的状況を記載する。
　　○　車両同士の場合は，相互のどの部分が衝突したか，どのように衝突したのか，その際の相互の車両の挙動，衝撃の強さ
　　○　歩行者の場合は，車両のどこが（ボンネットやフェンダー等），歩行

者の身体のどこに衝突したか，車両や歩行者の挙動，衝突の衝撃の強さ
  ○ 再度衝突した場合は，再度の衝突までの車両の具体的な進行状況や挙動，再度の衝突状況等
カ　衝突後の状況[140]
  ○ 車両同士の場合は，衝突後の双方の車両の挙動（どこに，どう動いて行って，どういう状態で停止したのか），相互の車両の損傷状況
  ○ 歩行者との衝突の場合は，歩行者の衝突後の動き（跳ね飛ばされたのか否か），転倒の有無，転倒場所，転倒した後の状況，轢過の有無，轢過の状況等

(12)　被害者の受傷状況
　被害者の受傷の事実は，通常，被害者の供述と医師の診断書によって認定される[141]。過失運転致死傷罪は，文字どおり過失犯であるから，被疑者が被害者の受傷の事実を認識している必要はないといえる。しかしながら，事故の直後に被疑者が被害者の受傷の事実を認識したか否かを無視してよいわけではない。例えば，被疑者が，事故直後の被害者の状況や被害者との会話のやり取りから，被害者が怪我をしていないと認識していたのに，後に被害者が医師の診察を受けて受傷していたとして警察に申告して過失運転致傷罪で刑事責任を問われることになった場合，被害者の受傷の事実を否定し，刑事責任を争うこともあるからである。
　また，被疑者の道交法違反（不救護・不申告）事件を立件する場合には，被疑者の被害者の受傷の事実についての認識は不可欠の要件であるので，被疑者の認識の有無については明確に聴取して録取する必要がある。
　したがって，被疑者から被害者の怪我に関して事故の当時認識していた具体的事実（怪我や痛みなどについて被害者がどのような言動を行っていたか，被

---

140) 衝突時及びその直後の状況については，具体的な供述でなければならないが，被疑者自身が相当強度の衝撃を受けている事例が多く，瞬間の事態であるので，明確な記憶はない場合も多いので，不自然に具体的な供述を求めないように注意すべきである。
141) 激しい衝突事故の受傷事実の立証は診断書で十分と考えられるが，軽微な衝突事故の場合の被害者の受傷の立証は，診断書だけでは十分ではないのは前に述べたとおりである（→98頁）。

害者とどのような会話を行ったかどうか等）を聴取して記載すべきである。

(13) 事故原因欄
ア 過失を認める供述の脆弱性
　事故原因欄は，被疑者が事故の原因及び過失について供述する部分である。それまで記載してきた事故に至る状況や，事故状況，事故直後の状況等を前提として，被疑者が，事故の原因についてどのように認識しているかを記載するものである。
　被疑者が事故の原因が自分だけにあるとして過失を認める場合と事故の主な原因が自分にあるとして過失を認める場合のほか，事故の原因は相手方の運転や通行方法にあるとして，自己の過失を否認する場合がある。
　取調べの段階で自分の過失を認めている場合には公判でも認めることが多いとはいえるものの，公判で過失を否認するに至る場合も少なくない。過失を認め，略式請求に応じても，正式申立てを行い，公判で過失を争うケースもある。
　したがって，取調べの際に被疑者が自己の過失を認めていたとしても，油断することはできない。
　そもそも，事故の原因が誰にあるか，被疑者に過失があるか否かは，法的価値判断である。それを被疑者が認めたからといって過失が認められることにはならない（→100頁参照）。それを裏付ける具体的事実がなければ，いくら事故の原因が被疑者にあるとして過失を認めていたとしても意味がない。前記(2)〜(11)の項目に関する具体的事実が何よりも重要になる。これらの具体的な事実を踏まえた上での供述であれば，その証拠としての価値も増す。
イ 認識のある過失と認識のない過失
　認識のある過失と認識のない過失の意味については，106頁を参照。人身自動車事故事件の場合も当然のことながら，この2種類があるが，この2つを意識した被疑者供述調書は，ほとんど見掛けない。
　しかし，証拠としての価値を高めるには，この区別を念頭に置いた上で，被疑者の供述を聴取して，記載すべきである。
　車の運転は，常に事故の危険性をはらんでいる。そして，ほとんどの運転

者は，事故の危険性を認識しながら運転している。そのため，運転中は，事故が起きないように，安全確認や速度，合図，ハンドル操作，信号確認，道路状況の見極め等に留意している。したがって，実際の事故前の運転で，被疑者が具体的な道路状況により認識していた事故の危険性や可能性を聞き出して調書に記載すべきである。

○　認識のある過失の例

　「前方に横断歩道が見えました。住宅街のあまり広くない道路だったので，横断歩道を子供など歩行者が横断してくる可能性があることは分かっていました。しかし，その時は，約束の時間に間に合うか間に合わないかぎりぎりの状況だったし，おとといこの道を通ったときも，だいたい同じような時間帯でしたが，普通の速度，時速約40キロメートルで通って何もなかったので，このときも，歩行者が出てくることはないだろうと思って，やはり時速約40キロメートルで，特に，横断歩道の前で，速度を落とすこともしないで，進行しようとしたところ，路地から出てきた子供が横断を始めているのに気付き，急ブレーキをかけましたが，停止することができず，子供に横断歩道上で衝突してしまいました。もし，横断歩道手前で，歩行者が出てきても止まれるくらいの速度に落としていたら，事故は防げていました。

　横断歩道を通るのですから，歩行者がいるかどうか分からないときは，横断歩道の前で止まれるような速度に落として走行しなければならないことは分かっていました。その時もそう思ってはいたのですが，多分いないだろうと思ったことと，急がなければならないという気持ちで，時速約40キロメートルのまま進行してしまったのです。」

○　認識のない過失の例

　「事故の原因は，私が○○に気を取られて，赤色信号に気付かないまま，時速○キロメートルくらいで交差点に進入したことで，私が，信号に留意し赤色信号を早期に発見して交差点の手前に停止したら事故は起こりませんでしたから，信号不注視が私の過失です。」[142]

### ウ　複数の過失

過失が1つしかない場合もあるが，複数の過失が競合している場合も多い。前方の安全確認義務違反と速度違反や信号看過等などである。この場合，過失競合論（過失併存説）と段階的過失論（直近過失論ないし直近過失一個説）の対立がある。過失競合論は，事故に原因を与えた過失が複数ある場合は，そのいずれも過失として評価すべきであるとする考え方であり，段階的過失論は，過失は事故の直近の過失のみ評価すべきであり，他の過失は情状にすぎないとする考え方である。

裁判実務は，基本的には過失競合論で運用されている。直近過失が何か明瞭でない場合も多いし，複数の過失が競合して事故が起きた場合には，主要な過失はいずれも評価して責任を問うべきであると考えられる（詳細は，拙著『自動車事故の過失認定』97頁以下（立花書房，2015）参照）。もっとも，段階的過失論に立つとしても，被疑者の供述調書を作成する場合には，事故に原因を与えた過失は，全て記載しておくべきである。

### エ　被疑者が過失を否認する場合

被疑者が過失を否認する場合は，その主張に十分に耳を傾け，否認する理由を具体的に主張させて，その供述を調書上に録取するべきである。被疑者が，過失が自分にあるのに相手に責任転嫁し自己の過失を否認する場合には，具体的な事故の状況に照らして，不合理であることを説明しながら説得し，更に供述を求めるべきである。しかし，被疑者がそれでも否認する場合には，そのまま供述を録取するほかない。決して特定の供述を押し付けるべきではない。事故の具体的な状況が明らかになっていれば，過失の存在は自ずから認められることになるので，具体的な状況を聞き出して録取することにむしろ意を用いるべきである。議論の末に被疑者はしぶしぶ過失を認めるに至ったとしても，後で否定されたとき（その蓋然性は強い）に，供述調書の証拠としての価値は大いに減殺されてしまうため，ほとんど意味がないからである。

---

142) 過失に関しては，この程度の記載で済ましている例が多い。この事故の場合は，過失が単純である（事故状況からして過失が否定されることはない。）のでこれでよいが，認識のある過失が認められる場合には，その旨記載することを心掛けるべきである。

オ　被害者の過失

　被疑者が被害者の過失を主張する場合には，原則として，調書に記載すべきである。その主張に根拠がない場合は，説得して撤回させることもあり得なくはないと思われるが，後に公判になって主張することも多い上，補充捜査の要否を判断する情報でもあるので，それが荒唐無稽な主張で，被疑者が納得して撤回する場合ならともかく，そうでない場合は記載しておくべきである。

　なお，被疑者が納得して撤回した場合には，その経緯を録取するべきである。

カ　事故の日時・場所

　事故の日時・場所については，通常110番通報等を根拠にして，捜査報告書等で明らかにされる。正確な日時や地番を被疑者が認識していることはあまりないので，供述調書で日時・場所を立証する場合は少ない。

　もっとも，時計を見た等認識の具体的な根拠があるときは，その旨記載する。その場合は，場所や時間を特定する証拠としての意味もある。

(14)　示談関係欄

ア　見舞いの状況

イ　示談，弁償状況――保険加入の有無と内容（保険金額），示談交渉の経緯（保険会社任せか等），示談が成立していない場合はその理由

ウ　自己負担金の有無と額，示談金額等

(15)　反省欄

　被疑者が述べた事故に対する反省の気持ちを具体的に記載する。

(16)　事故にひき逃げ等の道交法違反行為が伴っている場合

ア　飲酒の状況及び酔いの程度

　飲酒検知が行われ規定値以上のアルコールが検出された場合だけでなく，飲酒検知が行われなかった場合や規定値以下のアルコールしか検出されなかったとしても，飲酒時期，飲酒場所，誰と飲んだか，飲酒量及び酩酊状況

等を具体的に聴取して記載する。また，酔いが運転操作や安全確認等事故の発生に影響を与えていなかったかどうかは，重要なことであるので，必ず聴取した上で，記載する。

#### イ 無免許

無免許の理由（当初から無免許なのか，免許の取消し又は停止になった理由），無免許運転の回数や常習性

#### ウ 不救護・不申告

不救護・不申告の事件では，身代わりに留意する。

一見，ひき逃げ事件ではないと思われたとしても，身代わりには留意しなければならない。同乗者がいた場合には，車から降りる直前に，座席の位置を替わって降りてくるケースもよくあるので留意する。[143]

ひき逃げの動機，事故の認識（被害者の受傷や車両の損壊の程度等），逃走経路，逃走後の行動等の逃走状況等，出頭してきた場合には出頭の理由（反省したのか，警察捜査が身近に迫って逃げ通せないと思ったのか否か等），家族等への相談の有無，相談内容，逃走していた間の車両の修理等の罪証隠滅行為の有無や内容等を聴取して記載する。

事故が軽微な場合は，被疑者が「怪我をしているとは思わなかった。」などと被害者の受傷に対する認識を否認することが多い。しかし，簡単にそれを鵜呑みにしてはならない。被疑者が認識を否定する場合には，事故の具体的な状況を前提として，怪我をしているとは思わなかった根拠を聴取する必要がある。

時に，事故現場で，被疑者が被害者に「大丈夫ですか。」と尋ねて被害者が「大丈夫です。」と言ったことを怪我がないことの根拠として述べることがある。「怪我はありませんか。」と聞いて，「ありません。」と答えたのならともかく，「大丈夫ですか。」と聞いて，「大丈夫です。」と答えたとしても，通常は怪我がないことの根拠にはならない。「大丈夫か。」という問いかけには，「（救急車を呼ぶような）重大な怪我かどうか。」というような意味が含ま

---

[143] 交番の警察官の目の前で起きた事故でも車から降りる寸前に座席を入れ替わって降りたのに気付いていなかったため，警察官の運転席から降りた人間が運転していた旨の目撃供述を基に起訴したところ，身代わり犯人であったことが後に発覚して無罪になったケースもある。

れており，また，聞かれる方も，怪我をしていても，救急車を呼ぶほどの怪我ではないという趣旨や，相手に心配させないようにという配慮や，時には強がりも含めて「大丈夫です。」と答えていると考えられるからである。したがって，被疑者がそのような弁解をした時には，この点を指摘して，更に供述を求めるべきである。

　なお，自ら出頭してきた場合には，自首が成立することもあるので，その場合には自首調書を作成する（刑訴法245条）。

# 第5章　被害者供述調書の具体的な記載の在り方

## 1　はじめに

　基本的には，被疑者の供述調書で述べたことが当てはまる。それを，被害者の立場から行い，事故状況等を明らかにするのである。もっとも，被害者調書固有の問題もあるので，その点も説明する。

## 2　進行状況及び事故状況

　基本的には，被疑者供述調書の場合と同じであるが，被害者供述調書の場合は，相被疑者でないときは，被疑者の過失の有無を判断するため，及び被害者の怪我の原因を明らかにすることに主眼がある。したがって，被害者調書では，この点を意識して，進行状況及び事故状況を明らかにする必要がある。
　特に，シートベルト着用の有無等被害が生じたり，被害が拡大したりした理由に被害者の落ち度があるか否かは重要である。その他，事故状況についても被害者の立場から明らかにして，被害者の落ち度の有無も明らかにする。

## 3　受傷状況

　記憶している限り，衝突により身体のどこがどのような衝撃を受けて（身体のどこをどのように何にぶつけ，あるいは身体がどのように動いて），負傷したか，いつから，どのように痛み出したか，その後どのような治療を行い，いつ治癒したか等を具体的に聴取して記載する（→98頁参照）。

医師の診断（診断書）に基づいて，どの傷害は，前記のどの打撃で生じたのかを，根拠を示しながら記載する。
　前に述べた（→98頁）ように，往々にして，「相手の車両に追突されました。その結果，○○の怪我を負いました。」とだけ記載している被害者供述調書を見掛ける。事故の衝撃の強さにもよるが，これではその被害者供述調書で診断書どおりの怪我を負ったのかどうかの心証はとれないので，不十分である。詐病の可能性もあるし，医師にも被害者の訴えだけで診断書を出す者もいるし，受傷状況や痛みの詳細を全く聞くことなく，交通事故というだけで頚椎捻挫（損傷）の診断書を作成する不心得な医師もいなくはないので留意する必要がある。
　衝突の衝撃が激しくなかった場合には，特に，被害者から自分が受けた衝突の衝撃や痛みが生じた経緯を詳しく聞き出して記載する。さらに，事故後の治療状況も聴取する。転院した場合には，転院の理由，転院前後の治療状況も聴取する。
　過去に同様の負傷をして完治していない場合もあるので，過去の事故歴や負傷の有無も聴取しておくべきである。完治しているということであったとしても，完治していない場合もあるので，治療状況も照会する必要がある。

## 4　示談関係

① 「成立」――示談書（コピーで可）の提出を求める。
　　成立の経緯，被疑者の自己負担の有無と金額を明らかにする。
② 「不成立」――成立見込みの有無と理由
　　示談交渉の経緯（なぜ，成立しないのかその理由等）

## 5　処罰感情（被害感情）

　処罰感情は，刑事手続において，被害者の立場として最も尊重されなければならない事項であるので，おろそかにしてはならない。もちろん，裁判官が被害者の処罰感情だけで量刑を決めるわけではないが，可能な限りその意

思は尊重されるように配慮すべきであり，そのためには，処罰感情を被害者から丁寧に聴取した上で，正確に録取することが必要である。

すなわち，処罰を希望するのか否か，厳罰を求めるのか否か，厳罰を求めるとして，正式裁判（公判請求）を求めるのか否か等，被害者の気持ちをじっくり聴取して，その意思を正確に記載する必要がある。捜査官が誘導すべきではない。

警察官作成の調書では，多くの場合（特に特例書式事件で），「法律に従った処罰をお願いします。」，「相当処罰でお願いします。」，「厳重処罰をお願いします。」などと記載されることが多い。しかし，検察庁で取り調べてみると，そのようなことは言っていないと述べて警察官作成の調書の記載を否定することも散見される。その理由としては，被害者が警察で述べたことを翻していることもあるが，警察官が十分に被害者の意見を確認しないで記載していることも理由になっているように思われる。

また，単に「処罰してください。」と記載している場合や，「厳重な処罰は求めません。」と記載している場合もある。検察官の中には，これを相当処罰を求めるもの（前者），処罰を求めないもの（後者）と理解する者もいる。前者は，処罰を希望しているので，厳重処罰を希望している可能性がある。後者は，厳重処罰までは求めないものの，相当処罰（法律に従った処罰）を希望している可能性がある。したがって，検察官は，取調べにおいて（特例書式事件の場合は電話聴取でもよい），具体的に確認するべきである。そして，もとはといえば，警察官の取調べの段階で明確にされていないことに原因があるので，警察官において正確に聞き取ることが望まれる。

なお，重大な事故の場合には，単なる処罰感情を聴取するだけでは不十分である。事故後に被害者や遺族が置かれた状況を，肉体的，精神的，あるいは経済的な苦痛，苦境等間接被害に関する具体的な事実を録取した上，処罰感情を録取すべきである。

# 第6章　人身自動車事故事件の被疑者の取調べについて

## 1　「取調べの在り方」の応用

　人身自動車事故事件の被疑者の取調べも，基本的には総論で述べたことが当てはまる。明らかにすべき事実が人身自動車事故事件という特定の生活事実に関わる事実であることからくる特殊性があるだけで，それ以外は全く同じであり，総論で述べたことの応用である。
　人身自動車事故事件の専門家の目で，事故の真実を見抜き，実態を想定した上で，対象者に真実の記憶供述を語ってもらうのである。

## 2　人身自動車事故事件の被疑者取調べの留意点1（形式面）

　ただし，人身自動車事故事件の被疑者は，犯罪性向のない普通の市民である者が多く（主婦や高齢者等も多い。），被疑者としての取調べが初めての者も少なくないので，緊張や精神的動揺のため事故状況等について正確な供述ができないことがあるだけでなく，自己の記憶を主張し得ないこともある上，逆に自己防御的態度から感情的な供述を行う者もいるので，取調べに当たっては，

①　被疑者が無用の不安を抱かないようにすること
②　その際，被疑者に対して，自分の記憶を思い出してもらい，記憶にあることだけを話してもらうこと。また，推測した事実を述べることもあってよいが，その場合は，見たわけではなく推測であることを明らかにし，加えて推測の理由も説明してもらうこと，伝聞は伝聞である旨明示してもらうことなどについて，約束してもらった上で，取調べを開始すること

③　そして，取調べに協力しようとする気持ちになるように，対象者との信頼関係（ラポール）を形成すること
④　その上で，相手の話を予断を持たないでよく聞くこと
である。

したがって，感情的で自己防御的になっている被疑者に対しても，相手が話そうとすることを遮ったりすることは絶対に避け，落ち着かせて話したいことを全て話させることが重要である。

## 3　人身自動車事故事件の被疑者取調べの留意点2（内容面）

被疑者供述の内容面に関しては，第3章の1において人身自動車事故事件としての特殊性（→92頁）の項で述べた記憶の弱点を十分認識しつつ，十分に記憶を喚起させて，虚偽事実を述べている場合には，そのことを多角的に質問して，虚偽であることを暴いた上，真実の記憶を語るように説得し，正しい記憶を供述してもらうことが重要である。他方で，真相解明に熱心なあまり，しつこく質問して記憶にないのに事実を作出させて供述させることのないようにしなければならない。

また，人身自動車事故事件といえども，事故に至る経過等にランダムな出来事の影響もあり得るので，それらの事実も十分に引き出して，自発的に供述に現れた付随的な事実も捨象しないで，調書に記載すべきである。

なお，被疑者が，後に，既に作成した供述調書の訂正を申し出てきたときは，訂正を申し立てるに至った経緯や訂正の根拠を聴取し，納得できる場合には再度供述調書を作成すべきである（実況見分のやり直しに関しては，前記→115頁参照。）。

# 第7章　人身自動車事故事件の被害者・目撃者の取調べについて

## 1　被害者の取調べ

### (1)　被害者取調べの基本

　被害者は，犯罪の被害者としての立場にあることに十分配慮する必要がある。被害者の受けた肉体的・精神的・経済的苦痛を十分に思いやり，その立場にふさわしい取扱いが必要である。

　また，被害者も通常は市井に生活する一般市民であり，ある日突然被害を受けることになったものである上，表現能力が十分でない場合もあるため，被害状況を正確に供述することができないことも少なくないので，十分に記憶を喚起し，じっくり話を聞き，正確な被害状況を聴取するよう努めるべきである。その点においては，総論第1章の5における取調べの在り方（→7頁）が妥当する。

### (2)　不誠実な被害者への対応の在り方

　被害者にも落ち度がある場合が少なくないところ，被害者の中には，自分の落ち度を認めることによって治療費，慰謝料等の算定に不利が生じることを警戒し，真実を述べない者もいる（被疑者にも怪我がある場合は，自らも事故の責任を問われることを恐れることもある。）。

　また，感情的になって自己の非を否定し，被疑者の非を一方的に主張する者もいる。この場合は被害者であるという立場には配慮しつつも，供述内容を冷静に分析した上，真実を述べていないと考えられる場合には，情理を尽くし，また毅然として真実の供述を得るように努めなければならない。被害者だからといって，その言い分を鵜呑みにするようなことがあってはならない。

被害者の受傷状況や治療状況に不審な点があると認められる場合には、被害者の被害前科（過去に交通事故の被害者となった履歴）や過去の受診歴等を捜査する。

## (3) 被害者供述調書の訂正申立てに対する対応

後日、被害者が、既に作成した供述調書の訂正を申し出てきたときは、訂正を申し立てるに至った経緯や訂正の根拠を聴取し、納得できる場合には、再度供述調書を作成した上、必要に応じて、再度被疑者の取調べの実施や被害者立会いの実況見分等の捜査を行う（→115頁参照）。

## (4) 被害者の苦痛や心情を十分に汲み取った供述調書の作成

死亡事故の場合の遺族に対しては、その精神的な苦痛を始めとした様々な感情等の心理的特性[144]についての十分な認識を持った上、その心情に十分配慮し、更に取調べ等による二次被害を可能な限り少なくすべく配慮した上で、処罰感情等の心情を十分に汲み取り、裁判所にその苦痛及び心情が十分に伝わるような供述調書を作成すべきである。決して、取調官本位の態度で取調べはしてはならないし、取調官本位の供述調書を作成しようとしてはならない。

なお、調書を作成するというだけでなく、それ以外の対応においてもその心情に十分配慮し二次被害を少なくする必要がある。また、処分方針及び処分の連絡や公判期日の連絡、公判の経過の報告その他についても意を尽くした情報の提供等も行うべきである。

---

144) 遺族の心情は、事故直後から、時間が経過してゆくにつれて様々に変化してゆく（事故直後の衝撃から、否認、パニック、感情の麻痺、不眠、覚醒、悪夢、怒り、疲労、希死念慮、考えがまとまらない、記憶障害、罪障感、自己批判、怒り、無力そして二次被害等（酒井肇ほか『犯罪被害者支援とは何か—附属池田小事件の遺族と支援者による共同発信』104頁参照（ミネルヴァ書房、2004））。そのことに十分な認識を持つ必要がある。そして、遺族の気持ちを汲み取るに当たって、取調官が遺族の気持ちはこのようなものであろうという予断の中で事情聴取すれば、遺族が語ったことの本当の意味を受け取ることなく取調官の予断で型にはまった遺族調書に堕してしまいかねない（→11頁、26頁注32）、95頁等参照）。遺族の真の思いを汲み取る必要がある。遺族の感情は常に変化していくものであるから、一度事情聴取して調書を作成したからといってそれで済むものではないことも認識しておくべきである。

## 2 目撃者等参考人の取調べ

### (1) 目撃者等参考人の取調べの基本

　目撃者等参考人で、事故の当事者と直接の関係のない者については、捜査協力してくれたことに感謝することがまず必要である。

　しかしながら、その上で無用の負担をかけないように努めつつも、丁寧に目撃状況及びその信用性を吟味した上で調書を作成すべきである。特に決め手となる目撃者の場合はそうである。そうでないと、せっかく協力してくれた目撃者の好意自体を無にしかねず、それは目撃者自身にとっても残念なことであろう。

　被疑者、被害者との関係に留意し、特別の関係がある者についてはその供述が特定の事故当事者に殊更有利あるいは不利な供述になっていないかどうかを絶えず吟味し、公正で客観的な真実の供述を求めるようにする。[145]

　目撃者の取調べの前提として、事故現場にいた者については目撃の有無を聴取するように努め、目撃した者に対しては調書を作成する。目撃状況を述べたものの調書に応じなかった者については報告書を作成すべきである。[146]

### (2) 事故現場にいた目撃者の取調べの留意点

　事故後しばらく経過して目撃者として名乗り出た者の場合は、事故を目撃した経緯、目撃状況、名乗り出た経緯、被疑者、被害者との直接、間接の利

---

[145] 同乗者は運転者に有利な供述をすることが多い。運転者が赤色信号を無視しており、それを目撃していても見ていなかったなどと虚偽供述することは日常茶飯事である。運転者との関係から運転者をかばい、あるいは自らの責任（刑事責任だけとは限らない。会話等で運転者の過失を招来させたこと等による責任）を回避するためにそのような供述を行うのである。その場合は説得して真実を話すように促すことが必要であるが、功を奏さないことも多い。その場合は、不自然な供述であることを可能な限り調書上で明らかにして、信用性がないことを裁判官に伝えるようにすべきである。なお、中立の目撃者であっても、事故に対する思い込みから事故の一方当事者に同情的になったり、発生した結果に影響を受けて事故前の状況や自己の認識等について（記憶に基づかず）事後的解釈を行って被疑者に不利な供述を行ったり、あるいは（誤った）正義感から、一方当事者に偏した供述を行うこともあり得るので、留意が必要である。

[146] 後の説得で供述調書に応じることもあるし、公判で証言を求めることもあり得るので、どのような目撃をしたのかは情報として残しておくべきである。事故の実態を把握するためにも必要なことである。

害関係の有無等を聴取する。

なお，事故後被害者が依頼した偽の目撃者の虚偽供述に乗って事件処理を行ったために再審・偽証・証拠隠滅事件にまで発展したケースがある。

### (3) 信号交差点における信号状況の目撃者供述の留意点

目撃者供述で多く問題になるのは，信号交差点における信号状況についてである。

被疑者の赤色信号看過や黄色信号看過の有無，被害者の同看過の有無が問題になる場合で，どちらも相手の信号看過を主張している場合である。目撃者が被疑者又は被害者と同じ交差点の信号に従っていて進行中，あるいは同じ信号に従って停止中ないし停止しようとしているときに事故を目撃した場合は，基本的には目撃者の目撃供述は信用できることが多い。例えば，被害車両に近接して走行していた後続車両の運転者やその同乗者の場合で青色信号で進行中に前者である被害車両が交差道路からの被疑車両と衝突したというような場合である。

しかしながら，近接して走行していた後続車両の運転者等であっても目撃状況が不良の場合や，事故と信号を見た時間の間隔が空いていたり，その時間的間隔が明確でなかったりするような場合には，目撃供述を信用することが難しくなる。

また，交通関与者であっても歩行者が目撃者の場合は交差点に注意して歩いている者は必ずしも多くはないし，同様に信号を見た時期と事故に気付いた時期（事故に気付いて信号を見た場合もある）の時間的感覚が不明確であったり，目にした信号の特定（どの信号か。信号が特定できれば，信号秒示表（信号サイクル表）でいずれの信号が何色かが特定できる。）ができていなかったりする問題も生じることもある（突然の事故で慌てて信号を見たために，交差点に存在する複数の信号のうちどの信号かということの記憶が鮮明でないこともある。）ので，目撃供述を信用することが難しい場合もある。

特に，付近の住人で事故の音を聞いて道路に出てきたときに信号を目撃した場合の供述は，事故の音を聞いた時間と信号を見たときまでの時間の特定が不明確になることがほとんどであるので，留意を要する。

# 第8章　分かりやすい供述調書の作成

## 1　はじめに

　供述調書は裁判における証拠とするために作成するのであるから、読者である裁判官（と裁判員）を念頭に置き、彼らに分かりやすい内容のものとしなければならない。特に危険運転致死事件の場合は、裁判員裁判対象事件であり刑事司法の素人である裁判員が供述調書を読み上げたものを聞くことになるので、素人の彼らにとっても理解できる分かりやすさが求められる。そのためには、何よりも捜査官が調書作成に当たり読者を念頭に置き、彼らに分かりやすいものになるよう意識しながら作成することが何よりも重要である。以下、分かりやすい調書にするための要点を説明する。

## 2　分かりやすい調書の一般論

　①　真実の記憶に基づく供述を録取した調書が何よりも分かりやすい調書であるので、供述者から聞き出した、真実の供述を録取することに努める。
　②　抽象的事実を記載したのでは分かりにくい。具体的な事実は、脳に対する印象という意味では極めて効果が高い（具体的な状況を思い浮かべることが可能となる。）ので、具体的な事実を記載するべきである。また、供述者が「危ないと思った。」、「不安だった。」、「怖くなった。」、「心配した。」等の感情を述べた場合には、その危険感や不安や恐怖、心配等の感情の具体的な内容を聴取して録取する。具体的な事実を記載するためには相手から具体的な事実を聞き出さなければならないが、これは手間のかかる作業である。しかし、だからと言ってその手間を避けるようなことがあれば、信用性の落ちる調書となり、後の公判に禍根を残すことになりかねない。労を惜しんではならない。

③　供述者がある事実を認識していることを記載する場合や供述者の，ある判断やその抱いた特定の感情を記載する場合には，可能な限りその認識するに至った理由や判断するに至った根拠，感情を抱いた理由を聴取して記載する。

④　「その」，「それ」，「そういう」，「この」，「これ」，「こういう」等の指示語は，指示される言葉が直近に出ていて明確である場合を除き使わず，指示される言葉自体を使う。また，指示語ではなくとも，他の意味に理解されかねない言葉は使わない。用語は二義を許さない明確な用語を用いる。調書は事実を伝え，証拠となるものであるから，小説のような曖昧さは不要である。

⑤　一文は短い方が分かりやすい。長くとも，120字程度にとどまる（NHKのニュースの原稿は1文が120字内に収まるようにしているようである。）。また，主語は省略しない。そして，主語と述語は明確に対応させる。一文の中に複数の主語と述語が表れる複文は，文意が分かりにくくなるので避けた方がよい。

⑥　可能な限り供述者の用いた平易な言葉を使う。取調官の用いる用語を押し付けるべきではない。供述者が理解できない用語を使うと，後でそのようなことは言っていないと弁解する口実を与えることになりかねず，実際に被疑者の供述性が否定される理由となる（→78頁以下参照）。

⑦　供述者が使った隠語や方言，スラングなどの特殊な用語は供述者にその意味を説明してもらい，「○○の意味は，△△ということです。」などと説明の一文を入れる。

⑧　会話は，なるべく実際に使われた生の言葉を使うべきである。その方が臨場感を表現できる[147]。記載の形式は，段落を変える方法と「　」でくくる方法の2つがある。

⑨　記述の形式は時系列を原則とすべきである。時系列の方が理解しやすく，録取に当たっての記載事実の間違いが少なくなるからである。

もっとも，項目別の記述の方が分かりやすい場合もないわけではないので，その場合には項目別の形式とする。一般的には，経緯を辿っていかないと分

---

147) 言葉の持つ価値＝「言葉の唯一無二性」（→22頁）にも留意する。

からない事故状況等の事実関係に関する叙述は時系列にするべきである。

⑩　時系列で記述するにしても，全ての経緯を記載したのでは煩雑すぎて調書の量が膨大になってかえって分かりづらくなる場合もあり得るので，その場合には，適宜コンパクトに要約した経緯を記載する。

なお，要約は経緯を詳細に聴取して初めて可能となることであり，聴取自体を簡略にしてはならない。

⑪　記載内容は論理的に首尾一貫した内容になるように心掛ける必要がある。論理的に矛盾する供述内容は，多くの場合，取調べが不十分である場合が多い。供述者に対して，十分に供述の趣旨を確認し，論理的に矛盾しないか吟味した上で録取する必要がある。もちろん，十分に趣旨を確認したとしても論理的に矛盾する供述を維持する者もいないわけではない。その場合は，逆に供述が論理的になるように記載すべきではない。この場合は問答式を用いるなどして，供述者が取調官の指摘にもかかわらず矛盾する供述を行っていることを調書上に明らかするべきである。

⑫　供述者は，自分が見聞きするなどして体験したことしか述べ得ないし，本来その部分にしか証拠としての価値は認められないのであるから（→6頁，98頁等注112）参照），供述者が自ら体験したことか，伝聞であるかは明確に区別した上で録取するべきである。

⑬　供述者が認識したことは事故当時の認識なのか，取調時の認識なのかを明確に区別して録取する必要がある。事故当時認識していたにもかかわらず「○○であることは分かっています。」と記載すると，後に「取調べ時には分かっていたということで，事故当時は分かりませんでした。」と弁解されたときに取調べの際には当時の認識として供述されたものであると主張したとしてもその価値は大いに減殺されてしまう。「当時も○○であることは分かっていました。」と記載するべきである。

そして，当時分かっていたことの根拠も記載すると，なおよい。

## 3　裁判員裁判事件である危険運転致死事件における配慮

危険運転致死事件の場合には，素人である裁判員も法廷で供述調書の朗読

を聞くことになるので，上記のことを踏まえた上，次のことにも留意する必要がある。

① 捜査及び刑事司法の専門家でなければ理解できない法律専門用語，交通事故捜査等の専門家でなければ理解できない技術的な専門用語は，可能な限り使わない。供述者が専門用語に通じていて取調時にその用語を用いた場合は，その供述として調書に記載するのは当然であるが，その専門用語の意味も説明してもらい，これも記載しておくべきであろう。特に，車のパーツや性能等に関する用語には素人に分かりづらいものが多い。[148]

② 供述者や取調官にとって当然と思われることでも，素人の裁判員には，なぜそうなるのか分からないこともあるので，素人が疑問と思われるようなことにも配慮して録取するとよい。

③ 調書の内容が分かるように，最初に「今回は○○についてお話しします。」と記載すると読む場合にすんなりと調書に入っていけるので概要を冒頭に記載する。

④ 参考人の場合は，その参考人が警察の取調べを受けて事件に関する供述をするように至った経緯を記載する。その方がすんなりと調書の内容が理解できるようになると思われるからである。

⑤ 内容が分かりやすくても量が膨大であると，時間的制約のある裁判員裁判では，裁判員が調書の内容を理解するのが難しくなる可能性があるので，量的にコンパクトな調書の作成を心掛ける必要がある。特に，ひき逃げや酒気帯びや無免許等の事実が伴っている事件の場合は調書の量は増えることになる。

もっとも，一般刑事事件と異なり，交通事件の場合は録取事項がさほど多くはないと思われるので，むしろ，内容的な分かりやすさの方を意識すべき場合の方が多いであろう。コンパクトな調書を意識するあまり，必要な事項が録取されないことになっては元も子もない。

---

148) メタルトップ，スポイラー，スポーツクーペ，スポーツシフト，シフトポジション，オーバーフェンダー，シーケンシャルシフト，べた底，ターボ等。

# 第2篇　各　論

自動車事故の供述調書の実務

# 第1章　供述調書記載の在り方各論

## はじめに

　本各論では，事故の類型ごとに捜査の留意事項について説明した上，いくつかの供述調書のサンプルを提供した。これらのサンプルは，もちろん模範調書ということではない。あり得る供述調書のサンプルを提供して，取調べ上及び録取の在り方等について参考になる部分，及び問題と考えられる部分等について筆者の意見を，検察官の着眼点 として述べることで，人身自動車事故事件における供述調書の作成の参考に供することにしたものである。

　前記したとおり本記載例は模範的調書というものではないので，これをただ真似して書くということはせず，サンプルとそれに対する着眼点をよく確認し，参考にしていただきたい。

　総論でも述べたとおり，人身交通事故事件における供述調書も一般の刑事事件における供述調書の在り方と基本は変わらない。事実関係が交通及び運転状況及びそれを取り巻く生活関係の事実や交通や車両等に関する技術的な事実や知識に多く焦点が当てられること，及び過失犯であることからくる特殊性があるに過ぎない。事故の当事者から，取調べを通じてその記憶を語らせ真実を解明するものであることは何ら変わるところはない。

　したがって，取調べの在り方についても真偽判定の基準も何ら異なるところはない。もちろん，明らかにすべき上記事実の特殊性があり，その点にも留意する必要があるが，その特殊性に目を奪われて，取調べ及び供述調書の在り方の本質を忘れないようにしなければならない。

　よって，以下の 検察官の着眼点 のコメントでは，人身自動車事故事件の供述調書作成上の形式的，技術的観点からのコメントよりも，上記観点からの実質的なコメントを多く付することとした。

# 第2章　追突事故

## 1　追突事故の要点

　追突事故は，前方注視をして運転すべき後続車両が先行車両に衝突して起こす事故であるので，追突した後続車両に過失があるのが通常である。しかし，中には，急な割り込みがあった場合等で過失が否定される場合もないわけではない。
　また，過失の内容も，前方の不注視（前方の安全確認不十分）の場合と，車間距離の不保持，制動措置の誤り，ハンドル転把の不適等の場合とがあり，これらが競合している場合もある。
　前方の安全確認不十分の過失にも，先行車両の動静不注視の場合もあり，先行車両以外の前方の安全確認が不十分であった場合もある上，その原因も脇見，考え事，漫然とした前方不注視，居眠り等があり，その内容や程度によって量刑も変わってき得るので，これらを念頭に置いて捜査及び取調べを行わなければならない。

## 2　取調べの留意事項

### (1)　被疑者

　基本的な道路状況，車両の状況等の一般的な聴取事項のほかに，以下のものに注意されたい。

　①　被追突車両の車種と同車両に追従を開始した地点，及び前方の見通し状況
　②　追従を開始した時の双方の車間距離，走行速度，及び車の流れ等他車両の進行状況
　③　追従してからの車間距離等追従状況

双方の走行速度や車間距離の変化及び車間距離の適否に関する認識
④　危険を感じた地点と被追突車両との距離，被追突車両の状況（減速又は停止状況，ブレーキランプの点灯の有無等）及びその時までの安全確認の状況，及びその際の他車両の走行状況等周囲の状況
⑤　執った回避措置の時期やその具体的内容（ブレーキをかけた場合は，確実な急ブレーキか，ブレーキの踏みは甘くなかったか。ハンドル転把の場合はその状況）
⑥　追突の具体的状況，追突後の被追突車両及び被疑車両の挙動や停止状況
⑦　事故の原因に関する認識，前方不注視を認めている場合はその原因，否認する場合は弁解及びその理由
⑧　過失に関する認識ないし弁解

(2)　被害者
①　追突車両及び走行状況の認識
②　被害者車両の進行速度等の進行状況
③　前車の有無と追従状況（車間距離，前車の速度等）
④　急ブレーキの有無とその理由及び状況
　　道交法24条の急ブレーキの禁止に該当するものか否かの検討
⑤　追突された理由に関する認識及びその根拠
⑥　追突の具体的状況（衝撃の強さ，車がどこまで押し出されたか，被害者の乗車位置，姿勢，衝突の際の被害者の身体の動き——どこを，どこに，どのようにぶつけたか，シートベルト着用の有無等）
　　多重追突の場合は，それぞれについて上記状況を明らかにする。
⑦　受傷状況（どこを怪我したのか，どこが，いつから，どのように痛み出したのか。ダブル追突事故の場合は，どの怪我が，どの衝撃で生じたのと考えるのか，及びその根拠）
　　追突事故の場合は，比較的軽微な事故が多いので，被害者が受傷したというのであれば，特にこの点には留意する必要がある（→129頁参照）。
⑧　そのほか，被害者に対する一般的聴取事項

# 追突事故①

> **事例①**
> 
> 大型貨物自動車が車間距離不足及び前方不注視（動静不注視）により急停止中の普通乗用自動車に追突

## I　被疑事実の要旨

　　被疑者は，平成○年○月4日午後2時5分頃，大型貨物自動車を運転し，東京都○○区○○町○丁目○番○号先の首都高速湾岸線上り道路を，千葉方面から羽田方面に向かい時速約100キロメートルで，同方向に進行する早田良男（当時32歳）運転の普通乗用自動車に追従して進行するに当たり，同車と十分な車間距離を保った上同車の動静を注視し，その安全を確認しながら進行すべき自動車運転上の注意義務があるのにこれを怠り，約60メートルの車間距離を保ったのみで，右方道路に気を取られて同車の動静注視不十分のまま漫然前記速度で追従進行した過失により，折から，前記早田運転車両が急停止するその前車との衝突を避けるため急制動の措置を講じたのを，自車前方約30メートルに迫って初めて気付き急制動の措置を講じたが間に合わず自車前部を同早田運転車両に衝突させ，同車を右斜め前方に暴走させて同所の中央分離帯に衝突転覆させ，よって，同人に加療約1か月を要する顔面挫傷，右下腿挫創等の傷害を負わせ，同車の同乗者山本大吉（当時23歳）に頭蓋骨骨折等の傷害を負わせ，同人を同月23日午後11時頃，東京都○○区○○丁目○番○号○○病院において，同傷害により死亡させたものである。

> **検察官の着眼点**
> 
> 1）60メートルの車間距離で事故は起き得なかったとすれば，本件の過失は動静不注視のみとなる。通常，時速100キロメートルで，60メートルの車間距離では不十分である。

Ⅱ　被疑者供述調書（身上調書・事実関係調書）

供 述 調 書（甲）

本　籍　○○県○○市○○町○丁目○番地
住　居　東京都江東区大島○丁目○番2－406号
職　業　自動車運転手
氏　名　赤城　吾郎

　　　　　　　　　　　　　昭和○年○月○日生（当時○歳）

　上記の者に対する過失運転致傷被疑事件につき，平成○年○月4日警視庁○○警察署において，本職は，あらかじめ被疑者に対し，自己の意思に反して供述をする必要がない旨を告げて取り調べたところ，任意次のとおり供述した。

1　出生地は，本籍地です。
2　位記，勲章，年金はありません。
3　前科は

　　昭和○年5月頃，大森警察署に検挙された

　　　　窃盗　懲役1年執行猶予3年

　　平成○年6月頃，大田原警察署管内で起こした一時停止違反による

　　　　業務上過失傷害　罰金20万円

の2犯があります。[1)]

　　このほか，昨年駐車違反で2回検挙されましたが，反則金はその都度納付しています。[2)]

4　学歴は

　　昭和○年○月○日○○県立○○農業高等学校を中退しています。

5　家族は

　　　　妻　　　○○（○歳）　無職
　　　　長男　　○○（○歳）　小学生

の3人で，同居しています。

6　資産は，現在住んでいる3LDKのマンション（時価4千万円くら

い）があり，預貯金は約200万円あります。
　収入は，月給が約42万円，ボーナスが年に約50万円で，生活は普通と思っています。
7　経歴は，会社員をしている父○○と当時看護師をしていた母○○の三男として生まれ，住居地○○市の市立小，中学校を卒業して○○県立○○農業高等学校に入学しましたが，通学に時間がかかる上，勉強が嫌いだったので，2年生の5月に退学しました。
　退学後しばらくの間ぶらぶらしてから，○年に普通免許を取って上京し，都内の運送会社7，8箇所くらいを転々とし，その間に大型免許を取り，○年から，現在の有限会社大都運輸で大型貨物自動車の運転手となり現在に至っています。
　この大都運輸に勤務する前，森田運輸に勤務していた時，仲間に誘われ積荷を盗んで逮捕されたのが，前科の窃盗です。
8　趣味は，釣りとパチンコで，嗜好は酒とたばこです。
　晩酌は欠かしませんが，翌日に残らないように気を付けています。
9　運転免許は
　　　平成○年に○○県公安委員会から普通免許
　　　同○年に東京都公安委員会から大型免許
を受け，その後更新を継続しています。
　現在受けているのは，平成○年○月○日東京都公安委員会交付の普通，大型の免許証で，免許の条件はありません。[3]
10　私が，本日午後2時5分頃，東京都○○区○○町○丁目○番○号先の首都高速道路湾岸線で起こした人身事故についてお話します。
　この事故は，2年前から担当車として毎日のように運転していて故障がない三菱○○10トン車に，約10トンの雑貨を積んで，羽田の物流倉庫に行く途中に起こした事故です。[4]
　今日は，千葉市○区○町にある集配センターで10トンの雑貨を積み，午後1時30分頃センターを出発しました。
　千葉北入路から東関東高速道路に上がり，○○料金所を通って片側

三車線の湾岸上り線に入り，東京・羽田方面に向かい流れに乗って進行して，事故現場の2キロメートルくらい手前では第二車線を進行していました。

　同乗者はおらず，当時道路は乾燥していて，運転に支障があるような状況はありませんでした。

　この時本職は，平成○年○月○日付司法警察員警部補○○○○作成にかかる実況見分調書添付交通事故現場見取図を示した〈→162頁〉。

11　お示しの見取図は，私が事故現場で係の方に指示説明したとおり記載されており，事故の状況は図面のとおり間違いありません。

　この図面で事故の状況を話します。

　私は，この場所をいつも通っており，最高速度が80キロメートル毎時と知っていましたが，時速約100キロメートルで流れていましたから，速度について気にすることなく流れに乗り，図面ⓐの普通貨物自動車（ワンボックス）の約100メートル後方を，時速約100キロメートルで進行していました。すると，図面①の地点に来た時，右の第三車線から私の前方5，60メートルの⑦の地点に，事故後，名前を教えられた早田さん運転のワゴン車が入ってきました。

　当時，車はそんなに混んでおらず，それまでにも何台かの車が，積荷で制動距離が延びるのを考えて車間距離を十分取っていた私の5，60メートル前方に割り込んできたこともありましたが，急いで減速し車間距離を詰めることなく，徐々に先行車との距離が開いていくようにしていましたから，早田車が入ってきた時も，すぐ車間距離を開けることなく，流れに乗った状態で200メートルくらい追従しました。そして，②に来た時，対向車線を走ってくる赤いスポーツカーが遠くに見えました。この時のワゴン車はⓘで車間距離は少しだけ開いた感じでした。この時の私の車の速度は時速約100キロメートルです。

　前の方は今までどおり流れていましたから，顔は前に向け目線で赤のスポーツカーを追いながら③に来た時，前方で急ブレーキの音が聞こえたので目線を向けると，3，40メートル前の⑰にワゴン車がい

て，ストップランプが点いていましたから，すぐ，急ブレーキをかけましたが間に合わず，私の車が④まで進行して行った時，㋓にいた減速中のワゴン車に⊗で追突し，ワゴン車は私の車に跳ねられて右斜めに暴走して行き，㋒で中央分離帯に衝突した後，左に傾きながら滑って行って㋕に転覆して停止し，私の車は⑤に停止しました。

　赤のスポーツカーを見ながら，ワゴン車も見ていたつもりでしたが，接近したことには③まで全く気付いていません。[7)]

　⑤に停止した頃，前方40メートルくらいのところを，早田車の前を走っていたワンボックスカーがゆっくりした速度で走っていました。この時，この車のストップランプは点いてなかったような記憶です。

　なぜ，早田さんのワゴン車が，急ブレーキをかけたのか見ていないので分かりませんでしたが，このワンボックスカーが何らかの理由で，急ブレーキをかけるか何かして速度を落としたために，それとの衝突を避けるために早田さんが急ブレーキをかけたのだと思いました。

12　私は，停止灯を点け，下車して早田さんの車の方に行き，私と早田さんの車のため，後方に停止した車から下車してきた数人の男の人に頼み，皆で車を起こして見ると，早田さんの車の助手席で山本大吉さんが頭から血を流しぐったりしており，早田さんも顔から血を流していました。

　付近にいた人達に後を頼み電話連絡に行こうとしたところ，誰かが連絡をしてくれると言ったので，早田さんの車の5，6メートル後方に私の車を止めて，二次災害を防ぎながら待っているところにNEXCO東日本の車が，その後警察車，救急車が来て被害者を病院に搬送しました。

　早田さんは重症，山本大吉さんは瀕死の重傷と聞き，今は回復するのを祈るだけです。

13　事故の原因は，私が赤いスポーツカーに気を取られて，早田さんの車の様子をよく見なかったことにあります。

赤いスポーツカーを目線で追いながら，早田さんの車も見ていたつもりですが，3，40メートルくらいに近づくまで気付いてないのですから，早田車をよく見ていなかったことは間違いありません。
　　　早田さんの前の車が走り去った状況から見て，早田さんに悪いところはなく，私の一方的な過失と思っています。[8]
　　　先行車両の動きをよく見ていないと，相手がブレーキをかけるなどして減速ないし停止した時に，衝突する可能性があることは，普段から十分分かっていたことですが，この時は，その時まで，順調に車は流れており，事故の危険は全く感じなかったので，ついつい，赤いスポーツカーに興味が行ってしまって，早田さんの車の動きを見ていなかったために，急ブレーキをかけて，3，40メートルに迫るまで，全く気が付かなかったのです。
　　　もし，私が，早田さんの車の動きをよく見ていれば，事故は防げていました。
14　会社の方に十分な補償をするように頼んで，示談にしたいと思っています。
　　　本当に申し訳ないことをしたと反省しています。
　　　今回のような運転は二度といたしません。
　　　ご寛大な処分をお願いします。
　　　　　　　　　　　　　　　　　　　　　　　　赤城　吾郎　指印[9]

　　　　　　　　　〈一部省略〉

　　　前同日
　　　　　　　　　　　　　　　　警視庁○○警察署
　　　　　　　　　　　　　　　　司法警察員警部補　○○○○　㊞[10]

---

**検察官の着眼点**

1）　前科は，刑法犯，特別法犯等刑事犯全ての前科を記載するのが原則であり，現に執行猶予中の場合や累犯前科についても必ず記載する。
2）　反則行為については，納付の有無を確認し，不納付の時は関係官署に通知する。
3）　免許証番号を記載する時は「……交付の普通二種等の免許証（免許証番号

第○○○○○○○○号）」でも足りる。免許の効力停止等の行政処分歴の有無も記載する。

- **4）** 運転目的を聴取することは必須である。運転状況はその運転目的と密接に関係する。しかし、どこから、どのような目的で、どこに向かっていたのか、だけでなく、到着目標時間、出発時間や所要時間等も漏れなく聴取して記載すべきである。運転を焦る理由があったのか否か等、過失の原因となる可能性があるからである。
- **5）** 正式には、「第二車両通行帯」であるが、供述者が取調べ時に使った「第二車線」という表現を使ったものである。供述調書は被疑者の供述を録取するものであるので、その方が望ましい。
- **6）** 通り慣れている道か否かについて聞くことも必須である。
- **7）** 脇見等の状況については、顔の向きや視線の方向等を具体的に聴取して記載すべきである。顔をどちらにどのくらい向けていたかなどの具体的な状況に関する供述を得て調書に録取することで、後（公判段階等）の撤回を防ぐことが可能になる（現実には撤回することは可能であるが、撤回した時に、それが不自然であること、すなわち撤回後の供述が信用できないことを明らかにすることができる。その意味で、撤回が難しくなるということである。）。

　　また、本件は前方不注視が過失であるが、なぜ、そのような不注意な運転をしたのかは、過失の認定においても情状においても重要であるので、その理由は聴取して明らかにしておかなければならない。本調書では、その理由は後の事故原因欄で述べているが、事故原因欄は、取調時の認識ないし意見を主に述べるものであるので、事実として述べたとの印象が少なくなるし、あらぬ弁解（取調時の推測を述べたに過ぎないなど）を許しかねない。過失の原因は事実を述べるものであるから、事実欄、すなわち、気付かなかった事実を述べたこの箇所で触れるべきである。
- **8）** 被害者の過失に対する意見を聞いておくことが望ましい。もちろん、総論（→100頁）で述べたように、意見である（と言っても体験した者の意見なので、それなりの意味はあるが）ので、裁判官を拘束することはないことから、この過失の有無についての被疑者の意見にこだわる必要はない。
- **9）** 本事例は、身上調書と事実関係調書を1通の被疑者供述調書に記載したものであるが、このようにまとめて作成されると、捜査の進展に伴って事実関係が変化していった場合に、立証に不要な事実に関する供述まで公判に提出せざるを得なくなる。したがって、身上調書と事実関係調書は、必ず、別に作成するべきである。
- **10）** 基本書式の被疑者供述調書の場合、読み聞かせのみならず閲読（閲覧）が必要である上、調書の各葉の欄外への署名又は押印が必要である（犯罪捜査規範179条2項・3項）。

# 第2章 追突事故

Ⅲ 被疑者供述調書（第1回の被疑者供述調書作成後，被害者が死亡して罪名が変更になった時の被疑者供述調書）

供 述 調 書（甲）

本　籍　　○○○○
住　居　　○○○○
職　業　　○○○○
氏　名　　赤城　吾郎
　　　　　　　　　　　　　　昭和○年○月○日生（当時○歳）

　上記の者に対する過失運転致死・同致傷被疑事件につき，平成○年○月24日警視庁○○警察署において，本職は，あらかじめ被疑者に対し自己の意思に反して供述をする必要がない旨を告げて取り調べたところ，任意次のとおり供述した[1]。

1　昨日午後10時59分に山本さんが亡くなったことは，今日，刑事さんに教えてもらって知りました。私の罪が過失運転致死と過失運転致傷になることは分かりました。
　今はご冥福を祈るばかりで，悔やんでも悔やみきれません。

2　事故の原因について「私が赤い車に気を取られて，早田さんの車の様子をよく見なかったこと。」と話しましたが，そのことは間違いないのですが，その後よく考えたら速度の出し過ぎと，車間距離不足も事故の原因の1つのようにも思いますから付け加えます。
　この道路は，制限速度は時速80キロメートルと指定されていましたので，時速約80キロメートルで走行していれば，また，早田さんのワゴン車と十分な車間距離を保って進行していたら，事故にならなかったか2人とも軽い怪我で済んだのかもしれないと思います。また，私の車は大型で運転席が高く，何台も前の車が見えるので，私が，前方の車の様子を見ていたら，早田さんの前のワンボックスカーが急ブレーキをかけることが予想できたし，急ブレーキをかけたことにも気付き，早田さんと同時か，私が先に急ブレーキをかけて事故は防げた

とも思います。

　　　　　　　　　　　　　　　　　　　　赤城　吾郎　指印

　以上のとおり録取して読み聞かせた上，閲覧させたところ，誤りのないことを申し立て，各葉の欄外に指印した上，末尾に署名指印した。
　　前同日
　　　　　　　　　　警視庁○○警察署
　　　　　　　　　　　司法警察員警部補　　○○○○　㊞

**検察官の着眼点**

1）　被害者が死亡して過失運転致傷罪が過失運転致死傷罪に変更になった場合は，法定刑も重くなっているので，被疑者に対してその旨告げ，改めて黙秘権を告知して供述を得る必要がある。そうでないと，任意性や信用性に問題を生じる可能性があるからである（→627頁 検察官の着眼点 1）等参照）。

## Ⅳ　被害者供述調書（追突事故の被害者〔同乗者死亡〕）

　　　　　　　　　　供　述　調　書（乙）

　本　籍　　○○○○○
　住　居　　東京都○○区○○3丁目5番3－509号
　職　業　　会社員
　氏　名　　早田　良男
　　　　　　　　　　　　　昭和○年○月○日生（当時○歳）

　上記の者は，平成○年○月25日警視庁○○警察署において，本職に対し任意次のとおり供述した。
1　私は，平成○年4月，株式会社○○に入社し，平成○年4月から営業係をしています。
2　私は，ニッサン○○バンを運転して，東京都○○区○○町○丁目○番○号先の首都高速湾岸線上り道路を進行中の今月4日午後2時5分頃，赤城吾郎さんという方運転の大型貨物自動車に追突されて怪我をし，助手席の山本さんが死亡する事故に遭いましたので，被害状況

をお話しします。

　事故に遭った4日は、仕事を覚えてもらうため、私が運転するニッサン○○バンの助手席に山本さんを乗せて佐倉市内の○○商店に品物を届けてから、大森の得意先に行くため佐倉の入路から東関東自動車道に上り、習志野料金所から湾岸上り線に入りました。

　私は、平成○年に普通免許を取り、その頃から普通車の運転をしており、平成○年には車を買って運転していますから、高速道路も含め運転には慣れています1)。

　道路は片側三車線、乾燥していて車の流れはよく、初め第三車線を羽田方面に向かい時速約100から120キロメートルで進行していたところ、追い上げてきたベンツが後方にくっつくようにして離れないので、左の第二車線に入ることにして進行中、今回の加害車両赤城車とその前方のワンボックスカーが100メートルくらいの車間距離で走っていましたから、赤城車の5、60メートルくらい前方に入りました。

　ほとんどの車が5、60メートルの車間距離で走っていたので、車間距離が開いててよかったと抵抗なく入っています。

　この後は、ワンボックスの前車と約5、60メートルの車間距離を保ち、時速約100キロメートルで進行しましたが、後方の赤城さんの車がつかず離れず5、60メートルの車間距離で追従しているのを、バックミラーで確かめています2)。

　このような状況で左に緩いカーブを進行中、前車のストップランプが点き、急ブレーキと分かりましたから、私もすぐ急ブレーキをかけ、バックミラーに目をやると、後ろから赤城さんのトラックがぐんぐん迫ってくるのが映っていて、駄目だと思った瞬間、ガンと大きな音とショックがあり、車は右斜めに押し出されて行って中央分離帯に衝突した後、左に傾き滑って行きながら左に転覆して停止しました3)。

　記憶にはありませんが、状況から見て、追突された時のショックのためブレーキペダルから足が離れたような気がします4)。

　追突された後、急ブレーキをかけた前車は見ていませんので、かけ

た理由は分かりませんけれども，私が知る限り，急ブレーキをかけるような特別の状況はありません。

3　大勢で起こしてくれた車から出て，ハンカチで顔の血を押さえながら見ると，山本さんの頭から大分血が流れており，ぐったりして言葉も出ない様子でしたので，大怪我をしたと思いました。

　間もなく現場に来た救急車で山本さんと一緒に〇〇病院に運ばれて，医者の診察を受け，私は

　　　　顔面挫傷，右下腿挫創等加療約1か月

という診断を受けて即入院し，昨日退院しましたが，まだ出勤はできていません。

　山本さんが，意識をなくしたまま一昨日の夜，亡くなったことは，その日のうちに聞きました。

　ご両親に合わせる顔がありません。

　今日葬儀ですから，参列する予定です。

　山本さんが，佐倉を出発する時シートベルトを着けなかったのは知っています。5)

　運転に慣れている人なので，やかましいと思われるのを気にして注意しなかったのが心残りです。

4　事故の原因について，私は，前の車が急ブレーキをかけたためやむなく急ブレーキをかけたのですから，事故は相手の赤城さんの一方的な過失によるもので，追突された私にとっては，防ぐことはできなかったと思っています。

5　示談については，勤務先会社が窓口になって相手の赤城さんの会社と話し合うことになっています。

　山本さんが亡くなった今，厳重な処罰をお願いしたいと思っています。

　　　　　　　　　　　　　　　　　　　　　　早田　良男　㊞

〈以下省略〉

## 検察官の着眼点

1） 運転免許の有無と運転歴は明らかにすべきである。
2） 追突車両の追従状況は，被疑者の供述の裏付けとして必要である。
3） 以上の事故状況についての供述は具体的でよい。もっとも，バックミラーに目をやった理由について，明確にしておけばなおよいと思う。後続の大型貨物自動車が自車に追突すれば自己及び同乗者の生命をも奪われかねないので，反射的にでも後続の赤城車の接近状況を確認することになるので，当然のことと思われるが，具体性をより出すこと，及び読者の推測に委ねるのではなく，かゆいところまで明らかにして事実を明確にする。
4） 記憶にないのに，「気がします」というのは言葉の上で矛盾する。明確な記憶がないが，おぼろげながら足が離れた気がするのか，記憶は全くないが，事故の状況からその旨判断したのかは，明確にすべきである。
5） 運転者以外の同乗者に対してはシートベルト（座席ベルト）の装着は義務付けられていない（道交法71条の3第2項は，同乗者にシートベルトを装着させるのを運転者の義務としている。）。しかしながら，座席ベルトを装着していないことが，受傷の結果に大きく影響するものであることは常識であり，したがって，情状に大きく影響する。もちろん，座席ベルト装着の有無は必ず明らかにしなければならない。

## V　交通事故現場見取図

交通事故現場見取図（図面は縮尺ではない。基点，道路幅員等は省略した。）

立会人（被疑者赤城）の指示説明

被害車両が前方㋐地点に入った時
　の自車は①，前車は@
脇見をしたのは②，その時の被害
　車両は㋑
前方を見たのは③，その時の被害
　車両は㋒
衝突は⊗その時の自車は④地点，
　被害車両は㋓
自車が停止したのは⑤
被害車両が右車線に入ったのは㋔
被害車両が転覆停止したのは㋕
⑤地点に停止した際の前車は㋐
下り車線〈省略〉

関係距離

| | | | | |
|---|---|---|---|---|
| ①－@ | 100 m | | ③－⊗ | 60 m |
| ①－㋐ | 50 m | | ㋒－⊗ | 30 m |
| ①－② | 300 m | | ④－⑤ | 50 m |
| ②－㋑ | 60 m | | ㋓－㋔ | 40 m |
| ②－③ | 180 m | | ㋔－㋕ | 50 m |
| ③－㋒ | 30 m | | ⑤－㋐ | 40 m |

# 追突事故②

> **事例②**
> 普通乗用自動車が車間距離不足により進路を急変した前車の普通貨物自動車に即応できず，右折待ちの自動二輪車に追突

## Ⅰ　被疑事実の要旨

　　被疑者は，平成○年○月29日午後3時23分頃，普通乗用自動車を運転し，東京都○○区○○3丁目6番17号先道路を，千束方面から言問方面に向かい時速約50キロメートルで，同方向に進行する普通貨物自動車に追従して進行するに当たり，十分な車間距離を保ちながら進行すべき自動車運転上の注意義務があるのにこれを怠り，約15メートルの車間距離を保ったのみで漫然前記速度で進行した過失により，折から，進路前方に右折のため停止していた前田二郎（当時52歳）運転の自動二輪車との衝突を避けるため前記普通貨物自動車が左に進路を変更した直後自車前方約14.7メートルの地点で前記前田運転の自動二輪車を発見し，急制動の措置を講じるも及ばず，同車に自車を追突させて同車を路上に転倒させ，よって，同人に加療約1か月間を要する左下腿挫創等の傷害を負わせたものである。

## Ⅱ　被疑者供述調書（前車の進路急変に即応できず，右折待ちの自動二輪車に追突）

供　述　調　書（甲）

《冒頭省略》

〈1～8　略〉
9　運転免許は，免許証では，昭和○年5月10日取得となっていますが，この年うっかり失効したためで

昭和○年に東京都公安委員会から普通免許を受けています。

　　昭和○年からは，更新を継続しています。

　　現在受けているのは，平成○年8月10日東京都公安委員会交付の普通一種免許証（免許証番号第○○○○○○○号）で，免許の条件はありません。

10　私は，昨日午後3時23分頃，去年の2月購入したホンダ○○2000ccの助手席に妻を乗せて買物に行く途中，東京都○○区○○3丁目6番17号先道路で右折のため停止していた前田二郎さんという方運転の自動二輪車に衝突して，前田さんに怪我をさせる交通事故を起こしましたので，この事故の状況についてお話しします。

　　昨日は，スーパー○○に買物に行くため[1)]，3時過ぎに家を出て，同10分頃，事故を起こした現場手前付近で片側各二車線の○○通りに入り，言問方面に向かい連続進行している車の流れに乗り，時速約50から60キロメートルで右側車線を進行しました。

この時本職は，平成○年○月○日付司法警察員巡査部長○○○○作成にかかる実況見分調書添付現場見取図を示した〈→168頁〉。

11　お示しの見取図は，私が事故現場で係の警察官に指示説明したとおり記載されていますので，この図面で事故の状況をお話しします。

　　事故現場からどのくらい手前とまでは記憶していませんが，少なくとも300メートル手前では，同じ右側車線を進行している4トンくらいのトラックの30メートルくらい後方を追従していました[2)]。

　　この後，左車線の流れが少し悪くなり，左の車が私の前に割り込んでくるような気がしたので[3)]，車間距離を15メートルくらいに詰めて時速約55キロメートルで進行中の図面①の時，前方を進行していたⒶのトラックのストップランプが点いてすぐ消え，トラックは左に進路を変え始めました。この時，私はトラックの車線変更は前方の障害物のためとは思わず，普通の車線変更と思ったのでそのままの速度で進行して②に来た時，トラックはⒷまで進行していて，車間距離は少し詰

まりました。

　トラックが⑧まで進行して前方が見えるようになりましたが，その瞬間，15,6メートルくらい前方の⑦に，今名前を教えられた前田二郎さん運転の自動二輪車が，右折の合図を出して停止しているのが目に入り，近かったのでハッとし，危険を感じて急ブレーキをかけましたが間に合わず⊗で追突し，自動二輪車は前方に跳ねられて④で中央分離帯に衝突し，前田さんは自動二輪車から吹っ飛んで分離帯の植込みの中の㊃に落ち，自動二輪車は㋒に転倒して停止し，私の車は④に停止しました。

　追突の時の私の車は③，衝突箇所は私の車の右前部と前田車の後部で，前田車は，発見から追突まで⑦に停止していて動いていません。

　当時，車はそんなに混んでなく，普通に流れていました。

　前田さんの自動二輪車の左側は，乗用車なら2台が通れるので，右側車線の車の流れが変わらないことが，事故後前田さんから聞いて分かりました。

　Ⓐのトラックは図面⑧のように区分線を跨いで進行して行ってしまい，左の車線の流れは，私の車が停止したため悪くなりました。

12　④に停止した車から下車し，足が痛いため1人では歩けない前田さんに肩を貸して右側の○○商店前の歩道で休んでもらい，110番，119番通報をしてから前田さんと話した際，前に右折車がいて，分離帯の切れ目に止まれなかったため，他の車の通行の邪魔にならないように気を使い，右寄りに止まったと話していました。

　前田さんを歩道に連れて行く時は，ちょうど対向車の流れは切れていて，中央分離帯の切れ目に右折車はいませんでした。事故の時，自動二輪車の前に右折車が停止していたかどうか記憶がありません。

　数分後に，警察車，救急車が来て被害者を病院に搬送し，私は，現場で事故の状況を指示説明し，この時，私の車の破損箇所を確かめたところ，前部バンパーの右側が後ろに曲がっているだけで，そのほかの破損箇所はなく，前田さんの自動二輪車は，後部泥除けが内側に曲

がり，燃料タンクが凹んでいるのを見て，前部バンパー右角が泥除けに追突していること，2，30センチメートル左に寄っただけで衝突しない状況だったことが分かりました。
13　事故の原因は，私が車間距離を十分取らないで追従したことと思っています。
　　私は，トラックが前方の障害物を避けて，急に進路を変えることは全く考えないで追従しましたが，前を走っていたトラックのため前方の見通しが悪かったのですから，前車が右折車を避けて急に進路を変えても大丈夫なだけの車間距離を取り，心の準備もして追従すべきであり，このようにしたら事故は防げたと思い，反省しています。
14　問　事故の原因は，左に進路を変えなかったことではないですか。
　　　答　それも考えましたが，左後方を見ないで左に進路を変えると，大きい事故になるおそれがあり，怖くて左にハンドルは切れません。[4]
　　なお，前田さんの自動二輪車が，どのように走って，私の進路上に停止したか知りません。
15　前田さんの怪我の程度は，まだはっきりしないとのことですが，人身無制限，物損1,000万円の任意保険に入っていますから，保険会社に十分な補償をするように頼んで，示談にしたいと思っています。
　　前田さんには申し訳ないことをしたとお詫びし，反省しています。
　　今回のようなことは二度としないよう注意して運転しますから，ご寛大な処分をお願いします。

中島　勇　㊞

〈以下省略〉

## 検察官の着眼点

1）買物についても，何のために何を買いに行こうとしているのか，何時までに帰る必要があるのか（予定があるのか）等についても聴取して調書で明らかにするべきである。時間からすると，夕食の食材等の買物と思われるが，そうであれば，一言触れるだけでよいので，明らかにする方がよい。

2）追突事故は，追従状況によって過失の態様が異なってくるので，追従状況

は詳細に明らかにする必要がある。

**3）** 割り込んでくると思った理由については，このように具体的な状況を明らかにして説明させておくべきである。もっとも，この「左車線の流れが少し悪くなった」という記載は，やや一般的な根拠なので，もう少し明らかにし得るのであれば明らかにすべきであろう。例えば，先行車に割り込まれたとか，いつもこの道でこの状況下では経験していること，あるいは性格から割り込まれるのが嫌だと思っていた等である。

　本事例では，前方不注視が過失であるが，その状況が比較的分かりやすく記載されている。

**4）** 過失の具体的内容の特定は，総論で述べたとおり法的評価の側面が強いので，被疑者の供述にこだわる必要はない。左転把して衝突を防ぐことができた状態であれば，それが直近過失になることは疑いがない。問題は，客観的に左転把して衝突を防ぐことができた状態であったかどうかである。

　もっとも，先行車と同様に左に車線変更すれば事故が防げていた可能性があるので，この点を被疑者に確認するのは意味がある。本事例では，左車線の並進車両及び後方車両の進行状況が不明である中，とっさに車線変更をして事故を防ぐべきとの回避義務を課すのは酷であり，期待可能性がない可能性もある。したがって，並進車両及び後続車両の進行状況を明らかにすべく捜査を行う必要がある。

## Ⅲ　交通事故現場見取図

交通事故現場見取図（図面は縮尺でなく，基点，道路幅員等は省略した。）

歩　　道

中央分離帯 ㋓　　　　　　中央分離帯
④　　　　　　㋐　㋑　　㋒③　Ⓑ　　　Ⓐ　②　　　　　　①
　Ⓒ

歩　　道

立会人（被疑者中島）の指示説明

ストップランプを点けた時の前車はⒶ，その時の自車は①
前方が見えるようになった時の前車はⒷ
前方が見えるようになった地点，急ブレーキをかけた地点，バイクに気付いた地点は②，その時のバイクは㋐
追突したのは㋒，その時の自車は③，バイクは㋐
押し出されたバイクが中央分離帯に衝突した地点は㋑
転倒した地点は㋒，被害者が落下した地点は㋓，自車が停止した地点は④
Ⓒ地点は不確定

関係距離

①－Ⓐ　　16.0 m
①－②　　18.0 m
Ⓐ－Ⓑ　　 9.8 m
②－㋐　　14.7 m
②－③　　13.3 m
②－㋒　　14.7 m
③－④　　16.4 m
㋐－㋑　　 7.0 m
㋑－㋒　　 1.5 m
㋑－㋓　　 2.1 m

## Ⅳ　被害者供述調書（右折待ち中，追突された被害者）

供 述 調 書（乙）

〈住居等　略〉
職　業　書店経営
氏　名　前田　二郎

　　　　　　　　　　　　　　昭和○年○月○日生（当時○歳）

　上記の者は，平成○年○月20日供述人方において，本職に対し任意次のとおり供述した。

1　私は，昭和○年○月から，○○書店を私個人で経営しています。
　運転免許は，昭和○年３月普通免許を取得し，その後，昭和○年５月，自動二輪免許を取得しました。
　更新を継続していますから，現在は普通免許，自動二輪免許を受けています。
　トヨタ○○と今回事故の時運転していた90ccの自動二輪車を持っていて，使い分けして乗っています。

2　私は，先月29日午後３時23分頃，90ccの自動二輪車を運転して，東京都○○区○○３丁目６番17号先道路で右折待ち中，中島勇さん運転の普通乗用自動車に追突されて怪我しましたので，被害に遭った状況をお話しします。
　事故に遭った時，私は，事故現場の右側にある○○株式会社に，書籍と文房具を届けに行く途中でした。
　事故現場の１，２キロメートルくらい手前で片側各二車線の○○通りに入り，左側の車線を時速約５，60キロメートルの流れに乗って進行し，事故現場の約200メートル手前で右側車線に入り，事故現場に近づいたところ，右折する中央分離帯の切れ目に，普通乗用自動車が右折の合図を出して停止していたので，その後方の第二車線の右寄りに右折の合図を出して停止しました。
　ここは交差点ではなく，中央分離帯の切れ目から右折して，右側に

ある○○株式会社の駐車場に入って行けるようになっています。
　停止して，対向車の流れが切れ，前車が右折して行くのを待ちながら，私の対向車や左側を通って言問方面に向かう車の流れを見ていると，第二車線の車は私を避けてやや左に進路を変えているため，これを避けた第一車線の車も左に寄っていましたが，流れが悪くなるようなことはありませんでした。
　このようにして，右折できるのを2，30秒待った頃，突然後方から突き飛ばされた感じで，私はバイクと一緒に前に跳ね飛ばされてバイクから離れ，中央分離帯の植込みの中に落ちました。
　一瞬気が遠くなりましたが，すぐ気を取り戻し立ち上がろうとしたら，左足が痛くて足を踏んで立つことができないので，這って車道に降りたところに，中島さんが来て肩を貸してくれ，ようやくの思いでたまたま車が途切れた左側車線を通って右側の歩道に行きました。
　中島さんは，携帯電話で，救急車を呼んだと教えてくれ，何度も謝り，名刺を渡したので中島勇と知りました。
　私は，間もなく来た救急車で○○病院に運ばれて応急手当てを受け，翌30日に骨折はなく，左下腿挫創等で加療1か月と診断され，今月5日に退院しましたが，まだ通院しています。
3　事故の原因について，私は，前の右折車の後方に停止していたのですから，事故は相手の中島さんの一方的な過失によるもので，追突された私にとっては，防ぐことはできなかった事故と思っています。
4　示談については，傷が治ってから相談することで，中島さんの保険会社の方と話がついています。
　中島さん本人か奥さんが，入院中，毎日のように見舞いに来てくれ，誠意がありますから，処罰はご寛大にお願いします。

　　　　　　　　　　　　　　　　　　　　前田　二郎　㊞

〈以下省略〉

**検察官の着眼点**

1) 被疑者車両の前方のトラックの進行状況の裏付けのため，言問方面に向かう車両の流れの状況は必要である。

# 追突事故③

> **事例③**
> 車間距離不足による玉突き（大型貨物自動車，普通貨物自動車，普通乗用自動車）追突

## I 被疑事実の要旨

第1　被疑者伊東は，平成○年○月12日午後3時25分頃，大型貨物自動車を運転し，東京都新宿区○○3丁目6番17号先道路を，池袋方面から渋谷方面に向かい時速約50ないし60キロメートルで，前方を同方向に進行する佐山守（当時28歳）運転の普通貨物自動車に追従して進行するに当たり，同車との追突を避けるに足りる十分な車間距離を保った上その動静を注視し同車との安全を確認しながら進行すべき自動車運転上の注意義務があるのにこれを怠り，約20メートルの車間距離を保ったのみで，同車の動静注視不十分のまま漫然前記速度で追従進行した過失により，折から急停止する前車との衝突を避けるため，急制動の措置を講じた前記佐山運転車両に気付いて急制動の措置を講じたが間に合わず，自車を前記佐山運転車両に追突させ，同車を前方に押し出してその前方に停止した高山八郎（当時51歳）運転の普通乗用自動車に追突させ，よって，前記佐山に加療約2か月を要する頸椎挫傷等の傷害を，前記高山に加療約1か月を要する頭蓋骨骨折等の傷害をそれぞれ負わせ

第2　被疑者佐山は，前記日時頃，普通貨物自動車を運転し，前記場所先道路を，池袋方面から渋谷方面に向かい時速約50ないし60キロメートルで，同方向に進行する前記高山運転の普通乗用自動車に追従して進行する当たり，同車との追突を避けるに足りる十分な車間距離を保った上，その動静を注視し同車との安全を確認しながら進行すべき自動車運転上の注意義務があるのにこれを怠り，

約20メートルの車間距離を保ったのみで，同車の動静注視不十分のまま漫然追従進行した過失により，折から，急停止する前車との衝突を避けるため，急制動の措置を講じた前記高山運転車両に気付いて急制動の措置を講じたが間に合わず，同車に自車を追突させ，よって，前記高山に加療約1か月間を要する頭蓋骨骨折等の傷害を負わせたものである。[1]

> **検察官の着眼点**
>
> 1） ①佐山車が高山車に衝突したのが1回のみで，Ⓐ伊東車が佐山車に衝突したために佐山車が前方に押し出されて高山車に衝突したのであれば，高山の怪我について佐山の過失は原則として否定される（因果関係がないと考えられるため）。伊東は，高山の怪我及び佐山の怪我の両方について責任を負う。また，Ⓑ佐山車が高山車に衝突した後，佐山車に伊東車が衝突しただけで，佐山車がその後高山車に衝突していないのであれば，伊東は佐山の怪我についてだけ責任を負い（佐山の怪我が高山車との衝突で生じていないことが立証できることを前提とする。），佐山は高山の怪我について責任を負う。
>
> 他方，②佐山車の高山車への衝突が2回あり，佐山車の高山車への衝突が先で，その後伊東車が佐山車に衝突したために同車が前方に押し出され，高山車に衝突した場合には，難しくなる。高山は2回，佐山は自分が高山車に衝突したのも含めて3回，それぞれ衝突に遭っているので，それぞれの怪我（及びどの怪我）が，どの衝突で生じたのか不明であれば，佐山と伊東いずれも責任は問えない。佐山の怪我については，それが最初に高山車に衝突した時に生じたものでないことが認められる場合には，伊東の責任を問うことができる。高山の怪我については，佐山車の1回目の衝突によるものか，2回目の衝突によるものかが分かれば，前者であれば佐山が，後者であれば伊東が責任を負うことになる。個別の怪我について，どの衝突で生じたかが認定できる場合には，それぞれの怪我について，その衝突に責任のある者が責任を負うことになる。
>
> 前記第1事実と第2事実は，②のケースを前提としているが，高山の頭蓋骨骨折等の怪我が，両者の衝突で生じたこと（先に1回目の佐山車の衝突で生じ，それが2回目の衝突によって悪化した等）が認められない限り，両立しない（いずれも責任を問えない。）。しかし，送致段階では，この点が不明であることが多いことから，このような被疑事実の立て方になるのもやむを得ないであろう。

## Ⅱ 被疑者供述調書（車間距離不足による玉突き追突事故）

供 述 調 書（甲）

〈本籍，住居，職業　略〉

氏　名　伊東　幸甚

昭和○年○月○日生（当時36歳）

《冒頭省略》

〈1，2　略〉

3　前科は

(1) 平成○年6月頃，○○簡易裁判所の略式命令で業務上過失傷害，罰金15万円

(2) 平成○年○月○○地方裁判所判決で業務上過失傷害，禁錮10月執行猶予3年

の2犯があります。

　　罰金刑は，私の一時停止標識見落としによる出会い頭の事故，禁錮刑は大型貨物自動車で信号交差点を左折する際，出口の横断歩道を横断中の子供に気付かずにひいて怪我させた事故です。

　　このほか，平成○年までの間に，駐車違反や速度違反の反則行為で5，6回検挙されていますが，反則金はその都度納めています。

　　平成○年の事故で免許停止60日（短縮30日），平成○年の事故では免許取消1年の処分を受けています。

〈4～6　略〉

7　経歴は，タクシーの運転手をしていた父○○と飲食店に勤務していた母○○の長男として生まれ，住居地○○区の区立小，中学校を卒業して私立○○高等学校に入学しましたが，勉強が嫌いだったので，1年生の10月に退学しました。

　　退学後は，数か所の喫茶店のウェイターなどのアルバイトをしていましたが，平成○年運送会社に運転助手として入社し，○年春に普通免許を取って秋から運転手になりました。

その会社は，平成○年の事故で免許停止になったので辞めて教習所に通い，大型免許を取得して東京都○○区内の○○運輸に大型自動車の運転手として入社し，この会社に勤務中の平成○年横断歩道の事故で免許が取消しになったのでフォークリフトの運転手をしていましたが，平成○年再び大型免許を取って運転手となり現在に至っています。

8　趣味は，特にありません。嗜好は，たばこと酒ですが，酒は翌日に残るまでは飲みません。

9　運転免許は

　　　　平成○年に普通免許取得
　　　　同○年に大型免許取得
　　　　同○年8月に横断歩道の事故のため前記免許取消し
　　　　同○年6月に大型免許取得

で，いずれも東京都公安委員会交付の一種免許です。

　　　現在受けているのは

　　　　平成○年6月23日東京都公安委員会交付大型一種免許証
　　　　免許証番号第○○○○○○○○号

で，免許の条件はありません。

　　　　　　　　　　　　　　　〈以下省略〉

### 検察官の着眼点

1) 前科については，違反の概要を記載することが望ましい。また刑の終了も同様である。

---

## 供述調書（甲）

〈本籍，住居，職業　略〉

氏　名　伊東　幸甚

　　　　　　　　　　　　　昭和○年○月○日生（当時36歳）

上記の者に対する過失運転致傷被疑事件につき，平成○年○月12日警

視庁○○警察署において，本職は，あらかじめ被疑者に対し自己の意思に反して供述をする必要がない旨を告げて取り調べたところ，任意次のとおり供述した。

1　私が，本日，明治通りで起こした交通事故についてお話します。
　　　事故を起こした
　　　　　日時は，本日午後3時25分頃
　　　　　場所は，東京都新宿区○○3丁目6番17号先道路
です。
　　運転目的は，約10トンの鋼材を江東区内の○○製鋼株式会社倉庫から渋谷区内の倉庫に運搬することで，事故の時間については，110番した時に時計で確認し，事故現場の地番は現場検証の時，警察官から聞いて知りました。
　　事故に至る状況は，平成○年春から，専用車として運転を任されていて故障のない日野10トンディーゼル大型貨物自動車（練馬○○○○○○○）を運転して，午後2時半頃江東区内の倉庫を出発し，3時頃，毎日のように通っていて，規制や道路状況はよく知っている，片側各二車線で中央分離帯が設けてある，最高速度50キロメートル毎時の明治通りに入り，○○方面から渋谷方面に向かい進行中，事故現場の2キロメートルくらい手前で右側車線を走っている佐山さん運転の4トン幌付トラックの後方に入りました。
　　当時，小雨がぱらついていましたが，路面は濡れていませんでした。
　　私は，時速約50から60キロメートルの車の流れに乗り，同速度で20メートル前後の車間距離を保ち，佐山車に追従して事故現場に差し掛かりました。車間距離を十分取らなかったのは，前に割り込まれないためです。
　　この時本職は，平成○年○月○日付司法警察員巡査部長○○○○作成にかかる実況見分調書添付現場見取図を示した〈→188頁〉。
2　お示しの見取図は，私が事故現場で係の警察官に指示説明したとお

り記載されてあり，事故の状況は図面のとおりですから，この図面で事故の状況をお話しします。

　事故現場の500メートルくらい手前からは，佐山車に約20メートルの車間距離で追従して，図面①地点に来た頃，㋐地点を先行していた佐山車のストップランプが点いたのを見ました。幌のため佐山車の前方の車は見えなかったので，急ブレーキのストップランプか，ちょっと制動しただけか，はっきりしませんでしたけれども，急ブレーキと感じたので，見た直後の②地点で急ブレーキをかけました。この時の佐山車は㋑地点です。私の車は積荷が重かったこともあって滑走して行き，③地点で，遅い速度で㋒地点を進行中の佐山車に追突し，佐山車は前方に滑って行って㋓地点に停止し，私の車は④地点に停止しました。衝突したのは⊗地点です。

　すぐ車から降り，佐山車の運転席の横に行く途中，佐山車の前のⒶ地点に，後部バンパーとトランクが破損している高山さんの自家用軽自動車がくっつくように停止していたので，佐山車が高山さんの車に追突したことが，初めて分かりました。

　それまで佐山車が高山車に追突した様子は感じていません。[3)]

　佐山さんと高山さんは事故後名前を知った方です。

3　佐山車の運転席の横に行って見ると，佐山さんが両手でハンドルを握り，うつ伏せになっていたので，ステップに乗って「大丈夫ですか。」と声を掛けて怪我の有無を尋ね，首がおかしいと言われ，それからⒶ地点の高山車のところに行って見ると高山さんが運転席にボーっとした格好で座っていて，「大丈夫ですか。」と聞いたのに対し「首をやられたらしいが，今のところ何でもない。」と答えました。

　佐山さんが怪我しているので，携帯電話で110番と119番に連絡して，救急車が来るのを待っているうち，高山さんが気持ちが悪くなったと言い出して，間もなく来た救急車で佐山さん，高山さんの2人は病院に搬送されました。

　2人とも重症でなければいいと願っています。

4　事故の原因は，私が車間距離を十分に取らないで追従したことと思っています。

　私は，車の流れがよかったので，前の車が急停止することは全く考えず，追突することはないと思い，約20メートルの車間距離で追従しました。

　車間距離を十分に取らなければいけないことは知っています。ただ，大型車ですと，前方の見通しがいいので，何台か前の車の動きを見て，早めにブレーキをかけますから，少しくらい車間距離が不足していても，追突を避けることができます。今まで，そのような運転をしてきていても事故に遭ったことがなかったので，この日も危険と思わず約20メートルの車間距離で追従しました。

　今回は，すぐ前の佐山車が幌付トラックのため，前方の車の状況が見えず，佐山車だけの動きに合わせて対応しなければならない状況でしたから，このことを考え，十分な車間距離を取って追従すべきでした[4]。

　このほか，積荷のため制動距離が伸びることも考えても，車間距離は十分に取るべきでした。

5　佐山さんと高山さんの怪我の程度は，まだはっきりしないとのことですが，会社の事故係に十分な補償をするように頼み，佐山さん，高山さんの2人に示談をお願いするつもりです。

　佐山さんと高山さんには，申し訳ないことをしたと反省しています。

　今回のような事故は二度と起こさないよう注意して運転しますから，ご寛大な処分をお願いします[5]。

　　　　　　　　　　　　　　　　　　　　　伊東　幸甚　㊞

〈以下省略〉

検察官の着眼点

1）運転目的は，前掲（→156頁 検察官の着眼点 4）参照）のとおり，もう少し詳しく記載すべきである。急ぐ事情があったかどうかを判断するに足りる

状況を明らかにする。
- 2）追突事故では，追従の状況，時期及び距離を明らかにする。
- 3）玉突き追突事故の場合，被疑車両からの見通し状況により過失が異なってくる。特に，前方の見通しが良い大型車の場合は，数台以上も前の車の動静を把握した上で，これを前提として，前車の動静を予測し，事故の発生を防止すべき注意義務を構成することになるので，前方の見通し状況とその把握は必ず捜査する。

　　　なお，本調書は事故状況を淡々と説明しているが，実際には，驚愕や恐怖，狼狽等の感情を抱きながら対応しているはずであるので，このような感情も聴取して記載するのが望ましい。これらの感情は，記憶の正確性等にも影響を与える事実だからである。また，そうすることによって，事故状況を生々しく裁判官にも伝えることができる。
- 4）車間距離を十分に取らなかった理由は分かりやすく記載されている。もっとも，狭山車の幌のためにその前方の見通しが悪く，そのことを認識していたにもかかわらず，十分な車間距離を取らなかった理由（それが過失の真の原因である。）が明らかにされていないのは残念である。
- 5）この調書は，佐山車が高山車と衝突したのがいつかについて，触れていない。単に「それまで佐山車が高山車に追突した様子は感じていません。」（前掲3）参照）と述べているだけである。後記の佐山供述がかなり具体的であることからすれば，佐山車は，最初に高山車に追突した後，再度伊東車に追突され，前に押し出されて，再度高山車に追突したものである可能性が高い。

　　　そうだとすると，取調官としては，伊東に，佐山車に衝突した後の佐山車の動きや衝突音の有無等の具体的な状況を問いただした上，伊東がどのような供述をしたのかを問答式を活用するなどして，調書上明らかにするべきである。

## Ⅲ　被疑者供述調書（車間距離不足による玉突き追突事故〔追突し，追突された被疑者〕）

　　　　　　　　　　供　述　調　書（甲）

〈本籍，住居，職業　略〉
　氏　名　佐山　守
　　　　　　　　　　　　　昭和○年○月○日生（当時28歳）
　　　　　　　　　　　《冒頭省略》

〈1，2　略〉
3　前科はありません。

反則行為で検挙されたこともありません。
〈4～8　略〉
9　運転免許は，平成○年5月普通免許を東京都公安委員会で取得しています。
　　現在受けているのは，平成○年10月5日東京都公安委員会交付の普通免許証（免許証番号第○○○○○○○号）で，免許の条件はありません。
〈以下省略〉


供 述 調 書（甲）

〈本籍，住居，職業　略〉
氏　名　佐山　守

　　　　　　　　　　　　昭和○年○月○日生（当時28歳）
《冒頭省略》
1　私は，平成○年6月から，専用車として運転を任されていて故障のない三菱ふそう4トン幌付普通貨物自動車（練馬○○○○○○号）を運転して，江戸川区内の株式会社○○製作所から世田谷区内の配送センターに鉄材を運搬して行く途中の本日午後3時25分頃，東京都新宿区○○3丁目6番17号先の明治通りで追突事故を起こし，その時，私も追突されて怪我しましたので，この事故についてお話します。
　　事故に至る状況は，午後2時頃，江戸川区内の会社を出発し，3時頃，いつも通っていて，交通規制や道路状況をよく知っている，片側各二車線で中央分離帯が設けてある，最高速度50キロメートル毎時の明治通りに入り，○○方面から渋谷方面向かい右側車線を進行中，事故現場の2キロメートルくらい手前で左側車線から伊東さん運転の大型車が後方に入ってきたのを左サイドミラーで見ました。

それから1キロメートルくらい走った辺りの信号交差点を青色信号で直進した時，今回追突した高山さん運転の普通乗用自動車と私のトラックの間を走っていたベンツが右折車線に入り，私は高山車に追従することになりました。[1]

2　この頃，小雨がぱらついていましたが，路面が濡れるほどではありません。

私は，時速約50から60キロメートルの車の流れに乗り，前に割り込まれないため，20メートル前後の車間距離で高山車に追従して事故現場に差し掛かったところ，左車線のスポーツカーが，高山車の前方20数メートルくらいの地点を，30メートルくらいの車間距離を取って走っている車（以下「甲車」と称す。）の前に入って行くのが見えました。

車の流れはよかったので，スポーツカーに割り込まれた甲車が，ブレーキをかけることは考えずに時速約50から60キロメートルで進行したところ，甲車のストップランプが点いたのが見え，その後高山車のストップランプも点きました。

私は，車間距離が不足していることは分かっていたので，甲車のストップランプが点いたのが見えると同時にブレーキペダルを強く踏み，その直後，甲車のストップランプはすぐ消えました。それで，高山さんはブレーキを解除すると思いブレーキペダルを踏んでいた足を少しだけ緩めましたところ，高山車のストップランプは点いたままで，高山さんはブレーキを解除していないことが分かりましたから，またすぐブレーキを強くかけましたけれども，私の車はどんどん高山車に近づいて行って停止直前くらいの速度の高山車に追突し，高山車を前方に押し出しました。

その直後です，後ろから「ガーン」と大きな音が聞こえたのと私の車が押し出されたのが一緒で，私の体は前後に大きく振れ，頭はガクンガクンと前後に強く大きく動き，一瞬ブレーキペダルを踏んでいた足が緩み，車は2メートルくらい先を徐行中の高山車にガツンと強く

追突し，高山車を押して行って止まりました。²⁾

　追突された時私は，シートベルトを着けていたので，頭がフロントガラスにぶつかることはありませんでしたけれども，強いショックで頭がガクンガクンと前後に強く大きく動いた後，思わず両手で握っていたハンドルに，顔を押し付けてしまいました。

　この時本職は，平成○年○月○日付司法警察員巡査部長○○○○作成にかかる実況見分調書添付現場見取図（立会人供述人）を示した。³⁾

3　お示しの見取図は，私が事故現場で指示説明したとおりに作成してありますから，図面により事故の状況をお話しします。

　左車線の㋑車が右側車線に入った時，私は図面①地点，高山車は㋐地点で，この時の車間距離は約20メートルです。高山車の前方の㋐地点辺りを軽乗用自動車が走っていて，この軽乗用車は㋑車が前に入ろうとした時，ストップランプが点き，続いて高山車のストップランプも点きました。

　㋑車が入った前方は普通に流れていたので，2台は軽く制動しただけで流れに乗って走ると思い，ブレーキペダルを叩いてすぐ離す感じで強く踏んだところ，軽自動車のストップランプはすぐ消えたのに，高山車のストップランプは点いたままで速度も落ちていたので，すぐブレーキペダルを踏み込み急ブレーキをかけました。この時私は②地点，高山車は㋑地点です。

　この後，私の車は滑走して行き，③で㋒を徐行中の高山車に追突し，高山車は前方に押し出されて㋓に停止するかなと思った直後の④地点の時，追突されて前方に押し出されて㋔の高山車にまた追突してから押されて行って私は⑤地点，高山車は㋕地点に停止しました。

　先ほど話しましたように私は，頭が前後に大きく振られたためボーっとなり，ハンドルに顔を伏せていると，右のドアガラスを叩く音がし，後で名前を知った伊東さんが「大丈夫ですか。」と聞いたので「首をやられた。」と答えました。⁴⁾伊東さんは前の車に行き車内にいた運転手と何か話してから右の歩道に行ったので，私はボーっとし

た状況が少し落ち着いてから下車し，前に止まっている高山車のところに行き，高山さんに謝り怪我の有無を尋ねたら，今のところ何でもないと答えました。[5)]

4　高山さんと話をしているところに伊東さんが戻ってきて，救急車の手配をした等と3人で話をしていると，高山さんが気持ちが悪くなったと言い出し，間もなく来た救急車で私と，高山さんは病院に連れて行かれ，翌日詳しい診察の結果，私は頚椎捻挫等で2か月の治療が必要と診断され，1週間後に退院し，現在通院治療中です。

　私は，今まで交通事故の被害に遭ったことはなく，頚椎の病気で治療を受けたこともありません。今回の怪我は追突された時のショックによるもので，高山車に追突した時私の上半身はほとんど動いていませんから，怪我するはずはありません。[6)]

　高山さんは自宅近くの病院に転院して診断の結果，頭の骨にひびが入った頭蓋骨骨折等で加療1か月と聞きました。

　私が先に高山車に追突していますから，私に責任があると思っていますが，伊東さんにも責任があるような気もし，はっきりしたことは分かりません。[7)]

5　事故の原因は，私の車間距離不足とブレーキを踏む時の判断ミス，それに伊東さんの追突も加わっていると思っています。

　流れがよかったので，前の車が急ブレーキをかけても，急停止することは考えずにいたことも事故の原因の1つと思います。

　車間距離不足は事故の原因になると言われていることは知っていたのに，車の流れがいいことに安心して十分な車間距離を取らなかったことについては反省しています。

　示談交渉は，全部会社の事故係に任せるつもりです。

　高山さんには，申し訳ないことをしたと反省しています。

　今回のようなことは二度としないよう注意して運転しますから，ご寛大な処分をお願いします。

　伊東さんについては，同じ運転手ですから，誠意があれば処罰は望

みません。

佐山　守　㊞

〈以下省略〉

> **検察官の着眼点**

- 1）　追突事故では，追従の有無，時期及び距離を明らかにする。
- 2）　この部分の衝突直後の身体の受けた衝撃に関する記述は具体的でよい。
　　ただ，もう少し，最初に高山車に衝突した際の身体の動きを具体的に記載するとなおよい。後の方に「高山車に追突した時私の上半身はほとんど動いていませんから。」との記載が出てくるが，これが，いつの追突のことなのか記載がないし，どの程度動いたのかも若干曖昧である。
- 3）　図面は省略。なお，本事例に添付の図面（Ⅴ　事故現場見取図〈被疑者伊東指示説明〉→188頁）とは違うことに注意。
- 4）　「首をやられた。」と答えたのは，それなりに痛みや違和感を抱いたからであると思われるので，その理由も記載すべきである。頚椎捻挫との診断書が出ているが，それだけでは受傷の立証に不十分であるので，当初の痛みや違和感に加えてその後首がどのように痛み，その痛みがどのように出てきたのか等怪我の内容を被害者にも説明させておくべきである。
- 5）　玉突き追突事故の場合，被疑車両からの見通し状況により過失の態様が異なってくることに留意すべきことは前に述べたとおりである（→179頁 **検察官の着眼点** 3））。
- 6）　高山車には2回追突しているのであるから，「高山車に追突した時」というのが1回目なのか，2回目なのか，両方ともなのか明らかにしておくべきである。両方のことを言っているのだと思われるが，明示されていないので分かりにくい。もちろん，供述者の記憶で区別がつかないのであればやむを得ない。
- 7）　追突の過失責任については，捜査を尽くした後に認定されるものであるから，捜査の初期の段階においては，取調官が被疑者の過失の有無やその内容について触れる場合には，発言に慎重でなければならない。過失の有無や内容が不明確な状況であるにもかかわらず，過失について不用意な発言（見込み発言）を行うと，いたずらに被疑者の否認を招き，不信感を抱かせることになりかねないからである。もちろん，相手の自発的な発言を聴取することは，何ら問題はない。

## Ⅳ 被害者供述調書（車間距離不足による玉突き追突事故で2回追突された被害者）

供 述 調 書（乙）

〈本籍，住居，職業　略〉
　氏　名　高山　八郎
　　　　　　　　　　　　　昭和○年○月○日生（当時51歳）

　上記の者は，平成○年○月15日警視庁○○警察署において，本職に対し任意次のとおり供述した。
1　私は，平成○年○月12日午後3時25分頃，東京都新宿区○○3丁目6番17号先の明治通りで追突事故に遭いましたので，その状況についてお話しします。
2　事故の時私は，自分の軽乗用車で帰宅途中でした。
　　私は，昭和○年に普通免許を東京都公安委員会で取得して更新を継続していますが，免許を取った頃に運転しただけで，20年以上も運転をしておらず，今年○○株式会社を定年退職になったのを機会に軽乗用車を買い，5月から運転を始めたものの，週1回くらいの運転ですから運転にはまだ慣れていません。
　　先月12日は，豊島区内の友人方に遊びに行き，同人方を2時半過ぎに出て3時頃には明治通りに入り，自宅に行くには右折するので，早めに右側車線に入り，流れに乗って渋谷方面に向かい時速約50から60キロメートルで，先行している普通乗用自動車と30メートルくらいの車間距離を取って進行して事故現場に差し掛かりましたところ，左車線からスポーツカーが急に私のすぐ前に入ってきました。
　　その時スポーツカーのストップランプが点いているように見えました。
　　今考えると，当時車の流れはよかったのですから，軽く制動するだけでよかったのですが，事故の時は運転に慣れてないこともあり，ストップランプを点けた車に急に前に入られたのに驚き，ブレーキをか

けないと追突すると思ってしまい，とっさに急ブレーキをかけて速度が5キロから10キロメートルくらいまで落ち，前に入ったスポーツカーとの距離も大分離れて安心した頃です。

突然，後ろから「ガツン」という感じで衝突されて車は少し前方に押し出されたので，ブレーキを踏み込みながら首を左に向けて左後ろを見ようとした時，また後ろから「ガーン」と強く衝突され，車は3メートルから5メートルくらい押されて行って止まりました。

最初衝突された時は，ハンドルをしっかり握り前を向いていましたし，衝撃もそんなに大きくなかったのですが，2回目は衝撃が大きかったのと，姿勢が悪かったのとで，体が前に飛ばされて頭をどこかで強く打った感じで，車が止まった後もボーっとした状態でした。

慌てていて，後ろをよく見ていませんから，どんな車が追突したのか知りませんが，事故後車から降りて見たのと佐山さんの話で，玉突き追突事故であり，最初は私の車に佐山車が追突し，その後佐山車に伊東車が追突して，佐山車がまた私の車に追突したことが分かりました。[1]

この時本職は，平成○年○月○日付司法警察員巡査部長○○○○作成にかかる実況見分調書添付現場見取図（立会人佐山守）を示した。[2]

3　見せられた図面について，佐山さんが現場で指示説明したこと等，詳しく説明を受けて内容について分かりました。

図面中3台が停止した場所と，事故の大体の状況は図面どおりで間違いありません。

追突された場所等については，場所的な記憶がはっきりしないので，現場で場所を指示することはできません。

4　私の怪我は，最初何でもないと思っていたところ，佐山さんが怪我したので救急車を待ちながら事故の始末等の話をしている時，急に吐き気がしてきましたから，念のため救急車で○○病院に行き，病院でもまだ吐き気がし，頭が痛いので入院して，翌日自宅近くの○○病院に転院してレントゲン検査など精密検査を受けた結果，頭の骨にひび

が入っている頭蓋骨骨折，胸部打撲，頚椎捻挫等で加療1か月と診断されて即入院となりました。
　2週間で退院して，現在は通院中です。
　2回目に追突された時，シートベルトをしてなかったのと，後ろを向いた姿勢のため頭や胸を強く打ったため怪我が重くなったと思います。
　最初に追突された時，頭も胸も打ったことはありませんから，2回目の追突のために怪我したと思います。
5　伊東さんと佐山さん2人の保険会社の係の方が代理として示談の話をすることになっています。
　私にも，シートベルトをしていなかった落ち度がありますから，処分についてはお任せします。

高山　八郎　㊞

〈以下省略〉

### 検察官の着眼点

1）二重追突の場合は，被害者から追突されたそれぞれの際の姿勢や，体に受けた衝撃状況を詳しく聴取し，受傷がどの追突で発生したかをできるだけ明らかにする。
　特に，本事例の場合は，高山の怪我が1度目の追突で生じたものであれば，その怪我は佐山の責任となるし，2度目の追突で生じたものであれば，その怪我は伊東の責任となる。いずれかが不明な場合は，いずれの責任も問えない。怪我が両方の追突で発生したといえる場合には，両者の責任となるが，そういうためには，1度目の追突で生じた怪我が2度目の衝撃で悪化したことが明確に認定できる場合でないと無理である。過失運転致傷の場合には，同時傷害の特例（刑法207条）規定はないので，怪我がいずれの衝突で生じたのか明らかにしなければならない。
　もっとも，高山の主要な怪我（頭蓋骨骨折）は，2回目の衝突（伊東車の追突によって押し出されて追突した結果と考えられるので，この点については佐山の責任は否定される。胸部打撲，頚椎捻挫に関しても，2度目の追突によって生じた可能性が高いものの，佐山車の衝突によって生じた可能性がある以上，伊東車の追突による衝撃が強くそれによって生じた可能性が高いとしても，医学的な立証が付かない場合には，伊東にその責任を問うことは難しいであろう。佐山に関しては，いずれの怪我についても責任を問うことは難しいと考えられる。

2）184頁 検察官の着眼点 3）と同様である。

## V 交通事故現場見取図

**交通事故現場見取図**（図面は縮尺でなく，基点，道路幅員等は省略。被疑者伊東幸甚・佐山守　佐山指示の図面は省略した。）

| 立会人（被疑者伊東）の指示説明 | 関係距離 | |
|---|---|---|
| 佐山車のストップランプを見た地点は① | ①－㋐ | 20.6 m |
| その時の佐山車は㋐ | ①－② | 8.4 m |
| 急ブレーキをかけた地点は②，その時の | ㋐－㋑ | 7.2 m |
| 　佐山車は㋑地点 | ②－③ | 32.3 m |
| 追突したのは⊗，その時の自車は③， | ㋑－㋒ | 12.9 m |
| 　佐山車は㋒地点 | ③－④ | 6.1 m |
| 自車が停止した地点は④，佐山車が停止 | ㋒－㋓ | 7.5 m |
| 　していた地点は㋓ | ㋒－Ⓐ | 9.7 m |
| 高山車が停止していた地点はⒶ | ③－⊗ | 1.0 m |
| | ㋒－⊗ | 0.6 m |

（注　伊東車は運転席，佐山車は後部が基点）　　（注　Ⓐは車両の後部）

# 第3章　交差点事故

## 1　捜査及び取調べの要点

　交差点には，信号機によって交通整理されている交差点と，そうでない交差点の2つがある。そして，この違いにより交差点での事故における注意義務の内容も大きく異なってくる。[149]

　信号機によって交通整理の行われている交差点の場合は，信号機の信号表示に従う義務がある。信号機の信号表示に従わない場合には，人身事故発生の危険性が極めて高いことから，そのこと自体が過失になるのが原則である。

　信号機の信号表示にも赤色信号表示と黄色信号表示があるが，現在は全赤状態があるので，黄色信号看過による事故発生の危険性は少なくなったため，黄色信号看過が過失になる可能性は少なくなったと考えられる（拙著『自動車事故の過失認定』212頁以下（立花書房，2015）参照）。

　赤色信号表示を殊更無視した場合には危険運転致死傷罪が成立する（自動

---

149)「交通整理の行われている交差点」について

　東京高判昭和46年12月22日刑月3巻12号1604頁は，「道交法にいう『交通整理』とは，信号機の表示する信号又は警察官の手信号等により一定の時間は一方の道路を自由に通行させその間他の交通を停止することなく交互に反覆する措置を指すもので，これを通行する者の側からいえば，信号により通行が認められる間は他の交通を顧慮することなく進行することができる場合が交通整理の行われている状態と解すべきである。」旨判示している。

　押しボタン式信号機が設置してある交差点も，「歩行者が押しボタンを押し信号灯により交通規制が行われた場合に始めて『交通整理が行われている交差点』となると考えられる」旨判示している（大津地判昭和50年4月21日判時789号113頁。同事案は，交差道路のそれぞれに点滅式信号機が設置され，1つの交差点出口に設けられた横断歩道の歩行者用の押しボタン式信号機があり，歩行者がこれを押すと，各信号機が赤・青・黄の各信号による交通整理を行う仕組みとなっている交差点におけるもの）。

　なお，歩行者専用の押しボタン式信号の設置された交差点における広路通行車両（対面信号は青色）と狭路通行自転車との事故についての高知簡判昭和45年6月8日判夕257号233頁参照（車両運転者に対しては，通常の交通整理の行われている交差点と同視したもの（検察官の交通整理の行われていない交差点と同視すべきとの主張を排斥））。

車の運転により人を死傷させる行為等の処罰に関する法律2条5号）。

　いずれの過失が成立するかに関しては，信号を確認した地点（交差点や信号の存在に気付いていない事例や気付いていても信号を全く見ていないケースも少なくない。）やその時の信号の状況，速度，看過か無視か，看過の理由いかん等によって過失の内容が異なってくる。そのほか，被疑車両の直進，右・左折によっても注意義務は変わってくるし，信号機のない交差点の場合は，優先道路か否か，交差道路の広狭，見通しの良し悪しによって徐行義務が課されるか否かが変わってくるし，信号交差点・非信号交差点いずれの場合でも，対歩行者の場合は，横断歩道の有無及び横断歩道上か否か等によっても，課される注意義務が変わる。また，被疑車両の速度や被疑者が交差点を認識していたか否かによっても，注意義務の内容が変わってくる。

　したがって，これらを前提として，事故時の具体的状況を明らかにした上，個別の事件ごとに過失の内容を確定していく必要がある。

## 2　取調べ事項又は留意事項

### (1)　信号機により交通整理の行われている交差点事故の場合

　信号秒示表（信号サイクル表）により，双方の対面信号の変化状況を明らかにする（連動式信号機の場合は，手前の交差点の信号表示も明らかにすると事故交差点の進入時の信号表示が明らかになることもあるので，必要に応じて明らかにする。）。

　衝突地点，双方の速度，信号を確認した地点，相手を認識し危険を察知し，制動をかけた各地点，制動停止距離等により，双方の交差点進入時の対面信号の信号表示は明らかになるはずであるが，責任逃れや記憶の不確かさなどのために双方の供述が食い違い，信号表示が確定できないことも少なくない。

　しかし，可能な限り現場の痕跡等から客観的な衝突地点を明らかにした上で，スリップ痕や車両の損傷等の痕跡から車両の速度等を算出したり，被疑者又は被害者の記憶を十分喚起させたりする等して，前記各地点を正確に特定し，あるいは，双方の供述の食い違いを追及して，双方の信号表示を明ら

かにするように努めるべきである。

　前記のように殊更に赤色信号を無視した場合は危険運転致死傷罪が成立するので、赤色信号を無視して交差点に進入した場合には、殊更無視かどうかを厳密に取り調べて明らかにする必要がある（なお、危険運転致死傷罪の殊更赤色信号無視については、後記の「危険運転致死傷（殊更赤色信号無視）」（→597頁）を参照。）。

　以上を念頭において、取調べ事項を聴取する。

### ア　被疑者

① 事故交差点の走行経験の有無及び頻度（同交差点の熟知度）

② 交差点に気付いた地点（看過した場合は、看過の理由）及び走行速度

③ 信号機の存在及び信号表示を認識した地点及びその時の信号表示、走行速度

④ 信号機の視認状況、信号機の存在を看過した場合は、その理由

　　脇見か、居眠りか、考え事か、げん惑か、持病（てんかん等）による意識喪失等。脇見の場合は、どの地点で、何に、なぜ脇見したのかも具体的に聴取する。

　　被疑車両が進行してきた場所のどの地点から視認できるか、視認を妨げる建物や樹木はないか。変形交差点の場合は、別の信号機を対面信号機と誤認することもある。

　　故意の信号無視であるのに、信号を見落とした旨の弁解をする場合もあるので、看過の理由を問いただし、事故の時間や車両の通行量、信号確認状況、速度等を総合して矛盾がある場合には見過ごさない。

⑤ 信号機の変化を認めた地点及び走行速度

　　信号の変化を認めた地点が特定できる場合は、サイクル表から交差点進入時の信号表示を特定することが可能となるので重要である。

⑥ 信号の変化に気付かなかった理由及び走行速度

⑦ 他車両の進行状況

⑧ 黄色信号に従わなかった理由

　　黄色信号の意味（停止位置を超えては進行してはならないこと。ただし、黄色の灯火信号が表示された時に、停止位置に接近していて安全に停

止することができない場合は別である。）を認識していたか否かも聴取すべきである。

⑨　赤色信号に従わなかった理由

全赤で通過できると思っていたなどと供述する場合も多い。その場合は，信号サイクルの黄色や赤色の表示時間に関する認識も聴取する。

⑩　相手車両ないし被害者を発見した地点，危険を感じた地点，その理由，その際の自車及び被害車両の速度

⑪　回避措置を執った地点及び回避措置の内容

⑫　回避措置後の被疑車両の進行状況

⑬　衝突状況

⑭　被疑車両及び被害車両，被害者の停止位置，転倒位置及びそれらの状況

⑮　被害車両及び被害者の対面信号に関する認識

⑯　事故の過失に関する認識や弁解

等を聴取する。

なお，信号違反が過失の内容となる事件の捜査については，被害者側にも対面信号はあるので，その信号に従っていたか否かも問題となる。したがって，過失を認定するためには，双方の信号表示の整合性が必要となる。そこで，被疑者，被害者及び目撃者のいる場合には目撃者からも信号表示の状況（と双方の車両の走行状況，衝突状況）を明らかにすることが必要である。

　イ　被害者

被害者の場合も前記に準じる。被害者は犯罪被害者であり，その立場には十分に配慮しつつも，自分の責任や損害賠償のことも考えて，真実を述べない場合もあるので，真実の供述を得るように努める。被害者にも過失が認められ，相被疑事件になることも多い。

　ウ　信号機の表示を目撃した参考人

被疑者が，自己の信号看過を否認する場合，決定的に重要なのは目撃者の供述である。被害車両や被疑車両の同乗者の目撃供述も，それが具体的で信用できる場合もあるが，信用できる場合はむしろ少ない（運転者に不利なこ

とを言っている場合には信用できる場合が多いであろう。）。

　これに対して，被害者とも被疑者とも関係のない第三者の目撃者の場合は，基本的には信用できる。したがって，事故現場で可能な限り，目撃者の確保に努めるべきである。看板設置も効果がある。供述調書に応じない目撃者に対しても，説得に努めるとともに，後に協力が得られることも考えられるので人定事項等の連絡先を把握した上，目撃状況の詳細を報告書にまとめる。

　事故現場で確保されたのではない目撃者の場合は，目撃の経緯や出頭の経緯，被疑者，被害者との関係等も把握して，慎重に判断する必要がある。

① 　具体的な目撃状況
② 　被疑者，被害者との関係[150][151]
③ 　目撃者の信号確認状況は，具体的に聴取する。被疑者や被害者と同方向に進行中の車両運転者が目撃者の場合は，その目撃供述は明確であることが多いが，事故の衝突音等を聞いて事故に気付き，その際に信号を確認して信号表示を認識した目撃者の場合は，事故の衝突音と信号表示を確認するまでの時間（秒）を詳しく聴取する。単なる印象で信号表示の判断をさせるべきではない。場合によっては，目撃時の目撃状況を再現させる（実験することもある）などして，信号表示を確認するまでの正確な時間を把握することも必要である。
④ 　事故時の信号表示を目撃した，ないし事故直後の信号を見て信号表示を判断することが可能だった目撃者や参考人がいる場合には，可能な限り広く事情聴取して供述調書を作成する。
⑤ 　被疑車両及び被害車両の同乗者が信号は見ていないと述べていた場合には，その旨の調書を作成するのが望ましい。[152]

---

150) 過去には，一方当事者が目撃者を仕立てて虚偽の目撃状況を供述させたケースもある。
151) 目撃者は，被疑者とも被害者とも関係のない人物の場合は，中立であることから，その供述は基本的には信頼できると考えてよいであろうが，事故状況についての思い込み等から正義感上に駆られて過剰な供述を行う者もいるので，留意が必要である。その視認状況等をつぶさに聴取して検討する必要があり，盲信は禁物である。
152) 以上につき，総論→140頁も参照。

## (2) 信号機により交通整理の行われていない交差点事故の場合
### ア 交差点の具体的状況を明らかにする

① 信号機により交通整理の行われている交差点と異なり，交差点か否か明瞭でない場所もあるので，交差点か否かを確定する[153]。

また，その交差点が見通しの良い交差点か否かや交差道路が優先道路か否かによって，課される注意義務の内容も異なってくるので，その交差点が，どういう交差点かを客観的に明らかにする必要がある。

② 見通しの悪い交差点か否かは，客観的に，ⅰ交差点の何メートル手前から，ⅱ交差点から左右の交差道路の何メートル地点まで視認が可能かを，実況見分で明らかにして判断する（いわゆるＰ点－Ｐ'点の見分）。

もっとも，見通しが悪い交差点か否かは，一律に決まるものではない。道路の広さや交差点角の障害物の形状，状況等（一時的な駐車車両も含まれる。）個別の事案ごとに判断されることになる（道交法上，徐行義務を課す前提である徐行義務を課すことで事故を防げるか，という観点から逆に見通しの悪い交差点か否かが決まることになる。）。

左右のいずれか片方だけの見通しが悪い場合も含まれる。

③ カーブミラー設置の有無。カーブミラーによって見通せる範囲の確認。視認見分を行う必要が出てくる場合もある。カーブミラーが設置されていたとしても，見通しの悪い交差点が見通しの良い交差点になることはないと考えられる（拙著『自動車事故の過失認定』257頁（立花書房，2015）参照）。

④ 見通しの悪い交差点であっても，優先道路を走行する車両には徐行義務はない（道交法42条１号括弧書き）。

ここで，優先道路とは，ⅰ道路標識等により優先道路と指定されているもの及びⅱ交差点に道路標識等による中央線，車両通行帯が設けられているものをいう。これは，実況見分で明らかにする。

---

153) 道交法２条１項５号は，「交差点　十字路，丁字路その他二以上の道路が交わる場合における当該二以上の道路（歩道と車道の区別のある道路においては，車道）の交わる部分をいう。」と定義している。

工事等により，中央線や車両通行帯の表示が消えていることもあり，その場合は，被疑者の認識に影響するので留意する。
⑤　一時停止の道路標識が設置され，道路標示がなされているところは，一時停止義務が生じる。これに関しても実況見分で明らかにする。

なお，前記各見分については，図面を作成して表示するだけでなく，写真も必要である（実況見分調書上に添付するか，それをしない場合には別に写真撮影報告書を作成する。）。

イ　交差点の認識

交差点の認識の有無，事故交差点の走行経験交差点の形状や車両，歩行者等の通行状況をどの程度認識していたか。交差点を見落としたのであれば，その理由を明らかにする。

ウ　交差点に入る前の左右道路の安全確認の状況

具体的にどのような注視及び確認をしていたか，カーブミラーが設置されていた場合には，どの程度同ミラーで交差道路の車両の有無を確認したか，被害車両の速度等から，被害車両がどの程度の地点に来た時にカーブミラーで確認できるか，について見分で確認する必要も出てくる場合がある。

安全確認が不十分だった場合は，その理由を明らかにする。

エ　一時停止標識や一時停止表示のある交差点及び赤色点滅信号の表示されている交差点

道交法上一時停止義務が生じる。一時停止をしなかった場合，これが直接「過失」になるわけではないが，狭い交差点等の場合は一時停止をしなかったことが事故に直結する場合も多い（一時停止しないことで事故発生の危険性が高い。）ので，その場合は一時停止義務違反が過失になるが，それ以外の場合には，一時停止しなかったとしてもそのことが事故の原因ではなく，左右の安全不確認が原因になることが多く，その場合には，左右の安全確認義務違反が過失になる。

一時停止標識及び表示が樹木等障害物の影響もなく，また，消えておらず見える状況にあったか否かを写真で明らかにする。

これを見落とした場合は，その理由，一時停止に従わなかった場合は，そ

の理由，同標識及び表示を見たか否か。無視した場合はその理由を明らかにする。

一時停止標識等の設置の適否，そもそも，車両運転者から見える状況にあったのかについても確認しておく。

オ　衝突地点等の特定

衝突地点の特定，被害車両を発見した地点及びその地点における速度の特定，回避措置の内容の特定，被害車両の速度，被害自転車の速度，歩行者である被害者の歩速，飛び出しか否か，その速度等を可能な限り特定する。

被疑車両のどこに，被害車両等のどこが衝突したかも，突き合わせ等を行い明らかにする。被疑車両の左右後部に衝突している場合には，被害者の過失も大きくなる。

カ　目撃者の確保

キ　被害者の取調べ

被害者の取調べは，交通整理の行われている交差点の場合に準ずるが，被疑者が一時不停止の場合，被害者に徐行義務があることを理解させ，双方の車両のスリップ痕等客観的な証拠の収集に努め，被害者の立場に配慮しつつ，その徐行義務違反等についても毅然と取調べを行う。

(3)　右折事故の場合

ア　右折方法

右折事故の場合，それが，信号機により交通整理の行われている交差点の場合は，信号機の信号表示に従う義務，交通整理の行われていない交差点では，徐行義務や一時停止等の義務が生じるが，それとは別に，右折の場合はこれに特有の過失も考えられるので，この点も明らかにしておく必要がある。

①　進路——あらかじめ道路の中央に寄ったか（右折レーンを通行したか等）

交差点の中心の直近内側であったか（右折の指導標示に従ったか等）

右折した進路は，道路や交通状況から判断して妥当であっ

たか（無理な右折でなかったか）
　② 合図——合図の有無と方法，合図を出した地点の確定
　③ 速度——供述する速度が事故の状況と合致するか
　　　　　徐行か
　　　　　スリップ痕の検討（進行速度によるか，事故回避のための加速によるか等）
イ　被害車両（者）の確認の方法
　① 発見可能地点の確定
　② 発見を妨げる障害物（車両を含む。）の有無と名称，形状，存在地点
　③ 右折する際の姿勢，顔の向き，目の配り方の確定
　④ 発見した際の相互の地点の確定
　⑤ 発見可能地点と発見した際の相互の地点及び発見が遅れた場合はその理由
　⑥ 被害車両の速度に対する認識と誤認の有無
　⑦ 他車両の走行が事故に及ぼした影響の有無及びその内容
ウ　被害者の取調べ
　① 進行（歩行）方法
　② 交通法規違反の有無及び内容
　③ 場所——通行禁止場所，逆行，横断禁止場所等
　④ 方法——信号無視，速度違反，無合図進路変更・左折，直前横断等
　⑤ 行動急変の有無——急な駆け出しや引き返し等
エ　その他
　停止した直進車両の運転者が右折を促した等，被疑者の運転に影響を与えた事情の有無及びその内容を明らかにする。

(4)　左折事故の場合
ア　左折方法
　左折に関しても，信号機により交通整理の行われている交差点では信号表示に従う義務，それ以外の交差点では徐行義務や一時停止義務等が問題となるほか，左折方法に関する過失が問題になる。

① 進路──道路の左側端に寄っていたか否か
　　　　　寄っていた場合は，左に寄った地点の確定
　　　　　寄らなかった場合は，寄らなかった理由を明らかにする
　　　　　左折の指導標示の有無と遵守の有無
② 合図──合図の有無と方法，合図を出した地点の確定
③ 速度──供述する速度が事故の状況と合致するか
　　　　　徐行か

イ　被害車両（者）の確認の方法
① 発見可能地点の確定
② 発見を妨げる障害物（車両を含む。）の有無と名称，形状，存在地点等の確定
③ 左折する際の姿勢，顔の向き，目の配り方の確定
④ 発見した際の相互の地点の確定
⑤ 発見可能地点，発見した際の相互の地点，及び発見が遅れた場合はその理由
⑥ 被害車両の速度に対する認識と速度誤認の有無
⑦ 他車両（並進車，左の後続車，右折車等）の走行が事故に及ぼした影響の有無及びその内容
⑧ 左側通行余地の有無・程度とその認識状況
⑨ 歩道を通って路外施設に入る車両については，歩道を通行する歩行者や自転車に対する注意の具体的状況

ウ　被害者の取調べ
① 進行（歩行）方法
② 交通法規違反の有無及び内容
③ 信号無視，速度違反，直前横断等
④ 行動急変の有無──急な駆け出しや引き返し等
⑤ 被疑車両認識の有無と状況判断

# 信号交差点における事故①

> **事例④**
>
> 普通乗用自動車が赤色信号を看過して交差点に進入し，青色信号に従い直進してきた普通乗用自動車（タクシー）と衝突

## Ⅰ　被疑事実の要旨

　　被疑者は，平成○年○月15日午後10時45分頃，普通乗用自動車を運転し，東京都世田谷区○○３丁目○番○号先の信号機により交通整理の行われている交差点を，Ａ方面からＢ方面に向かい直進するに当たり，対面する信号機の信号表示に留意し，同信号表示に従って進行すべき自動車運転上の注意義務があるのにこれを怠り，道路状況に気を取られ対面する信号機の信号表示を注視することなく漫然時速約60キロメートルで進行した過失により，同信号機が赤色を表示していたのを看過し，同交差点の直前に至って初めて気付き，自車を同交差点の手前に停止させることができずに進入させ，折から，左方道路から信号に従い同交差点に進入してきた江森実（当時○歳）運転の普通乗用自動車（タクシー）に自車を衝突させた後右前方の歩道上に暴走させ，同所に信号待ちで佇立していた小川義郎（当時○歳）をして，自車との衝突を避けようとした際歩道に転倒するに至らしめ，よって，同人に加療約１か月間を要する右足捻挫の傷害を，前記江森に加療約２か月間を要する頸椎損傷等の傷害をそれぞれ負わせたものである。[1]

> **検察官の着眼点**
>
> 　1）　本事例は，被害者江森の供述による同人車両の走行状況及び信号サイクルを前提に，被疑者の対面信号が赤色に変わったのは，停止線の手前約50メートルと計算し，これを基にして犯罪事実を構成した。
> 　　　　江森の速度については，平均30～40キロメートル毎時くらいと推定した（江森は交差点の手前で青色信号に変わったので停止することなく加速して進入し，衝突時の速度は時速50キロメートルくらい。全赤２秒黄色４秒で計算）。

## Ⅱ 被疑者供述調書（青色信号を認めた後，赤色信号に気付いたのは交差点の直前の事例）

供 述 調 書（甲）

本　籍　　東京都台東区雷門○丁目○番地
住　居　　同都大田区東馬込○丁目○番2－403号
職　業　　会社員
氏　名　　森山　春秀

昭和○年○月○日生（当時○歳）

《冒頭省略》

1　出生地は，大田区内の都立○○病院です。
2　位記，勲章，年金はありません。
3　前科はありません。交通違反で検挙されたこともありません。
　　人身事故は初めてです。
4　学歴は，昭和○年私立○○高等学校を卒業しています。
5　家族は
　　　　妻　　　洋子（○歳）　無職
　　　　長男　　晃　　（○歳）
　　　　長女　　真子　（○歳）
　と私の4人家族で，同居しています。
6　資産はありません。
　　収入は，月給が約32万円で，貯金については妻に聞かなければ分かりません。
7　経歴は，会社員の父○○と当時会社員の母○○の長男として出生し，現住所で区立の小，中学校，私立○○高等学校を卒業し，大学を受験しましたが，2浪でも合格しないので諦め，昭和○○年に○○株式会社に入社し，現在は庶務課主任をしています。
8　運転免許は，昭和○年に東京都公安委員会から普通免許を取得し，以後更新を継続しています。

　　　　現在の免許証は，平成○年9月12日東京都公安委員会交付の普通免許証（免許証番号○○○○○号）です。

　　　　　　　　　　　　　　　　　　　　森山　春秀　㊞

　　　〈以下省略〉

　　　　　　　　　　供 述 調 書（甲）

本　籍　　東京都台東区雷門○丁目○番地
住　居　　同都大田区東馬込○丁目○番2-403号
職　業　　会社員
氏　名　　森山　春秀

　　　　　　　　　　　　　昭和○年○月○日生（当時○歳）

　　　　《冒頭省略》
1　私が，平成○年○月15日午後10時45分頃，東京都世田谷区○○3丁目○番○号先の交差点で，信号を看過して起こした人身事故について，お話します。
　　○月15日は，父所有名義ですが，私が毎週のようにドライブ等に運転している，走行装置等に異常がないトヨタ○○2,000ccで，渋谷の友人○○○○方に遊びに行き，帰宅するため友人方を出発したのが午後10時頃です。
　　途中道を間違え世田谷の方に出たのに気付かず，大田区に向かっていると思い込んでいた道路の第二車線を，ライトを下向けに点け，前方を同方向に向かい進行している乗用車に追従し，時速約60キロメートルで進行していたところ，前を走っている車が速度を少し落としたので，進路を右の第一車線に変更しました。
　　この辺りは平坦な直線道路で，私と同じ方向に進行している車は，第二車線の車が1台と，数十メートル後方に，後続車が2，3台あっただけで，対向車もまばらで交通は閑散でした。

事故現場交差点の交差道路の交通については分かりません。
　この時本職は，平成○年○月○日付司法警察員警部補○○○○作成にかかる実況見分調書添付の現場見取図を示した〈立会人被疑者→206頁〉。
2　お示しの図面は，私が事故現場で指示説明したとおり記載されており，事故の状況は図面のとおり間違いありません。
　この図面で事故の状況をお話しします。
　前車を避け進路を第一車線に変更しましたが，道路は街路灯で比較的明るく，直線で晴れていて障害物はありませんでしたから見通しは良く，進路を変更して前車を追い越した直後頃の図面①で，事故現場交差点の対面信号が青色だったのが見えました。いつ青色になったのか見ていません。
　私は，①から交差点までの距離は100メートル足らずくらいかなと思ったので，行けるなと思いました。「行けるな。」というのは，信号が赤色になる前に交差点を通過できるという意味であり，直感で思っただけで根拠はありません。
　「行けるな。」と思い，交差点に入るまでに信号が変わることは考えず，同じ速度で進行しましたが，いつもの道路と違うような気がしたので，左右をちらちら見ながら進んで②に来た頃，対面信号が赤色になっていたのに初めて気付きました[1)]。
　私としては，左右を見ていても前方も見ていたつもりですし，信号の見通しは良かったものですから，信号が変わったのは当然目に入ったはずですが，②で信号が赤色になっていたのに気付く前，青色から黄色，黄色から赤色に変わったことや黄色だったことを見た記憶はありません。
　なお，交差道路の信号は，事故前，事故後とも見ておらず，第二車線を走っている乗用車は追い越した後では見ていません。
　②から停止線までは数メートルしかなく，急ブレーキをかけても交差点の手前に停止できず，中央で止まることになるから，ブレーキを

かけないで交差点を突っ切るしかないととっさに判断し，そのままの速度で直進して③付近まできた頃，左からの自動車のライトが㋐付近に見えた直後の④の時，㋑まで進行してきた相手車両が私の車の左側前部に衝突しました。衝突地点は⊗で，衝突後私の車は右斜めに進んで行って歩道に乗り上げ，壁に衝突してから⑤に停止しました。

3　急いでシートベルトを外して車から降りると，相手の自動車は㋒に図面のような形で停止しており，後で名前を知った小川義郎さんが歩道の@に倒れているのが見えたので，状況から私の車がぶつかったと思い，小川さんの側に行き

　　　大丈夫ですか

と声をかけると

　　　信号待ちしていたところ，この車がぶつかりそうになったので転んだ。右足が痛い

と私の車を指差しながら答えました。

　これを聞いて私は，小川さんが倒れていた状況と話から，私が小川さんに怪我させたこと，倒れていた場所がD方面寄りの横断歩道の近くだったことから，小川さんは，私が進行してきた方向に渡ろうとして信号待ちしていたことが分かりました。

　私が，小川さんと話しているところに，私が下車してからタクシーと分かった相手の車の運転手で後で名前を教えてもらって知った江森実さんが，後頭部辺りを左右どちらかの手で押さえながらやってきて

　　　信号を見たのか

と怒鳴るような大声で聞いたので，私が

　　　赤に気付いたが間に合いませんでした[2)]

と謝ると，ぶつぶつ言いながら車に戻りました。

　そして，無線で事故を連絡している様子でした。

4　それから少し経って救急車が来て，足を痛がっていた小川さん，首が痛いと言っていた江森さん，それに救急車が来た少し前に胸が痛んできた私の3人は病院に運ばれ診察を受け，私は肋骨骨折等で加療

1か月と診断されました。小川さん，江森さんもそれぞれ重傷と聞いていますが，詳しいことは知りません。私の怪我は衝突した時，ハンドルで胸を打ったためと思います。

5　私は，今話しましたように，私の対面信号が青色であったのを見た後，図面②で赤色になっていたのを見たまでの間に，黄色だったのは見ておらず，いつ赤色になったのか知りません。

　被害者の江森さんの供述と信号サイクルを基にして計算すると，停止線の四十数メートル手前で私の対面信号は赤に変わったことになると説明を受け，この計算については，私が信号を見てない距離が長いこと，小川さんが信号待ちをしていたことなどから納得できますので，特に弁解することはありません。[3]

　私は，自分の対面信号はよく見ていませんし，交差道路の信号は全く見ていないので，はっきりしたことは知りませんが，江森さんは青色信号で交差点に入ったのであり，私が赤色信号を見落として交差点に進入したのが事故の原因と思っています。

6　任意保険の人身無制限，車両保険1,000万円に加入していますから，[4]保険会社の係の人に頼んで示談にしたいと思います。

　被害者の2人はまだ入院中で，2週間に1回くらい見舞いに行っています。[5]

　私は，事故当日から1週間入院し，現在は通院治療中です。

　交通事故は二度と起こさないように注意して運転しますから，ご寛大な処分をお願いします。

　　　　　　　　　　　　　　　　　　　　　　森山　春秀　㊞

　以上のとおり録取して読み聞かせた上，閲覧させたところ，誤りのないことを申し立て，各葉の欄外に押印した上，末尾に署名押印した。

　　前同日

　　　　　警視庁○○警察署

　　　　　　　司法警察員警部補　　○○○○　㊞

> **検察官の着眼点**

- **1）** 信号の表示は，いつ，どこで，何色の信号表示を見たかを記載すべきであり，「停止線の〇〇メートル手前では赤色信号に変わっていたと思う。」のような曖昧な記載は可能な限り避けるべきである。被疑者がそのように供述する場合にはやむを得ない面もあるが，その根拠があるはずであるので，その具体的な根拠を記載する。また，「いつもの道路と違うような気がした」というのはどういうことなのか，具体的に明らかにさせるべきである。

  なお，本事例の場合，危険運転致傷罪の殊更赤色信号無視の可能性がある。危険運転致死傷事件は故意犯であり，危険な運転をする動機もある。本事例では，帰宅のためとは言え，夜遅く，しかも，道を間違えていたため，早く家に帰ろうと急いでいた可能性があるが，その点を追及した形跡はみられない。同罪が成立しないとしても，何故信号看過したのかは信号看過という過失の原因を明らかにするものであるので，このままでは物足りない。

- **2）** 信号看過が過失となる事故の場合，事故直後の被疑者と被害者の問答は，当事者の信号に関する認識を推認させる極めて重要な事実であるので，意識的に具体的な会話を聴取する必要がある（総論→22頁「話し言葉の唯一無二性」参照）。

- **3）** 本事例の場合，被疑者の青色信号を見たとする地点は，後記の被害者の供述を前提とすると矛盾する。黄色表示時間，赤々の時間を考慮に入れると，青色信号を見たのが停止線の約100メートル手前という供述は，不自然である。被害者の供述を受け入れるというのであれば，被疑者がそれまで嘘を言っていたか正確な記憶に基づく説明ではなかったことを意味することになるので，更に追及するとともに，実況見分のやり直しも検討すべきであろう。著しい前方不注視か，故意に赤色信号を無視した可能性すらある。もっとも，あまり供述の変遷理由を問いただすと，その理由を言いたくない被疑者が元の供述に戻ってしまう可能性もないわけではない。しかし，公判での撤回を防ぐためには，変遷理由は明らかにせざるを得ないであろう。

- **4）** 任意保険加入の有無と内容は，聞いておくべきである。

- **5）** 被害者の受傷について，後日争う余地がないよう，事故直後の被疑者の認識状況を明らかにしておく。

## Ⅲ 交通事故現場見取図

**交通事故現場見取図**（指示説明者森山，図面は縮尺ではない。指示内容は省略した。）

**関係距離**

| | |
|---|---|
| ①－② | 100.8 m |
| ②－停止線 | 6.6 m |
| ②－③ | 13.6 m |
| ③－④ | 5.1 m |
| ④－⑤ | 10.5 m |
| ㋐－㋑ | 4.5 m |
| ㋑－㋒ | 8.2 m |

凡例　森山運転車両の進路　①～⑤
　　　江森運転車両の進路　㋐～㋒

## Ⅳ 被疑者供述調書（信号交差点を青色信号で直進する際，右方から赤色信号を看過して進行してきた車両と衝突）

供 述 調 書（甲）

〈本籍，住居　略〉
職　業　タクシー運転手
氏　名　江森　実[1)]

昭和○年○月○日生（当時○歳）

《冒頭省略》

〈1，2　略〉

3　前科は，昭和○年○月○○警察署の管内で起こした赤色信号無視による出会い頭の事故の業務上過失傷害の罰金前科が1回あります。この事故は，信号の変わり目で，相手も赤色信号無視でした[2)]。

　　このほか，昭和○年から平成○年までの間に，駐車違反等の反則行為で計5回検挙され，反則金は全部納めています。

〈4　略〉

5　経歴は，高校を卒業してすぐ上京し，○○区内の○○株式会社に工員として勤務していましたが，給料が安いので昭和○年の初め頃辞め，同年5月から都内のタクシー会社数か所でタクシーの運転手をした後，同年の春頃から○○区○○1丁目○番○号所在の株式会社○○タクシーで，運転手として働いています。

〈以下省略〉

### 検察官の着眼点

1) 当初第三者である歩行者だけでなく森山も負傷している上，森山の信号に関する供述が不明確であったことから，江森も信号看過の過失がある疑いがあったため，江森も当初被疑者として捜査を開始して取調べを実施したものの，過失が認められないと判断して，同人の事件送致をしなかった事例である。

2) 同種事故の前科がある場合は，事故の概要を確認しておくことが望ましい。処分及び量刑に影響するからである。

## 供 述 調 書（甲）

〈本籍，住居　略〉

職　業　タクシー運転手

氏　名　江森　実

　　　　　　　　　　昭和○年○月○日生（当時○歳）

《冒頭省略》

1　本年○月15日午後10時45分頃，東京都世田谷区○○3丁目○番○号先の○○交差点を，青色信号に従いC方面からD方面に向かい直進しようとした際，右方のA方面から赤色信号違反で突っ込んできた車と衝突し，歩道にいた歩行者だけでなく私も怪我をする交通事故が起きましたが，この事故についてお尋ねですからお話しします。

　昨日は，午前9時頃出勤し，私が担当している勤務先会社のタクシー（品川○○○○○○号）を掃除し，始業点検を済ませたこのタクシーを運転して，10時頃，田町の車庫を出発し，主として目黒，大森，渋谷，世田谷方面を流しました。

　そして，午後10時40分頃目黒で拾った客を○○1丁目で降ろし，空車で左側三車線中の第二車線を，ライトを下向けに点け時速約60キロメートルで，平らな道路をD方面に向かい進行して事故現場交差点に差し掛かった時，対面信号は赤色でした。

　この時交通は閑散で，私の車の前後を同方向に走っている車や対向車はなく，晴れていて見通しを妨げるものはありませんでした。

　対面信号が赤色でしたから，交差点の手前に停止するため時速50キロメートルくらいに減速して進行し，交差点の50メートルくらい手前まで近づいた頃，交差道路の信号を見ると歩行者用の信号は赤色になっていましたが，車両用の信号は黄色でした。

　いつ黄色になったのか見ていませんが，このまま進行すると対面信号が青になる前に交差点に進入することになるかもしれないと思い，交差点の40メートルくらい手前まで近づいた頃，軽くブレーキをかけ，信号が変わったらすぐ加速するつもりで，対面信号を見ながら進

行して行くと，対面信号が青に変わりましたが，この時の速度は時速10から15キロメートルくらいでした。

　今お話しした詳しい場所や事故の状況等は，事故現場で係のお巡りさんに指示説明したとおりです。

　この時本職は，平成○年○月○日付司法警察員○○○○作成にかかる供述人を立会人とした実況見分調書添付の現場見取図を示した〈→212頁〉。

2　ただいまお示しの現場見取図は，私が事故現場で係の警察官に指示説明したとおり記載されており，事故の状況は図面のとおりで間違いありません。

　　この図面で事故の状況をお話しします。

　　ただいま，私が交差道路の信号を見たと言った地点が㋐で，この時交差道路の歩行者用のⓑの信号が赤色，車両用のⓐの信号は黄色でした。その後ブレーキをかけたのが㋑の地点，対面信号が青色に変わったのを見たのが㋒の地点で，速度計は見ていませんが，この㋒の地点での速度は10から15キロメートルくらいと感じました。

　　㋒の地点で信号が青色に変わったので，交差道路から車が進行してくることは考えずにアクセルペダルを踏み込みました。交差道路から車が進行してくることを考えなかったのは，自分は青信号だし，交差道路は赤信号なので，車が進行してくるかもしれないと思うような状況がなかったからです。

　　前方を見ながら㋴地点付近まで進行すると，右方のＡ方面から進行してくる車のライトの灯が右斜め前方すぐ近くの①地点付近に見えたので，その瞬間，びっくりすると同時に，もう駄目だ，ぶつかるなと思いながらも急ブレーキをかけハンドルを左に切って衝突を避けようとしましたが，まだブレーキが効かない㋕の地点まで私のタクシーが進行した頃，相手の車は②地点まで進んできて㋘で衝突しました。相手の車のライトの灯に気が付いたのと衝突は瞬間の出来事です。

　　衝突した時，体が前に突っ込んだまでは記憶があります。その後の

記憶がなく、気が付いたら私は、㋕の地点に図面のように反対側を向いて止まっていたタクシーの運転席に座っていました。[1]

3　頭がガーンとしていたので、気が付いてから少しの間はボーっと座っていましたが、相手のことが気になり、シートベルトを外して下車したところ、相手の車が歩道に止まっており、運転手らしい後で名前を森山春秀と聞いた男が、歩道の付近に座り込んでいる名前を小川義郎と知った男と話をしているのが見えました。他に誰もいないので事故の被害者と思い、2人の方に近づくと森山さんが小川さんに対し「大丈夫ですか。」と言っているのが聞こえましたから、森山さんが事故の相手の車の運転手と分かりました。

　　私は、信号を無視して私の車に衝突したのに、私に謝りに来ないことに腹が立ち、カッとなって森山さんの側に行き

　　　　信号を見ていたのか

と大声で文句を言うと、森山さんは

　　　　済みません。見た時は間に合いませんでした

と言って赤色信号違反を認め素直に謝りましたから、腹の虫も少し治まり、カッとなったのは落ち着きました。[2]

　　落ち着いてくると、会社に事故の報告をしなければならないことを思い出しましたから、車に戻り無線電話で「交差点で赤無視の車にぶつけられたこと、相手は信号無視を認めていること、頭が痛いこと。」などを会社に連絡し、警察に事故の連絡を依頼したところ、数分後に救急車が来ました。そして私は、森山さん、それに森山さんの車のために怪我したと言う小川義郎さんと一緒に病院に行き診察の結果、私は頚椎挫傷等で加療2か月と言われ、現在入院治療中ですが、外出の許可は出る状態です。

　　小川さんと森山さんについては、それぞれ重傷だとしか聞いておらず、詳しいことは今日まで知りませんでした。

　　私は、数年前タクシーで信号待ちをしている時、追突されてむち打ちになりましたが、2か月くらいで完治しています。その後首の病気

はなく，今入院中の私の怪我は，今回の事故による怪我であることは間違いありません。[3]
4　事故の原因について，私は，青色信号に従い交差点を直進していますし，相手が信号を無視して交差点を直進してくるような特別の事情はありませんでしたから，私に悪いところはないと思っています。

示談については，会社の事故係に任せていますので，示談は成立すると思っています。
5　赤色信号違反の事故ですから，厳重処罰を求めたいところですが，相手は謝って反省していることですし，私も運転手で相手の身になって考えると気の毒ですから，それ相当の処罰で結構です。

　　　　　　　　　　　　　　　　　　　　　　　　江森　実　指印

以上のとおり録取して読み聞かせた上，閲覧させたところ，誤りのないことを申し立て，各葉の欄外に指印した上，指印末尾に署名指印した。

　　前同日
　　　　警視庁〇〇警察署
　　　　　　司法警察員巡査部長　　〇〇〇〇　㊞

> **検察官の着眼点**
> 
> 1）　事故当時の感情も交えながら事故状況を説明しているので，臨場感があり，信用性も高い供述と考えられる。
> 2）　事故直後信号について被疑者と被害者（相被疑者の場合は双方の被疑者）の間で，どのような言動があったかを調書に記載しておくことが必須なのは前述したとおりである。事故直後は冷静ではないので，思ったことを素直にしゃべっていることが多い。そして，会話で話した言葉は，立証上極めて大きな意味を持つ（総論→22頁「言葉の唯一無二性」参照）。
> 3）　交通事故による受傷の経歴は調査し，本事例の事故との因果関係の有無を明らかにする。

212　第2篇　各論　自動車事故の供述調書の実務

## V　交通事故現場見取図

交通事故現場見取図（指示説明者江森，図面は縮尺ではない。指示内容は省略した。）

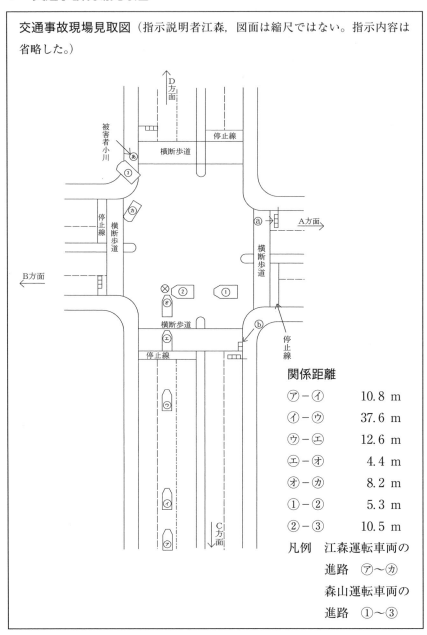

関係距離

| ㋐－㋑ | 10.8 m |
| ㋑－㋒ | 37.6 m |
| ㋒－㋓ | 12.6 m |
| ㋓－㋔ | 4.4 m |
| ㋔－㋕ | 8.2 m |
| ①－② | 5.3 m |
| ②－③ | 10.5 m |

凡例　江森運転車両の
　　　進路　㋐〜㋕
　　　森山運転車両の
　　　進路　①〜③

## Ⅵ 被害者供述調書

供 述 調 書（乙）

住　居　〇〇〇〇〇
職　業　会社員
氏　名　小川　義郎

　　　　　　　　　　　　　昭和〇年〇月〇日生（当時〇歳）

　上記の者は，平成〇年〇月〇日東京都〇〇区〇〇３丁目〇番〇号所在〇〇大学附属〇〇病院において，本職に対し任意次のとおり供述した。

1　私は，昭和〇年４月から東京都〇〇区〇〇１丁目〇番〇号所在の株式会社〇〇に勤務し，昨年から総務課長をしています。

2　本年〇月15日午後10時45分頃，東京都世田谷区〇〇３丁目〇番〇号先の〇〇交差点の歩道上で，信号待ちをしていた私の方に突っ込んできた車を避けようとして転び，怪我しましたが，このことについてお話します。

　15日は，仕事が終わってから総務課の部下達５人と渋谷のスナックに行き，10時頃まで飲食しましたが，私が飲んだのはビール大３本分くらいで，私は酒が強い方ですからほろ酔い程度の酔いでした。

　部下と別れてから電車に乗り，〇〇線〇〇駅で下車して自宅に向かい５分くらい歩いて事故現場の〇〇交差点に差し掛かったのが10時45分少し前頃で，この時私が渡る横断歩道の信号が赤色に変わったばかりでした。私は，横断歩道手前の右寄り歩道に立ち，信号待ちをしながら前方の車用の信号を何気なく見ると，反対のＡ方面から第一車線と第二車線を進行してくる車のライトの灯がかなり遠くに見えました。この時は晴れていて見通しは良く，夜ですから遠くの車は見えませんでしたが，車のライトの灯は見える状況でした。

　この直後，Ａ方面の車用の信号が黄色から赤色に変わりました。信号が赤になったのに，第一車線を進行してくる車は，速度を落とさず速い速度で第二車線の車を引き離して，どんどん交差点に近づくの

で，何となく気になり目で追うと，交差点の手前に止まらず速い速度のまま交差点に入り，その時Ｃ方面から交差点に進入してきたタクシーと衝突し，それから私のいる方に向かい進んでくるので，私は，ここにいてはぶつかると思い，逃げようとした時に転んでしまいました．

　この時は，逃げるのに夢中でしたから，どのようにして転んだのか記憶がはっきりしません．

　転んだと同時頃，大きな音が聞こえましたから，どこに衝突したのか見ませんでしたが，車がどこかに衝突したのは分かりました．この車が第一車線を進行してきて，赤色信号なのに交差点に進入し，Ｃ方面から進行してきたタクシーに衝突した車であることは間違いありません．当時Ａ方面から進行してきて，赤色信号なのに交差点に進入した車は，第一車線を走ってきた車だけで，他に私が交差点に近づいてから，交差点を通過した車はありませんでした．

　第二車線の車については，事故を起こした車を見ていたため，よく見ませんでしたが，交差点の手前に停止していたのを見た記憶がありますが，見た時期については，はっきりしません．

3　起き上がろうとしたら，右足が痛くて起き上がれないので，そのままの姿勢で辺りを見ると，車が歩道上に止まっており，少ししてこの車から，警察の方から森山春秀と名前を教えられた男の人が降り，私のところに来て

　　　　大丈夫ですか

と声をかけたので，私は

　　　　信号待ちをしていたところにあんたの車が突っ込んできたので，逃げようとして怪我した

と言いますと，森山さんは

　　　　済みません

と謝りました．このような話をしているところへ，事故後江森実と名前を知ったタクシーの運転手が来て，森山さんに対し

　　　　信号を見たのか
と怒鳴るような大声で言うと，森山さんは
　　　　気付いたが，間に合わなかった
と謝っていました[1]。

　江森さんは，それからすぐ道路の端に反対側を向いて止まっていた自分の車に行き，電話をかけていましたから，事故の連絡をしたと思い待っていると，間もなく救急車が来て，私，江森さん，森山さんの3人は病院に行き診察の結果，私は右足捻挫で加療1か月と言われ，現在入院治療中です。

4　この事故は，森山さんの車が，歩道にいた私の方に暴走してきたため起きたのであり，私は衝突を避ける時に転んで怪我したのですから，私に悪いところはないと思っています。

　森山さんが加入している保険会社の係の方が来て，一切を任されたと言っており，入院費も払ってくれていて，誠意がありますから，示談はできると思います。

　私は，20歳頃普通免許を取り15年くらいの運転経験があります。

　江森さんの方の信号は見ていませんけれども，森山さんの方の信号が赤色になってから事故までの経過時間からみて[2]，江森さんの方の信号は青色だったと思いますので，森山さんの赤色信号違反が事故の原因と思っています。

　赤色信号違反の事故ですから，それ相当の処罰をお願いします。

　　　　　　　　　　　　　　　　　　　　　　　小川　義郎　㊞

以上のとおり録取して読み聞かせたところ，誤りのないことを申し立て，署名押印した。

　　　　前同日

　　　　　　　　　　警視庁○○警察署
　　　　　　　　　　　司法警察員巡査部長　　○○○○　㊞

**検察官の着眼点**

1) この言葉が記録上明記されていることで，森山の信号看過の事実は明らかである（事故直後の供述の重要性と言葉の持つ唯一無二性（総論→22頁等）参照）。

2) 「信号が赤色になってから事故までの経過時間からみて」とあるが，具体的な時間（何秒か）を述べ得るのであれば，録取するべきである。

# 信号交差点における事故②

> **事例⑤**
> 自動二輪車が黄色信号を認めたのに停止処置を講ぜず，交差点に赤色信号で進入して青色矢印信号で右折してきた自動二輪車に衝突

## I　被疑事実の要旨

　　被疑者は，平成○年○月5日午後2時20分頃，自動二輪車を運転し，東京都○○区○○町○丁目○番○号先の信号機により交通整理の行われている交差点を，○○方面から○○方面に向かい時速約60キロメートルで直進するに当たり，対面する信号機の信号表示に留意し，その信号表示に従って進行すべき自動車運転上の注意義務があるのにこれを怠り，同交差点入口に設けられてある停止線の手前約52.4メートルの地点で同信号機が黄色の信号表示をしているのを認め同黄色信号の間に同交差点を通過できるものと軽信し，同信号機が赤色信号を表示しているのを看過し，漫然前記速度で同交差点に進入した過失により，折から，赤色（青色右折可矢印）信号に従い対向右折してきた小林次夫（当時○歳）運転の自動二輪車を，右斜め前方約35.5メートルの地点に認め急制動の措置を講じたが及ばず，自車を前記小林運転の自動二輪車に衝突転倒させ，よって，同人に加療約3か月間を要する股関節脱臼等の傷害を負わせたものである。

## Ⅱ 被疑者供述調書（青色矢印信号で右折してきた自動二輪車に衝突）

供 述 調 書（甲）

本　籍　○○○○○
住　居　○○○○○
職　業　○○○○○
氏　名　藤岡　一郎

昭和○年○月○日生（当時○歳）

　上記の者に対する過失運転致傷被疑事件につき，平成○年○月○日警視庁○○警察署において，本職は，あらかじめ被疑者に対し自己の意思に反して供述をする必要がない旨を告げて取り調べたところ，任意次のとおり供述した。

1　出生地は，東京都○○区です。
2　位記，勲章，年金はありません。
3　前科は平成○年○月○日○○簡易裁判所略式命令，速度違反の罰金10万円が1犯あります。その他速度違反や駐車違反の反則行為で2回検挙されました。
　　罰金，反則金はその都度納めています[1]。
　　人身事故は初めてです。
4　学歴は
　　　　平成○年○月都立○○高等学校
　を卒業しています。
5　家族は
　　　　妻　　○○（○歳）　会社員
　と2人暮らしで，同居しています。
6　資産はありません。
　　収入は，私が月収約27万円（又は「税金等を差し引かれて手取りは約22万円」），妻の月収は約17万円で，貯金は180万円くらいあり，アパートを借りていますが，生活は普通と思っています。

7　経歴は，会社員をしている父○○と同じく会社員の母○○の長男として生まれ，地元の公立小，中学校を卒業して都立○○高校に入学し，同校を卒業した年の4月から株式会社○○に営業係として勤務しています。

8　趣味は，ドライブと読書で，嗜好は，酒とたばこです。

9　運転免許は

　　　平成○年に普通免許，平成○年に自動二輪免許

を東京都公安委員会から受け，その後更新を継続しています。

　　　現在受けているのは，平成○年4月15日同公安委員会交付の

　　　普通，自動二輪免許証

で免許の条件はありません。[2)]

10　私は，本月5日午後2時20分頃，東京都○○区○丁目○番○号先の，信号機により交通整理の行われている交差点を，自動二輪車で直進する際，対向右折してきた小林次夫さん（事故後初めて名前を知りました。）という方運転の自動二輪車と衝突し，小林さんに怪我させる事故を起こしましたが，この時私は，渋谷区○○3丁目に住んでいる高校時代からの友人菊田幸男君方に向かう途中でした。

　　　この時本職は，平成○年○月○日付司法警察員○○○○作成にかかる実況見分調書添付の現場見取図を示した〈→224頁〉。

11　お示しの図面は，私が事故現場で警察官に指示説明したとおり記載されており，事故の状況は図面どおり間違いありません。

　　　この図面で事故の状況をお話します。

　　　5日は，午後2時頃，3年前に購入し，月に数回乗り回していてブレーキ等走行装置に故障はなく，私所有でホンダ250ccの二輪車を運転して自宅を出発し，○○通りを菊田君方の○○方面に向かい進行しました。

　　　事故現場交差点から5,600メートル手前に信号交差点があります。この交差点を信号待ちや減速をすることなく時速約50キロメートルで青色信号に従い直進し，この交差点を過ぎた後は，第二車線の真中辺

りを減加速することなく進行して事故現場交差点の200メートルくらい手前に差し掛かり，○○方面に向かい，直進しようとしました[3]。

ここからは直線道路で，事故現場交差点の対面信号が目に入りましたが青色でした。いつ青色になったのかは見ていません。この頃，同じ車線上に前車はありませんでしたが，右の右折車線，左の直進，左折車線に車があったかどうかについては，記憶がありません。

ここはよく通っていた道路ですから，制限速度が40キロメートル毎時であることは知っていました。この時は，約束の時間に遅れていて急いでいましたし，信号のサイクルが長い交差点で，赤になると長く待たなければならないと分かっていたので，信号待ちをしないように通過しようと考えて，時速60キロメートルくらいに加速し，主に100メートルくらい前方の道路やその辺りを走っている車の方を見ながら進行して図面①に来た時，対面信号が黄色になっていたのに気付きました[4]。

前を向いていましたから，信号が黄色に変わったのは自然と目に入ったはずと思いますが，信号が青色から黄色に変わったのを見た記憶はありません[5]。

青色信号を見た時，根拠はありませんが，信号が赤に変わらないうちに通過できると思い込み，信号を注意して見ていなかったので，信号が黄色に変わったのを見落としたと思っています[6]。

黄色信号だったのを見た時，交差点まで50メートルくらいの距離があると感じました[7]。

今まで，信号が青色から黄色に変わるのを見てないで，このくらいの距離があると停止して信号待ちしていましたから，一瞬止まろうかと考え，アクセルペダルから足を離しましたけれども，今言いましたように待ち時間が長い信号で，信号待ちすると友達のところに行くのが更に遅れるし，青色信号を見た時，私の対面信号が赤色に変わる前に通過できると思い込んでいたこともあり，「行っちゃおう。」と思い直し[8]，アクセルペダルを踏み込んで加速し，時速約60キロメートルの

速度で進行して図面②に来た時，右折してきた相手のバイクを㋐に初めて見ました。バイクの速度は20キロメートル前後くらいで，運転していた被害者は右折する方角になる出口の方に顔を向けているように見えました。

　私は右折車の有無等の確認を意識することなく，普通に前を向いて進行していた記憶で，見通しの良い交差点ですから，相手のバイクは㋐に見る前に自然と目に入ったはずと思いますが，㋐に見る前に，相手バイクを見た記憶はありません。㋐に相手バイクを見たのと同時に「危ない，衝突する。」と感じました。それまで私は，対向右折車のことは考えないで進行していたので，びっくりし，一瞬急ブレーキをかけるのも忘れた後，慌てて急ブレーキをかけましたが，私のバイクは③まで進行して行き，㋑まで進行してきた相手バイクの左横に⊗で衝突し，その後私のバイクは左に傾いて滑走し，私は④に投げ出され，車は横転して図面のような形で右を下に⑤に止まりました。

12　すぐ起き上がろうとしたら，足が痛く起き上がれずにいたところに，通行人らしい若い男の人が来て「救急車を呼んだから。」と言って，私を歩道に連れて行ってくれましたが，その間，私が倒れている○○通りを，私と同じ方面から走ってきた車はありませんでした。[9] 歩道で救急車を待っている時，小林さんは図面㋒付近に，小林さんのバイクは㋓付近に倒れていたのを見ています。

　5分くらい経って救急車が来て，私と小林さんは○○病院に連れて行かれて診察を受け，私は，左足の捻挫と左腕，腰の打撲傷で10日間入院し，その後通院しています。小林さんは左大腿骨骨折等で2か月の入院が必要と聞いています。

13　小林さんは，見舞いに行った時，青矢印信号に変わってから右折を開始したと言っていましたが，私は小林さんが右折を開始したのを見ていませんから，小林さんが言っていることが正しいかどうか，はっきりしたことは言えませんけれども，私が黄色信号を見た場所から考えて，小林さんは嘘は言っていないと思います。

この事故は，私が黄色信号を見た時に，停止処置をとっていたら起こらなかったことがはっきりしていますし，信号に従って右折をした小林さんに悪いところはないと思います。

14　1億円の人身任意保険に加入していて，保険会社で示談にすると言ってくれていますし，見舞いに行った時小林さんが許してくれたので，示談はできると思います。
　見舞いには，3回行っており，これからも行くつもりです。

15　反省しており，二度とこのような事故を起こさないことを誓います。ご寛大な処分をお願いします。

　　　　　　　　　　　　　　　　　　　　　　　　藤岡　一郎　㊞

〈以下省略〉

### 検察官の着眼点

1) 罰金や反則金は納付の有無を調査に記載する。未納付と供述した場合は事実を確認して担当官署に通報し，これを記録上明らかにしておく。

2) 免許証番号は調書に記載しておくべきである。

3) 信号違反にからむ事案で，信号の認識に関する供述に疑問がある場合は，その前の交差点を通過した時の信号表示も聴取する必要がある。特に，事故交差点の信号機が前の交差点の信号機と連動している場合は，それを確認することで供述の信用性を検証することができることがある。信号表示に関する供述に問題がない場合は，あえて記載する必要はないであろうが，もちろん記載してもよい。いずれも警察本部が管理している信号機の場合，事故当時の双方の信号表示が明確な時刻で記録されているので，それで双方の信号表示の関係を明らかにすることが可能である。

4) 進行中の被疑者の信号不確認の具体的状況が明らかになっている。

5) 信号が変わったのを見ていなかったことを明らかにしておかないと，後日，信号が変わったのを見た旨の供述があった場合，これに対応できない。

6) 信号不確認の過失の原因となる内容で，必要な事項である。変わり目を見ていたのであれば，距離と走行速度の関係から危険運転致傷罪の殊更赤色信号無視の犯意の有無にも繋がる。

7) 本件の場合，①故意の黄色信号無視を過失（黄色信号を認めたのに直ちに停止しなかった過失）として犯罪事実を構成すべきであるという考えと，②赤色信号看過（赤色信号に変わったのが制動距離内の場合）を過失（黄色信号で通過できると軽信して信号の表示を注視せず，赤色信号を看過したまま漫然前記速度で交差点に進入した過失）として犯罪事実を構成すべきである，との2つの考え方があり得る。
　本件では，最低でも黄色信号看過は認められる事案であるが，被疑者が黄色

信号を確認した時点が，黄色に変化してどのくらい時間が経過したのか不明であるため不明確なところはあるものの，被害者の供述を前提とすると，被疑者が被害車両を発見した時点（Ⅲ　交通事故現場見取図　→224頁②地点）では，既にその対面信号が赤色に変わってから2秒以上経過していると思われる。したがって，その2秒前は，被疑車両は，②地点よりも更に33.3メートル手前の地点にいることになるので，本件では，赤色信号看過が認められるものと考えられる。もっとも，本件の信号関係を前提とすれば，信号を見ていて本件交差点を直進しようとしたのであれば，殊更赤色信号無視の危険運転致傷罪が成立することになるので，その点の追及を行うべきことは当然である。

8）　停止線から50メートルも手前で黄色信号に気付き，しかも変わり目を見たわけではなかったのであるから，交差点に進入する前に赤色信号に変わることは予想できたと思われるので，その点の認識は追及して明らかにすべきであった。もちろん，殊更赤色信号無視を視野に入れて，追及すべきである。

9）　事故直後の車両の通行状況は，信号表示と密接な関係がある場合が多く，状況証拠として意味があるので，聴取すべきである。

## Ⅲ 交通事故現場見取図

交通事故現場見取図（基点，道路の幅員等は省略した。図面の距離関係は縮尺ではない。）

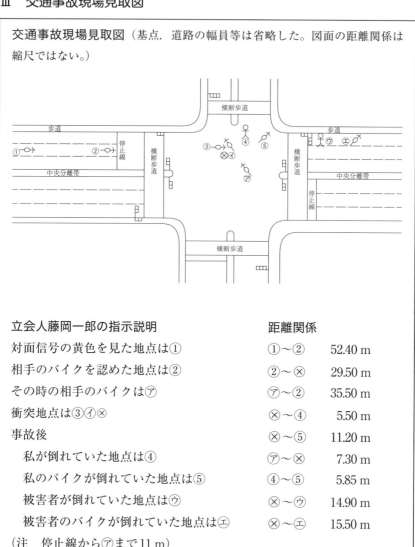

| 立会人藤岡一郎の指示説明 | 距離関係 | |
|---|---|---|
| 対面信号の黄色を見た地点は① | ①～② | 52.40 m |
| 相手のバイクを認めた地点は② | ②～⊗ | 29.50 m |
| その時の相手のバイクは⑦ | ⑦～② | 35.50 m |
| 衝突地点は③④⊗ | ⊗～④ | 5.50 m |
| 事故後 | ⊗～⑤ | 11.20 m |
| 　私が倒れていた地点は④ | ⑦～⊗ | 7.30 m |
| 　私のバイクが倒れていた地点は⑤ | ④～⑤ | 5.85 m |
| 　被害者が倒れていた地点は⑨ | ⊗～⑨ | 14.90 m |
| 　被害者のバイクが倒れていた地点は㊀ | ⊗～㊀ | 15.50 m |
| （注　停止線から⑦まで11 m） | | |

## Ⅳ　被害者供述調書（青色矢印信号に従った右折中，信号無視の直進車に衝突された被害者）

供　述　調　書（乙）

住　居　〇〇〇〇
職　業　調理師
氏　名　小林　次夫

　　　　　　　　　　　　　　昭和〇年〇月〇日生（当時〇歳）

　上記の者は，平成〇年〇月〇日東京都〇〇区〇〇町〇丁目〇番〇号〇〇大学附属〇〇病院において，本職に対し任意次のとおり供述した。

1　私は，肩書地に平成〇年7月から住み

　　　　〇〇区〇〇1丁目15番3号所在

　　　　割烹〇〇屋（電話〇〇〇－〇〇〇〇番）

に板前として，勤務しています。

2　本年〇月5日午後2時20分頃，自動二輪車に乗って，東京都〇〇区〇丁目〇番〇号先の交通整理の行われている交差点を右折する時，対向直進してきた藤岡一郎さん（事故後初めて名前を知りました。）という方運転の自動二輪車に衝突されて怪我しましたので，この事故に遭った状況についてお話しします。

3　事故に遭った時私は，昨年8月新車購入し，それから毎日のように通勤に使用していたホンダ〇〇90ccで出勤の途中でした。バイクは調子がよく故障はありませんでした。

4　事故の日は，区役所に行き用事を済ませて，一旦家に帰り，バイクを運転してアパートを出発したのが1時50分頃です。

　　アパートのところの路地から左折し，国道〇〇線に出て第一車線を走りましたが，私の前後や右車線を多くの車が走っていました。

　　私は，流れに乗り時速約55キロメートルで進行し，事故現場交差点で右折しなければならないので，途中第三車線の右折レーンに進路を変えて事故現場の交差点に近づいた時，対面信号が赤に変わったので

右折の合図を出して前輪が停止線にかかるように停止しました。

この信号待ち中，対向車はあまりありませんでした。

停止して50秒くらい経った頃，第一車線の対向車が停止したのが見えました。

発進のためギアをニュートラルからローにゆっくり入れたと同時頃，対面信号の青色矢印が出ましたので，私は普通に発進し右折する方向を見ながら進行して，時速20キロメートルくらいまで加速した頃，左側に黒いバイクが見え，その直後，このバイクは避ける間もなく，私のバイクの左側に衝突し，気が付いたら私は路上に倒れ，バイクは路上に横転していました。

転倒した詳しい状況は記憶していません。

5　すぐ動こうとしましたけれども，上半身は動いたものの下半身は動かずにいるところに，23，4歳くらいの男の人が来て「救急車は連絡しました。動くと傷に良くないから動かない方がいいですよ。」と言ったので，そのままその場にいて救急車を待っていました。

気が付いてからと男が来るまでの間，救急車を待ち初めの頃は，私が倒れているA通りを走ってくる車はいませんでしたが，この間に交差するB通りを走る車は数台ありました。[1)]

路上に倒れたままでいるところに，救急車が来て私と相手の藤岡さんを〇〇病院に連れて行ってくれ，診察の結果私は股関節脱臼等で全治3か月を要する怪我と言われ，現在まだ入院治療中です。

6　相手の藤岡さんは，入院した翌日の〇日に見舞いにきて，見舞金として20万円を渡してくれ，その後は週1回くらい見舞いに来ていますし，治療費は保険会社から全部払ってくれています。

誠意がある方ですから，藤岡さんの処罰は求めません。寛大な処分をお願いします。

　　　　　　　　　　　　　　　　　　　　小林　次夫　㊞

以上のとおり録取して読み聞かせたところ，誤りのないことを申し立て，署名押印した。

　　　　　前同日
　　　　　　　於東京都○○区○○町○丁目○番○号
　　　　　　　○○大学附属○○病院
　　　　　　　　　　　　警視庁○○警察署
　　　　　　　　　　　　　　司法警察員巡査部長　○○○○　㊞

### 検察官の着眼点

1) 事故直後の車両の通行状況は，双方の信号表示を推測する重要な事実となる場合が多いので，聴取した上で明らかにしておく。

# 信号交差点における事故③

**事例⑥**
赤色信号看過による普通乗用自動車同士の衝突

## Ⅰ 被疑事実の要旨

　被疑者は，平成〇年8月29日午後4時10分頃，普通乗用自動車を運転し，浜松市〇区〇〇町〇〇番地先の信号機により交通整理の行われている交差点を〇〇方面から〇〇方面に向かい直進するに当たり，同交差点の対面信号機の信号表示に留意し，これに従って進行すべき自動車運転上の注意義務があるのにこれを怠り，同信号機の信号表示に留意せず，同信号機が赤色信号を表示しているのを看過して漫然時速約40キロメートルで交差点に進入した過失により，折から，右方道路から青色信号に従って進行してきた〇〇〇〇（当時〇歳）運転の普通乗用自動車に気付かないまま同車左側部に自車前部を衝突させて転覆させ，よって，同人に加療約1週間を要する頚椎捻挫等の傷害を，同人運転車両に同乗中の〇〇〇〇（当時〇歳）に加療約1週間を要する頚椎捻挫等の傷害を，それぞれ負わせたものである。

## Ⅱ 被疑者供述調書（警察官が，被疑者の供述をあえて録取しなかった事項を検察官において録取して訂正した調書）

供 述 調 書（甲）

本　籍　浜松市（以下省略）
住　居　同区（以下省略）
職　業　会社経営
氏　名　鴻池　幸子
　　　　　　　　　昭和〇年〇月〇日（61歳）

上記の者に対する過失運転致傷被疑事件につき，平成〇年〇月〇日浜松区検察庁において，本職は，あらかじめ被疑者に対し，自己の意思に反して供述する必要がない旨を告げて取り調べたところ，任意次のとおり供述した。[1]

1　私は，平成〇年8月29日午後4時10分頃，普通乗用自動車を運転中，浜松市〇区〇〇町〇〇番地先の信号機のある交差点で交通事故を起こし，相手の車に乗っていた人2人に怪我をさせてしまいました。
　この事故は，私が信号を見過ごして赤信号で交差点に進入してしまったため起きた事故で，私に責任があります。
　この時本職は，供述人に，平成〇年9月9日付司法警察員作成の実況見分調書添付の交通事故現場見取図を示した〈見取図は省略〉。

2　この図面には私が事故を起こした事故の状況が書かれております。
　実は，私は，交差点の手前で黄色信号を見たことがあり，そのことを警察官にも説明したのですが，今回の事故には目撃者がいて，その人の話では，私が黄色信号を見たということはあり得ないということで，私の記憶にあった黄色信号を見たことなどについては，この図面には書かれておりません。しかし，その点以外は，お示しの図面は，私が説明したとおりで間違いありません。
　目撃した人は，被害者の車のすぐ後ろを走っていて被害者の車両に続いて青信号で交差点に入ったと言っているそうですが，その人が嘘を言うわけもありませんので，私が黄色信号を見たのは私の勘違いだと思って，その時はその話に納得したのです。それで，この図面には私が黄色信号を見たと思う地点は書かれていませんし，私の調書でもその点は記載されませんでした。
　しかし，私の記憶には，事故直前の記憶として黄色信号を見た記憶が残っているのです。もちろん，他の時に見た信号の記憶が，事故時の混乱していた私の脳裏に事故前の記憶として間違って印象されたのかもしれませんが，記憶として残っている以上，今日は，私の記憶に基づいてお話していきます。[2]

事故の日，私は，姉の家に届け物をするために，今回事故を起こしていた時に乗っていた車ダイハツムーブに乗って，図面に書いてある道路に左折して入り，○○方面から今回事故を起こした交差点に向かっていました。その時のスピードは時速30ないし40キロメートルでした。

　交差点入口前の停止線のどのくらい前かはっきりとしませんが，私は，今回事故を起こした交差点の信号機が黄色であるのが見えました。その黄色信号というのは，黄色に変わったのを見たというのではなく，黄色になっているのを見たのです。それで，その時点でブレーキをかければよかったのですが，黄色信号で交差点を通過しようと考えて，アクセルを踏んだのです[3)]。すると，図面の②地点の時に衝撃があり，私の車のエアバッグが開きました。それで私は，私の車が何かとぶつかってしまったのが分かったのです。

　その後，私の車は図面の③地点に止まったのですが，その時に私の右足はブレーキペダルを踏んでいました。

　私は，しばらく車の中にいて呆然としていましたが，誰かが私に声をかけてくれて初めて周りの状況などを確認することができました。すると，1台の車が㋐地点に横転していて，その車と私の車がぶつかったことが分かったのです。

　その後，私は，誰が呼んでくれたのか分かりませんでしたが，来てくれた救急車に乗って病院に運ばれました。

　この時，相手の車に乗っていた○○さん親子も別の救急車で病院に運ばれたのは見ています。

　衝突した時の私の車のスピードは，少しアクセルを踏んで上げたので，時速40キロメートルくらいだったと思います。

　なお，私は，衝撃のあった直後に私が従わなくてはいけなかった信号機が赤色だったのを見たという記憶もありますが，これは，止まってから見たのかもしれません。といっても，止まってどのくらいして見たのかは分かりません。

3　私の記憶は，今お話ししたとおりなのですが，事故の後に警察官から聞いた目撃者の話では，私が黄色を見たとする時には，既に私の信号は赤になっていて，交差点に入る直前に黄色になっていたということはあり得ないということでした。というのは，その目撃者は，今回私の車がぶつかった相手である○○さん運転の車の直後を走っていた車の運転をしていた人で，青信号で今回事故のあった交差点に進入しようとしていた○○さんの車に引き続いて，この交差点に進入して直進しようとしたところ，先行していた○○さんの車が，左横から進入してきた私の車と衝突して，横転したと述べているということで，信号のサイクルからいって，あり得ないからです。

　目撃者の人が嘘を言うはずはないと思うので，私が交差点に入る直前に信号機が黄色であるのを見た，というのは見間違いか勘違いだったのだと思います。そのことは今では分かっています。

4　ですから，今回の事故は，私が信号機をしっかり確認していなかったため，見間違いか勘違いをしてしまったことが原因です。

　私が信号機をもっとしっかりと確認していれば，見間違いか勘違いをすることなく，赤信号に早く気付いて交差点手前の停止線の位置で止まっていれば，今回の事故を起こすことはありませんでした。

5　なお，私は今年の6月23日，目の白内障の手術をしていて，それ以降は，視力に問題はなく，ちゃんと見ることができており，信号が見えないということはありませんでした。

6　事故の示談については，物損は既に終わっていますが，人身については，現在保険会社の人が進めてくれているところです。

　　　　　　　　　　　　　　　　　　　　　　　鴻池　幸子　㊞

　供述人の面前で，上記のとおり録取し，読み聞かせ，かつ，閲読させたところ，誤りのないことを申し立て，末尾に署名押印した上，各ページ欄外に押印した。

　　　前同日

　　　　　浜松区検察庁

　　　　　　　検察官事務取扱検察事務官　　○○○○

### 検察官の着眼点

1) 信号看過事故における被疑者供述調書であるが、警察官が取調べにおいて、被疑者の供述が客観的な信号状況に合わないとして信号に関する記憶供述を受け付けず調書にしなかったことから、被疑者が検察官の取調べでその旨申告してきたとして改めてその旨被疑者供述調書に録取する場合の例である。

検察官の取調べにおいて、警察での取調べの不満を申告し、供述の訂正を申し立てることは、その全てが申告どおりであるわけではないであろうが、ないわけではない。

取調べにおいてなされた被疑者の供述を押さえ付けることが不当であるのは言うまでもないし、無意味でもある。いずれ、公判段階で復活するからである（人の口に戸は立てられない。警察段階で押さえ付けたとしても検察段階で復活するものである。）。仮に当該供述が客観的な事実に合致しないため虚偽であるとしても、相手が納得して撤回しない以上は押さえ付けることはできない。警察内部において、客観的な事実に反する供述を録取すると、取調官の能力に疑問を抱かれるのを避けようとしたり、立証上の問題があるとして、押さえ付けて、あるいは一部の供述の録取をしなかったりするということが仮にあるとすれば、それは間違いである。記憶が間違っていたとしても、事故時の記憶として残っている以上は、その記憶に基づいて話した供述を無視するわけにはいかない。そして、記憶に残っているものが供述どおりであるとすると、誤って記憶したことになり、それにはそれなりの理由もあることなので、その理由を探ればよいのである。記憶に正確であっても客観的な事実ではないとして、その供述を排除するようなことがあれば、記憶を持ち寄って事実を確定するという作業ができなくなってしまいかねない。供述を録取する段階で、価値判断によって一部の供述が排除されてしまい、正しい事実認定を誤らせてしまう可能性があるからである。勘違い供述であっても、それを正確に録取して他の供述と照らし合わせて行けば、勘違いの理由もおのずから明らかになってくるものだからである（総論→79頁参照）。

本事例では、被疑者が交差点に進入する直前に、黄色信号を見たという供述をしていたのを、被害者及び目撃者の供述、信号秒示表からあり得ないとして、警察官があえて録取しなかったものであるが、検察官の取調べにおいて同様の供述を行ったとして検察官がその供述を録取したというものである。これが正当な態度である。

2) 被疑者は比較的冷静である。もちろん、客観的な目撃者が存在していたことから、このように物分かりがよくなったともいえる。誤った記憶が印象付けられていて、客観的な目撃者がいなかった場合には、被疑者が過失責任を否定する可能性も大きかった事例と考えられる。

3) 黄色信号を見て、アクセルを踏んで加速したという供述は、2つの具体的な出来事（黄色信号を見たという事実とアクセルを踏んだという事実）が結び付いているので、一般的には記憶としての価値が高い供述である（総論→27頁参照）。しかしながら、目撃者の供述も具体的で、中立的な者の供述であることからすれば、同供述の方が信用性は勝るというべきである。そして、黄色信

号が，目撃者の目撃状況から事実ではないとすると，被疑者が信号の見間違いをした可能性が高い。もっとも，中立的な目撃者であるからといって盲信できないことは総論→39頁参照。

# 非信号交差点における事故

**事例⑦**

見通しの良い交差点における中型貨物自動車と普通乗用自動車の衝突

## I 被疑事実の要旨

　　被疑者は，平成○年12月10日午前11時11分頃，中型貨物自動車を運転し，静岡県○○市○○・○○番地先の交通整理の行われていない優先道路と交錯する見通しの良い交差点を○○方面から進行してきて同交差点手前の一時停止の道路標識に従って一時停止した上左方道路から進行してくる車両2台の通過を待って○○方面に向けて右折するに当たり，上記2台の車両の後続車両の有無及びその安全を確認して右折進行すべき自動車運転上の注意義務があるのにこれを怠り，上記2台の後続車両はないものと即断し，通過して行った車両に気を取られ，同後続車両の有無及びその安全確認不十分のまま，漫然発進して時速約15キロメートルないし20キロメートルで右折進行した過失により，左方道路から同交差点に進入してきた川島幸子（当時80歳）運転の普通乗用自動車を左前方約5.1メートルに認め急制動するも及ばず，同車右側面部に自車前部を衝突させて同車を逸走させた上，川島運転車両を道路外の水田に転落転覆させ，よって，同人に加療約5日間を要する胸部打撲傷の傷害を，同車に同乗していた川島照次（当時85歳）に脳挫傷の傷害をそれぞれ負わせ，同日午後4時48分頃，同市○○・○番地所在の○○病院において，同人を前記傷害により死亡させたものである。

## Ⅱ　被疑者供述調書（身上調書）

供 述 調 書（甲）

本籍　　略

住居　　略

職業　　会社員（株式会社××）

氏名　　山下　行夫

昭和○年10月10日（○歳）

　上記の者に対する過失運転致死傷被疑事件につき，平成○年12月10日○○警察署において，本職は，あらかじめ被疑者に対し，自己の意思に反して供述をする必要がない旨を告げて取り調べたところ，任意次のとおり供述した。

1　私の出生地は，○○郡○○町です。

2　位記，勲章，年金はもらったことはありません。

3　前科前歴は，警察に捕まったことはありませんが，21歳くらいの時に酒気帯び運転で罰金を払いました。

4　交通違反は，2回くらいあり，20代の時にスピード違反，36歳くらいの時に駐車違反がありましたが，いずれも反則金は支払っています。

　26歳くらいの時に，追突事故を起こし相手に怪我をさせてしまい，罰金はなかったのですが，免許証の停止処分を受けました。

5　そのほか，裁判になったことはありません。

6　免許の行政処分は，酒気帯び運転の時と追突事故の時の2回免許の停止処分があります。

7　資産は，銀行に預金が200万円くらいあります。

　借金は，現在住んでいる家のローンがあります。土地は，親から譲り受けたのですが，建物は平成○年に建てて，2500万円の30年ローンを組み，残金が1600万円くらい残っています。

　また，妻が乗っている軽四のローンが80万円くらいあります。

私の収入は，給料が手取りで月に38万円から40万円くらいあります。妻もパートで働いていて，生活は普通だと思います。
8　学歴は，地元の○○小学校，○○中学校を卒業後，昭和○年3月に，静岡県立○○高等学校を卒業しました。
　　その後は，○○市にある
　　　　ヤマト株式会社
に就職したのですが，2交代勤務が合わなくて半年で辞めてしまい，○○町のガソリンスタンドでアルバイトを1年くらいし，その後同じく○○町にある
　　　　○○商店
という家具屋で配送の仕事を2年くらい，その後，○○町にある
　　　　○○部品
という○○製品の下請け工場で2年くらい，○○市にある
　　　　○○コーポレーション
というガソリンスタンドとガスの販売をしている会社に7年くらい，△△市にある
　　　　○○センターという
ガスの販売会社で3年くらい，○○市にある
　　　　○○バス
という○○鉄道の系列会社で大型バスの運転手を5年くらい，そして現在勤務している○○市にある
　　　　株式会社××
に平成○年に入社して現在に至っています。
　　××では，バルクローリーというLPガスをタンクに積み，業務用のタンクにLPガスを充填して回る作業をしています。
9　家族は，自分を入れて4人です。
　　　　妻　　　志津子　42歳　パート従業員
　　　　長女　　稀　　　15歳　△△高校1年生
　　　　次女　　恵　　　12歳　○○小学校6年生

になります。
10　運転免許は，平成〇年10月に免許更新しています。
　　今免許証を持っていますので，免許証を見ながら説明します。
　　免許証番号は，

　　で，平成〇年10月29日に交付を受け，平成〇年11月30日までが有効期限です。
　　免許の種別は，大型免許，中型免許，大型自動二輪，普通自動二輪，けん引免許，大型二種免許になります。
　　免許条件としては，中型免許の8トン未満限定になります。
　　免許は，高校3年の時に取り，ずっと運転していますので，運転経験としては，〇年2か月間ということになります。
11　趣味嗜好としては，オートバイと登山をします。
　　オートバイは，仲間とツーリングに行ったり，単独で行ったりするのが好きでした。しかし，事故を起こしてから，持っていたオートバイも手放してしまいました。
　　登山は，仲間と行くハイキングとあまり標高が高くない雪山への登山も少しやっています。
　　たばこは吸いませんが，お酒は晩酌をしていました。焼酎のお湯割り，水割りを2，3杯程度飲んでいましたが，事故後は一切飲むのを止めました。
　　お酒は，自分が分からなくなるくらいに飲むことはなく，最後までしっかりと覚えていますので，酒には強い方だと思います。
12　これまで大病を患ったことはなく，現在通院している病気などもありません。

　　　　　　　　　　　　　　　　　　　　　　　山下　行夫　㊞

　以上のとおり録取して読み聞かせた上，閲覧させたところ，誤りのないことを申し立て，各葉の欄外に押印した上，末尾に署名押印した。

前同日

　　　　　　　　　　○○警察署
　　　　　　　　　　司法警察員巡査部長　　○○○○　㊞

## Ⅲ　被疑者供述調書（事実関係調書）

供 述 調 書（甲）

本籍　略
住居　略
職業　会社員（株式会社××）
氏名　山下　行夫

　　　　　　　　　　　　　　昭和○年10月10日生（○歳）

　上記の者に対する過失運転致死傷被疑事件につき，平成○年12月10日○○署において，本職は，あらかじめ被疑者に対し，自己の意思に反して供述をする必要がない旨を告げて取り調べたところ，任意次のとおり供述した。
1　私は，平成○年12月10日のお昼前，○○市○○の信号機のない交差点で出会い頭の交通事故を起こし，その事故で相手の車に乗っていた運転手が怪我をして，後ろの席に乗っていた方が亡くなってしまったので，そのことについてお話します。
2　私は，○○市にある
　　　　株式会社××
に勤務しています。
　この会社は，LPガスの販売会社で，家庭や工場，店舗，アパートなどにLPガスを運搬し販売したり，ガス器具，水などを販売，設置をしたりしています。
　会社は，○○市の旧の○○町になります。
　静岡県内では，○○と△△に充填基地があります。

会社としては，静岡県の中西部地方にLPガスの販売を行っています。
　　　私の担当は，掛川より西側を担当しています。
　　　私は，バルクローリー車というトラックの後ろにタンクが積まれている車でアパートとか事業所に設置されている，バルクタンクと呼ばれる1トンくらいまであるタンクにLPガスを充填して回る仕事をしています。
　　　焼津を出発する時は，タンクにLPガスを満タンに積んで出掛けるのですが，途中でなくなると，○○営業所や△△営業所に立ち寄って，タンクに充填してまた配送するのです。
3　私が事故を起こした時に運転していた車は，会社所有のバルクローリー車で，
　　　　静岡ナンバーの○○○○
　　までは分かりますが，詳しい数字などは分かりません。
　　　今，警察官から説明を受けて私が運転していたバルクローリー車のナンバーが，
　　　　静岡700え○○○○号
　　であることが分かりました。
　　　このバルクローリー車は，私が担当している車で，点検整備を受けていますので，故障などありませんでした。
　　　このバルクローリー車は，液体のLPガスを積む専用車になります。
　　　最大積載量は，
　　　　2,050キログラム
　　になります。
4　私が，交通事故を起こした日は，
　　　　平成○年12月10日のお昼前
　　ですが，正確な時間は分かりません。
　　　今，警察官から説明を受けて，私が事故を起こした時間が

　　　　　平成〇年12月10日午前11時11分頃
ということですが，私が事故を起こして119番通報した時間が，
　　　午前11時13分
ということですから，事故はそれより2分くらい前になりますから，事故があった時間は，午前11時11分頃に間違いありません。
　今，警察官からの説明で，事故のあった場所の地番が
　　　〇〇市〇〇・〇〇番地先路上
であることが分かりました。
5　事故の相手の方は，軽四乗用車スズキワゴンRを運転していた女性で，名前は
　　　川島幸子さん
という方で，川島さんの運転する車の後部座席に乗っていた，幸子さんの夫の
　　　川島照次さん
は，事故後救急車で病院に運ばれたのですが，事故当日の夕方に亡くなってしまいました。
6　それでは，事故のことについてお話します。
　事故があった日は，雨が降っていてアスファルト舗装の路面は濡れていました。
　私は走行していた道路は，センターラインのない道路で，事故のあった交差点は，私が進む前方に一時停止の標識がありました。
　交差点には，交差道路のセンターラインが交差点の中まで引いてありました。
　この交差点は，田んぼの中の交差点で，前後左右とも田んぼで，見通しは，四方とも全て良好でした。
　交通規制は，一時停止のほかにはありませんでした。
　また，一時停止の標識と私の進路前方の停止線は，よく確認することができました。
　交通量は，私が通っていた道路側は，ほとんど車は通らず，交差す

る道路は，数台連続して通過したり，全く通らなかったりという状態でした。

　交差点付近には，歩行者はいませんでした。<sup>1)</sup>

　事故の日，私は，朝，○○を出発して午前中に○○市内のお客さんのところでバルクタンクにLPガスを充填して回り，タンクが空になったため，○○営業所に立ち寄り，LPガスをタンクに積み込んだのです。

　○○営業所を出発した後は，すぐ近くのコインランドリーと○○市の○○一帯を回る予定でした。<sup>2)</sup>

　私の車には，同乗者はいませんでした。

　私は，○○営業所を出発してから，ぼんやりしていたため，そのまま○○方面に行ってしまい，途中で○○営業所のすぐ近くにあるコインランドリーに寄るはずだったことを思い出し，引き返してきたのです。そして，○○営業所の北側の道路を東方向に進み，新幹線の高架をくぐり，2本目くらいの交差点を右折して戻ろうとしたのでした。

　右折して，事故現場の通りに出たのですが，私はこの通りは初めて通る道路でした。

　田んぼの中の道路ですが，通ったことはなかったものの，この道路があることは前から知っていました。

　そして，この田んぼの中の道路を時速約40キロメートルくらいで走っていました。

　雨が降っていたので，ワイパーを動かしていましたが，間歇(かんけつ)ではなく，普通の頻度で動かしていました。

　行こうとしていたコインランドリーは，○○営業所を東に向かってすぐ左側にあるのですが，この田んぼの中の道路を通って戻ろうとしたわけです。

　事故のあった交差点に差し掛かり，一時停止の標識があったので，一時停止をしました。右からの車は来ていなかったのですが，左方向から2台から3台の車が来ていたので，その車の集団を見て，最後の

車が通過すれば行けると思ったのでした。
　左からの車の一団が通過したので，もう左からの車は来ないものと思い，私の車を発進させました。しかし，私の運転するバルクローリー車は，液体ガスをタンクのほぼ満タンに積んでいて，ガソリン車なのですが，LPガス使用のため，あまり加速がよくありません。ですから，ギアをローに入れた後，右方向に通り過ぎて行った車を見ながら発進し，加速したのです。そして，前に視線を戻した途端，目の前に左方向から接近する車が現れたのです。
　私はびっくりして思いっきりブレーキをかけたのですが，目の前だったので，ブレーキが効くことなく，相手の車とぶつかってしまったのです。物凄い音と同時に，私の車の前部分が相手の車の右側面にぶつかり，相手の車はそのまま私から見て右方向に走りながらバランスを失い，私から見て右前方，相手の車の進行方向から見て左前方に走って行って，田んぼに落ちて転覆してしまったのでした。
　ぶつかったのは，私のバルクローリー車の前部分と相手の車の右運転席付近です。[3)]
　私の車は，交差点内に止まってしまったので，このままでは自分の車が交通の邪魔になると思い，一旦交差点の西側に車を動かして，車から降りて相手の車に駆け寄ったのです。
　すると，相手の車には，運転手の80歳くらいの女性と同じく80歳くらいの男性の同乗者がいました。運転手の女性は，怪我も大したことがなかったようで，駆け寄って間もなく転覆した車から這い出してきました。しかし，同乗者の男性は，頭を車の前側に向けて，転覆した車の屋根の内側にうつ伏せ状態で倒れていました。顔は見えませんでしたが，頭から血が出ているのが見えました。息をしているのは分かりましたが，私と運転手の女性の呼び掛けには答えてくれませんでした。
　それで，私は，救急車を呼ばなくてはならないと考えたのですが，急いで車から降りてきたため，車に携帯電話を置いたままだったの

で，携帯電話を取りに自分の車に戻りました。しかし，自分の車の運転席は急ブレーキをかけたのと衝突の衝撃で物が散乱していたため，携帯電話がなかなか見つからず，やっとのことで見つけて相手の車に再度戻りながら，119番通報と110番通報をしたのです。

そして，私は，転覆した車の車内でうずくまっている男性に声を掛けたのですが，応答はなく，身動きもしていませんでした。

119番通報して，間もなく救急車が来てくれ，うずくまっていた男性を助け出し，病院に運んでくれたのですが，どこを怪我していたのか，その時はよく分かりませんでした。

その後，警察官も到着し，運転していた女性も次に来た救急車で病院に運ばれたのでした。

救急車が行った後，私は警察官に事故の状況を説明したのです。

この時本職は，平成○年12月10日本職作成の実況見分調書添付の交通事故現場見取図及び末尾に添付の写真19枚を供述人に示した〈見取図及び写真は省略〉。

示していただいた図面は，私が事故を起こした現場の様子や，私が事故の状況を説明した状況が書かれています。

また，見せていただいた写真は，事故現場の様子や事故直後の私が運転していたトラック，相手の車が写っていますので，この図面と写真で事故の状況を説明します。

私が，一時停止した地点は，図の①になり，その地点で，左方向から来た車Ⓐの通過を確認して発進したのです。

通り過ぎる車を見ながら発進した直後，左方道路から相手の車㋐が接近して来たのを②の地点で発見し，ブレーキをかけたのです。

ブレーキをかけたのですが，相手に気付いたのが直前だったので止まることができず，私が③の地点の時に⊗の地点で衝突したのです。相手とぶつかったのは，先ほど話したとおり，私の車の前部分と相手の車の右側面になります。

相手と衝突後，私が止まったのが④の地点，相手は㋑の地点に転覆

したのでした。
　私の車が相手の車とぶつかる直前のスピードは，時速15から20キロメートルくらいでした。[6)]
　写真①から③の3枚は，私が進んだ方向の道路になり，左方向の見通しは良好でした。
　写真④から⑥の3枚は，相手の車の運転手であった川島幸子さんが進んできた道路になり，写真のとおり，センターラインが交差点の中まで引かれています。
　写真⑦，⑧，⑨は相手の車になり，写真のように屋根を下にした状態で転覆してしまいました。
　写真⑩のところで，同乗者の川島照次さんがうつ伏せの状態で倒れていました。
　写真⑪から⑮までの5枚は，私が事故時運転していたバルクローリー車になり，前部分が壊れていました。他のところに壊れたところはありませんでした。
　写真⑯から⑲の4枚は，相手である川島さんの車になり，前部バンパーが取れてしまい，右側側面が全体的に凹んでしまい，屋根も凹んでいました。
　私が運転していたトラックは，バルクローリー車と呼ばれるもので，液体ガスを運ぶ車で，その時積んでいたLPガスの量は，積んだ時から全然減っていませんので，事故を起こす前に，○○営業所で充填した際の伝票によると，
　　　1910キログラム
になります。
　この時本職は，平成○年12月10日付本職作成の計量伝票の領地経過についての捜査報告書末尾添付の計量伝票写しを供述人に示した〈計量伝票写しは省略〉。
　この計量伝票は，事故の前に○○営業所で私が運転するバルクローリー車にLPガスを充填した時の伝票に間違いありません。

この伝票で事故当時に私が運転するバルクローリー車に積んでいたLPガスについて説明します。
　　伝票の年月日，時刻は
　　　　西暦○○年12月10日午前11時7分
になり私が○○営業所でこの時間に充填し，出発してすぐに引き返して事故を起こしたので，この時刻に間違いありません。
　　この伝票の計量回数というのは，この日の○○営業所での使用回数になり，私の車が6回目ということになります。車番は，軽量機の3番目の数字が動かなくなっているため，
　　　　4
しか表示されないため，下に手書きで
　　　　83－53
と私の車のナンバーの数字を記銘したのです。
　　総重量は，私の車の総重量になりますから総重量は，LPガスを積まない状態での重さになります。
　　正味重量が，今回LPガスをどのくらい積んだのかということになり，
　　　　1910キログラム
ということになります。
　　この伝票の備考の
　　　　抜き取りP
は，プロパンガスを抜き取ったということです。
　　なぜ抜き取ったことを書くかというと，大型のタンクローリー車の最大積載量は
　　　　2050キログラム
ですから，この伝票によると
　　　　1910キログラム
積み込んだことになりますから，定量になるわけです。[7)]
7　今回の事故で私に怪我はありませんでした。

相手の車を運転していた川島幸子さんは，救急車で○○病院に運ばれ，診察を受けて軽傷であったと聞いています。
　同乗者の幸子さんの夫の照次さんは，○○市立○○病院に運ばれたのですが，夕方亡くなってしまいました。
　この時本職は，平成○年12月10日付総合病院○○病院医師○○○○作成の川島幸子の診断書1通を供述人に示した〈診断書は省略〉。
　この診断書は，警察が川島さんから受け取った診断書ということですので，今回私が事故を起こした相手の車の運転手である川島幸子さんの診断書に間違いないと思います。診断書によると，川島幸子さんは，胸部打撲傷により受傷日より約5日間の加療を要する怪我をしたことが分かりました。
　この時本職は，平成○年12月10日付○○市立○○病院医師○○○○作成の川島照次の死亡診断書の写し1通を供述人に示した〈死亡診断書の写しは省略〉。
　この死亡診断書は，今回の事故で亡くなった川島照次さんの死亡診断書ということを，警察官に教えていただき分かりました。
　これによりますと，照次さんは，事故の日の夕方の
　　　　午後4時48分
に亡くなったことが分かります。
　事故の後，私は現場での事情聴取と見分が終わった後，川島照次さんが入院する○○市立○○病院にお見舞いに行ったのですが，照次さんには面会できず，また照次さんの怪我の程度も教えてもらえなかったので，一旦焼津の会社に戻ったのでした。
　会社に戻ってしばらくしてから，警察から照次さんが亡くなったという連絡を受けたのでした。
　それを聞いて私は，呆然として，とんでもない取り返しのつかないことをしてしまったと思いました。
8　この事故の原因は，私が一時停止をした後，発進する時に，左片方向への確認が不十分のまま発進したことです。

私がそのような運転をした理由は，見通しがよい道路だったのに，左方向からの車の集団が通り，その後から来る車はないものと思い込んでしまい，右側に通り過ぎた車を目で追いながら発進したからです。

　私が事故を起こした時に通っていた道路は今回初めて通ったのですが，川島さんの車が通っていた道路は，私は何回か通ったことのある道路でした。その経験から，この道路は意外と交通量のある道路なのですが，1つの集団が通り抜けると，その後，すぐには車が来ることはないということがあったため，今回も，車の1つの集団が通った後には，車は来ないと思い込んでしまったのでした。

　今回の事故は，私の左方向の車両の有無についての確認が不足していたのが原因で，私の一方的な責任による事故です。8)

9　車の修理関係については，私が運転していたバルクローリー車が会社の所有で，任意保険にも加入していますので，保険会社が相手の方と話をしています。具体的には，相手の車の修理を全て任意保険で支払うようになっています。

　川島さんの車が古かったので，車両修理代ということで9万円くらい，田んぼに車が落ちてしまったことで，田んぼの損害として54万円は全て会社が加入している保険会社である○○損保から出ていて，物の示談については，こちらが100％支払うことで話がついています。

　また，川島幸子さんの怪我と，亡くなった川島照次さんに対する補償についても，こちらが100％悪いということで話が進むことになっていますが，具体的には，これから話を進め，金額を決めることになっています。

10　今回の事故は，私の不注意で起きた事故ですので，相手の川島幸子さんの処罰など望んでいませんし，考えられないことです。

　ご主人を亡くした幸子さんの悲しみはいかばかりかと思うと，申し訳ない気持ちで一杯です。その気持ちをお示しするため，節目節目で幸子さんのおうちに伺って，ご霊前にお祈りさせていただいておりま

す。

　　　　　　　　　　　　　　　　　　　　　　　　　山下　行夫　㊞

　　　　　　　　　　　　〈以下省略〉

**検察官の着眼点**

- 1）　事故の客観的な諸条件を被疑者の認識として明らかにするものであり，重要な聴取事項，録取事項である。
- 2）　もう少し，仕事の内容（急ぐ仕事かどうか）について記載すべきである。
- 3）　以上の事実は，事故状況に関する供述であり，最も重要な供述であることから，このように具体的な供述が望まれる。具体的な事故状況に関する供述は，体験供述性が高く，客観的な状況と合致している限り高度の信用性が認められるからである。

　　これには被疑者の誠実性に助けられている面もある。もっとも，被害者の1人は生存しているので，事実と異なる弁解をしづらかった面もあろう。一般的にいうと，相手が全員死亡している時は，目撃者もおらず，警察が臨場するまでに種々の弁解等を考えることにもなるからである。

　　なお，このように正直に事故状況を述べる者の供述を，その後の事故の実態に関するモデルとして銘記することが重要である。真実の供述の基準となるからである（そうでない供述は問題があることを示すという意味で基準となる。）。
- 4）　付随的な事情で，過失に影響はない事実ではあるが，状況をリアルかつ具体的に述べており，供述全体の信用性についてもそれを高めるものである。また，取調官の取調べの姿勢も示すものでもあり，そのことも相まって信頼性を高めているといえる。
- 5）　衝突してから以上までの供述も具体的で，まさに体験した者ならではの供述であり，前述の最も重要な事故状況についての供述の信用性も高めることになっている。同質の具体性があるからである。
- 6）　速度については，可能な限り判断した根拠の説明を求めて録取することが必要である。そうでないと，公判で，信用性を争われて否定される可能性があるからである（被告人が取調官に誘導されたとか押し付けられたなどと主張された時に，押さえ（その弁解を弾劾して排撃すること）が利かない。）。被疑者が述べた判断の根拠を記載していれば，押さえが利くことになる。もっとも，一般的な根拠の場合は，押さえの利き具合はやや弱くなる。
- 7）　事故車両の重量を明らかにするものである。認めているからといって，これらの裏付け捜査を手抜きしていると，後に公判で問題が生じた時に（速度等を争う時など）速度鑑定の根拠となる車両の重量が算定できないことになりかねない。
- 8）　この部分は，「過失供述」である。これは，法的評価であるので，必ずしも裁判官を拘束するものではない（総論→100頁参照）。しかしながら，その被疑

者の判断が，具体的な事故状況に関する事実を前提にしている限り裁判官も認めることになると思われる。また，被疑者が，少なくとも，捜査段階において，任意に事故の過失を供述したように認識していたという事実は，逆に過失の前提となる事実の認定にも影響を与えるであろう。したがって，過失供述の任意性は肯定されるとしても，取調官が誘導したりして，自発的な供述でない場合には，基礎となる事故状況に関する事実認定にも影響を与えることになるので留意すべきである（というより，そのような場合には，事故状況についての供述も具体性を欠くなどの問題を有していることが多いと思われる。)。

　いずれにしても，被疑者の過失の自認に関する供述は，極めて具体的であり，その前提となる「今回も，車の1つの集団が通った後には，車は来ないと思い込んでしまったのでした」との事実に関する供述は極めて具体的であり，信用性は高いものがあるので，過失供述も，裁判官が否定することはないものといえる。

# 見通しの困難な交差点の事故

**事例⑧**

非信号交差点を右折していた普通貨物自動車が，交差点内に右方道路から進行してきた原動機付自転車に衝突

## I　被疑事実の要旨

被疑者は

第1　平成○年○月20日午後0時5分頃，普通貨物自動車を運転し，東京都大田区○○1丁目○番○号先の交通整理の行われていない交差点を，A方面からB方面に向かい右折進行するに当たり，同交差点は左右の見通しが極めて困難であったから，右折の合図をした上徐行し，左右道路から進行してくる車両の有無及び安全を確認しながら右折進行すべき自動車運転上の注意義務があるのにこれを怠り，その合図はしたが，カーブミラーにより右方道路から四輪自動車が進行してきていないことを確認しただけで他の車両はないものと即断し，左方道路の安全確認に気を取られて，右方道路から進行してくる車両の有無及びその安全確認不十分のまま漫然時速約7ないし8キロメートルで右折進行した過失により，折から，右方から進行してきた中野明子（当時26歳）運転の原動機付自転車を至近距離で初めて発見し，急制動の措置を講じたが及ばず，自車を同車に衝突させて同人を同車もろとも路上に転倒させ，よって，同人に加療約1か月を要する右下腿挫傷等の傷害を負わせた

第2　前記日時，場所において，前記のとおり前記中野に傷害を負わせる事故を起こし，もって自己の運転に起因して人に傷害を負わせたのに，直ちに車両の運転を中止して同人等を救護するなど法律の定める必要な措置を講ぜず，かつ，その事故発生の日時及び場所等法律の定める事項を直ちに最寄りの警察署の警察官に報告しなかったものである。

II 被疑者供述調書（見通しが極めて困難な，非信号交差点の右折車が右方道路から進行してきた原動機付自転車に衝突した事故）

---

供 述 調 書（甲）

〈本籍，住居，職業　略〉

氏　名　宮尾　英二

　　　　　　　　　　　　　　昭和○年○月○日生（当時○歳）

《冒頭省略》

1　本年○月20日，私が起こした交通事故についてお話します。

　　事故を起こした日時は

　　　　○月20日午後0時5分頃

　　場所は

　　　　東京都大田区○○1丁目○番○号先

の交通整理の行われていない交差点で，私の家は，ここから500メートルくらい手前にあります。

　私の経営している学習塾が午後3時に始まり，2時半までは時間が空いていることから，事故当日の20日は，大田区平和島の知人勝田さんの見舞いに行くことにし，私所有でいつも運転している故障のない，トヨタ○○1500ccバンAT車を運転して，○時頃自宅を出発しました。同乗者はいません。

　事故現場に至る通りは，週2，3回くらい通っていますが，いつもお昼頃は車を見かけることがほとんどなく，家から事故現場までは6メートルくらいのセンターラインがない舗装道路が続いており，当時曇って底冷えでしたが，路面は乾燥していて通行している車はありませんでした。

　時速約35キロメートルで進行して，事故現場交差点に差し掛かりました。

　この時本職は，平成○年○月○日付司法警察員○○○○作成にかかる実況見分調書添付の現場見取図を示した〈→256頁〉。

2 見せられた見取図は，私が事故現場で係の警察官に指示説明したとおり記載されていますので，この図面で事故の状況をお話しします。

(1) 自宅から進行してきて，事故現場交差点の手前で，㋐にワンボックスカーが駐車しているのに気付きました。[1]

右折の合図を出し，図面①では停止に近いくらいになるように減速しながら，運転の姿勢のまま顔だけ少し上げて，前方のカーブミラーをチラッと見たところ，左右道路からの車は見えなかったので，すぐブレーキペダルから足を離しました。カーブミラーを見た時は，四輪車が写っているかを見るため，主にカーブミラーの中心付近を見ていますから，見た時間は1秒前後で，四輪車が写ってないのは一目で分かりました。道路の左端寄りを走ってくる二輪車のことは頭になかったので，カーブミラーの端の方は見ていません。[2]

①は左右道路がほとんど見えない場所で，すぐ加速すると危険でしたから，アクセルペダルを踏むことなく，時速約3から5キロメートルで右方道路の方を見ながら進行し，②で駐車車両㋐車の右側を通れるくらい右にハンドルを切りました。それまでの間に，右方道路から進行してくる車両は見えませんでしたので，右方から来る車はないと思い，カーブミラーは見にくいので，左方道路からの車の有無を確かめるため，②で顔を左に向けて左側と，左サイドミラーを見たところ，左方道路からの車はサイドミラーになく，目にも入りませんでした。

この間，㋐車も視野に入っていました。

それで，左方道路から来る車はないと思い，顔を前に向けたのが③です。向けたと同時に，目の前に人影が見え，ハッとして急ブレーキをかけましたが見たと同時頃に衝突し，相手はバイクと一緒に倒れました。衝突の時の速度は時速約6，7キロメートル，衝突地点は⊗でその時の私の車は③，バイクは㋑です。気付いてから衝突転倒までの間に，相手はバイクに乗った女の人と分かりました。

(2) 私の車が④に停止したので，すぐ運転席窓ガラスを開けて顔を外

に出して見ると，㋑にバイクが，㋒に被害者の中野明子さんが倒れていて，中野さんは起き上がろうとしていましたから
　　　大丈夫ですか
と，怪我の有無を尋ねると，言葉が聞き取れないくらいの小声で，何か答えながら自分で起き上がり，バイクを起こしました。この様子を見ている時，バイクのバックミラーが割れているのに気付きました。この時私は，倒れた中野さんが全く怪我してないとは思いませんでしたが，中野さんが怪我について何も言わないので，怪我はかすり傷くらいだろうと判断し，車の修理代として1万円か2万円を渡し，この事故については，修理代を受け取ってもらい，この場の話し合いで済ませようという意味で
　　　修理代を渡しましょうか
と尋ねると，中野さんは
　　　家に帰って相談しなければ分かりません
と修理代の受取りを断り
　　　電話番号と名前を教えてください
と言いましたので
　　　宮尾です。電話は，○○○の○○○○　○○○○です
と答えたところ，バッグから出した手帳に書き留めました。私も中野さんに名前を尋ね，この時初めて
　　　氏名は中野明子
　　　住所は大森3丁目のKマンションの304号室
　　　電話番号は○○○の○○○○　○○○○
と知りました。すぐメモしていますが，メモは見当たりません[4]。
　私は，事故で相手が怪我し，車両の破損があった時は，被害者を病院に連れて行く等の救護措置を執り，事故を警察に届ける義務があることを，免許を取った時から知っていましたが，ちょっと見ただけでは，相手のバイクはそんなにひどく壊れてなく，中野さんのどこからも血が流れたりしている様子がないので，怪我もかすり傷

くらいで病院に連れて行くまでもないと思い、事故を警察に届けたり、中野さんを病院に連れて行ったりするなどしなくてもいいと判断して、中野さんにこれからのことを相談することなく

　　　今日は急いでいますから、明日伺います

と断り、返事を聞かずにエンジンはかけたままだった車を発進させ、平和島の知人方に行き、お見舞いをして帰宅しました。

　途中大森警察署○○交番がありましたが、立ち寄らず通り過ぎています。

3　その後、中野さんに連絡しなければと思いながら、電話することもなく過ごしていた翌21日の午前10時頃、大森警察署から電話があり、中野さんの事故について覚えがあるかと尋ねられ、私が事故を起こしましたと答えたところ、出頭を求められたので、車で出頭して事故の状況を正直に述べ、車にあった事故の際の衝突痕についても説明しました。

　中野さんの怪我について、現状で、右足部が内出血でふくれていて、ひどい怪我と聞き、事故の直後、自分で勝手にかすり傷と判断せず、中野さんに怪我の状況を確かめて、病院に連れて行き、治療を受けるようにすべきでした。

　また、昨夜中に怪我の状況を確かめるべきでした。

4　事故に遭った状況について中野さんは、道路の左端を時速約20キロメートルで進行してきて、交差点に近づいて減速し、私の車のボンネットの前部が見えたので、交差点の手前に停止しようとした頃、衝突されたように話していると聞きました。

　中野さんと、私の車の破損程度は小さく、中野さんとバイクが倒れていた場所は衝突地点の近くであり、私の車の速度が時速約6、7キロメートルですから、中野さんの言っているバイクの進行状況は納得できます。

　今日事故現場で、交差点手前の図面①でのカーブミラーによる見通し状況を、私の車を使用して実験した結果、バイクはカーブミラーの

端に小さく写り，じっと目を凝らして見なければ見落としやすいこと，図面②の時の肉眼での見通しでは，バイクが交差点の隅切りの5メートル手前に近づくまで見えないことも分かりました。

これらのことから，事故の原因は，私の右方道路から来た中野さんのバイクに対する確認不十分と思います。

図面①に停止し，目を凝らしてカーブミラーをよく見たら，ミラーに小さく映った被害バイクを早めに発見できましたし，私の車の前部バンパーが交差点に入る頃停止するか，停止に近いゆっくりした速度で進行しながら右方をよく見ていても，被害バイクを発見できて事故を防げたと思っており，このようにして確認しなかったのが，私の過失と思っています。

救護義務違反と不申告については，病院に連れて行かなくてもいいかすり傷くらいと自分勝手な判断をせず，下車して被害者の中野さんに，怪我の有無と程度をよく確かめるべきだったと反省しています。

5　人身1,000万円，物損500万円の任意保険に加入していますから，中野さんと示談はできると思います。

今回のようなことは二度といたしません。

ご寛大な処分をお願いします。

宮尾　英二　㊞

〈以下省略〉

### 検察官の着眼点

1) ㊥車の有無は，左側通行違反の成否に影響がある（道交法18条1項但書き参照）から重要である。

2) このように，カーブミラーを見た姿勢と時間，二輪車の進行に対する予想の有無，それにカーブミラーのどの辺りを見ていたのか等を具体的に記載する。

3) 「倒れた中野さんが全く怪我してないとは思いませんでしたが，中野さんが怪我について何も言わないので，怪我はかすり傷くらいだろうと判断」という供述でも怪我の認識はあるといえるが，後の撤回を防げるかというとやや心もとない。怪我の認識があるのであれば，そのように認識した根拠を必ず被疑者に確認して，その供述する根拠を記載するべきである。例えば「ズボンの右膝の部分が擦れていて膝を打ったことが分かったので」とか「アスファルトの道路ですし，勢いよくバタンと倒れたので」等被疑者の述べた根拠を記載する。

4）　メモの有無については，確認しておく。メモの保管の有無は，被疑者の誠意の程度（本当に修理代を払うつもりがあったかどうか）に影響する情状事実でもある。
　5）　カーブミラーが存在したとしても，見通しの悪い交差点が見通しの良い交差点になるわけではないが，同ミラーで，相手車両が発見できる場合には，予見可能性も十分ということになる。

## Ⅲ　交通事故現場見取図

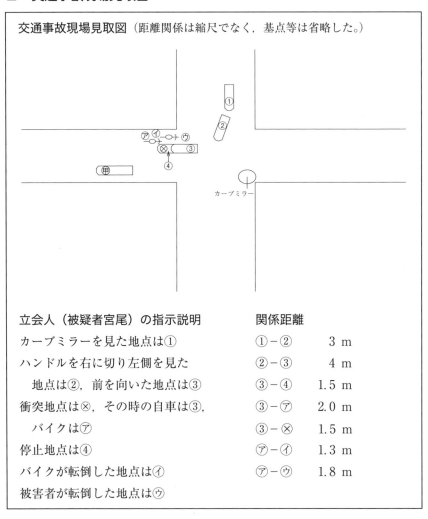

Ⅳ 被害者供述調書（左右の見通しの悪い交差点を直進する原動機付自転車が，右折車両に衝突されて受傷）

---

供 述 調 書（乙）

住　居　○○○○
職　業　地方公務員
氏　名　中　野　明　子
　　　　　　　　　　　　　　平成○年○月○日生（当時26歳）

　上記の者は，平成○年○月21日警視庁○○警察署において，本職に対し任意次のとおり供述した。
1　私は，平成○年4月から○○区役所の保育園で保母をしていて，独身で住居地に1人で住んでいます。
2　運転免許は，平成○年3月東京都公安委員会から普通免許を受け，昨年更新しています。
　　免許を受けて間もなくから，私の今回事故に遭った原動機付自転車を運転していますから，経験は4年ちょっとです。
　　事故を起こしたこと，事故に遭ったことはありません。今回が初めてです。[1)]
3　本月20日午後0時5分頃，東京都大田区○○1丁目○番○号先の信号機のない交差点を，原動機付自転車で直進しようとした時，左方道路から右折してきた宮尾英二さん運転のトヨタ○○に衝突されて怪我しましたので，この事故に遭った状況についてお話しします。
　　事故に遭った時，私は，週に2，3回は運転していている原動機付自転車で，大森5丁目にある勤務先の保育園に出勤する途中でした。
　　私は，午後0時頃自宅を出発し，お昼頃ですから，道路は空いていて，私のバイク1台だけで，いつもの通勤路の左端から1メートルくらいのところを，○○方面に向かい時速約20キロメートルで進行して事故現場交差点に近づきました。この辺りは小さな交差点があるので，いつも速度はあまり出していません。

交差点の20メートルから30メートルくらい手前から，交差点に気付きました。
　私は，交差点の10メートルくらい手前まで近づいた頃，交差点角のカーブミラーに左の道路から来るトヨタカローラのような車が見えましたので用心し，減速して行きましたところ，左方道路からの車はゆっくりした速度で右折の合図を出して交差点に入ってきました。
　その時運転手の宮尾さんが私と反対側の方に顔を向けているのが見えましたので，私は，止まらないで直進すると危ないと思いブレーキをかけましたが，宮尾さんは私の右が通れるのに私の方にどんどん進んできて，バイクが止まると同時頃，相手の右前角がバイクの前輪に衝突し，両足を路面に着こうとしていた私は，バイクと一緒に倒れ，その時右足が路面に強く当たりました。[2)]

4　すぐ，起き上がり，バイクを私自身で起こしましたが，宮尾さんは車のエンジンをかけたままで降りようとせず，運転席の窓ガラスを開けて顔を出し
　　　　大丈夫ですか
と声を掛けてきました。車の通行も人通りもなく私達2人だけで，はっきり言うのが何となく怖いような雰囲気だったので，黙っていると
　　　　修理代を渡しましょう
と言いました。
　宮尾さんは謝る言葉は一言も言わず，事故は私の方が悪いが修理代は出してやるというような言い方に聞こえましたので，言う通りにしないと怒られるのかなとも思いましたけれども，勇気を出して[3)]
　　　　家に帰って相談しなければ分かりません
と，自宅に両親がいるような言い方で修理代の受取りを断り，電話番号と名前を尋ねたら
　　　　宮尾です。○○○の○○○○　○○○○です
と電話番号と姓だけ答えましたので，バッグから手帳を出して書き留

め，この時，車のナンバーも控えました。この頃は落ち着いていて，怖い感じは薄れていました。
　私も，宮尾さんに名前を尋ねられ
　　　氏名は　　　中野　明子
　　　住所　　　　大森3丁目のKマンションの304号室
　　　電話番号　　○○○の○○○○　○○○○
と答えると
　　　今日は急いでいますから，明日伺います
と，私の都合を聞こうともせず○○方面に行ってしまいましたが，この間エンジンはかけっぱなしでした。
5　バイクは，バックミラーと右の方向指示器が壊れていただけで動いたので，保育園に出勤して鈴木園長に事故の状況や相手の対応を話して今後の対応を相談し，痛みがある右足部を一緒に見ると，赤く腫れていました。これを見た園長さんは，病院で治療を受けてから警察に相談した方がいいと勧めてくれましたから，近くの○○病院で治療を受け加療1か月の診断書をもらい，4時頃，電話で大森警察署に相談したところ，明日の朝9時頃メモ書きしてある手帳を持って出頭してくださいと言われ，今日出頭しました。
6　事故の状況については，略図を書きましたから提出します。
　この時本職は，提出にかかる事故略図と題する書面を受け取り本調書の末尾に添付することとした〈略図は省略〉。
　　私が，カーブミラーに相手の車を見たのは図面①地点，その時の相手の車は㋐地点，衝突地点は⊗，その時の私は②，相手は㋑，私が転倒した地点は③，バイクが転倒した地点は④，相手が停止した地点は㋒です。
　この時本職は，平成○年○月○日付司法警察員○○○○作成にかかる実況見分調書添付の現場見取図を示した〈立会人被疑者→256頁〉。
　　見せられた図面について，詳しい説明を受けて内容は分かりました。

図面中㊦の駐車車両については記憶がありませんが，その他については，私の記憶とほぼ合っています。
 7　事故は，相手の宮尾さんが前をよく見ないで右折したためで，私に悪いところはないと思っています。
　　　誠意がない人ですから，重く罰してください。

　　　　　　　　　　　　　　　　　　　　　　　　中野　明子　㊞

　　　　　　　　　〈以下省略〉

### 検察官の着眼点

 1）　被害者の簡単な運転歴は記載することが望ましい。
 2）　加害車両の進行状況は，このようにできるだけ詳細に記載する。
 3）　「修理代を渡しましょう。」という言葉は，自己の責任を認める言葉であり，重要である（そうでないのに修理代を出すいわれはないから）。もっとも，被害者は，本文のとおりそのように思っていないのであるが，それは，言葉と裏腹に語調や表情等のパラ言語情報（総論→55頁）から，そのように感じたものと考えられる。

# 出会い頭の事故①

**事例⑨**

赤色点滅信号無視，黄色点滅信号看過による普通乗用自動車同士の出会い頭の衝突

## I 被疑事実の要旨

第1　被疑者山本一成は
1　平成○年○月○日午前0時25分頃，普通乗用自動車を運転し，東京都港区○○5丁目○番○号先の交通整理の行われていない交差点を，○○方面から○○方面に向かい直進するに当たり，同交差点入口に設けられている停止線の手前約100メートルの地点で，対面する信号機の表示が赤色の点滅を表示しているのを認めたのであるから，同交差点入口の停止位置で一時停止し，左右道路の交通の安全を確認しながら直進進行すべき自動車運転上の注意義務があるのにこれを怠り，交通閑散に気を許し，左右道路の交通の安全を確認することなく漫然時速約35キロメートルで直進した過失により，折から，右方道路から進行してきた原保治（当時25歳）運転の普通乗用自動車を，右斜め前方約6.9メートルの地点に認め急制動の措置を講じたが間に合わず，自車を前記原運転車両に衝突させた上，同車を暴走させて同所の建造物に激突するに至らしめ，よって，同人に加療約1か月を要する頭部挫傷等の傷害を，同車の同乗者原千代（当時59歳）に加療2か月を要する頭部挫傷等の傷害をそれぞれ負わせた

2　前記のとおり，原保治らに傷害を負わせる事故を起こし，もって，自己の運転に起因して人に傷害を負わせる交通事故を起こしたのに，直ちに車両の運転を中止して同人らを救護する等法律の定める必要な措置を講ぜず，かつ，その事故発生の日時及び場所

等法律の定める事項を，直ちに最寄りの警察署の警察官に報告しなかった
第2　被疑者原保治は，第1記載の日時頃，普通乗用自動車を運転し，同記載の場所先交差点を，○○方面から○○方面に向かい時速約30キロメートルで進行するに当たり，同交差点の対面する信号機の信号表示が黄色の点滅を表示していたのであるから，前方左右を注視して同交差点の存在及び同信号表示を早期に発見して減速徐行し，左右道路の交通の安全を確認しながら進行すべき自動車運転上の注意義務があるのにこれを怠り，助手席の同乗者との会話に気を取られて前方注視を欠いたまま漫然前記速度で進行した過失により，同交差点の存在及び信号表示に気付かず同交差点に進入しようとし，左方道路から進行してきた山本一成（当時45歳）運転の普通乗用自動車を至近距離に初めて認め，急制動の措置を講じたが間に合わず，同車に自車を衝突させ，自車を暴走させて同所の建造物に激突するに至らしめ，よって，自車の同乗者原千代（当時59歳）に加療約2か月を要する頭部挫傷等の傷害を負わせたものである。

## II 被疑者供述調書（赤点滅信号に気付きながら，交通閑散に気を許して徐行せず直進した，出会い頭の事故）

### 供述調書（甲）

〈本籍，住居，職業　略〉

氏　名　山本　一成

昭和○年○月○日生（当時45歳）

《冒頭省略》

1　私は，一緒に飲んだ知人2人と，私の車で自宅近くの飲食店に飲みに行く途中の本日午前0時25分頃，東京都港区○○5丁目○番○

号先の交通整理の行われていない交差点を，赤色点滅信号を無視し，一時停止しないで直進しようとして，出会い頭の事故を起こし，相手の運転者原保治さんと原さんのお母さんの千代さんに怪我をさせ，その場から逃げましたので，この事故や逃げた状況についてお話しします。

　昨日の午後8時頃，1年前から交際している
　　　　小島愛子（26歳）さん
を，私所有で毎日のように乗っているトヨタ○○3000ccに乗せて六本木のレストラン○○に行き，食事をしましたが，その時ワインをグラス1杯ずつ飲みました。

　それから歩いて近くのクラブ「ラーク」に行き，午後9時頃から10時30分頃までの間飲食したりカラオケを歌ったりしましたが，その間に私は，キープしてあるオールドパーのボトルから作ったダブルくらいの濃さの水割り2杯，小島さんはビール小ビン1本を，付け出しをつまみながら飲みました。

　飲んでいる途中，カラオケを歌って席に帰る時，この店で知り合った石川義郎さんという方と顔を合わせ，彼が1人で来ていると言うので席に誘い，一緒に飲みました。

　私が，車で来ていることを話したところ，石川さんが自分の知っている店に行こうと誘ったので承知し，10時40分頃石川さんの分の勘定も払って店を出て，私が車に小島さんと石川さんの2人を乗せて運転し，石川さんの案内する青山1丁目のスナック「マッド」に行きました。

　「マッド」では，午後11時ちょっと過ぎ頃から午前0時過ぎ頃まで飲酒し，その間に私は，車の運転があるので量を押さえてウイスキーシングル入りの水割り2杯だけを飲み，2人も軽く飲んでいます。[1)]

　店を出て，少し離れた路上に止めておいた車に戻って運転席に座り，小島さんを助手席に乗せ，2人でシートベルトを着けているところに，勘定をするので遅れた石川さんが来て，どこかで飲み直しま

しょうと言うので，私の自宅近くにあるスナック「マヤ」に行くことにし，石川さんを後部に乗せて発進しました。

　私は，酒には強く，この時，酔っているとは感じていませんでしたし[2)]，今までにもこのくらい飲んで運転したことが数回あるので[3)]，運転が危険とは思わず飲酒し，運転もしました。

2　発進して100メートルくらい先の交差点を左折し，次の交差点も左折して，時々通ったことがある一方通行路に入りましたが，近くに前車はなく交通閑散な乾燥した直線道路でした。この道路をライトを下向けに点け，A方面に向かい時速約40キロメートルで進行中，事故現場交差点に差し掛かりました。

この時本職は，平成〇年〇月〇日付司法警察員巡査部長〇〇〇〇作成にかかる実況見分調書添付の現場見取図を示した〈→269頁〉。

3　お示しの見取図は，私が事故現場で警察の方に指示説明したとおり記載されており，事故の状況は図面どおり間違いありません。

　この図面で事故の状況を話します。

　私は，この道路が最高速度が20キロメートル毎時の場所とは気付かず，30キロメートル毎時の道路と思っていて，少し早めくらいなら気にすることはないと思い，時速約40キロメートルで進行中，数10メートルくらい先の事故現場交差点の赤色点滅信号を見ました。

　そして，交差点に近づいた図面①地点辺りでアクセルペダルから足を離し，時速35キロメートルくらいに減速しましたが，交差点に近づくまでの間に，交差道路からの車はなかったので，赤色点滅では，一時停止して左右道路の交通の安全を確認しなければいけないと知っていましたが，時間も遅いし，私が通過する間に，交差道路から車が来ることはないだろうと思い，一時停止しないで交差点に入ることにして，顔を前方に向け，左右の道路の方を見ずにそのままの速度で，助手席の小島さんと取り留めのない話をしながら進行し，交差点入口の図面②に来た頃，右斜め前方6ないし7メートルくらいの⑦地点に，相手の普通乗用自動車の前部が見えました。

しかし，速度からして私の車は停止できないし，相手の車も私の車くらいの速度に感じましたので，このままでは衝突すると思い，急ブレーキをかけながら右にハンドルを切って相手の車の後方を通り抜けようとしましたが間に合わず，③で私の車の右前部が㋑の相手の車の左側後部に衝突し，その瞬間，衝突のショックのため私の体は前のめりになりましたが，シートベルトをしていたので，ハンドルに胸は打ち付けられず，車は停止せずゆっくり動いていたので④に止めました。

　　衝突の時，大きな音もし，相手の車が半回転して行って，後部が角の商店に衝突してから，㋒に図面の形で停止したのを横目でチラッと見ています。

4　私は，相手のことが気になり，④に停止してから左に振り返って見ると，相手の車の左側後部が大きく凹んでおり，街灯の灯だけでしたから，車内が暗く男女の別までは分かりませんでしたが，運転席と助手席に人影が見えました。

　　少し経っても2人は下車してくる気配がなく，車の壊れ具合と左横に強く当たった状況から，2人は下車できないくらいの怪我をしたのではないかと思い[4]，その時，酒を飲んで人に怪我させたことが警察に分かったら，捕まるかもしれないと怖くなり，近くに人はいないし，商店から誰も出てこないので，逃げても誰にも分からないだろうと考え，人身事故を起こした運転者には，警察に対する報告義務，被害者の救護義務があることは，免許を取る時に教わり，常識としても知っていましたが，逃げることにしました[5]。

5　エンジンがかかっていた状態で発進しましたが，衝突から発進までは，2分くらいしか経っていないような感じであり，発進して間もなく，右ライトが点いてないことに気付いています。

　　この発進までに私は，同乗していた2人に言葉をかけていませんし，2人も黙っていて，私に一言も口をきいていません。

　　発進して間もなく左折し，私の家の方角のA方面に向かい約400

メートル進行した辺りに車を止め，小島さんと石川さんに

　　　迷惑をかけました

と挨拶して，下車してもらいましたが，2人は，進行中，下車の際ともに何も言いませんでした。2人を降ろした場所から約200から300メートル先の，私が住んでいるマンションの駐車場に車を止めて下車して車を見ると，右前照灯が壊れて点かず，ボンネットの右前が凹み，前部バンパーの左側は後ろに曲がっていました。

6　車をそのままにして家に入り，応接間のソファで，この後どうしたらいいかと着替えもせずに考え込んでいたところ，5分から10分くらい後に小島さんと石川さんの2人がやってきて，私に対し，言葉は忘れましたが

　　　相手の人は怪我をしていると思う

　　　逃げ切ることはできないから警察に行った方がいい

というようなことを言って私に出頭を勧め，しぶる私と1時間くらい話し合い，この時2人は自分達は怪我してないと言っています。

　私は，話し合っている中，警察に出頭して正直に話をする気持ちになり，2人にそのことを話し帰宅してもらい，タクシーを拾って午前2時ちょっと過ぎ頃○○警察署に出頭し

　　　事故を起こしたことと，相手が怪我をしていると思ったが逃げたこと

を話したら，警察官は「被害者から事故の届けがあり，加害車両のナンバーも分かっている。」と教えてくれ，今は，出頭してよかったとほっとしています。[6]

　このような話をしている途中，事故の状況を聞いていた警察官が突然

　　　飲んでいますね

と聞いたので，飲酒したと正直に答え，アルコールの検査を受けたところ，呼気1リットルにつき0.1ミリグラムの呼気濃度が出ました。家に帰った後，お酒は飲んでいません。[7]

7　事故の原因は，私が飲酒運転の上，一時停止しなければならない赤色点滅信号に従わず，安全確認ができない時速約35キロメートルで交差点に進入したことで，停止しなくても，徐行して安全を確認したら防げた事故と思っています。

　　また，相手の原さんも徐行して，安全を確認してくれたらとも思いますが，私の方の過失が大きいことは分かっています。

8　人身無制限，物損2,000万円の任意保険に加入していますから，入院したと聞いた原さん親子のところや，商店の金田良男さん方の損害についての補償はできると思います。

　　明日にでも，病院の原さん親子のところや商店の金田良男さん方に行って謝罪し，示談にして頂けるようお願いします。

9　一時停止を無視した事故の責任は痛感していますし，逃げたことについては，弁解のしようがありません。心から反省しています。

　　今回のようなことは二度といたしません。

　　ご寛大な処分をお願いします。

　　　　　　　　　　　　　　　　　　　　　　山本　一成　㊞

　　　　　　　〈以下省略〉

> 検察官の着眼点

１）本事例は，飲酒検知の結果が呼気１リットルにつき0.1ミリグラムであったことから，酒気帯び運転の立件をしなかった事例であるが，事故後約２時間経過した後の数値が0.1ミリグラムであったことからすると，事故時は，0.15ミリグラム以上であった可能性が高いので，ウィドマーク式計算方法により，事故時のアルコール保有量を算出する必要がある。この場合，飲酒量から計算する方法と，検査時のアルコール保有量を前提に，減少率を逆に加算していくことによって，事故時のアルコール保有量を算出する方法がある。立件する場合は，いずれも行う必要があり，飲酒量は店の伝票等を提出させて特定する必要があるので，飲酒量については，きちんと聴取する必要がある。なお，聴取した飲酒量は明確でないことが多いので，逆算方法の方が正確な数値が出せる。

２）酒に酔っている感じはなかったとしても，酒の影響がどの程度であったかは詳しく聴取して録取すべきである。過失運転致死傷アルコール影響等発覚免脱罪（自動車運転死傷処罰法４条）の認識としては，「アルコールの影響によりその走行中に正常な運転に支障が生じるおそれがある状態」であることについての認識が必要であるが，同状態というのは，①正常な運転が困難な状態に

までは至っていないが，そうでない時の状態と比べて相当程度減退して危険性のある状態と②現にそのような危険性のある状態にはないが，そのような状態になり得る具体的なおそれがある状態をいう。酒気帯び運転の罪（道交法117条の2の2第3号，65条1項）のようにアルコールを身体に保有している状態の認識があれば，通常認識は認められよう。

3）　飲酒運転の常習性の有無は，情状に必要である。

4）　被害者が受傷したことの認識及びその根拠を明らかにする。

　なお，「2人は下車できないくらいの怪我をしたのではないか」という表現は，怪我の認識すら曖昧にしてしまいかねない表現である。この程度の事故であれば，怪我をしていることは確実に認識していると思われる。ただ，その程度が「下車することができないくらいか否か」という点でやや曖昧であるため，被疑者がこのような供述をしたに過ぎない。「相手が怪我をしたのは間違いないと思いました。しかし，なかなか降りてこないので，下車できないくらいの重傷なのではないかと思ったのです。」というように，怪我の有無の認識と怪我の程度に関する認識は分けて記載するとよいであろう。

　過失運転致死傷アルコール等影響発覚免脱罪の認識としては，前記 検察官の着眼点 2）の①正常な運転に支障が生じるおそれがある状態で自動車を運転することについての認識と，②アルコールの影響の有無又はその程度が発覚することを免れるべき行為についての認識が必要である。②の行為については，「アルコールの影響又は程度が発覚することを免れる目的」（自動車運転死傷処罰法4条）が必要で，その意味で目的犯である。この意味の免れる目的以外の目的で現場を離れた場合には，本罪は成立しない。本文程度の認識でも，免れるべき行為といえるであろうが，もう少し，「逃げれば酒を飲んでいたことも分からなくなると思った」程度に明確にする必要がある。

5）　救護義務，報告義務を知っていること，その根拠を明らかにする。もっとも，知らなかったとしても犯罪の成立に影響はない。

6）　出頭した経緯は，情状として意味がある。

7）　事故後に飲酒しているかどうかは，確認しておくべきである。そうでないと，呼気検査時のアルコール保有数からの運転時アルコールの保有量が算定できなくなる（飲酒量からは算定可能である。）。もちろん，家族からもその点の事実を確認して調書化しておくべきである。

## Ⅲ 交通事故現場見取図

交通事故現場見取図（距離関係は縮尺でなく，基点等は省略した。）

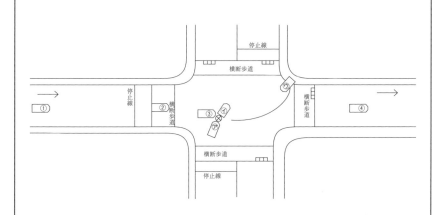

| 立会人（被疑者山本）の指示説明 | 関係距離 | |
|---|---|---|
| アクセルペダルから足を離した地点は① | ①－② | 27.0 m |
| 相手車両を発見した地点は② | ②－㋐ | 5.9 m |
| その時の相手車両は㋐ | ②－⊗ | 6.5 m |
| 衝突地点は⊗ | ②－③ | 5.5 m |
| その時の自車は③ | ㋐－㋑ | 4.5 m |
| 相手車両は㋑ | ③－④ | 12.3 m |
| 自車の停止地点は④ | ㋑－㋒ | 8.4 m |
| 相手車両の停止地点は㋒ | | |

# 出会い頭の事故②（事例⑨の相被疑事件）

> **事例⑩**
> 普通乗用自動車の黄色点滅信号看過及び徐行義務違反

## I 被疑事実の要旨

**事例⑩** →261頁参照。

## II 被疑者供述調書（身上調書・事実関係調書）

供 述 調 書（甲）

〈本籍，住居，職業　略〉

職　業　〇〇〇〇

氏　名　原　保治

　　　　　　　　　　　　　昭和〇年〇月〇日生（当時〇歳）

《冒頭省略》

〈1，2　略〉

3　前科はありませんが，6年くらい前のまだ19歳の時，自動二輪車を運転して左右の見通しの悪い交差点を直進した時，一時停止無視の普通貨物自動車と出会い頭の事故を起こして怪我をし，私も徐行義務違反で調べを受けたことがあります。

　この事故は，家庭裁判所に呼ばれて，注意されただけで済みました。

　このほか，2，3年前に駐車違反で3回検挙され，反則金は全部納めています。

　ここ1年くらい，違反，事故ともありません。

　人身事故は初めてです。[1)]

〈4～7　略〉

8　運転免許は

　　　　平成○年7月に普通一種免許を東京都公安委員会から受け，その後更新を継続しています。
　現在受けているのは，平成○年7月12日同公安委員会交付の普通一種の免許証（免許証番号第○○○○○○○号）で，免許の条件はありません。
　免許を受けてすぐから自分の車の運転を始めていますから，運転経験は7年くらいあります。

9　私は，自分の車ニッサン○○1500cc（○○33○○○○○号）で帰宅途中の先月○日午前0時25分頃，東京都港区○○5丁目○番○号先の交差点で信号機が黄色の点滅を表示しているのに気付かないで進入した時，左方道路から進行してきた山本一成さん運転のクラウンと出会い頭の事故を起こし，私の母に怪我させるなどの事故を起こしましたので，この事故の状況についてお話しします。
　○日は休日の前日なので，事故を起こした私の車で，港区内の兄方のマンションに遊びに行き，食事や積もる話で帰宅が遅くなりました。
　母が，私の家に行きたいと言ったので，助手席に乗せて午前0時10分頃兄方を出発し，○○通りを右折して，いつものように近道になる片側各一車線で制限速度40キロメートル毎時の本件事故現場道路に入りました。
　道路に入ってから事故現場交差点までは約150メートル，道路は手前50メートルくらいが緩やかな右カーブ，この後は直線の舗装された道路で，当時路面は乾燥していました。
　この道路に入ってからは前車，追従車，対向車はなく，駐車車両もない交通状況の道路左側部分のセンターライン寄りを，ライトを下向けに点け，時速約40キロメートルで進行して行き，直線に差し掛かって間もない頃，母から「寂しいね。」[2]と話し掛けられましたので，時速30キロメートルくらいに速度を落とし，母の方に少しだけ顔を向け，斜めに進行しないために左前方2，30メートル辺りの路面を見ながら「遅いからね。」等と話を続けていると，突然左からの車のライ

トの灯が目に入りました。
　ハッとし，右にハンドルを切りながら急ブレーキをかけましたが間に合わず，左側後方に衝突され，その瞬間，シートベルトをしていなかった私は，ドアに叩きつけられ，車は後ろを右に尻を振って行って，何かに衝突した後に停止しました。
　この衝突の時も私の体はどこかに強くぶつかっていますが，体のどの部分が，車のどこにぶつかったのか記憶がありません。
　瞬間のことで，一瞬，どうなっているのか分かりませんでしたけれども，見ると車は交差点の中央を向いて止まっており，母はぐったりして座席に座っているので「大丈夫。」と声を掛けると「大丈夫。」と返事がありました。
　相手の車が見えないので，探すと○○方面に通じる道路に止まっているクラウンが，街灯の灯で見えました。他に車はなかったので，この車が衝突した車と思いました。
　中に何人かの人影が見えたので，誰かが降りてくると思い見ていると，このクラウンから誰も降りてこず，発車して行ってしまうので，急いでナンバーを確認して，すぐメモをし，下車して見ると，私の車のすぐ後方の商店のガラス戸が壊れ，車のトランクの右端が凹んでいました。それで，この部分が，後方の商店のガラス戸に衝突したことが分かりました。
　その時，商店の中から今日名前を教えられた金田良男さんが出てきて「事故の連絡をしましたから，間もなく警察と救急車が来ますよ。」と言ってくれ，それを聞いてから私は，母に怪我の有無を確かめて頭に怪我したことを知り，私自身も，頭が切れていて出血していることが分かりました。
　それから数分後に来た警察官に，事故の概略を話し，「加害車両らしい車のナンバーです。」と話して控えたメモを渡し，救急車で○○病院に運ばれて診察を受けた結果，怪我は思ったより重く，頭部挫創等で加療1か月を要するとのことで現在入院中です。

母も重傷で入院中です。

　この時本職は，平成○年○月○日付司法警察員○○○○作成にかかる実況見分調書添付の現場見取図（立会人山本一成）を示した〈→269頁〉。

10　お示しの見取図の道路状況は，警察官が確認し，図面の事故の状況は相手の山本さんが，事故現場で係の警察官に指示説明したものであること，図面の⊗や㋐等の各符号についての山本さんの指示説明の意味内容については，説明を受けて分かりました。

　この図面によって事故の状況をお話しします。

　図面中，事故後私の車が停止した㋒と，相手の山本さんの車が停止，発進した④は図面どおりです。

　その他については，分かりません。

　図面には書いてありませんが，私が左方からの車のライトに気付いた地点は，私の車（図面㋐）のところの横断歩道上のような気がしますが，はっきりした場所は指示できません。³⁾

11　事故の原因は，相手の山本さんの一時不停止と安全不確認，私の前方不注視と不徐行であると思っています。

　私が，前方を注視して交差点と黄色点滅信号を早く発見し，10キロくらいに減速して左方を確認したら，防げた事故であると思い，この点については反省しています。⁴⁾

12　物損1,000万円の任意保険に入っていますから，保険会社にお願いして金田さんとの示談はできると思います。

　私と母の怪我については，山本さんの方の過失が大きいと思いますから，治療費や車の損害は請求するつもりです。

　山本さんは，現場から逃げたばかりか，見舞いにも1回来ただけで，誠意が認められませんから，厳重処罰をお願いします。

13　今後は十分注意して運転しますから，ご寛大な処分をお願いします。

〈以下省略〉

> **検察官の着眼点**
>
> 1) 同種事故の前科，前歴については，内容も明らかにする。
> 2) 「寂しいね。」という話し掛けた意味は必ずしも明確ではない。被疑者がどういう意味で被疑者の母が「寂しい。」と言ったのかを明らかにした方がよい。当時の交通状況を指して言った可能性もある。
> 3) 供述人の記憶が不鮮明で，事故状況について現場での指示説明が得られない事例である。このようなケースもある。それを無理に，指示説明させるのは問題である。
> 4) 見通しの悪い交差点では，道交法上，優先道路通行車両を除いて徐行義務がある（道交法42条1号）こと，及び黄色信号の点滅が，「車両等は，他の交通に注意して進行する」べき（同法施行令2条1項表）との道交法上の義務の認識について聴取すべきである。

## Ⅲ 参考人供述調書

### 供 述 調 書（乙）

住　居　〇〇〇〇〇
職　業　ホステス
氏　名　小島　愛子
　　　　　　　　　　　　平成〇年〇月〇日生（当時26歳）

　上記の者は，平成〇年〇月〇日警視庁〇〇警察署において，本職に対し任意次のとおり供述した。

1　私は，銀座にあるクラブ「〇〇」で，2年前からホステスをしています。
2　お尋ねがありました山本一成さんは，店に入って間もなく知り合い，1年くらい前から一緒に飲みに行くなど，親しく交際しています。
　〇日は用事があって勤めを休み，用事が予定より早く済んだので，午後6時頃，山本さんに「今日，空いている。」と電話をすると食事を誘われ，約束の〇〇で7時半に待っていると，山本さんが車で来て，六本木のレストラン「〇〇」に案内され，8時頃からフランス料理を1時間くらいかけていただきましたが，その時食前酒のワインを

グラス1杯ずつ飲んでいます。
　それからゆっくり歩いて，近くのクラブ「ラーク」に行き，9時頃から10時30分頃まで，飲食したりカラオケを歌ったりしました。
　山本さんは，キープしてあるオールドパーのボトルでダブルくらいの濃さの水割りを自分で作り，車だからと言って2杯飲んだだけで，私はビール小ビン1本を，つまみなしで飲みました。
　山本さんとカラオケを歌って席に帰る時，石川義郎さんという初対面の方と顔を合わせ，1人で来ていると言うので山本さんが私達の席に誘い，私がウイスキーの水割りを作って出し，一緒に飲みました。
　話をしているうちに，石川さんが自分の知っている店に行こうと誘い，10時40分頃に山本さんが石川さんの分の勘定も払って店を出て，山本さんの車で，石川さんの案内する青山1丁目のスナック「マッド」に行きました。
　ここには，午後11時ちょっと過ぎ頃から午前0時過ぎ頃までいて，その間に私は，ウイスキーの薄い水割りを2杯飲みました。
　山本さんは車の運転があると言ってシングルにしてもらい水割りをたしか2杯だけ飲んでいます。
　帰ることにして店を出て，私と山本さんは車に乗りシートベルトを着けていると，会計のため遅れた石川さんが来て
　　「どこかで飲み直そう。」
と言って，山本さんの知っているスナック「マヤ」に行くことになり，石川さんが後部に乗って発進しました[1]。
　私は，山本さんが酒に強いことを知っており，この時，酔っているように見えませんでしたから，運転が危険とは思いませんでした。

3　道路はよく知りませんが，発進してから2回左折して，狭い道路に入りました。
　この道路に入ってから，近くを走っている車はなく，閑散な直線道路を，ライトを点けて進行中，私は，3，40メートル前方にある事故現場の交差点と，赤の点滅信号に気付きました。

私は，6年くらい前に普通免許を取っていて，自分の車を持ったこともあり，赤の点滅信号では，一時停止して左右の安全を確認しなければいけないと知っていますから，交差点の手前で停止すると思っていたところ，山本さんは少し速度を落としただけで，交差点に入る様子でしたから気になり，左側の車からの見通しが悪い右方道路の方を見ていますと，ライトの灯が見え，その直後頃，山本さんが急ブレーキをかけたのが分かりました。

　ほんの一瞬後に相手の車が見え，ハッとして思わず目をつむったすぐ後に衝突し，大きな音と，衝撃がありましたが，シートベルトを着けていたためか，怪我はありませんでした。

　音は2回聞こえています。

　私達の方の車が，交差点を数メートル過ぎた辺りに止まったので，振り返って見ると左側の後部が大きく凹み，トランクの蓋が上がっている相手の車が見えました。

　横からぶつけられている壊れ具合から見て，大きい事故だから相手は大怪我をしたのではないかと思い，飲んでいたので大変なことになったと，山本さんのことが心配になり，言葉も出ませんでした。

　何はともあれ，相手を病院にと考えている時，エンジンがかかっていた車が動き出したので，左に寄せると思っていると，山本さんはどんどん加速して走りました。

　ひき逃げと分かりびっくりし，どういう態度を取ったらいいか悩んでいる時，山本さんが車を止め「タクシーを拾ってください。」と言うので，石川さんと私は黙って下車したところ，山本さんは何も言わずに走り去りました。

　私と石川さんは，その場で相談し，山本さんに警察に行くことを勧めることに決めて，歩いて山本さん方に行き，家族が留守で1人で着替えもしないでソファに座っていた山本さんに，警察に出頭するよう勧めましたところ，初めは迷っていたようでしたが承知し，1人で必ず出頭すると言ってくれましたので，私達はそれぞれ帰宅しました。

なお，私が事故後山本さんの家に行った時は，山本さんがお酒を飲むということはありませんでした。
　　この時本職は，平成○年○月○日付司法警察員○○○○作成にかかる実況見分調書添付の現場見取図（立会人山本一成）を示した〈→269頁〉。
4　今，見せられた図面中，㋒は相手の原保治と名前を教えられた方の車が停止していた場所，㋑は私が乗っていた山本さんの車が停止，発進した場所で，この2箇所は説明を受けなくとも，図面を見ただけで分かりました。
　　その他の場所についての，山本さんの指示説明内容は，教えられて分かりましたが，⊗地点をその辺りと言えるほかは分かりません。
5　問　山本車の速度は[4]。
　　答　今まで本当のことをお話しすると，山本さんに不利と思い「速度はよく分からない。」と申しましたが，お話ししているうちに嘘はよくないと考えましたので，正直にお話しします。
　　　速度計を見ていないので，はっきりした速度ではありませんが，私の感じでは，交差点に入った頃は時速3，40キロメートルくらいです。
6　山本さんの車で食事に行ったことは数多くあり，山本さんはその都度アルコールを口にしていますけれども，いつも量はほんの少しだけ，多くて今回くらいで，酔うほど飲んだことはありません。
　　逃げた理由について山本さんは「飲んでいたから怖くなったから。」と言っていました。
　　普段はいい方ですから，ご寛大にお願いします。

　　　　　　　　　　　　　　　　　　　　　　　小島　愛子　㊞

　　　　　　　　〈以下省略〉

> **検察官の着眼点**
>
> 1）山本の酒気帯び運転を立件する場合は，小島（石川も）も同乗罪（道交法117条の3の2第3号，65条4項）が成立する可能性があるので，同乗の経緯はもう少し，詳しく聞き出す必要がある。

なお，1軒目に車で行く時に，小島を誘ったのであれば，本事例の事故時の同乗については，同乗罪は成立しないと考えられる。というのは，小島が乗せていってほしいと依頼したのではなく，山本が乗せてゆくことを前提に誘ったのであるから，2軒目のマッドからマヤに行く時も同様に，小島が依頼しないで山本が乗せてゆくという関係にあったからである。
　もっとも，石川は，飲み直そうと誘った時に，乗せていってほしいという暗黙の運送の依頼があったと考えられる。

**2）** 目撃者の免許の有無確認は，必要である。事故状況の目撃の信用性にも影響するからである。

**3）** 自首や出頭の経緯は，参考人がそれに関わっている以上，A被疑者の供述の信用性を判断する上でも，聴取しなければならない。

**4）** 問答の場合，問の言葉は簡単なものであることが望ましい。問いが複雑であると，答えの意味が不明確となる可能性があるからである。

# 出会い頭の事故③

事例⑪

左右の見通しの悪い非信号交差点で，普通乗用自動車同士の一時不停止の標識無視及び徐行義務違反（2名の被疑者の指示説明を1通の図面に記載した事例）

## I 被疑事実の要旨

第1 被疑者河野太郎は，平成○年○月○日午前1時頃，普通乗用自動車を運転し，東京都台東区○○1丁目○番○号先の交通整理の行われていない交差点を，○○方面から○○方面に向かい直進するに当たり，同交差点の入口には一時停止の道路標識が設置され，左右の見通しも困難であったから，同交差点の入口で一時停止した上，左右道路の交通の安全を確認しながら直進すべき自動車運転上の注意義務があるのにこれを怠り，一時停止の道路標識には気付いたが，交通閑散に気を許して同交差点の入口で一時停止せず，かつ左右道路の交通の安全を確認することなく漫然時速約15ないし20キロメートルで同交差点に進入した過失により，折から，右方道路から進行してきた大田二郎（当時○歳）運転の普通乗用自動車を右斜め前方約7，8メートルの地点に認め急制動の措置を講じたが間に合わず，自車を右大田運転車両に衝突させ，その衝撃により同車を右斜め前方に暴走させて同所の門柱に激突させ，よって，同人に加療約1か月を要する顔面挫傷の傷害を，自車の乗客鈴木礼子（当時25歳）に加療約5か月を要する頸椎捻挫の傷害をそれぞれ負わせた

第2 被疑者大田二郎は，前記日時頃，普通乗用自動車を運転し，前記場所先の交通整理の行われていない交差点を，○○方面から○○街道方面に向かい直進するに当たり，同交差点は左右の見通しが困難であったから，徐行し左右道路の交通の安全を確認しながら直進すべき自動車運転上の注意義務があるのにこれを怠り，交差道路に一時停止

の道路標識が設置してあることに気を許し，左右道路の交通の安全を確認することなく漫然時速約30キロメートルで同交差点に進入した過失により，折から，左方道路から進行してきた河野太郎（当時○歳）運転の普通乗用自動車を左斜め前方約7.2メートルの地点に認め急制動の措置を講じたが間に合わず，前記河野運転車両に自車を衝突させ，右斜め前方に暴走するに至らしめて同所の門柱に激突させ，よって，前記河野に加療2週間を要する右手挫傷の傷害を，同人運転車両の乗客前記鈴木礼子に加療5か月を要する頚椎捻挫の傷害をそれぞれ負わせた
ものである。

## Ⅱ　被疑者供述調書（故意の一時不停止）

供　述　調　書（甲）

〈本籍，住居，職業　略〉
氏　名　河野　太郎
　　　　　　　　　　　昭和○年○月○日生（当時○歳）
《冒頭省略》
〈1，2　略〉
3　前科はありませんが，速度違反等の反則行為で4回検挙され，反則金はその都度納めています[1]。人身事故は初めてです。
〈4～7　略〉
8　運転免許は
　　　　昭和○年に普通免許と自動二輪免許
　　　　平成○年3月15日に普通二種免許
を東京都公安委員会から受け，その後更新を継続しています。
　現在受けているのは，平成○年○月○日同公安委員会交付の普通二種等の免許証で，免許の条件はありません[2]。

免許を受けて1月くらい後に車を買って運転を始め，二種免許を受けて間もなくタクシーの運転手となり，現在に至っています。

車の運転経験は20年以上になります。

9　私は，タクシーでお客さんを亀有に送って行く途中の本日午前1時頃，東京都台東区○○1丁目○番○号先の交通整理の行われていない交差点を直進しようとした時，出会い頭の事故を起こし，相手の運転手とお客さんに怪我させましたので，この事故の状況についてお話しします。

昨日は，午後10時頃，始業点検を済ませた勤務先会社のタクシー（○○た○○○○号）を運転して亀有の車庫を出発し，主として浅草，上野，銀座方面を流しました。

そして，本日午前1時頃，銀座3丁目で事故後名前を知った今回の事故の被害者

　　　　鈴木礼子さん

を拾い，告げられた行く先の「亀有」に向かい，30分くらい走った後，左折して事故現場交差点の方に向かう道路に入りました。

この時本職は，平成○年○月○日付司法警察員○○○○作成にかかる実況見分調書添付の現場見取図を示した〈→289頁〉。

10　今見せていただいた図面について，①から⑤と，㋐から㋒，⊗は私が事故現場で係の警察官に指示説明した記載，㋐から㋓と㋕㋵⊗は相手の大田さんの指示説明による記載であると今説明を受けて分かりました。

私の指示説明した部分については，私の指示説明のとおり記載されており，事故の状況は図面のとおり間違いありません。

この図面によって事故の状況を述べます。

(1)　左折して入った事故現場に至る道路は，事故交差点までの100メートルくらいは直線で車線区分のない一方通行路，制限速度は30キロメートル毎時で交差点の入口に一時停止の道路標識が設置されてあり，交差道路は右からの一方通行路で，建物のため右方道路の

(2) 道路の中央部分やや左寄りを，ライトを下向けに点け，時速約30キロメートルで進行して行き，交差点と一時停止の道路標識は見て分かっていましたから，一時停止するため交差点の約30メートル手前の図面①では時速20キロメートル，②では時速10キロメートルくらいに速度を落としました。

　この時，前車，後続車はなく交差点に近づくまでの間に交差道路を通った車を見なかったし，深夜で交通は閑散でしたから，右方道路から進行してくる車はないだろうと思い，入口で一時停止しないことにして加速し，顔を前方に向け，特に右方は見ることなく普通の姿勢で③に来た時，右からの車のライトの灯が見えたのですぐ急ブレーキをかけたと同時頃，右方からの車があ付近に見えました。

　危ないと思いましたが，その時の速度は時速15から20キロメートルくらいでしたし，相手の車も相当速い速度のようでしたから，どうすることもできず，私の車が④まで，相手の車がいまで進行して⊗で衝突してしまいました。

(3) 衝突すると思った瞬間思わず目をつぶったので，衝突の状況や衝突した後の車の動きは見ていませんけれども，目をつぶったと同時に衝突の音とショックがありましたから，⊗が衝突地点であることは間違いありません。

　車が止まってすぐ目を開けて見ると私の車は⑤に，相手の車は⑦に互いに図面のような形で停止していて，私の車の右前角と相手の車の左前角が壊れていましたから，そこが衝突したのだと分かりました。

(4) すぐ降車して⑦に停止している相手の車の方に行って見ると，相手の車には額から血を流していた男（大田二郎さん）1人だけが運転席に座っていました。運転席のドアガラスを叩いて戸を開けさ

せ，怪我していたので，救急車を呼ぶから待っているように言って，車から離れて周りを見ると，相田と表札が出ていた角の家に灯が点いていたのが見えました。

　事情を話して電話を借り，119番と110番通報をしてから現場に戻り，お客さんに怪我の有無を聞くと，鈴木さんは頭が痛いと言っていました。[8]

　その頃，私も右の手首が痛み出したので，間もなく現場に来た警察官の許可を得て，到着した救急車で他の２人と一緒に近くの○○病院に行き，手当てを受けてから現場に戻り事故の状況を指示説明しました。

　他の２人もこの病院の違う部屋で治療を受けていましたが，詳しい様子は知りません。

11　この事故について，私が停止位置に一時停止して右方を見ながらゆっくり発進進行したら，相手の大田さんの車を早く発見できて事故を回避できたと思います。

　ですから，事故の原因は，私が一時停止の道路標識に従い一時停止して，右方から進行してくる車両の有無と安全を確認しなかったことにあると思っています。

　相手の大田さんの速度ははっきりしませんが，私より相当速い速度に見えました。大田さんが徐行していてくれたら事故は防げたか，小さくて済んだのではないかと思いますが，一時停止すべき私の方が責任が大きいことは分かっています。

12　相手の大田さん，私の乗客の鈴木さんの治療費と，大田さんの車の修理代については，会社の事故係が責任を持って示談にすることになっています。

13　事故については，十分反省しています。

　このような一時不停止による事故はもちろん，交通事故は二度と起こさないように注意して運転しますから，ご寛大な処分をお願いします。

　　　　　　　　　　　　　　　　　　　　河野　太郎　㊞

[注]9)
〈以下省略〉

> **検察官の着眼点**

- 1) 反則金納付の有無は必ず調書に記載し，未納付と供述した場合は事実の確認を行う。
- 2) 免許証番号も記載すべきである。例えば，「……交付の普通二種等の免許証（免許証番号第○○○○○○○○号）です」などである。
- 3) 事故時に道路状況を認識していたか否か，認識していた場合には，具体的に認識の内容を確認すべきである。
- 4) 「顔を前方に向け，特に右方を向けることなく……」というように，顔の向き，見た方向，見ない方向までを記載し，安全不確認の具体的状況を明らかにすることが望ましい。「一時停止して左右道路の安全を確認しないで進行した」というような記載をすることが多いが，「安全を確認しない」というのは抽象的な記載であるので，本事例のように具体的に確認して記載する。そうすれば，左右道路の確認をしなかったことが明確になり，後に撤回できなくなる。
- 5) 「ブレーキをかけ（る）」は道交法24条で使用している用語である。現実の行動としては，（右）足でブレーキペダルを踏む，という行為である。
- 6) 被疑者に発見遅滞が認められなくても，見通しの悪い交差点での事故である以上，過失構成のいかんにかかわらず当然記載すべきであるし，その後の捜査で発見遅滞の過失が判明する余地もある。
- 7) 生々しい供述で，信用性が高い。
- 8) 被害者の受傷について，事故直後の被疑者の認識状況を明らかにしておく。後日争う余地がないようにするためである。
- 9) 道路状況や他の車両の状況をはっきり認識し，意図的に一時停止無視をした本事案の場合，前夜からの行動等を調書に記載する必要性は少ないが，深夜の標識見落としの事案については，前夜からの睡眠の状況，疲れの有無等を調べ，見落としの原因を明らかにしておくことが必要である。

## Ⅲ 被疑者供述調書（左右の見通しの悪い交差点での徐行義務違反）

供 述 調 書 (甲)

〈本籍，住居，職業　略〉

職　業　○○○○

氏　名　大田　二郎

　　　　　　　　　　昭和○○年○月○日生（当時○歳）

《冒頭省略》

〈1，2　略〉

3　前科はありませんが，駐車違反で2回検挙され，反則金は2回とも

納めています。<sup>1)</sup>

　人身事故は初めてです。

〈4～7　略〉

8　運転免許は

　　　平成○年6月に普通一種免許
を千葉県公安委員会から受け，その後更新を継続しています。

　現在受けているのは，平成○年○月○日同公安委員会交付の普通一種の免許証（免許証番号第○○○○○○○号）で，免許の条件はありません。

　免許を受けて3か月くらい後から勤務先会社の車の運転を始め，○年には自分の車の運転も始めていますから，運転経験は18年くらいになります。

9　私は，自分の車，三菱○○四輪駆動車（○○33○○○○号）で帰宅途中の本日午前1時頃，東京都台東区○○1丁目○番○号先の信号機のない交差点を直進しようとした時，左方道路から進行してきたタクシーと出会い頭の事故を起こし，タクシーの運転手と，そのお客さんに怪我させましたので，この事故の状況についてお話しします。

　昨日は休日なので，事故を起こした私の車も入れ3台で友人10人と伊豆に遊びに行き，東京に帰ってから食事をしながらの話が弾んで帰宅が遅くなりました。帰りを急いだので，国道○○線から近道になる本件事故現場の道路に入りました。

10　この時本職は，平成○年○月○日付司法警察員○○○○作成にかかる実況見分調書添付の現場見取図（原図）を示した<sup>2)</sup>〈→289頁〉。

　お示しの図面について，㋐から㋓までと㋕㋵㋽は私が事故現場で係の警察官にした指示説明による記載，①から⑤までと㋐から㋒，㋽は相手の河野さんの指示説明による記載であると今説明を受けて分かりました。

　私が指示したと言われた㋐から㋓までと㋕㋵㋽については，私の

指示説明のとおり記載されており，事故の状況は図面のとおり間違いありません[3)]。

　この図面によって事故の状況をお話しします。
1　国道から右折して入った事故現場に至る道路は，事故の交差点までの70メートルくらいは直線で，車線区分のない一方通行路，制限速度は30キロメートル毎時になっていて建物のため左方道路の見通しは悪く，交差道路は左からの一方通行路となっており，入口に一時停止の道路標識が設置されてありますが，これらの道路状況はこれまでに何十回となく通ったことがあり，知っていました。
2　帰宅を急いでいたことと，前車と後続車はともになく，交通が閑散だったことから，制限速度よりやや速い時速約4，50キロメートルでライトを上向けに点け，道路の真中辺りを進行し，交差点には30メートルくらい手前の図面㋐付近で気付きましたが，これまでに左方道路からの車が停止して進路を譲ったことが何回もありましたから，左方からの車は一時停止するだろうと思い，ギアはトップのまますぐに軽く制動し時速30キロメートルくらいに速度を落としただけで直進することにしました。
　　左方道路からの車が私の前方を突っ切ることは考えず，顔を前方に向けた普通の運転の姿勢で進行して㋑に来た時，㋙に相手の河野さんのタクシーの前部が見えました。タクシーは停止せず，サーっと出てきましたので，危険と思い，すぐ急ブレーキをかけましたが，速度が出ていたために止まることができず，私の車は㋒まで，相手の車は㋛まで進行して㊧で衝突しました。
3　衝突したのは，私の車の左側前部と相手のタクシーの右側前部で，衝突後相手のタクシーは左の方に，私の車は右に暴走して行って何かに衝突したまでは記憶があります。その後の記憶はなく，気が付いたら私の車は門柱にぶつかったまま，㋓に図面のような形で停止していました。
11　一瞬ボーっとしていましたが，額の右側が痛いので手をやると血が

手に付きました。この頃運転席ドアガラスを叩く音が聞こえたので，見るとタクシーの運転手の河野さんで，すぐドアを開けた私に「済みません。」と謝ってから「怪我をしていますね。」，「救急車を呼びますからそのままにしていてください。」と言って車から離れました。

　額にタオルを当て出血を抑えて待っていると，10分くらい経った頃救急車が，そのすぐ後に警察の車が来て，私はタクシーの運転手の河野さん，乗客と一緒に救急車で○○病院に行き治療を受けました。全治まで2週間くらいかかり，診断書は昼間取りに来るようにと言われましたが，まだ受け取りに行っていません。

12　治療を受けてから警察の車で現場に戻りましたところ，相手の河野さんは現場検証に立ち会って説明していました。私は，河野さんの声が聞こえない場所の歩道上で待っていて，河野さんが終わってから河野さんと同じ係の方に事故の状況を指示説明しましたが，係の方は，私の指示どおり路上にチョークで丸を書いていました。[4]

13　事故の原因は，相手の河野さんの一時不停止と安全不確認，私の不徐行にあると思っています。私が，時速10キロメートルくらいに減速して交差点に入れば防げた事故であることは認めますが，過失は河野さんが大きいと思います。

　人身は無制限，物損は1,000万円の任意保険に入っていますから，保険会社にお願いして示談ができると思います。

14　今後は十分注意して運転しますから，ご寛大な処分をお願いします。

太田　二郎　㊞

〈以下省略〉

## 検察官の着眼点

- 1）　反則金納付の有無は必ず調書に記載し，未納付と供述した場合は事実の確認を行う。
- 2）　原図を示す場合には，「実況見分調書末尾添付の現場見取図（原図）を示した。」と記載するのではなく，「実況見分結果に基づく現場見取図（原図）を示した。」あるいは「実況見分の結果を記載した現場見取図の原図を示した。」と

するべきであろう。そして，示した原図は，必ず調書に添付すべきと思われる（少なくとも原図は保存しておくべきである。）。そうでないと，今度は，示した原図がこれであると原図を別に提出して立証しようとしたところで，示された原図ではないとの主張をされた場合，立証に難渋することになるからである（現実にそういう事案が発生し，問題になったことがある。）。原図と実況見分調書の見取図は，数値等は同じになるべきものであるが，記載ミス等により異なる場合もあるところ，原図が保存されていない場合，どのような原図を示したかが立証できなくなるからである。

　一部の県警では，原図を示すことは避け，実況見分後に現場見取図が完成していない時点で被疑者から事故状況を聴取してこれを供述調書にする場合には，見分結果をまとめた簡単な略図（道路の形状を略記した図面に，主要な位置関係と相互の距離の数字を記載したもの）を作成し，これを示した上（奥書には「実況見分の略図」を示した旨記載する。），必ず調書に添付する扱いとしている。

**3）** 本事例のように，2人の指示による実況見分の結果を，1枚の図面として作成し，これを被疑者に示した場合の調書の記載例である。

**4）** 相被疑者あるいは被疑者と被害者又は被疑者と目撃者等関係人を，同時に立ち会わせて実況見分をすることは，原則として避けるべきであり，別々に立ち会わせて各別の見取図を作成するのが望ましいといわれている（双方の指示説明が合致することは少ないため，調整が必要となり，一方，又は双方が押し付けられたと言い出す可能性が高いため）が，原則どおり実行できない場合もある。実行できない場合は，指示地点の差異を明らかにし，供述調書でも指示は誘導等によるものでないことを明らかにする。

## Ⅳ 交通事故現場見取図

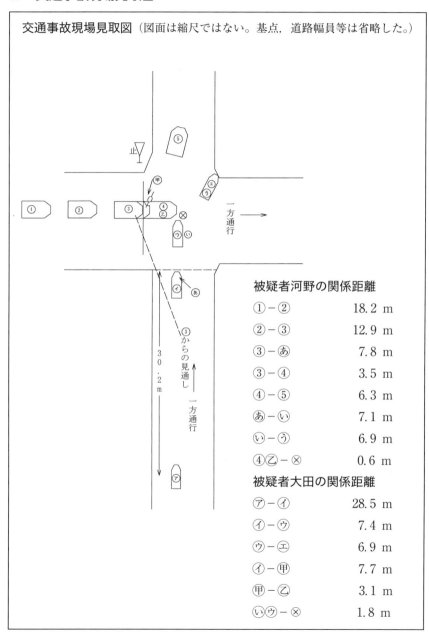

交通事故現場見取図（図面は縮尺ではない。基点，道路幅員等は省略した。）

被疑者河野の関係距離

| ①－② | 18.2 m |
| --- | --- |
| ②－③ | 12.9 m |
| ③－あ | 7.8 m |
| ③－④ | 3.5 m |
| ④－⑤ | 6.3 m |
| あ－い | 7.1 m |
| い－う | 6.9 m |
| ④乙－⊗ | 0.6 m |

被疑者大田の関係距離

| ㋐－㋑ | 28.5 m |
| --- | --- |
| ㋑－㋒ | 7.4 m |
| ㋒－㋓ | 6.9 m |
| ㋑－甲 | 7.7 m |
| 甲－乙 | 3.1 m |
| いう－⊗ | 1.8 m |

# 右折事故①

> **事例⑫**
> 青色信号に従い右折進行した普通乗用自動車と直進してきた自動二輪車が衝突

## I 被疑事実の要旨

　被疑者は，平成○年7月6日午後7時38分頃，普通乗用自動車を運転し，浜松市○区○○・○○番地の1先の信号機により交通整理の行われている交差点を青色信号に従い○○方面から○○方面に向かい右折進行するに当たり，対向進行してくる○○○○（当時25歳）運転の自動二輪車を認めたのであるから，同車の動静を注視してその安全を確認しながら右折進行すべき自動車運転上の注意義務があるのにこれを怠り，同車が接近するまでに自車が右折を完了できるものと軽信し，同自動二輪車の動静を注視せず，その安全確認不十分のまま漫然時速約25ないし30キロメートルで右折進行した過失により，同車に自車左側面部を衝突させて，同人を同自動二輪車もろとも路上に転倒させ，よって，同人に両側大量気血胸の傷害を負わせ，同日午後8時36分頃，同市○区○○・○丁目○番○号○○病院において，同人を前記傷害に起因する出血性ショックにより死亡させたものである。

## II 被疑者供述調書（事実関係調書）

供　述　調　書　（甲）

〈本籍，住所，職業　省略〉

氏名　藤井　啓介

　　　　　　　　　　　昭和○年○月○日生（当時○歳）

《冒頭省略》

1　私は,
　　　平成26年7月6日夜
　　　浜松市○区○○にある○○街道の信号交差点
で,交差点を青信号で右折する時,対向を直進してきたオートバイとぶつかり,オートバイに乗っていた人が死亡する事故を起こしましたので,そのことについてお話します。

2　事故を起こした日については,7月6日ということは覚えています。
　当日買物に行くため,私が寮を出たのが午後7時半前後ではなかったかと記憶しており,私の寮から事故現場までは車で10分くらいかかりますので,事故発生の時間は午後7時20分過ぎくらいとしか分かりません。
　また,事故の発生場所については,○区中瀬の笠井街道の中瀬何とか北と表示された信号交差点というのは分かりますが,正確な発生地番についても分かりません。
　ただいま担当の警察官から今回の事故の正確な発生日時場所については,
　　　平成○年7月6日午後7時38分頃
　　　浜松市○区○○・○○番地の1
であると教えてもらいました。

3　事故当日私は,事故現場のもう少し南側にある遠鉄ストアに買物に行く途中でした。[1)]
　私は寮で夕食をとりますが,夕食の時間が割と早めなので,夜には腹が減ることがあります。
　そんな時,会社の人に,遠鉄ストアの惣菜がうまいという話を聞いたので,私は時々惣菜を買いに行くようになりました。
　事故現場の信号交差点を直進すると,そのまま遠鉄ストアのある交差点に出ますが,事故現場信号交差点を右折して少し先の交差点を左折するとマクドナルドのある交差点に出て,そこを左折すると遠鉄ストアの前に出るので,私は時々事故現場交差点を右折して遠鉄ストア

に行くこともあります。

事故現場信号交差点を直進するか右折するかは，特に意味はなくその日その日の気分で決めます。

4　事故当日の天候は晴れでした。

路面状態は，アスファルト舗装された平坦な道路で，路面は乾燥していました。

事故現場は信号機が設置された十字路交差点で，私の進路から対面の信号はよく見えます。

私の進路の南北道路は，中央分離帯のある片側二車線道路で，事故現場交差点の手前は右折車線が設置されています。

また道路の両側には，歩道が設置されています。

交差点北西角と南東角には，それぞれ街路灯が立てられており，交差点内は明るくなっています。

当時の私の進路の交通量は，既に通勤（退勤）時間帯も過ぎていたので少なく，私が信号待ちをしている時も対向で止まっている車はなく，私の後ろにも私の左隣の直進・左折車線側にも止まっている車はいませんでした。

交通規制については，特に意識して運転していたわけではないので覚えていませんが，警察官から最高速度時速50キロメートル，駐車禁止であると教えてもらい，分かりました。[2)]

5　事故当時運転していた車は，私名義の

　　　　普通乗用自動車
　　　　ニッサン　エクストレール
　　　　ナンバー　浜松○○○と○○○○号

です。

この車は，私が平成○年5月末に，浜松市の○○自動車街の通りから少し離れたところにある，MS自動車商会という店で買ったものです。

私はこの車で，平日は仕事が終わってから買物に行く時に使っていました。

また，週末は〇〇にある実家に帰る時にも使っていました。
　買ってから1か月くらいしか乗っていませんが，この車は故障したことはありませんでした。事故当日も，ハンドル，ブレーキ，ヘッドライト，ウインカー等に故障はありませんでした。[3]

6　それでは事故を起こした時の状況について，詳しくお話しします。
　先ほどもお話ししたとおり，私は普通乗用自動車を運転して買物に行く途中で，南北の通りを〇〇方面から〇〇方面に向かって走っており，事故現場交差点を右折して〇〇方面に向かうつもりだったのです。
　私はヘッドライトをロービームにして点けていました。
　私の進路の前には車は走っておらず，私は〇〇方面に向かって走って行くと，事故現場信号は赤でしたので，私は右に合図を出して右折車線に入り，停止線直前で止まったのです。
　私は信号が変わらないかと思いながら対面の信号の方を見ていたのです。そして対面後信号が赤から青に変わったので発進したのですが，交差点に入ってすぐ対向から走ってくるバイクのライトが見えました。
　ライトは，1つ目か2つ目かも覚えていないくらいチラッと目に入っただけですが，[4]遠くに見えたので先に右折できるものと思い，その対向のライトからすぐ目を離して右折方向を見ながら走ったのです。
　私は右折しながら普通の加速して行きましたが，もう少しで交差点を抜けるという時に突然，バーンという物凄い音とともに私の方にばらばらと何かが飛んできて，車全体に衝撃が来て私の車がグラッと横に揺れたのです。
　私は今まで経験したことのない衝撃だったので，一瞬何が起きたのか分かりませんでした。
　私は，交差点を右折したところで車を止めました。
　それから助手席の方に目を向けると，助手席のガラスが抜け落ちて

いるのが分かったのです。
　そして，周りを見ると，助手席から私が座っている運転席の方まで，車内はガラス片だらけでした。
　それで私は，
　　　事故を起こしたんだ
ということが分かったのです。
　それから私はすぐ交差点の方を見ると，人とバイクが倒れているのが分かったのです。
　そこで初めて，私はバイクとぶつかったことが分かったのです。
　それから，誰かが倒れている人の方に駆け寄って行くのが分かり，私も急いで倒れている人の方に行きました。
　その人はヘルメットを被った人で，頭を東の方に向けて左を下に横向きに倒れており，男性であることは分かりましたが，ヘルメットをかぶっていたので顔までは分かりませんでした。
　私は，あまりに突然の出来事に呆然としてしまい，その倒れている人に声を掛けることもできませんでした。
　そして，その頃には，周りに数人の人が集まってきて，
　　　誰か救急車は呼んだか
と叫ぶ声は聞こえ，
　　　呼んだ
という答えが返ってくるのが聞こえました。
　また，誰かが倒れている人に
　　　大丈夫か
と声を掛けていましたが，その人は呼び掛けに答えることもなく道路に横たわったままでした。
　そして，体のどこの部分から出ているのか分かりませんでしたが，みるみるうちに血が流れ始めたのです。
　私は倒れている人の様子から，
　　　大変な怪我をしている

というのが分かりましたが，どうしていいか分からず，ただおろおろしていただけでした。

　突然発生した大事故に周囲は騒然とした雰囲気となっていましたが，倒れている人の路面には血だまりができていて誰も動かすことはできず，ただ，見守っているだけの状況でした。

　そのうち救急車が到着し，救急隊の人が事故の当事者を呼んでいたので，

　　　　私が起こしました

と答えて，救急隊の人に事故を起こした状況をお話ししたのです。

　その間に別の救急隊の人が倒れている人からヘルメットを外し，救急車内に運び込みました。

　その後私が警察の現場検証に立ち会って，事故を起こした状況を詳しく説明したのです。

　その現場検証の最中に相手の人が亡くなったことを警察官から聞いています[5]。

7　事故を起こした時の状況について，私は現場に来た警察官に説明しましたが，その時私は相手のバイクは遠くに見えたと説明しています。

　ところが双方の車両の壊れの程度から速度鑑定をしてもらったところ，ぶつかった時の私の車の速度は

　　　　時速約25〜30キロメートル

で，相手のバイクの速度は

　　　　時速約70〜75キロメートル

であったと教えてもらいました。

　それで，一昨日再度事故現場に来て，実況見分をやり直し，私の車の速度と相手のバイクの速度から，私が相手のバイクに気付いた時の相手の位置を再現したところ，私が事故直後の現場検証で説明した位置よりももっと手前であることが分かりました[6]。

　現場検証に立ち会った時，私が説明した事故の状況について書かれ

た図面があれば見せてください。
　この時本職は，平成○年7月6日付本職作成の実況見分調書に添付の交通事故現場見取図を供述人に示した〈→301頁〉。

　この図面は，一昨日私が現場検証に立ち会って事故を起こした時の状況について説明したとおりに書かれていますので，この図面に従ってお話しします。

　私は南北の通りを○○方面から○○方面に向かって走ってきて，事故現場信号交差点を○○方面に右折しようとして右折車線に入りました。

　そして，事故現場信号交差点の対面の信号
　　　㊞$_1$，㊞$_2$
が赤信号だったので停止線手前の
　　　①地点
で停止したのです。

　そして，対面の信号
　　　㊞$_1$，㊞$_2$
が赤から青に変わったので，発進しました。

　そして
　　　②地点
で対向に目をやると
　　　㋐地点
に相手のバイクのヘッドライトが見えたのです。

　私はヘッドライトが遠くに見えたので，先に右折できるものと思い，すぐ相手から目を離して右折方向を見ながら右にハンドルを切り始めました。

　そして，普通に加速して行き，もう少しで交差点を抜けるかという
　　　③地点
に来た時に相手のバイクと衝突してしまったのです。

　ぶつかったのは，

㋟地点
で，私の車の左ドアに相手のバイクの前輪がぶつかりました。
　私は交差点を右折した
㋑地点
に車を止めると私は車から降りて交差点の方を見ました。
　すると，相手の人は交差点内の
㋐地点
に倒れており，バイクはその向こう側
㋒地点
に倒れていたのです。[7)]
8　この事故の原因は，私が
　　　相手のバイクの動きを見ていなかったこと
です。事故現場は十字路交差点ですが，私の進路は直線道路となっており前方の見通しはよく見える状況です。
　ですから，対向から走ってくる相手バイクの動きをしっかり見ていれば交差点に接近する状況が分かり，停止するとか，もっと速度を落とすかなどの措置をして，相手を先に通過させることができ，今回の事故を避けることができたものと思います。
9　私がそのような不注意な運転をした理由は，発進してすぐ対向から走ってくる相手バイクに気付いた時，かなり遠くにいるように見えたので，十分余裕で先に右折できるものと思ったからです。
　そして，相手からすぐ目を離してしまい，自分の進路先の右折方向を見たまま右折したのです。[8)]
10　私は，お互いの車の壊れを確認するための見分にも立ち会っています。
　私の車は助手席ドアが大きく凹み，窓ガラスが割れていました。
　そして，ドアの下の方に相手バイクの前輪タイヤの痕が黒く付いているのを確認しました。
　また，相手バイクは前部が大きく壊れて変形しており，前輪のホ

イールが凹んでいるのも確認しています。

それから相手バイクの左側面に私の車の赤い塗料がついているのも確認しました。

11 事故の当日，警察の現場検証が終わった後，私は会社の上司に寮まで送ってもらいました。

私は事故の現場で，両親に事故を起こしたことを電話で伝えてたので，両親が寮まで迎えに来てくれて，私は両親と一緒に○○医科大学医学部附属病院に向かったのです。

しかし，私達が病院に着くのと入れ違いくらいで相手の家族の人は帰った後で，相手の家族の人と会えませんでした。

それで翌日の午前中，私は両親と一緒に警察に来て相手の連絡先を教えてもらい，その日の午後，相手の人の家に行きました。

そして，相手の御両親と面会しました。

私は相手の御両親に，事故を起こしたことに対し，

　　申し訳ありませんでした

と謝罪しましたが，相手の御両親は

　　あまりに突然なことで，まだ何が起こったのか理解できない

と言っていました。

そこで，私は，通夜と葬儀の日程を教えてもらい，私は通夜だけ出席しました。

その時は，私は両親にも来てもらい，香典を包んで持って行きました。

私は両親と話し合い，事故を起こした人が通夜や葬儀で遺族の方の前に顔を出すのはよくないのではないか，ということになり，通夜の時も外で焼香させてもらい，亡くなった方の両親とは顔を合わせませんでした。

そして，そのような理由で葬儀にも出席しませんでした。

12 示談関係については，保険会社に任せてあります。

事故当時乗っていた私の車には，○○火災の任意保険が，対人対物

とも無制限にかけてありました。
　保険会社の人の話では，49日の法要が終わって9月5日に相手方と最初の話し合いをした，ということを聞きました。
　相手方はまだ書類を揃えている段階で，まだ具体的な話には進んでおらず，次の話し合いの日程についても調整中ということでした。
13　今回の事故については，私の不注意で相手の方が亡くなってしまい，遺族の方には本当に申し訳ないことをしたという気持ちです。
　私は今まで車を運転していて，交通違反で捕まったことはなく，交通事故を起こしたこともありませんでした。
　しかし，初めて起こした交通事故が死亡事故になってしまい，私自身もショックを受けました。
　事故を起こして以来，一度も車は運転していません。
　運転したい気持ちも少しありますが，もし車を運転してまた事故を起こしたらどうしようかとか，常に不安な気持ちが先走ってしまい，もう車は運転したくないという気持ちの方が強いです。
　今回の事故で，私はまだ1人ではどうしていいのか分からなかったので，両親にも迷惑をかけてしまいました。
　相手の方が亡くなってしまったということで，いくら保険で慰謝料を支払っても相手の方が生きて戻ってくるわけでもなく，相手の遺族の方の悲しみが癒やされるわけでもありませんが，私はただ謝罪することしかできません。
　私は今後，自分が犯した罪により刑事処分を受けることは分かります。どんな処分を受けるか分かりませんが，私が死亡事故を起こしたことは間違いないことですので，謹んで受ける所存です。

　　　　　　　　　　　　　　　　　　　　　藤井　啓介　㊞

〈以下省略〉

## 検察官の着眼点

1）運転目的を述べたものである。
2）以上の4の項目は，過失認定の基礎となる客観的な道路状況や交通規制等を明らかにするものである。

3） 過失認定の基礎となる車両の故障の有無についての押さえである。
4）「1つ目2つ目」というのは，バイクの前照灯のライトの個数が1個のものを「1つ目」，2個のものを「2つ目」というが，そのことを意味している。バイクに詳しくない者は，前照灯がライト1個のものと2個のものがあることを知らない者もおり，この表現では分かりにくいので，分かりやすい表現を用いた方がよいであろう。例えば，「ライト（あるいは前照灯）が1個式のものか2個式のものか分かりませんでした」等である。
5） 6の項目の事故状況に関する供述は，描写が淡白に過ぎるきらいはある（体験している以上，更に詳しい事実は記憶しているものと考えられる。）が，要点は押さえている上，淡々としているがゆえにかえって流れがよく，事故状況が浮かび上がっていて不思議に臨場感がある。
6） この実況見分のやり直しは，必要である。当時の記憶に基づく指示説明が客観的に間違っている以上，前の実況見分調書は，ほとんど証拠価値はないので，新たな実況見分調書は事故状況を明らかにする上で必要になるからである。
7） 以上の実況見分における現場指示と事故状況についての現場供述のうち，②地点における被害車両の位置⑦に関する部分に関しては，記憶に基づくものでなく，速度鑑定を前提にして，遡って②地点に被疑者がいた時点における被害車両の位置として矛盾しない位置を示したものである。実況見分における指示説明の中には，客観的な事実関係と照らし合わせることによって，被疑者等事故当事者が記憶喚起されて指示説明する場合もあるが，本事例の場合は，記憶喚起されたものとは言えない。夜間であり対向から進行してくる車両の位置が，いくら客観的な事実（双方の速度）を提供されたとしても，記憶喚起されることは考え難いからである。したがって，事実認定における根拠証拠としては薄弱と言わざるを得ないが，捜査段階で被疑者が被害車両の位置として⑦を推測としてでも認めていること，したがって，公判でもそれに反する主張をしないであろうという程度の意味はある。もちろん，否認する場合もあるので保証の限りではないが，客観的な速度鑑定に沿う事実である以上，否認する可能性も少ないということはいえよう。

　しかしながら，警察官調書では，以上のことは無視して，さも，⑦が被疑者の記憶に基づく被害車の位置であるかのような記載になっているのは，フィクションを事実として説明するもので，妥当ではない。

　この点，検察官調書は，「私が②地点の時，相手のオートバイが⑦地点にいたということは，衝突時の速度から警察官に指摘されて分かったことで，私としては，もっと遠くだったような気がしていたのですが，見たのも一瞬チラッとだったので，相手のオートバイの位置を正確に説明できないのが正直なところです。」のようになるであろう。
8） 過失行為の理由及び過失行為の内容を明らかにするものである。このことによって，過失行為の存在が根拠付けられ，過失認定に繋がるので必要なことである。

## Ⅲ 交通事故現場見取図

交通事故現場見取図（図面は縮尺ではない。基点，道路幅員等は省略した。）

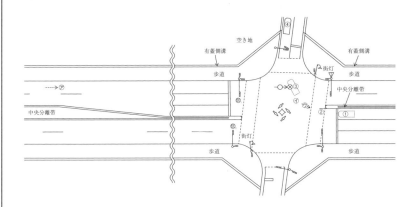

立会人（被疑者藤井）の指示説明

　一時停止したのは①
　右折中に相手のライトを見たのは②
　その時の相手の位置は㋐
　衝突したのは⊗
　その時の自分の位置は④
　車を停止したのは④
　相手の倒れていたのは㋑
　バイクが倒れていたのは㋒

凡例
　→①②③　「藤井啓介」の進路
　--→㋐㋑㋒　「〇〇〇〇」の進路

関係距離

| | |
|---|---|
| ▽〜⊗ | 12.4 m |
| ①〜② | 6.3 m |
| ②〜③ | 11.0 m |
| ③〜④ | 17.2 m |
| ③〜⊗ | 1.5 m |
| ⊗〜㋑ | 4.5 m |
| ⊗〜㋒ | 7.2 m |
| ㋐〜⊗ | 82.8 m |
| ②〜㋐ | 92.5 m |
| ①〜信₁ | 30.6 m |
| ①〜信₂ | 32.6 m |
| ④〜㋑ | 21.5 m |
| ④〜㋒ | 23.3 m |

# 右折事故②

> **事例⑬**
> 信号交差点で右折する普通貨物自動車が連続停止車両の左側から直進してきた原動機付自転車に衝突

## I 被疑事実の要旨

　被疑者は，平成○年○月○日午後2時35分頃，普通貨物自動車を運転し，東京都足立区○○1丁目○番○号先の交通整理の行われている交差点を，渋滞のため連続して停止している対向直進車両の前面を通過して，A方面からB方面に向かい右折進行するに当たり，同停止車両の左側には二輪車の通行余地があったのであるから，最徐行して同通行余地を進行してくる車両の有無及びその安全を確認しながら右折進行すべき自動車運転上の注意義務があるのにこれを怠り，同停止車両の運転手が右折を促す合図をしたのに気を取られて同通行余地から進行してくる車両の有無，安全を確認することなく漫然時速約10キロメートルで右折した過失により，折から，右通行余地を直進してきた竹内正俊（当時28歳）運転の原動機付自転車を至近距離に認め，急制動の措置を講じたが間に合わず，自車を同車に衝突転倒させ，よって，同人に加療2か月を要する右下腿骨骨折等の傷害を負わせたものである。

## Ⅱ 被疑者供述調書（右折する普通貨物自動車が，通行余地部分を直進してきた原動機付自転車に衝突）

供 述 調 書（甲）

〈本籍，住居　略〉
職　業　家業手伝い
氏　名　石川　忠泰

平成○年○月○日生（当時○歳）

《冒頭省略》

1　私は，本月○日午後2時35分頃，東京都足立区○○1丁目○番○号先の，信号機のある交差点を，普通貨物自動車で右折する時，対向直進してきた竹内正俊さん（事故後初めて名前を知りました。）運転の原動機付自転車と衝突し，竹内さんに怪我させる事故を起こしましたので，事故の状況をお話しします。

母を助手席に乗せ，現場近くの得意先に向かう途中の事故で，運転した車は父所有の私がいつも運転していて故障はないトヨタ○○1800ccです。

この時本職は，平成○年○月○日付司法警察員○○○○作成にかかる実況見分調書添付現場見取図（原図）を示した[1]〈→307頁〉。

2　お示しの図面は，私が事故現場で指示説明したとおり記載されており，事故の状況は図面のとおり間違いありません。この図面によって事故の状況をお話しします。

事故現場交差点を右折して300メートルくらい先の○○株式会社に納品のため，午後2時20分頃，店舗兼用の自宅を出発し，2時25分頃，交差点に差し掛かったら青色信号でしたので，右折レーンから右折の合図を出して交差点に入り，対向直進車が交差点内にぎっしり止まっていて右折できないため，先頭で，図面①にエンジンをかけ，ギアをドライブに入れた状態で停止し，いつ通れるかな等と母と話をしながら待っていると，2，30秒くらい経った頃右側の停止車は前進し

ましたが，直進車線に止まっている図面㊆の幌付きの貨物車と，Ⓐのワンボックスカーは止まっていて，私の車が通れるように前を空けてくれました。この時の対面する○○方面の信号は青でした。

そして，㊆の貨物車の運転手が，私に右手を振って右折するよう合図をしたので，その時には私の後続の右折車も止まっていましたから，早く右折して行かないと合図をした運転手や後続車に悪いと思い，Ⓐ車の左から来る直進車の有無は考えず，すぐ発進して時速約10キロメートルで，㊆の運転手に顔を向け軽く頭を下げながら右折して行き，前を向いたのが図面②です。

②で前を向いた瞬間，㋐に原付車の前輪が見えたので，「しまった。」と思いながら急ブレーキをかけましたが，⊗で原動機付自転車の前輪に私の車の左側前部が衝突し，原動機付自転車は前のめりになって運転者はボンネットに乗ってから路上に転落したので，④に停止した車から降りてみると，原動機付自転車は㋒，運転者は㋓に倒れていました。

衝突した時の私の車は③，原動機付自転車は④です。「しまった。」と思ったというのは，この交差点はよく通っていて，Ⓐ車が停止している第一車線の左側に，二輪車が通れる1メートルくらいの通行路があり，時期と回数は忘れましたが，右折した時，直進車があるかないかをよく見たため，直進してきた二輪車に気付き，通過待ちをしたことが2，3回くらいはあったのに，この時は，直進車のことを全然考えなかったことをすぐに反省したからです。

3　被害者は，起き上がろうとしましたが，右足が痛くて起き上がれない様子で，私より体格がいいので，1人で運べないと思い迷っていると，すぐに大勢の男が来て皆で路上に運んでくれ，誰かが原動機付自転車も道路の端に避けておいてくれました。

母に被害者の側にいてもらい，交通の邪魔になるので，車に戻って見ると，右折する私の対面信号は青になっていました。いつ青に変わったのか見ていません。車を20メートルくらい先の道路左端に止め

てから，110番と119番通報をし，被害者のところに戻っていると，間もなく救急車が来て被害者を病院に運び，救急車がまだ現場にいるところに警察の車が来ましたので，警察官に事故の報告をし，続いて，現場で事故の状況を記憶どおり指示説明しました。

　私に合図した㊥の車が，いつ動き出したか等その後の動きや，運転手については，見ていないので分かりません。
4　この事故は，私が連続停止車両の左側から進行してくる二輪車の有無と安全を確認しないで右折進行したことにあると思っています。

　左側に二輪車が通行できる余地があるのを知っていましたし，連続停止している対向車のため，ここを進行してくる二輪車が見えにくい状況でしたから，㊥車の前では5キロメートル以下くらいに速度を落とし，左方をよく見ながら右折したら防げた事故と思います。

　被害車両の速度について，初めは速いと思っていましたが，私の車が動ける程度の破損であることや，ボンネットに乗り上げた被害者が近くに落下したこと等を考えると，今は，そんなに速い速度ではなかったと思っています。[4)]

　被害者の方の信号の色については，見てないので分かりませんけれども，事故の時の前後の状況から見て，青色か黄色だとしても，変わった直後頃のように思います。
5　2億円の人身任意保険に加入していて，保険会社の人が，何かあったら示談交渉はしますからと言ってくれていますから，示談はできると思います。

　竹内さんは骨折と聞き，申し訳ないことをしたと反省しています。
6　反省しており，二度とこのような事故を起こさないことを誓います。

　ご寛大な処分をお願いします。

石川　忠泰　㊞

〈以下省略〉

> **検察官の着眼点**
>
> - 1） 原図に関しては，前述のとおり（→287頁）。仮に原図を示した場合には，これを調書に添付すべきであろう。
> - 2） 通行余地部分に対する認識の有無と根拠を明らかにする。
> - 3） 「しまった。」と思った旨の供述は，具体的で体験供述としての価値が高い。また，過失を自認していることを示すものとしての価値もある。このようなビビッドな供述を録取するのが，供述調書の本来の目的である。また，その言葉を発した理由をこのように押さえているのもよい。
> - 4） 右直の事故で直進がバイクの場合，バイクの速度が速すぎたという弁解が出ることが多い。したがって，可能な限り，直進バイクの速度を算定するための現場痕跡や車両の変形量等の客観証拠を収集する必要がある。本事例のような被疑者の供述（「私の車が動ける程度の破損であることや，ボンネットに乗り上げた被害者が近くに落下したこと等を考えると，今は，そんなに速い速度ではなかったと思っています。」）は，取調官が理詰めで説得して，供述を押し付けたためであることもある。押し付けた場合は，公判で，弁解として復活することが多いので，押し付けるべきではない。むしろ，速度が速いという供述が出たのであれば，どのくらいの速度と認識したのか，及びその根拠を記載した方がよい。取調官の速度に関する判断に素直に納得した場合には，その納得の経緯も調書上に明らかにすれば，供述の信用性は増すであろう。

## Ⅲ 交通事故現場見取図

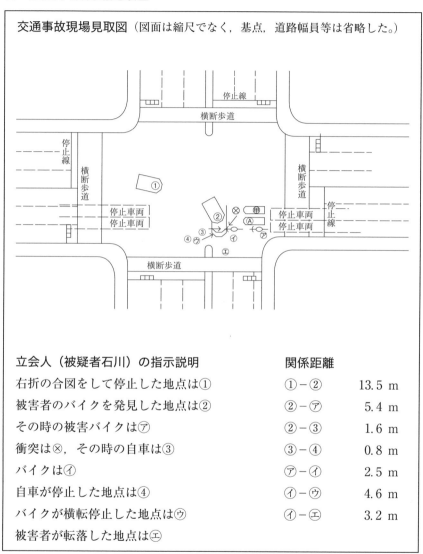

交通事故現場見取図（図面は縮尺でなく，基点，道路幅員等は省略した。）

| 立会人（被疑者石川）の指示説明 | 関係距離 | |
|---|---|---|
| 右折の合図をして停止した地点は① | ①－② | 13.5 m |
| 被害者のバイクを発見した地点は② | ②－㋐ | 5.4 m |
| その時の被害バイクは㋐ | ②－③ | 1.6 m |
| 衝突は⊗，その時の自車は③ | ③－④ | 0.8 m |
| バイクは㋑ | ㋐－㋑ | 2.5 m |
| 自車が停止した地点は④ | ㋑－㋒ | 4.6 m |
| バイクが横転停止した地点は㋒ | ㋑－㋓ | 3.2 m |
| 被害者が転落した地点は㋓ | | |

## Ⅳ 被害者供述調書（連続停止車両の左側の通行余地部分から直進して右折する普通貨物自動車に衝突されて受傷）

供　述　調　書（乙）

住　居　○○○○○
職　業　銀行員
氏　名　竹内　正俊

　　　　　　　　　　　　昭和○年○月○日生（当時○歳）

　上記の者は，平成○年○月○日警視庁○○警察署において，本職に対し任意次のとおり供述した。
1　私は，平成○年4月○○銀行に入行し，○年8月から○○支店の外勤係をしています。
2　運転免許は，平成○年○月東京都公安委員会から普通免許を受け，今年更新しています。
　免許を受けて間もなく，自分の普通乗用自動車を運転し，原動機付自転車は○○支店勤務になってから運転するようになりましたから，経験は1年ちょっとです。
　今回の事故以前には，事故を起こしたことはなく，事故に遭ったこともありません。
3　本年○月○日午後2時35分頃，東京都足立区○○1丁目○番○号先の信号機のある交差点を原動機付自転車で直進する時，対向右折してきた事故後名前を知った石川忠泰さん運転の普通貨物自動車に衝突されて怪我しましたので，この事故に遭った状況についてお話します。
4　事故は，勤務先から専用車として貸与を受け，毎日のように集金に運転している原動機付自転車で，足立区○○2丁目の早田商店に集金に行く途中のことです。
　私は，○○支店を2時頃出発し，集金路に従い進行して次々に集金し，事故に遭った○○通りに面している久保田商店で集金してから，

30分頃，次の集金先の早田商店に向かいました。

　久保田商店前の歩道から車道に出た時，同じ方向に向かう車両が渋滞し，のろのろと進行，発進していましたから，これらの車の左側の1メートルくらいか1.3メートルくらいの通行余地の部分を，時速25キロメートルくらいで進行して，35分頃事故現場の交差点に近づきましたところ，対面信号は青色でしたが，右側では渋滞している多くの車が，停止，発進を繰り返していました。

　久保田商店を出てから，私の前方を走っているバイクはありませんでした。

　この交差点で，1年くらい前に右折車と衝突しそうになったことがありますから，入口の15メートルくらい手前で，時速約15キロメートルに減速し<sup>1)</sup>，入口の横断歩道までは右斜め前方に顔を向け，右折車が出てきてもすぐ止まれる態勢で進行して行って，横断歩道を通過した頃，停止していた前方の車が動き出したので，進行を始めた直進車の前から右折車が来ることはないだろうと思い前を向いた直後，第一車線前の横断歩道にかかるように停止していたワンボックスカーの陰から，右折してきた相手の車の前部が見え<sup>2)</sup>，速度が少し速いと感じましたから衝突すると思い，急ブレーキをかけましたが間に合わず，相手の車の左横前に衝突し，私のバイクは前のめりになり，私は，運転席から飛んでボンネットに乗った後，滑って行って道路に落下しました<sup>3)</sup>。

5　すぐ，起き上がろうとしましたが，右足がガクンとして力が入らず，起き上がれません。そこに後で加害者の石川忠泰さんと分かった男の人が来て「大丈夫ですか。」と声を掛けてきたのですが，この時は無我夢中で，どんな返事をしたのか覚えていません。

　そこに，何人かの男の人達が来て，私を歩道に運んでくれ，少し後で来た救急車で病院に運ばれて診察を受け，お渡しした診断書のとおり，右下腿骨骨折で2か月の加療が必要と診断され，現在入院中で，今日は先生の許可をもらって出頭しました。

この時本職は，平成○年○月○日付司法警察員作成にかかる実況見分調書添付の現場見取図〈立会人被疑者→307頁〉を示した。
6　見せられました図面中，⑦は私が相手の石川さんの車の前部を初めて見た地点，その時の石川さんの車が②地点，⊗が衝突地点で，その時の私のバイクが④，石川さんの車が③です。
　その他については，分かりません。
　石川さんも同じ説明をしていると聞き，事故の状況についてお互いの記憶が一致し，互いを同時頃に気付いたことが分かりました。
7　事故の原因についてですが，私は速度もそんなに出していませんし，間違いなく青色信号に従い直進したのですから，優先権がある私に悪いところはないと思っています。
8　相手の石川さんは，入院した翌々日の○日に見舞いに来て，保険会社で何でもやってくれるからと言い，治療費は保険会社が全部払ってくれていますが，その後は見舞いに来ず，誠意がありません。
　私は，怪我のため勤めを休み，営業成績に影響が出ると思うと，落ち着いて入院していられない気持ちです。
　厳重な処罰をお願いします。

　　　　　　　　　　　　　　　　　　　　　　　竹内　正俊　㊞
〈以下省略〉

---

### 検察官の着眼点

1）　この被害者の場合，速度を時速約15キロメートルに減速した旨供述しているが，その根拠として，以前本交差点で右折車と交通事故に遭いそうになった経験があることを挙げていることからすると，その供述は信用できると考えられる。このように，速度の根拠を具体的に供述者に求めて録取することが信用性を判断する上で重要である。

2）　被害者の落ち度の有無にも関わるので，被害者の右折してくる車両についての確認の状況は聴取しておくべきである。

3）　この部分は，全部を一文で記載しているが，長すぎて読みにくい。短文に分けて記載すべきである。せいぜい，120字くらいを一文にする（NHKのニュース報道の場合は，一文は120字以内に収めるようにしているようである。）こと。

# 左折事故①

> **事例⑭**
> 交通整理の行われている交差点を，信号に従い左折する普通乗用自動車が，左後方から直進する原動機付自転車に衝突

## I 被疑事実の要旨

　被疑者は，平成○年○月16日午後3時5分頃，普通乗用自動車を運転し，東京都杉並区○○2丁目○番○号先の信号機により交通整理の行われている交差点を，A方面からC方面に向かい左折進行するに当たり，自車と道路の左側端との間には約1.7メートルの通行余地があったのであるから，あらかじめ左折の合図をして徐行し，左後方から同通行余地を進行してくる車両の有無及びその安全を確認しながら左折進行すべき自動車運転上の注意義務があるのにこれを怠り，左折の合図はしたが，先を急ぐあまり同通行余地を進行してくる車両の有無及びその安全を確認することなく漫然時速約10ないし15キロメートルで左折進行した過失により，折から同通行余地を左後方から進行してきた江川達夫（当時24歳）運転の原動機付自転車を至近距離に初めて発見し，急制動の措置を講じたが間に合わず，自車の左側部を同車に衝突転倒させ，よって，同人に加療3か月を要する右上腕骨骨折等の傷害を負わせたものである。

## Ⅱ 被疑者供述調書（交通整理の行われている交差点を左折する普通乗用自動車が，左側の通行余地から直進する原動機付自転車に衝突）

供 述 調 書（甲）

〈本籍，住居　略〉
　職　業　会社員
　氏　名　神田　亨

　　　　　　　　　　　　　昭和〇年〇月〇日生（当時〇歳）

《冒頭省略》

1　私は，本月16日午後3時5分頃，東京都杉並区〇〇2丁目〇番〇号先の交通整理の行われている〇〇通りの交差点を，普通乗用自動車で左折する際，事故後名前を知った江川達夫さんという原動機付自転車を運転していた人に怪我させる事故を起こしましたので，この事故の状況についてお話しします。

　　事故の時運転していたのは，3年前に新車を購入して遊びに乗り回していた私所有のトヨタ〇〇2000ccで，故障はなく調子のいい車です。

　　高校時代の友達10人で3台の車に分乗し，上高地にスキーに行き，私は大沢寛治君と真岡貞男君の2人を後部座席に乗せ，神山君，岡田君の車にも分乗して帰途についたのが16日午前10時頃で，3台が先になり後になりして進行してきて，片側各二車線で中央分離帯が設けてある〇〇通りに入り，事故現場から3キロメートルくらい手前の交差点に信号待ちで第一車線に停止しました。この時，解散前に軽い食事をする場所を案内する神山君が先頭で，岡田君，私と3台が連続して停止しています。

　　この交差点を発進して事故現場から約1キロメートル手前の交差点に行く途中，左の道路からの車が私の前に割り込んできて，事故現場手前の交差点に信号待ちした時は神山君，岡田君，3台置いて私の車の順でした。

信号が変わったので発進し，第一車線を時速約50ないし60キロメートルで進行して事故現場交差点に差し掛かりましたが，第一車線の左側区分線の左側は2メートル近い通行余地があるのを，走行中に見て知っていました[1]。

　　この時本職は，平成○年○月○日付司法警察員○○○○作成にかかる実況見分調書添付の現場見取図（原図[2]）を示した〈→316頁〉。

2　お示しの図面は，私が事故現場で係の警察官に指示説明したとおり記載されており，事故の状況は図面のとおりで間違いありません。

　　この図面によって事故の状況をお話しします。

　　事故現場交差点に近づいたところ，前車が減速したので私も減速し，交差点の40から50メートルくらい手前では，時速20キロメートルくらいまでの速度になりましたから，神山君が左折するのではないかと思い，車を少し左側の車線区分線に寄せると，対面信号は青色で，神山君，続いて岡田君の車が左折して行くのが見えましたから，私も交差点の30メートルくらい手前の，図面①辺りで左折の合図を出しました。この頃の速度は時速15キロメートルくらいです。

　　岡田君の車が左折したのを見た頃10メートルくらい前方にいた車は，左折の合図を出しておらず，加速したので，私も時速20キロメートルくらいに加速しながら，神山君達が行った左の道路を見ると，後ろの方を走っていた岡田君の車は見えませんでしたから，早く行かないとはぐれてしまうと気が急いてしまい，それまでは，左折する時は必ず左ドアミラーで左後ろを見て二輪車が来ないのを確認していましたが，この時は神山君達に追い付くのに夢中になって，左後ろを見るのを忘れてしまい[3]，左折して行く道路の方と前車を見て，左ドアミラーを見ず，顔を左に向けて左を見ることをしないまま，軽くブレーキペダルを踏み，時速約10ないし15キロメートルに減速しながら，図面②でハンドルを左に切った頃，左方の㋐付近にバイクが見え，ハッとして急ブレーキをかけた瞬間，⊗で衝突しました。

　　衝突した後の一瞬だけ，バイクは私の車と平行になり，㋑㋒辺りか

ら左斜め前方に滑って行って，㋤で被害者と一緒に転倒し，その後少し滑走して㋖に停止したのを，㋖に停止した車の運転席から見ています。

　衝突の時の私の車は③，相手のバイクは④です。

　㋖に停止した車から下車しながら，それまで寝ていて気配で起きた大沢君と岡田君に「事故を起こした。」と告げ，倒れている被害者の方に行って声を掛け，右腕を骨折したらしいことが分かりました。

　このすぐ後，交差点右側角の交番からお巡りさんが来て，お巡りさんに言われるまま被害者は歩道に移り，バイクと私の車を左に寄せましたが，その前お巡りさんは，被害者がいた場所や，車が止まっていた場所の路面に，チョークで印をつけています。

　また，このお巡りさんが私の車の左側角と左前輪の上のボディ部分に擦過痕があり，ボディ部分が少し凹んでいることや，バイクの前輪のカバー前部が凹んでいることを確かめていたのを見て，これらの箇所が衝突したと思いました。

3　被害者の名前が江川達夫さんということは，現場でお巡りさんに言っているのを聞いて知りました。郵便配達の途中であることはバイクと荷物を見てすぐ分かりました。

　江川さんは，間もなく来た救急車で病院に行きました。今，怪我は右上腕骨骨折等で加療約3か月と聞き，申し訳ないことをしたと思っています。

4　私は，㋐で気付くまで江川さんを見た記憶はありませんから，江川さんの行動は全く分かりません。

　事故の原因は，私が，左折する際に左後方から進行してくるバイクの有無や安全を確認しなかったことにあります。

　②で左にハンドルを切る前に，左後方をサイドミラーで見たら，江川車に気付き，事故を防ぐことができました。

　バイクの速度については，両方の車がどっちもそんなに壊れてないので，そんなに出ていないと思い，私の直進車妨害の事故で相手の江

川さんに過失はないと思っています。
　人身2億円，物損500万円の任意保険に入っていますから，保険会社の人と相談してできるだけのことをしたいと思っています。
5　反省しており，二度とこのような事故を起こさないことを誓いますから，ご寛大な処分をお願いします。

神田　亨　㊞

〈以下省略〉

**検察官の着眼点**

1)　通行余地の認識があった場合には，その認識を記載する。
2)　原図については，前述のとおり（→287頁）。
3)　注意がおろそかになった理由が具体的に述べられており，良い供述調書である。

## III 交通事故現場見取図

交通事故現場見取図（図面は縮尺ではない。道路の幅員，基点等は省略した。）

| 立会人（被疑者神田）の指示説明 | 関係距離 | |
|---|---|---|
| 左折の合図をした地点は① | ①－甲 | 7.2 m |
| その時の前車は甲 | ①－② | 35.1 m |
| ハンドルを右に切った地点及び被害車両に気付いた地点は② | ②－③ | 1.2 m |
| | ②－㋐ | 3.1 m |
| その時の被害車両は㋐地点 | ③－㋑ | 2.6 m |
| 衝突は⊗，その時の自車は③，被害車両は㋑地点 | ③－⊗ | 1.3 m |
| | ㋐－㋑ | 3.7 m |
| 並走状態の時の自車は④，被害車両は㋒地点 | ③－④ | 1.4 m |
| | ④－⑤ | 3.2 m |
| 自車が停止した地点は⑤ | ㋑－㋒ | 1.9 m |
| 被害車両が転倒したのは㋓地点 | ㋒－㋓ | 5.3 m |
| 停止したのは㋔地点 | ㋓－㋔ | 1.6 m |

## Ⅳ 被害者供述調書（交通整理の行われている交差点を信号に従い直進する原動機付自転車に，左折する普通乗用自動車が衝突）

供 述 調 書（乙）

住　居　東京都〇〇区〇〇１丁目23番３－801号
職　業　郵便局員
氏　名　江川　達夫
　　　　　　　　　　　　　　平成〇年〇月〇日生（当時24歳）

　上記の者は，平成〇年〇月〇日東京都〇〇区〇〇１丁目〇番〇号〇〇総合病院において，本職に対し任意次のとおり供述した。

1　私は，平成〇年４月から〇〇郵便局で集配の仕事をしています。
2　運転免許は，同年３月自動二輪車，10月普通免許を東京都公安委員会で取得し，更新を継続しています。
　　原動機付自転車の運転歴は昭和63年からで，今回事故の時運転していたホンダ〇〇原動機付自転車を週５日運転して，郵便配達の仕事をしています。
3　今年〇月16日午後３時５分頃，杉並区〇〇〇の〇〇通りにある〇〇交差点を信号に従い直進する時，左折車に衝突されて怪我をしましたので，この事故についてお話します。
　　私は，午後の配達で〇〇〇２丁目を原動機付自転車で回り，事故現場から100メートルくらい手前で左折して，事故に遭った〇〇通りに入り，左側の二輪車が通れるくらい空いている場所を，時速約30キロメートルでB方面に向かい進行して事故現場交差点に近づいた頃，右側の車の流れが落ち，少し後で前方を２台の普通乗用自動車が左折して行きましたが，後に続く左折車はありませんでした。
　　私は，この交差点を直進するので，そのままの速度で，対面信号の青色を確かめながら進行して行くと，右斜め前方６，７メートルくらいのところを，時速20キロメートルくらいのゆっくりした速度で左折の合図を出して進行していた，事故後名前を知った神田亨さん運転の

普通乗用自動車のストップランプが点いたのが見えました。[1]
　これを見て私は，私のバイクに気付いて，私を通すためブレーキをかけたと思い，そのままの時速約30キロメートルの速度で進行して行くと，私がこの車の左横に来た時，サッという感じで左に曲がり始めたのでびっくりして，急ブレーキをかけましたが，かけたと同時頃に相手の車の左前角に私のバイクの前が衝突し，バイクは車に引きずられるような感じで１メートルくらい並走し，この時ハンドルを取られたので立て直そうとしましたが，どうすることもできないままバイクは左斜めに走って行き，私とバイクは一緒に右横に倒れてから，少し滑って止まりました。
　この倒れた時，思わず右腕を路面につき，その時に骨折したと思います。
　以上が事故の状況です。
4　私としては，対面信号は青色で直進優先ですから，自分に悪いところはないと思っています。神田さんが
　　　　左折するのでブレーキをかけた
と言っていることは分かりました。
　しかし，事故に遭った時，私は通過待ちのためブレーキをかけたと思い，直進しようとしたことは間違いありません。神田車が私の前を突っ切って左折してくるような様子はありませんでした。
5　神田さんは，自分でも何回も見舞いに来てくれましたし，神田さんのお母さんも見舞いに来てくれており，誠意があります。
　示談については，仕事中の事故ですので，局の方に任せています。私の怪我は，右上腕骨骨折等加療３か月の予定で，今のところ順調に治っています。
　できるだけ軽い処分をお願いします。

　　　　　　　　　　　　　　　　　　　　　　江川　達夫　㊞

　以上のとおり録取して読み聞かせたところ，誤りのないことを申し立て署名押印した。

前同日

　　　　　　於前同所

　　　　　　　　警視庁○○警察署

　　　　　　　　　　司法警察員巡査部長　○○○○　㊞

### 検察官の着眼点

**1）** 被害者の前方不注視及び左折車に対する動静注視の有無とその程度は，被疑者の情状に影響する場合があるから，これらを明らかにする。本事例では，被疑者は交差点の約30メートル手前で左折の合図を出し，速度も時速約20キロメートルに落としていることから，時速約30キロメートルの被害者が追い抜こうとしている状況だったと考えられるので，左折合図を見落としていたことが認められ，その点で落ち度はある。

# 左折事故②

>  事例⑮
>
>  交通整理の行われていない丁字路交差点を左折する普通貨物自動車（4トントラック）が，歩道の切れ目を左側歩道から右側歩道に向かい横断する自転車に衝突

## I 被疑事実の要旨

　被疑者は，平成○年○月○日午後1時45分頃，普通貨物自動車を運転し，東京都○○区○○3丁目5番1号先の交通整理の行われていない丁字路交差点を，A方面からC方面に向かい左折進行するに当たり，あらかじめ左折の合図をし，徐行して前方左右を注視し，進路の安全を確認しながら進行すべき自動車運転上の注意義務があるのにこれを怠り，左折の合図はしたが，対向車両に気を取られて左方の安全確認不十分のまま漫然時速約5ないし10キロメートルで左折進行した過失により，折から左側歩道から右側歩道に向かい進路前方を自転車に乗って横断中の寺田幸子（当時34歳）に全く気付かず，自車の左前部を同自転車に衝突させて同人を同自転車もろとも路上に転倒させた上，自車の左後輪で同人の左大腿部を轢圧し，よって，同人に加療5か月を要する左大腿骨複雑骨折等の傷害を負わせたものである。

Ⅱ　被疑者供述調書（丁字路交差点を左折する際，左側の歩道からの自転車に衝突）

供　述　調　書（甲）

〈本籍，住居　略〉
職　業　　自動車運転手
氏　名　　立山　富雄

昭和○年○月○日生（当時○歳）

《冒頭省略》

1　私は，本月○日午後1時45分頃，東京都○○区○○3丁目5番1号先の信号機のない交差点を，普通貨物自動車で左折する際，事故後名前を知った寺田幸子さんという方に怪我をさせる事故を起こしましたので，この事故の状況についてお話します。

　事故の時，私は，3年前から担当車としてルート集配の仕事に運転している4トントラックで，事故現場から約1キロメートル先の○○集配センターに行く途中で，車に故障はなく，ミラーはよく見えるように自分で調整してありました。

　この時本職は，平成○年○月○日付司法警察員○○○○作成にかかる実況見分調書添付の現場見取図を示した〈→327頁〉。

2　お示しの図面は，私が事故現場で係の警察官に指示説明したとおり記載されており，事故の状況は図面のとおり間違いありませんので，この図面で事故の状況についてお話します。

　○日は，午後1時頃，○○集配センターで雑貨約3トンを積み込み，45分頃いつも通る道路をA方面からB方面に向かい時速約30キロメートルで進行して，事故現場交差点に差し掛かりましたが，ちょうど車が空いている頃で，この時車道には人も車も見当たりませんでしたが，歩道の人や自転車を見た記憶はありません。

　私の車で，事故現場の交差点を左折する時は，右に少しふくらまないと左後方が左側の塀に当たります。

私は，交差点の手前30メートルくらいの図面①辺りで左折の合図を出し，減速しながら右にふくらみ，②に来た時，C方面から進行して左折するトラックが㊦に見えたので，このトラックが左折した後にすぐ左折して行くため停止に近いくらいまで減速し，トラックを見ながら③地点に来た頃，対向トラックは㊦付近でしたから，顔を右に向けトラックの後ろと接触しないことを確かめて加速し，時速5から10キロメートルくらいで左折進行中，④地点辺りで左前部に何かがコンと当たったような感じがしたので，気になり⑤に停止して車から降りて後ろに回って見ると，事故後名前を知った被害者の寺田さんが，車の左後輪前の㋐に，自転車が左を下にして㋑に倒れているのが見えました。

　すぐ，寺田さんのところへ行って見ると，寺田さんは左足を痛がっていましたので，車を少しバックしてから急いで携帯電話で110番通報をし，現場に戻り苦しんでいる寺田さんを励ましているところに，救急車と警察車が来て，寺田さんは病院に搬送されました。

3　私は，㋐に見るまで寺田さんを見たことはなく，寺田さんがどこから来たのか，私の車のどこに当たったのか見当もつきませんでしたが，寺田さんが病院に運ばれた後の現場検証の時，私の車の前部バンパーの左端の方に擦過痕があり，自転車が左側を下に倒れているのを見て，この状況から，私の車が左方から来た寺田さんの自転車に衝突したと思いました。

　私は，図面②から左折する時に，左方を見たことはありません。これは交通が閑散で左側の歩道から自転車や人が来ることは全く考えなかったためであり，対向車に気を取られたためではありません。

4　事故現場で，私の車の運転席から左の見通し状況を確かめ，左の歩道から来る自転車は，私が図面③の時に，ミラーと肉眼を使えばよく見えることが分かりました。

　事故の原因は，私が，左折する際に，左方やすぐ近くの前方を見なかったことにあると思います。それ以外のことは，今のところ考えら

れません。
　車の見通し状況から，③で加速する前に，歩道から私の車の左前付近にかけての部分をよく見ていたら，防げた事故と思っています。[4]
5　寺田さんの怪我の状況はまだ分からないので，はっきりしたことは言えませんが，会社の事故係に頼みできるだけのことをしたいと思います。
6　反省しており，二度とこのような事故を起こさないことを誓いますから，ご寛大な処分をお願いします。

　　　　　　　　　　　　　　　　　　　　　　立山　富雄　㊞
　　　　　　〈以下省略〉

### 検察官の着眼点

- 1）左側方不確認の具体的な状況は，顔の向き等で明らかにすると具体的な不確認の状況が明確になる。
- 2）左折中の被疑車両の速度は，被害者が直前を横断する原因になっている場合もあるので具体的に記載する。
- 3）左折車と自転車の衝突事故の場合，被疑車両の衝突箇所によっては，被害者の前方不注視の過失が多いとして過失を否定される場合もなくはない（長大なトラックの後部左側等）上，被害者の落ち度を判断する上で，重要な事実となるので，衝突箇所は，痕跡等の客観証拠を収集して，特定する必要がある。
- 4）被疑者が被害者を発見していない事故については，現場で見通し状況を明らかにすべきであり，それを被疑者供述調書に記載しておくことが望ましい。

## III 被害者供述調書（交通整理の行われていない丁字路交差点を自転車で横断中，左折する普通貨物自動車に衝突）

供 述 調 書（乙）

住　居　東京都〇〇区〇〇5丁目3番1-205号
職　業　無職
氏　名　寺田　幸子

　　　　　　　　　　　昭和〇年〇月〇日生（当時〇歳）

　上記の者は，平成〇年〇月〇日東京都〇〇区〇〇丁目〇番〇号〇〇外科病院において，本職に対し任意次のとおり供述した。

1　私は，平成〇年3月結婚した寺田良平，今年の3月生まれた長男勇の3人家族で，結婚当時から現住居に同居しています。

2　運転免許は，21歳の時に普通免許を東京都公安委員会で取得し，更新を継続しています。
　　運転は，週1，2回夫所有名義の普通乗用自動車を運転していますが，運転はあまり上手ではありません。

3　今年〇月〇日午後1時45分頃，〇〇区〇〇3丁目5番1号先の信号機のない丁字路交差点を自転車で横断する時，右の方から左折してきた立山富雄さん運転の普通貨物自動車に衝突されて足をひかれ，左大腿骨複雑骨折等の怪我をしましたから，この事故についてお話します。
　　私は，お昼を済ませた後，子供を寝かせてから，起きるまでに夕食の買物をするため，近くのスーパーに行くことにし，午後1時40分頃自転車に乗って自宅を出発し，事故現場通りの左側の歩道を，スーパーがあるB方面に向かい普通の速度で進行して事故現場の交差点に差し掛かりましたが，当時は人通りも車もありませんでした。
　　事故現場交差点の10メートルくらい手前にきた時，トラック1台が私の右側に並んだので見ると，このトラックは左折の合図を出していました。トラックが左折してから向こう側に渡ることにして，交差点

入口に停止しようとした頃，左側から左折の合図を出したトラックが来たので，自転車にまたがったまま左足を路面に着けて停止して見ると，右側のトラックは停止したように見えました。

　それで私は，このトラックは私を通してくれるため止まったと思い，左から来たトラックのすぐ後ろを通って行くことにし，左からのトラックが前を通り過ぎる直前に発進しました。

　ところが，自転車が車道に降りて少し走った頃，右側のトラックの大きなエンジン音が聞こえたので，びっくりして急ブレーキをかけ，自転車が止まったと同時頃，トラックが右から衝突し，私は自転車と一緒に倒れてから，転んで足が車の下に入りました。

　その直後，私の足に車輪が乗ったので，もう駄目だと思った瞬間，車が停止したので助かったと思いましたが，今度は足が痛くて気が遠くなりました。

　どのくらい経ってからか分かりませんが，男の「大丈夫ですか。」の声が聞こえてきました。

　痛さのため半分は気が遠くなっていて，記憶がはっきりしないところがありますが，誰かが側にいて声を掛けていたこと，救急車で運ばれたことは知っています。

4　加害者の立山さんは停止したことはない，と言っていると今伺いました。私は，右側の加害トラックの車輪が完全に停止したかどうかまでは確かめていませんから，停止したと言い切れませんが，止まったように見えたことは間違いありせん。

　私は，トラックが止まってくれたと信じていますし，仮に止まっていなくても，止まったと同じ状況で横断を始めたのですから，私に悪いところはないと思っています。

　事故の後で名前を知りました立山富雄さんは，7月に2回見舞いに来ましたが，後は保険会社の方に任せきりで誠意がない方です。

　私の怪我は，左大腿骨複雑骨折等で加療5か月の予定ですが，これはリハビリを除いてのことで，リハビリには半年くらいはかかるとの

ことですから，完全に治るのはまだまだ先です。
　立山さんの方では，治療費を保険で支払っているだけで，子供の養育関係の費用や入院のための諸雑費等は支払われていません。
　子供も病気をするなど散々で，立山さんが憎くてなりません。
　重い処罰をお願いします。

　　　　　　　　　　　　　　　　　　　　　寺田　幸子　㊞

以上のとおり録取して読み聞かせたところ，誤りのないことを申し立て署名押印した。
　　前同日
　　　　於前同所
　　　　　警視庁○○警察署
　　　　　　司法警察員巡査部長　　○○○○　㊞

# Ⅳ 交通事故現場見取図

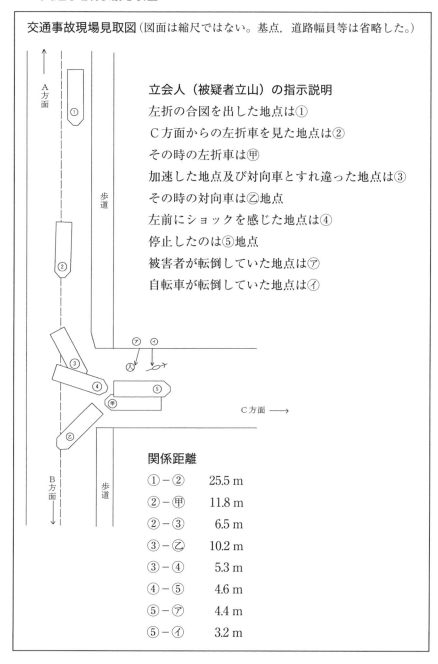

# 第4章　進路変更・追越し・追抜き事故

## 1　進路変更事故の捜査の要点と取調べの留意事項[154]

### (1)　被疑者

① 進路変更の合図を出した地点と衝突地点の確定
② 合図を出した地点の適否の検討と否の場合はその原因の解明
③ 上記②の合図を出した際の被害車両を含む他車両の各地点の確定と事故回避可能性の有無及びその検討
④ 上記②の合図を出した道路の法規制の有無（進路変更禁止地点か等）の確認
⑤ 進路変更直前の被疑車両の速度と他車両の速度（いわゆる車の流れを含む。）及び進路変更時の加速，減速の有無とその状況確認
⑥ 進路変更先の車線を，後方から進行してくる車両の有無と状況（加速しているか等）に対する被疑者の認識，左後方の視認状況（直接，あるいはサイドミラー，ルームミラーで，被害車両等が見えるか否か）
⑦ 上記⑥の認識に誤りがあった際は，その理由

### (2)　被害者

① 進行速度と進行状況

---

[154] 進路変更（道交法26条の2参照）とは，車両が同一方向に進行を続ける場合に，横方向（左右）の位置を変えることである。車線変更の場合に限らない。従前の進行状況を変えるので，前後左右（特に左右後方の車両）の車両の走行に影響を与え，その態様いかんによってはこれらの車両運転者の予測を裏切るなどして衝突や接触の危険が生じることから，道交法26条の2は，1項で，「車両は，みだりにその進路を変更してはならない。」と規定し，2項で，「車両は，進路を変更した場合にその変更した後の進路と同一の進路を後方から進行してくる車両等の速度又は方向を急に変更させることとなるおそれがある時は，進路を変更してはならない。」と規定して規制している。

② いわゆる流れに乗っていたか，追い上げていたか等
　③ 前車との車間距離
　④ 被疑車両に気付いた地点など相互の地点の確定
　⑤ 進路変更の合図に気付いた場合は，その際における相互の地点の確定
　⑥ 気付かなかった場合は，その原因の解明
　⑦ 事故回避措置を講じた場合は，その状況
　⑧ 事故回避措置を講じなかった場合は，その理由
　⑨ 被害者の法令違反の有無


## 2　追越し事故の捜査の要点と取調べの留意事項[155]

(1) 被疑者
　① 進行速度と進行状況
　② いわゆる流れに乗ってから追越しを開始したか，追い上げてきて追越しを開始したか等
　③ 追越し開始時の前車との車間距離と速度
　④ 被害車両に気付いた地点など相互の地点の確定
　⑤ 追越しの合図を出した地点と衝突地点の確定
　⑥ 上記⑤の合図を出した地点の適否検討と否の場合はその原因の解明
　⑦ 上記⑤の合図を出した際の被害車両を含む他車両の各地点（前車との車間距離を含む。）の確定と事故回避可能性の有無
　⑧ 上記⑤の合図を出した道路の法規制の有無（追越し禁止地点か等）

---

155) 追越しとは，車両が他の車両などに追い付いた場合に，その進路を変えて，その追い付いた車両などの側方を通過し，かつ，その車両などの前方に出ることをいう（道交法2条21号）。追越しは，進路変更を伴うため，後方の車両の進路を妨害したり，対向車線に出たりして追越しを行う場合は，対向車両との衝突の危険が生じ，さらに，被追越し車両の進路前方に進路を変える場合に，同社との衝突の危険が生じることから，危険の多い運転方法である。したがって，道交法は，特定の場所では追越しを禁じ（道交法30条。交差点等における追越しの禁止），特定の状況では追越しを禁止し（同29条。二重追越しの禁止），追越しの方法も右側追越しの原則を定める（同28条）などとして，規制するとともに，被追越し車両に対しても，追越しが終わるまで速度を増してはならず，道路中央との間に追越し車両が通行するに十分な余地がない場合は，できる限り道路の左側端に寄って進路を譲る義務を課すなどしている（同27条）。

の確認
⑨　追越し直前の被疑車両の速度と他車両の速度（いわゆる車の流れを含む。）及び追越し時の加速，減速の有無とその状況確認
⑩　追い越して進出する車線の前車，後車の有無と状況（加速，減速しているか等）についての被疑者の認識，前車及び後車の見通し状況
⑪　上記⑩の認識に誤りがあった際は，その理由

(2)　被害者
①　自車の進行速度と進行状況
②　追越しされる以前の被疑車両の認識の有無と同車両の進行状況
③　被疑車両がいわゆる流れに乗ってから追越しを開始したか，追い上げてきて追越しを開始したか等
④　追越し開始時の被疑車両とその前車との車間距離
⑤　被疑車両に気付いた地点など相互の地点の確定
⑥　被疑車両の進路変更の合図に気付いた場合は，その際の相互の地点の確定
⑦　気付かなかった場合は，その原因の解明
⑧　事故回避措置を講じた場合は，その状況
⑨　事故回避措置を講じなかった場合は，その理由
⑩　被害者自身の法令違反の有無とその認識

## 3　追抜き事故の捜査の要点と取調べの留意事項[156)]

(1)　被疑者
①　進行速度と進行状況
②　いわゆる流れに乗って進行しながら追い抜いたか，追い上げ進行して追い抜いたのか等
③　追抜き開始時の前車との車間距離と速度
④　被害車両に気付いた地点など相互の地点及び衝突地点の確定
⑤　被害車両の動静確認状況及び被害車両の走行状況に関する被疑者の

認識
⑥　追抜き直前の被疑車両の速度と他車両の速度（いわゆる車の流れを含む。）及び追抜き時の加速，減速の有無とその状況確認
⑦　前車が被害車両を追い抜いた場合は，被害車両との間隔確認の有無と認識
⑧　認識に誤りがあった際は，その理由

(2)　被害者
①　自車の進行速度と進行状況
②　追い抜かれる前の被疑車両の認識の有無と同車両の進行状況
③　いわゆる流れに乗っていながら追い抜かれたか，追い上げてきた車両に追い抜かれたか等
④　追い抜かれた頃の被疑車両とその前車との車間距離
⑤　被疑車両に気付いた地点など相互の地点の確定
⑥　気付かなかった場合は，その原因の解明
⑦　事故回避措置を講じた場合は，その状況
⑧　事故回避措置を講じなかった場合は，その理由
⑨　被害者自身の法令違反の有無とその認識

---

156) 追抜きとは，車両などが，他の車両などの追い付いた場合に，進路を変えないで，その追い付いた車両などの側方を通過して，その前方に出ることをいう。進路変更を伴わないので，追越しに比して危険は少ない。それ故，道交法は，横断歩行者等を保護するための追抜き禁止規定を定めている（同法38条2項，3項）だけで，それ以上固有の規制はしていないが，先行車両が，追い抜かれようとしていることに気付かず追抜き車両側に進路変更して，衝突して事故に至ることも少なくない（多くは，進路変更する被追抜き車両側に過失があることが多い。）が，追抜き車両側の前方不注視や側方間隔の保持義務違反や速度違反等が事故の原因になることも少なくない。

# 進路変更時の事故

> **事例⑯**
> 客を拾う普通乗用自動車（タクシー）が急に進路を左に変更して、渋滞車両と駐車車両の間を進行してきた原動機付自転車に衝突

## I　被疑事実の要旨

　　被疑者は、平成○年○月○日午後1時35分頃、普通乗用自動車（タクシー）を運転し、東京都中央区日本橋1丁目○番○号先道路の第二通行帯をA方面からB方面に向かい時速約5ないし10キロメートルで進行中、手を挙げた乗客を拾うため進路を左に変更するに当たり、左後方から進行してくる車両の有無及びその安全を確認すべき自動車運転上の注意義務があるのにこれを怠り、客を拾うことに気を取られ、左後方から進行してくる車両の有無及びその安全を確認することなく漫然前記速度で左に進路を変更した過失により、折から、左後方から進行してきた田村良男（当時○歳）運転の原動機付自転車に気付くことなく、自車の左側前部を同自転車に衝突させ、同車を左斜めに暴走させて左側歩道の標識柱に衝突転倒させ、よって、同人に加療2か月を要する左下腿骨亀裂骨折等の傷害を負わせたものである。

## Ⅱ 被疑者供述調書（急に進路を左に変更して渋滞車両と駐車車両の間を進行してきた原動機付自転車と衝突）

#### 供述調書（甲）

〈本籍，住居　略〉

職　業　自動車運転手

氏　名　西山　正一

昭和○年○月○日生（当時○歳）

《冒頭省略》

1　私は，本日午後1時35分頃，東京都中央区日本橋1丁目○番○号先道路で，タクシーの客を拾うため，左に進路を変更しようとした際，左後ろから進行してきた田村良男さんという人が運転する原動機付自転車に衝突して，田村さんに怪我をさせる事故を起こしたので，事故の状況を話します。

　今日は，午前9時頃，始業点検を済ませたタクシー（○○2000cc ○○か○○○○）を運転して会社の車庫を出発し，池袋方面を流して客を拾いながら営業を続け，お昼ちょっと過ぎ頃に池袋駅近くで拾った客を月島まで送り，空車の表示を出して，片側各三車線の○○通りの第二車線を，B方面に向かい進行しましたが，駐車禁止の道路なのに，左側に駐車車両が止まっているためもあり，交通渋滞で止まったり走ったり，のろのろ運転をしながら事故現場に近づきました。

　当時は晴れていて，付近は，乾燥している直線道路です。

　これからのことについては，現場で指示説明したとおりです。

　この時本職は，平成○年○月○日付司法警察員○○○○作成にかかる実況見分調書添付の現場見取図（原図）を示した[1]〈立会人被疑者→341頁〉。

2　お示しの図面中，㋐と③₂，⊗₂以外は，私が事故現場で指示説明したとおり記載されており，事故の状況は図面のとおりです。

　図面により事故の状況を話します。

事故現場に差し掛かり，渋滞で停止，発進を繰り返し，事故直前は，前の状況を見るため，第二車線の右寄りの図面①に停止していました。後続車は車線のほぼ中央の図面Ⓐに停止していたのをミラーで見ています。
　①に停止して10秒くらい経った頃，前車が発進したので私も発進したと同時頃，㊥地点の男性が私の方に向かって手を上げたのに気付きましたが，このような渋滞の時は車線区分線辺りをバイクが走ってくることがあるのを知っていたので，バイクは来ていないかなと考え，左サイドミラーをちらっと見たところ，ミラーにバイクは見えなかったので，②でハンドルを左に切って，時速約5ないし10キロメートルに加速し，その後はバイクは来ないと思いミラーを見ることなく，手を上げた客の方を見ながら③まで進行した時，左方の㋑に白っぽい影が見えたと思った瞬間，衝突の「ボコッ」という音と軽いショックがあり，衝突の瞬間二輪車は止まったように見え，運転者が白シャツ姿の男性であること，二輪車は赤色であることがスローモーションカメラで見るようにはっきり見えました。白っぽい影が見えたと思ったのと同時に急ブレーキをかけましたが，車が止まるまでの間に，止まったように見えた二輪車は，衝突してから傾斜して左斜め前方に進んで行き，歩道の標識の柱に衝突してから左に倒れるのを見ています。
　急ブレーキをかけたので，④に停止した車内から見ると，運転者は原動機付自転車にまたがったままの姿で㋑に倒れていました。
　④では他の車の邪魔になるので，切り返しをして2台の車の間の⑤に止めて下車し，被害者の側に行くと，後で名前を知った被害者の田村良男さんの回りに人だかりができており，田村さんは立ててある原動機付自転車の側に左足首を上げるような格好で，痛さに堪えるような顔をしながら立っていましたから
　　　済みません
と謝り

救急車を呼びますか

と言葉をかけると,「結構です。」と断ったので,大したことではないと思い,車に戻り無線で会社に「事故を起こしました。相手の怪我は軽そうです。」とだけ簡単に連絡して,田村さんの方に戻りました。

　田村さんは携帯電話でどこかに電話していて,それが終わると,田村さんは私に「上司が警察に連絡しろと言うから連絡した。」と言いました。それから,警察官を待っているうち,田村さんの左足のくるぶしの上辺りが腫れてきたのが分かったので,病院に行かなければ等と話をしているところに警察車が来て,私と田村さんが警察官に事故の当事者だと申し出て,田村さんの足の腫れを見せ,その場で事故の状況の実況見分に2人が立ち会って指示説明し,この時,私の車の破損状況を警察官と一緒に見たところ,助手席のドアが少し凹んでいただけで,他に衝突した痕跡はなく,田村さんのバイクも,ちょっと見た感じでは大したことはないようでした。

　田村さんは,足の痛みがひどいと警察官に申し出て,10分くらい指示説明をしてから,私に病院に行くと挨拶して立ち去りました。

　今,田村さんは即入院で精密検査が必要と聞き,心配です。

　私は,図面②で左後方をちらっと見た後③まで進行する間,拾う客の方を見ていて,ミラーを見たり,顔を左に向けたりするなどして左後方からバイクが来るかどうかを確かめていません。

　これは,ミラーをちらっと見た後,後方からバイクが来ることを全然考えていなかったからです。

　「ちらっと見た。」とは,②から③まで進行する間ずっとは見ていないということであり,時間でいえば,1秒以内で,瞬時に近い時間だけ見たということです。

3　この事故は,私が客を拾うのに気を取られ,左後方から進行してくる二輪車の有無と安全を十分確認しなかったことにあると思っています。

　私は,今までに何十回となく,二輪車が車線の区分線上付近を走っているのを見ています。

それで，左にハンドルを切る前，後方から進行してくる二輪車が気になり，左ミラーをちらっと見ました。
　　私は，ちらっと見ただけで，後方確認と思っていましたが，見た時間は１秒間足らずの瞬時であり，ミラーに映るバイクは小さくて見えにくいのに，目を凝らして見てない上，衝突まで被害バイクに気付いていませんから，このようなことを考えて，被害者に対する確認が十分でなかったのが事故の原因と思うようになりました。
　　私の車とバイクの破損が少しですから，バイクの速度はそんなに出ていないと思います。[6)]
4　示談については，一切を会社の係の者がすることになっていますから，示談はできると思います。
5　二度とこのような事故を起こさないことを誓います。
　　なにとぞ，よろしくお願いします。
　　　　　　　　　　　　　　　　　　　　　　　　西山　正一　㊞

〈以下省略〉

## 検察官の着眼点

1）原図については，前述（→287頁）のとおり。
2）進路変更の場合，被疑車両と後続車両の車線内における場所（中央，右寄り，左寄り）は，被害車両に対する見通しに大きく影響するから，明らかにすべきである。
3）後日，「会社に相手がぶつかってきたと報告してある。」等言い出して否認の材料にすることもあるから，会社に連絡した事故の内容は必ず裏付けして明らかにしておくべきであり，被疑者からも報告内容を聴取して記載する。そうでないと，会社の報告に相手がぶつかった旨の虚偽の報告がなされており，それが事故の実態であったなどと主張された場合に困ることになる。
4）これも文章が長すぎる。
5）「左後方を見てなかった」だけでは不十分であり，「拾う客を見ていて」等と後方以外を注視した事実等の記載を行うことで，不注視の程度等が明らかになる。なお，「ちらっと」や「ちょっと」は，具体的な時間が明らかではないので，上記のように言葉の意味，内容を明らかにすることは必要である。そうでないと，公判で否認された時に意味のない記載になってしまいかねないので，このように基準を示して明らかにすることが必要である。
6）車線変更車と車両と車両の間の区分線上付近を進行してきた二輪車との衝突事故の場合も，二輪車の速度超過が事故原因との主張があることに留意する。

## Ⅲ 被害者供述調書（駐車車両と渋滞車両の間を進行してきた原動機付自転車が急に左に進路変更したタクシーに衝突）

供 述 調 書（乙）

〈住居　略〉

　職　業　郵便局員

　氏　名　田村　良男

　　　　　　　　　　　　昭和○年○月○日生（当時55歳）

《冒頭省略》

1　平成○年○月○日午後1時35分頃，東京都中央区日本橋1丁目○番○号先路上で，私が運転する原動機付自転車の進路上に右側から進路を変更してきたタクシーと衝突して怪我をする被害に遭いましたので，その時のことをお話しします。

　　事故当日の○日は，毎日のように郵便配達に使用している原動機付自転車を運転して，午後1時頃郵便局を出発し，何軒かに郵便物を配達してから，事故現場の約200メートル手前の狭い通りから左折して，乾燥している片側各三車線で駐車禁止の事故があった○○通りに入りました。

　　この通りは，いつも駐車違反の車が一杯止まっていますが，この時も第一車線には駐車違反の車が連続して止まっていて，右の2つの車線は渋滞で停止と発進を繰り返していました。

　　私は，駐車車両と渋滞車両の間の2.5メートル近い通行余地部分の，車線区分線のやや左寄りを，時速約30ないし40キロメートルで進行して事故現場に差し掛かりました。

　　この時本職は，平成○年○月○日付司法警察員○○○○作成にかかる実況見分調書添付の現場見取図を示した〈→341頁〉。

2　お示しの図面は，私が事故現場で指示説明したとおり記載されていますので，図面により事故の状況をお話しします。

　　時速約30ないし40キロメートルで進行して㋐に来た頃，右側の Ⓐ に

停止していた渋滞車両は動いていませんが、第二車線の前方の車は動いていました。そしてⒶ車の前方の②のタクシーはゆっくり動いていて、左前車輪が左を向いていたので危ないと思ったのと、急ブレーキをかけたのが同時です。

　この時、左に駐車車両があったので、左にハンドルを切ることができないままバイクは滑走して行き、タクシーも止まらずに私の進路上に進行して、あれよあれよという間に私のバイクは㋑まで滑走して行き、③₂まで進行してきたタクシーと、㊂₁で衝突してしまいました。

3　衝突の瞬間ブレーキペダルを踏んでいた足がペダルから外れたため、バイクは左斜めに暴走して歩道の標識柱に衝突し、私は、バイクにまたがった状態で歩道の㋒に倒れました。

　突然のことにびっくりし、ちょっとの間、倒れたままでボーっとしていてしばらくしてから、起き上がろうとして左足を踏ん張った時、激痛が頭のてっぺんまで走り、左足を怪我したことが分かりましたが、怪我した時期と場所は、はっきりしません。[1]

　痛いのを我慢して立ち上がると、回りにいたやじ馬の中の1人の男の人が、バイクを起こし、立ててくれました。この頃タクシー運転手の制服を着た西山さんが来て「済みません。」と謝り、[2]救急車を呼ぶと言うので、軽い打ち身くらいの怪我と思い、救急車を呼ぶのを断ると、西山さんは自分の車の方に行きました。私も、足が痛くて郵便の配達ができそうにないので、携帯電話で事故に遭ったことや足が痛くて配達を続けることができない旨を上司の○○主事に報告したところ、代わりの者が行くようにするが、一応警察に事故を届けるように指示されましたから、警察に事故に遭った、相手の運転手と一緒にいると電話すると、すぐ行くからそこに待っているように指示されました。[3]

　警察への電話を終えた頃、西山さんが私の方に歩いてきました。私は西山さんに、上司の指示で警察に電話した、警察官がここに待っているようにと言った旨を話し、足がだんだん痛くなるので、歩道に腰

を下ろして左のズボンをめくったら，くるぶしの上のところが腫れていました。
　間もなく，同僚の木戸光弘さんが来てバイクを動かそうとしたところ，エンジンがかからず前照灯もガラスが壊れていたことが分かりましたが，私はそれまでバイクはそんなに壊れていないと思い，破損を確かめていません。
　修理代は5万円あまりと局の事故担当者から聞いていますが，詳しいことは担当者でないと分かりません。
　10分くらい後に現場に来た警察官に，事情を聞かれた際，くるぶしの上の腫れを見せ，だんだん痛くなると話して，実況見分の立会いを10分くらいで済ませてもらい，現場で待っていた郵便局の車で○○病院に行って診察の結果，即入院となり，翌日のレントゲン撮影等で加療日数と病名は2か月を要する左下腿骨亀裂骨折等と判明しました。標識柱に衝突転倒した時に受傷したと思いますが，はっきりしたことについては，記憶がありません。
　今月20日に退院し，現在は通院治療中です。[4)]

4　今回の事故について，私は自分に悪いところはないと思っていましたが，今日調べを受けている中，私も原動機付自転車の法定速度30キロメートル毎時を超過した時速約40キロメートル近くの速度超過の違反は認めます。
　しかし，事故の原因は相手の急な進路変更であり，私としては防ぐことのできない事故と思っています。

5　相手の西山さんのタクシー会社の事故係の方が誠意があり，示談は成立の見込みです。
　西山さんの処罰は，ご寛大にお願いします。

　　　　　　　　　　　　　　　　　　　田村　良男　㊞

〈以下省略〉

> **検察官の着眼点**
>
> 1) 以上の事故状況は，具体的かつ迫真的で信用性が高い。
> 2) 事故直後の事故当事者の言動は，具体的に明らかにしておくべきである。言葉の唯一無二性（総論→22頁参照）。
> 3) これも長すぎる。
> 4) 救急車を呼ばなかったなど受傷の事実の認定に問題を生じかねない場合には，救急車を呼ばなかった経緯や受傷経緯や受傷の内容，治療状況等を具体的に明らかにする。受傷の事実を明確にすることと，被疑者の（被害者の受傷の事実についての）認識の認定に繋げるためである。

## Ⅳ 交通事故現場見取図

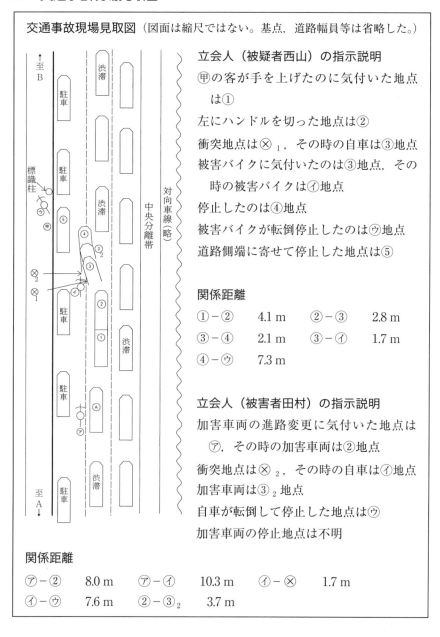

# 追越し事故

> **事例⑰**
> 普通乗用自動車が無理な追越しをして対向車両と衝突しそうになり左急転把し，道路外の畑に転落して，同乗者が負傷

## I 被疑事実の要旨

　　被疑者は，平成○年○月○日午後4時5分頃，普通乗用自動車を運転し，東京都○○市○○町1丁目6番20号先道路を，○○方面から○○方面に向かい時速約60キロメートルで進行中，前方を同方向に進行している車両2台を道路右側部分に進出して追い越すに当たり，同所は片側各一車線で左に湾曲し，前方の見通しがきかなかったのであるから，追越しは厳に差し控えるべき自動車運転上の注意義務があるのにこれを怠り，漫然時速約110キロメートルまで加速し，道路右側部分に進出して追越しを開始した過失により，折から，対向進行してきた車両を前方約80メートルの地点に認め，同車との衝突を避けるため左急転把して自車を左斜め前方に暴走させて路外の梨畑に転落させ，よって，自車の同乗者畠山沙也加（当時○歳）に加療5か月を要する左上腕骨骨折等の傷害を負わせたものである。[1]

> **検察官の着眼点**

　1）　本事例は，高速度を出して事故を起こしているので，高速度類型の危険運転致傷事件が成立する事案のようにも思われるが，「進行を制御することが困難な高速度」（自動車運転死傷処罰法2条2号）とは，「道路状況に応じて進行することができないような高速度」を意味するとされているところ，本事例の場合は，道路状況からは同速度でも制御できた（事故を起こすことはなかった。）と考えられる。つまり，対向車両が現れたため，急転把したことから暴走し制御できなくなったもの（進行を制御できなかったのは，高速度に加えて，対向車両が現れたという事情と左急転把したという道路状況以外の事情が大きい。）と考えられるので，危険運転致傷罪は成立しない。

## II 被疑者供述調書（対向車線に進出して追越しを開始し，進行してきた対向車を避けるため左転把して路外に転落）

供 述 調 書 （甲）

〈本籍，住居　略〉
職　業　会社員
氏　名　黒田　清二

　　　　　　　　　　　　　昭和○年○月○日生（当時○歳）

《冒頭省略》

1　私は，今月○日午後4時5分頃，私所有のホンダ○○1800cc AT車の助手席に友達の畠山沙也加さん（○歳）を乗せて奥多摩から帰る途中，東京都○○市○○町1丁目6番20号先道路で車を道路の外に転落させて畠山さんに怪我をさせました。

　　この事故の状況について話します。

　　事故の時に運転した車は，3年前新車を購入し，週平均1, 2回運転していますが，まだ3万キロメートルは走ってなく，ブレーキなど走行装置等に故障がない，調子がいい車です。

　　○日は，畠山さんをドライブに誘い，奥多摩方面をドライブして午後3時頃帰途につき，午後3時50分頃事故現場に通じる都道○○線に入りました。

　　この通りは，片側各一車線で，制限速度50キロメートル毎時の曲がりくねった，直線が少ない道路で，対向車線は時々数台がまとまって進行してすれ違っており，私の方の○○方面から○○方面に向かう車線は，時速約60キロメートルで連続して走っていました。

　　私は，流れに乗り前車と約30メートルの車間距離を取って走っていましたが，前々車の軽自動車が50から60メートル，時には100メートルくらいの車間距離になって走っていたので，いらいらしながら追従し，右カーブを曲がり切ったところで，前方が300メートルくらいの直線道路と分かりました。

この時，対向車が途切れて１台も見えなかったので，対向車が来る前に追越しをかけ，軽自動車の前に出ることにしました。
　この時本職は，平成○年○月○日付司法警察員警部補○○○○作成にかかる実況見分調書添付の現場見取図（原図）を示した〈→347頁〉。[2)]
2　お示しの図面は，私が事故現場で係の警察官に指示説明したとおり記載されていますので，この図面で事故の状況を話します。
　時速約60キロメートルで，前車と約30メートルの車間距離を取り，追従進行してきて右カーブを過ぎた時，前方300メートルくらいが直線で，その先が左カーブと分かり，ちょうど，対向車が１台もなかったので今が追越しのチャンスと思い，直線になったばかりの図面①の時，右のウインカーを出してハンドルを右に切り，加速して追越しを開始しました。この時，前車はⒶで，前々車の軽自動車はⓐです。
　そして右車線に車半分が入った②の頃の速度は約80キロメートル，前車はⒷ，前々車の軽自動車はⓘ付近です。
　更に加速し時速約100キロメートルで約100メートル進行した③の時，Ⓒ地点を走っていた前車と並びました。
　この時，前々車の軽自動車は約30メートル前方のⓒです。私が追越しをかけてから前車と前々車の軽自動車は少し加速した感じです。
　加速を続けて，約時速110キロメートルで④に来た時，㋷を進行していた前々車の軽自動車と並んだので，ほっとした瞬間，カーブを進行してきた対向車が100メートルくらい前方の㊷に見えました。
　対向車㊷との距離があまりないので，急いで左側車線に戻らなければならないと考えましたが，左側に前々車の軽自動車が並行して走っていてすぐには左車線（又は走行車線）に戻れないので，前々車の軽自動車を追い越してから左車線に入ることにし，前々車の軽自動車の前方に出た⑤で㋺を走っていた軽自動車とその前方のⓘを走っていた車の間に入ろうとしてハンドルを左に切り始めたところ，ⓘの車のストップランプが点いたのが見えたので，はっとし，何も考えないでとっさに左急ハンドルを切りながら急ブレーキをかけたところ，車

は滑走して道路の外に飛び出してしまいました。
3　車が道路の外に飛び出してからの記憶は途切れています。
　一瞬気を失い，気が付いたら梨畑の中に寝かされており，間もなく来た救急車で○○病院に運ばれ，診察の結果，加療2週間の右大腿部挫傷と言われ，自宅近くの○○診療所に通院治療中です。
　畠山さんは，別の救急車で運ばれたと後で聞きました。
4　事故の原因は，私が無理な追越しをしたことです。
　この道路の前方が左に曲がっていて，前方の見通しがきかないことは分かっていました。
　また，この道路で追越しをかける場合は，対向車両がいつ現れるかもしれず，その時は，すぐに元の車線に戻らなければならず，そうなると，自車線に，追い越そうとしている車があれば，戻るに戻れず，対向車両との正面衝突になるか，それを避けようとして元の車線に戻れば，並進車両と衝突することになるかもしれない危険な運転であることは分かっていました[3)]。
　この時も，そうは思ったのですが，前々車の速度が遅く，いらいらしていたこと，あまり，すれ違う対向車もなく，勝手な思い込みですが，しばらく対向車は来ないだろうと思ってしまったことと，時速100キロくらいに加速して追い越せば，短時間のうちに，対向車が来る前に追越しを終えることができると考えて，追越しを開始したのです。
　もし，追越しを開始しなければ事故は防げていました。
5　畠山さんの怪我は加療5か月を要する骨折と聞いていて，申し訳ないと思っています。
　畠山さんは普通の友達で，結婚を約束している等の関係ではありません。
　人身2億円，搭乗者傷害2,000万円，物損1,000万円の任意保険に加入していて，治療費や車の修理代は保険で払えますし，不足があったら親から出してもらえますし，畠山さんは許してくれていますから，

示談はできると思います。
　交通事故は二度と起こさないように注意して運転しますから，今回に限りご寛大な処分をお願いします。

黒田　清二　㊞

〈以下省略〉

### 検察官の着眼点

1） ここの表現は，非常に分かりにくい。「前々車の軽自動車が50から60メートル，時には100メートルくらいの車間距離になって走っていた」とは，前々車の軽自動車が更にその前車との車間距離を50から60メートル，長い時で100メートルも車間距離を空けていた」という趣旨であるが，「更にその前車（軽自動車の前車）との車間距離」であることを明示していないからである。調書は，人（最終的には裁判官や裁判員）に読んでもらうものであるから，読者のことを配慮しなければならない。
　「軽自動車の前に出ることにしました。」というよりも，「前の2台を追い越して，軽自動車の前に出ることにしました。」と，記載した方が分かりやすい。

2） 原図については，前述（→287頁）のとおり。

3） 認識ある過失の記載例である。このような供述が得られるのであれば聴取した上で録取すべきである。もっとも，押し付けはすべきではない。

# 第4章 進路変更・追越し・追抜き事故

## Ⅲ 交通事故現場見取図

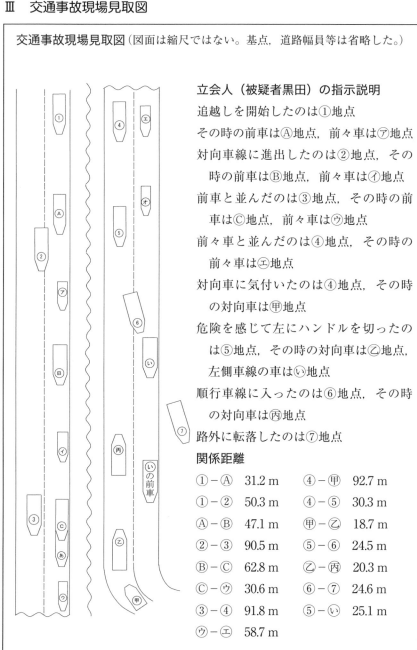

交通事故現場見取図（図面は縮尺ではない。基点，道路幅員等は省略した。）

立会人（被疑者黒田）の指示説明

追越しを開始したのは①地点
その時の前車はⒶ地点，前々車はⓐ地点
対向車線に進出したのは②地点，その時の前車はⒷ地点，前々車はⓘ地点
前車と並んだのは③地点，その時の前車はⒸ地点，前々車はⓤ地点
前々車と並んだのは④地点，その時の前々車はⓔ地点
対向車に気付いたのは④地点，その時の対向車は甲地点
危険を感じて左にハンドルを切ったのは⑤地点，その時の対向車は乙地点，左側車線の車はい地点
順行車線に入ったのは⑥地点，その時の対向車は丙地点
路外に転落したのは⑦地点

関係距離

| | | | |
|---|---|---|---|
| ①－Ⓐ | 31.2 m | ④－甲 | 92.7 m |
| ①－② | 50.3 m | ④－⑤ | 30.3 m |
| Ⓐ－Ⓑ | 47.1 m | 甲－乙 | 18.7 m |
| ②－③ | 90.5 m | ⑤－⑥ | 24.5 m |
| Ⓑ－Ⓒ | 62.8 m | 乙－丙 | 20.3 m |
| Ⓒ－ⓤ | 30.6 m | ⑥－⑦ | 24.6 m |
| ③－④ | 91.8 m | ⑤－い | 25.1 m |
| ⓤ－ⓔ | 58.7 m | | |

# 追抜き事故

**事例⑱**

中型貨物自動車が第一車線の駐車車両と第二車線を進行中の自車との間を進行中の原動機付自転車を追い抜く際に衝突

## I 被疑事実の要旨

　被疑者は，平成○年○月○日午後２時35分頃，中型貨物自動車を運転し，千葉市中央区○○町５丁目22番２号先道路の第二車両通行帯を，Ａ方面からＢ方面に向かい時速約30キロメートルで進行中，第一車両通行帯に連続駐車している車両の右側の車線境界線付近を同方向に進行している東敏治（当時55歳）運転の原動機付自転車を，左斜め前方約13.3メートルの地点に認め，同車をその右側から追い抜くに当たり，同車の動静を注視するとともに安全な側方間隔を保持しながら追い抜くべき自動車運転上の注意義務があるのにこれを怠り，対向車両に気を取られて同車の動静を注意することなく同車の直近右側方を漫然前記速度で追い抜いた過失により，折から前方の駐車車両を避けてわずかに進路を右寄りに変更した同車のハンドル右側端に，自車の左側前部を衝突させ，同車を左斜め前方に暴走させて同所の駐車車両に衝突転倒させ，よって，同人に加療約３か月を要する右上腕骨骨折，左足捻挫等の傷害を負わせたものである。

Ⅱ 被疑者供述調書（車線区分線付近を進行中の原動機付自転車の追抜きを開始し，前方の駐車車両を避けて右に若干転把した原動機付自転車に衝突）

供 述 調 書（甲）

〈本籍，住居 略〉

職 業 自動車運転手

氏 名 永島 久光

昭和○年○月○日生（当時34歳）

《冒頭省略》

1 私は，本日午後2時35分頃，勤務先会社所有の10トン保冷車を運転して幕張の得意先に行く途中，千葉市中央区○○町5丁目22番2号先道路で，原動機付自転車に衝突して運転していた東敏治さんという人に怪我させる事故を起こしましたので，事故の状況をお話しします。

事故の時に運転していた保冷車は，2年前から担当者として毎日のように運転しているもので，ブレーキなどの走行装置等に故障がない車です。

今日は，午前の配達を午後1時頃に終えて会社に戻り，荷物の冷凍食品を積んで午後2時頃に倉庫を出発し，事故を起こした制限速度50キロメートル毎時で片側各二車線，乾燥している舗装道路の国道○号線を約20分進行して事故現場に差し掛かりました。

この国道○線の事故現場付近は，第一車線に駐車している駐車禁止違反車のため，第一車線一車線しか通れなかったので，交通は混んでおり，流れは時速約30キロメートルでしたから，私は流れに乗り，時速約30キロメートルで，前車と約6，7メートルの車間距離で進行して事故現場に差し掛かりました。

この時本職は，平成○年○月○日付司法警察員巡査部長○○○○作成にかかる実況見分調書添付の現場見取図（原図）を示した〈→357頁〉。[1)]

2 今見せてもらった図面は，私が事故現場で係の警察官に指示説明し

たとおり記載されており，事故の状況は図面のとおりですから，この図面で事故の状況をお話しします。

　時速約30キロメートルで進行中の図面①の時，前々車あの貨物車が追い抜いたばかりの東さん運転の被害バイクを，左前方の図面⑦地点に初めて見ました。この時，あの貨物車の左側とバイクとは1メートルくらいの間隔があるように感じました。

　前車のⒶ車は私が②の頃，このバイクを1メートル以上の間隔を保ちながらⒷで追い抜いたので，状況からバイクの速度は時速約20キロメートルだなと思い，②で私も追い抜くことにしましたが，その時，対向してきた大型車⑨が右に寄ってくるように見えたのでこれが気になり，②地点の直後ではバイクから目を離し，⑨の大型車を目で追いながら減加速することなく進行して③に来た時，私の車の左前角に何かが当たったような小さなショックがあった[2)]ので，はっとし，目を離していたバイクのことが気になり，急ブレーキをかけながら左側を見ると，先ほどのバイクがやや左に倒れながら，駐車車両㊥のトラックの後ろに向かい，バランスを崩した格好で進んで行くのが見えましたが，私のトラックが進んだため，バイクは㊥のトラックの陰に隠れて見えなくなりました。

　衝突箇所は⊗[1]で，その時の私の車は③ですが，バイクについては見てないのではっきりした指示はできませんけれども，状況から⑨に間違いないと思います。

　バイクを追い抜く時，このまま進行したらバイクに接触するかもしれないということまでは考えませんでした。前車が約1メートルの側方間隔を取って追い抜いて行ったので，私も同じ間隔で追い抜いて行けると安易に考え，東さんのバイクから目を離し，大型車の方を見て進行して行ったのです。

3　車が，④に止まったので停止灯を点けて下車し，急いで㊥のトラックの後ろに行くと，東さんが倒れているバイクの側の路上に座っていたので「大丈夫ですか。」と声を掛けると「足が。」と言って足を

怪我した意味のことを話しましたから，肩を貸して歩道に上がってもらい，救急車を呼びますと断って，その場で，携帯電話で119番と110番に通報したところ，㊎のトラックを含め近くの駐車車両はいなくなって，場所が空いていましたから，この空いている㊎のトラックの場所に車を止めて待っていると，間もなく救急車が来て，東さんは病院に運ばれ，私は現場に来た警察官に事故を申告しました。

4　事故の原因は，私が対向車に気を取られて，東さんのバイクから目を離したことと思っています。

　　実況見分の時，警察官から衝突箇所を見せられて，衝突は私の車の左前角と，バイクのハンドルの右先端であることが分かりました。

　　この衝突箇所からあと10センチメートルの間隔があれば事故にならなかったように思います。

　　また，④に停止した車から下車して被害者のところに行った時，㊎の駐車トラックが，前後の駐車車両よりも約30センチメートル右に出ていることに初めて気付きました。

　　このように，右にはみ出ている車の横を通るバイクは，少し手前から進路を右に寄せることは今までの経験から分かっていて，今までは，このような場合にはバイクを先に通すとか，私が右に寄ってバイクとの間隔を確かめながら追い抜いていましたから[3]，事故を起こしたことはありませんでした。また，バイクの前方の左側の駐車車両も良く見通せましたし，それをよく見ていれば，少し右に駐車していることも見えたはずで，このことが分かっていれば，バイクが右に進路を変えるだろうことも分かっていたはずです[4]。

　　今回の事故の時，私は左にハンドルを切った記憶はなく，バイクが駐車トラックを避けて右に寄ったと思いますが，そうだとしても，私がバイクとその前方をよく見ていたら，駐車トラックに早く気付き，バイクが右に寄ることに気付いて事故を防げたと思いますから，事故の原因については，私が対向車に気を取られて，東さんのバイクから目を離したことだと思っています。

5　東さんの怪我の程度は，まだはっきりしないとのことですが，申し訳ないと思っており，軽いことを願っています。

　人身無制限，物損1,000万円の任意保険に加入していて，治療費や車の修理代は保険で払えますし，不足があったら私が出して十分な補償をして，示談にしていただくつもりです。

　交通事故は二度と起こさないように注意して運転します。

　今回に限りご寛大なご処分をお願いします。

永島　久光　㊞

〈以下省略〉

> **検察官の着眼点**
>
> 1）原図については，前述（→287頁）のとおり。
> 2）被害車両動静不注視の具体的状況及び開始地点と終了地点は，できるだけ特定する。
> 3）本事例と同様，二輪車を追い抜いた体験の有無，状況及びその対応は，過失の認定に重要な意味を持つ。本文のようにその経験は聴取して記載すべきである。
> 4）なお，バイクの進路変更が予想できたといえるか否かに関しては，事故直後に被疑者が駐車車両の客観的な駐車状況を認識した事情があったのなら格別，そうでない時は，実況見分や写真等で視認できることを確認させておく必要がある。そうでないと，押し付けと言われて，公判で否認される可能性があるからである。なお，事故直後に被疑者が上記駐車状況を認識したのであれば，その旨調書に記載しておくべきである。

## Ⅲ　被疑者供述調書（実況見分調書添付写真を示しての供述）

供　述　調　書（甲）

〈本籍，住居　略〉
　職　業　自動車運転手
　氏　名　永島　久光

昭和○年○月○日生（当時34歳）

《冒頭省略》

1　前回お話ししたことで訂正するところはありません。

この時本職は，平成○年○月○日付司法警察員○○○○作成にかかる実況見分調書添付の写真1葉ないし3葉を示した〈写真省略〉。
2　見せられた写真①は，私の車の左前角の衝突痕と，バイクのハンドルの右先端の高さが合致している状況で，合致していることは，私も現場で確認しています。
　写真②は私の車の左前角の衝突痕の拡大図，写真③はバイクのハンドルの右先端の拡大図で，拡大図どおりの衝突擦過痕があることは，直接目で見て確認していますから，写真のように衝突して事故となったことは間違いないと思っています。
3　東さんの見舞いには3回行きました。
　怪我は，右腕の骨にひびが入った骨折と足の捻挫が主で，捻挫は筋を痛めたとのことで治療に3か月の長期を要すると聞いています。
　保険会社では私の100パーセントの過失と認め，治療費は全額私の保険から払っていて，東さんは間違いだからと，許してくれていますから，示談は成立すると思います。

永島　久光　㊞

〈以下省略〉


Ⅳ　被害者供述調書（原動機付自転車に乗車中，右側方からの追抜き車両に衝突されて受傷）

供　述　調　書（乙）

〈住居　略〉
職　業　大工
氏　名　東　敏治
　　　　　　　　　　　　昭和○年○月○日生（当時○歳）
　上記の者は，平成○年○月○日東京都○○区○○1丁目○番○号○○大学附属病院において，本職に対し任意次のとおり供述した。

1 　私は，大工見習い，大工をした後の平成○年に独り立ちの大工となり，現在に至っています。
2 　自動車の運転免許は，昭和○年に原動機付自転車免許，○年に普通免許を東京都公安委員会から受け，更新を継続していて，現在の免許は平成○年7月21日同公安委員会交付の普通，原付免許証（免許証番号第○○○○○○○号）で，免許の条件は眼鏡使用です。
3 　平成○年○月○日午後2時35分頃，千葉市中央区○○町5丁目22番2号先の○○通りで，私が運転する原動機付自転車に，右側から追い抜こうとした大型トラックが衝突したため，車が暴走して怪我しましたので，この事故の状況をお話しします。
　　この事故は，1月に工事が始まり毎日のように通っている○○町3丁目の○○邸新築工事現場から，500メートルくらい先にある○○金物店に釘を買いに行く途中に遭った事故で，工事に使用する釘等の細々した品物は，事故の時に運転していた原動機付自転車で行って購入していましたから，付近の道路状況はよく知っていました。
　　この工事現場は，事故現場から約300メートル手前で，事故があった○○通りに面しています。
　　事故当日の○月○日は，○○邸新築工事現場で朝から仕事をしていましたが，午後2時半頃釘がなくなったので買いに行くことにし，2時30分頃，○○通りの左端に止めておいた原動機付自転車を運転して○○金物店に向かいました。
　　私は，原動機付自転車，普通自動車ともに，免許を取った10日以内頃から運転をしていますから，運転の経歴は長いですが，今までに事故を起こしたことはなく，運転は慎重な方だと自分では思っています。
　　私は，片側二車線で駐車禁止となっているのにこれを無視して第一車線の道路左側端に連続駐車している車両のため，第二車線を流れている車両と，連続駐車車両の間の第一，二車線の車線区分線より少し左側を，○○方面から○○方面に向かい時速約20ないし25キロメート

ルで進行して，事故現場に差し掛かりましたところ，約30メートル前方に，左側の数台の駐車車両よりも30センチメートルくらい右にはみ出て駐車している2トントラックがありましたから，このトラックを避けて進路を少し右の車線区分線の上辺りに変更して約5，6メートル進行した頃，急に右ハンドルが強い力で左に跳ねられたのでバランスを失ってしまい，バイクは左斜めに進行して行ってトラックの後ろに衝突し，私は右腕がトラックに強くぶつかってから，バイクと一緒に，左足をバイクの下にして車道に倒れました。

　すぐ起き上がろうとしたら左足が痛いので，無理して立たないで路上に座ったところに，事故後名前を知った会社名の入った運転手用の作業服を着ている永島久光さんが来て「大丈夫ですか。」と声を掛けてきたので，服装から永島さんが加害者の運転手と思い，足を怪我したことを話しますと，永島さんは，私に肩を貸して歩道に移してくれてから，救急車を呼ぶと断り，その場で携帯電話で電話をしました。

　永島さんがいなくなった後，私が衝突した2トントラックを含め，駐車車両は次々と発進していなくなり，間もなく戻ってきた永島さんは「救急車はすぐ来ます。」と言ってから自分のトラックを道路の左端に止めました。

　私は，数分後に来た救急車で○○病院に運ばれ，診察の結果，左足の捻挫のほか，右上腕部の骨に亀裂があることが分かり，入院1か月，通院加療2か月が必要との診断で，現在はまだ入院中ですが，近く退院の予定です。

　私の腕の怪我は，トラックにぶつかった時，左足の怪我については，左足をバイクの下にして倒れた時に挫いたための怪我ではないかと思います。

4　今回の事故について，私は自分に悪いところはないと思っています。

　事故に遭った○○通りは，いつも第一車線には違反車両が連続駐車していて，車は第二車線を流れていましたから，私は，今まで第一車

線の駐車車両と，第二車線を進行している車の間を進行して買物に行っていましたが，事故に遭ったことはなく，危険な目に遭ったこともありません。

　今回の事故の時は，第二車線の車は私のバイクより少し速い速度で流れており，私を右側から次々と追い抜いていましたが，どの車も危ないと思うような近い場所を追い抜いていません。

　私が前方に駐車していた2トントラックを避けて少し右に寄ったのは，永島さんの車の直前ではなく，少し右に寄ってからも，1台か2台の車が追い抜いていますが，この車も衝突するようなすぐ近くは通っていません<sup>3)</sup>。

　右側の第二車線の車が，追い抜く時衝突することは考えなかったので，右後方は見ていませんが，以上お話ししたことから，私は自分に悪いところはないと思っています。

5　バイクの修理代は3万4,000～5,000円あまりと妻から聞いていますが，詳しいことは分かりません。永島さんの保険会社の方で修理代を出してくれると聞いています。

　相手の永島さんの会社の事故係の方が何回も打ち合わせに来てくれ，永島さんも4回も見舞いに来てくれて誠意がありますから，今のところ示談には応じるつもりです。

　私も車を運転していて，いつ自分も事故を起こすか分からないことを思うと，永島さんの処罰は望みません。お任せします。

　　　　　　　　　　　　　　　　　　　　　　　東　　敏治　㊞

〈以下省略〉

---

**検察官の着眼点**

1) 右後方から追い上げてくる車両の存在は注意するのが普通であるので，その点の注意をしたかどうか，注意しなかったとすればその理由は明らかにしておくのが望ましい。被害者にその点の不注意があったとしても，被疑者の過失が否定されることはないが，情状に影響するからである。

2) 受傷状況は，できれば明らかにする。ただ，本事例では被害者が判断した根拠が記載されていないので，結論だけでなく，そのように判断した根拠も記載すべきである。

3) 被害者が，右車線の追抜き車両に注意を払わなかった理由が示されている。

# V 交通事故現場見取図

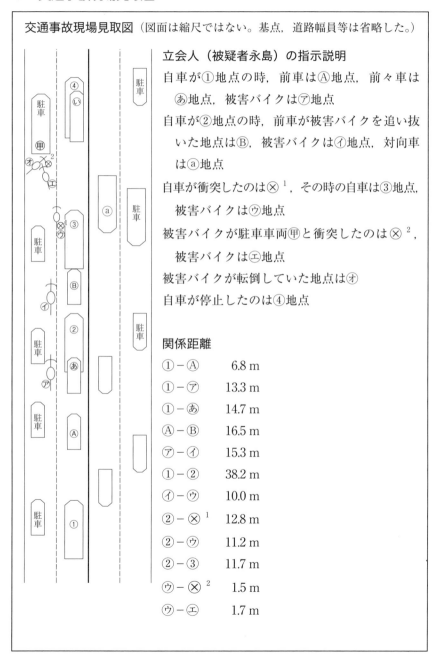

交通事故現場見取図（図面は縮尺ではない。基点，道路幅員等は省略した。）

立会人（被疑者永島）の指示説明

自車が①地点の時，前車はⒶ地点，前々車はあ地点，被害バイクは㋐地点

自車が②地点の時，前車が被害バイクを追い抜いた地点はⒷ，被害バイクは㋑地点，対向車はⓐ地点

自車が衝突したのは⊗¹，その時の自車は③地点，被害バイクは㋒地点

被害バイクが駐車車両甲と衝突したのは⊗²，被害バイクは㋓地点

被害バイクが転倒していた地点は㋔

自車が停止したのは④地点

### 関係距離

| | |
|---|---|
| ①−Ⓐ | 6.8 m |
| ①−㋐ | 13.3 m |
| ①−あ | 14.7 m |
| Ⓐ−Ⓑ | 16.5 m |
| ㋐−㋑ | 15.3 m |
| ①−② | 38.2 m |
| ㋑−㋒ | 10.0 m |
| ②−⊗¹ | 12.8 m |
| ②−㋒ | 11.2 m |
| ②−③ | 11.7 m |
| ㋒−⊗² | 1.5 m |
| ㋒−㋓ | 1.7 m |

# 第5章　カーブ進行時の事故

## 1　カーブ進行時の事故の捜査の要点と取調べの留意事項

### (1)　被疑者
### ア　被疑者がカーブに気付いていた場合
　① 　制限速度と進行速度の認識
　② 　前車の有無とその進行状況及び車間距離
　③ 　減速しなかった場合は，その理由
　　　高速度で走行したためカーブを曲がり切れずに事故を起こした場合は，高速度類型の危険運転致死傷罪（自動車運転死傷処罰法2条2号）が成立する可能性があるので，自車の速度の認識及び減速せず（減速したとしても安全に曲がれる速度ではなく）高速度で進行した理由については，後記④も併せて詳細に聴取する必要がある。
　④ 　事故地点を走行した経験の有無とその時の進行状況（特にカーブの存在を認識していたか否か）
　⑤ 　衝突地点の確定[157]
　⑥ 　被害車両に気付いた際の相互の地点確定
　⑦ 　上記以後の両車両の進行状況（加速，減速の有無とその状況等）

### イ　被疑者がカーブに気付かなかった場合（直前で気付いた場合を含む）[158]
　① 　「右（左）カーブ有」の警戒標識の有無と場所の特定
　② 　上記標識についての被疑者の認識の有無，認識していない場合はそ

---

[157] 対向車両との衝突の場合は，衝突地点の特定が，何よりの先決事項である。すなわち，被疑者，被害者のいずれがセンターラインオーバーをしたかがまず問題になるので，実況見分で，スリップ痕等の痕跡及び破片の散乱状況，事故直後の車両の停止位置等を明らかにした上，衝突地点を的確に認定する。

の理由
③ 上記標識発見可能地点の確定
④ カーブ発見可能地点の確定（夜間は照明の状況など）

(2) 被害者
① 自車の進行速度と進行状況
② 衝突される以前の被疑車両認識の有無と，同車両の進行状況
③ 衝突された際の前車有無と車間距離
④ 被疑車両に気付いた地点など相互の地点の確定
⑤ 事故回避措置を講じた場合は，その状況
⑥ 事故回避措置を講じなかった場合は，その理由
⑦ 被害者の法令違反の有無

---

158) 被疑者がカーブに気付いていた場合と共通の事項は除く。

# カーブ進行時の事故①

> **事例⑲**
> 
> 普通乗用自動車を無免許で運転し，カーブの発見遅滞と速度超過のため，ガードレールに衝突

## I 被疑事実の要旨

　被疑者は，公安委員会の運転免許を受けないで，平成〇年〇月9日午前1時25分頃，東京都渋谷区〇〇1丁目〇番〇号付近道路において，普通乗用自動車を運転し，もって無免許運転を行うとともに，その頃，同所において，前記場所先道路をA方面からB方面に向かい進行するに当たり，同所は最高速度を40キロメートル毎時と指定されていた上，左に湾曲している上り坂の道路であったから，同最高速度を遵守するのはもちろん，前方左右を注視し，進路の安全を確認しながら進行すべき自動車運転上の注意義務があるのにこれを怠り，同最高速度を遵守せず，前方注視不十分のまま漫然時速約60キロメートルの高速度で進行した過失により，前方が左に湾曲しているのを至近距離で初めて気付き，慌てて急制動の措置を講じるも間に合わず，自車を左斜め前方に暴走させて同所のガードレールに激突させ，よって，自車の同乗者早川規夫（当時24歳）に加療約2か月を要する両下腿骨骨折等の傷害を，同西村慎一（当時25歳）に加療約1か月を要する右下腿骨骨折等の傷害をそれぞれ負わせたものである。

## II　被疑者供述調書（カーブの発見遅滞と速度超過）

供 述 調 書（甲）

本　籍　千葉県市川市○○町2丁目5番地
住　居　東京都渋谷区○○3丁目4番5号　さつき荘
職　業　ウェイター
氏　名　高沢　秀一

昭和○年○月○日生（当時○歳）

《冒頭省略》

1　私は，今月9日午前1時25分頃，渋谷区○○1丁目○番○号先の路上で，早川規夫さんの普通乗用自動車○○1500ccを無免許で運転し，同乗していた早川さんと西村慎一さんに怪我させる事故を起こしましたので，事故の経緯や状況についてお話しします。

　私は，○月8日午後9時頃から午後10時半頃までの間，自宅近くのファミリーレストランで夕食をとりながらビール大びんを2本飲み，ポーっとするくらい酔って午後10時40分頃帰宅してテレビを見ていると，午後11時頃中学校の時の1年先輩で，時々一緒に飲みに行ったりして付き合っている西村さんから電話があり，

　　　早川が酔って車の運転ができなくなったから，代わりに運転してくれ

と言って，自分達を早川さんの車で自宅に送ってくれるよう頼んできました。

　早川さんは，3年くらい前に西村さんから紹介され，それからは一緒に飲みに行ったりし，車に乗せてもらい，自宅まで行くこともある間柄で，親しく付き合っている友達です。

　西村さんは，私が自動車教習所に通っていた時，タクシーで送ってくれたことがあり，電話の話し方から，私が普通免許を取っていると誤解して頼んできたと思いましたが，この時「免許を持ってない。」と本当のことを言って運転を断ることは，恥ずかしくて言えない気持

ちでした。それで私は、2年以上も普通自動車の運転をしていない上、早川さんの車を運転したことはありませんでしたので、運転に不安はありましたけれども、助手席に時々乗っていて動かし方やライトの点け方等は大体分かっていましたし、深夜の車が空いている時間帯で、運転距離もそんなに長くないはずだから、用心して運転したら事故を起こすようなことはないだろうと思ったのと、近々普通免許を取りたいと思っていて、ちょうど練習になるからと考えたこともあり、承知の返事をしてタクシーを拾い、西村さん達が待っているスナック「ブラックカイザー」に行きました。

　スナック「ブラックカイザー」に午前1時10分ちょっと過ぎ頃に着きますと、勘定を済ませた西村さん達が待っていて、すぐ早川さんが「頼む。」と言って車のキーを差し出したので受け取り、3人の後について車の方に行き、私がキーでドアロックを外すと、早川さんが助手席、西村さんは右後部座席に、一緒にいた永井さんという女性の方は左後部座席に乗りました。

　私は、運転席に乗ってすぐエンジンをかけ、ライトを上向けに点けて発進しましたが、この時の発進はスムーズにでき、ビールの酔いは覚めていると感じました。

　西村さんが○○町に行ってくれと言って○○方面に向かい、時速約40キロメートルで進行しましたが、この頃私の車の近くを同方面に走る車はなく、他車は速度が速く、近づいてもすぐ追い抜いて行ってしまう状況でした。

　初めの頃は、緊張して運転もぎこちなく走りましたが、10分くらい走った頃から運転に慣れて、信号待ち後の発進、右左折、カーブもスムーズに走れ、危険と感じるようなことはありませんでした。

　スムーズに走れるようになったので、運転は大丈夫と安心し、事故現場から500から600メートルくらい手前の交差点を青色信号で直進してすぐ頃、時速60キロメートルくらいに加速進行して事故現場手前に差し掛かりました。

事故現場から100メートルくらい手前は，緩い右カーブで，ここを過ぎれば直線で緩い上り坂の道路です。
　　このカーブを過ぎ，平坦で見通しを妨げる物等はなく，街路照明灯の明かりで，50から60メートル以上前方の道路状況が見える第二車線を，ライトを上向けに点け，私の記憶としてはよそ見することなく前を見ながら，この直線道路をそのままの時速約60キロメートルで進行中，前方の信号機の青色信号が見えました。そして信号を見ながらこの信号機に近づき信号が見えなくなった頃，前方が左に曲がっているのに初めて気が付きました。
　　この後のことについては，今日事故現場で指示説明しました。
　　この時本職は，平成○年○月○日付司法警察員巡査部長○○○○作成にかかる実況見分調書添付の現場見取図（原図）を示した〈→372頁〉。
2　お示しの図面は，私が事故現場で警察官に指示説明したとおり記載されており，事故の状況は図面のとおり間違いありません。
　　図面の①が，前方の左カーブに初めて気が付いた地点です。
　　直線になって100メートルくらいの場所なので，直線がまだ続くと思い走っていましたから，左カーブなので私はびっくりし，速度が速かったので，危ないと感じ，とっさに，夢中で左に急ハンドルを切ったところ，車は左斜めに走って行き，②⊗でガードレールに衝突した後，③に図面のように反対側を向いて止まりました。
　　左にハンドルを切った前後頃は，ハンドルを切るのに夢中で，ブレーキをかけたのか，かけなかったのか，どのくらいハンドルを切ったのか等，ハンドル・ブレーキ操作についての記憶ははっきりしません。
3　車がガードレールに衝突した頃，私はシートベルトを着けていたのに，胸を強く打ち，車が止まった後気が付くと，強い胸の痛みを感じました。
　　それからはっとして見ると，助手席の早川さんはシートベルトは着けてなく，足がどこかに挟まったらしく痛がっており，後部座席の西

村さんもうなって痛がっていましたが，2人がどこを怪我したのか，この時は分かりませんでした。

その後，早川さんは両下腿骨骨折等加療約2か月間の怪我，西村さんは右下腿骨骨折等加療約1か月間を要する怪我を負ったと聞いています。

私も，ハンドルで胸を打ったため，加療1か月の右鎖骨骨折の怪我を負いました。

なお，永井さんは軽い怪我で当日治療を受けただけと聞いています。

治療費は，西村さんは車の保険，早川さんと私はそれぞれの健康保険で済ませることで話がつきました。書面は取り交わしていません。

早川さんの車は，全損のため廃棄処分にするとのことですが，私には「弁償しなくてもいいから。」と言って許してくれました。

車のほか，ガードレールも破損しています。

この損害は，請求があり次第私が支払います。

4 事故の原因について，私が，カーブに気付くのが遅れたのと，速度の出し過ぎの2つのように思います。

発見が遅れた原因として，特に思い当たることはありません。私としては，よそ見はせず前をよく見て走っていたつもりですけれども，現に発見が遅れていますから，前方の道路状況をよく見ないままボケッと走ったか，自分の意識にはありませんが信号に気を取られて前方をよく見ないで走ったために，カーブの発見が遅れたとしか考えられません。

次に，速度の出し過ぎについてですが，事故を起こした日は，事故現場に来るまでの間に，事故現場くらいのカーブを数か所を通りました。

これらの時は，早めにカーブと分かりましたから，軽くブレーキをかけ，速度を時速30から40キロメートルくらいに落とし危険を感じるようなことはなく，安全に通過しています。

これらのことから，事故の時，時速60キロメートルくらいの速い速

度でなかったら，慌てて急ハンドルを切ることはなかったし，速度が遅かったら，もっと早くカーブに気付いたのではないかとも考えられるので，速度の出し過ぎも事故の原因のよう思っております。

　以上お話ししましたように，私はカーブに気付くのが遅れたのと，速度の出し過ぎの2つが事故の原因であり，カーブに早く気付いて速度を落としても，制限速度くらいで走っていても，防げた事故のように思います。

　また，私の運転が上手だったら，時速60キロメートルであっても，ガードレールに衝突するまでの左急ハンドルを切ることはせず，事故にはならなかったのではないかなとも考えています。[4)]

5　西村さんと早川さんに対し私は，普通免許を取っているとも，取っていないとも言っていません。

　2人は，私が普通免許を持ってないと疑っているような態度を取ったことはありません。

　前にお話ししましたように，2人ともに私が普通免許を持っていると誤解していて，運転を頼んだ状況でした。

　免許を持ってないとはっきり言って，運転を断るべきだったと反省しております。

6　二度と無免許運転をしないと誓いますから，ご寛大な処分をお願いします。

　　　　　　　　　　　　　　　　　　　　　　　高沢　秀一　㊞

　　　　　　　〈以下省略〉

---

**検察官の着眼点**

1) 運転技術に対する被疑者自身の認識は，情状立証上必要な事項であるばかりでなく，時には過失の認定に必要な場合もある。
　さらに，進行制御技能無類型の危険運転致死傷罪（自動車運転死傷処罰法2条3号）に該当するか否かを判断する意味でも必要である。なお，同類型の危険運転致死傷罪は，ハンドル・ブレーキ等の運転装置を操作する初歩的な技能すら有しないような運転技量未熟の場合に成立するとされているので，本事例では成立しない。

2) 前照灯の照射範囲の見通し状況については，実況見分で明らかにしておく。

3）原図に関しては，前述（→287頁）のとおり。

4）過失の競合となる場合や，捜査のある時点で特定の過失を認定したとしても後に過失の認定が変わる場合もあるから，過失を1つに絞り，取調官の考える過失に合わせるように誘導し，供述させることは避けるべきである。そもそも過失犯の場合は，被疑者が供述調書でどのような事実（過失）を認めるかは故意犯ほどには重要ではない。捜査官が押し付けて特定の過失を認める供述を記載すれば，かえって，捜査官の姿勢を読み取られることとなり公判での立証上マイナスとなることも少なくないからである。

　左急ハンドルを切ったことが過失になるのは，左急ハンドルをしなければ事故が防げていたということが客観的に立証できなければならないが，それは，通常の運転技能を有する者が，被疑者の立場で走行していて，前方の左カーブに気付いた時点で，急ハンドルをとらないで落ち着いて運転していれば事故を防げていたといえる場合である。

## Ⅲ　参考人供述調書（飲酒して運転できないため運転を依頼した同乗者，事故の目撃なし）

---

供　述　調　書（乙）

〈住居　略〉

職　業　店　員

氏　名　早川　規夫

　　　　　　　　　　　　　昭和○年○月○日生（当時24歳）

　上記の者は，平成○年○月○日警視庁○○警察署において，本職に対し任意次のとおり供述した。

1　私は，本年○月9日午前1時25分頃，東京都渋谷区○○1丁目○番○号先道路で，高沢秀一運転の乗用車の助手席に同乗中，交通事故に遭い受傷しましたので，その経緯や状況についてお話しします。

2　私は，事故の晩である8日の午後9時50分頃，私の車カローラに中学の時の同級生西村慎一君（25歳）と，西村君が勤めている美容院「ブルーマリーン」に勤めている永井小夜子さん（21歳）を乗せて渋谷道玄坂にあるスナック「ブラックカイザー」に飲みに行き，10時頃から午前1時分頃までの間に，スモークサーモンやチーズ等を肴に

　　　　　３人でビール大びん９本

を飲みました。

　私が運転し，車で帰る予定でしたから，初めはビール１本くらいを飲むつもりでしたが，話が弾んで盛り上がり，私はビール５本分くらいを飲んで大分酔いました。

　西村君は，私の酔いの状況を見て運転は無理と感じたからと思いますが，自分の携帯電話で誰かに電話してから私に「高沢に運転を頼んだ。」と言いました。高沢は西村君と同じ中学の１年後輩で，私達３人はよく一緒に飲みに行く間柄ですし，私は高沢が１，２年前に自動車教習所に通っていたのを知っていたので，免許はあると思っていましたから，私は「ああ。」と答えて，承諾する返事をしました[1]。

　しばらくすると高沢が店にやってきました。私は，高沢に「頼む。」と言って私の車のキーを渡し，４人で店の前の道路に止めておいた私の車のところに行き，私は助手席に，西村君が右後部座席に，永井さんは左後部座席に乗車し，高沢の運転で午前１時15分頃，西村君が降りる予定である西村君の友人が住んでいる渋谷区○○町に向かい出発しました。

３　私は，車が出発して２，３分後頃に目をつむり，すぐ眠ってしまいましたので，どこをどのように走ったのか記憶はなく[2]，大きな音と体の衝撃で目が覚めて気が付くと，両足が何かに挟まれていて，事故と分かりました。

　しばらくして救急車が来て，私達は○○病院に運ばれ，医者の診断を受けました。

　　その結果，私は

　　　　両下腿骨骨折等で加療約２か月間を要する

とのことで，現在入院中です。

４　眠っていましたので，事故前後の状況や事故の原因は全く分かりませんし，事故の頃，西村君と永井さんがどうしていたか知りません。

　　高沢が無免許とは知りませんでした。自動車教習所に通っていたの

を知っていたことから，免許は取ったものと思って車のキーを渡しましたが，免許を取ったと聞いたことはありませんし，運転したのを見たこともありませんでしたから，免許を取っているかどうかを，本人に確かめるべきでした。

　もちろん，無免許と知っていたら車のキーは渡しませんでした。

　警察の方から高沢は無免許だと聞いて，びっくりしました。[3] 免許の有無を確かめてから車のキーを渡すべきだったと反省しています。

5　私の車は，40万円くらいの価値がありましたが，全損で修理がきかず廃車の予定です。運転を頼んだ私が悪いので弁償の請求はしません。

　怪我については，西村君の治療代は車の保険，私と高沢は各自の保険で治療を受けることで話がついていますけれども，書類は作成しておりません。[4]

6　高沢とは親しい間柄であるほか，運転を頼んだ私にも悪いところがあると思っていますから，高沢の処罰は求めません。寛大な処分をお願いします。

　　　　　　　　　　　　　　　　　　　　　早川　規夫　㊞

以上のとおり録取して読み聞かせたところ，誤りのないことを申し立て署名押印した。

　　　前同日

　　　　　　　　　警視庁○○警察署

　　　　　　　　　司法警察員巡査部長　　○○○○　㊞

### 検察官の着眼点

1） 運転者が無免許であることを知っていて運転を依頼した場合，情状に影響するばかりでなく，無免許運転の罪の幇助犯あるいは教唆犯が成立する場合もあるから，無免許と知って運転を依頼したか否かは，明らかにしておくべき事項である。

2） 同乗者が，被疑者の運転状況を知らない場合でも，知らない状況を明らかにしておくことは必要である。後で，実は眠ってはおらず，被疑者の運転状況を知っていたなどと供述を変えて，被疑者に有利な弁解を行うような事態を防ぐためでもある。

3）無免許と知っていたかどうかは，関係者全員から必ず聴取しておく。
4）示談が成立し，書類を取り交わしている時は，コピーでもよいから提出を求めて，それを添付した報告書を作成し，証拠化しておくべきである。

## Ⅳ　参考人供述調書（電話で運転を依頼した同乗者）

供　述　調　書（乙）

〈住居　略〉
職　業　美容師
氏　名　西村　慎一

昭和○年○月○日生（当時25歳）

　上記の者は，平成○年○月○日警視庁○○警察署において，本職に対し任意次のとおり供述した。
1　私は，本年○月9日午前1時25分頃，東京都渋谷区○○1丁目○番○号先道路で，高沢秀一運転の乗用車に同乗中，交通事故に遭いましたので，その経緯や状況についてお話しします。
2　この事故で私は，今日提出しました医者の診断書のとおり
　　　　右下腿骨骨折等で加療約1か月間を要する
怪我を負いました。[1)]
3　私は，事故の晩である8日の午後9時50分頃，中学の時の同級生早川則夫君（24歳）が運転する車で，渋谷道玄坂にあるスナック「ブラックカイザー」に飲みに行きました。
　勤務先の美容院「ブルーマリーン」の後輩永井小夜子（21歳）さんも一緒に車で行き，3人で10時頃から午前1時頃までの間に，スモークサーモン等を肴に
　　　　ビール大びん9本
を飲みました。
　早川が運転する車で帰るつもりでしたから，初めは各自ビール1本くらいを飲むつもりでしたが，盛り上がり，予定をオーバーして早川はビール5本くらい飲んで大分酔っていたので，[2)]私は早川に帰りの運

転をさせるのは危険と思いました。
　それで私は，中学の１年後輩で，よく一緒に飲みに行く間柄の高沢秀一に運転を頼んでみることにし，渋谷区内に住んでいる高沢に電話をかけて「早川が酔って運転できない。運転してくれ。」と頼むと承知し，しばらくして店にやってきました。
　高沢は１，２年前に自動車教習所に通っていたので，免許はあると思っていましたから，この時免許の有無は確かめていません。
　早川は，店に来た高沢に「頼む。」と言って車のキーを渡し，店の前の道路に止めておいた早川の車の助手席に早川，右後部座席に私，私の隣の左後部座席に永井さんが乗車し，高沢の運転で１時15分頃，私の友人西田が住んでいる○○方面に向かい出発しました。

4　発車して２，３分くらい走った頃，車が○○交差点を通過したまでの記憶はありますが，その後は眠ってしまって記憶はなく，大きな音と体の衝撃で目が覚め，右足が痛いので見ると座席シートに挟まれていて，事故と分かりました。
　間もなく，救急車で病院に運ばれ診断の結果，私は
　　　右下腿骨骨折等で加療約１か月間を要する怪我
と言われました。現在入院治療中です。

5　眠っていましたので，事故前後の状況や事故の原因は全く分かりませんし，事故の時，早川と永井さんがどうしていたか知りません。
　私が記憶している限り，高沢の運転がおかしかったことはありません。
　私は高沢の運転が普通と思って乗っていましたから，安心して眠ったのであり，運転が危険と感じていたら怖くて眠れなかったと思います。[3]
　高沢が無免許とは，知りませんでした。[4]
　自動車教習所に通っていたのを知っていたので，免許は取ったものと思って運転を頼みましたが，免許を取ったと聞いたことはありませんし，運転したのを見たこともありませんでしたから，免許を取って

いるかどうかを，本人に確かめるべきでした。

　もちろん，無免許と知っていたら，運転を頼むための電話はしませんでした。

　警察官から聞いて，初めて高沢の無免許を知り，確かめるべきだったと反省しています。

6　私の治療費は保険から出ることになっていると聞き，納得しています。

　高沢とは親しい間柄であるほか，運転を頼んだ私にも悪いところがあると思っていますから，高沢の処罰は求めません。寛大な処分をお願いします。

　　　　　　　　　　　　　　　　　　　　　西村　慎一　㊞

　以上のとおり録取して読み聞かせたところ，誤りのないことを申し立て署名押印した。

　　前同日

　　　　　　　　警視庁〇〇警察署
　　　　　　　　　司法警察員巡査部長　〇〇〇〇　㊞

> **検察官の着眼点**
>
> 1） 受傷の部位，程度については，冒頭よりも入院後の欄に記載する例が多いが，このように冒頭に記載することもある。
>
> 2） 被害者が，初めから飲酒運転の車に乗車する意思であったかどうかは，情状として重要である。大分酔っていたので運転させないことにしたのであり，少しぐらいの酔いならば運転させたかどうかについても聴取すべきであった。
>
> 3） 無免許運転者の運転状況は，過失の認定の裏付け証拠として必要なことである。
> 　　供述者が，事故の原因となる事実を知らない（例えば「事故の際，眠っていて何も知らない。」等と言った）のに，「〇〇の話を聞いたところによると，事故の原因は〇〇と思います。」等というようなことを無理に述べさせる必要はない。この場合には，「眠っていたので，事故の原因は分かりません。」でよい。
>
> 4） 無免許と知っていたかどうかは，関係者全員から必ず聴取しておく。

## V 交通事故現場見取図

交通事故現場見取図（図面は縮尺ではない。基点，道路幅員等は省略した。）

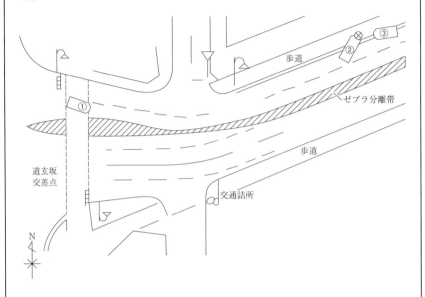

立会人（被疑者高沢）の説明

　左の緩いカーブに気付き，クラッチを踏みハンドルを切った地点は①。ガードレールにぶつかったのは⊗地点で，②の前部が衝突，③で停止した。

関係距離

　〈省略〉

# カーブ進行時の事故②

**事例⑳**

普通乗用自動車が前方不注視のため左急カーブに気付くのが遅れたことと，速度超過により壁に衝突

## Ⅰ　被疑事実の要旨

被疑者は，平成○年○月○日午後8時頃，普通乗用自動車を運転し，東京都大田区○○1丁目○番○号先の首都高速○○線下り道路を，A方面からB方面に向かい進行するに当たり，同所は指定最高速度50キロメートル毎時で左に大きく湾曲する道路であったから，同指定最高速度を遵守するはもちろん，前方左右を注視し，同道路状況を早期に発見して同道路に沿って安全に進行すべき自動車運転上の注意義務があるのにこれを怠り，助手席に同乗していた高山音子（当時21歳）との会話に気を取られ，同指定最高速度を遵守せず，かつ前方注視不十分のまま漫然時速約80キロメートルの高速度で進行した過失により，前記湾曲場所に接近して初めてこれに気付いて急制動の措置を講じるも間に合わず，自車を右斜めに暴走させて同道路の右側壁に激突させた後，左側壁に衝突させ，よって，前記高山に加療約1か月間を要する頭部挫創等の傷害を負わせたものである。[1]

**検察官の着眼点**

1) 前方不注視のため左の急カーブに気付くのが遅れた事故である。危険運転致傷罪は成立しない事例である。

## Ⅱ 被疑者供述調書（左急カーブの発見遅滞と速度超過）

供 述 調 書（甲）

本　籍　東京都大田区〇〇5丁目2番地
住　居　同　上
職　業　会社員
氏　名　豊島　市郎

昭和〇年〇月〇日生（当時26歳）

《冒頭省略》

1　私は，私所有のホンダ〇〇2000ccの助手席に，交際している高山音子さん（21歳）を乗せて，横浜のマリンタワーに行く途中の今日午前8時頃，東京都大田区〇〇1丁目〇番〇号先の首都高速〇〇線下り道路のカーブを曲がり切れずに側壁にぶつかり高山さんに重傷を負わせる事故を起こしましたが，この事故については事故現場で警察の係の方に説明しました。

　この時本職は，平成〇年〇月〇日付司法警察員〇〇〇〇作成にかかる実況見分調書添付の現場見取図を示した〈→380頁〉。

2　今見せてもらった図面は，私が事故現場で係の警察官に指示説明したとおりに記載されており，事故の状況は図面のとおりです。

　　この図面によって事故の状況をお話しします。

　　今日は午前7時ちょっと過ぎ頃〇〇駅に行き，待っていた高山さんを助手席に乗せて，午前7時30分頃〇〇入路から首都高〇〇線に上がり，午前7時50分頃事故を起こした〇〇線に入りました。

　　〇〇線に入った頃から道路は閑散で，上下線とも近くに車はなく，ずっと前方に車が1台あるだけでした。

　　ここは事故までに10数回通っていて，制限速度は50キロメートル毎時と知っていましたが[1)]，空いていたので時速80キロメートルくらいに加速して進行中の図面の①付近で，100メートルくらい前方の図面の㋐付近を走っていた前車のストップランプが点いていたのに初めて気

付きました。

　いつ着いたのか，着いたのと同時に気付いたのかどうか，記憶がありません。

　私は，そのままの速度で顔を前方に向け，助手席の高山さんと話をしながら進行して，私が②付近まで来た頃には前車は左に走り，見えなくなりましたから，前方が左カーブであるのに気付きましたが，急カーブと思わないでアクセルペダルから足を離し，エンジンブレーキで図面の③付近まで来た時前方が急カーブと分かりました。この時の速度は60から70キロメートル毎時くらいでしたので，はっとして左にハンドルを切りながら急ブレーキをかけたところ，車は真っ直ぐに進行して行って④から対向車線に入り，そのまま滑って行って右側壁に衝突してから，左に暴走して今度は左側壁に衝突した後，図面の⑦に図面のような格好で停止しました。

　図面の③から後のことは，夢中でよく見ていませんけれども，現場検証の時，警察官と一緒に右側壁の⑤Ⓐ×[1]と左側壁の⑥Ⓑ×[2]に新しい衝突の痕跡があり，これを確認していますから，図面は間違いないとはっきり言えます。

3　車が止まりすぐ助手席の高山さんを見ると，額から血を流しており，左腕を右手で押さえて痛がっていました。事故の連絡を急いでしなければと思い車から降りたところ，B方面から対向してきたトヨタマークⅡの乗用車が私の車の後方に停止していましたので，この車を運転していた30歳くらいの男の方に事故の連絡をお願いしたら，承知してくれて私の車の後ろをゆっくり通過して行きました。

　このトヨタ○○を見送ってから二重事故が起きないよう停止表示板を置くなどしていたところに，首都高速道路株式会社の車が，それから間もなくして救急車が来て高山さんを病院に連れて行きました。

　私は怪我していないので，首都高速道路株式会社の方の指示に従い警察の事故処理車が来るのを待っていて，現場に到着した警察官に事故の状況を指示説明しました。

この指示説明の時，カーブの手前に「前方急カーブ，速度落とせ」の標識がよく見えるように立ててあるのを見ました。この標識を事故の前に見た記憶がありませんので，私の見落としですが，見落としの理由は前方をよく見ていなかったためとしか思えず，そのほかに思い当たることはありません。
4　この事故は，私が前方や周囲をよく見て急カーブの標識に早く気付き，速度を調整したら防げたと思います。
　　　また，制限速度を少しオーバーするくらいの速度で進行していても防げた事故ですから，私の速度超過と前方や周囲の不注視が事故の原因と思っており，この点は反省しています。
　　　急カーブの標識を事故前に見た記憶はありません。
　　　標識の設置状況から見て標識を見落としたことは間違いなく，脇見をしたことはありませんから，標識を見落とした理由は，高山さんとの話に気を取られたとしか考えられません。
5　なお，私は，運転の時シートベルトを着用しましたが，高山さんはいつも胸が締め付けられるようだと言っていたので，この時着用を勧めず，着用していませんでした。
　　　人身無制限，搭乗者2,000万円の任意保険に加入していて，治療費は保険で払えますし，不足がありましたら，私が払うことで高山さんは承知してくれていますから，示談は成立すると思います。
6　速度違反はせず，交通事故は二度と起こさないように注意して運転しますから，今回に限りご寛大な処分をお願いします。

　　　　　　　　　　　　　　　　　　　　　豊島　市郎　㊞

　以上のとおり録取して読み聞かせた上，閲覧させたところ，誤りのないことを申し立て，各葉の欄外に指印した上，末尾に署名押印した。
　　　前同日
　　　　　　　　　　　　　　　警視庁○○警察署
　　　　　　　　　　　　　　　　司法警察員警部補　　○○○○　㊞

## 検察官の着眼点

1) 単に「制限速度は知っていました。」とするだけでなく，知っている根拠も明らかにする。認識や判断の根拠は常に聴取した上で，調書にも記載すること。

## Ⅲ 被害者供述調書（左急カーブ発見遅滞の被害者〔同乗者〕）

供 述 調 書（乙）

〈住居　略〉
職　業　会社員
氏　名　高山　音子

　　　　　　　　　　　昭和○年○月○日生（当時21歳）

　上記の者は，平成○年○月○日東京都○○区○○町1丁目○番○号○○病院において，本職に対し任意次のとおり供述した。

1　私は，昨日午前8時頃，東京都大田区○○1丁目○番○号先の，首都高速○○線下り道路のカーブ地点で，側壁にぶつかる事故のため重傷を負いましたが，この事故についてお尋ねですのでお話しします。

　この事故は，交際中の豊島市郎さんが運転するホンダ○○車の助手席に乗って，横浜のマリンタワーに行く途中起きたものです。

2　昨日は，午前7時ちょっと過ぎ頃約束の○○駅に行き，待っていましたところ，豊島さんが事故の時運転していた車で迎えに来て，私は助手席に乗り，午前7時30分頃首都高に上がり，約20分走った頃事故が起きました。

　私は3年前に普通免許を取りましたが，運転は月1回くらいしかせず，首都高を走ったことがありませんので，走っている道路の名称などは知りません。

　事故の状況について，私が説明できるのは，首都高に上がってから20数分間は，前後を車が走っていましたが，左の道路に入ってからは車が空いていて，前を走っている車は1台しか見えず，速度を大分上

げて走りました。
　そして速度が少し落ちて間もなく，豊島さんが「あっ。」と声を上げたと同時頃前方に側壁が見え，車が側壁に向かって進行して行って衝突し頭を打ったまでの記憶しかなく，気が付いたら車は道路の真ん中に停止していて，左腕が痛く顔から血を流していました。
　この時本職は，平成〇年〇月〇日付司法警察員〇〇〇〇作成にかかる実況見分調書添付の現場見取図を示した〈指示説明被疑者→380頁〉。
3　お示しの図面について，豊島さんが事故現場で係の警察官に指示説明したものであることと，指示説明の意味内容について説明を受けて図面の意味と内容は分かりました。
　事故の状況中私が記憶しているのは，図面の①と③と⑤Ⓐ⊗[1]です。
　速度計は見ていませんが，①の場所での速度は時速100キロメートルくらいと感じています。[1)]
　この頃私は豊島さんの方を向いて話をしていて，前は見ていませんでした。
　豊島さんは顔を前に向けたまま相手をしてくれていました。[2)]
　豊島さんが「あっ。」と叫び声を上げたのが③の場所付近で，すぐ前を見たら前方に側壁が見えました。
　⑤Ⓐ⊗[1]は衝突した地点です。③の時の速度は少し落ちた程度としか記憶していません。
　事故直前の話の内容は，今は思い出せません。
　また，事故後停止した場所は道路の真ん中辺りとしか記憶がなく，それが⑦であったかどうかは分かりません。
　事故の原因について，はっきりしたことは分かりませんけれども，速度の出し過ぎのように思います。
　私には，そのほか思い当たる理由はありません。[3)]
4　豊島さんとは結婚することになっています。[4)]
　処罰は希望しません。

できるだけ軽くしてください。

　　　　　　　　　　　　　　　　　　　　　高山　音子　㊞

以上のとおり録取して読み聞かせたところ、誤りのないことを申し立て署名押印した。

　　前同日
　　　　於前同所
　　　　　　警視庁○○警察署
　　　　　　　　司法警察員巡査部長　甲野　太郎　㊞

> **検察官の着眼点**
>
> 1) 時速100キロメートルくらいと感じた根拠を聴取して記載すべきである。その方が供述の信用性が増し、後に裁判になって覆すことが難しくなる。首都高速道路の走行経験も聴取し、その経験が多数回あれば、信用性は更に増すであろう。
> 2) 被疑者の車の速度と、被疑者の前方注視等の状況は、被疑者の供述の裏付けとして必要事項である。
> 3) 同乗者から事故の原因を聞き、原因が分かっている場合はその内容、不明の場合は「分かりません。」等と記載する。
> 4) 結婚予定の有無、処罰感情は起訴、不起訴決定の際に重要な判断要素になる。

## Ⅳ 交通事故現場見取図

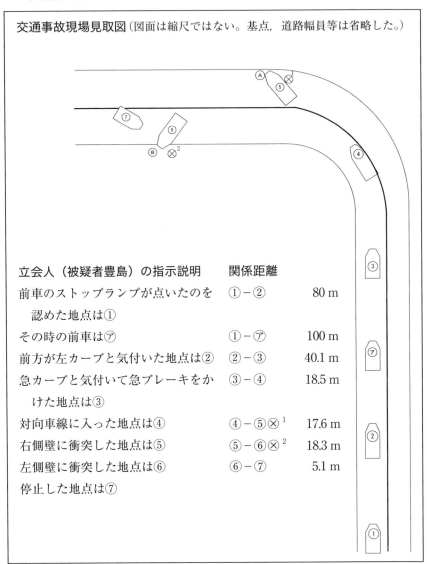

交通事故現場見取図（図面は縮尺ではない。基点，道路幅員等は省略した。）

| 立会人（被疑者豊島）の指示説明 | 関係距離 | |
|---|---|---|
| 前車のストップランプが点いたのを認めた地点は① | ①−② | 80 m |
| その時の前車は⑦ | ①−⑦ | 100 m |
| 前方が左カーブと気付いた地点は② | ②−③ | 40.1 m |
| 急カーブと気付いて急ブレーキをかけた地点は③ | ③−④ | 18.5 m |
| 対向車線に入った地点は④ | ④−⑤⊗¹ | 17.6 m |
| 右側壁に衝突した地点は⑤ | ⑤−⑥⊗² | 18.3 m |
| 左側壁に衝突した地点は⑥ | ⑥−⑦ | 5.1 m |
| 停止した地点は⑦ | | |

# 第6章　げん惑事故

## 1　げん惑事故の捜査の要点と取調べの留意事項

　げん惑は，前方注視が困難になる状況であるから，盲目運転と同じ状態で，極めて危険である。したがって，直ちに，速度を減じて徐行したり，停止したりして，前方に歩行者等が横断していた場合に，それとの衝突を避けるようにしなければならないのが原則である，といえよう。

　しかしながら，げん惑の程度やげん惑の原因（対向車両等の前照灯や太陽光など），その際の道路状況や走行状況によって，げん惑運転の危険性は異なってくる。

　したがって，げん惑されたからといって，常に速度を減じ，停止すべき注意義務が課せられるとは限らない。

## 2　被疑者

(1)　げん惑の原因となった照射物の確定──太陽光線，対向車両のライト（上向き等）等[159]

ア　太陽光線の場合

　①　被疑車両の向きと，太陽の位置についての供述が合理的（げん惑される状態）であるか

　②　げん惑された時間と太陽の位置の検討[160]

　③　雲や建物，その他の太陽光線を遮蔽する障害物はなかったか

　④　直線道路か，カーブがあるか等道路状況

---

[159] げん惑は，信号に対しても生じるので，信号無視ないし看過事案についてもげん惑の影響の有無に留意する必要がある。そして，被疑者の取調べ及び過失もげん惑事故に準じることとなる。

⑤　他車両の有無と進行状況
⑥　げん惑を予想できなかったか
⑦　予想できた場合は対応策（日除け使用等）の有無と状況
⑧　予想できなかった場合はその理由

イ　対向車両ライトの場合
①　げん惑された際の両車両の位置
②　前記各位置は合理的（対向車両の車線は重要である。）であるか否かの検討
③　他車両の有無とライトの状況


(2)　げん惑後の措置
①　直ちに停止又は減速措置を講じたか
②　上記措置を講じた場合は，措置と内容の確定
③　上記措置を講じなかった場合はその理由
④　げん惑地点から衝突地点までの距離
⑤　被害者（車）を発見した際の相互の地点の確定と，発見した際の被害者（車）の状況
⑥　被害者（車）発見後の措置と被害者（車）の行動
⑦　事故の相手方である車両や歩行者の出現の可能性（普段の出現の状況）
⑧　減速又は停止措置を講じた場合の事故回避可能性

---

160）太陽光線によるげん惑事故の場合は，警察が現場に臨場した直後（それが事故後，数分後であっても）に，太陽光によるげん惑状況（照射状況）を写真撮影したとしても，太陽高度が変化しているので事故時のげん惑状況（同）と異なるので，その写真をそのまま事故時のげん惑状況として立証するのは妥当ではない。事故時の被疑車両の位置と時刻を確定し，また，写真撮影時の太陽高度から逆算して太陽高度を求め（気象庁に照会する），その位置と高度の関係からどのようなげん惑状況になるかを明らかにすることが考えられる。翌日や事故日に近い日で，太陽高度が同じ高度に来る時刻に，事故地点にいる被疑者に対するげん惑状況（太陽光の照射状況）を写真撮影することが考えられようか。

# げん惑事故①（対向車両の前照灯）

> **事例㉑**
> 普通乗用自動車が対向車両の前照灯の光にげん惑されたにもかかわらず進行して，進路前方を左方から右方に横断する歩行者に衝突

## I　被疑事実の要旨

　　被疑者は，平成○年7月5日午後10時50分頃，普通乗用自動車を運転し，東京都大田区○○1丁目16番2号先道路を，東京方面から川崎方面に向かい時速約60キロメートルで進行中，川崎方面から対向進行してくる車両の前照灯の光にげん惑されて前方注視が困難になったのであるから，直ちに減速徐行するなどして視力の回復を待ち，前方左右を注視して進路の安全を確認しながら進行すべき自動車運転上の注意義務があるのにこれを怠り，交通閑散に気を許し，前方注視が困難な状態のまま漫然前記速度で進行した過失により，折から，進路前方を左方から右方に横断歩行中の澤田善太郎（当時65歳）を前方約25.7メートルの地点に初めて発見し，急制動の措置を講じたが間に合わず，自車を同人に衝突転倒させ，よって，同人に加療約6か月を要する右大腿骨骨折等の傷害を負わせたものである。

## Ⅱ 被疑者供述調書（対向車両の前照灯の光にげん惑されたのに減速せず進行して，左方からの横断者に衝突）

供 述 調 書（甲）

〈本籍，住居　略〉
　職　業　大学生
　氏　名　田所　信一

　　　　　　　　　　　　　　　昭和○年○月○日生（当時22歳）

《冒頭省略》

1　私は，平成○年7月5日午後10時50分頃，父田所太市所有のマツダ○○2000ccの助手席に友人の横須良美さん，後部座席に鈴木薫さんと町田勇君を乗せて鎌倉に遊びに行く途中，東京都大田区○○1丁目16番2号先の都道○○号線で，横断歩道を左から右に横断しようとした澤田善太郎さんという方に怪我させる事故を起こしました。

　この事故の状況について述べます。

　事故の時に運転していた車は，週1，2回運転していて，ブレーキなどの走行装置等に故障がない車です。

　7月5日は，仲間4人で，夜の鎌倉や，江の島に遊びに行く約束をしていたので，10時に集合場所の○○駅に車を運転して行くと，3人はもう来ていました。

　すぐ3人を車に乗せ，近くのスーパー○○で夜食を購入して鎌倉に向かいましたところ，大森，蒲田が混んでいたので左折し，10時35分頃裏通りの事故現場に通じる都道○○線に入りました。

　この通りは，片側各一車線で車道通行帯最外側線と今正式な名前を教えられた外側線が設けてある制限速度40キロメートル毎時の道路で，対向車は40から50メートル間隔くらいで走っており，対向車のライトの灯が，降っている小雨に濡れた路面に反射して時々，まぶしく感じました。

　私は，60から70メートル前方を進行している普通乗用自動車に追従

し，ライトを下向けに点け，東京方面から横浜方面に向かい直線に近い道路を，時速約60キロメートル進行して事故現場に差し掛かりました．

この時本職は，平成○年○月○日付司法警察員巡査部長○○○○作成にかかる実況見分調書添付の現場見取図（原図1)）を示した〈→390頁〉。
2　見せてもらった図面は，私が事故現場で係の警察官に指示説明したとおり記載されており，事故の状況は図面どおりです．

この図面によって事故の状況を述べます．

時速約60キロメートルで進行中，ライトを下向けに点けた乗用車とすれ違った直後頃，ライトをハイビームに点けたように明るくしている対向車が速い速度で接近してきました．

そして私の車が図面の①の時，前車はⒶ，その対向車は60から70メートル前方の㋐で，この対向車のライトの光がパッと目の中に入り，一瞬前方が見えなくなりました2)。

ライトの光のため前方が見えなくなった時は，減速しなければいけないことは，免許を取る時に教えられて知っていたので，事故後は，教えどおり見えなくなった時に減速すべきだったと思っていますが，光が目の中に入り前方が見えなくなったこの時は，まぶしいなと思っただけで，見えなくなったら危険だから減速しなければ，とは考えずに進行しました．

そして，②で対向車とすれ違って，③に来た頃，前方が見えるようになり，その時，前方の駐車車両の後方の㋐に，右方に向かって歩いている3)後で澤田善太郎さんと知った男の人が見え，距離は30メートルぐらいで，澤田さんは真っ直ぐ前を向いていましたので，危険を感じ急ブレーキをかけましたが間に合わず，㋑まで歩いた澤田さんに④まで進行した私の車の前部左側が㊅で衝突してしまい，澤田さんは㋒まで転がって行き，車は⑤に停止したので，急いで下車して澤田さんのところに行き，澤田さんに声を掛けると澤田さんは足が痛いと言って起き上がれませんでした4)。

私は，事故で怪我した人はむやみに動かしてはいけないと知っていたので，下車してきた仲間に澤田さんを動かさないで見ているように頼み，携帯電話で119番と110番通報をしてから，澤田さんに謝り「救急車を呼びました。すぐ来ます。」等と励ましているところに救急車が，続いて警察の車が来て，澤田さんは病院に運ばれ，私は現場に来た警察官に事故の申告をして，実況見分に立ち会いました。

3　事故の原因は，私が対向車のライトの光が目に入り，前がよく見えなくなった時，すぐ減速しなかったことにあると思っています。

　減速したら，図面の③よりもっと手前で前が見えるようになったはずですから，その時点で被害者を発見し，事故にならなかったことは間違いありません。

　減速しなかった理由は，近くに前車がなかったこと，それに，夜遅いので，人通りがなかったので，まさか私の前方を横断する人がいるとは思わなかったからです。[5)]

　いつも，前方に障害物があっても対応できるような，慎重な運転を心掛けるべきだったと反省しています。

4　藤田さんの怪我は加療6か月を要する右大腿骨骨折と聞き，申し訳ないと思っています。

　人身2億円，物損1,000万円の任意保険に加入していて，治療費や車の修理代は保険で払えますし，不足があったら親から出してもらえますから，示談はできると思います。

　交通事故は二度と起こさないように注意して運転しますから，今回に限りご寛大な処分をお願いします。

　　　　　　　　　　　　　　　　　　　　　田所　信　㊞

〈以下省略〉

> **検察官の着眼点**
> 1) 原図については，前述（→287頁）のとおり。
> 2) どの程度見えなくなったのか具体的に記載する。そうでないと，後に，前方が全く見えなかったわけではないなどと弁解されることになりかねないからである。程度のある表現は，その程度を具体的に明らかにする。
> 3) 被害者の歩く速度も，記憶があるのであれば記載する。
> 4) このように，一文が長すぎるのは読みにくいので，好ましくない。
> 5) 減速しなかった理由は，明らかにすべきである。

## III 被害者供述調書（道路を横断中，げん惑した普通乗用自動車に衝突されて受傷）

### 供 述 調 書（乙）

住　居　東京都○○区○○３丁目３番地
職　業　嘱託社員
氏　名　澤田　善太郎
　　　　　　　　　　　昭和○年○月○日生（当時65歳）

　上記の者は，平成○年８月22日東京都○○区○○１丁目○番○号○○外科病院において，本職に対し任意次のとおり供述した。
１　私は，40年近く勤務していた○○株式会社を平成○年３月に辞め，同年４月から，子会社の○○株式会社に嘱託社員として勤務しています。
２　今年７月５日午後10時50分頃，大田区○○１丁目16番２号先道路を横断する時，右の方から進行してきた田所信一さん運転の普通乗用自動車に衝突されて加療６か月の怪我をしました。
　この事故について記憶があることをお話しします。
　事故当日の５日は，静岡に転勤する社員の送別会が，渋谷駅近くの大衆料理○○で午後６時半頃から午後10時頃まであり，私はビール大びん２本分くらいと，日本酒２合くらいを飲み，酒にはまだ自信がありますが大分酔いました。
　皆と別れて電車に乗り，自宅近くの○○駅に下車したのが午後10時

45分頃で，駅から自宅までは歩いて10分足らずで，自宅は，事故現場の○○通りの左側歩道を，A方面からB方面に向かい歩き，事故地点から約100メートル先の信号交差点の横断歩道を右に渡って20メートルくらい引き返した場所の近くです。

交通が混んでいる時は，少し遠回りですが，このようにして帰宅していますが，交通が空いている時は車道を横断しています。

5日は，A方面からB方面に向かい歩きながら車の流れを見たところ，A方面から3台の車，B方面から4台の車が進行してくるのが見えました。

事故の後では，どうして全部の車を通してから，ゆっくり渡らなかったのかと反省していますが，事故の時は，A方面からの2台目の車と3台目の車の間を渡れると思い込み，ちょうど2台目の車が通り過ぎたので急いで車道に下り，歩いて反対側に向かい横断を始めました。[1)]

いつもなら，A方面からの車が通り過ぎた後，更に同方向から来る車がないか確認してから渡るのですが，事故に遭った時は，A方面からの後続の車はないと思い，前を向いて歩き始めていて右の方は見ていません。

そして，道路を横断中に，右からの車のライトの灯が見えた直後に右大腿部に衝突され，私は転がって止まったところ，すぐ前に車が止まりました。

車の速度が出てなかったせいか，頭は打ってなく，怪我は大腿部骨折と左腕打撲で済み，不幸中の幸いとほっとしています。

3  6か月の加療を要すると診断されましたが，これはリハビリも含めての加療期間で，ギプスが取れるまで3か月くらいかかる見込みとのことです。

治療費は田所さんの保険で支払っており，田所さんの両親がたびたび見舞いに来ていて誠意がありますし，私にも車の間を渡ろうとした点に不注意があると思っていますから，処罰についてはお任せします。

澤田　善太郎　㊞

〈以下省略〉

**検察官の着眼点**

1） 歩く速度も聴取した上で記載する。

## Ⅳ　交通事故現場見取図

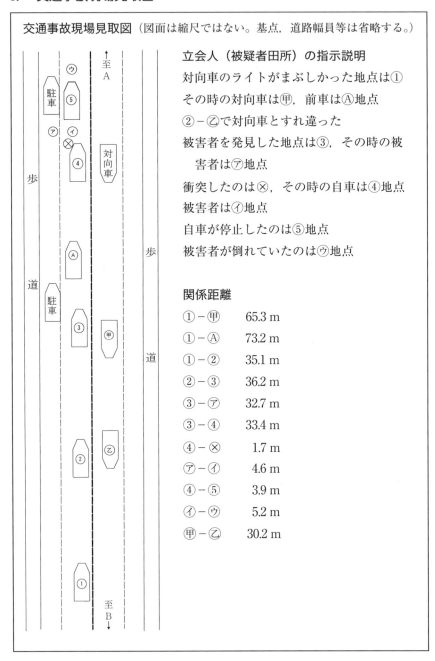

# げん惑事故②（太陽光線〔西日〕）

**事例㉒**

普通貨物自動車が西日にげん惑されたのに減速することなく進行して，交通整理の行われている横断歩道を左方から右方に横断する歩行者に衝突

## I 被疑事実の要旨

　　被疑者は，平成〇年6月5日午後4時10分頃，普通貨物自動車を運転し，東京都杉並区〇〇3丁目10番12号先の前方に交通整理の行われている横断歩道の設置された道路を，東方から西方に向かい時速約50キロメートルで進行するに当たり，西方からの太陽光線のため進路前方の安全確認が困難となったのであるから，直ちに減速徐行するか日除けを下ろして前方注視できる状態にした上，対面する信号機の信号表示に従って進行すべき自動車運転上の注意義務があるのに，これを怠り，交通閑散に気を許して減速徐行をせず，かつ日除けを下ろさず前方の安全確認が困難な状態で同対面信号機が赤色の灯火信号を表示しているのを看過したまま漫然前記速度で進行した過失により，折から，同横断歩道上を，信号に従い左方から右方に横断歩行中の小城良子（当時66歳）を前方約15.8メートルの地点に初めて発見し，急制動の措置を講じたが間に合わず，自車を同人に衝突転倒させ，よって，同人に加療6か月を要する頭蓋骨骨折等の傷害を負わせたものである。[1)]

**検察官の着眼点**

　1）　本事例は，信号看過の過失も含まれる事例である。なお，被疑者は後記のとおり，信号について曖昧な供述を行っているが，被害者の供述等で被疑者の信号看過を認定した事例である。
　　なお，「日除け」は，又は「サンバイザー」。

## Ⅱ 被疑者供述調書（西日にげん惑されたのに減速せず進行して，前方の横断歩道を信号に従い左方から右方に横断する歩行者に衝突）

供 述 調 書（甲）

〈本籍，住居　略〉
　職　業　自動車運転手
　氏　名　工藤　市太郎
　　　　　　　　　　　昭和○年○月○日生（当時○歳）

《冒頭省略》

1　私は，本年6月5日午後4時10分頃，勤務先会社から担当車として指定されて毎日のように運転している普通貨物自動車（バン）を運転してルート配送中，東京都杉並区○○3丁目10番12号先の横断歩道を渡っていた小城良子さんという方に怪我させる事故を起こしましたので，事故の状況をお話しします。

　事故の時に運転した車は，毎日のように運転していて，ブレーキなど走行装置に故障がない車です。

　5日は，朝9時半頃A集配所に止めておいたバンを運転して出発し，B，C集配所でそれぞれ貨物の積降ろしをし，次のD集配所に行くためC集配所を出発して間もなく，片側各二車線に区分され，中央線が設けてある制限速度50キロメートル毎時の事故を起こした○○通りに入り，A方面からB方面に向かい時速約60キロメートルで，第二車線を進行して事故地点に近づき，事故地点の約200メートル手前の左カーブを通過しました。

　いつも通る○○通りですが，珍しく交通が閑散で，近くに同方向に向かう車はなく，対向車もほとんどなかったように記憶しています。

　この時本職は，平成○年6月5日付司法警察員警部補○○○○作成にかかる実況見分調書添付の現場見取図（原図）を示した〈見取図は省略〉。

2　お示しの図面は，私が事故現場で係の警察官に指示説明したとおり記載されていますので，この図面によって事故の状況をお話しします。

　時速約60キロメートルでカーブを通過し，直線道路になって間もなくの図面の①地点に来た時，ちょうど雲の切れ目の真正面から，太陽の光がパッと射してきてまぶしくなり，前方が見にくくなりました。[2)3)]

　雲がない時ですとすぐ日除けを下ろしますが，この時は，太陽は間もなく雲に隠れそうでしたから，日除けを下ろしても，またすぐ上げなければならないので面倒くさかったので，日除けを下ろさずまぶしいのを我慢し，そのままの時速約60キロメートルで進行しました。[4)]

　直線に入って70から80メートル進行した辺りで事故現場の横断歩道の対面信号の青色を見ていたので安心し，横断歩道の信号が赤色に変わることは考えずに②地点に来た頃，前方に横断歩道のゼブラと，この横断歩道を左方から右方に渡っている人（事故後，氏名は小城良子さんと知りました。）が㋐に見えました。危険を感じ急ブレーキをかけましたが間に合わず，㋑まで歩いてきた被害者の小城さんに，③まで進行した私の車の前部左側が⊗で衝突し，小城さんは跳ねられて㋒にうつ伏せに倒れ，車は小城さんが倒れている手前の④に停止したので，すぐ下車して小城さんが倒れているところに行き，声を掛けましたが返事はありませんでした。

　重傷で動けないように見えたので，小城さんはそのままにし，携帯電話で119番と110番に通報して，もう一度小城さんに声を掛けても返事はありませんが，時々手足を少し動かしたので，生きていることは分かりました。

3　このように小城さんを見ているうち，事故から数分後くらいに信号の色が気になり信号機を見ると，私の対面信号は青色でした。図面の①の時に見てから後，対面信号，歩行者用信号を含め，事故現場横断歩道の信号を見たのは110番通報をして，小城さんを見た後が初めてで，その前に見たことはありませんから，信号がいつ青色に変わった

のか分かりません。[5)]

　間もなく来た救急車で，小城さんは病院に搬送され，私は，現場に来た警察官に事故を起こしたことを申告して，実況見分に立ち会いました。

4　事故の原因は，私が太陽の光が目に入ってまぶしく，前がよく見えなくなったのに，すぐ日除けを下ろすとか，減速して前をよく見なかったことと思っています。

　日除けを下ろして前をよく見ていたら，被害者を図面の②よりももっと手前で発見でき，事故を起こさないで済んだことは間違いありません。もちろん，信号の変化も分かったはずです。

　事故の時の私の対面信号について，私は，事故の直前直後頃，私の対面信号や歩行者用信号を見てないので，青色とも赤色ともどっちとも言えません。

　私は，対面信号の青色を見たので，通過するまでに赤色に変わるとは考えなかったと言いましたが，勘でそのように感じただけで，根拠はありません。

　交通が閑散で前車のことを考えないで済んだことも，日除けを下ろさなかったり，信号が変わるのを考えなかったりした原因の1つのように思い，状況判断の甘さについて反省しています。

5　小城さんは意識不明とのことですが，早く意識が戻ることを祈っています。

　事故については，会社で責任を持って示談にすると言っていますから，示談はできると思います。

　交通事故は二度と起こさないように注意して運転します。

　今回に限りご寛大な処分をお願いします。

工藤　市太郎　㊞

〈以下省略〉

## 第6章　げん惑事故　395

> **検察官の着眼点**

- 1）運転の目的は述べているが，更に詳しく聴取して明らかにすべきである。すなわち，貨物の積み下ろしを行う仕事の全体像を明らかにして，何時までに貨物の積み下ろしをしなければならないのか，したがって，Ｄ集配所には何時頃までに行かねばならず，急いでいたのか否か等についても明らかにするべきである。
- 2）どのように西日にげん惑される状況であるかについては，写真で明らかにするべきであるが，事故時における西日の照射状況を明らかにするのは，必ずしも簡単ではない。事故直後に警察が臨場して被疑者から事情を聴取し，西日によるげん惑と判明して写真を撮ったとしても，既にその時点で大分時間が経過しているので，事故時の状況と異なっていることが多いからである。げん惑事故で警察が撮影した朝日による照射状況が，写真ではさほどのものでなかったために，無罪になった事例もある。厳密にいえば，1年後の事故時刻における太陽の照射状況を明らかにすることで事故の状況を再現することが可能であるが，1年も待っているわけにはいかないので，げん惑事故の捜査の要点と取調べの留意事項の前掲注160）のように，事故時の照射状況を再現して写真撮影すればよい。

　なお，写真だけでは現実の人間の視力がげん惑されるのと異なる可能性があるので，立会人（第三者がよい）を求めて，げん惑状況を確認することも考えるべきである。
- 3）どの程度まぶしかったのかも明らかにすべきである。
- 4）日除け（サンバイザー）を下ろさなかった理由と減速しなかった理由を明らかにする。
- 5）信号が絡む事故については，信号をいつ見たかだけでなく，何時から何時まで見ていなかったかも明らかにする。また単に「青色信号を見た。」とするだけでなく，「赤色から青色に変わったのを見た。」のか「青色信号に気付いたが，赤色から青色に変わったところは見ていない。」のかをはっきりさせる必要がある。

# 第7章　歩行者事故

## 1　横断歩道上の事故の捜査の要点と取調べの留意事項

### (1)　被疑者
横断歩道認識の有無を確認する。

### ア　横断歩道を認識した場合
　① 認識した地点の確定
　② 認識した際の速度の確定

(ア)　横断者[161]認識の有無

(イ)　横断者を認識した場合
　① 認識した際の相互の地点の確定と認識可能地点との誤差[162]
　② 認識した際の速度の確定
　③ 認識した際の相互の速度（歩行者の場合は歩速）の確定
　④ 歩行者等がいないことが明らかな場合に該当するか否かと，進行速度適否の検討
　⑤ 横断者等（含む被害者）の横断について適法・違法性及び横断者等出現可能性の有無の検討
　⑥ 横断者の歩行速度，顔の向き等と急に駆け出した，立ち止まるなどの行動の有無とこれに対する注意状況
　⑦ 横断者は認識したが被害者を認識しなかった場合は，原因の究明（他の横断者に気を取られた等）

---

161) ここにいう横断者とは，被害者を含む歩行者，自転車運転者等のことであり，他の横断者に気を取られて，被害者を見落とす事例もあることに留意する。また，「横断しようとする歩行者又は自転車」であり，横断している歩行者又は自転車に限らない（道交法38条1項参照）ので留意する。
162) 被害者を認識した地点において，制動しても事故を避け得なかったといえる場合は，それ以前の認識が可能であれば発見遅滞になるので，後記(ウ)に該当する。

(ウ) 横断者を認識していない場合
　① 横断者見落としの原因を確定する。
　　・ 他に気を取られた，建物を脇見した等
　　・ 暗くて見えなかった，駐・停止車両等障害物のため見えなかった等
イ　横断歩道の認識のない場合
　① 前方に横断歩道ありの道路標識の有無と場所（確認可能地点の確定）
　② 横断歩道の道路標識の有無と同標識の確認可能状況
　③ 駐・停車車両等の障害物の有無と障害物の場所の確定及び被害者に対する見通し状況（横断歩道付近の照明，被疑車両のライトの照射状況を含む。）の確定等[163]
　④ 被害者を認識した地点が，制動しても停止できない場所である時は，認識していない場合と同じ（発見遅滞）
　⑤ 横断歩道を認識できない特殊な事情の有無とその検討

(2) 被害者
　① 横断待ちの有無と横断待ちをした場所，照明状況等の確定
　② 他の横断者の有無と数，状況の確定
　③ 横断を開始した地点と衝突地点の確定[164]
　④ 前記横断中の歩行速度と状況
　⑤ 横断を急いだ時，横断途中に立ち止まった時は，その具体的理由，他の横断者の有無，ある場合はその場所と横断状況の確定等
　⑥ 加害車両確認の有無と状況
　　確認している場合は，横断を開始又は継続した理由等
　⑦ 横断開始後の加害車両の速度と進行状況の確認の有無
　　・ 確認した場合は，その理由（加速して前方を突っ切ろうとした，速度を落とさなかったから危険と思った等）

---

[163] 横断歩道手前の直前に停止（駐車も該当の判例あり）車両があり，その前方に出る場合は，一時停止義務があることに留意する（道交法38条2項）。
[164] 衝突地点が横断歩道内（直近を含む。）か否かは，量刑（場合によっては，過失の存否自体にも）に影響する。

- 確認しなかった場合は，その理由（止まってくれると思ったと述べた場合は，その具体的状況等）
⑧ 被害者と被疑者の供述の比較検討（実況見分の要否，再捜査の有無等を含む。）
⑨ 横断開始直前頃の他車両の有無とその進行状況等

## 2　横断歩道上以外の事故の捜査の要点と取調べの留意事項

(1)　被疑者
ア　自車の進行状況等
　① 道路状況（幅員，車線の有無と数，直線か湾曲か等の見通し状況）
　② 進行車線，前車，後続車の有無と車間距離の確定
　③ 左右車線進行車両の有無と進行状況
　④ 追突地点の確定
　⑤ 被害者の歩行状況（横断中の場合は，どちらからどちらに横断中か）[165]
　⑥ 被害者発見可能地点（進行速度を前提）の確定
　⑦ 歩行者に対する規制（横断歩道等）の有無と規制確認可能状況の確定
　⑧ 当該道路の走行経験の有無，程度，道路状況についての（歩行者の横断等に関する）認識の有無，程度

イ　被害者の認識の有無
(ア)　横断者（被害者を含む。）を認識した場合
　① 認識した際の相互の地点確定と認識可能地点との誤差[166]
　② 認識した際の相互の速度（歩行者の場合は歩速）の確定
　③ 進行速度適否の検討

---

[165] この基本的なことが不明なことも多い。特に，被害者が死亡している場合で目撃者のいないときは，被害者の行動の裏付け等を行うとともに，被害者の負傷状況や痕跡等を詳細に見分する。目撃者の供述も第三者の供述だからといって鵜呑みにしない。とっさに事故を目撃したような場合は，慎重に吟味する。
[166] 被害者を認識した地点において，制動しても横断者の手前で安全に停止できない場合は，横断者を認識していないこと（発見遅滞）の過失が問題になる。

④ 横断者等（被疑者を含む。）の横断について，適法性，違法性及び横断者等出現可能性の検討，歩行速度，顔の向き等と急に駆け出した，立ち止まるなどその行動の有無と状況
⑤ 被害者を認識できない特殊な事情の有無とその検討
(イ) 横断者（被害者を含む。）を認識していない場合
① 被害者見落としの理由の確定
② 他の歩行者に気を取られた，建物を脇見した等
③ 暗くて見えなかった，駐・停止車両等障害物のため見えなかった等

(2) 被害者
① 当該道路の通行経験の有無，車両の通行状況に関する認識の有無，程度
② 横断待ちの有無と横断待ちをした場所，照明状況等の確定
③ 他の横断者の有無と数，状況の確定
④ 横断を開始した地点と衝突地点の確定
⑤ 車両の直前，直後横断等法令違反の有無
⑥ 前記横断中の歩行速度と状況
⑦ 横断を急いだ時，途中立ち止まった時は，その具体的理由，他の横断者の有無，ある場合はその場所と横断状況の確定等
⑧ 加害車両確定の有無と状況
⑨ 確定している場合は，横断を開始又は継続した理由等
⑩ 横断開始後の加害車両の速度と進行状況確認の有無
⑪ 確認した場合は，その理由（加速して前方を突っ切ろうとした，速度を落とさなかったから危険と思った等）
⑫ 確認しなかった場合は，その理由（止まってくれると思った等）
⑬ 被害者と被疑者の供述の比較検討（実況見分の要否，再捜査の有無等を含む。）
⑭ 他車の進行状況

# 歩行者事故①

**事例㉓**

普通乗用自動車が黄色信号不停止により横断歩道を左方から右方に横断中の自転車に衝突

## I　被疑事実の要旨

　　被疑者は，平成○年○月10日午前9時10分頃，普通乗用自動車を運転し，東京都○○区○○3丁目3番13号先の前方に押しボタン式信号機の設置された横断歩道が設けられている道路をA方面からB方面に向かい時速約40ないし50キロメートルで進行中，同信号機の対面信号が，黄色の灯火信号を表示しているのを同横断歩道の手前約50数メートルの地点で認めたのであるから，同横断歩道手前の停止位置で停止すべき自動車運転上の注意義務があるのにこれを怠り，同横断歩道手前の交通整理の行われていない交差点の左方道路から進行してくる車両に気を取られ同停止位置で停止せず，漫然前記速度で進行した過失により，折から同横断歩道を信号に従い，自転車を運転して左方から右方に横断中の鈴木太郎（当時56歳）に自車を衝突させて，同人を自転車もろとも路上に転倒させ，よって，同人に加療約1か月間を要する右足挫傷等の傷害を負わせたものである。[1][2][3]

**検察官の着眼点**

1）　本事例は，交差点出口に設けられた横断歩道に押しボタン式信号機が設置してあり，そのため，同横断歩道を通る道路の信号機はあるもののその交差道路には信号が設置されておらず，したがって，押しボタンを押して信号が作動しても同信号だけでは交差点の交通の安全と円滑が図れるわけでないので，横断歩道手前の交差点は交通整理の行われている交差点とはいえない（東京高判昭和46年12月22日刑月3巻12号1604頁参照（道交法にいう「交通整理」とは，信号機の表示する信号又は警察官の手信号等により一定の時間は一方の道路を自由に通行させその間他の交通を停止することなく交互に反復する措置を指すもので，これを通行する側からいえば，信号により通行が認められる間は他の交通を顧慮することなく進行することができる場合は交通整理の行われている

状態と解すべきである。))。

　なお，押しボタン式信号機が設置してある交差点も，「歩行者が押しボタンを押し信号灯により交通規制が行われた場合にはじめて『交通整理が行われている交差点』となると考えられる。」とする裁判例（大津地判昭和50年4月21日判時789号113頁）もあるが，同事案は，交差道路のそれぞれに点滅式信号機が設置され，1つの交差点出口に設けられた横断歩道の歩行者用の押しボタン式信号機があり，歩行者がこれを押すと各信号機が赤・青・黄の各信号による交通整理を行う仕組みとなっている交差点の事例である。

**２）** 本被疑事実のうち，「同横断歩道手前の交通整理の行われていない交差点の（左方道路……）」という表現のうち，「交通整理の行われていない」は，しいて記載する必要はないと思われるが，突如「交差点の左方道路（から進行してくる車両）」という記載が出てくるので，どういう交差点かを明らかにして事案の概要を分かりやすくしようとしたものである。なお，本事例は，被害者との関係では，信号に従う義務が注意義務となり，交差点の通行方法が問題となる事案ではないので，「交通整理の行われていない交差点を直進するに当たり」という記載はしなかった。

**３）** 前方注視していれば停止可能地点の手前で被害者の横断を発見可能であれば，前方注視義務違反も過失となるが，本事例は，発見は難しいと判断される事例である。

Ⅱ 被疑者供述調書（押しボタン式歩行者用信号機により交通整理の行われている横断歩道上の事故〔黄色不停止〕）

供 述 調 書（甲）

〈本籍，住居　略〉
職　業　会社員
氏　名　桜井　武司

昭和○年○月○日生（当時○歳）

《冒頭省略》

1　私が，本日（平成○年○月10日）午前9時10分頃，東京都○○区○○3丁目3番13号先の交差点出口に設けてある横断歩道を，自転車で右方に横断中の鈴木太郎さんという方に怪我させた事故について述べます。

　この事故は，私が一昨年の6月，新車で購入した，私所有のトヨタ○○2000ccを運転し，同乗者なしで出勤途中に起こしたもので，車は毎日出勤やドライブ等に運転していて，走行装置等に異常がなく，事故時の天候は晴れており，片側二車線の平坦な乾燥している直線道路で，障害物はありませんから見通しは良く，100メートル以上先が見通せる状況でした。

　私は，事故現場交差点から300メートルくらい手前の交差点を，青色信号で直進通過しましたが，この信号が青色になった時期や，信号の変わり目だったのかどうかは知りません。

　交差点を直進してすぐから，第二車線を進行しましたが，前方を同方向に進行している車はなく，近くに後続車や対向車はなかったと記憶しています。

　なお，事故現場の交差点の交差道路の交通状況については知りません。

　このように進行して事故現場の横断歩道に差し掛かり，事故を起こしましたが，詳しいことは今日現場で指示説明したとおりです。

この時本職は，平成○年○月○日付司法警察員巡査部長○○○○作成にかかる実況見分調書添付の現場見取図（原図）を示した（立会人被疑者〈→407頁〉）。
2　今見せてもらった図面は，私が事故現場で指示説明したとおり記載されていますので，図面で事故の状況を述べます。
　　第二車線の中央辺りをＡ方面からＢ方面に向かい，時速60から70キロメートルくらいで進行中，ラジオが面白くなかったので局を変えるため時速約40ないし50キロメートルに速度を落として進行し，選局が終わったので目を前方に向けたのが図面の①地点です。
　　この時，事故現場の横断歩道の対面信号が黄色だったのと，左方道路からⒶ地点辺りに出てきた乗用車が同時に見えました。
　　毎日のように通勤で通っている道路で，手前の交差点を青色信号で直進し，流れに乗って進行すると，事故現場の横断歩道を青色か黄色中に通過していましたから，黄色信号だからという理由で停止することや，横断歩道を通過する前に信号が赤色になることは考えず，Ⓐの乗用車が直進するのか左折して私の前の第二車線に入るのかを気にして，加速せず同車を見ながら進行して行くと，私が②地点まで進んだ頃Ⓐに見た車はⒷ地点で，第一車線の方に向きを変えましたけれども，まだ何となく気になりこの車を見ていると，同車はⒸ地点付近まで進行しましたから，安心し③地点で前を向いた瞬間，自転車で左から右に横断中の被害者がすぐ前の㋐地点に見えたので，危険を感じ，とっさに急ブレーキをかけましたが間に合わず，私の車が④地点まで進行した時，㋑地点まで進行してきた被害者と⊗で衝突し，被害者は自転車から離れ，私の左斜め前方に飛ばされて行き，私の車は被害者の右横を通り⑤地点に停止しました。
　　頭の中が真っ白になり，座席に座ったままボーっとしていましたが，気を取り直して車から降りると，自転車は押されたようで，私の車の前の㋓地点に倒れていました。
　　そして，今名前を小林余一と教えられた目撃者の方の車がⒹ地点に

止めてあり，その前の㋒地点には，被害者の後で名前を聞いて知った鈴木太郎さんが倒れていて足を痛がっており，その側に小林さんが立っていて，近づいた私に動かさない方がいいと声を掛けてくれました。

それから，小林さんは，私に電話をすると言ってから，携帯電話で電話をかけ，「救急車の手配をした。」と言ったので軽く頭を下げ「済みません。」と礼を言っただけで，小林さんとは話をせず，鈴木さんに「大丈夫ですか。」等と声を掛け，「済みません。」と謝ったりしながら待っていると，数分後に救急車，続いて警察の車が来て，鈴木さんは救急車で病院に運ばれました。

その後，小林さんが現場で事故の状況を警察官に指示説明し，それが終わってから私が指示説明しました。

私は，小林さんが指示説明する間，反対側の道路に止めてある警察の車の中にいたので，小林さんがどんな指示説明をしたのか知りません。

この時私は，小林さんと関係なく，自分の記憶どおりを指示説明しています[6]。

3　私は「横断歩道の対面信号が黄色だったのを見た時，手前の交差点を青色信号で直進し，流れに乗って進行すると，事故現場の横断歩道を青色か黄色中に通過していましたから，黄色信号だからとの理由で停止することや，信号が赤色になることは考えなかった。」と述べましたが，この道路の最高速度は50キロメートル毎時でしたが，車の流れは大体時速60から70キロメートルの速さであったので，この速度での経験を述べたのであり，今回のように時速4,50キロメートルくらいの速度で走ったことは記憶にありません。

このように，私は，時速60から70キロメートルくらいの速度で進行していた経験を基に判断して，横断歩道の私の対面信号が赤色に変わることを考えなかったのと，左方の道路から出てきた車に気を取られたこともあって，時速40から50キロメートルくらいのままで走ると，横断歩

道を通過する前に私の対面信号が赤色に変わる場合もあることは考えず，図面の①で黄色信号を見た後，対面信号は見ないで進行しました。[7]

　私は，対面信号が赤色に変わったのは見ていないので，信号についてはっきりしたことは言えませんが，被害者の鈴木さんは，青色信号になってから横断を開始したと言っているとのことですし，目撃者の小林さんも同じようなことを言っているとのことですから，2人の話は正しいと思います。

　私が，黄色信号を見た時，急ブレーキをかけなくても横断歩道の手前に停止できる距離があったことは分かっていましたから，法規どおり横断歩道の手前に停止すれば事故を防げたことははっきりしていますので，事故の原因は，黄色信号を見てすぐ停止措置を執らなかったことであり，これが私の過失と思い反省しています。

　また，2人の話から，私が対面信号を見ていれば，赤色信号に変わったのに気付いて停止し，事故は防げたと思いますから，信号をよく見てなかったのも事故の原因の1つと思います。

4　賠償無制限の人身任意保険に加入していますので，保険会社の係の人に頼んで示談にしてもらいたいと思います。

　被害者の鈴木さんのところには，できるだけ早く見舞いに行きます。

　交通事故は二度と起こさないように注意して運転しますから，ご寛大な処分をお願いします。

桜井　武司　㊞

〈以下省略〉

### 検察官の着眼点

1）「……信号に従い自転車を運転して右方に横断中……」と記載する方法もある。これは，客観的な事実であることから，その旨記載するものであるが，後記のように被疑者は被害者が信号に従っていることを確認していないことを考慮し，被疑者の認識を前提にして前記表現としたものである。読者（裁判官等）が誤解しないように記載した方がよいので，本文の方が適切であろう。

2）押しボタン式信号には，本事例の信号機のように周囲の押しボタン式以外の信号と連動している信号機があるので，その場合は，事故現場手前の交差点

の信号機との連動状況を調べ，被疑者の供述どおりに同交差点を青色信号で通過してきた場合には，事故現場の信号機が赤色になるのが矛盾しないことを確認した上で，調書を作成する。
3） 原図については，前述（→287頁）のとおり。
4） このように明確に理由を述べている場合には，どのラジオ局のどの番組がどのような理由で面白くなかったのかも聴取して明らかにするとなおよい。その場合，客観的な放送内容と異なる供述がなされると，客観的な事実と異なる供述として信用性が阻害されることをおそれて具体的な供述を得ないまま調書を作成することもあると思われる。しかしながら，それは，録取に先立ってラジオの番組とその内容についての裏付け捜査を手抜きしているために供述の裏付けが明確でなくなってしまうことも多いのではないだろうか。もしそうであるとすれば，それは怠慢というべきであろう。労は惜しまず基本に忠実に裏付けを行うべきである。そして，供述どおりの番組がなかったり，内容が異なっていたとすれば，更に記憶を喚起し，あるいは虚偽供述の弾劾を行うなどして，真の記憶供述を得るように努めるべきである。
5） 長すぎて分かりにくい文章である。
6） 目撃者等の指示による実況見分を行う際や取調べの際，被疑者を目撃者等の指示説明や供述内容が聞き取れるような場所で待機させると，後に被疑者から，目撃者等の指示・供述等に合わせるように強要されたとの弁解が出ることがあるので，そのようなことがないようにする。
7） 信号看過の理由が，具体的かつ明確に述べられているのでよい。

## Ⅲ 交通事故現場見取図

交通事故現場見取図（図面は縮尺ではない。基点，道路の幅員等は省略した。）

立会人（被疑者桜井）の指示説明

対面信号の黄色を認めた地点，左方道路から出てきた左折車を認めた
　地点は①，その時の左折車は④地点

左折車が第一車線に向きを変えるのが分かったのは②地点，
　その時の左折車はⒷ地点

被害自転車に気付いたのは③地点，
　その時の自転車は㋐地点

衝突したのは④地点，その時の自
　転車は㋑地点で衝突は⊗地点

事故後自車が停止したのは⑤地点

被害者が転倒したのは㋒地点で自転
　車は㋓地点

**関係距離**

| | |
|---|---|
| ①－Ⓐ | 51.6 m |
| ①－② | 26.3 m |
| ②－③ | 24.1 m |
| ③－㋐ | 6.9 m |
| ③－④ | 6.7 m |
| ④－⑤ | 22.3 m |
| ㋐－㋑ | 1.6 m |
| ㋑－㋒ | 12.0 m |
| ㋑－㋓ | 19.1 m |
| Ⓐ－Ⓑ | 3.9 m |
| Ⓑ－Ⓒ | 4.5 m |
| Ⓒ－Ⓓ | 13.5 m |

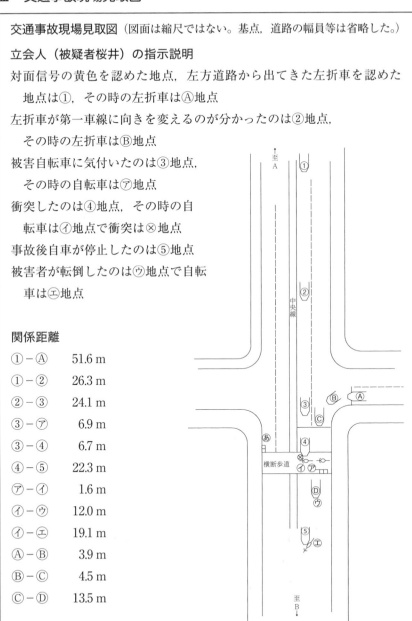

## Ⅳ 被害者供述調書（横断歩道を自転車で横断中の被害者）

供 述 調 書（乙）

住　居　○○○○○
職　業　警備員
氏　名　鈴木　太郎

　　　　　　　　　　　　　　昭和○年○月○日生（当時56歳）

　上記の者は，平成○年○月○日警視庁○○警察署において，本職に対し任意次のとおり供述した。
1　私は，平成○年○月から東京都○○区○○3丁目○番○号所在の○○株式会社に警備員として勤務しています。
2　本年○月10日午前9時10分頃，東京都○○区○○3丁目3番13号先の○○交差点出口の横断歩道を，信号に従い自転車で横断中，右方から来た車に衝突されて怪我をしましたが，このことについてお話しします。
　(1)　10日は，夜勤の仕事が終わり○○駅から自転車で帰宅途中，事故現場の横断歩道に午前9時10分頃に差し掛かったところ押しボタン式の信号が赤色だったので，ボタンを押して自転車にまたがり歩道で信号待ちをしていたら，横断歩道を横切る車道の信号が黄色になりました。
　　　いつもより帰りが遅くなっていて早く帰宅したかったので少し進み，自転車の前輪だけを横断歩道の上に乗せ，自転車にまたがったままで，対面信号が青色になったらすぐこぎ出そうと，ペダルに足を乗せて前方の信号を見ていると，少しして青色に変わったので，変わると同時に発進して真っ直ぐ前を見ながら普通よりやや速い速度で進行中，突然右方のすぐ近くに車が見えたと思ったらもう衝突され，私は自転車から路上に跳ね飛ばされました。
　(2)　どのようにして路上に落ちたのか記憶がありません。
　　　落ちた後起き上がろうとしたら，腰と右足が痛くて起き上がれな

かったので，足を伸ばして座った状態でいたところ，後方に車が止まり，今日小林余一さんと名前を知った男の人が，その車から降りて私の方に来て「動かない方がいいですよ。」と言ったのですが，その頃前方に止まった車から，やはり事故後初めて名前を聞いて知った加害者の桜井武司さんが降りてやって来ました。

　小林さんは，桜井さんに「動かさない方がいいですよ。」と注意してから「電話をかける。」と言って携帯電話をかけて，「救急車が来ますから。」と教えてくれ，私は，数分後に来た救急車で病院に搬送されましたが，搬送前の救急車の中で，現場に来た警察官に事故の状況を尋ねられたので，「信号が青色に変わったのを確認して自転車で横断中，右から来た車に跳ねられた。」と答えました。

(3)　以上が事故に遭った状況で，私は車用の信号が黄色になったのを見た後，車用の信号は見てないけれども，私の対面信号が青色になったのをはっきり見てから横断を始めたことは間違いありません。

(4)　小林さんの車が左折してくるのには気付いていますが，見た時期が信号待ちをしていた時か，横断を始めた頃か，はっきりしませんし，信号を見ていて顔を小林さんの車の方に向けていないので，私がどこにいた時，小林さんの車がどこを進行中だったのか等，詳しい場所は分かりません。

　この時本職は，平成〇年〇月〇日付司法警察員〇〇〇〇作成にかかる実況見分調書添付の現場見取図を示した〈立会人小林余一→414頁〉。

3　お示しの図面は，小林さんが事故現場で係のお巡りさんに指示説明した場所等の記載であること，図面のⒶからⒹ，㋐から㋔，⊗，①から③の意味内容について，今説明を受けて分かりました。

　この図面中，私が歩道で信号待ちをしていたのは㋐辺りであったこと，衝突地点が⊗で，その時の私と自転車が①地点，桜井さんの車が②地点辺りであったこと，それに事故後に私が倒れていたのが㋒地点で，桜井さんの車が停止したのが③地点，私の自転車が倒れていたの

が㊃地点で，それに小林さんの車が進行してきて倒れている私の後方の⑪地点に停止したこと等は，小林さんの指示説明どおり間違いありませんが，その他の地点については知りません。

　　A病院から，病名は右足挫傷等，加療期間1か月の診断書をいただき，先日提出しましたが，経過が思わしくなく加療期間が延び，現在はB病院に通院して治療を受けていますから，診断書は後日お届けします。

4　私は，事故の時の信号の色について，桜井さんに信号違反を確かめたり，確かめようと思ったりしたことはありません。

　　その理由は，私が青色信号で横断していたことがはっきりしているからです。

5　この事故は，桜井さんの信号無視が原因で発生した事故であり，私は信号に従い横断中に衝突されて怪我したのですから，私に悪いところはないと思っています。

6　桜井さんが加入している保険会社の係の方が来て，一切を任されていると言って入院費も払ってくれており，誠意がありますから，示談はできると思います。

　　私は，25歳の頃普通免許を取り，それから今まで自分の車を運転していて，同じ運転者の桜井さんを憎んだり，重く処罰してもらいたいという気持ちはありません。

　　しかし，赤色信号違反の事故ですから，それ相当の処罰はお願いします。

　　　　　　　　　　　　　　　　　　　　　　　鈴木　太郎　㊞

　　　　　　　　　　〈以下省略〉

## 検察官の着眼点

1）　信号と進行状況が明確に関連付けられて具体的に述べられており，供述の信用性は一般的に高いと考えられる。

## V　参考人供述調書（黄色信号違反の目撃者）

供　述　調　書（乙）

〈住居　略〉

職　業　会社員

氏　名　小林　余一

　　　　　　　　　　　　　　昭和○年○月○日生（当時○歳）

　上記の者は，平成○年○月○日警視庁○○警察署において，本職に対し任意次のとおり供述した。

1　私は，平成○年4月から
　　　　株式会社○○
で営業係として勤務しています。

2　本年○月10日午前9時10分頃，○○区○○3丁目3番13号先の交差点の出口にある横断歩道を自転車で横断中の，ただいま鈴木太郎と名前を教えられた人に，普通乗用車が衝突した事故を見ていますから，そのことについてお話しします。

　この時本職は，平成○年○月○日付司法警察員○○○○作成にかかる実況見分調書添付の現場見取図（原図）[1]を示した〈→414頁〉。

　ただいま見せられた見取図は，私が事故現場で，目撃状況を指示説明したとおりに記載されています。

　私は，得意先の大田商会に商品を配達して注文を取り，次の得意先の早田有限会社に行くため○○通りと交差している事故現場の交差点に近づいたので，左折の合図を出して図面あの歩行者用信号を見ると赤色でした。

　減速し，時速6ないし7キロメートルくらいで走りながら図面のⒶで左方を見たところ，自転車にまたがり信号待ちをしながら前方に顔を向けている被害者の鈴木さんが目に入りました。

　すぐ顔を右に向けⒷ付近でA方面を見ると，ただいま桜井武司と名前を教えられた加害者が運転している今回事故を起こした乗用車が，

第二車線の①辺り，距離にして50から60メートルくらいの場所に見えました。

第一車線には車がなかったので，私は停止せずに第一車線を進み，顔を前に向けた時，事故があった出口横断歩道の歩行者用信号が青色に変わっていたのが見えたので，同じくらいの速度で左折進行して©に停止直前か，停止したと同時頃，㋐にいた鈴木さんは自転車を運転し，普通の速度で私の目の前の横断歩道上を右に横断していました。

この時，右後方から進行してきた車が私の車の右横を通過して行き，この車は③地点で，自転車を運転して㋑まで進行していた鈴木さんに衝突し，鈴木さんは跳ね飛ばされて㋒に倒れ，自動車は③に停止しました。

衝突は⊗ですが，車のどこが衝突したのかは見えませんでした。

私がⒶの時，対向車はなく，桜井さんの車以外にA方面から進行した車はいませんでしたから，桜井さんの車は私がⒷの時，①を進行していた車であることは間違いありません。[2)3)]

この時は，晴れていて路面は平坦で乾燥しており，道路は直線で駐・停車車両等見通しを妨げるものはありませんでした。[4)]

3　私は，鈴木さんをこのままにしておくと危ないと思い，私の対面信号は赤色でしたが，発進して㋒に倒れている鈴木さんの後ろのⒹに車を止めて降りると，[5)]③に停止している車から桜井さんが降りてきましたが，その時，桜井さんの車の前の㋓に倒れている自転車が見えました。

鈴木さんが怪我していて動けないので，桜井さんにそこにいるように言い，私が110番をし，警察の方で救急車の手配をしてくれて，数分後に救急車が来て鈴木さんを乗せて行き，私は同時頃に来た警察官に，ただいま話した目撃状況を指示説明しました。

4　この事故は，桜井さんが赤色信号に従い横断歩道の手前に停止しなかったためであり，鈴木さんは，信号に従って横断していましたから，私は鈴木さんに悪いところはなかったと思っています。

事故の原因について，桜井さんと話をしたことはなく，桜井さんがどうして横断歩道の手前に停止しなかったのか，事情は分かりませんけれども，桜井さんの車が横断歩道手前の停止位置に止まれないような状況はありませんでした。

小林　余一　㊞

〈以下省略〉

### 検察官の着眼点

1） 原図については，前述（→287頁）のとおり。
2） ⒷからⒸまでの所要時間と，①から②までの所要時間が等しくなければ，供述が正確であると認められないから留意が必要である。
3） 歩行者の信号が青になってから事故までの経過時間＋全赤の時間と，①から②の所要時間が等しくなければ，供述が正確であると認められないから留意が必要である。
4） 事故目撃者の記憶の正確性は，事故の目撃と事故前後の状況の目撃とを総合して判断されるので，事故前後の目撃状況をおろそかにすることなく，他の証拠との整合性を検討しながら，要点を正確かつ詳細に記載する。
5） 赤色信号を無視して進行した事実をそのまま記載することにより，被疑者の信号についての弁解を防ぐ効果も期待できる。その供述が具体的で信用性が高いからである。

414　第2篇　各　論　自動車事故の供述調書の実務

## Ⅵ　交通事故現場見取図

交通事故現場見取図（図面は縮尺ではない。基点，道路幅員等は省略した。）

立会人（目撃者小林）の指示説明
指示内容は省略

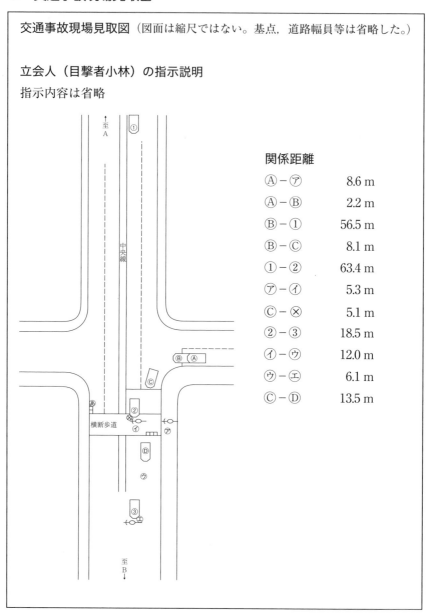

関係距離

Ⓐ－㋐　　8.6 m
Ⓐ－Ⓑ　　2.2 m
Ⓑ－①　　56.5 m
Ⓑ－Ⓒ　　8.1 m
①－②　　63.4 m
㋐－㋑　　5.3 m
Ⓒ－㋷　　5.1 m
②－③　　18.5 m
㋑－㋒　　12.0 m
㋒－㋓　　6.1 m
Ⓒ－Ⓓ　　13.5 m

# 歩行者事故②

### 事例㉔

信号交差点を右折する普通貨物自動車が，横断歩道を右方から左方に横断中の歩行者に衝突し，轢過

## I 被疑事実の要旨

　被疑者は，平成○年○月30日午後7時35分頃，普通貨物自動車を運転し，東京都練馬区大泉学園町○丁目○番○号先の，信号機により交通整理の行われている交差点をA方面からC方面に向かい右折進行するに当たり，同交差点の右折方向出口には横断歩道が設けられていたのであるから，前方左右を注視して同横断歩道上の歩行者の有無及びその安全を確認しながら右折進行すべき自動車運転上の注意義務があるのにこれを怠り，同横断歩道を右方から左方に横断中の歩行者に気を取られて，同人の後方から横断する歩行者の有無及びその安全確認不十分のまま漫然時速約15ないし20キロメートルで右折進行した過失により，折から同横断歩道を右方から左方に横断歩行中の吉田良男（当時55歳）に全く気付かず，自車前部を同人に衝突転倒させた上，同人の頭部を自車の左前輪で轢過し，よって，同人に脳挫傷等の傷害を負わせ，同日午後11時45分頃，同区○○2丁目○番○号所在の○○病院において，同人を前記傷害により死亡させたものである。

## Ⅱ 被疑者供述調書（右折する普通貨物自動車が，交差点の横断歩道の歩行者に衝突転倒させた上，轢過）

供 述 調 書 （甲）

〈本籍，住居　略〉
　職　業　ブロック工
　氏　名　高橋　健一

　　　　　　　　　　　　昭和〇年〇月〇日生（当時〇歳）

《冒頭省略》

1　私は，先月30日午後7時35分頃，東京都練馬区大泉学園町〇丁目〇番〇号先の信号機のある交差点を，普通貨物自動車で右折する時，出口の横断歩道を左に渡っていた吉田良男さんという方を死亡させる事故を起こしたので，事故の状況をお話しします。

　30日は，午後5時に品川区内の工事現場の仕事を終え，去年の9月に新車購入しそれから毎日のように運転しているいすゞ〇〇の2トン，フロアシフト車の助手席に父を乗せて，川崎市内の元請け会社に行き，納品書を出して帰宅途中事故現場交差点に差し掛かりました。

　この交差点を右折して500メートルくらい先が自宅です。

　当時夕方からの小雨が降っていましたが，前方の見通しを妨げるまでの降り方ではありません。

　これからのことについては，現場で指示説明した通りです。

　この時本職は，平成〇年〇月〇日付司法警察員〇〇〇〇作成にかかる実況見分調書添付現場見取図（原図）を示した〈立会人被疑者→420頁〉。

2　今見せてもらった図面は，私が事故現場で指示説明したとおり記載されており，事故の状況は図面のとおりですけれども，この図面の㊸車について，昨日事故現場では事故の前に気付いていたと話しましたが，これは私の考え違いであり，㊸車は事故後に交番に行く時に初めて気付いていたことを，今朝，床の中で思い出したので，㊸

車についての指示説明はただいま話したように訂正します。図面により事故の状況をお話しします。

　事故現場交差点に差し掛かった時，私が進む対面信号が赤色でしたので，右折の合図を出して図面の①に停止して20秒くらい信号待ちをしていますが，この間父と話をしていて，出口横断歩道の左右の歩道に信号待ちをしている歩行者がいるかどうかを確かめていません。

　20秒くらい経った頃，信号が青色に変わったのでライトを下向けに点け，ワイパーを動かして発進したところ，対向する直進車1台が速い速度で進行してきたので，数メートルくらい進行した②に停止し，直進車が前方を通過する頃に発進して加速しながら事故現場の横断歩道を見ると，街頭の灯だけでまだライトが届いてないのと，差している傘で頭の部分が隠れていたため男女の別までは分かりませんでしたが，左に横断しているズボン姿の人がⒶに見えました。

　対向車の灯が遠くに見えたので，アクセルを踏み込み加速し，ギアを2速に入れて③で見ると横断者はⒷまで歩いていましたから，顔を横断者の進行に合わせ徐々に左に向けて目で横断者を追い，横断者の後ろを車が通れるように速度を調整し，時速約15ないし20キロメートルに加速して④に行った時，男の人は歩道上のⒸに上がったので，安心して顔を前に向けたのが⑤で，②から⑤まで進行する間に私は，この横断者の後から来る歩行者があるかもしれないということは全然考えてなかったので，横断歩道の右方は見ていません。

　⑤で顔を前に向けた瞬間，ドンと衝突の音とショックがあり，フロントガラス一面にパッとひびが入り，前方に黒い傘が見えてすぐ下に落ち，見えなくなったと思った直後，左前輪が何かに乗り上げました。

　その前後頃，父が「あっ。」と叫んだ声が聞こえ，状況から人をひいたと直感して急ブレーキをかけたところ，車は⑥に止まりましたから，急いで下車して後方に行くと，事故後名前を知った吉田良男さんがⓐに図面のような形で倒れており，父と一緒に近寄って見ると，頭

と鼻から血を流していて呼吸をしてない様子でした。私は，びっくりしてボーっとなり，立ちすくんでしまっていると，父が「交番，交番。」と大声で言うので，我に返り，50メートルくらい先の場所にある交番に駆けて行き，交番にいたお巡りさんに事情を話したら，お巡りさんが救急車の手配と，交通係への連絡をしてくれました。

　それから私がお巡りさんを案内して現場に戻ると，㋐に倒れたままで意識がない吉田さんに，父が傘を差していました。

　図面を見せられた時に言いましたが，父に言われて交番に行く時㋑車（ベンツ）の前を通り，この時初めて㋑車に気付いています。若い男女が，事故は関係ないというような顔で運転席と助手席に乗っていたのを見ながらすぐ前を通ったので，印象に残っています。

　この時，ベンツは前照灯を消していたように記憶しています。

3　間もなく救急車が来て被害者を病院に運び，救急車がまだ現場にいるところに警察の車が来たので，この車で来た警察官に事故の報告をし，続いて，現場で事故の状況を指示説明し，明日の午前9時に本署に出頭するように言われたので今日出頭しましたが，吉田さんは昨晩遅く亡くなったと聞き，申し訳ない気持ちでお詫びの言葉もありません。

　早速父に連絡したところ，今日父母が吉田さん方に焼香に行くと言っていました。

4　この事故は，私が吉田さんの前を横断した歩行者に気を取られて，後方から歩いてくる歩行者の有無と安全を確認しなかったため起こした事故であり，吉田さんの対面信号は見ていませんけれども，私の対面信号が青色になってから10数秒内くらいの事故ですから，吉田さんの対面信号は青色であったことは間違いないと思っており，青色信号で横断歩道を渡っていた吉田さんに過失はなく，私の一方的な過失と思っています。

　ただ，吉田さんを責める意味ではありませんが，吉田さんが車が来るかもしれないと用心して横断歩道を渡り，私の車に気付いて立ち止

まってくれたら，事故に遭わずに済んだし，私も事故を起こさずに済んだという気持ちはあります。[7]

5　1億円の人身任意保険に加入していて，保険会社の人が，何かあったら示談交渉はしますからと言ってくれていますから，父や保険会社の係の人に相談して示談するよう努力したいと思っています。

6　横断歩道の事故ですので，相当の処罰は覚悟していますが，二度とこのような事故を起こさないことを誓います。

　　なにとぞ，よろしくお願いします。

　　　　　　　　　　　　　　　　　　　　　高橋　健一　㊞

〈以下省略〉

### 検察官の着眼点

- 1）原図については，前述（→287頁）のとおり。
- 2）供述調書は対象者の供述を録取するものであるから，このように従前の供述を訂正する以上，拒むことはできない。もっとも，供述の変遷があった場合は，なぜ以前そのような供述を行い，今回このような供述を行うのかその理由を問いただして，前の供述が信用できず今回の供述が信用できるか否かを判断し，信用できない場合は，その部分は問答式で調書を作成するなどして，その旨調書上で明らかにすべきである。

　なお，調書を作成するか否かは取調官の裁量であるが，作成しなくてもいずれ検察官の取調べはもとより，裁判でも供述することであるので，録取しないことに意味はない。むしろ，取調官の意図をあれこれ詮索されかねないので，調書化した方が無難である。
- 3）顔や目の向きが左であり右を見ていないことを具体的に記載することにより，被害者等他の横断者の確認をしていない状況を明らかにする。
- 4）事故状況が極めて具体的かつ迫真的に述べられており，信用性の高い供述である。
- 5）なお，夜間の対向車については，いわゆる蒸発現象等の要因になることもあるから，その停止位置やライトの状況を明らかにし，蒸発現象等の事故の要因の有無も念頭に置く。
- 6）被害者の対面信号についても被疑者に確認の有無を確かめ，推定の場合はその根拠を明らかにする。
- 7）同供述を記載することについては両論があり得る。被疑者の本音を記載することなので，基本的には問題はないと考えられるが，被疑者の反省の気持ちが少ないとして量刑に影響してくるので，被疑者があえて供述したのではなく，取調官の誘導によって初めて供述したような場合には，記載を控えるか記載する場合は記載することについて被疑者の同意を得るべきであろう。

420　第2篇　各　論　自動車事故の供述調書の実務

## Ⅲ　交通事故現場見取図

交通事故現場見取図（図面は縮尺ではない。基点，道路幅員等は省略した。）

立会人（被疑者高橋）の指示説明
信号待ちしたのは①地点
直進車待ちのため停止したのは②地点
②地点から発進した時Ⓐ地点に横断者を見た
③地点の時横断者はⓐ，④地点の時横断者はⒸ
　衝突に気付いたのは⑤地点，その時の被害者
　はⓐ地点で衝突はⓧ地点
被害者が倒れていたのはⓘ地点
自車が停止したのは⑥地点
対向車が停止していた地点はⓀ

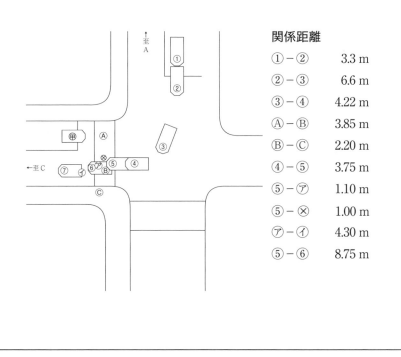

関係距離

| | |
|---|---:|
| ① - ② | 3.3 m |
| ② - ③ | 6.6 m |
| ③ - ④ | 4.22 m |
| Ⓐ - Ⓑ | 3.85 m |
| Ⓑ - Ⓒ | 2.20 m |
| ④ - ⑤ | 3.75 m |
| ⑤ - ⓐ | 1.10 m |
| ⑤ - ⓧ | 1.00 m |
| ⓐ - ⓘ | 4.30 m |
| ⑤ - ⑥ | 8.75 m |

Ⅳ　参考人供述調書（交差点の横断歩道で事故を起こした右折車の同乗者）

供　述　調　書（乙）

住　居　東京都練馬区大泉学園町○丁目○番○号
職　業　ブロック工事業
氏　名　高橋　英男
　　　　　　　　　　　　　昭和○○年○月○日生（当時45歳）

　上記の者は，平成○年○月5日警視庁○○警察署において，本職に対し任意次のとおり供述した。
1　私は，昭和○年4月からブロック工事業を営み，長男で今回事故を起こした高橋健一は平成○年4月から私と一緒に仕事をしています。
2　私は，運転免許を取ったことはなく，車の運転はできません[1)]。
　　仕事の上で車はどうしても必要ですから，運転ができる仲間と一緒に仕事をしていましたところ，その仲間が他の人と仕事をするようになったので，去年，健一に免許を取らせて，9月に私名義で2トントラックを買い，毎日，健一の運転で仕事に行っています。
3　健一が，先月30日午後7時35分頃，東京都練馬区大泉学園町○丁目○番○号先の，信号機のある交差点を，2トントラックで右折する時，交差点出口の横断歩道を左に渡っていた吉田良男さんという方に車を衝突させて倒してから，ひいて死亡させる事故を起こした時，助手席で事故を見ていましたので，事故の状況をお話しします。
　　この事故は，30日の午後4時頃，品川区内の工事現場の仕事を終えてから，健一が運転する車で川崎市内の元請け会社に行き，納品書を出して帰宅途中起こした事故です。
　　事故現場の交差点は，自宅から500メートルくらい手前で，いつもこの交差点を右折しています。
　　30日は，夕方5時頃に小雨が降り出しましたので，前方が見にくい

ような雨の降り方ではありませんでしたが，ワイパーは動かしていました。

　この時本職は，平成○年○月○日付司法警察員巡査部長○○○○作成にかかる実況見分調書添付の現場見取図（原図）を示した〈立会人供述者。見取図は省略〉。

4　お示しの図面は，私が事故現場で係のお巡りさんに説明したとおり作成されてあり，事故の状況は，図面のとおり間違いありません。

　図面で，事故を見た状況をお話しします。

　事故現場の交差点に近づいたら信号は赤色で，図面の①に停止しました。そして，私から明日の天気はどうだろうなどと話し掛け，互いに顔を向け合いながら，確か天気の話をしているうちに信号が青色に変わり，車は発進しましたが，反対側から速い速度で進んでくる乗用車があったので，②に停止してこの車が通過するのをほんのちょっとだけ待ち，この対向する直進車が前を通り過ぎると同時頃に発進しました。

　発進した時，ライトは点けてあり，ワイパーは動いています。

　私は，発進してから後は黙って前を見ていると，車が③の頃に事故現場の横断歩道を，差している黒い傘のため，男か女か分からないズボン姿の人が，少し早足で左に横断しているのが㋐に見え，その6，7メートルくらい後ろの歩道上のⒶにも，やはり黒い傘を差した男か女か分からないズボン姿の人が見えました。

　この2人を何気なく見ていると，車が④まで進んだ頃㋐の人は㋑まで，Ⓐの人は横断歩道のⒷまで歩いていて，㋐の人よりⒶの人の歩きが少し速い感じでした。2人とも，街路灯や車のライトの灯で人であることはよく分かったので，健一が2人に気付いてないとは全く考えず，黙って2人の歩きを見ていると，前の方を歩いている㋐の人は車の前を通過できると分かりましたが，後からの方の人は，車の前を通過できない様子に見えたのに，車はどんどん加速して行くので，おやっと思い一瞬大丈夫かな等と考えているちょっとの間に車は⑤まで

進み，Ⓐの人はこの頃少し早足になってⒸまで来たので，衝突すると感じ，思わず「ああ。」と声を上げたと同時頃，⊗で衝突して「ぽん」と言う鈍い音がし，私の前のガラスが一面にひび割れして傘が飛び，その時に男の人の顔が見え，すぐ下に落ちていった直後の⑥で，左前輪が乗り上げたショックがあったので，男の人をひいたとすぐ分かりました。

　言葉にすると長いようですが，④から後はほんの1，2秒の出来事でしたから，健一に「人が渡っている。」と注意する暇はありませんでした。<sup>3)</sup>

5　⑦に急停止した車から急いで下車して後ろに行くと，Ⓓに人が倒れていたので，近寄って見ると男性で，鼻と頭から血を流していて，一目で虫の息と分かりましたから，ボーっとして側に立っていた健一に近くの交番に行けと指示し，小雨がかからないように被害者に傘をかけて待っていると，間もなく健一がお巡りさんと一緒に戻ってきましたが，被害者は虫の息の状態のままで，間もなく来た救急車で運ばれた時も状態は変わっていません。

　今までⒶの人と言ったのは，被害者の，後で名前を知った吉田良男さんのことです。

6　以上お話ししたように，私は吉田さんが右側の歩道にいた時から吉田さんに気付いていますから，隣の運転席の健一も私と同じに見えたはずなのに，事故になったことが納得できないので，事故の晩11時頃，気持ちが落ち着いた頃を見計らい，自宅の居間で

　　　どうして事故になったんだ

と聞いたところ，健一は

　　　横断者は前を歩いていた人1人と思い込み，この人の右の方は
　　　見なかったので，被害者に気付かなかった

と答えましたから，私は，健一が被害者が渡ってきた方を見なかったのが，この事故の原因と分かりました。<sup>4)</sup>

　私は，被害者の横断歩道の信号は見ていませんが，信号が青色に変

わってから事故までの時間は20秒は経っていませんでしたから，被害者は青色信号で横断中だったと思います。[5]

7　1日の午後2時頃，妻と2人で大泉学園町6丁目の吉田さんの家に伺いましたところ，奥さんから会いたくないと断られ，焼香もできませんでした。

　人身1億円の任意保険に入っていて，保険会社の方に示談の話をお願いし，相談していますが，もう少し冷却期間が必要と言われています。

　私は，健一と2人で2,000万円近い年収があり，貯金も1,000万円くらいありますから[6]，誠意を持って遺族の方に接したいと思っており，このことを保険会社の係の人に話したところ，示談はできるだろうと言ってくれましたので，いずれ示談はできると思います。

8　健一は運転は慎重で，今まで違反なしできました。
　よろしくお願いします。

　　　　　　　　　　　　　　　　　　　　　　　高橋　英男　㊞

〈以下省略〉

### 検察官の着眼点

1）同乗者についても，免許の有無を明らかにしておく。
2）原図については，前述（→287頁）のとおり。
3）事故状況が，内心の感情等を交えながら具体的に述べられており，信用性の高い供述である。同乗者で被疑者の親でありながら，過失認定に繋がる被疑者に不利な供述を行っているという観点からも信用性が高い。もっとも，通常の同乗者は，運転を運転者に任せて運転状況について注意していることは多くはないと考えられるので，このように事故状況を詳細に記憶しているとすれば，その理由は明らかにすべきである。本事例でいえば，運転者の息子が免許を取得してまだ間もないため事故を起こさないように注意していた等の理由が考えられるであろう。
4）同乗者が事故後に被疑者から聞いた事故の状況については，場所と内容及び経緯を記載する。被疑者が過失を否認したりした場合には，重要な事実となる。
5）目撃した事実ではなく推測（意見）であるが，その根拠は体験に基づくものであるので，公判でも排斥されることはないであろう。
6）示談が未成立の死亡事故については，被疑者又は家族の資産状況を明らかにすることが望ましい。

# 歩行者事故③

### 事例㉕

交通整理の行われている交差点を左折する大型貨物自動車（10トンダンプ）が，横断歩道を左方から右方へ横断中の歩行者に衝突し，轢過

## I 被疑事実の要旨

　被疑者は，平成○年○月18日午前7時37分頃，大型貨物自動車を運転し，東京都台東区○○2丁目○番○号先の交通整理の行われている交差点を，A方面からC方面に向かい左折するに当たり，同交差点左折方向出口には横断歩道が設けられていたのであるから，同横断歩道上の歩行者の有無及びその安全を確認しながら左折進行すべき自動車運転上の注意義務があるのにこれを怠り，交通閑散に気を許し自車の左後輪の内輪差状況を確認することに気を奪われ，同横断歩道上の歩行者の有無及びその安全確認不十分のまま漫然時速約6ないし8キロメートルで左折進行した過失により，折から，同横断歩道を左方から右方に向かい歩行中の石山愛子（当時7歳）に気付かず，自車の左前部を同児に衝突させて同人を路上に転倒させた上，自車左後輪で轢過し，よって，即時同所において，同人を脳挫滅により死亡するに至らしめたものである。

## Ⅱ 被疑者供述調書（左折する大型貨物自動車が，交差点出口横断歩道の歩行者に衝突転倒させた上，轢過）

供 述 調 書（甲）

〈本籍，住居　略〉
職　業　自動車運転手
氏　名　山下　武雄

昭和○年○月○日生（当時○歳）

《冒頭省略》

1　私は，本月18日午前7時37分頃，東京都台東区○○2丁目○番○号先の，交通整理の行われている交差点を，大型ダンプで左折する時，出口の横断歩道を右に渡っていた石山愛子さんという小学生に気付かないままひいて死亡させる事故を起こしましたので，事故の状況についてお話しします。

　大型ダンプの運転経験は15年以上あり，今回事故を起こしたダンプは3年前新車を購入した時から，ずーっと私が担当車として運転していますから，ミラーの位置などは私が調整していて運転には慣れており，もちろんどこも故障はしていません。

　事故を起こした18日は，午前6時頃自宅近くの路上に止めておいた大型ダンプを運転して，1か月くらい前から通っている，事故現場の50メートルくらい先にあるビル新築工事現場に向かい，午前7時36分頃に事故現場交差点に差し掛かりましたところ，対面信号が赤色に変わったので，信号待ちで停止した普通乗用自動車の3メートルくらい後方に停止しました。

　この交差点は，私が停止した道路，交差道路ともに片側各一車線の比較的小さな交差点ですから，左折するには一旦右にふくらまなければならないので，停止中左折の合図は出していません。

　30秒くらい待ち，対面信号が赤色に変わり，前車は発進しました。
　この信号待ちの間交差道路の通行車は1台，歩行者は入口の横断歩

道を右から左に横断した女性が 1 人だけで，対向車はなく閑散で，曇り空でした。
　この時本職は，平成○年○月○日付司法警察員○○○○作成にかかる実況見分調書添付の現場見取図を示した〈→431頁〉。
2　今見せてもらいました図面は，私が事故現場で指示説明したとおり記載されていますので，図面により事故の状況についてお話しします。
　事故現場交差点の手前に信号待ちで停止したのは図面の①地点で，この時の前車はⒶ地点に停止していました。
　信号が青色に変わり，Ⓐに信号待ちで停止していた前車が発進したので私も続いて発進した時，歩道上の㋐に黄色い帽子をかぶった小学生の女の子が，私と同方向に向かい歩いているのを見ました。
　その直後，対向進行してくるトラックが50から60メートル先に見えたので，対向車の邪魔になるくらい右側部分にはみ出さないように注意し，時速約 5 キロメートルで②まで進行してから，左折の合図を出して左にハンドルを切りながら見ると，対向車は左折の合図をし，ゆっくりした速度で交差点の十数メートルまで近づいていました。
　もう対向車の方を見なくてもよかったので，ハンドルを大きく左に切りながら，左折する先の横断歩道と，横断歩道の両側の歩道を，③でちらっと見たところ，横断歩道上と横断歩道のすぐ近くの歩道に歩行者は見えませんでしたから，もう横断者が来ることはないと思い，その後は横断歩道上と近くの歩道を見ることなく，左後輪が縁石に当たるかどうかを左サイドミラーで確かめながら，ギアは 2 速のまま加速し，時速約 6 ないし 8 キロメートルで進行して④に来た頃，左前方に何かが当たったようなコツンとした感じの，かすかなショックがありました。
　このショックを感じた頃，私は，主に左サイドミラーに映っている，歩道の隅切りの縁石を見ていて，前方はよく見てなかったので，何によるショックかは分かりませんでしたが，軽いショックなので気にせずにそのまま加速進行して現場に着き，車を⑤に止めてたばこに

火を点けて間もなく，運転席ドアを叩きながら
　　　逃げるのか
と，大声で叫ぶ興奮した声が聞こえました。
　何事かと思いドアを開けると，後で名前を知った遠田道夫さんが
　　　おい，ひいたのに逃げるのか
と詰問口調で言うので
　　　知りませんよ
と答えると，「こっちへ来い。」と言って，腕を引っ張って事故現場に連れて行きながら
　　　横断歩道を急いで渡る子供をひいたのを，トラックで左折する時，目撃したので，トラックを近くに止めて追ってきた
等と教えてくれましたけれども，私はひいた覚えがないので，半信半疑で遠田さんについて行きました。
　そして，事故現場に行く途中
　　　そう言われれば図面④で，かすかなショックがあったな
　　　あの時は縁石に乗り上げないように左後ろを見ていて，前をよく見ていなかったな[1]
等と思い出して，あの時に事故を起こしたのかな，という気持ちになりました。

3　事故現場横断歩道に近づくと，私が信号発進の頃⑦に見た女の子が，頭から脳味噌が出た，一目で即死と分かる状態で，図面の④に，頭は道路の中央に向け，横断歩道とほぼ平行の格好でうつ伏せに倒れており，私と反対側のD方面の甲には，遠田さんが言ったとおり，トラックが止めてあり，このトラックは，私が左折する時に見ている対向してきた左折車でしたから，遠田さんの言っていることは本当だと納得しました。
　遠田さんに現場にいてもらい，車に戻って携帯電話で110番してから現場に戻ると，被害者の母親が泣き叫んでいて側にいられない状態でしたから，遠田さんに話して工事現場で待機していると，間もなく

警察官や救急車が来て被害者をどこかに運び，それから現場検証となりましたので，私がひいたことは間違いないと思いますが，ひいた記憶がないと話しますと，警察官は私の車の左前後輪を調べ，警察車から液体を持ってきて，泡が出たところが血液が付着した場所だと教えながら左後輪にかけたところ，2，3箇所から泡が出たので，左後輪でひいたことがはっきり分かりました。

4　問　㋐に見た被害者のその後の行動を確かめましたか。
　　　答　㋐に見た以後は，対向車に気を取られて被害者のことは頭になく，㋐の子供がどうしたかなと考えたことはありません。
　　　　　③で横断歩道と歩道を見た時も，㋐にいた子供（被害者）のことは全く頭にありませんでしたから，歩道を2，3歩，私と同方向に歩いたのをちらっと見ただけです。[2]

5　この事故は，私が交通閑散で，事故の頃には現場に誰もいなかったのに安心したことと，対向車のためいつもより大回りができなかったので，左後輪が縁石に乗り上げないように左後方に気を遣いすぎ，前方をよく見なかったため，被害者を見落として事故になったのであり，青色信号で歩行者優先の横断歩道を渡っていた石山さんに過失はなく，私の一方的な過失と思っています。

6　勤務先会社で示談交渉はすることになっていますから，示談するようお願いしたいと思っています。

7　横断歩道の事故ですから，相当の処罰を受ける覚悟で，石山さんの冥福を祈っています。
　　　二度とこのような事故を起こさないことを誓います。
　　　よろしくお願いします。

　　　　　　　　　　　　　　　　　　　　　　　山下　武雄　指印

〈以下省略〉

> 検察官の着眼点

―1） 注視したのが左後方であり，前方の横断歩道上や横断歩道に接する歩道を注視していない状況を具体的に記載することにより，被害者の確認をしていないことが明らかになる。
―2） 交差点出入口に設けてある横断歩道近くの歩道を交差点方向に向かっている歩行者の動静確認の有無と，その確認状況は明らかにする。
　　問答式にすることで，被疑者の不確認を明確にすることができる。

## Ⅲ　交通事故現場見取図

交通事故現場見取図（図面は縮尺ではない。基点，道路幅員等は省略した。）

立会人（被疑者山下）の指示説明

信号待ちで停止したのは①地点，その時の前車は④地点

大回りした時の自車は②地点

左転把したのは③地点

左後輪を注視したのは③地点から④地点

左前部が何かに衝突した感じがしたのは④地点

停止したのは⑤地点

被害者が倒れていたのは④地点

①地点から発進の際見た
被害者は⑦地点

関係距離

| | | |
|---|---|---|
| ①－④ | | 6.5 m |
| ①－② | | 11.3 m |
| ②－③ | | 6.4 m |
| ③－④ | | 5.8 m |
| ④－⑤ | | 47.6 m |
| ①－⑦ | | 7.5 m |

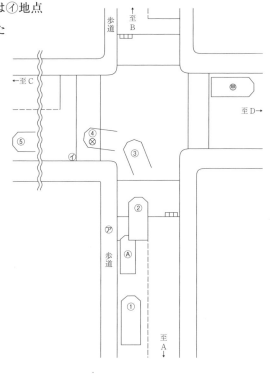

## Ⅳ　参考人供述調書（左折する大型貨物自動車が，交差点出口横断歩道の歩行者を轢過したのを目撃）

供 述 調 書（乙）

〈住居　略〉
　職　業　自動車運転手
　氏　名　遠田　道夫

　　　　　　　　　　　　昭和○年○月○日生（当時○歳）

　上記の者は，平成○年○月○日警視庁○○警察署において，本職に対し任意次のとおり供述した。

1　私は，10年くらい前から台東区○○丁目○番○号所在の○○運輸株式会社の運転手をしており，2年前からは4トントラックで，都区内のルート配送の仕事をしています。

2　本年○月18日午前7時37分頃，東京都台東区○○2丁目○番○号先の，信号機のある交差点を左折する大型ダンプが，出口の横断歩道をB方面に向かい渡っていた石山愛子さんという小学生をひいて死亡させる事故を目撃しましたので，事故を目撃した状況をお話しします。

　私のルートの最初は，事故現場の交差点を左折して約100メートル先の入谷○丁目にある○○株式会社です。

　午前7時頃，勤務先会社の駐車場を出発して，○○株式会社に向かい片側各一車線の道路を，B方面からA方面に向かい時速約40キロメートルで進行して，37分頃に事故現場の交差点の約60から70メートル手前に差し掛かったところ，対面信号が赤色から青色に変わりました。

　当時私と同方向に走っている前車はなく，対向車は信号待ちしていた乗用車と，その後方に停止している，今回事故を起こした山下さん運転の大型ダンプ（以後は単にダンプと称す。）の2台だけでした。

　この時本職は，平成○年○月○日付司法警察員○○○○作成にかかる

実況見分調書添付の現場見取図を示した〈立会人供述人，見取図は省略〉。
3　お示しの図面は，私が事故現場で係の警察官に指示説明したとおり記載されており，事故の状況は図面のとおりです。
　　この図面によって事故の状況をお話しします。
　　信号が青になって図面のⒶに信号待ちで停止していた普通乗用自動車は速い速度で交差点を直進して行き，①に停止していたダンプも発進して右にふくらみ，私が交差点の約30メートル手前の㋐の時ダンプは②まで進んでいて，ここで左折の合図を出し，ゆっくりした速度で左折を始めました。そして私が交差点手前5，6メートルの㋑まで進んだ頃はダンプは③でしたが，この頃，黄色い帽子をかぶり脇目も振らずといった感じで，前を向いた女の子が，横断歩道近くの歩道上のⒶ辺りを，横断歩道に向かって歩いているのに気付きました。
　　この女の子を見て私は，ダンプの運転手は女の子に気付いて，横断歩道の手前に停止すると思い，その後は左折方向であるＤ方面を見ながら左折しましたが，ダンプが停止した気配を感じなかったので何となく気になり，右バックミラーで後方を見ると，ダンプが通り過ぎていて，横断歩道上のあ付近に，先ほどの女の子のような子供が倒れているのが見えたので，ダンプがひいたと思い，急いで車を左に寄せて図面の㋕の地点に止め，下車して急いで横断歩道に行くと，やはり，倒れていたのは先ほど見た歩道を歩いていた女の子で，うつ伏せで頭から脳味噌が出ていて，即死と分かりました。
　　この状況を見て興奮してかっとなり，ダンプが50メートルくらい先に停止していたので，逃げられないようにと考えて，駆けてダンプの側まで行き，ドアを叩きながら，言葉は忘れましたが，何かの言葉を叫ぶと，運転席ドアが開きましたから，運転手に
　　　　逃げるのか
と問いただすと，運転手の後で名前を知った
　　　　山下武雄さん
は，何も知らないようなことを言うので，私はとぼけているなと思

い，腕を摑んで横断歩道の方に連れて行きながら
　　　　トラックで左折する時，山下さんのダンプが横断歩道を渡る子
　　　供をひいたのを見た
という意味のことを話しました。
　　かっとなっていて夢中でしたから，私と山下さんの言葉そのものは思い出せません[1]。
　　また，ダンプが子供をひいたところは見ていませんけれども，私が見た前後の状況と，被害者が倒れていた横断歩道を，その頃ダンプ以外に通った車がなかったことから[2]，私は，ダンプがひいたのに間違いないと思ったので，ひいたのを見たという意味のことを言いました。
4　山下さんは，私の話を黙って聞いていましたが，横断歩道の被害者を見て納得したらしく，私に警察に連絡するから被害者のそばにいてくれと頼んだので，承知して被害者のそばにいると，何人かの人の往来がありました。その中，A方面から駆けてきた母親らしい女の人が，被害者に取りすがって泣き叫んでいましたが，そこに山下さんが戻ってきて，警察に連絡したと話してから，向こうで待っていると言ってダンプの方に歩いて行きました。
　　山下さんは，この母親らしい女の人に謝ることができるような雰囲気ではないと判断して，現場を離れたと思います。
5　私は，間もなく現場に到着した警察官に，目撃したことと加害者が向こうのダンプのところにいること，事故目撃の概要や氏名，勤務先等を聞かれるまま話し，仕事があるからと断り，後日の協力を約束して現場を立ち去りましたので，後のことは知りません。
　　山下さんが被害者を発見できないような状況は，私が知っている限りありませんから，私は，事故の原因は，山下さんの横断歩道の歩行者に対する安全不確認としか思えません。
　　ただ，私が，横断歩道を渡ろうとする被害者に気付いた時，クラクションで山下さんに合図したら事故は防げたと思うと，心残りです。

　　　　　　　　　　　　　　　　　　　　遠田　道夫　㊞

　　　　　　　　　　〈以下省略〉

> **検察官の着眼点**
> 1) 「かっとなっていて夢中」であったことから，言葉そのものを思い出せないというのは，覚えていない理由を明らかにする合理的な説明である。
> 2) 被疑車両が轢過したと推定した根拠は明らかにする。事故頃の他車両通行の有無についての聴取は必要である。

# 歩行者事故④

**事例㉖**

飲酒後，高速度で普通乗用自動車を運転し，信号交差点の横断歩道を赤色信号を無視して右方から左方に横断中の歩行者に衝突

## I 被疑事実の要旨

　被疑者は，平成○年○月7日午後11時45分頃，普通乗用自動車を運転し，東京都目黒区中目黒○丁目○番○号先の信号機により交通整理の行われている交差点をA方面からB方面に向かい直進するに当たり，同所は道路標識により最高速度を50キロメートル毎時と指定されていたのであるから，適宜速度を調節するとともに前方左右を注視し，進路の安全を確認しながら進行すべき自動車運転上の注意義務があるのにこれを怠り，対面信号が青色を表示していたのと交通閑散に気を許し，漫然時速約90キロメートルの高速度で同交差点を直進しようとした過失により，折から同交差点出口に設けられた横断歩道を，赤色信号を無視して右方から左方に横断中の山川史郎（当時65歳）を前方約52.3メートルの地点に認めて急制動の措置を講じたが及ばず，自車を同人に衝突させてボンネットに跳ね上げた後路上に落下させ，よって，同人に頭蓋骨骨折等の傷害を負わせ，同月10日午後1時頃，同区○○1丁目○番○号○○病院において，同人を同傷害により死亡させたものである。

**検察官の着眼点**

1) 52.3メートル以内が停止距離となる速度（時速約80キロメートル以下）で走行していた場合でもあれば本件事故は防げていたと考えられるので，制限速度遵守義務を課すまでの必要はなく，速度調節義務違反の過失として構成したものである。

Ⅱ　被疑者供述調書（飲酒〔呼気中アルコール濃度１リットル当たり0.15ミリグラム未満〕後，高速度で普通乗用自動車を運転し，信号交差点の横断歩道を赤色信号を無視した右方から左方に横断中の歩行者に衝突）

供　述　調　書（甲）

〈本籍，住居　略〉
職　業　　会社員
氏　名　　大西　和男

昭和○年○月○日生（当時43歳）

《冒頭省略》

１　私は，平成○年○月７日午後11時45分頃，飲酒した後，会社から専用車として貸与を受けて通勤にも使用し，ハンドル・ブレーキ等走行装置に異常がないトヨタ○○2000ccを運転して帰宅途中，東京都目黒区中目黒○丁目○番○号先の交差点を直進する時，横断歩道を右から左に横断中の山川史郎さんに怪我させる事故を起こしましたので，飲酒や事故の状況について申し上げます。

　○月７日午後９時頃，営業の仕事を終え，今回事故を起こしたトヨタ○○に部下の大川元安君を乗せて渋谷の会社に帰り，伝票の整理が終わったのが午後10時頃でした。

　遅くなったので大川君を食事に誘い，会社近くの中華料理店でチャーハンとギョウザを食べながらビール大びんを２本取り，午後11時20分頃まで飲食し，私はビール１本分くらいを飲みました。

　私は，アルコールに強い方ですから，食事をしながらビールを１本飲んでもポーっとしたくらいで，酔いは感じてなかったし，ビール１本程度の飲酒運転は何回もしているのに，事故を起こしたことはなく，事故になりそうな危険なこともなかったので，車で帰宅するつもりでしたが，気にすることなく１本分くらいを飲みました。[1)]

　午後11時25分頃中華料理店を出て，店先で大川君と別れ，会社前の道路に止めておいたトヨタ○○を運転して自宅に向かい出発し，35分

頃○○通りに出ました。

　この通りは，片側各二車線で最高速度は50キロメートル毎時の道路で，当時空いていましたから，第二車線を時速約90キロメートルで進行して事故現場交差点に差し掛かった時，百数十メートル前方の対面信号が，青色に変わったのが見えました。

　この時本職は，平成○年○月○日付司法警察員警部補○○○○作成にかかる実況見分調書添付の現場見取図を示した〈→441頁〉。

2　今見せられました図面は，私が事故現場で，係の警察官に指示説明したとおりに記載されていますので，図面により事故の状況などをお話しします。

　ただいま話した私が青色信号に変わったのを見たのは図面の①地点で，この頃約70から80メートル前方の第一車線をタクシーが走っていましたが，第二車線に車はなく，対向車は左折が１台だけで，この対向車が交差点を左折するのを目に入れ，タクシーが交差点を過ぎるのを見ながら進行して，私の車が②に来た時，突然という感じで㋐に左に向かい歩いている人影が見えました。

　見えた瞬間，はっとして急ブレーキをかけましたが，速度が出ていたため私の車はキーとすごい急ブレーキの音を立てて滑走して行って，図面の③で㋑まで歩いてきた山川さんという方に私の車の前部が⊗で衝突し，衝突後山川さんは，跳ね上げられて私の車のボンネットに乗ったので，思わず目をつむった直後，フロントガラスにぶつかる音がし，目を開けると，フロントガラスは一面にひび割れしていました。

　この間も，車は滑走して行って④に停止しましたが，山川さんは停止と同時に，ボンネットの上を前に滑って行って路上に落ちました。

　停止した車から下車して前に行くと，山川さんは㋒に，車に対して縦の格好で倒れており，近づいて見ると，頭から血が流れていて声を掛けても返事がなく，意識がないような状態でしたから重傷と思い，車も山川さんもそのままにしておいて，携帯電話で110番と119番へ電

話をして，山川さんの側に立っているところに，救急車と警察の車が来て山川さんは救急車で病院に運ばれ，私は警察官に事故の状況を指示説明しました。

　指示説明の途中「飲んでいるな。」と突然聞かれ「少し飲んでいます。」と答えたところ，飲酒の検査をしますからと言われて，検査を受けた結果，呼気中のアルコール濃度が呼気1リットルにつき0.1ミリグラムで酒気帯び運転にはならないとその場で教えられ，検知管も見せられています。[2)]

3　事故の原因は，私の速度違反です。

　現場に私の車のスリップ痕があり，測ったところ長さは左が33.2メートル，右が28.4メートルあることが，私も立ち会っていて分かりました。

　これらのことを考えると，私の速度が時速約70キロメートルであっても，見取図の②で急ブレーキをかけたら衝突は避けられたはずですので，速度違反が事故の原因と思います。

　私が，時速約90キロメートルの速度で走ったのは，車がほとんどいなかったのと，信号が青色だったからです。

　時期と場所は忘れましたが，この通りを夜遅く通った時，赤色信号を無視して横断する歩行者を見たことが2，3回あったのを事故後に思い出しました。

　このことを思うと，青色信号でも赤色信号を無視して横断する歩行者があるかもしれないと考え，速度はあまり出さず横断歩道上をよく見て交差点を直進すべきでした。

　このように用心して走ったら，事故を起こさないで済んだのにと反省しています。

　車を運転しなければならないのに，ビールを飲んだことについても反省しています。

4　私は，責任を逃れるつもりはありませんが，大西さんも赤色信号に従ってくれたらと思っています。[3)]

今後は事故を起こさないよう注意して運転をします。
できるだけご寛大な処分をお願いします。

大西　和男　指印

〈以下省略〉

> **検察官の着眼点**
>
> 1） 飲酒後運転する予定であったか否かと飲酒運転の経験の有無は，情状として必要である。
> 2） 酒気帯び運転にならない場合でも，呼気検査の結果は調書に記載すべきである。調書を読んだだけで一目瞭然である。
> 3） 被害者が信号無視をしたかは客観的には不明というべきであるが，被疑者の供述とおりに記載するほかない。後に裏付け捜査を実施する。

## Ⅲ 交通事故現場見取図

交通事故現場見取図（図面は縮尺でない。基点，道路幅員等は省略した。）

立会人（被疑者大西）の指示説明
対面信号の青色を認めた地点は①
被害者を認めた地点，急ブレーキ
　をかけた地点は②，その時の被
　害者は㋐地点
衝突地点は⊗
その時の被害者は㋑地点
自車は③地点
自車が停止したのは④地点
被害者がボンネットから落下した
　地点は㋒

### 関係距離

| | |
|---|---|
| ①－② | 20.5 m |
| ②－③ | 52.3 m |
| ②－㋐ | 52.4 m |
| ③－④ | 18.2 m |
| ㋐－㋑ | 5.6 m |
| ㋑－㋒ | 21.5 m |

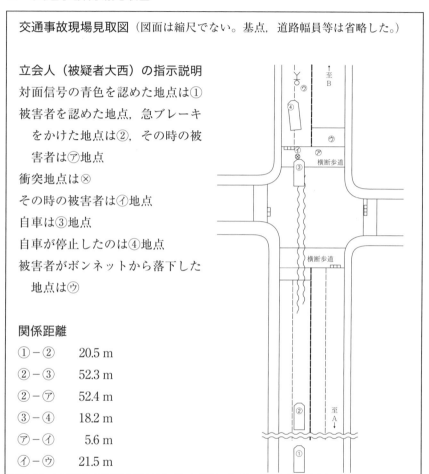

## Ⅳ 被疑者供述調書（第１回の調書作成後，被害者が死亡して罪名が変更になった時の調書）

供 述 調 書 （甲）

〈本籍，住居，職業　略〉

氏　名　大西　和男

昭和○年○月○日生（当時43歳）

　上記の者に対する過失運転致死被疑事件につき，平成○年○月○日警視庁○○警察署において，本職は，あらかじめ被疑者に対し自己の意思に反して供述をする必要がない旨を告げて取り調べたところ，任意次のとおり供述した。

1　今まで話したことで，訂正することはありません。[1)]

2　今日呼び出しがありましたので，出頭しましたところ，被害者の山川さんが，昨○日午後１時頃亡くなったことと，私の罪が今までの

　　　　　過失運転致傷罪

　から

　　　　　過失運転致死罪

　になると説明を受けて，そのことは分かりました。

　　今はご冥福を祈るばかりで，申し訳ない気持ちで一杯です。

3　また，山川さんの身内が分からないので，調べ中とのことですが，車は保険に入っていて，示談はできると思いますので，遺族の方が判明したとご連絡をいただけたら，話し合いをしたいと思います。

　　よろしくお願いします。

4　他に，特にお話しすることはありません。[2)]

大西　和男　指印

　以上のとおり録取して読み聞かせた上，閲覧させたところ，誤りのないことを申し立て，欄外に指印した上，末尾に署名指印した。

　　　前同日

警視庁○○警察署

司法警察員警部補　　○○○○　㊞

### 検察官の着眼点

1） 取調べの度に弁解の有無を確認することが望ましい。訂正することはない旨供述したことがその都度確認できていれば，後に撤回はしづらくなるからである。

2） このような調書を作成する意味は，結果が死亡という重大なものになり，刑事責任の内容も過失運転致傷罪（自動車運転死傷処罰法5条）から刑が重くなる過失運転致死罪に変わったことから被疑者にその旨伝えて自己の責任を自覚した後にも，従前の供述を維持するのかを明確にし，維持する場合に，その任意性と信用性を確保しようとするものである。被害者が死亡したことを知らされず，軽い致傷事件と思っていて供述していた（死亡であれば事実を認めなかった。）などとして，取調官に騙されていたなどと任意性を争ったり，信用性を争ったりする（軽い罪なので事実を認めて嘘を述べたなど）こともあり得る（本事例では，当初から重篤な傷害であったことが明らかであり，その上で事実を具体的に述べているので，その可能性は乏しいと思われる。）からである。

また，被疑者が責任が重くなったことで不安を感じ，自白から否認に転じる可能性がないわけではないので，この機会に，この調書で「訂正することはありません。」と記載して否認に転じるのを防ぐだけでなく，被疑者に対して事故の概要を述べさせた上，被疑者が認めている過失の内容（及び，その上で自白を維持していることも含めて）を改めて記載しておくのが望ましい（その方が，より撤回が困難になるからである。）。

# 歩行者事故⑤

**事例㉗**

普通乗用自動車が横断歩道の手前に駐車車両があるにもかかわらず停止せず，横断歩道を左方から右方に横断中の歩行者に衝突

## I 被疑事実の要旨

　被疑者は，普通乗用自動車を運転し，平成○年○月7日午後1時4分頃，東京都江東区○○1丁目15番2号先道路を，A方面からB方面に向かい進行するに当たり，前方には横断歩道が設けられ，同横断歩道の手前の同道路左側に駐車している車両のため左前方の同横断歩道付近の見通しが困難だったのであるから，同横断歩道の手前で一時停止するなど[1]して同横断歩道上の横断歩行者の有無及びその安全を確認しながら進行すべき自動車運転上の注意義務があるのにこれを怠り，交通閑散に気を許し，時速約30キロメートルに減速したのみで，同横断歩道上の横断歩行者の有無及びその安全確認不十分のまま漫然前記速度で進行した過失により，折から同横断歩道を，左方から右方に横断中の林二郎（当時10歳）を前方約6.3メートルの地点に認めて急制動の措置を講じたが及ばず，自車を同人に衝突転倒させ，よって，同人に加療約1か月間を要し，経過観察約4か月間を要する頭蓋骨亀裂骨折等の傷害を負わせたものである。

**検察官の着眼点**

1) 横断歩道の手前の直前の「駐車車両」の側方通過については，「停止義務」ありとする判例（名古屋高判昭和49年3月26日刑月6巻3号191頁）と，「停止義務」なしとする判例（札幌高判昭和45年8月20日高刑23巻3号547頁。ただし，直ちに停止できるような速度にまで減速する義務は認めている。）がある。

## Ⅱ 被疑者供述調書（横断歩道の直近手前に駐車車両があるのに一時停止せず，徐行もしないで進行して左方から出てきた小学生に衝突）

供 述 調 書（甲）

〈本籍，住居　略〉

職　業　地方公務員

氏　名　柏木　昇

昭和〇年〇月〇日生（当時〇歳）

《冒頭省略》

1　私は，本月7日午後1時4分頃，東京都江東区〇〇1丁目15番2号先に設けられてある横断歩道を，左方から右方に向かい駆け足で横断中の林二郎さんという小学生に怪我させた事故を起こしましたので，この事故についてお話しします。

　この事故は，私所有の白色のホンダ△△1800ccに婚約者の町田恵子さんを乗せて千葉の幕張メッセに遊びに行く途中起こした事故です。

　車は昨年4月中古車を購入し，毎週ドライブ等に運転していた走行装置等に異状はなく，調子のいい車です。

　恵子さんと幕張メッセに遊びに行くことを約束して，待ち合わせた〇〇駅に午前11時半頃行き，待っていた恵子さんを助手席に乗せて〇〇号線で幕張メッセに向かいました。[1)]

　途中，道路が混んでいたので，右左折して混んでいない道路を探し，事故現場に通じる道路に入りました。

　この通りは，車線区分線はありませんけれども，片側二車線でセンターラインが設けてある，制限速度が40キロメートル毎時の乾燥していた平坦な道路で，[2)]事故現場の200メートルくらい手前から約400メートルは直線です。

　当時，車の流れはよく，私は，左側に駐車車両があったので，センターライン寄りを時速約50キロメートルで，同じ方向に走っている日

産バネットに追従して，A方面からB方面に向かい進行し，事故現場横断歩道に差し掛かりました。

　対向車線も空いていたように記憶しています。

　この時本職は，平成〇年〇月7日付司法警察員巡査部長〇〇〇〇作成にかかる実況見分調書添付の現場見取図（原図）を示した〈立会人被疑者→456頁〉。

2　見せていただいた図面は，私が事故現場で指示説明したとおりに記載されていますので，図面で事故の状況をお話しします。

　　事故現場から300メートルくらい手前の信号交差点に先頭で信号待ちをし，青色信号で発進してセンターライン寄りを時速約50キロメートルで進行中，左側の路地から前方に入った日産バネットに追従して進行してきた図面の①地点の時，㋺を走っていた前車の日産バネットのストップランプが点きましたから，おやっと思って見ると，横断歩道のゼブラと横断歩道手前の㋐地点に，ワンボックスカーが止まっているのが同時に見えました。この時，横断歩道の右側手前の直近には，止まっている車はなく，付近に人はいませんでした。

　私は，㋐の車のため横断歩道の左側が見にくいので，前車はブレーキをかけたと思い，すぐアクセルペダルから足を離し，エンジンブレーキの状態で②地点に来た頃，ブレーキをかけた前車は，約30メートル先の㋑付近で，ストップランプは消えていました。

　②地点の私の車の速度は時速約40キロメートルです。

　私は，横断歩道の直近の手前に車が停止していて，この停止車両の横を通って前に出る時は一時停止しなければいけないことは免許を取る時に勉強して知っていましたが，事故の時は前車が通ったすぐ後だったのと，両側の歩道に人影が見えなかったことで，左方から人が横断してくるとは思っていませんでしたから，一時停止することは考えていませんでしたけれども，前車がブレーキをかけて通過したのに何となくつられたのと，車間距離のことを考えて，②地点の時に軽くブレーキをかけ，時速約30キロメートルに減速して③地点に来た時，

横断歩道の左端の方から駆けて出てきた子供を⑦に発見し，とっさに，ブレーキペダルに乗せていた右足を強く踏み込んで急ブレーキをかけましたが，間に合わず⊗で衝突してしまい，被害者の子供は⑨まで転がって行き，車は⑤に停止しました。衝突時の車は④地点，被害者は①地点です。

3　倒れている被害者を起こしに行くことも忘れ，大変なことをしたと青くなり，助手席の町田さんと顔を見合わせている時，被害者の林さんが元気に立ち上がりました。この様子から怪我をしてないと思い，ほっとして車を前進させ，林さんの横に止めて助手席のドアガラスを開け

　　　　大丈夫か

と声を掛けると

　　　　はい

と返事があったので，怪我をしていない返事と受け取りました。[5]

　すると今度は，心配させてと腹立たしくなり

　　　　坊や，車の前に飛び出しちゃ危ないぞ

と大きな声で注意してから発進し，進行しながらミラーで後方を見ると，林さんが駆けて右側の歩道に上がった姿が見えました。

　発進したのは，林さんが怪我をしていなく，事故と思わなかった[6]からで，病院に連れて行き怪我をしていないことを確認することまでは，考えていませんでした。

　駆けて右側の歩道に上がった林さんの姿を見てから，町田さんに

　　　　怪我がなくて良かったね

と話し掛けると，町田さんは

　　　　降りて，よく見てあげればよかったのに
　　　　もし怪我していたら大変よ[7]

等と私の対応がまずかったことを指摘しました。

　去年免許を取ったばかりで生真面目な町田さんから指摘されて，私は，町田さんにひき逃げと思われるのが嫌だったので

そうだな

と答え，事故地点から200メートルくらい走ったところでUターンして，現場に引き返しましたが，現場に被害者はいませんでした。

町田さんが，林さんが文房具を拾っていたことを思い出してくれたので，大阪文具店に行き，店にいた奥さんに事情を話すと「急ブレーキの音で事故に気付いて外に出て見ていた。あなたの車のナンバーを控えてある。」，「被害者は反対側に住んでいるが，場所は知らない。」等と教えてくれました。

この時，私の名前と電話番号等を話していませんが，隠すつもりはなく，相手が聞かなかったので言わなかっただけです。

被害者が分からないので，千葉の幕張メッセに向かいました。途中約500メートル先の交差点左側角に交番があったので立ち寄り，30歳前後のお巡りさんに事情を話すと「何でもないと思うが，何かあったら連絡します。」と言いながら手帳に私の名前と電話番号をメモしていました。

午後1時20分頃，交番に届出をしていますから，よく調べてください。

4　この後，幕張メッセに行って遊んでから帰宅し，普通に勤務していますが，25日に警察から事故を起こしたことがあるかと電話照会があるまで，事故のことでどこからも問い合わせ等はありませんでした。

5　今度の事故について，私は事故現場の横断歩道のすぐ手前に車が止まっていて，左方の見通しが悪かったのに，すぐ停止できる速度まで減速するか，横断歩道の手前に停止しなかったのが原因であり，私の過失と思い反省しています。

すぐ停止できるまで減速したり，横断歩道の直前に停止したりして，被害者を右方に渡らせるべきでした。

このようにしなかったのは，人通りがなく，前車が横断歩道を通過した直後なので，横断者はいないと思って安心していたからで，私の

油断です。

6　被害者の怪我の状況については，説明を受け私の車が衝突したことによる事故と分かりました。倒れた状況からも，頭を打ったのは間違いないと思います。[8]

　事故について，職場の上司である係長に口頭で報告してあります。正式な報告は処分の予定が分かった時にする予定です。[9]

　対人無制限の任意保険に加入していますから，保険会社の係の人に頼んで示談にするよう努力します。

　被害者の林さんのところには，できるだけ早く見舞いに行き，お詫びします。

　交通事故は二度と起こさないように注意して運転しますから，ご寛大な処分をお願いします。

　　　　　　　　　　　　　　　　　　　　　　　　柏木　昇　㊞

〈以下省略〉

### 検察官の着眼点

1）運転の目的等は，必ず記載すべきである。その目的が，過失の背景になるような事情（急ぐ必要があるかないか等注意がおろそかになる事情）の有無を明らかにすることである。本事例の場合は，ひき逃げの動機にも影響する。

2）被疑者が前記制限速度を明確に認識していたか不明確な表現である。制限速度が時速40キロであることは分かっていたこと，及びその根拠を記載すべきである。

3）原図については，前述（→287頁）のとおり。

4）前車の状況は，過失の有無や内容，情状等に影響することもあるので重要であり，また，前車との車間距離も重要である。

5）「大丈夫か」と聞いて，「はい」と返事したからといって怪我がない根拠にはならない。子供が転倒して転がっている以上，打撲や擦過傷等の怪我が生じていることは誰でも考え付くことだからである。「はい」という返事は，例えば救急車を呼ぶまでもない等のひどい怪我はしていないという趣旨で述べられた言葉だからである。「はい」という言葉を自分の責任軽減の言い訳（重い怪我をしていないという認識を怪我はしていないという認識にすり替えたもの）にしたのである。

6）衝突して子供が転倒しているのであるから，怪我をしていると思うのが通常であるから，否認とみるべきである（前掲5）参照）。

7）同乗者の認識及びその言動は，被疑者の認識を立証する上で極めて重要である。本事例では，同乗者も「怪我していたら大変よ」と言って，明確に怪我

をしていることまで認識しているとは言い難い言動であるが，これも，「怪我」の意味に「重い怪我」という趣旨で述べていると考えられる．しかし，その供述自体から被疑者の認識を推認させ，また，認識を導くことにはやや難点がある．

8) 本事例は，事故と被害者の怪我の因果関係が問題となり得る事案であるので，衝突転倒の状況は具体的かつ詳細に記載すべきである．前記事故状況の箇所で記載した上，ここでも改めて記載する．

9) 公務員の場合，身分に影響することもある（公判請求された場合は休職になり，判決で体刑が科されると執行猶予であっても失職する（地方公務員法28条2項2号，16条2号））ので，官署に報告の有無を確認しておく．

## Ⅲ 被害者供述調書（横断歩道を駆けて渡る際，右方からの普通乗用自動車に衝突された小学生）

供 述 調 書（乙）

住　居　○○○○○
職　業　小学生
氏　名　林　二郎

　　　　　　　　　　　　　　平成○○年○月○日生（当時10歳）

　上記の者は，平成○年○月28日警視庁○○警察署において，本職に対し任意次のとおり供述した．

1　僕は，江東区立○○小学校の3年生です．
2　僕は，○月7日の午後1時頃，家の近くにある大阪文具店で買物をして，家に帰ろうとして，このお店の近くの横断歩道を渡る時，右の方から来た乗用車に跳ねられて怪我をしました．

　僕の家は，大阪文具店の反対側にあり，この横断歩道はいつも渡っています．

　7日は，大阪文具店で鉛筆やノートを買い，家に帰るため横断歩道を渡ろうとしたら，右の方からニッサン○○が来たので渡るのを止め，横断歩道の端に立って通り過ぎるのを待ちました．この時，すぐ右側にトヨタの◎◎が駐車していました．

　車は好きなので詳しいです．[1]

○○が来るのを見た時に，その30から40メートルくらい後ろのホンダ△△を先頭に，5，6台の車が来るのも見えました。
　　僕は，駆ければ○○と△△の間を渡れると思い，○○が前を通り過ぎるのを見てから，左の方を見ると乗用車が来るのが少し遠くに見えたので，急げば渡れると思ってその車を見ながら駆け出して，4，5歩駆けた頃，右から来た車がぶつかり，僕は少し跳ね飛ばされて，道路に転がってしまいました。
　　どんな車がぶつかったのかは見ていません。
　　転がってから止まったのは，横断歩道の少し外です。
　　すぐ立ち上がると，さっき○○の後ろを走っていた△△が横断歩道の中に止まっていました。
　　△△の運転席には背広の男の人，助手席には女の人が乗っていて，男の人が
　　　　坊や，車の前に飛び出しちゃ危ないじゃないか
と，ちょっと大きい声で怒ってから
　　　　大丈夫か
と聞きました。この時は頭を打って少し痛いだけだったから[2)]
　　　　はい
と答えると，△△は行ってしまいました。

3　駆けて家に帰り，お母さんに事故に遭って頭を打ったことを話すと，お母さんが「どこ。」と聞いたから「ここ。」と言って痛いところに手をやると，こぶができていました。
　　お母さんは心配して，僕を近くの○○診療所に連れて行き，○○先生に診てもらいました。先生は，レントゲンも撮らず，こぶに薬をつけて「ま，大丈夫でしょう。何かあったら来てください。」と言ったので，家に帰りその晩はお母さんに言われて早く寝ました。
　　明くる日，こぶのところは少し痛く，我慢して学校に行きました。
　　それから，毎日学校に行っているうち痛いのはいつの間にか直りました。

4　僕は，23日の体操の時間に，急に気が遠くなり倒れてしまいました。

　今までに，そんなことはなかったので，お父さんとお母さんが，事故が原因ではないかと心配して，僕を○○病院に連れて行きました。

　病院ではレントゲンを撮り，頭の骨にひびが入っている，頭の中に血が溜まっているから取り出さなければいけないと言いました。そして，その日から1週間入院し，血を取り出してくれました。[3]

　今は何でもありませんが，まだ，1か月に1回，検査のため病院に通うことになっています。

　　　　　　　　　　　　　　　　　　　　　林　二郎　指印

　　　　　　　　　　　　　　右立会人　母　林　照美　㊞[4]

　以上のとおり録取して読み聞かせたところ，誤りのないことを申し立て署名指印した。[5]

　　　前同日

　　　　　　　警視庁○○警察署

　　　　　　　　　　司法警察員巡査部長　　○○○○　　㊞

### 検察官の着眼点

1）子供（特に男の子は）はトミカのミニカーのおもちゃなどで，車の車種に精通している者もいるので，確認する価値はある。

2）頭をいつどこで打ったのか，具体的な言及がないのは問題である。衝突した時か転倒した時か，転んでいる時か具体的に聴取して記載する。

3）この事故の時以外の前後の時期に，頭を打つような出来事がなかったかどうかは，聴取して録取すべきである。事故以外にそのような出来事はなく，事故との因果関係を明瞭にするためである。もちろん，そのような出来事があれば，やはり録取した上で，頭蓋骨にひびが入るような出来事かどうか等を明らかにする（場合によっては医者の意見も聴取する。）。

4）犯罪捜査規範180条2項により立会人の署名押印が必要である。立会人を置くか否かは，被害者の年齢等から立会人なくして取調べを行っても記憶供述を引き出せるかどうかを事案により判断することになる。小学校3年生程度では，親の立会いは必要であろう。

5）取調べ及び文章構成と読み聞かせの際の留意事項

　　小学生の取調べに関しては，総論（→51頁）で述べたようにラポールを形成して話しやすい状況を作り出した上，分かりやすい言葉を用いて質問を行うべきである。

なお，取調べの際は，立会人が口を差し挟むことによって事実が曲げられないように留意する。また，口を差し挟まなくともアイコンタクトをとって，立会人の影響を受けながら供述する場合もあるので，それも避ける必要がある。そのような場合は，立会人の影響を遮断して，供述人自らの記憶・認識を録取する。
　小学生の場合は，理解しやすいよう，長文はできるだけ避ける。
　読み聞かせの際は，一文ごとに理解しているかどうかを本人に確認する。
　何よりも被害者が用いた言葉を用いるとともに，被害者の理解できる平易な文章を心掛けるべきである。

## Ⅳ　参考人供述調書（横断歩道を駆けて渡る際，右方からの普通乗用自動車に衝突された小学生の母〔2週間後に受傷が判明〕）

供　述　調　書（乙）

住　居　〇〇〇〇〇
職　業　無　職
氏　名　林　照美

　　　　　　　　　　　　　昭和〇〇年〇月〇日生（当時38歳）

　上記の者は，平成〇年〇月28日警視庁〇〇警察署において，本職に対し任意次のとおり供述した。
1　私の家族は，私と
　　　夫　　哲郎（45歳）　会社員
　　　長男　太郎（12歳）　小学生
　　　二男　二郎（10歳）　小学生
の4人で，二郎は江東区立〇〇小学校の3年生です。
2　二郎が，〇月7日の午後1時頃，家の近くにある大阪文具店から家に帰る途中，このお店の近くの横断歩道を渡る時，乗用車に跳ねられて怪我をしたことについて，私が知っていることをお話しします。
　私の家は，大阪文具店の反対側にあり，二郎はいつも事故に遭った横断歩道を渡っています。
　二郎は，7日の午後0時40分頃，大阪文具店に鉛筆やノートを買い

に行きました。
　そして，午後1時10分頃駆けて家に飛び込んできて
　　　横断歩道で自動車に跳ねられた
と言い，頭を打ったと話すので「どこ。」と聞くと「ここ。」と言って頭に手をやりましたから，そこを触ってみるとこぶができていました。
　加害車両のことを聞くと，ぶつかったのは見ていないが，△△だと答え，すぐ行ってしまって，ナンバーは分からないとのことでした。
　二郎は，車が好きなので車種は一目で分かります。[1)]
　心配でしたから，夫に電話で相談し，病院で精密検査を受けてもらうつもりで，二郎をすぐ近くの○○診療所に連れて行き，○○先生に事情を話して診てもらったところ，レントゲンも撮らず，こぶに薬をつけただけで「大丈夫でしょう。何かあったらまた来てください。」と言ったので，安心して帰宅し，その晩は早く寝かせました。そして，早く帰宅した夫と相談しましたが，加害者が不明では警察へ届けても無駄だろうという結論で，届出はしないことにしました。

3　二郎は，翌朝，こぶのところは少し痛いと言いましたが，我慢して学校に行き，数日間はまだ痛いと言っていました。そのうち，痛いと言わなくなったので安心していましたところ，23日に学校から迎えに来てくれと電話があったので行くと，体操の時間に倒れたと言われました。びっくりし，すぐ夫と相談して，私が二郎を○○病院に連れて行き，先生に事故の心配を話したら，精密検査をしました。その結果，頭の骨にひびが入っている亀裂骨折で，頭の中に血が溜まっているから取り出さなければいけない，倒れたのはてんかんの発作と思われると言われて即入院となり，1週間入院して，その間に頭の血を取り出しました。
　なお，怪我は交通事故によるとの診断書を持参しましたから，提出します。
　その後，発作はありませんが，用心のため発作止めの薬を服用し，

1か月に1回，検査のため通院することになっています²⁾。

4　以上お話しした通り，23日になって初めて事故で大きな怪我をしたことが分かりましたから，先日電話を差し上げ，診断書がいただけたので，今日警察に出頭しました。

　私と夫は，今まで加害者は逃げたと思い怒っていましたが，お電話した時に加害者からの届け出があったと聞いてびっくりしました。そして，昨日は，加害者の柏木さんが見舞いに来られましたので，怒っていた気持ちは収まりました。

　事故の原因について，二郎から聞いた限りでは，二郎に過失はないように思い，柏木さんにそのように話しましたところ，納得しましたから，示談は成立すると思います。

　私達夫婦は免許証を持っていて，家の車を運転していることを考えると，誠意が見られる柏木さんについて，重い処罰は望みません。

　夫の哲郎も，同じ気持ちです。

　　　　　　　　　　　　　　　　　　　　　　　　林　　照美　㊞

以上のとおり録取して読み聞かせたところ，誤りのないことを申し立て署名押印した。

　　　前同日

　　　　　　　　　　　警視庁○○警察署
　　　　　　　　　　　　司法警察員巡査部長　　○○○○　㊞

> **検察官の着眼点**
>
> 1） 車好きで，車種が一目で分かることの具体的な内容を詳しく記載するとなお良いと思われる。親がトミカのミニカーのおもちゃを何台も買ってやって遊んでいることや，二郎を連れてドライブしていると，二郎が目にする車の車種を一目で言い当てることなどがあればその状況をかいつまんで記載する。
>
> 2） 本事例は因果関係が争われる可能性のある事案であるので，親の立場で知っている場合には，被害者の事故以前の亀裂骨折の可能性のある事故の有無等も録取する必要がある。

## V 交通事故現場見取図

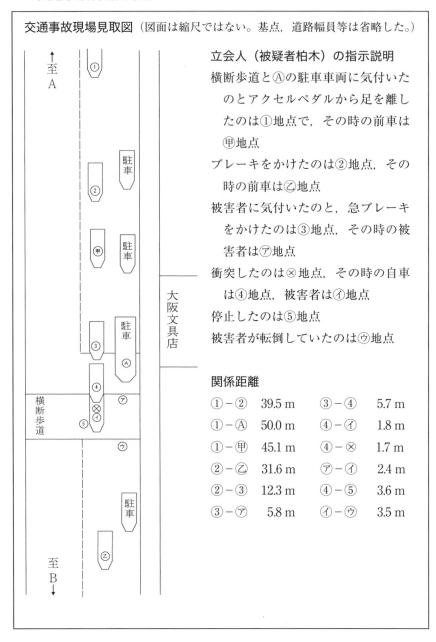

# 歩行者事故⑥

**事例㉘**

深夜，普通乗用自動車が，横断歩道を右方から左方に横断中の歩行者に気付くのが遅れて衝突

## I　被疑事実の要旨

　被疑者は，平成〇年〇月8日午前1時33分頃，普通乗用自動車を運転し，浜松市〇区〇〇・〇丁目〇番〇号先の交通整理の行われていない交差点を〇方面から〇方面に向かい直進するに当たり，同交差点入口には横断歩道が設けられていたのであるから，前方左右を注視し，同横断歩道による横断歩行者の有無に留意し，その安全を確認しながら進行すべき自動車運転上の注意義務があるのにこれを怠り，考え事にふけり，前方左右を注視せず，同横断歩道による横断歩行者の有無にも留意せず，その安全確認不十分のまま，漫然時速約50キロメートルで進行した過失により，折から，同横断歩道上を右方から左方に向かい横断してきた毛利賢司（当時72歳）を右前方約17.2メートルの地点に発見し，急制動の措置を講じたが及ばず，自車右前部を同人に衝突させてボンネットに跳ね上げるなどした上，同人を路上に落下させ，よって，同人に遷延性意識障害の後遺症を伴う脳挫傷，頭蓋骨骨折，骨盤骨折等の傷害を負わせたものである。

## II　被疑者供述調書（平成○年○月 8 日付警察官面前調書）

供　述　調　書（甲）

〈本籍，住所，職業　略〉

氏名　鈴木　悠介

　　　　　　　　　　　　　昭和○○年○月○日生（当時○○歳）

《冒頭省略》

1　私は，平成○年○月 8 日午前 1 時半頃，浜松市○区○○先の横断歩道が設置された交差点で，自分の普通乗用自動車を運転中に，横断歩道を横断中の歩行者とぶつかる事故を起こしたことは間違いありません。[1]

2　まず，今回の事故の発生時間については，午前 1 時半頃だったことくらいしか分かりません。

　　ただいま警察官から，今回の事故の発生時間が，

　　　　平成○年○月 8 日午前 1 時33分頃

と聞きました。

　　私が今回の事故現場に行く前に，浜松市○区○○町にある

　　　　メガドンキホーテ

で買物をして，自宅に向けて出発したのが午前 1 時過ぎだったと思います。メガドンキホーテから事故現場まで，夜中でも20分くらいはかかると思いますので，事故の発生時間が

　　　　平成○年○月 8 日午前 1 時33分頃

で間違いないと思います。[2]

3　今回の事故現場の番地ですが，浜松市○区○○先ということくらいしか分かりません。

　　ただいま警察官から，今回の事故の発生場所は，

　　　　浜松市○区○○・○丁目○番○号先道路

であることを聞き，理解しました。[3]

4　次に私の住所ですが，今回の事故を起こして自動車の運転が怖く

なったことなどで，しばらくは自動車を運転するのを止めることにしたのですが，職場近くへの直通の公共機関もなかったし，タクシーで通勤してみたところで，片道3,000円くらいかかりましたので，職場近くに引っ越して自転車通勤することにしたのです。

そして，自分で職場近くのアパートを探して，現在の住所地である
　　　浜松市○区（以下略）
　　　メゾンパピヨンⅠ
に平成○年○月○日に引っ越し，同アパートの301号室に住むことになったのです。
5　次に，今回の事故のことについてお話しします。

今回の事故を起こしたのが平成○年○月8日になったばかりですので，前日の○月7日のことから話しますと，この日は，金曜日でしたが，前日からの宿直勤務明けだったのです。

私の職場での宿直勤務とは，午後から出勤して通常の業務をこなし，校舎の戸締り等を確認した後，生徒の寮の宿直室で翌日まで寝て，翌日は午後2時45分に終務となるのです。

今回の事故前の○月7日は，前日午後からの勤務で○月7日まで宿直勤務をし，同日の午後に終務しましたが，その後自分の残った仕事等をやり，実際に事故を終えたのが午後7時頃でした。

私は，午後7時頃に仕事を終えると，そのままの格好で職場から自宅に戻りました。自宅に戻ったのは，午後7時半頃でした。

帰宅後は，宿直の疲れなどから寝てしまい，起きたのは翌日の平成○年○月8日午前零時過ぎだったと思います。

私は，夕食を食べずに寝てしまっていたので，お腹がすいてしまい，夜中まで営業していて食品が安く買えるメガドンキホーテまで惣菜を買いに，私の車に乗って行ったのです。

メガドンキホーテでは，当日の食品は当然ですが，週末分の食料も買ったのです。

その後，メガドンキホーテからの帰り道で今回の事故を起こしてし

まったのです。

6　今回の事故の時に私が運転していた車両は，私が

　　　　　平成○年6月

に，浜松市内のディーラーから新車で購入した

　　　　　普通乗用自動車

　　　　　ブリリアントホワイトパール色の日産ノート

　　　　　車両番号浜松め〈以下略〉

です。

　この車を買って今回の事故を起こすまで，1年しか経っていませんでしたので，故障したり調子の悪かったりするところは全くありませんでした。

　点検整備は，まだ一度も車検を受けておりませんが，新車時のサービス点検は購入先でやってもらい，異常箇所はなかったと思います。

7　今回の事故現場の道路は，買物等でたまに通行していましたので，交通規制が

　　　　　駐車禁止

　　　　　追越しのための右側部分はみ出し禁止

になっていることは知っていましたが，最高速度規制については，よく分かっていませんでした。

　今回の事故の時の現場道路の状況は，アスファルト舗装された平らな道路で，雨は降っていませんでしたので，路面は乾いていました。

　事故現場は，前後の見通しが良い直線道路です。

　ただいま，今回の事故現場が県道○○線という道路で通称名が○街道であることを警察官に聞きました。

　○街道の名前は知っていましたが，今回の事故現場が○街道だったことは知りませんでした。

　今回の事故の時の交通量は，夜中だったこともあり少ない状況でしたし，私が衝突した相手の当事者以外に歩行者も付近にいなかったと思います。

現場付近の照明は，街路灯が点いていたと思いますが，そんなに明るい状況ではありませんでした。[6)]

8　今回の事故の時は，私が自分の日産ノートを運転し，事故現場に通じる通称○街道を，○○・○丁目方面から○○・○丁目方面に向かって，車線内の左寄りを，ヘッドライトをロービームの状態で点灯させて，時速約50キロメートルの速度で進行していました。

　そして現場交差点に近づいて行き，現場交差点手前で前方に横断歩道標識と交差点を認識したのです。

　そして，この辺りから，買ってきたうどんに天ぷらを入れようか，入れないで食べようかと，そんなことを考えながら進行してしまい，気付いた時には右前方に相手の歩行者が見えた気がしました。

　歩行者が見えたと思った時に，びっくりしてすぐにブレーキを踏んだと思います。

　実際には，ブレーキを踏んだかどうかのはっきりした記憶は当時からないのですが，状況的にブレーキはかけたものと思います。

　その直後に，横断歩道上で相手の歩行者と，私の車の運転席の前の部分がぶつかってしまいました。

　衝突後，私の車のボンネットの上に人が横になって乗っていることに気付き，車を停止させた時に，ボンネット上の人が前方に落ちたのは記憶にあります。[7)]

この時本職は，平成○年○月8日付本職作成にかかる実況見分調書添付の交通事故現場見取図及び現場写真24枚を供述人に示した〈見取図及び写真は省略〉。

　今見せてもらっている写真24枚は，今回の事故の後に現場で撮影されたものに間違いありません。

　また，今見せてもらっている図面は，今回の事故の時に私が説明した事故状況に間違いありませんので，この図面で事故の状況を説明します。

　今回の事故の時に私が進行していたのは，この図面中の○○方面か

ら○○方面に間違いありません。
　私が進路前方に横断歩道を認識したのが①の辺りで，この辺からうどんのことを考えてしまい，前方に対する注意がおろそかになったのです。
　そのまま進んだ②のところで，右前方㋐のところに相手の歩行者が見えてブレーキをかけたのです。
　この時，相手の歩行者がどのように歩いていたかまでは分かりません。相手とぶつかったのが，私が③の時に私の車の右前⊗のところで，その後に私が停止したのが④のところです。
　私は④に車を停止させてすぐに車両から降りて相手の様子を見に行ったのです。私が車を停止させた前方の㋑のところに，相手の男性が頭から血を流しながら倒れていたのです。
　その後，通りがかりの人が私に救急車を呼ぶように言ったので，私が自分の携帯電話で119番通報したのです。
　私は119番通報した後に，自分の車を，他の車の通行妨害にならないように⑤のところの道路左側にバックさせて移動したのです。[8)]
9　今回の事故の相手は，浜松市○区○○に住む
　　　　毛利賢司さん
という男性で，今回の事故で大怪我をしてしまい，現場から救急車で○○病院へ運ばれました。
　この時本職は，平成○年○月8日付○○病院医師山下誠作成にかかる毛利賢司の診断書を供述人に示した〈診断書は省略〉。
　今見せてもらっている診断書には，事故の相手の毛利さんの名前が書かれていますので，今回の事故の毛利さんの怪我の診断書ということになります。
　この診断書で，毛利さんは，
　　　脳挫傷，頭蓋骨骨折，びまん性軸索損傷疑い，頚髄損傷疑い，
　　　肋骨骨折，鎖骨骨折，大動脈損傷，骨盤骨折，脛腓骨骨折
で全治3か月を要する怪我をしたことが分かりました。

私が自動車保険の担当者から聞いているのは，現在毛利さんは，○○病院から○○病院に転院しており，意識不明が，事故当初から続いていると聞いています。来年には，○○病院から○○病院へ転院する予定だとも聞いています。
10　今回の事故の原因は，私が自動車を運転して現場道路を進行し横断歩道を通過する時に，前方をよく見ていなかったことです。
　　　現場道路は直線道路で，前後の見通しは良いところですし，付近が明るい状態ではないにしろ真っ暗ではないのですから，私がしっかり前方に注意していれば，毛利さんに早く気付くことができ，今回の事故は防げていました。
　　　一昨日の平成○年○月30日に，浜松オートレース場の北側駐車場において，私が今回運転していた車と同型式の車を使い，事故の時の状態を再現して実施した前方の見通し状況の実験に立ち会いましたが，衝突時の運転席から30メートル手前，及び40メートル手前のところで，ヘッドライトがロービームでも相手の位置が見えることが確認できました。
　　この時本職は，静岡県警察本部交通部交通指導課発行の交通事故事件捜査書類記載要領から抜粋した
　　　　自動車秒速・制動距離表
を供述人に示した〈自動車秒速・制動距離表は省略〉。
　　　今見せてもらっている自動車秒速・制動距離表は，運転免許を取得する時に自動車学校で見せてもらった記憶があります。
　　　この表を見ますと，乾燥したアスファルトの上を時速50キロメートルの速度で進んでいて急ブレーキをかけると，23.4メートルで停止できることが分かります。
　　　今回の事故の時に私が運転した自動車の速度が，約50キロメートルでしたし，現場道路は乾燥したアスファルトでしたので，この表と一昨日の実験から，今回の事故の時は，衝突前40メートルくらいのところから相手に気付くことができたことと，30メートル以上手前で相手

に気付けば衝突せずに停止できたことが確認できました。[9]

11　相手の治療代については，私が今回事故車両で契約していた

　　　　○○損害保険

で支払われています。

　この保険の対人保証は無制限補償となっており，この保険会社の浜松保険金サービス第１課で担当してくれています。

　事故後，平成○年○月10日に，浜松市○区○○に住む毛利さんの御長男の家にお詫びに行った足で，○○病院に毛利さんのお見舞いに行きましたが，家族以外は面会できなかったため，毛利さん本人には会うことはできませんでした。

　その後，毛利さん本人には会っていません。

　毛利さんの容体については，保険会社経由で把握しています。

12　今回の事故では，横断歩道上の歩行者を跳ねてしまったことは，私の一方的不注意であり，相手の毛利さんには何の非もないことは十分理解しています。

　相手の毛利さんは，事故後未だに意識が回復せず，植物状態のままで入院しているのですが，できることなら，意識が何とか戻ってもらって，どんなに時間がかかっても元気になってもらいたいと思っています。

　私個人として，入院中の毛利さんにしてあげられることはないのですが，私ができることを，毛利さんが元気になるまで考えていくつもりです。

　今回の事故では，相手の毛利賢司さんを始め，毛利さんのご家族には大変な思いをさせてしまい，また，私の職場の方々や家族にも多大な心配をかけてしまいました。

　今回の事故は，私に一方的な不注意で起こした事故ですので，どのような処罰を受けようと，厳粛に受けるつもりでいます。

　今現在は自動車を運転する気にはなれませんが，もし，今後自動車を運転することがあれば，二度と今回のような運転はしないように十

分に注意し，安全運転をすることを誓います．

鈴木　悠介　指印

〈以下省略〉

> 検察官の着眼点

- 1）犯人性の自認である．
- 2）事故時間の確認である．被疑者において，異論のないことの確認と押さえを行う．
- 3）事故場所の特定と確認である．
- 4）運転目的の説明である．運転の目的は，事故の遠因になる上，過失の原因になることもあるので，必ず聴取すべきである．
- 5）事故車両の故障の有無に関する被疑者の認識についての押さえである．被疑者に故障の認識がなかったとしても，客観的に故障がないことにはならないが，被疑者にその認識がない（したがって，運転中に故障に気が付くようなこともなかったことを示すものである．）ことは，客観的にも故障がないことを推認することに繋がることである．後記の事故現場の状況等とも併せて，過失を認定する前提となる客観的な事実関係を押さえる意味がある．
- 6）事故現場の交通規制の状況や客観的な道路状況を明らかにするもので，過失判断の前提となる事実関係の押さえとなるもので，必要な記載事項である．もっとも，供述調書による説明であるので，被疑者がこれらの事実を認識している必要がある．客観的な事実だからと言って，被疑者が認識していないのに供述を借りて記載することがあってはならない．認識の有無も併せて記載するべきである．
- 7）以上の8の項目部分は，事故状況を述べたもので，事実関係に関する供述調書で最も重要な部分である．被疑者が具体的な記憶を述べることによって，過失判断の基礎となる事実を提供することになる．本事例では，「気付いた時には右前方に相手の歩行者が見えた気がしました．」，「びっくりしてすぐにブレーキを踏んだと思います．」，「実際には，ブレーキを踏んだかどうかのはっきりした記憶は当時からないのですが，状況的にブレーキはかけたものと思います．」などと明確な供述とはいえないが，突然の事故であり明確な記憶が残っていないとしても不自然ではなく，供述全体を見れば，「衝突後，私の車のボンネットの上に人が横になって乗っていることに気付き」等の部分をみると，素直に体験供述を行っているものと判断される．その意味で，本調書の記載は悪くない．

    もっとも，ブレーキを踏んだと思う状況的な根拠も記載するとなお良い．

- 8）現場写真や実況見分調書を前提にしての事故状況についての説明である．これによって，客観的な事実と事故状況についての認識や記憶が結び付けられて事故状況が客観的にも明らかになるのである．したがって，この部分も事故供述で最も重要な部分である．

    なお，基本書式の場合は本調書のように，先に実況見分調書を離れて事故状況について説明した供述を録取し，その後改めて実況見分調書を基にして事故

状況を説明する事故状況供述を記載する方が多く，その方が，分かりやすい。しかしながら，両者を合体させて録取することもある。特例書式の場合は，原則として，後者のみを記載することにしたものであるが，その場合であっても，被疑者の具体的な認識や記憶も盛り込むと体験供述性が増し，信用性が高まる。

9） 以上の部分は，客観的な情報を提供して，予見可能性と回避可能性が認められることを認識させ，納得させるものであり，納得したことを供述で明らかにしたものである。

# 第8章　運転避止義務違反・運転中止義務違反の事故

## 1　運転避止義務違反・運転中止義務違反について

　運転避止義務違反は，運転開始時に正常な運転が困難な状態ないし同状態に陥るおそれのある状態であるために，事故発生の可能性が高いため運転開始行為を過失ととらえる場合である。

　運転中止義務違反は，運転開始時には正常な運転が困難な状態ないし同状態に陥るおそれはなかったが，運転途中に正常な運転が困難な状態ないし同状態に陥るおそれが生じたために事故発生の可能性が高くなり，運転の継続を避止すべき状態になったのに運転を継続したのを過失と認定する場合であり，注意義務の態様は酷似しているが，過失行為の時期及び場所が異なる。

　なお，アルコール又は薬物の影響により，正常な運転が困難な状態で事故を起こして死傷させた場合で同状態であったことの認識があった場合には，危険運転致死傷罪（自動車運転死傷処罰法2条1号）が成立するので，同罪の成立を常に念頭に置いて，捜査を進める。[167]

---

167）運転開始時点あるいは運転中においてアルコールの影響によって正常な運転が困難な状態には陥っていなかったものの，そのおそれのある状態で運転した場合は，一般的にはアルコールの影響によって走行中に正常な運転に支障が生じるおそれがある状態で運転したと考えられる（その認識のあることが必要である。）ので，その結果，正常な運転が困難な状態に陥って人を死傷させた場合は自動車運転死傷処罰法3条1項の危険運転致死傷罪が成立するところ，この場合は特別法である同罪が成立し，過失運転致死傷罪（同法5条）は成立しない（もっとも，検察官の訴追裁量によって，運転避止義務違反又は運転中止義務違反の過失運転致死傷罪で処理することを妨げるものではない。）。

## 2 運転避止義務違反・運転中止義務違反の態様と捜査の要点

(1) 態　様
　① 運転開始時点――どのような発進をしたか
　② 酒酔い（薬物を含む。以下同じ。）
　③ 居眠り
　④ 疲　れ
　⑤ 病気等

(2) 捜査の要点
ア　酒酔い
　① 運転車両を止めてあった場所と状況
　　車庫（大きさ，広狭など），駐車場（両側の駐車車両の有無と駐車場の状況等），道路（広狭など，前後の駐車車両の有無等）を確認する。
　② 発進時の状況
　　ドアキーやエンジンキーはキー穴にスムーズに入れることができたか，発進や道路に出るまでの運転はスムーズだったか，発進直後のハンドル操作（不必要な大回り等の有無），接触等の事故はなかったか。
　③ 酔いの状況
　　飲んだ酒の種類と量，被疑者自身の酔いの認識とその程度（足がふらついたか，よろけたことはなかったか等），一緒に飲酒した者や目撃者等参考人から被疑者の歩行状況と言語状況等酔いの状況の聴取する。
　④ 被疑車両の走行状況
　　進行した車線，蛇行，はみ出し，大回り，加減速，エンスト等の有無等とその具体的状況を確認する。
　　前記の地点は，実況見分において，特定する。
　　また，通り慣れた道路で，いつもと違う走行状況があった時はその違い。
イ　居眠り
　① 眠気を覚えた場所

事故に近い場所から遡って特定していく。

事案にもよるが，通常，特定する場所として必要なのは，最初眠気を覚えた場所，事故直前に眠気を覚えた場所であることが多い。供述が変遷するなどして運転中止義務の生じる場所が警察官の認定と検察官の認定が異なる場合があるので，可能性の高い場所は地番を明らかにしておくことが望まれる。

その他の場所についても，場所の特定はしなくとも，通過時の状況についての簡単な記載を必要とすることが多い。

② 眠気の原因

通常，睡眠不足の場合は，少なくとも24ないし48時間前からの稼働状況，生活状況と絡めた睡眠状況を明らかにすることが必要である。

ウ 過 労

通常は，睡眠不足と疲れのための居眠りによる事故が多い。この場合は，居眠りに準じる。

事案によっては運転日報を押収するなどして，疲れの原因を究明する（運行管理者の刑事，行政責任に繋がることもあるので，留意する。）。

エ 薬 物[168]

薬物の影響によって正常な運転が困難に陥って事故を起こした場合の危険運転致死傷罪（自動車運転死傷処罰法2条）と運転避止義務違反及び運転中止義務違反による過失運転致死傷罪（同法5条）の関係もアルコールの影響による場合と同じである。

ただ，「薬物の影響により」正常な運転が困難な状態になっているか否かは，客観的な立証が重要になる。自白以外に薬物を所持していたこと，採尿や採血によって薬物が検出されること等の客観的な立証が必要になると思われる。

オ 病 気

脇見や居眠りなどを主張し，てんかんの発作等持病の原因を隠すこともあるから，事故状況に不自然な点がある場合は，持病の有無に留意し，病歴を

---

168）薬物の場合は，前記（ア酒酔い）に準ずる。

調査することも考慮する。[169]

　また，急病を主張した時は，医師のそれまでの診療歴等を聴取し，病歴を明らかにする。医師や家族から運転を止めるように注意されていたかどうかは重要である。したがって，これらの参考人の取調べも必要になる。

　下記注169）で述べたと同様，てんかんの持病を有していても適切な服薬を続けていて発作を抑えることができている場合は3条の危険運転致死傷罪は成立しないが，てんかんの発作が生じて意識を失い事故を起こした場合は，適切に（医師の指示に従って）服薬していたか否かが重要となる（適切な服薬をしていなかった場合には，そのこと及びそれにもかかわらず運転を開始したことが過失となる。）。そのためには，処方の裏付け，残っている薬の押収を行うとともに，血液検査を行って薬物の血中濃度を測定する等の捜査（定期的に診察を受けている場合には，その度に薬剤の血中濃度の検査をしている場合が多いと思われるので，その検査結果も取り寄せる。）が必要になる。他の病気についてもこれに準ずる。

　カ　道路状況と走行状況（上記各態様に共通である。以下同じ。）

　運転開始地点から事故地点までの道路状況と，どのように走行したかは運転回避義務及び運転中止義務違反とこれら以外の通常の過失（運転回避・運転中止義務違反以外の過失である。以下同じ。）を選別する上で欠かせない。

　キ　道路の幅と長さ

　　①　進行したそれぞれの道路の幅員・長さ，センターラインや車線の有無と数及び状況（概況でかまわない）

---

169）3条の危険運転致死傷罪のうち第2項の病気として政令（自動車運転死傷処罰法施行令）で定められている6つの類型の病気のうち，多く問題になるのは同施行令3条2号の「意識障害又は運動障害をもたらす発作が再発するおそれがあるてんかん（発作が睡眠中に限り再発するものを除く。）」と，同6号の「重度の眠気の症状を呈する睡眠障害」（睡眠時無呼吸症候群がその代表的なもの）である（いずれもこれらの病気に罹患していたとしても適切な治療・投薬によって発作をコントロールできている場合は，「正常な運転に支障が生じるおそれ」の要件を欠く。）。

　これらの病気に罹患している者が当該病気の影響によって正常な運転が困難な状態に陥って事故を起こして人を死傷させた場合（かつ当該病気の影響によって正常な運転に支障が生じるおそれがある状態で運転し，かつそのことを認識していた場合）には，3条の危険運転致死傷罪が成立する。同罪と過失運転致死傷罪における運転回避義務違反又は運転中止義務違反にかかる過失運転致死傷罪の関係は，アルコールの影響により正常な運転が困難な状態に陥って事故を惹起して人を死傷させた場合と同様である（→467頁注167）参照）。

② 直線道路

　　中央線（センターライン）や車線区分線をはみ出さないで走行したかどうか等
③ 湾曲道路全ての湾曲箇所について

　　急なカーブ，緩やかなカーブの別と状況，対向車線にはみ出すなど危険な走行の有無と状況

ク　通過した交差点

① 信号交差点——数，接近した際の信号の色と信号待ちの有無，信号待ちをした際はその時の状況（眠くて目蓋がくっついた等）
② 非信号交差点——数，交差道路の広狭と優先道路か否か，一時停止標識，カーブミラー設置の有無，対向右折車及び左右道路からの車両の有無と対応（一時停止の標識に従い一時停止したか）等

ケ　交通量

自車車線，対向車線の進行車両の多少と，自車の前後，左右の車両の進行状態（車間距離や追越し，追抜き車両の有無，状況等）

コ　障害物

障害物の有無，有りの時はその大きさ，進行車両に対する妨害の状況

サ　運転技術（無免許者の場合）

免許取得経歴の有無

　　○　有経歴者——免許の種類，取得年度及び無免許になった理由と年度，無免許になってからの道路での運転状況
　　○　無経歴者——運転を覚えた場所と年月，運転技術指導者の有無と運転の動機，運転を覚えてからの道路での運転状況

なお，ハンドル・ブレーキ等の運転操作をする初歩的な技能すら有しないような運転の技量が極めて未熟な場合は，進行制御技能無類型の危険運転致死傷罪（自動車運転死傷処罰法2条3号）に該当することになる。

## 3 運転避止義務違反・運転中止義務違反の捜査の際の留意事項

　運転避止義務違反・運転中止義務違反は，走行中の通常の過失の成否（否定）→ 運転中止義務の成否 → 運転避止義務の成否と，遡り検討していくのが通常である。

　例えば，酒酔い状態で運転を開始したところ，1キロメートル進行した地点で，追従していた前車が信号停止したのに気付かず追突した場合は，
　① 運転開始地点から事故地点まで酒酔い状態で進行（運転避止義務違反）
　② 事故地点の手前の交差点に信号待ちで停止した時に酔いが回り運転が困難となっていたのに運転開始（運転中止義務違反）
　③ 事故地点の手前で，対向してきた知人の車に気を取られて前車を見なかった（通常の前方不注視）

等々の様々な過失が考えられるところ，事故直前に前方を注視していれば被害者等を発見できて，事故を防げていたと認められる場合（前方注視や制動等の回避措置が可能な状態であることを前提として）には，他の運転中止義務違反や運転避止義務違反は成立しないと考えられる。酒の酔いで，前方注視や事故回避ができない状態に陥った場合に初めて運転中止義務違反や運転避止義務違反が認められる。[170]

　したがって，運転開始時点で酒酔い状態であったからといっても，運転開始地点での運転避止義務違反が成立するとは限らないので，留意する必要がある。

---

170）もっとも，現実の事件においては，酒の酔いのために前方注視や事故回避ができない状態に陥っていたかどうかの認定が不明確であることが多いので，処理も分かれるわけである。

# 2条の危険運転及び3条の危険運転の成否が問題となる事故

> **事例㉙**
> 普通乗用自動車で飲酒運転の上，先行している普通乗用自動車に追突

## Ⅰ 被疑事実の要旨

　　被疑者は，平成〇年11月30日午前1時37分頃，普通乗用自動車を運転し，浜松市中区〇町〇丁目〇番〇号付近道路を〇〇方面から〇〇方面に向かい時速約70キロメートルで進行するに当たり，運転開始前に飲んだ酒の影響により，前方注視及び運転操作に支障が生じるおそれがある状態で同車を運転し，よって，同日午前1時40分頃，同区〇・〇丁目〇番〇号先道路において，その影響により前方注視及び運転操作が困難な状態に陥り，その頃，同道路第二車両通行帯を同方向に進行していた〇〇〇（当時〇歳）運転の普通乗用自動車左後部に自車右前部を衝突させ，同人に加療約34日間を要する外傷性頚部症候群，左肋骨不全骨折の傷害を負わせたものである。[1]

> **検察官の着眼点**
> 1) 本事例は逮捕・勾留すべき事案である。

## II 被疑者供述調書（身上調書，平成○年12月6日付警察官面前調書）

供述調書（甲）

〈本籍，住所，職業　略〉

氏名　山本　紀之

昭和○年3月13日生（○歳）

《冒頭省略》

1　出生地は，
　　富山県です。
2　位記，勲章，年金，恩給は，
　　説明を受け分かりましたが，もらっていません。
3　前科，前歴は
　　刑事関係の前歴は，3年前に傷害罪で，1回逮捕されたことがあります。これは，平成○年6月，友達と居酒屋に飲みに行った時，酔っ払っていて，店の中で客の1人とけんかになり相手を殴って怪我を負わせて逮捕されましたが，示談ができたので，処分はありませんでした。
　　その他に前科，前歴はありません。
　　交通関係では，前科はありません。
　　前歴は，スピード違反が1回，信号無視が3回，携帯電話使用が2回，通行禁止違反が1回，シートベルトが1回あります。
　　反則金については，全て納め終わっています。
　　飲酒運転で捕まったことはありません。
　　交通事故は先月の初めに，会社の車で，後ろから相手の車に接触する事故を起こしたことが1回だけありますが，相手に怪我はありませんでした。
4　行政処分は，
　　今までに2回あり，1回目はいつ頃か忘れてしまいましたが，違反

が重なって，免許停止30日の処分を1回受けました。
　この時は，講習を受けに行き，29日短縮され1日の免許停止の処分になりました。
　2回目は，今年の5月くらいに違反が重なり，免許停止60日間の処分を受けました。この時も，講習を受けに行き，30日間短縮されました。
5　学歴は，
　浜松市立○○中学校を卒業してから浜松○○工業高校に進学し，卒業しました。
　浜松○○工業高校卒業後は，就職していますので，私の最終学歴は，
　　　浜松○○工業高校　機械科
　卒業になります。
6　職歴は，高校卒業後，4月から自動車部品を製造する
　　　○○株式会社
という会社に就職し，車の部品を製造する仕事をしていました。
　この会社には3年くらい勤務したのですが，やりたい仕事ではなかったため辞め，失業手当をもらいながら次の仕事を探し，半年くらいたった後で，引っ越し業をやることにし，
　　　○○○○運輸株式会社
で配達作業員として働き始めたのです。
　その後，私は今年の8月か9月頃，引っ越しの営業の仕事をするようになり，現在に至っています。
7　家族は，
　住所地に，
　　　母　　山本　紀代子　　50歳くらい　　　会社員
　　　妹　　山本　奈緒　　　20歳　　　　　　大学生
と私の3人で住んでいます。
　私は，結婚したことはありません。

父の道之は，大阪で仕事をしており，単身で暮らしています。
　　　弟もいますが，大学に行っており，滋賀県で1人で生活しています。
8　私自身の資産関係について話します。
　　　事故の時に乗っていた車は中古ですが私名義の車で，2年くらい前に200万円くらいで購入しています。
　　　自分の貯金はほとんどありません。
　　　借金は，車のローンがあります。月4万ちょっとずつ支払いをしており，残りがまだ100万円くらいあります。
　　　収入は，会社員として働いていますので，月平均20万円ちょっとくらいが私の給料です。
　　　普通に生活する分には困ることはありません。
9　車の免許について話します。
　　　平成18年に中型免許を静岡県公安委員会から受けました。
　　　車の運転は，平成18年からしていますので，運転経験は約6年くらいになります。
　　　平成○年4月13日までとなっています。免許証番号は第○○○○○○○○○号です。
10　趣味等は，
　　　趣味は，スノーボードをやります。
　　　お酒は，強いというわけではないですが，普通に飲める方で，月に2～3回は，友人と飲みに行きます。
　　　飲みには行きますが，普段，家で晩酌はたまにしかしません。
　　　ギャンブルは，たまにパチンコをするくらいです。これも，友人と一緒に付き合い程度でやるだけで，1人では行きません。
　　　たばこは，セブンスターを1日1箱くらい吸います。
　　　私の性格は，お酒を飲むと陽気になり，けんかなどをすることもありますが，普段は明るく，みんなと接しています。
11　視力については，

> 　裸眼で両目ともに1.0はあると思いますので，裸眼で遠くまでよく見えます。
> 　私は持病は何もなく，現在，通院はどこにもしていません。
> 　今までに，大きな病気をしたこともありませんし，現在まで健康に過ごしています。
>
> 山本　紀之　指印
>
> 〈以下省略〉

## Ⅲ　被疑者供述調書（事実関係調書①[1)]，平成○年12月6日付警察官面前調書）

> 供　述　調　書（甲）
>
> 《冒頭省略》
>
> 1　私は，
> 　　　平成○年11月30日午前1時40分頃
> 　　　浜松市中区○町○丁目○番○号
> 　地先でお酒を飲んで酔っ払った状態で，車を運転し，相手の車とぶつかる交通事故を起こしたとのことで，逮捕されましたが，私が覚えていることについて話します。
> 2　事故の前の日は，私は会社が休みの日で，夜，会社の先輩である斉藤芳樹さんと一緒に飲もうと思い，斉藤さんに連絡しました。
> 　斉藤さんとは，会社でも仲が良く，月2，3回くらい一緒に飲みに行く仲です。
> 　私は，斉藤さんに夕方くらいに連絡したところ，斉藤さんも夜行けるということだったので，時間は覚えていませんが，斉藤さんの家まで迎えに行くと約束し，斉藤さんの家に自分の車である
> 　　　普通乗用自動車
> 　　　日産　キャラバン

ナンバー浜松　○○○え○○○○
を運転して1人で向かいました。
　そして，斉藤さんと○○のイオンの近くにあるマルハンというパチンコ屋に行きました。
　その後，午後10時30分の閉店までパチンコをした後，私の車で，斉藤さんと飲みに行こうと話し，2人でクレマティスというスナックに飲みに行き，いつ頃着いたかは覚えていませんが，ビールやワイン等のお酒を飲んだのは覚えています。
　私は，お店で，斉藤さんと飲み，かなりペースよく飲んでいき，飲みすぎたのは覚えていて，お店で潰れるくらいになってしまっていたと思います。
　とても運転できる状態ではなかったと思います。
　そんな状態でしたので，その後のことは，よく覚えておらず，私は代行を呼んだという記憶はないのです。
　後で，斉藤さんはタクシーで帰ったと斉藤さんに聞いたので，お店の人が代行を呼んだかもしれません。
　自分は飲酒運転はしないと思うので，自分はしていないと思います。[2)]
　代行が来ていたなら代行の人が運転していたかもしれませんが，私は酔っていて覚えていないので分かりません。
　ですが，自分が運転していた可能性はゼロではないと自分でも思います。
　今話したとおり，かなり酔っていて覚えていない部分があるので，できるだけ思い出して今後話していきたいと思います。

　　　　　　　　　　　　　　　　　　　　　　　　山本　紀之　指印
　　　　　　　　　　　〈以下省略〉

**検察官の着眼点**

1) 身上調書と事実関係調書は，分けるのが原則である（→156頁 検察官の着眼点 9）参照）。公判における立証の便宜のためである。

2）これらの被疑者の判断の根拠は，聴取して録取する必要がある。逮捕当初の被疑者の供述は，後の立証に極めて有益な情報（供述）が得られるからである。一般的に，取調べ対象者（被疑者に限らない）が述べた判断の根拠は必ず聴取すべきである。判断した以上，その根拠があるはずだからである。もし，根拠がないのにそのような判断をしているのであれば，その判断が信用できないことを示す。また，自己に有利な判断ばかりしているのであれば，虚偽供述を行っている可能性が高まる。また，逮捕当初であれば，被疑者自身が混乱していて，思わぬ不利な供述を行う可能性も高いためである。本事例では，問答式にでも，聴取すべきであったと思われる。

　　また，覚えていないと言いながら，運転していないと思うという判断になるのは，不自然である。運転できないほど酔っていたというのは，不利な供述であるが，覚えていないという否認をする以上，酔いのせいにするほかないため，認めざるを得ない（ので認めている。）。ゆえに，その点で不利な供述をしているからと言って，全体に信用性が高いとは言えない。

## Ⅳ　被疑者供述調書（事実関係調書②，平成○年12月10日付警察官面前調書）

---

### 供述調書（甲）

《冒頭省略》

1　私は，お酒を飲んで酔っ払った状態で車を運転し，事故を起こしたということで逮捕されている者ですが，今からは事故前に私がお酒を飲んだ状況等についてよく思い出して詳しく話します。

2　まず，私が今回事故前にお酒を飲んだ場所について，1店舗だけなのは間違いありません。

　　飲んだ場所は，クレマティスというスナックです。

　　私は，ここに会社の先輩の斉藤芳樹さんと2人で行き，店の前に車を駐車し，お店の中でお酒を飲んだことも間違いありません。

　　店で合流した友人，知人は誰もいません。

　　ここは，昔，先輩と行ったこともある知っている店で，以前に数回行ったことがあるお店です。

　　ですので，この店があるところは案内できます。

3　それでは，飲みに行くことになった経緯から話します。

私は，先日も話しましたが，11月29日は，仕事が休みの日でしたので，昼過ぎ頃ゆっくり起きて，昼は食べずに，夕方までは，家でゆっくりテレビを見たりして過ごしていました。
　ですので，この日，家でお酒は一滴も飲んではいません。
　その後，次の日も休みの予定でしたので，誰かと飲みにでも行こうかなと思い，会社の先輩である斉藤さんを誘うことにし，私は，斉藤さんの携帯に夕方連絡したのです。
　そうしたところ，斉藤さんも夜行けるということだったので，時間ははっきり覚えていませんが，斉藤さんの家まで迎えに行くと約束し，自宅から斉藤さんの家に自分の車で迎えに行ったのです。
　その後は，先日も話したとおり，○○のイオンの近くにあるマルハンというパチンコ屋に行き，パチンコやスロットをやり，閉店の
　　　　午後10時30分頃
までいたことは間違いなく，その後，私が行ったことのあるクレマティスに飲みに行くことにし，車でそのまま向かいました[1]。
　パチンコマルハンから，クレマティスまでは車で，
　　　　20分か30分
で行けますので，クレマティスには
　　　　平成○年11月29日午後11時00分頃
に着いたと思います。
　私は，店のすぐ東側の駐車場に，出やすいように，東側の道路に車の前部を向けて駐車したのはよく覚えています。
　その後，クレマティスの店に入り，飲み始めたのです。
　ですので，お酒を飲み始めたのは，午後11時少し過ぎたことからになります。
　飲んだ時間については，よく分かりませんが，
　　　　午後11時過ぎ頃
から飲み始め，かなり速いペースで飲んだのは覚えていて，その後は，酔い潰れてしまったのです。

4　私が飲んだお酒について話します。
　私が飲んだお酒で，私が覚えているのは，
　　　　ビール　グラス　4杯くらい
は飲み干していて，そのほかに
　　　　ワイン　ボトル　2本
を注文し，斉藤さんと2人で飲んだのは覚えています。
　警察に事情を聞かれた後，斉藤さんに聞いていたら，シャンパンも飲んでいたということを聞いています。
　私は，先ほども話した通り，斉藤さんと2人でスナックに入り，かなり速いペースで，最初はビールを飲んでいたのを覚えています。
　その後は，追加でビールを頼んで行き，斉藤さんも同じくらいのペースで注文していきました。
　夕食を食べていなかったので，食べ物を注文したのは覚えていて，覚えているのは，
　　　　ネギと肉の炒め物みたいなものが2皿
　　　　おにぎり
があったのは覚えています。
　そのほかは思い出せませんが，私は，飲む時は食べ物をあまり口にしないので，この日も，軽くつまむ程度でほとんど食べてはいないと思います。
　普段，私は，お酒は普通に飲めますが強いとは言えないので，ビールはジョッキ3杯飲めばいい気分になってしまい，ワイン等のアルコール度数の高いものを飲めば，当然酔い潰れて寝てしまったり，記憶がなくなったりしてしまうことも以前に何回かあります。
　また，お酒を飲むと陽気になり，けんか等をしたことも以前にはあり，斉藤さんに仲裁に入ってもらったことも何回かあります。
　ですので，普段は自分でも飲みすぎてはいけないと思っているのですが，飲み始めると気分が良くなり，ついつい飲みすぎて潰れてしまうことがあるのです。

平成〇年に傷害罪で逮捕された際も，私はお酒を飲んで酔っ払っていた時でした。
　私は，今回クレマティスに行った際は，次の日も休みだったので，酔い潰れるまで飲んでもかまわないと思い，ペース良くたくさんのお酒を飲んでしまいました。
　最初は，ビールを飲んでいましたが，ワインのボトルを飲み始めたことから，ワインはアルコール度数が高いので，酔いが回ってきました。
　今思うと，自分の行動が思い出せないくらい飲んでしまったことは，反省しています。
　あと，車で行かなければよかったと今は思います。
　私は今回の事故が起きる前に，少なくとも，今言った量のお酒を飲んでいて，酔い潰れていたのは間違いないので，当然フラフラですし，私が運転して事故を起こしたのなら，普段どおり正常に運転できたとはとても思えません。
　この時本職は次の問答をした。
問　今までも，酒を飲んで運転したことはあるのか。
答　一度もありません。[4]
　車で飲み屋に行ったことはありますが，今までは，代行を頼んで帰っていました。
　また，斉藤さんと飲む時は，斉藤さんの家に車を置き歩いて斉藤さんの家の近くの飲み屋に行くことが多く，帰りは斉藤さんの家に泊まらせてもらっていました。
問　以前，酔い潰れた時はどうしていたのか。
答　飲まない友人[5]がいるので，その人に介抱してもらい自宅に帰ったりしていました。
　今回は，私と一緒に斉藤さんも飲みすぎて酔い潰れていたので，家まで介抱してくれる人がいませんでした。
問　今回は帰る際はどうやって帰ろうとしていたのか。[6]

答　私の中では，代行で帰ろうと思っていました。
　　ですが，店に車の鍵を預けたりはしませんでした。
　　今回，私が直接代行は頼んだ覚えはなく，店にも頼んだ覚えはありません。
問　どうして，酔い潰れるまで飲んだのか。
答　私は，11月29日の日は会社が休みで，さらに翌日も休みの予定になっていたので，酔い潰れても仕事はないのでいいやと思っていたからです。
　　仕事のストレスもあって，仕事を辞めようか考えている時で，斉藤さんとストレス発散のためにお酒を飲んでいたということもあり，お酒のペースも上がってしまいました[7]。
問　酔い潰れる前に止めようとは思わなかったのか。
答　次の日は休みでしたし，飲んでいる際は，楽しく飲んでいましたので，酔い潰れる前に飲むのを止めようとは全く思いませんでした。
以上で問答を終わる。
5　私が今回お酒を飲んだ状況で覚えていることは，今話したくらいになります。
　　その後，店から帰る際のことや事故の状況については覚えていないので，また，できるだけよく思い出して話していきたいと思います。

　　　　　　　　　　　　　　　　　　　　　　　山下　紀之　指印

〈以下省略〉

---

**検察官の着眼点**

1）飲酒後の帰宅の際に運転して帰るつもりであったか否かは，聴取すべきである。

2）斉藤との会話の状況は，その後の被疑者の供述に影響を与えている可能性が大きいので，具体的な会話内容を聴取すべきである。もちろん，斉藤からも聴取すべきである。何を述べ，何を否認するかのヒントを得られた可能性がある上，斉藤から聴取することで，被疑者が当時の記憶をどの程度覚えていたかが分かる可能性がある（もっとも，被疑者が用心していて全然覚えていないんですよね，などと言っている可能性も高い。）。

3）このようなペースで飲んでいった理由は聴取すべきである。普段の飲酒状況との比較をしながら，当日，そのようなペースで飲むことになった理由であ

る。本調書の後の方で，次の日が休みだからという理由が述べられているが，本事例では，被疑者に会社を辞める辞めないの問題が生じていたためストレス発散が理由である可能性がある（次の調書でこの点は認めている。）。もちろん，斉藤からもこのような飲み方をした経緯ないし理由を確認する。

4）　一度も飲んで運転したことはない，というのは嘘である可能性が高い。本当であれば，車で飲みに行ったことがどのくらいあるかを聞く。そして，最近のことを聞いて，どのようにして帰ったかを聞いて，裏を取る。具体的なことはよく思い出せないといって逃げるであろうが，それであればその旨録取して，逃げていることが分かるようにする。

　それまで一度も飲酒運転をしたことがないというのが本当であれば，それだけ自己規制していたということになるであろうが，そうだとすると，初めて飲酒運転をするには，その自己規制を放棄するほどの事情（必然性）があるはずであるから，その点からも追及する。本事例では，会社を辞めようかと悩んでいたことがその背景事情になる可能性もあるが，そうだとすれば，その点の説明を被疑者から聴取すべきである。もっとも，本事例では，被疑者は，飲酒運転すること自体を否定しているので困難な面はあるが，逆に，この点（悩んでいたことと深酒をしたこととの関係等）を聴取していくうちに，自棄的になって深酒し，その勢いで意図的に飲酒運転して帰ろうとしたことが，被疑者から引き出せる可能性もあり得る。

5）　友人の名前を聞く。裏付け捜査のためである。友人の名前を聞き出し，事情聴取することで，供述の真偽が裏付けられ，飲酒運転の経験事実の裏付けを取ることが可能になる。もっとも，介抱してくれた友人が，被疑者に不利なことはしゃべらない可能性が高いが，それでも，あり得ないわけではないこと，被疑者をかばう供述をしても，それ以外の点（例えば，飲んで帰ろうとしたので止めた等）で，被疑者に不利な事実が出てくる可能性もあるので，その点の捜査は無駄ではない。

6）　前掲1）で述べたように，必要な聴取事項である。

7）　次の日が休みだから，というのは一応理解できる供述であるが，だからといって酔い潰れるまで飲むことにはならない。それに加えて，仕事を辞めようかと悩んでいたこともあるのではないかと考えられる。斉藤を誘って飲んだのは，斉藤に仕事の悩みを相談したり，愚痴を聞いてもらったりしていると思われる。そして，飲酒の量も，2人の飲み会の趣旨によって変わってくるはずである（相手との関係で配慮するのが普通であろう。）ので，このような場合には，斉藤と飲みながらどのような話をしたのかも聴取する必要がある。仮に，その点を聴取したのであれば，録取すべきである。無駄な記載となることはない。聴取していないとすれば，交通事故の取調べの外形主義という傾向の1つと思われる。

V 被疑者供述調書（事実関係調書③，平成○年12月12日付警察官面前調書）

> 供 述 調 書（甲）
>
> 《冒頭省略》
>
> 1　私は，今回酔っ払って車を運転し，事故を起こしたということで逮捕されていますが，お酒を飲んだ後は，覚えていないことがあるので，今からは，酒を飲んだ後のことについてよく思い出して話します。
>
> 　私がお酒を飲んだ状況で覚えていることは，先日も話した通りで，クレマティスの店内でお酒をたくさん飲み，酔い潰れてしまったことです。
>
> 2　私は，クレマティスには，以前にも何回か行っていますが，平成○年11月25日にも会社の3人と行っています。
>
> 　この時，飲みに行った理由も会社でのストレス発散になりますが，実は，私が会社で営業の仕事をするようになって，まだ半年くらいなのですが，今現在，支店で既に営業経験が一番上の状態で，自分の営業をやりながら，新人の面倒も見させられていて，正直かなりストレスが溜まっていて，支店長と言い合いになり，
>
> 　　　やってられるか，辞めてやる
>
> と支店長に言ったところ，
>
> 　　　3，4日休んでちょっと考えろ
>
> と言われたため，11月27日の日曜日から会社を休んでいたのです。
>
> 　ですので，11月28日に飲みに行った日も休みだったのです。
>
> 　11月28日に一緒に飲みに行った人は，全て会社の人たちで，
>
> 　　　深田　たつやさん　　　24歳過ぎ
>
> 　　　中畑　さん　　　　　　30歳過ぎ
>
> 　　　西田　さん　　　　　　24歳過ぎ
>
> と私の男4人で夜4人でクレマティスに行っています。

この時は，私が，深田さんに連絡して飲みに行く約束をし，私が中畑さんも誘い，深田さんが，西田さんを誘い4人で行きました。
　　　この日は，深田さんが会社が終わったら，家まで迎えに来てくれるということだったので，家で待っていて，深田さんが夜，車で迎えに来てくれました。
　　　深田さんの車には，西田さんも乗っていて，中畑さんは，自分の車で来ていて，一緒に2台で私の家まで来て行きました。
　　　最初は，居酒屋に行き，その後，車2台でクレマティスに行きました。
　　　この日は，深田さんと中畑さんは，自分の車で行っていたので，お酒は何も飲みませんでした。
　　　ですので，今回のように，私も，酔い潰れるほど全然飲んでなく，この日の帰りは，深田さんに車で家まで送ってもらいました[1]。
3　次に，11月29日の事故を起こした日のことを話します。
　　　私が店に入る前に，私の車のトヨタハイエースを駐車したのは，クレマティスの店の前にある駐車場に間違いありません。
　　　店や駐車した場所は，案内できます。
　　　私は，車を駐車した後，斉藤さんと一緒にクレマティスの店内に午後11時過ぎに入りましたが，その後は，先日話したお酒を飲んで，そのまま店で酔い潰れてしまい，どうやって店内から出たのかや会計を誰がしたのかはずっと思い出そうとしているのですが，覚えていないので分からないのです。
　　　ですが，私の所持金を後で確認したら，2万円がなくなっていましたので，2万円は飲み代で支払ったのだと思います[2]。
　　　ですが，店で酔い潰れて帰る際，自分がどういう行動をとったのかがどうしても思い出せなく分からないのです。
　　　少なくとも，私のハイエースが店の前に駐車してあったことは間違いなく，車の鍵は，自分が持っていたことは間違いはないです。
　　　また，私が，代行を呼んだということはないし，店に頼んだ覚えも

ないです。<sup>3)</sup>

　ですので，覚えていないので自分が店の前に駐車してあったハイエースを運転して行ったとも言えないし，運転していないとも言い切れないのです。

　次に覚えがあるのは，事故現場の近くで，歩道の辺りに外で私が立っていて，私の車を見ていたのは何となく覚えています。

　ですが，ぶつかった衝撃やどうやって車から出たのかは思い出せません。<sup>4)</sup>

　どこでぶつかったかは覚えていないので分からないのですが，事故後，私がいた場所は，セブンイレブンの近くだと思うので，私が事故現場の辺りは案内できると思います。

　その後は，救急車が来たか覚えていないのですが，警察は私のところに来て，お酒の検査をしました。

　私は，水でうがいをして，お酒の検査をした結果，

　　　0.6の少し上

まで，細長い管の色が変色しました。

　警察官は，それを封筒に入れ，私は，その封筒の署名欄に警察官から借りたボールペンで私の名前を署名し，指印も何か所かにしました。この時本職は，当署司法警察員巡査部長〇〇〇〇が作成した飲酒検知管収納封筒を供述人に示した〈飲酒検知管収納封筒は省略〉。

　これは，今私が話をしていた封筒です。

　この封筒には，事故現場で検知した管が中に入っているのが分かりますし，私の署名した名前や指印がありますので，現場で検知したものに間違いありません。

　自分で書いた，この字を見ても分かりますが，しっかり書けていませんし，この時は，相当酔っ払っていたことは間違いないです。

　警察官は，検知した後，何か質問してきましたが，私はかなり酔っ払っていたので何を言ったのかよく覚えていません。

　その後，私は，浜松〇〇署に行き，事情を聞かれ自分の車の壊れ方

や車の中の状況等も確認しました。

　この時本職は，平成○年11月30日付，当署司法警察員警部補○○○○が作成した実況見分調書に添付された写真7枚を供述人に示した〈写真は省略〉。

　この実況見分調書に添付されている写真は，事故当日に私が自分の車を確認している状況が写っているので，この写真を見ながら説明していきます。

　まず，写真①で，私が指示しているとおり，私が店まで乗って行った車は

　　　普通乗用自動車
　　　日産　キャラバン
　　　ナンバー浜松　○○○え○○○○

に間違いありません。

　私は，車の壊れ方は，写真②で私が指示しているとおり，私の車は，右前が大きく凹んでいて，右前のタイヤもパンクしている状態でした。

　また，運転席のエアバッグが開いていて，エアバッグには，赤い血のようなものがついているのも分かり，運転席前のフロントガラスもひび割れていました。

　ですが，私は，どういう風にぶつかってこういう壊れ方をしたのかは酔っていて覚えてなく，事故の状況は分からないのです。

4　警察に事情を聞かれた後，後日，一緒に飲んでいた，斉藤さんにも連絡し，どうやって帰ったか等を聞きましたが，斉藤さんは，クレマティスからタクシーで帰ったということで，私は，代行を呼んだんじゃないかということでした。[5]

　ですので，当然，私も斉藤さんと一緒に店を出たと思いますし，店のママやタクシーの人，代行の人等がいたと思うので，その人たちに聞けばその時の状況が分かると思います。

　もし，その人たちが私が運転して行ったのを見ているのなら，私が

運転して行ってしまったことになると思います。

　そして，もし，私が運転してしまったのなら，事故の原因は私が酒に酔っていたことが原因になります。

　今は，記憶がないくらい，酔っ払っていたので，普通に運転で来ていたとはとても思えません。

　今は，酔い潰れる状態になる前に，お酒を飲むのを止めなかったことを後悔しています。<sup>6)</sup>

　　　　　　　　　　　　　　　　　　　　　山本　紀之　指印

〈以下省略〉

検察官の着眼点

１）　前日の飲酒状況は，本事例の飲酒状況に影響を与えたりして関連性を有する可能性があるので，このように聴取することはよいことである。

２）　既に得られていたクレマティスのママの供述から，本事例の飲酒運転の理由が，呼んでいた代行運転の代金を払うのを避けようとしてのものである可能性があるので，当日の所持金の額は聴取しておくべきであった。飲酒運転の理由が金銭の問題にあるという事例はさほど多くはないが，運転行為も人間の行動である以上，人間の行動の動機になり得るあらゆることが原因になるので，当初から，この視点を持って被疑者（のみならず飲酒仲間も）を取り調べる必要がある。

３）　前の調書（事実関係調書②→479頁）では「今回，私が直接代行は頼んだ覚えはなく，店にも頼んだ覚えはありません。」と述べている。酔って自分で運転した覚えがないのに，このように，明確に代行運転を頼んだことを否定するのは，不自然と考えるべきである。代金支払いを避けるのが飲酒運転の動機であれば，代行依頼の事実を認めることは，自己の責任を認めることに繋がりかねないので，それを避けようとして，このような強い否認になった可能性がある。

４）　断定できないが，事故の衝撃は単に記憶の問題ではなく，身体自体で感じることであるので，記憶に残るのではないかと考えられる。

５）　斉藤からも聴取すべきことは前述（→483頁 検察官の着眼点 ２））のとおり。

６）　記憶がないという弁解（現実問題として，真実の場合もあるが虚偽である場合も多い。）を崩せなかった以上，本調書の記載はやむを得ないものの，本事例では，一部に記憶の欠落があることは事実であろうが，かなり虚偽の弁解をしていると思われる。というのは，行動の一部一部についてうろ覚えでもなにかしらの記憶が残っているのが普通と思われるからである。

　もっとも，本事例は乗り出した地点から事故地点までは約１キロメートル程度で，ほぼ直線道路であったから，運転中のことについてはあまり記憶に残らない可能性はある。

## VI 被疑者供述調書（事実関係調書④，平成○年12月13日付警察官面前調書）

供 述 調 書（甲）

《冒頭省略》

1 昨日に引き続き，今からは，本日午前中に，私が，今回事故前にお酒を飲んだクレマティスの場所や車を駐車した場所，事故後，私がいた場所等を案内しましたのでそのことについて話します。

2 まず，私が今回飲んだクレマティスや，車を駐車した場所について話します。

この時本職は，平成○年12月13日付，当署司法警察員巡査部長○○○○が作成した実況見分調書に添付された写真①から写真⑦を供述人に示した〈写真は省略〉。

この実況見分調書に添付されている写真は，本日，私が案内した状況が写っているので，この写真を見ながら説明していきます。

私が今回お酒を飲んだ場所は，写真②に写っているとおり，クレマティスというお店に間違いありません。

ここの店は入口が，写真④，⑤に移っている扉1つで，ここから出入りします。

ですので，今回も，ここから店内に入り，帰りもここから出てきたことになります。

私は，この店の店内で，先日話したビールやワインを大量に飲み，店内で酔い潰れてしまったのです。

次に，写真③で私が指示しているとおり，今回私が車を駐車した場所は，店舗に向かって駐車枠の一番左側になることは間違いありません。私はここに写真で私が指示している車と同じように車の前部を道路側に向けて駐車しました。

ただ，本日，実際に飲んだお店に行き，思い出してみたのですが，車を先ほど説明したとおりに駐車して店に入ってお酒を飲んだことは

覚えているのですが，帰りのことは覚えがなく思い出すことができませんでした。

　私がここから自宅に帰るには，駐車場から左折して道路に入って行く以外にはないので，私が，運転して行ったとすると，駐車場から左に出て行ったことは間違いないです。

　また，今回の事故の後，逮捕されるまでに，相手もいることなので，家で親からもよく思い出すように言われていて，事故の場所は，私が飲んだクレマティスから真っ直ぐ北に行った○○のセブンイレブンの近くで，相手の人は○○のセブンイレブン北側のマンションの人ということも聞いています。

　私は，クレマティスの駐車場から左折し，北進して行って事故後にいた覚えがある辺りも案内しました。

　それは，写真⑦で私が案内しているとおり，私が事故後，いた覚えがあるのは，この○○のセブンイレブンの東側の○○バイパス沿いに設置されている歩道上になると思います。

　どこにいたというはっきりした地点は，動いていたとも思いますし，はっきりは分かりませんが，事故後，歩道にいた覚えはあるので○○のセブンイレブンの近くで○○のバイパスの歩道上にいたのは間違いないです。

　ですので，ぶつかったのもこの辺りになることも間違いないと思います。

　ですが，私は事故当時は，かなり酔っ払っていたため，本日，実際に，現場に行ってもぶつかった場所や，どういう事故なのかは，思い出せなくて説明することができませんでした。

　ただ，相手の人は，親からセブンイレブンの北側のマンションの人と聞いているので，私が思うには，相手の人が，マンションから出かける時にぶつかってしまったか，マンションに帰ろうとしているところにぶつかってしまったかということになるのではないかと思います。

私は，この○○のセブンイレブンの付近で，警察にお酒の検査をされた後，浜松○○警察署に行きその後，明るくなって改めて自分の車の壊れ方等も確認したのです。

　私は逮捕されている身ですし，今さら何を隠してもしょうがないので覚えていることは全て正直に話しているのですが，本当にぶつかった状況も思い出せなく，車もかなり壊れていたので，かなりの衝撃があったはずですが，その衝撃もかなり酔っていた影響で覚えていないのです。[1]

山本　紀之　指印

〈以下省略〉

> **検察官の着眼点**
>
> 　1）　記憶喚起のために，このような引き当たりは重要である。しかしながら，対象者が正直に話そうとする意思があり，記憶喚起の意欲を持っている場合でない（思い出そうとしない）と空振りに終わる（本事例はその例である。）。それでも，現場で引き当たりを行うことは，対象者にとっても，記憶喚起の努力を迫られるわけであるので，供述が進むこともあるから，必ず行うべきである。

## Ⅶ　被疑者供述調書（事実関係調書⑤，平成○年12月13日付警察官面前調書）

### 供述調書（甲）

《冒頭省略》

1　先ほどに引き続き，今からは，私が，クレマティスから帰るとどういう経路を通るかも案内しましたので，そのことについて話します。

2　まず，私が今回，かなり酒に酔った状態で運転を開始してしまった可能性があるのは，クレマティスの駐車場に間違いありません。

　私は，クレマティスでお酒を飲んだ後は，どこにも行く予定はなく帰るつもりでしたので，運転して行ったとすると，自宅に帰ることが目的になることは間違いありません。

そして，クレマティスから自宅に帰るとすると，駐車場から，左折して○○バイパスに入り，北進して行くことも間違いありません。

先ほど私が話した，事故後にいた覚えがある，○○のセブンイレブン付近の歩道は，そのままずっと真っ直ぐ北進したところにあります。

この時本職は，平成○年12月13日付，当署司法警察員巡査部長○○○○が作成の実況見分調書に添付された飲酒先及び帰宅予定経路図を供述人に示した〈経路図は省略〉。

この実況見分調書に添付されている経路図は，本日，私が案内した経路が書いてありますので，この経路図を見ながら帰る経路について説明していきます。

私が，クレマティスから自宅に帰る経路は，図に赤い線で示してあるとおりで，

　　　①地点

のクレマティスの駐車場から左折して，○○バイパスを北進して行き，地図で信号10個目のファミリーマートのある信号交差点を右折して行き，100円均一のキャンドウという店のところを斜め左に入り，少しするとクリーニング屋があるため，そこを右折した先にある自宅アパートの近くに借りている

　　　③地点

の駐車場まで行きます。

駐車場からは，いつも歩いて，自宅のアパートまで帰るのです。

そして，私が，事故後，壊れていた自分の車を見た覚えがあるのは今言った帰宅予定経路図の

　　　②地点

○○のセブンイレブンの近くになるのです。

相手の車とぶつかった場所も，この近くになるはずですし，私の帰る予定経路で今回事故が発生していることは間違いないのです。

ですので，今回自分が酔っ払って運転して行ってしまったとする

と，帰る途中で事故を起こしてしまったことになります。[1]

山本　紀之　指印

〈以下省略〉

> **検察官の着眼点**
>
> 1) 本事例は，被疑者が記憶を誠実に供述しようという意欲のない場合と考えられるので，立証上あまり意味のない調書になっている。

## Ⅷ　被疑者供述調書（事実関係調書⑥，平成○年12月17日付警察官面前調書）

### 供 述 調 書（甲）

《冒頭省略》

1　私は，逮捕されてから店でお酒を飲んで酔い潰れてから今回の事故が起こるまでのことについて，ずっと思い出そうと考えてきましたが，今も思い出せないでいます。

　私は覚えていることは全てお話ししますし，思い出せばすぐ話すつもりでいますので，今からも包み隠さず話をします。[1]

　それでは，店で酔い潰れてからのことについて話をしていきます。

2　私が店で，お酒を飲んだ量や状況は，先日も話したとおりで，斉藤さんと2人で，

　　　ビールやワイン，シャンパン

をペース良く飲んで，酔い潰れてしまったのです。

　私は，仕事を辞めるかどうかで支店長から休んで考えるように言われ，次の日も休みの予定だったため，今回，酔い潰れる前にお酒を控えようという考えはなくペース良く飲んでしまいました。

　酔い潰れる前にお酒を飲むのを止めることは，自分でできましたので，今回，そうしなかったことは十分反省しています。

　私は，クレマティスで酔い潰れた後は，ずっと考えているのですが，今もどうやって会計したかは思い出せません。

ただ，先日も話したとおり，後で確認したところ，私の所持金が２万円なくなっていたことは間違いないです。[2)]
　私と斉藤さんは店で酔い潰れていたので，帰る時は，店の人が手を貸してくれながら店を出たのではないかと思います。
　その後は，私の車は店の前に駐車してありましたので，私が運転して行ったなら，自分で鍵は持っていたので，エンジンをかけ，駐車場からハンドルを左に切って，左折して運転し，行ってしまったことになります。
　先日も話しましたが，後で斉藤さんから聞き，斉藤さんはタクシーで帰ったということですし，私の依頼で代行を呼んでいたということでした。
　ですので帰る時は，タクシーの人，代行の人，店の人らがいたと思うので，その人たちが見た状況があればその状況が間違いないということだと思うので，私が運転して行ったのを見ているなら，私が運転して行ったことも間違いないことになります。
　さらに，私の車は，運転席のエアバッグが開いていて，事故当日，エアバッグに赤い血のようなものが付いていたのを警察官と一緒に確認していますし，それを警察官が採取したのも確認しています。
　ですので，もしそれが私の血なら，事故を起こした時に，エアバッグが開き，付いた以外に考えられないので，私が運転していたことになります。
３　事故の状況について話します。
　私が，今回運転してしまったかもしれない車というのは，私の車である
　　　　普通乗用自動車
　　　　日産　キャラバン
　　　　ナンバー浜松○○○え○○○○
に間違いありません。
　この車は，ハンドルやブレーキ等に異常はなく，壊れた所もどこに

もありませんでした。
　また，クレマティスで飲んだ後は，自宅に帰るつもりだったことは間違いないことですし，この日は斉藤さんと2人しかいませんでしたので，斉藤さんがタクシーで帰ったなら，他に知り合いが乗っていたということはないことになります。
　また，事故の後に誰か知り合いと連絡を取り，呼んだ記憶もありません。事故の場所である，○○のセブンイレブンの辺りは，先日も警察官と一緒に歩道が設置されているところというのはよく分かります。
　また，制限速度は50キロで，駐車禁止の場所となっているのは知っていました。
　事故のあった日は，雨は降っていませんでしたので，アスファルト舗装された道路は乾いていたと思います。
　事故の状況については，ずっと考えているのですが，今もどうやって事故を起こしたか覚えてなく，どのくらいの速度で走っていたのかやぶつかった衝撃も思い出せないのです。
　この時本職は供述人に対し次の問答をした。
問　本当に事故の状況を覚えていないのか。
答　覚えていません。
　覚えがあるのは，事故の後，既に歩道に私が立っていて，壊れていた私の車を見ていたという覚えがあるくらいです。
　ですので，私の車がどの車線を走っていたのかや相手の車がどこを走っていたのかも説明できないのです。
問　事故時，かなりの衝撃があったはずだが，それも覚えがないのか。
答　私も不思議なのですが，あれだけ大きく壊れた所があるので，かなりの衝撃があったはずですが，その時の衝撃も酔っていた影響で記憶がなく覚えていないのです。
　私は，今さら嘘をついてもしょうがないので，これが本当のことで，自分でも飲みすぎたことを反省しています。

問　覚えていなければ何をやってもいいのか。[3)]
答　そんなことはないです。
　　当然，覚えていなくても今回，私が酔って運転して事故を起こしたことが明らかなら，私は処罰されることも覚悟していますし，自分がやってしまったことになるので，責任は取るつもりですし，罪も償うつもりでいます。ですので，酔っていて覚えていないからと言って，言い逃れするつもりはありません。
問　自分の酒の飲み方をどう思っているのか。
答　私は以前にも，お酒を飲んでけんかしたり，飲みすぎて記憶がなくなってしまったりしたことが何回もあり，強制わいせつで逮捕されたこともあります。
　　ですので，以前から，酒の飲み方は，自分でも気を付けなければいけないと思っていました。
　　今回は，先日も話したとおり，会社でも仲の良い斉藤さんと飲んでいたことや仕事を辞めるかどうかで悩んでいる時で支店長とも言い合いになり，仕事のストレスも溜まっている時でしたので，自分でも抑えることができず，酔い潰れるまでどんどん飲んでしまいました。
以上で問答を終える。
4　車の壊れ方について話します。
　　私の車は事故当日，確認しており，壊れ方は先日話したとおり，右前が大きく凹んでいて右前のタイヤもパンクしている状態でした。
　　相手の車も，先日確認しましたのでよく分かります。
　　この時本職は，平成〇〇年12月13日付で本職が作成の実況見分調書に添付された写真3枚を供述人に示した〈写真は省略〉。
　　この実況見分調書に添付されている写真は，先日，私が相手の車の壊れ方を確認している状況が写っているので，この写真を見ながら説明していきます。
　　まず，写真1で，私が指示しているとおり，相手の車は，
　　　普通乗用自動車

ダイハツ　　タント
　　　　白色
です。
　相手の車の壊れ方は、後ろがひどく、写真2で私が指示しているとおり、相手の車は、左後ろがくしゃくしゃに壊れていて、窓ガラスも割れ、左後ろのタイヤも取れてしまっていました。
　また、写真3で私が指示しているとおり、左前輪もパンクしているのも分かりました。
　壊れ方は、かなりひどく、左後ろの席がなくなるくらい食い込んでいたので、そこに乗っていた人がいたら死んでしまった可能性もあるので、それを考えると私もぞっとします。
　壊れ方を考えると、私の車は、右前が大きく壊れていて、相手の車は左の後ろが大きく壊れているので、事故は、私の車の右前と、相手の車の左後ろの辺りがぶつかった事故ということはよく分かりました。
5　この事故で相手の人の怪我は、今診断書を見せてもらい、左肋骨不全骨折等の大怪我をしてしまったことが分かりました。
　相手の車の壊れ方がかなりひどかったので、大怪我をしてしまうことは十分分かります。
6　この事故の原因は、私が運転して事故を起こしたとなると、かなり酔っていたことが原因になることは間違いありません。
　クレマティスの店の駐車場からはハンドルを左に切らないと道路に出て行けませんし事故のあった辺りまでは、それなりの距離があるので、かなり酔いながらも何とか運転している状態だったんだろうと思います。
　かなり酔っていた状態なので、普通に運転できていないことは間違いない事実です。[4)]
　そして、運転した理由としては、クレマティスで飲んだ後、どこかに行こうとしていたということは絶対にないので、自宅に帰るために

運転してしまったこと以外には考えられません。
7　示談の関係については，私の車で加入している保険屋さんには，既に連絡してあります。

今は，弁護士さんに相手との話し合いを進めてもらっています。

任意保険には入っており，保険会社は分かりませんが，対人対物ともに無制限のものに入っていると思います。

8　今回の事故で，私は，面会に来た父親とも話し，お酒は飲むのを一緒に辞めようという約束をしました。

前回逮捕された時も，斉藤さんと一緒に酒を飲んだ後のことで，今回も，斉藤さんと一緒に飲んだ後のことになります。

ですので，酒を飲まなければ，逮捕されるようなことは起こしませんので，今後は，禁酒し，罪を犯すことのないようにするつもりです。

今回，私はかなり酔っ払っていたことは間違いない事実です。ここまで酔い潰れる前に，自分の意思で，お酒を飲むのを止めることはできましたので，今はそうしなかったことを反省しています。

ですので，状況からして，私が酔っ払って運転し，事故を起こしたことが明らかであれば，覚えていなくても私が運転し，事故を起こしてしまったことは間違いないので，罪についてはしっかり償うつもりでいます。

そして，相手の人にも，しっかり償いたいです。[5)]

山本　紀之　指印

〈以下省略〉

### 検察官の着眼点

1) 心にもないことを言っている可能性がある。ただし，後に，供述が進んで覚えていたのに話していなかったことが明らかになった場合には，その姿勢を批判する材料にはなる。もっとも，このように記載することで，この約束を根拠に，「思い出したら話すと約束したとおり話します。話していないのは，思い出せないからです。」と弁解される理由にもなるので，留意する。

2) 前述のとおり，当初の所持金がいくらであったかは聴取しておく必要がある。また，当日にATMから現金を引き出した可能性もあるので，その点の捜

査もすべきであろう。交通事故の捜査といえども，決まり切った捜査を行えばよいというわけでない。

　　また，後記のクレマティスのママの話から，被疑者らはかなり支払いで粘っているところ，支払いで粘るということは，合理的な思考を行っているということを意味するので，会計の状況を思い出せないというのは安易に受け入れるわけにはいかない。

3）事実認定には意味のない質問であるが，実際の問答を正確に明らかにしたという意味はある。また，取調官のいらだち（本当は覚えているはずなのに覚えていないと言い張っていると思う気持ちからのいらだち）が表れているという意味では，裁判官に伝えるものもないわけではない。

4）体験した者の推測的意見である。通常，聴取した上で録取すべきものである。一般的には記憶している事実を述べた場合と異なり，後に撤回される可能性はあるが，本事例では，当初から認めている上，客観的な事故状況からしても，その可能性はない。ただし，だからといって，その状況を運転行為中に認識していた場合でないと，危険運転致傷罪には問えないところ，ここでの供述は現時点で客観的な酔いの状況を認めるという趣旨でしかなく，運転当時の認識を認めたものではないので，あまり価値はない供述ではある。

5）このような供述調書では，被疑事実の自動車運転死傷処罰法2条1号の危険運転致傷罪で起訴することは難しい（正常な運転が困難であることについての行為時の認識が立証できない。当然認識しているはずだ，とは必ずしもいえない。しかし，3条の危険運転致傷罪では起訴することは可能である。）。

## IX　参考人供述調書（クレマティスのママの供述，平成○年12月1日付警察官面前調書）

```
　　　　　　　　供　述　調　書（乙）

〈本籍，住居，職業　略〉
氏名　根来　裕子
　　　　　　　　　　　　　　昭和○○年2月28日生（35歳）
　　　　　　　　　　《冒頭省略》

1　私は，
　　　　浜松市中区○町○丁目○番○号　和合ビル1階
　で，クレマティスという名前の飲食店を経営している者です。
　　今日は，平成○年11月29日に来ていたお店のお客さんについてお尋ねということですが，そのお客さんが
```

　　　　のりゆき
というお客さんであることはすぐに分かりました。
　なぜ，すぐに分かったかというと，その日，うちのお店でお酒をたくさん飲んだ後,
　　　　ベロンベロンに酔って，フラフラした足取りの状態で
店の前に止めてあった黒色の車に乗り込み，私達の制止を振り切って車を運転して帰ってしまい，その車がその後事故を起こしたことを代行運転の方から聞いていたからです。
　ですから，お巡りさんが29日来ていたお客さんのことで聞きたいと聞いた時，のりゆき君のことだとすぐに分かったのです。
　それでは，その時の状況についてお話しします。
2　最初に店の営業時間についてお話しします。
　お店は,
　　　　午後8時から午前1時くらいまで
営業しています。
　店は，飲食店として営業していますので，お客さんに頼まれた
　　　　ビールやワイン，シャンパンなどのお酒類
を出したり，料理を厨房で作って出したりしています。
　店の中は,
　　　　4人から6人掛けのテーブル席4箇所
　　　　カウンター席　7席
となっています。
　従業員は，私を含めて7名在籍しており，ホールスタッフとして,
　　　本田　都
　　　清水　理香
　　　河野　みどり
　　　藤井　奈緒
が，厨房のスタッフとして
　　　狭山　敏夫

　　　　　村松　美紀
が在籍しています。
3　今から，お巡りさんから聞かれた
　　　　　平成〇年11月29日
のことについて，お話ししますが，のりゆきさんが来店されるのは2回目になり，最初に来店されたのは，この日の前日，
　　　　　平成〇年11月28日
にも男性4人グループで来店されています。
　事故の日に来店された際には，
　　　　のりゆき君とよしき君
という2人で，正確な時間は分かりませんが，開店から3時間くらい経っていたと思うので，午後11時過ぎくらいに来店されたはずです。
　のりゆき君と一緒に来たよしき君という人は，この日初めての来店でした。先ほども言ったとおり，のりゆき君は，お酒に酔っている状態で，私達が制止したのを振り切るようにして，車を運転し，その結果事故を起こしたことを聞いていましたので，印象深く覚えているお客さんになります。
　のりゆき君の特徴ですが，
　　　　髪は，黒髪で耳にかかるぐらいの長さ
　　　　あさ黒の顔
　　　　二重で少し小さい目
の方で，
　　　　黒の綿パンに，グレーのトレーナー
を着ていました。
　とても印象深い人でしたので，写真などを見せてもらえば分かると思います。
　この時本職は，平成〇年11月30日，当署司法警察員警部補〇〇〇〇作成の写真台帳を供述人に示した〈写真台帳は省略〉。
　今お巡りさんから写真を見せてもらいましたが，写真⑦の人が先ほ

ど言った目の印象どおりの目ですし，髪型も当日と一緒ですので，
　　　⑦番の写真
の人がのりゆき君で間違いありません。
　お巡りさんが，私が見た写真のコピーを用意して，コピーに私が確認した状況の説明を書いたので参考にしてください。
　この時本職は供述人が書き込みをした写真台帳の写し10枚を本調書末尾に添付することとした〈写真台帳は省略〉。
　それでは，その日2人が来た時のことについて説明します。
　2人は，カウンター席について，まず生ビールを頼まれたのですが，その時は気にはならなかったのですが，2人とも飲み方のピッチが速く，ワインをボトルで1本頼んでから，さらに追加のワインのボトルを頼むまでの時間があまりにも早く，出したお酒を飲んでしまって，次から次へとお酒を飲み干している状況で，お酒の量もたくさん飲んでいましたので，私はその状況を見て，さすがに
　　　　大丈夫かな
と心配になっていて，
　　　　　お酒の提供をするのに少し気を付けなければ
と思い，様子を見ていたのですが，注文されるので，そのとおりにお酒を出していました。
　飲んでいる時の様子なのですが，2人とも楽しそうに飲んでいて，隣の席の人達にも自分達が頼んだシャンパンをグラスに注いでふるまったりしていました。
　おつまみなどもたくさん頼んだりして，どんどんお酒を飲んでいるような様子でした。
　シャンパンを飲み終えてから更に生ビールを頼んでいたのですが，そのビールにはほとんど口をつける様子がありませんでしたので，お冷を一杯ずつお出ししました。
　深夜1時くらいまで飲んでいて，最終的にはのりゆき君はソファーで酔い潰れたのか寝てしまうような状況で，よしき君は，トイレに

行ってしばらく帰ってこないような状況で，席に帰ってからは，ずっと吐いている状態で，吐いたものを入れる袋を手放せないような状態でした。

　そんな状態でしたので，お会計がスムーズに行くはずもなく，店の者が何とか2人を起こして支払いをしてもらおうとしていたのですが，のりゆき君は歩くのにもフラフラしている状況でしたし，呂律も回らない状況でした。

　それでも，何とか会計はしっかり払ってもらいました。

4　店に会計票がありましたが，今日持参してきましたので，そのお会計票を見ながら説明します。

　　お会計票の左上に

　　　　11月29日

と日付が記録されています。

　　日付の後に書かれた

　　　　②

は席の番号になります。

　　さらに，②の後ろに

　　　　のりゆき

と書かれているのが，お客さんお名前になります。

　　のりゆき君達が頼んだお酒についてですが，

　　　　品名のナマB

と書かれているのは，

　　　　生ビール

を意味しています。

　　数量については，正の字で一杯頼むごとに一本ずつ記載していくので，生ビールの数量は

　　　　正の字が3つ

になりますので，

　　　　生ビール15杯

を頼まれています。
　生ビールは340ミリリットルくらいのグラスに入れてお出ししています。
　そのほかにお酒は，
　　　750ミリリットル入りのアルコール度数12.5パーセントのワイン
を
　　　ボトルで1本
と
　　　750ミリリットル入りのアルコール度数13.5パーセントのワイン
を
　　　ボトルで1本
頼んでいます。
金額の欄に，
　　　リステル
と記載されていて，リステルというのは，うちの店で出している750ミリリットル入りのアルコール度数2.5パーセントのシャンパンになりますので，そのシャンパンを
　　　ボトルで4本
頼んでいます。
　そのほかに，おつまみとして
　　　ホタテバター　　　　1
　　　ネギチャーシュー　　2
　　　うどん　　　　　　　1
　　　おにぎり　　　　　　1
　　　チーズの盛り合わせ　1
　　　湯豆腐　　　　　　　2
を頼んでいます。

後，品名にカラオケと書かれていますので，カラオケについても頼まれています。
　お会計票の右下には，
　　　上着，470，440
と書かれていますが，上着というのは，
　　　上着をお預かりした
という意味で，470と440は
　　　470円のたばこと440円のたばこをお出ししたという意味になります。
合計の欄には
　　　57500
と書かれています。これは，
　　　お2人で57,500円のお会計になる
ということです。
　私が今説明した状況を，お巡りさんがお会計票のコピーを用意してくれたので，その説明をコピーに書き入れましたので参考にしてください。
　この時本職は，供述人が任意に説明書きを加えたお会計票1枚の写しを本調書末尾に添付することとした。
5　先ほども話しましたが，のりゆき君達は速いペースでお酒を飲んでいましたし，かなり酔っ払っている状態でしたので，また，車で来ていることが店の中では分からないことから，
　　　午前1時くらい
に，私達の方から，
　　　代行運転やタクシーを頼みますか
と聞いたのですが，よしき君はタクシーを，のりゆき君は車で来ているということでしたので，代行をそれぞれ頼みたいということでしたので，こちらから
　　　遠鉄タクシーと○○代行

に電話しました[1]。
　代行とタクシーを待っている間にお会計を支払ってもらおうと思っていたのですが，フラフラになるくらい2人とも酔っ払っていましたので，先ほども話したとおり，なかなか会計が進まない状態でした。
　そんな具合でしたのでお会計が終わり，のりゆき君達の見送りのためにお店の外に出たのが
　　　　午前1時30分頃
になってしまいました[2]。
　2人ともお酒にかなり酔っている状態で，足取りもおぼつかないような状態でお店を出たのですが，のりゆき君が突然1人で店の前に止めてあった
　　　　黒色のキャラバン
の運転席に乗り込み始めたのです。
　私は，のりゆき君がかなりお酒に酔っている状態でとても車を運転できる状態ではなく，運転したら必ず事故を起こすことは明らかでしたので，
　　　　このまま運転させたら，他の誰かに怪我をさせてしまう
　　　　運転席から降ろさないと
と思い，のりゆき君を運転席から引きずり降ろそうとしたのです。
　それに，お店の女の子も助手席から車を降りるように話をしていたのですが[3]，
　私達の言っていることを全く無視して，すごい勢いで車を発進させ，その勢いで運転席のドアと助手席のドアは閉まってしまいました。
　そのままのりゆき君は1人で，お店の前の○○バイパスと呼んでいる道路を北に向かって走って行ってしまったのです。
　のりゆき君の車がそのまま走り去ってしまったので，私達が頼んだ○○代行は取り残されるようになってしまいました。
　私としては代行さんに申し訳なく思い，キャンセル料として1000円

をお渡しして帰っていただくことにしたのです。

　よしき君は，店の女の子が手を貸すようにしてタクシーに乗せ，そのまま自宅に向かって帰って行きました。

6　今回，私の店でお酒を飲んだ後，足取りもおぼつかないような状態で，私達の制止を振り切り，黒色のキャラバンを運転して事故を起こしたのは，のりゆき君で間違いありません。

　私の店のお客さんから，結果として飲酒運転で事故をするような方が出て大変残念に思います。

　店の方としても，このようなことがないように，今まで以上に気を付けていきたいと思います。[4]

　　　　　　　　　　　　　　　　　　　　　根来　裕子　指印

〈以下省略〉

> **検察官の着眼点**

1) 本事例では，被疑者の飲酒運転の認識及び運転が正常にできる状態でないこと（これは客観的に明らかである）についての認識があるかどうかが，ポイントである。したがって，その点についての認識を推認させる事実を明らかにさせる必要がある。そのために必要なのは，店を出る時の被疑者の認識能力，判断能力である。それを推認させるのは，店の者と被疑者の具体的な会話状況である。したがって，ここでは，被疑者（と斉藤芳樹）が，タクシーと代行運転を依頼する時に，どのような具体的な対応であったかを明らかにしなければならない。もっとも，その点を聞いたものの，明確な対応でなかったため，このような記載になっている可能性もあるが，その時は，その旨を明確に記載すべきである。

2) 会計でもたもたしたことについても，被疑者らの言動から酔いの程度や正常な運転ができる状態でないことについての認識能力等が認められるかどうかを推し量ることが重要であるので，会計をするまでの被疑者らの具体的な言動を明らかにすべきである。この点でも，調書の記載は極めて不十分である。

3) 被疑者が車に乗り込んで，運転を始めるまでの具体的な状況，すなわち，店の者が止めようとして説得した際の具体的な言葉の内容，それに対する被疑者の具体的な応答を明らかにする必要がある。店の者は，「そんなに酔っ払っていて運転したら危ないわよ，絶対に事故を起こすよ。やめなさい。」などと言っているのではなかろうか。通常はそうである。それを被疑者が聞いていれば，正常な運転ができない状態であることの認識は生じることになる。それに対して，被疑者が，「どうしても，車を運転して帰らねばならない。明日行くところがあるんだ。事故は起こさないようにゆっくり運転するから。」などと応答していたとすれば，店の者の話の内容を理解していること，すなわち，酔

いがひどくて運転できる状態ではないことの認識を有している上，それにもかかわらず，家に帰るために，運転して帰ろうと考えて車を運転したものであることを明らかにすることができる。

**4）** 本供述調書は，飲酒状況がかなり明らかになっていて，飲酒量に関しては，極めて具体的に（といっても2人分の飲酒量であり，各人がどれだけ飲んだかまでは不明である。）明らかになっている。しかしながら，それ以上に重要な，危険運転致傷事件（2条危険運転）における故意，すなわち，正常な運転が困難な状態で運転していることの認識を認定するに足りる事実が明らかにされていないのは，残念である（相手にもよるのでやむを得ない。）。

ところで，本事例の飲酒代は，2人で5万円を超えている。会計でもたもたしたというのは，予想外に高額で，所持金で支払うのに抵抗があった可能性もある。代行運転を依頼したのであれば，2人で代行運転で帰ればよかったのに，被疑者が代行運転で帰らなかったのは，斉藤がタクシーで帰るということだったことから，自分で代行運転代を支払うのを嫌ったために，車で帰ることにした可能性もある。もしそうであるなら，認識能力はもちろん，判断能力も十分であった可能性がある。その点が明らかになっていれば，被疑者が危険運転の故意について否認していたとしても，危険運転が認められる可能性は高い。

# 第9章　後退事故

## 1　後退事故の要点

　後退は，車両の本来の進行とは逆の動きをする運転行為であるため，自動車の構造上及び前方を向いて座っているため運転者が後方左右の安全確認がしづらいことなどから，安全確認が不十分であることによる事故が起きやすい。また，他の交通関与者も，自分に後方を向けている車であるため，自分の方に進行してくることをあまり想定しないこと，運転者の目を確認することも難しいことなどから，危険を察知できないで事故に遭うことが少なくない。また，背の低い老人や子供，車いすの歩行者等が被害に遭いやすい。

## 2　後退事故の捜査の要点と取調べの留意事項

(1)　被疑者
ア　後方に対する死角の有無[171]
イ　死角がある場合
　①　死角の範囲確定（実況見分[172]による）
　②　死角の範囲を被疑者が認識していたか否か

---

[171] 死角は，運転者が容易に被害者の存在を発見できる状態であったか否かという点で，過失の有無の判断に影響を与える事実ではある。しかし，死角だったからといって運転者の責任を否定することにはならないことにも注意する必要がある。車両に死角のあることは常識であり，車両という危険な装置を運転する以上，運転者はその死角を前提に，事故を起こさないように注意すべき義務があるからである。その意味で，死角は注意義務を発生させる根拠となる事実である。もちろん，周囲の状況等によって死角に被害者がいることが予想できないと認められる場合には責任が否定されることはある。いずれにしても，注意義務の内容が異なってくるので，被疑者が被害者が死角にいたためにその存在に気付かなかったのか否かは，実況見分で明らかにしなければならない。
[172] 実況見分の際は，事故時と実況見分時でミラーの位置に変更がないことを確認する。

③ 認識していた場合——運転開始前に死角部分の歩行者等について，危険回避の措置（死角前捕捉義務，死角消除義務，死角外追出義務[173]）を講じたか否か
・ 講じた場合は，その方法
・ 講じなかった場合は，その理由
④ 認識していなかった場合は，その理由

ウ 後退開始時の付近の交通状況

車両，歩行者の有無，歩行者の出現が予想される場所か否か等，予想される被害者の年齢（普段幼児や子供がいるか場所か否か）等，歩行者に対する規制（横断禁止等）の有無と規制確認可能状況の確定をする。

エ 後退開始時後方左右の安全確認をした状況と同確認状況で確認できる範囲の確定

なお，乗車後直ちに後退を開始したか否かにも留意する（乗車後すぐに運転開始したのでない場合は，運転席に座っている間に歩行者等が付近を通行している可能性が高くなる。）。

オ 後退中の後方左右の安全確認状況等
① ○地点から○地点までは右サイドミラー，○地点から○地点までは左サイドミラー，あるいは左右のサイドミラーをちらちら見た等
② 後退中の後方左右の確認方法で後方が見える範囲の確認（見分では被疑者にも確認を求める。）
③ 歩行者（被害者を含む。）を認めた場合は，後退ブザー吹鳴で被害者の回避措置を促したか否か等
④ 後退速度と同速度の妥当性の検討
⑤ 後方確認補助者の有無・後方確認補助依頼の有無
・ 「後方確認補助者ありの場合」 指示ないし依頼の有無及び有りの

---

[173) 死角前捕捉義務は，死角に人や車両が入ってくる前に，死角周辺を注視して捕捉すべき義務をいう。死角消除義務は，自ら覗き込んだり，同乗者等をして死角内の人や車両の存在及び不存在を確認したりする義務をいう。死角追出義務は，死角進入前捕捉義務を尽くしていない場合に，死角に入ってきた可能性のある人や車両を追い出すための措置義務（警音器を吹鳴したり，車両を動かしたりするなどして死角内から存在可能性のある人や車両を出して，死角内にこれらが存在しないことを確認する）をいう。

　　　　　　　　　　　　　　　　場合はその内容，同補助者の確認後
　　　　　　　　　　　　　　　　の報告内容，その報告に従ったか否
　　　　　　　　　　　　　　　　か，従わなかったとすればその理由
　　・「後方確認補助者なしの場合」　補助者なしで後退した理由
　　・「後方確認依頼ありの場合」　補助者が講じた具体的な方法
　　・「後方確認依頼なしの場合」　依頼しない理由
　　⑥　被害者に気付いていた場合は，被害者に対する動静注視状況
　カ　その他
　　①　夜間の場合は，照明の状況等
　　②　現場での走行経験の有無（前記各状況の認識の有無程度）

(2)　被害者（歩行者の場合）
　　①　歩行状況（歩行速度，歩行経路等）
　　②　被害者からの衝突地点の確定
　　③　被疑車両認識の有無――事故回避措置を講じた場合は，方法，講じ
　　　なかった場合はその理由（身体的理由か，不注意か，その他等）

(3)　その他
　　①　他車両の有無と進行状況
　　②　衝突箇所及び状況の確定[174]
　　③　払拭痕等の確認（被疑車両だけでなく，被害者の身体や着衣の損傷等
　　　も）と写真撮影等による証拠保全

---

174) 後退事故は，速度が遅い上，運転者が衝突状況を見ていないことが多いことから，衝突箇所と状況が明らかでない事例が少なくない。被害者が死亡している場合は特にそうである。

# 後退事故

> **事例㉚**
> 普通乗用自動車が路外駐車場から，後退して道路に進出する際に歩行者と衝突

## I 被疑事実の要旨

　　被疑者は，平成○○年10月6日午後3時20分頃，普通乗用自動車を運転し，静岡県○市○○・○○番地所在の路外駐車場から発進し，同所北西側の道路に進出して○○方面に向かい後退するに当たり，後方左右を注視し，自車後方の安全を確認しつつ後退すべき自動車運転上の注意義務があるのにこれを怠り，同道路を通行する歩行者等はないものと軽信し，後方左右を注視せず，自車後方の安全確認不十分のまま漫然時速約5キロメートルで後退した過失により，折から自車後方を南方から北方に向かい歩行中の○○○子（当時86歳）を後方約3.8メートルの地点に認め，急制動の措置を講じたが間に合わず，自車後部を同人に衝突させて同人を路上に転倒させ，よって，同人に加療約4週間を要する左上腕骨骨折等の傷害を負わせたものである。

> **検察官の着眼点**
> 1）被疑者と発見時の被害者の距離である（被疑車両と被害者の距離は，約1.2メートル）。

## II 被疑者供述調書（様式第4号，特例書式）

　　　　被疑者供述調書（平成○年○月○日○○警察署において取調べ）
　氏　名　鈴木　幸利　　昭和○年9月3日生（56歳）
　〈本籍　略〉
　住　居　○市（以下略）

職　業　無職

〈一部省略〉

〈前科前歴　略〉

〈運転免許　略〉

〈運転車両　略〉

1　私が事故を起こしたのは，平成○年10月6日午後3時20分頃です。

2　同乗者はいませんでした。

3　事故を起こした場所は，○市○○・○○番地先路上です。

4　事故を起こす前，私は，○郵便局で用事を済ませ，自宅へ戻るために○郵便局の駐車場から○○方面に向けてトヨタタウンエースを運転して時速約5キロメートルで後退を始めました。

5　ハンドル，ブレーキ等の故障はありませんでした。

6　事故当時の天候は，晴れです。

　　道路の状況は，アスファルト舗装された道路で，路面は乾いていました。

　　見通しは，後方には見通しを妨げるものはありませんでした。

　　歩行者，車両の状況は，郵便局の駐車場には，車がたくさん出入りしていましたが，道路を歩いている歩行者には気付きませんでした。

7　事故を起こした状況を交通事故現場見取図で説明します〈→516頁〉。

　(1)　事故前の私の状況は，郵便局の駐車場の①地点に駐車していたので，そこから出るために後退を始めたのです。

　(2)　私が最初に被害者を発見した時，私は道路に入ってすぐの②地点，相手方は私の後ろの⊗地点付近におり，相互の距離は約3.8メートルでした。その時の私の車の速度は時速約5キロメートルでした。

　(3)　その時の被害者の動静は，私の車の後ろを歩く人影が見えたのです。

⑷　そこで，私の執った措置は，②地点で危ないと思い，すぐにブレーキをかけましたが，私が③地点の時，相手とぶつかってしまったのです。

⑸　ぶつかったのは⊗の地点で，私が③の時に車の後ろの付近と相手がぶつかり，相手方は私の車のすぐ後ろの⑦地点に転倒し，私の方は④地点に止まりました。

8　この事故の結果，相手の○○○子さんが，転んで左腕を骨折してしまいました。

9　この事故を起こした原因は，私が後ろの確認が不十分のまま後退してしまったことです。

10　私がそのような不注意な運転をした理由は，車に乗る時に，周りに人影がなかったので，後ろを歩く人はいないものと思い込んでしまったことにあります。

11　事故後の措置は，すぐに相手の方を私の車で病院に連れて行き，治療を受けてもらいました。その後，警察官の現場見分に立ち会いました。

12　相手方の治療代等については，私が加入している保険で全て支払うことになっています。

13　私は，手前で相手に気付いてブレーキをかけて止まりましたが，実際に私の車で壊れた部分や払拭等の痕等はなく，衝撃も感じなかったので，相手とぶつかったかどうか分からなかったのですが，相手がぶつかったというのであれば，転倒していた位置からすると，⊗付近でぶつかったのだと思います。また，仮にぶつかっていないとしても，私の車の運転が原因で転倒したことは間違いありません。

　　　　　　　　　　　　　　　　　供述人　鈴木　幸利　㊞

〈以下省略〉

## Ⅲ　交通事故現場見取図

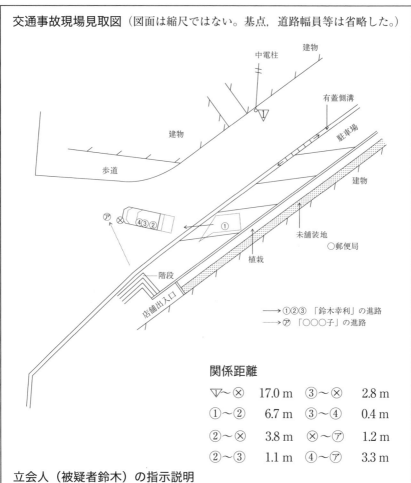

交通事故現場見取図（図面は縮尺ではない。基点，道路幅員等は省略した。）

関係距離

▽～⊗　17.0 m　　③～⊗　2.8 m
①～②　6.7 m　　③～④　0.4 m
②～⊗　3.8 m　　⊗～㋐　1.2 m
②～③　1.1 m　　④～㋐　3.3 m

立会人（被疑者鈴木）の指示説明

後退を開始した地点は①
最初に相手を発見した地点は②，その時の相手は⊗付近
危険を感じた地点は②，その時の相手は⊗付近
ブレーキをかけた地点は②，その時の相手は⊗付近
衝突した地点は⊗，その時の私は③，相手は⊗
私が停止した地点は④，相手が転倒した地点は㋐

## Ⅳ 被害者供述調書（様式第5号，特例書式）

被害者供述調書（平成○年○月○日○○警察署において取調べ）

《冒頭省略》

1　私は，平成○○年10月6日午後3時20分頃，
　○市○○・○○番地先路上で，交通事故に遭いました。

2　この事故は私が，○郵便局で所用を済ませ，自宅へ歩いて帰る途中に起きました。

3　相手方は，バックしてきた白色のワゴン車でした。

4　この事故を説明しますと，
　私が上記日時場所を歩いて○郵便局から○市○○にある自宅へ帰る途中に起きました。
　私は○郵便局の北側の出入口から出て，道路を横断して歩道のある方へ向かったのです。
　すると，突然私の体の右側が何かに押し出されました。そして，私はそのまま左側を下にして倒れてしまったのです。
　倒れた後，顔を上げて周りを見たところ，目の前に車があり，私はこの時初めて車とぶつかったことに気付きました。[1)]
　車の運転手さんは，すぐに車から降りてきて「大丈夫ですか。家はどこですか。」と声を掛けてきました。
　そして，相手の方は，私を抱きかかえて車に乗せて，私の自宅まで行き，息子の嫁を連れて，病院へ連れて行ってくれました。
　相手の方は，私の怪我を心配してくれたのか，警察への事故の届出よりも先に私を病院に連れて行ってくれたのです。
　病院に付いてから，息子の嫁が私の孫に連絡して，孫が事故のことを警察に通報しました。

5　事故の時，加害車両を運転していたのは，鈴木幸利さんで，同乗者はいませんでした。

6　この事故の原因について思い当たる点は，相手の方がバックする時

に後ろの確認をしなかったことです。
7　私の落ち度は，もう少し車が来ていないか気を付ければよかったです。
8　私の怪我は，事故の後に○○整形外科医院の先生に診てもらったところ，左上腕骨骨折，左前腕挫創，左股関節打撲で，約3週間の安静加療を要すると診断されました。怪我は診断書のとおりで，現在はリハビリをしています。
9　私の車の損害は，歩いていたのでありません。
10　治療代の支払いや示談の点は，大部分は相手の方が加入している保険で対応してくれるということで，話が進んでいます。特にもめるようなことはありません。
11　相手に対する処罰は，望みません。
　　相手の方はわざと事故をやったわけではありませんし，私にも気を付けなければならないところがあったからです。

　　　　　　　　　　　　　　　　　　　供述人　○○○子　㊞

## 検察官の着眼点

1）　以上の供述は，具体的であり，極めて信用性が高い。払拭痕がないからとして，衝突を否認する被疑者があり得る（相手が自分で転んだとして）が，払拭痕は接触の仕方によって（本事例のように車両速度が遅く，接触もゆっくりで，接触部分の面積が広いような場合や車両が洗車直後等で払拭される埃等がついていない場合）付かないこともあり得る。本事例では被害者の同供述から否認しようにも否認できる状況ではない。

2）　被害者自らの供述であるのか，警察官が教示したが故の供述なのか不明である。被害者の供述であるから，後者は必ずしも相当ではないと思われるが，いずれにしても，このような過失判断をしたのであれば，その根拠は被害者から聴取して記載すべきである。

# 第10章　その他の事故

## 正面衝突事故

> **事例㉛**
> スマートフォンの操作に気を取られ，脇見して対向車線に進出した大型貨物自動車が対向中型貨物自動車と衝突

### I　被疑事実の要旨

　被疑者は，平成○年5月12日午前5時10分頃，大型貨物自動車を運転し，静岡県磐田市○○・○番地先の道路を○○市方面から○○市方面に向け時速約50キロメートルで進行するに当たり，前方左右を注視し進路の安全を確認するとともにハンドルを適切に操作し進路を適正に保ちながら進行すべき自動車運転上の注意義務があるのにこれを怠り，早朝の通行車両の閑散に気を許し左手にスマートフォンを持って操作することに気を取られ前方注視不十分のまま進行し，自車が対向車線に進出しているのを同車線を対向進行してきた山本隆弘（当時○歳）運転の中型貨物自動車が約31.8メートル前方に迫るまで気付かず，これに気付いたもののなすすべもなくそのまま同車右前部に自車右前部を衝突させ，その衝撃等により，同人に胸部圧迫等の傷害を負わせ，よって，即時同所において，同傷害により死亡させたものである。

## Ⅱ 被疑者供述調書(身上調書)

供 述 調 書（甲）

国籍　ブラジル連邦共和国
住居　静岡県袋井市以下略
職業　運送会社経営
氏名　BERNALD EMILIO ANTONIO
　　　（ベルナルド　エミリオ　アントニオ）
　　　　　　　　　　　　　　西暦1973年10月5日（○歳）

　上記の者に対する過失運転致死被疑事件につき，平成○年5月13日，○○警察署において，本職はあらかじめ被疑者に対し，通訳人を介し，ポルトガル語で，自己の意思に反して供述する必要がない旨を告げて取り調べたところ，任意次のとおり供述した。

1　私は1994年の6月頃に日本に来ました。
　　途中2年くらいブラジルに帰っていますが，日本では18年くらい生活していますので，日本語で話をしている日常会話は大体分かりますが，難しい言葉は分かりませんので，通訳の方に通訳をお願いします。[1)]

2　出生地はブラジル連邦共和国の○○州の○○市で生まれました。

3　位記・勲章・年金については
　　説明を受け言葉の意味は分かりましたが，そのようなものはもらったことがありません。

4　前科・前歴は
　　前科はありませんが，交通違反は3年くらい前に，愛知県の豊橋で赤信号を無視して切符を切られました。そのほかにも浜松で通行禁止違反を1回していますが，ほかの違反については覚えていません。
　　交通事故は，2011年の4月頃，追突事故を起こしていますが，罰金になった記憶はありません。
　　行政処分は，交通事故を起こした後，30日の免許停止処分を受けましたが，違反者講習を受けました。

そのほかに，現在裁判で争っている事件はありません。
5　学歴は
私が生まれた町の隣町である
　　　○○市にある
　　　○○県立高校
を卒業していますので，私の最終学歴は
　　　高校卒業
となります。
6　経歴は
1994年に日本に来てから
　　　○○という会社で溶接の仕事を10年くらい
しました。
その後2年半くらいブラジルに帰国し，日本には2007年6月に戻って来て，掛川にある
　　　○○梱包という会社で梱包の仕事
を1年くらいしました。
その後リーマンショックがあって，仕事がなくなり5か月くらい失業保険で生活したのち，2009年に，友人のトレーラーを運転する仕事につきました。
この仕事は今年の2月まで続けていましたが，2月に自分のトレーラーを買い，
　　　BKブラザーズ株式会社
という会社を友人と立ち上げ，買ったトレーラーで車を運ぶ仕事をして現在に至ります。
7　家族は，住居地に
　　　妻　　　○○　　　34歳
　　　長男　　○○　　　12歳
　　　次男　　○○　　　8歳
の3人で住んでいます。

8 資産は

ブラジルにアパートを1軒持っていて，貸している人から毎月600レアルの家賃をもらっています。これは日本円にすると2万5,000円か3万円くらいになります。

日本には所有している不動産はありません。

他には，今回事故を起こして壊れてしまった私名義のセミトレーラーが1台と普通乗用車のトヨタプリウスが1台あるだけです。

貯金は，100万円くらいあります。

毎月の収入は私が経営している会社から毎月30万円を給料として受け取っています。

生活状況は，余裕のある方ではありませんが，家族4人何とか生活していけています。

9 趣味は

友人とバーベキューをすることです。

酒は，私が信仰しているキリスト教では禁止されているので，飲みませんし，たばこも健康に悪いので，吸いません。

10 暴力団には加入していませんし，そのような人たちの知り合いもいません。

11 運転免許は

　　大型自動車の免許と，けん引の免許

を持っています。

　免許を取ったのは，日本で

　　1995年に，普通自動車の免許を取り，

　　2006年に大型自動車の免許を取り，すぐ後にけん引の免許も取りました。

ですので，私の運転経歴は

　　普通自動車は，19年くらい，大型自動車は8年くらい

になります。

12 健康状態は

特に気になるところもなく，病院に通院していることもありません。

　　　　　　　　　　　　BERNALD EMILIO ANTONIO　指印
　以上のとおり録取して，通訳人を介して対応部分を示しつつ，ポルトガル語で読み聞かせたところ，誤りのないことを申し立て，各葉欄外に指印した上，末尾に署名指印した。
　　　前同日
　　　　　　　　　　○○警察署
　　　　　　　　　　　　司法警察員警部補　　○○○○　㊞
　　　　　　　　　　　　通訳人　　　　　　　○○○○　㊞

## 検察官の着眼点

1）　日本語の理解能力は，供述調書における必要的記載事項である。なお，通訳事件の場合は，通訳人に通訳マシンに徹してもらう必要がある。取調官は，取調べの場の主宰者であり，供述状況は全て把握している必要がある。取調官の中には，通訳人が気を利かせて被疑者ら対象者に対して，取調官が話していないのに，また，通訳を指示していないのに自分の裁量で話しているのを許している者がいる。通訳人が何を話しているか分からない（英語くらいであれば分かる取調官も多いであろうが，分からないのが普通である。）のに，そのようなことを許していると，取調官が知らないところで，不都合な誘導や誤導その他問題のある会話がなされる危険があるからである。供述人の供述として通訳人が訳した内容の趣旨が分からなければ，取調官が角度を変えるなどして多角的な質問し戻ってきた供述を総合すれば，供述内容は把握できる。取調べは全て取調官がその権限と責任で把握して，その全てをコントロールすべきである。

## Ⅲ 被疑者供述調書（事実関係調書）

### 供述調書（甲）

〈国籍，住居，職業，氏名等　略〉

　上記の者に対する過失運転致死被疑事件につき，平成○年6月9日，○○警察署において，本職はあらかじめ被疑者に対し，自己の意思に反して供述する必要がない旨を，通訳人を介し，ポルトガル語で告げて取り調べたところ，任意次のとおり供述した。

1　私は，平成○○年5月12日の朝5時10分頃，磐田市○○の国道○○号バイパスで，私が運転するセミトレーラーと相手のトラックが正面衝突する交通事故を起こし，相手を死なせてしまったということで警察に逮捕されている者です。

　これから私が起こした交通事故の状況についてお話しします。

2　事故を起こした場所の詳しい番地については

　　磐田市○○・○番地

だと警察官に聞いて分かりました。

3　事故の時の天候は晴れていました。

　既に日は昇っていて，周囲は明るかったです。

4　事故現場の道路状況は，私の進行方向の右側に歩道がある，片側一車線の道路でした。路面はアスファルト舗装されており，平坦で，路面は乾燥していました。

　事故の時，私の前後を走っている車はありませんでした。

　対向車線には，今回の交通事故の相手の山本隆弘さんが運転するトラックが走っていましたが，私はそのことに気付いていませんでした。

　事故が起きたのは朝の早い時間だったので，歩行者はいませんでした。

5　見通しの状況は，交通事故現場手前で道路が少し左にカーブしていましたが，事故現場の付近の道路は直線で，前方はよく見え，見通し

を遮る障害物はありませんでした<sup>1)</sup>。
6　私の走っていた道路の交通規制は，最高時速50キロメートル，駐車禁止だと警察官に説明を受けました<sup>2)</sup>。
7　事故の時私が運転していた車は，
　　　車を運んだりする銀色のセミトレーラーで，
　　　ナンバーは，トラクタの部分が浜松○○あ○○○○号
　　　トレーラーの部分が浜松○○め○○○○号
です。
　この車は，私の所有する車で，車検証の所有者名にも私の名前が記載されていますので，間違いありません。
　このセミトレーラーは，仕事のため普段から私が使っていますので，運転操作には慣れています。
　この車は，ハンドルやブレーキなどの故障はありませんでした<sup>3)</sup>。
　私が運転していたセミトレーラーの写真があれば見せてください。
　この時本職は，平成○年５月12日付，本職作成の実況見分調書添付の写真を供述人に示した〈写真は省略〉。
　この実況見分調書に貼ってある写真は，交通事故の発生したのちの状況を写したものです。
　この調書の中の写真番号③には私が運転するセミトレーラーと相手のトラックが正面衝突した後の状態が写っています。
　その写真の右側に移っている銀色のセミトレーラーが私の運転していた車になります。
　そして，車を引き離した状況が写っている写真番号⑧の銀色の車が私が運転していたセミトレーラーで間違いありません。
　写真番号⑩には相手が運転していた白色のトラックが写っています。
　どちらの車も正面衝突したことで，車の前の部分が激しく壊れています。
8　事故の状況についてお話しします。

この事故は，私がセミトレーラーで車を名古屋に運んだ後，自分の会社である磐田市○○町にあるBKブラザーズ株式会社に帰る途中に起きました。
　事故現場に差し掛かった時，私は○○方面から○○方面に向かい空のセミトレーラーを運転して，時速約50キロメートルで走っていました。
この時本職は，平成○年5月17日付，本職作成の実況見分調書添付の交通事故現場見取図を供述人に示した〈→531頁〉。
　今見せてもらった図面に書かれている各記号は，私が事故現場で説明したとおり作成されていますので，この図面と記号を使って事故の状況を説明します。
　私は浜松方面から，片側一車線の道路を時速約50キロメートルで東に向かって走ってきました。
　そして，①の地点でスマートフォンの画面を見て，ユーチューブというサイトからブラジル音楽のビデオを探しながら走っていました。
　ビデオを探していた時間は大体7秒くらいだと思いますが，先日，警察官にその時間を計ってもらいましたので，その書類を見せてください。
この時本職は，平成○○年5月20日付，本職作成のスマートフォン使用状況にかかる実況見分調書を被疑者に示した[4]〈実況見分調書は省略〉。
　この書類は，私が運転中にスマートフォンを手に取り，ユーチューブのサイトからブラジル音楽のビデオを表示する時間を警察官に計ってもらった結果が出ています。
　この計測に使ったスマートフォンは事故の時に私が使っていたものに間違いありません。
　それによると，同じ動作を5回やった平均時間が，
　　　約7秒32
となっていますので，私が運転中にスマートフォンを操作していた時間もそのくらいになります。

この書類の写真番号④と⑤にあるとおり，私は右手にハンドルを持ちながら，左手でスマートフォンを操作しながら運転したのです。
　スマートフォンを操作している間は，ずっと画面を見続けていたわけではなく，1回か2回前をちらっと見た記憶がありますが，相手の車に気付いたり，センターラインに接近している様子には全く気付きませんでしたので，前をしっかり見ていなかった状態に変わりはありません。
　その後，②の地点で，クラクションの音が聞こえたので，ハッとして進路前方を見たところ，⑦の地点に相手のトラックが見えました。
　この時のお互いの距離を測定したところ，31.8メートルと聞き，私の見た光景とも合いますので，そのくらいだと思います。
　私はこの時初めて対向車線にはみ出しているのに気付きましたので，慌ててハンドルを左に切って，相手のトラックを避けようとしましたが，⊗の地点で，私の運転するセミトレーラーが③の時の右前の部分と，相手のトラックが④の時の右前の部分が正面衝突してしまいました。
　ぶつかった時の私の車の速度は，時速約50キロメートルのままでした。
　私の車は，相手のトラックとぶつかった後，相手の車を押し戻すような形で④の地点に停止し，相手のトラックは私の目の前の⑦の地点に停止しました。[5)]
　私の車は運転席の部分が激しく壊れ，左足の膝から下を車体に挟まれてしまって抜け出せない状態になりました。
　私の車も相手の車もフロントガラスも割れていて，前がよく見えなくなっており，相手の運転席の様子はよく見えませんでした。
　この時私は，
　　　もしかしたら，相手の人はもう助からないかもしれない
　　　大切な1つの命を奪ってしまったかもしれない
と思い，涙が出てきて仕方ありませんでした。

それと同時に，
　　　なぜ，スマートフォンなんかを手に取ってしまったんだろう
　　　それさえしなければ，事故を起こすこともなかった
　　　相手の人と，その家族全員にすごい迷惑をかけてしまった
という思いが頭に浮かび，ものすごく後悔しました。
　事故の音を聞きつけたのか，近くにいた人がすぐに出てきてくれたので，警察への連絡や救急車を呼ぶことを周りの人に頼んだのです。
　その後，消防隊の人が駆け付けてくれて，私を助け出してくれたので，何とか車の外に出ることができました。
　その時に，相手の車の運転席に相手の運転手の姿が見えましたが，ぐったりしていて身動き1つありませんでした。
9　今回の事故の原因は，私が見通しの良い直線道路を進行している時，①の地点でスマートフォンの画面に気を取られてしまい，②の地点でクラクションの音を聞くまで自分の車が対向車線にはみ出していることに気付かず，運転してしまったことです。
10　なぜそのような不注意な運転をしてしまったかというと，事故の現場に差し掛かった時に私はブラジルの音楽が聴きたくなり，車のオーディオ装置と繋がっているスマートフォンから聞きたい音楽を探そうとして，スマートフォンを手に取って操作を始めてしまったのです。
　事故の現場は直線道路で，見通しを妨げるものはありませんでしたので，私がスマートフォンの操作などせず，しっかり前を見て運転していれば自分のセミトレーラーを対向車線にはみ出させることもありませんでしたし，相手と正面衝突することもありませんでした。
　相手のトラックは，自分の車線を走っていただけなので，相手の方に何の落ち度もないことはよく分かっています。
11　この事故の結果，相手の山本隆弘さんは，大きく壊れた運転席やハンドルに胸を挟まれ，胸部圧迫死と診断され，亡くなってしまいました。
　私も事故の衝撃で頭や腹部などを打ちましたが，救急搬送された病

院で内臓の損傷はなく，骨折もなく軽傷で，入院や通院の必要はないと言われました。

　私の車も相手の車も前の部分が激しく壊れてしまっていますので，もう使うことはできないと思います。

12　示談等については，私は任意保険に加入しており，車両保険も入っていますので，私が加入している保険会社を通じて話をしていくつもりです。

　今は，私は警察の留置場に入っているので，知人を通じてしか相手の関係者と話ができませんが，相手の家族と直接話ができるようになったら，しっかりと謝罪して，今後の対応もちゃんとやっていくつもりです。

13　これまでお話してきたように私が運転中にスマートフォンを操作し，前をよく見ていなかったことで自分の車を対向車線にはみ出させたことに気付かず，自分の運転する車と相手の車と正面衝突させてしまい，相手の運転手を死なせてしまったことは間違いありません。

　今回は，私の身勝手な運転でこのような大きな事故を起こし，相手の山本さんを死なせてしまうという重大な結果を招いてしまい，本当に申し訳なく思っています。

　そして，自分の不注意な運転について，今も自分を責めています。
　山本さんではなく，自分が死ぬべきだったとも思います。
　山本さんのご家族はもちろん，山本さんの関係者の方々には大変な迷惑をかけてしまいました。
　今は，山本さんが安らかに天国に行ってもらえるように祈るばかりです。

　　　　　　　　　　　　BERNALD EMILIO ANTONIO　指印
以上のとおり録取して，通訳人を介して対応部分を示しつつ，ポルトガル語で読み聞かせたところ，誤りのないことを申し立て，各葉欄外に指印した上，末尾に署名指印した。

前同日

　　　　　　　　　　　　　○○警察署
　　　　　　　　　　　　　　司法警察員警部補　○○○○　㊞
　　　　　　　　　　　　　　通訳人　　　　　　○○○○　㊞

> **検察官の着眼点**
> 1）以上の3ないし5の項目は，事故の起きた現場道路の客観的な状況とそれに対する被疑者の認識を明らかにするもので，基本的な録取事項であり不可欠である。
> 2）これも前掲1）同様であるが，被疑者の認識も明らかにすべきである。
> 3）以上の運転車両についての事項も，事故状況を明らかにするための前提事項として不可欠の録取事項である。
> 4）自動車事故に影響する事実についての裏付け捜査を行ったものであり，当然の捜査といえる。
> 5）以上の事故状況に関する供述は，極めて具体的で体験した者でしか供述できない内容であり，よく事故状況を明らかにしている。

# Ⅳ　交通事故現場見取図

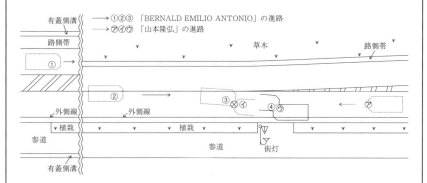

## 立会人（BERNALD EMILIO ANTONIO）の指示説明

スマートフォンの操作を開始した地点は①

被害者車両のクラクションを聞いて前を向いた地点は②，その時の被害者車両の位置は㋐

衝突した地点は⊗，その時の私の位置は③，その時相手は㋑

私の車が停止した時の私の位置は④

被害者車両の停止した時の相手は㋒

## 関係距離

| | | | |
|---|---|---|---|
| ▽〜⊗ | 4.1 m | ③〜㋑ | 2.1 m |
| ①〜② | 112.8 m | ④〜㋒ | 1.3 m |
| ②〜㋐ | 31.8 m | | |
| ②〜③ | 14.1 m | | |
| ③〜⊗ | 1.1 m | | |
| ③〜④ | 5.6 m | | |
| ㋐〜㋑ | 16.8 m | | |
| ㋑〜⊗ | 1.0 m | | |
| ㋑〜㋒ | 4.7 m | | |

## V 被疑者供述調書（検察官面前調書）

### 供述調書（甲）

〈国籍，住居，職業，氏名等，略〉

　上記の者に対する過失運転致死事件被疑事件につき，平成○年6月11日静岡地方検察庁浜松支部において，本職は，あらかじめ被疑者に対し，通訳人を介し，ポルトガル語で自己の意思に反して供述する必要がない旨を告げて取り調べたところ，任意次のとおり供述した。

1　私は，平成○年5月12日の朝，大型貨物自動車を運転中，磐田市○○・○番地○先の道路で，対向してきたトラックと衝突する交通事故を起こして，相手のトラックの運転手の山本隆弘さんを死亡させてしまいました。

　　私がこの事故を起こしたのは，午前5時10分頃でした。

　　私が運転していた自動車は，日産のキャリアカーで，大型トレーラーをけん引する大型貨物自動車でした。

2　私は，自動車を運送する会社を経営していますが，私自身も運転手として運送の仕事をしています。今回の事故を起こした時も，仕事中でした。

　　私は，キャリアカーに自動車を積んで，名古屋市まで自動車を運び，その帰りに今回の事故を起こしました。

　　私は，名古屋から出発して，私が経営している磐田市○○にある会社の駐車場に向かって帰るところでした。

　　前日の午後7時頃，私は，キャリアカーを運転して名古屋を出発しました。

　　私は，途中，蒲郡市にあるトラックステーションで休憩を入れました。

　　私は，午後9時頃から翌12日午前2時頃までトラックステーションにキャリアカーを止めて眠り，午前3時少し前頃に，再び運転を始めました。

その後も，60キロメートルくらい走ったところで，再度休憩を取りました。
　私は，十分休憩をして運転していたので，事故を起こした時，体の疲れや眠気はありませんでした。
　私は，キャリアカーを運転する仕事をする時，いつも1人で運転しています。この事故の時も，1人で運転しており，同乗者はいませんでした。
3　事故を起こした道路は，これまでにも，時々通ったことのある道路でした。
　事故の時は，まだ朝早かったので，交通量は少なく，車はほとんど走っていませんでした。
　私は，事故を起こす数秒前からスマートフォンを操作して，音楽の動画を探していました。
　そのため，私は気が付かないうちにキャリアカーを対向車線にはみ出させてしまい，ちょうど対向車線から走ってきていたトラックと正面衝突する事故を起こしてしまいました。
　事故を起こした時の私のキャリアカーの速度は，時速50キロメートルくらいでした。
4　この時本職は，平成○年5月17日付○○警察署司法警察員警部補○○○○作成の実況見分調書添付の交通事故現場見取図を供述人に示した〈→531頁〉。
　ただいま，見せてもらった見取図は，私が事故を起こした現場で，平成○○年5月16日に，私が事故を起こした状況を警察官に説明したものだと聞き，分かりました。
　この説明をした時，ポルトガル語の通訳さんはいなかったのですが，私は日本で18年くらい生活していて，日常の会話で使う日本語は理解できるので，警察官から尋ねられたことはよく分かりましたし，質問の内容や警察官の話す言葉は全て理解して，事故を起こした状況を説明しました。

私が事故を起こした状況は，この見取図に書かれているとおりに間違いありません。

5　私は，○○市方面から○○市方面に向かって，キャリアカーを運転していました。

　先ほどもお話ししたように，私は，時速50キロメートルくらいのスピードで進行していました。

　私は，見取図の①地点からスマートフォンの操作を始めました。私は左手でスマートフォンを持って操作し，右手でハンドルを握って運転していました。この道は，時々通っていてよく分かっている道でしたし，一本道の直線道路で見通しもよかったことや，朝早いため対向車両も見えなかったので，少しぐらい片手でスマートフォンをいじっていても大丈夫だろうという油断した気持ちがあったの事実です。

　私は，スマートフォンの操作をしながら，2回ほど前方をちらっと見たのですが，その時は，私のキャリアカーは自分の車線を走っていました。

　ところが，私が②地点まで来た時，クラクションを鳴らす音が聞こえ，私は前を向きました。

　すると，私の運転していたキャリアカーが，中央線を越えて対向車線にはみ出していて，前方の対向車線からトラックが走って来ていることに気付きました。

　対向車線から走ってきているトラックのその時の位置は，㋐地点でした。

　私は，慌てて，危ない，そのトラックと衝突してしまう，避けなければならないと思いましたが，そう思った一瞬のうちに，相手のトラックと衝突してしまいました。

　一瞬のことだったので，私はブレーキを踏む時間はありませんでした。[1]

　私が③地点の時，㋑地点のトラックと㊇地点で衝突しました。

　私のキャリアカーの右前部と相手のトラックの右前部とがぶつかり，すごく大きな音がして強い衝撃がありました。

衝突した部分が大きく壊れました。

　私がスマートフォンの操作を始めてから対向車線にはみ出していることに気付くまでの時間は、大体7秒から8秒くらいだったと思います。

　衝突後、私は④地点で止まり、相手のトラックは㋺地点に止まりました。

6　私は、この事故で、頭や腕に切り傷を負い、左足が壊れた運転席に挟まって動けなくなってしまいました。

　私は、やってきた消防士に助けてもらってキャリアカーの運転席から降りることができました。

　現場に来た消防士は、私のキャリアカーと相手のトラックを離してくれました。

　その時に、相手のトラックの運転席が見えました。

　相手の運転手は、腹部がハンドルに押し付けられていて、首が前に垂れ下がっていました。

　相手の運転手がまだ生きているのか、それとも、死んでしまっているのか分かりませんでしたが、とにかくひどい怪我をしていると分かりました。

　この相手の運転手が、山本隆弘さんでした。

　山本さんは、この事故で亡くなってしまいました。

7　この事故の原因は、私がキャリアカーを運転中、スマートフォンを見ていて、前方の注意を怠ってしまったことです。

　そのために、ハンドルの操作が不十分になり、キャリアカーを右斜め前方に進ませてしまっていることに気付かず、対向車線にはみ出させてしまいました。

　私は、運転中にスマートフォンを手に取るべきではありませんでした。

　私がスマートフォンの操作をしないで、しっかりと前方を見て運転していれば、私の運転していたキャリアカーを対向車線にはみ出させてしまうことはなかったので、この事故を起こすことはありませんで

した。
8　私は，この事故を起こしたことで，事故を起こした日の夜に逮捕されてしまいました。
　山本さんや山本さんのご家族に大変申し訳ないことをしたと思っています。
　私は，事故当時の山本さんの姿が頭から離れません。
　人を死なせてしまったことを一生背負って生きていかなければいけないと思っています。
　私の妻や周りの人にも苦労をさせてしまっていることがとてもつらいです。
　心の底から，反省しています。
　　　　　　　　　　　BERNALD　EMILIO　ANTONIO　指印
　供述人の面前で，上記のとおり口述して録取し，通訳人を介してポルトガル語で読み聞かせたところ，誤りのないことを申し立て，末尾に署名指印した上，各ページ欄外に指印した。
　　　前同日
　　　　　　　静岡地方検察庁浜松支部
　　　　　　　　検察官事務取扱副検事　　○○○○　㊞
　　　　　　　　検察事務官　　　　　　　○○○○　㊞
　　　　　　　　通訳人　　　　　　　　　○○○○　㊞

**検察官の着眼点**

1）　前の警察官調書（→527頁）では衝突を避けようと左転把した旨供述しているが，本調書ではその点の言及がない。被疑者がハンドル転把の事実を否定したのであれば，その旨記載した上で，供述の変遷の理由も聴取した上で明らかにする必要がある。
　ハンドル転把をしたものの，直前までは右手だけでハンドルを握っていたことで十分なハンドル転把ができなかったのであれば，十分なハンドル転把ができていた場合には衝突を防げていたことを前提として，片手によるハンドル操作も過失になる。双方の速度を合わせた速度は時速約110キロメートル（被疑車両約50キロメートル，被害車両約60キロメートル）で，31.8メートルは，1秒ちょっとであるから，かなり困難ではある。

## Ⅵ　参考人供述調書（目撃者供述調書）

供　述　調　書（乙）

〈住居　略〉
職業　トラック運転手（○○運送株式会社）
氏名　郷田　新次郎

　　　　　　　　　　　　　昭和○年○月○日生（○歳）

　上記の者は，平成○年5月27日○○警察署において，本職に対し，任意次のとおり供述した。

1　私は，平成○年5月12日午前5時10分頃，磐田市○○バイパスで起きた大型キャリアカーと中型貨物自動車の事故を目撃したので，その時のことを話します。
2　事故が起きた詳しい番地は，今，警察官に説明を受けて，
　　　磐田市○○・○番地
であると分かりました。
3　私は，今回の事故の際にたまたま，事故に遭った中型貨物自動車の後方を走っていて，事故を目撃したもので，事故を起こした大型キャリアカーの運転手や被害に遭った中型貨物自動車の運転手の方とは面識もなく，他人です。
4　私は，静岡県掛川市にある○○運送株式会社で，トラックの運転手をしています。今朝は，仕事のため会社の大型貨物自動車（浜松○○め○○○○号）を運転し，国道○○バイパスを○○市方面から○○市方面に向かい走っていました。
　　事故現場付近は，片側一車線の見通しの良い直線道路です。
　　私は，時速55キロメートルくらいで走っていましたが，私の前を走っている，今回被害に遭ったトラックは，少し急いでいる様子で，私より少し速い速度，時速60キロメートルくらいで走っていました。それは，前の信号で停止した同車に追い付いてその後方に停止したのですが，信号が青になって発進したところ，時速55キロメートルくら

いで走行していた私のトラックが離されて行ったからです。

　事故現場の手前になった時，対向車線からセンターラインを越えて，私の走っている車線にはみ出して進行してくる大型キャリアカーが見えました。

　そこで，私は，危ないと思い，急いでブレーキをかけて止まりました。

　しかし，私の前を走っていたトラックは，その大型キャリアカーに気付いていないのか，ハンドルを切ったり減速することなく進行して行きました。

　次の瞬間，私の前を走っていたトラックと，対向車線から私達の車線に入ってきた大型キャリアカーが正面衝突でぶつかってしまいました。

　大型キャリアカーとトラックがぶつかった場所は，私の走っていた車線に間違いありません。

　私は，急いで自分の車から降りて，助けに行ったのですが，私の前を走っていたトラックの運転手さんは，車に挟まれてしまい出てこられないようでした。その運転手さんは60歳くらいの男性で，腕の色を見ると血が通っていないほど真っ白でしたし，ハンドルに顔をうずめていてピクリとも動かなかったので，命が危ない状態だと思いました。

　事故を起こしたキャリアカーの運転手は，頭や手を動かしていましたが，足を挟まれたようで，車から出られないようでした。その運転手は，40歳くらいに見えましたが，一見して外国人でした。

　事故の現場では，その運転手とは話をしていません。

5　この事故の原因は，大型キャリアカーの運転手が，センターラインを越えて，対向車線に進出してきたことです。その理由は，分かりません。

　事故現場は，見通しの良い場所なので，普通では考えられない事故です。

　　　　　　　　　　　　　　　　　　　　郷田　新次郎　㊞

　以上のとおり録取して読み聞かせたところ，誤りのないことを申し立て，末尾に署名押印した。
　　　前同日
　　　　　　　　　　　　　　　　　　　○○警察署
　　　　　　　　　　　　　　　　　　　　司法巡査　○○○○　㊞

### 検察官の着眼点

1）　具体的な根拠を明らかにしていて，よい供述である。
　　もっとも，目撃者と被害トラックの距離いかんは，目撃者自身も巻き込まれる危険性を示すものであるので，この点は録取すべきである。これがないと，本供述調書の意味は，事故原因（大型キャリアカーの対向車線への進出）を示す意味だけになってしまう。事故の危険性は，被疑者の量刑を決めるためにも意味があるので，事故の直接的被害の原因を明らかにするだけでなく，事故全体の危険性を解明することを意識して，聴取の上で録取すべきである。例えば，「その時，私と前を走っていた，今回の事故で被害に遭ったトラックの距離は，40メートルくらいだったと思います。」などと録取する。

2）　事故の危険性を示す意味でも，「そして，トラックは，大分押し戻されて，止まっていた私の車の10メートルくらい前のところで，ようやく停止しました。」くらいのことは聴取した上で，録取する必要がある。

3）　目撃者も事故に遭いかけて恐怖を味わっているので，「私も，危うく事故に巻き込まれかけたので，許せない気持ちです。」と言うだけの資格はあるので，聴取した上で，録取する。もっとも，押し付けることはできない。

## Ⅶ 被害者供述調書（被害者の遺族（妻）の供述調書）

供 述 調 書（乙）

〈住居　略〉
職業　無職
氏名　山本　静子（やまもと　しずこ）

昭和○年○月○日生（○歳）

　上記の者は，平成○年6月3日，○○警察署において，本職に対し，任意次のとおり供述した。
1　私は，平成○年5月12日午前5時10分頃，磐田市○○の道路上で，対向車線にはみ出してきた対向車と正面衝突するという交通事故により死亡した山本隆弘の妻です。
　今日は，夫の生前のことや事故に遭った日のことなどについて話します。
2　事故の起きた詳しい時間と場所については，今，警察官の方から
　　　平成○年5月12日午前5時10分頃
　　　磐田市○○・○番地道路
と教えてもらいました。
　事故の日，夫は仕事だったのですが，朝4時半くらいに自宅を出発して，予定では午後2時くらいに帰宅する予定でした。
　しかし，事故のあった日の朝の午前6時頃，私が食事をしていた時，近くに住んでいる娘から突然，夫が事故に遭って重体になっているという電話がかかってきたのです。
　私は，突然のことでびっくりしましたが，娘の話から本当のことだと考えざるを得ず，何とか助かって欲しいなどと思いながら，すぐに行かなくてはならないと思い，すぐに支度をして，娘と一緒に事故現場に行きました。
　事故現場に着くと誰が対応してくれたかまでは覚えていませんが，すぐに現場に来ていた救急車の方に案内されました。

そして，夫の容態を聞こうとしたところ，救急隊の方に
　　　残念ですけど
などと言われ，夫の命が助からず，今回の事故で死亡したことを知らされたのです。

　私は，まさか夫が事故で亡くなるはずがないと信じられない気持ちで，言葉よりも涙が溢れてきましたが，救急車内にいた人を見たところ，確かに私の夫が眠っており，私の問いかけにも応じない状態で，既に身体は冷たくなっていました。

　その後，警察官から事故の状況を聞いたところ，
　　　夫の運転する車は，片側一車線の道路を東から西に向かって走っていたところ，相手の方が運転する車がセンターラインをはみ出してきて正面衝突してしまった事故
と聞きました。

　相手の運転していた車がセンターラインをはみ出してきたことによって起きた事故ですので，私の夫に悪いところはありません。でも，何で，私の夫の車が走っている時に，センターラインをはみ出して来なければならなかったのか，と思うと，悔しくて仕方ありません。

3　次に，夫の生前のことなどについて話します。

　夫は昭和○年11月23日に，夫の両親の三男として，長野県諏訪郡で生まれたと聞いています。

　そして，地元の小学校，中学校を卒業したと聞いており，夫の最終学歴は中学卒業になります。

　中学卒業後，具体的にどのような仕事をしていたのか詳しいことは分かりませんが，20歳を過ぎて，トラック運転手の仕事に就いたと聞いており，仕事の量に応じていろんな会社で働き，現在の○○運送には，2年ほど前から勤め始めました。

　夫は，会社から，主には愛知県の渥美や静岡，浜松などの青果市場などに野菜などを入れる段ボールを運ぶ仕事をしていました。

勤務体制は，平日の朝早くから出勤して，午後2時や3時くらいに仕事を終えるという勤務になります。
　　たまに日曜日に仕事に行ったりしますが，基本的には土日が休みの勤務です。
4　私と夫は，私が○歳，夫が○歳の時に知人の紹介で知り合い，1ないし2年ほど交際して，私が○歳，夫が○歳の時に結婚しました。私は，当時バツイチで，当時3歳の娘が1人いたのですが，娘を連れ子として，結婚しました。
　　夫は，裏表がなく，温厚で，子供好きです。
　　また，いつもニコニコしているような人です。
5　事故に遭う前の夫の健康状態について話します。
　　夫は，私と知り合ってから病気などで入院したことはなく，ずっと健康でした。最近，健康診断も受けていますが，異常なところはなく，コレステロールが少し高かったくらいです。
　　しかし，それも薬を飲むほどではありませんでした。
　　夫の趣味は，家庭菜園で野菜を作ることと，DVD鑑賞です。
　　お酒は飲みませんし，たばこは吸っていたこともありますが，10年以上前に止めました。
6　事故後のことについて話します。
　　夫の通夜や告別式には，大勢の方が来てくれました。
　　今回の事故を起こした相手の会社の関係者も何人か来てくれたのですが，私としては，事故を起こした本人ではなくても，相手の会社の人と話せるような状態ではなく，顔も見たくありませんでしたが，事故を起こしたのは会社の人ではないので，告別式の日にはお線香をあげることを断りはしませんでした。
　　事故後，夫がいなくなってからは，家の中にあったあたたかいものがなくなってしまい，とても寂しく，家の中が冷たくなってしまいました。
　　まだ，夫が亡くなってから日が経っていないこともあり，今でも夫

が亡くなったことが信じられない気持ちです。
7　相手の方に対する気持ちについて話します。
　相手の人は，ベルナルド　エミリオ　アントニオさんというブラジルの方と聞きました。
　相手の人に対して思うことは，夫を返して欲しいという気持ちが強いです。
　今回の交通事故は，相手が，運転中にスマートフォンに気を取られていて，センターラインをはみ出して対向車線を走っていた夫のトラックと衝突した事故と聞きましたが，信じられない悪質な事故と思います。でも，相手もわざと起こしたわけではないと思うので，複雑な気持ちです。
　しかし，夫を亡くした私の気持ちとすれば，許すことはできませんので，厳重な処罰をして欲しいです。
8　示談については，まだ夫が亡くなったばかりで，考える余裕もなく，示談などはまだ話もしていませんし，全然進んでいません。[1)2)]

山本　静子　㊞

〈以下省略〉

### 検察官の着眼点

1）遺族の事件後における事件や加害者に対する感情は，必ずしも，ある時点のものがずっと続くわけではない（総論→137頁参照）。特に，事件直後に遺族から聴取したこれらの感情は，事故直後の場合は，告別式を済ませた後であっても十分な気持ちの整理がついていないので定まったものとはいえない。まして，生活を共にしていた身内を亡くした人の真の喪失感は，直後よりも後になって，深く，また，日常の生活を送る中でひしひしと切実に感じられてくるものである。事故直後は，葬儀の準備その他しなければならないことも少なくなく落ち着いて考える時間も余裕もない上，周囲の者の励ましもあって意識的に強くあろうと努めようとしたりする中で，事故や加害者に対する感情も抑えがちな面もあろう。しかしながら，日常生活に戻った時に覚える喪失感と苦痛，つらさ，加害者に対する思いこそ真の被害の実態であるので，これこそ量刑に反映すべきものと考える（犯罪被害者遺族の経験談等を参照）。したがって，遺族の気持ちは，事故後のある時点で聴取したからといって，それで終わりと考えるべきではなく，遺族の協力が得られるのであれば，送致前にも，再度，確認して新たに調書を作成する必要があると判断した場合には，追加の調

書を作成すべきと考える。また，検察官も，被害者参加の意思を確認する過程で，遺族調書の作成を判断し，公判立証上必要と考えた場合には，調書化して，立証すべきである。

**2）** なお，前掲1）とも関連するが，被害者供述調書の在り方については考慮が必要である。死亡した被害者の生前の生活状況等を述べるというのが多くのパターンであるが，もちろん，それも遺族の被害者に対する思いを示すことで，十分に意味のあることであるが，多くの場合，一般論的な事実にとどまることが多いのではないだろうか。しかしながら，人（裁判官や裁判員）の脳裏に鮮明に焼き付くのは，具体的な事実である。したがって，生前の生活状況も具体的なエピソードを交えるとよいと考える。また，具体的な被害に関しても，被害者が亡くなったことで，喪失感を強く抱いた時の具体的なエピソードを教えてもらって，それを調書化するのが，真の被害を立証する上で意味が多いと考える。

# 対歩行者・ひき逃げ事故

**事例㉜**

普通乗用自動車が横断歩道を右方から左方に横断中の歩行者と衝突し，逃走

## I　被疑事実の要旨

被疑者は，

第1　平成○年5月27日午後7時23分頃，普通乗用自動車を運転し，浜松市○区○○町○○番地の交通整理の行われていない交差点を○○方面から○○方面に向かい直進するに当たり，同交差点手前には横断歩道が設けられていたのであるから，前方左右を注視し，同横断歩道歩及びその付近における横断歩行者の有無及びその安全を確認しながら進行すべき自動車運転上の注意義務があるのにこれを怠り，進路遠方交差点の対面信号機が青色を表示していたのに気を取られて前方左右を注視せず，同横断歩道及びその付近における横断歩行者の有無及びその安全を十分確認しないまま，漫然時速約50キロメートルで進行した過失により，折から，同交差点内を右方から左方に向かい横断歩行中の田中輝子（当時88歳）を，前方約17.3メートルの地点に発見し，急制動及び右転把の措置を講じたが及ばず，自車左前部等を同人に衝突させ，よって，同人に加療約6ないし8週間を要する左脛骨高原骨折，左腓骨遠位端骨折の傷害を負わせた

第2　前記日時・場所において，前記車両を運転中，前記のとおり，前記田中に傷害を負わせる交通事故を起こし，もって自己の運転に起因して人に傷害を負わせたのに，直ちに自車の運転を停止して，同人を救護する等必要な措置を講ぜず，かつ，その事故発生の日時及び場所等法律の定める事項を，直ちに最寄りの警察署の警察官に報告しなかった

ものである。

## Ⅱ 参考人供述調書（目撃者供述調書）

### 供 述 調 書（乙）

住居　浜松市○○区○○

職業　会社員（株式会社○○）

氏名　立花　裕之

　　　　　　　　　　　　　昭和○年10月23日生（28歳）

　上記の者は，平成○年5月29日浜松○○警察署において，本職に対し，任意次のとおり供述した。

1　私は，

　　　平成○年5月27日午後7時23分頃，

　　　浜松市○区○○町○○番地先

の○○街道と○○線が交わる交差点の近くで乗用車と歩行者の事故があり，私が事故の音がした方向を見ると，

　　　事故を起こした車が現場から逃げて行く

のが見え，現場には

　　　跳ねられたおばあさんが座り込んでいた

ので，そのおばあさんに駆け寄り介抱したのです。

　今から，私が見た事故の詳しい状況を説明します。

2　まず，私と事故の被害者のおばあさんとの関係ですが，私は自動車にひかれてしまったおばあさんを介抱したのですが，今回の事故で初めて会った人でした。

3　次に私の仕事について，お話しします。

　私は，普段，株式会社○○という会社に勤務していて，主に電気製品を販売する仕事をしています。

4　事故の起きた時間ですが，私は帰宅途中に買物をするため，事故のあった交差点の角にあるコンビニエンスストアに寄っていたのです。

　　買物を終えて，店の外に出た時に，

　　　ドン

という大きな音が聞こえたので，私はおばあさんの方へ走って行きました。
　警察の方が事故現場の近くにあったコンビニエンスストアの防犯ビデオの画像を見て，おばあさんに駆け寄っていく私の姿が映っていたことを教えてもらいました。その時の時間が，
　　　　午後7時23分
と聞きましたので，また，私が110番通報した時間が，
　　　　午後7時25分頃
でしたから，その時間で間違いありません。
5　事故の場所については，○○街道と○○線が交わる交差点の80メートルくらい○○方面に行った辺りで，おばあさんが座り込んでいた場所の近くには，横断歩道が設置されていました。
　その横断歩道の近くにある家の番地が
　　　　浜松市○区○○町○○番地
であると聞き，そこに間違いありません。
6　私が目撃した事故の状況を詳しく説明しますと，私は，○○街道と○○線が交わる交差点の北西角にある
　　　　コンビニエンスストアの○○
で買物をしていたのです。
　買物を終え，コンビニエンスストアの外に出て駐車場を歩き出した時
　　　　キィー
という車が急ブレーキをかけるような音の後に
　　　　ドン
という大きな音，そして何と言っていたか分かりませんが，
　　　　おばあさんが上げる大きな声
が聞こえたのです。
　私が音がした方向を見ると，
　　　　色はピンク色で

　　　　一見して小さめのコンパクトカー

が○○の方から私の前を勢いよく走ってゆき，○○線と交わる交差点を右折して○○町の方向に走って行ったのです。

　私はその車の特徴やナンバーを記録しようと携帯電話のカメラでその車を撮ろうとして追い掛けましたが，そんな暇もなく車は走って行ってしまったのです。

7　車が走って行ってしまったので，私は跳ねられたおばあさんのところに駆け寄りました。

　おばあさんは歩道の辺りに座り込んでいて

　　　立てないような状況

でした。

　私は，おばあさんに

　　　大丈夫ですか

と声を掛けると

　　　足が痛い

と言っていました。

　　　どこから渡ってきたの

とおばあさんに聞くと

　　　交差点の角のコンビニエンスストアを指さして

　　　向こう

と言っていました。

　その指さした方向を見ると，交差点の北側にある横断歩道の少し南側で，横断歩道とは方向が違っていました。

8　この事故の原因について私は，はっきり分かりませんが，事故を起こした車は減速することなく，

　　　キュルキュル

という加速しているような音を出しながら，勢いよく走って逃げていますので事故を起こした認識は間違いなくあると思います。

9　逃げて行った運転手については，おばあさんを跳ねておきながら，

車を停止させておばあさんを助けることなく，その場から逃げて行くなんてあり得ない行動だと思いますし，危険極まりないと思います。

　このようなルールを守らない運転手は車を運転すること自体許してはいけないことですし，厳重な処罰を与えてもらいたいと思います。[1]

立花　裕之　指印

　以上のとおり録取して読み聞かせた上，閲覧させたところ誤りのないことを申し立て，各葉の欄外に指印した上，本調書末尾に署名指印した。

　　前同日

浜松○○警察署<br>司法巡査　○○○○　㊞

**検察官の着眼点**

1) 目撃した事実が端的に過不足なく述べられており，信用性の高い調書と言える。

## Ⅲ　被疑者供述調書（ひき逃げの犯意否認調書）

供 述 調 書（甲）

本籍　浜松市中区〈以下略〉
住居　浜松市中区〈以下略〉
　　　　　　　　　　　　　　　（電話　〈略〉　）
職業　歯科助手
氏名　山本　沙也加
　　　　　　　　　　　　　　平成○年8月13日生（22歳）

　上記の者に対する過失運転致傷・道路交通法違反被疑事件につき，平成○年6月5日浜松○○警察署において，本職は，あらかじめ被疑者に対し，自己の意思に反して供述する必要がない旨を告げて取り調べたところ，任意次のとおり供述した。

1　私は，

　　　　平成○年5月27日午後7時23分頃

　　　　浜松市○区○○町○○番地付近道路
で，道を歩いて横断中のおばあさんとぶつかる事故を起こし，その場から逃げたことで逮捕された者です。
　先日は，勤務先を出発し，事故を起こしてから自宅に帰るまでの状況等についてお話ししました。
　そして，本日は，事故の状況や走った経路等を現場で説明しましたので，詳しくお話しします。
2　事故の状況からお話しします。
　前回もお話ししたとおり，私は事故の時，勤務先から自宅に帰る途中でした。
　まず，道路の状況等から説明します。
　事故の現場は，通称○○街道と呼ばれる道路上で，○○環状線と呼ばれる道路と交差する信号交差点の少し手前にある，信号機のない十字路交差点付近です。
　事故の時，天気は，夜でしたのでよく分かりませんが，雨は降っていませんでした。
　路面は，アスファルトで舗装され，雨は降っていなかったので，路面は乾いていました。現場の付近は，通勤でほぼ毎日通りますので，道路の状況はよく分かっています。
　現場の道路は，黄色の中央線が引かれている片側一車線の道路の，信号機のない十字路交差点で，交差点の入口には，横断歩道があります。
　そして，この交差手のすぐ先に，○○環状線と交差する，○○町という名前の信号交差点があり，その交差点の角には○○というコンビニエンスストアがあります。
　交通規制は，最高速度が時速40キロメートルで，駐車禁止，追越し禁止となっています。
　当時の交通量は，車も人も少なかったです。
　周囲の明るさは，夜で，街路灯も少ないところですので，暗かった

です。
　コンビニエンスストアの前だけは，店の明かりがあり，明るかったです[1]。
　事故の状況は，私が交差点を直進し，信号交差点の方に向かって走っていた時，右から左に横断してきたおばあさんとぶつかりそうになったもので，結果的にはぶつかっていたわけですが，その状況について，本日現場でお話ししたとおりに間違いありません。
　この時本職は，平成〇年6月5日付け，当署司法警察員巡査部長〇〇〇作成にかかる実況見分調書に添付された交通事故現場見取図を供述人に示した〈見取図は省略〉。
　今見せてもらっている図面は，私が交通事故の現場で説明したとおりに書かれており，間違いありませんので，今からこの図面を使って説明します。
　勤務先の駐車場を出発し，事故現場の手前①地点を〇〇方面から〇〇方面に向けて走ってきた時，
　　　今回事故を起こした十字路交差点と，そのすぐ先にある信号交差点㊡を
　　　確認
しました。
　この時，
　　　交通量が少なかったことや，近くに歩行者がいなかったため，道路を横断する人もいないだろうと思い，横断歩道付近の確認をしなかった
ことと，
　　　進路の先に信号交差点があり，その信号㊡がちょうど青色だったため，信号の方を見ながら進んで行った
のです。
　この時の私の速度は，
　　　時速50キロメートルくらい

でした。
　そのまま，信号㊂の方に気を取られながら走っていたところ，十字路交差点に入った②地点の辺りで，
　　　突然，目の前の㋐に，道路を右から左に，歩いて横断しているおばあさんが見えた
のです。
　おばあさんは，私の車のすぐ目の前だったので，
　　　危ない，ぶつかる
と思い，
　　　とっさに急ブレーキをかけ，右にハンドルを切った
のです。
　私はその時，
　　　ぶつかったかも
　　　相手に怪我させちゃったかも
と思ったため，すぐ③地点の辺りで，
　　　左側のサイドミラーで，後方の㋐付近にいたおばあさんの方を見た
のです。
　この時，ミラー越しに見えたおばさんは，間違いなく私がぶつかりそうになったおばあさんでしたが，
　　　倒れているようには見えなかった[2]ため，怪我があったとしてもたいした怪我ではないだろうと思った
ことと，
　　　おばあさんとぶつかった感触や，音は分からなかった
ため，大丈夫だったのかなと思い，④地点の辺りで目線を前に戻したところ，前方の信号㊂が，青色矢印信号になっていたので，
　　　赤になる前に，早く行かなきゃ
と思い，加速してその信号交差点を右折して行ったのです。
3　ぶつかったかもしれないと思った時のことを話します。

私は，おばあさんとぶつかった音も，ぶつかった感触も分からなかったと言いましたが，
　　　おばあさんが目の前で，今にもぶつかりそうな距離であったこと
は確かでした。
　ですから正直，とっさに，
　　　ぶつかったかも
　　　怪我させちゃったかも
と思い，左のサイドミラーでおばあさんの方を見ました。
　しかし，私はハンドルで避けたつもりでいましたし，サイドミラーでおばあさんを見た時も，おばあさんが倒れているようには見えなかったので，すぐに
　　　まさか，ぶつかっていないよね
　　　ぶつからなくてよかったな
と考え，当たっていないことを信じたい気持ちから，自己完結させてしまったのです。
　なぜ，そう言えるかというと，
　　　サイドミラー越しに，おばあさんの様子をちらっと見ましたが，しっかり立って歩いている姿を確認したわけでなく，少なくとも，倒れていた状態ではなかったという程度
でしか確認しなかったのですが，とりあえず，最悪の状況にはなっていないと，判断したからです[3]。
　最悪の状況というのは，相手が死んだり，大怪我をするということですが，少なくとも倒れてはいなかったので[4]，
　　　自分の中で，自分がぶつかったと考えたくなかった
　　　怪我があったとしても，たいした怪我ではないだろうと思った[5]
ため，
　　　まさか，ぶつかっていないよね
と考え，車を進めて行くにつれて，

　　　　ぶつからなくてよかったな[6]
と，考えを変えて，自分にとって前向きに考えるようにしたのです。
　当然のことながら，ぶつかっていなかったことを確実にするためには，
　　　相手が元気に歩く姿を確認するとか，車に傷がないか等を確認
　　　するのが，当たり前
ということは分かります。
　少しでも当たっていれば，相手は生身の人間ですから，怪我をするだろうということも，分かります。
　しかし，その時にはもう，私の中では
　　　当たらなくてよかったな
という気持ちになってしまっていて[7]，さらに，前方の信号もちょうど青色矢印が出ていたので，
　　　倒れていないし，大怪我もなさそうだ
　　　とりあえず，行こう
と思い，加速して信号を右折して行ったのです。
　とにかくおばあさんが目の前にいて，びっくりしたので，私としては嫌な出来事でしたから，早くその場を離れたいという気持ちも，少しはありました。
4　私が，交通事故を起こした時に運転していた車のことを話します。
　私が事故の時に運転していた車は，
　　　普通乗用自動車
　　　ダイハツ　マックス　ピンク色
　　　浜松〇〇〇や〇〇〇号
で，
　　　私名義
です。
　当時同乗者はいませんでした。
　この車は，私が通勤や買物に使っている車ですから，運転には慣れ

ています。
　私専用で使っていますから，他の家族が運転することは，まずありません。
　逮捕された時と本日，私の車を確認しましたが，
　　　確かに，左前のライト付近に，擦れたような跡と歪みがあり，
　　　左のサイドミラーのところにも，擦れた跡があった
のを確認しました。
　このような跡は，今までになかったもので，私がおばあさんにぶつかりそうになった位置とも一致するので，
　　　私の車とおばあさんがぶつかったこと
は理解できますし，間違いありません。
5　次に，当時走った経路について説明します。
　この時本職は，平成○年6月4日付け，当署司法警察員巡査部長○○○○作成にかかる走行経路図1枚を供述人に示した〈走行経路図は省略〉。
　今見せてもらった地図は，私が今日，警察の車に乗って説明したとおりに書かれていますので，この地図を使って説明します。
　当日の午後7時過ぎ頃，仕事を終えて自宅に帰るため，
　　　①地点の，勤務先の駐車場
から，自分の車に乗って出発しました。
　　　　　　〈以下一部中略〉
　○○環状線を南下して行き，おばあさんとぶつかりそうになって，怖い思いをしたこと，びっくりしたことで喉が渇いてしまい，気分を落ち着かせるため飲み物を買おうと，
　　　③地点の，セブンイレブン
に立ち寄りました。
　ここではりんごジュースを買いさっき急ブレーキを踏んだために車内の荷物が乱れたので，それを直し，またすぐに出発しました。
　ここでは，車が壊れているか，確認しませんでした。[8)]

この時はもう，私の中では，
　　当たらなくてよかった
になっていて，終わったことになっていたからです。[9]
　　　　　〈一部中略〉
　⑤地点の，工場の角にある信号交差点を右折
して，住宅街の狭い道に入り，
　⑥地点の，自宅駐車場
に車を止めて帰宅したのです。[10]
　私が，事故後に走った距離は15.4キロメートルであったことが分かりました。
　事故後に立ち寄ったのは，りんごジュースを買ったコンビニエンスストアだけで，他は立ち寄っていません。
6　この事故の結果，相手のおばあさんは，住所は聞いていませんが，
　　事故現場の近くに住む
　　田中輝子さん　　88歳
と聞いています。
　相手のおばあさんは，足を骨折したと聞いています。
　この時本職は平成○年5月28日付○○医療センター医師○○○○作成の診断書1通を供述人に示した〈診断書は省略〉。
　今見せてもらった診断書のとおり，相手の人の怪我については，
　　左脛骨高原骨折
　　左腓骨遠位端骨折
により，
　　事故日より，約1か月間の加療を要する見込み
であることが分かりました。
　私に怪我はありません。
7　この事故の原因は，
　　私が，
　　　前をしっかり見ていなかったことと，横断者の有無を確認して

いなかったこと
です。
　　その理由は，
　　　　交通量が少なく，車も人も少なかったので，道路を渡る人など
　　　いないだろうと思ったこと
と，
　　　　前方の信号交差点を右折するつもりでいて，その信号がちょう
　　　ど青色だったため，その信号に気を取られながら走ってしまった
ため，
　　　　手前の交差点付近を，歩いて右から左に横断していた相手に気
　　　付くのが遅れてしまった
のです。
8　車の損害は，
　　私の車は，左前のヘッドライト付近や左のサイドミラー付近に擦れ
たような跡や歪みがありますが，素人目では分からないくらいですか
ら，実害はありません。
　　しかし，ぶつかった相手は生身の人間ですから，いくら車に大きな
傷等がなくても，怪我をするのは当然だと分かります。
9　相手との示談については，
　　今，私は逮捕されている状況で，相手方と直接話をすることはでき
ませんから，私に変わって，両親にやってもらっています。
　　私が加入している自動車保険ですが，任意保険にも入っています。
　　詳しい契約内容は，今ここでは詳しく分かりませんが，しっかりし
たものに入っているはずです。
　　相手の怪我の治療代については，こちらで責任を持って保障したい
と思います。
10　今回私がやってしまったことで，
　　相手のばあさんに大怪我をさせてしまい，本当に申し訳なく思って
います。

職場の方にも，迷惑をかけてしまいました。

　ぶつかったかもしれないと思った時，どうしてその場でしっかり確認しなかったのだろうと，後悔するばかりです。

　事故についても，今まで横断歩道の周りをしっかり確認する習慣がついていなかったため，今後はしっかり確認するようにしたいです。

　あの時，その場で止まっていて確認していれば，このようなことにはなっていなかったと思いますから，大丈夫と決めつけてしまった，あの時の自分がものすごく憎いです。

　私はぶつかった音や感覚に気が付かなかったと説明しましたが，事故の時近くにいた人は皆，大きな音を聞いていると言いますし，私が加速して行く状況を何人も見ていると聞いています。

　ですから，私が言っていることは言い訳で，ぶつかったと分かっていながら，逃げたと言われても仕方ありませんし，私が反対の立場だったら，そう思うと思います。

　ぶつかった音や感覚には気が付きませんでしたが，おばあさんと今にもぶつかりそうな距離で，当たったかもしれないという距離であったことは事実ですし，正直，当たったかもと思ったからこそ，サイドミラーも見ました。

　相手は人ですから，車とぶつかれば，怪我をするのも分かります。

　当たったかもしれないと思った時に，しっかりと確認するべきでしたし，しっかりとした行動をとれなかった自分に責任があることも分かります。

　ですから，私が外へ出られるようになったら，まず，被害者にしっかりと謝って，自分ができる限りのことをしていきたいと思います。[11]

　　　　　　　　　　　　　　　　　　　山本　沙也加　指印

以上のとおり録取して読み聞かせた上，閲覧させたところ，誤りのないことを申し立て，各葉の欄外に指印した上，末尾に署名指印した。

　　前同日

　　　　　　　浜松○○警察署

　　　　　　　　司法警察員巡査部長　　○○○○

> **検察官の着眼点**

- 1） 項目2の以上の記載は，事故現場における事故の前提となる道路等の環境について事実の押さえとそれについての被疑者の認識を明らかにするものである。
- 2） ミラー越しにでも被害者が見えたのであるから，このような曖昧な見え方はないと考えられる。見えたと言っている以上，記憶に残る記憶表象を語らせるべきである。被疑者本人も倒れているようには見えなかったと判断している以上，その根拠はあるはずなので，その根拠を説明させる。それでも，説明できない（できないのではなく，しないというべきであるが）ときは，供述を避けているものと考えられる。
　　あるいは，逆に普通に立っている状況だったかと問うのもよいであろう。それを否定するのであれば，普通に立っていないのは，被疑車両と接触したからだということになり，衝突の認識に繋がる。しかしながら，接触を否定しているので，その事実は否定することになろう。その場合は，普通に立っているかどうかはよく分からなかった，という供述をすることになるであろう。
- 3） 被疑車両のような小さな車両の場合，衝突したか否かを判断する上で最も重要な判断材料になるのは，被害者と自車の位置関係よりも，衝突の衝撃と衝突の音と考えられる。したがって，ここで，被疑者が衝突したと考えなかった理由として，衝撃や音のなかったことを挙げていないのは，理由としてそれを挙げることができなかったこと，すなわち，衝突の衝撃を感じている上，衝突の音も聞こえたからにほかならない。
- 4） 「少なくとも」倒れていなかった，という表現は，被害者が普通に立っているわけでもないが，倒れて道路に伏せている状態でもない，その中間の状態であることを言おうとしていると推認される。
- 5） 「ぶつかったと考えたくなかった」にもかかわらず，「怪我があったとしても，たいした怪我ではないだろう」と思うのは，矛盾する内心の葛藤を示したものと考えられ，このことは，逆にぶつかったと思っていることを示すものである。
- 6） 「まさか，ぶつかっていないよね」と思ったのであれば，「ぶつからなくてよかったな」という気持ちになることはない。前者は，ぶつかった疑念を抱いているということであるので，ぶつからなかったという確証がない限り，不安が払拭されることはないからである。
- 7） 前掲6）に同じである。
- 8） セブンイレブンに立ち寄ったのは，喉が渇いたこともあろうが，車の損傷を確認するためもあったと考えられる。というのは，損傷を確認して，損傷がないあるいは極めて軽微なものであれば，衝突の事実を否定できることに繋がるからである。少なくとも，事故を起こした者は，そのような心情に駆られることが多い。したがって，車の損傷の有無を確認しなかったというのは，虚偽供述である可能性が高い。そして，見なかった理由を，自分の中で「当たらなくてよかった」ことになっていたからだという不合理な説明にならざるを得なかったのである（もし，見なかったのが事実であるとすれば，損傷の存在を確信していたか，損傷自体を確認すること自体事故の現実を思い知らされること

になるため怖かったからと考えられる。）。そもそも喉が渇くということと自らの中で解決済みであることは，矛盾している。
- **9）** 矛盾する供述が多く，否認してひき逃げの罪を認めたくないという心理が如実に表れている供述調書である。したがって，逆に，衝突の認識を有していることが推認できる供述調書といえる。
- **10）** 必要な録取事項である。もっとも，事故状況等について録取した調書に盛り込むかどうかは，工夫の余地がある。
- **11）** 本調書は，総じて，衝突の状況や衝突の認識，逃走開始時の心情等について矛盾する不自然な供述に終始している。そのことは調書の記載自体からも明らかであるが，取調官自身は，その供述のみならず，供述状況や表情等の言動等から被疑者は衝突についての認識がありながら否認していることは明確に感じ取っているはずである。したがって，虚偽の否認供述を録取するのではなく，自白を得てから調書を作成するという選択肢もあり得るであろうが，供述経過をその都度証拠化するという価値もあるので，本調書の作成は妥当である。

## Ⅳ　被疑者供述調書（ひき逃げの犯意自白調書）

供述調書（甲）

《冒頭省略》

1　私は，
　　平成○年５月27日午後７時23分頃，
　　浜松市○区○○町○○番地付近道路
で，道路を歩いて横断中のおばあさんとぶつかる交通事故を起こし，その場から逃げたことで逮捕された者です。

　昨日は，事故とほぼ同じ時間帯に，私の車を使って，ヘッドライトをつけてどのくらい見通しがきくか等，事故の現場で確認しました。

　ですから今日は，その状況やぶつかった時の状況等をお話しします。

2　まず，ぶつかった時の状況ですが，前回の取調べで，私は，おばあさんとぶつかった音や感触は分からなかったと説明しましたが，それは嘘でした。本当は，ブレーキのキィーっという高い音の他に，

　　ボフッという低い音がした

ことに気が付いていました。
　そして，ボフッという音と共に
　　　車の左前の辺りに，少し弾むような感じ
があり，明らかに，おばあさんとぶつかったことが分かる感触があったのです。
　ぶつかった時は，当然，
　　　あっ，ぶつかっちゃった
と思いました。
　そして，ぶつかった後，すぐに左サイドミラーでおばあさんを確認した時，
　　　道路の隅で，うずくまっているような状況<sup>1)</sup>だったので，
　　　まずい，怪我させちゃったかも
と，当然思いました。
　しかし，私は，事故を起こしたことが怖くなり，とっさに，
　　　やばい，どうしよう
とパニックになったと同時に，前を見たところ，信号がちょうど右折の青矢印信号になっていたため，
　　　よし，行っちゃえ
　　　逃げよう
と思い<sup>2)</sup>，その場から加速して，信号を右折して逃げたのです。
　逃げようと思ったのは，
　　　事故を起こしたのが怖くなった<sup>3)</sup>
ことや，
　　　地面に倒れ込んでいる状況ではなかったので，重傷とか死んじゃったわけではないので，逃げてしまえば分からない
と思ったからです。
　うずくまっていたので，怪我をしていることは分かりましたが，たいした怪我ではないだろうと思ったからです<sup>4)</sup>。
3　事故後，逃げている時のことを話します。

○○線に出て，南へ走って逃げている時，
　　どうしよう，どうしよう
という思いと，
　　大丈夫，大丈夫，落ち着け
と，とにかく自分を落ち着かせることを考えていました。
　逃げているのですから，当然，いつもより速く走ったと思います[5]。
　そんなことを考えながら逃げてきましたから，喉が渇いてしまい，前回説明した経路で走っている時，○○町のセブンイレブンでりんごジュースを買ったのです。
　ここで止まった時，自分の車も見ました[6]。
　前回は，車を見なかったと言いましたが，実際には見ました。
　じっくり眺めるようにしてみたわけではありませんが，遠目から見た時，凹んだりしていなかったので
　　車が何ともない
　　あれ，大丈夫だったのかな
と思っていしまい，さらに，おばあさんについても，
　　うずくまっていたように見えたけど，私の見間違いだったのかな
と考え，
　　自分の中で，事故をなかったものにしたい
という気持ちが働き，
　　ぶつかってなかったよね
　　ぶつからなくてよかったな
と，自分にとって前向きに考えることにしたのです[7]。
　そして，早く家に帰って落ち着きたいと思ったため，ジュースを買って，またすぐに出発しました[8]。
　セブンイレブンを出発し，前回お話しした経路で，家に帰りました。
　セブンイレブンで車を確認して[9]，何ともなっていないように見えた

ので，そこで少し，
　　　事故を起こして逃げたことへの罪悪感が薄れたように思います[10]。
　しかし，自分の中で心配が完全に払拭できたわけではないので，帰りの道中，そわそわしながら走りながらも，また事故にならないように気を付けなきゃという思いもあり，いろんなことを考えながら自宅まで帰りました。
　自宅に帰ってから，お母さんやおばあちゃんに，
　　　帰り途中に，おばあさんをひきそうになって，びっくりしちゃった
と話をしました。
お母さんとおばあちゃんに話をすることで，
　　　ぶつかっていなかったんだという気持ちを，確実なものにしたい
　　　少しでも話をして，気持ちを楽にしたい
という思いがありました。
　そして，お母さんから，
　　　ひかなくて，よかったね
と言われた時，
　　　ひかなくて，よかったな
という気持ちになり，さらに気持ちがほっとしました[11]。
　事故の時のことを考えると，どんどん不安になっていくので，もう考えないようにしようと思いました[12]。
　事故の翌日の朝，仕事に行く途中，再び事故の現場を通りました。
　この時も，正直事故のことは，まだ心に引っかかっていました。
　本当に大丈夫だったのかなと心配な気持ちは，少し残っていました。
　しかし，事故現場を見た時，目撃者を求める看板が出ているとか，花は手向けてあるとか，そのようなことはなく，いつもと変わった様

子がなかったので，
　　ああ，やっぱり大丈夫だったんだ[13]
　　何もなかったんだ
と思い，ここで完全に自分の中で，事故の心配をなくしてしまったのです。
4　嘘をついてしまった理由は，自分の中で，
　　罪の意識があまりなかった
ことが一番大きな理由だと思っています。
　事故を起こしてから，警察に逮捕されるまでの間，自分の中はもう，事故はなかったことにしてしまいました。そして，考えないようにしていました。
　車に傷もないし，おばあさんとぶつかっていなかったんだと，信じて，自分の中で考えを変えてしまっていたからです[14]。
　ですから，自分を守ることだけを考えてしまい，自分に都合のよいような話ばかりをしてしまいました。
　正直，全部本当のことを言わなくても，何とかなると思っていました。
　しかし，逮捕されたから今日までの間，留置場で色々と考えました。
　逮捕されてから，車の確認や，現場の確認をしていく中で，
　　実際に，車におばあさんとぶつかった跡があったことと，近く
　　にいた人が，何人も音を聞いていること
が分かり，このまま嘘を言っていても，私がおかしいことを言っているのは誰でも分かることで，自分も矛盾を感じましたし，何より，
　　怪我をしたおばあさんのためにも，やっぱり本当のことを言わ
　　なければいけない
と思ったからこそ，正直にお話ししようと決めたのです。
　決して，
　　とりあえず，つじつまの合う話をしておけば，留置場から出ら

れるから

とか，

　　　　罪が軽くなると思ったから

ではありません。

5　昨日実験をした見通しの確認の状況について話します。[15)]

　　事故の状況は，私が交差点を直進し，信号交差点の方に向かって走っていた時，私の前を右から左に横断してきたおばあさんとぶつかったもので，私が走ってきた方向から，前方の見通し状況やその時のおばあさんがどのように見えていたか等を確認しました。

　　その実験には，私の車を使って行い，事故の時とほぼ同じ時間帯でやりましたから，周囲の明るさも当時と同じ状況でした。

　　相手のおばあさんが，当時来ていた服の色に近い色の服を着た警察官を，当時のおばあさんに見立てて，実験をしました。

　　この時本職は，平成〇年〇月11日付当署司法警察員巡査部長〇〇〇〇作成にかかる実況見分調書に添付された交通事故現場見取図1枚，平面写真15枚を供述人に示した〈現場見取図，写真ともに省略〉。

　　今見せてもらっている図面や写真は，私が昨日交通事故の現場で説明したとおりに間違いありませんので，今から，この図面や写真を見て説明します。

　　私は，事故の時，

　　　　時速50キロメートルくらい

で走ってしました。私の前を走る車はいませんでした。

(1)　まず，ぶつかった時の見通し状況を確認しました。

　　　ぶつかった時，相手は⊗地点，つまり私の車の左側にいた時の状況を確認しました。そして，運転席から相手の位置がしっかり見える状況を確認しました。しかし，この時私は，おばあさんを避けようと右にハンドルを切りながら，ブレーキをかけていた時，避けた方向，つまり右前を見ていましたから，当時は左前を見られていませんでした。

(2) 次に、私がおばあさんを発見した時の見通し状況を確認しました。この時私は、危ないと思い、右ハンドルを切ってブレーキをかけたという位置になります。

　私がＰ１地点の時、おばあさんがＰ１'地点にいた状況でした。

　この時は、当然私も動いていた時で、時速50キロメートルくらいで動いていたわけですから、当時はもう相手が目の前で、今にもぶつかりそうという感覚でした。

　当時は下向きのライトで走っていましたが、ここから相手は、下向きライトでも上向きライトでも、よく見える状態であることを確認しました。[16]

(3) 次に、私が事故を回避できる限界の位置を確認しました。

　私が走っていた速度と、おばあさんが歩く速度を、ぶつかったＸ地点から遡って計算した位置であると説明を受け、理解できました。

　ですから、私がＰ２地点の時、おばあさんがＰ２'地点になりますので、そこから下向きライトと上向きライトで確認しましたが、ライトの向きにかかわらず、横断中のおばあさんをしっかり確認できることが分かりました。

　少なくとも、この地点でしっかり前や横断歩道付近を確認していれば、事故は回避できたことが分かりました。

　ですから、やはりこの事故の原因は、私が前をしっかり見ていなかったことが原因と言えます。

(4) 次に、ぶつかったＸ地点から、50メートル手前の位置からの見通しを確認しました。私が、Ｐ３地点の時、おばあさんはＰ３'地点にいたことになりますが、下向きライトで確認した時、やや見えにくいですが、しっかり見ていれば見える状況でした。

　上向きライトで確認した時は、しっかりと見えました。

(5) 次にぶつかった後、私がサイドミラーで後方のおばあさんの様子を見た時の状況を確認しました。

私がＰ４地点の時，おばあさんは私から見て左後方のＰ４'地点に見えました。
　　　先日私は，おばあさんが立っていたか座っていたかまでは分からなかったと説明しましたが，昨日の実験で確認した状況では，立っている状況でも座っている状況でも，おばあさんを確認することができました[17]。
　　　しかし，座っている状況の方が，当時の状況に近いと感じましたので，やはり私が当時見たのは，
　　　　私の車とぶつかって，うずくまっているおばあさんの姿
　　だったのです。
　　　Ｐ４地点から，サイドミラー越しに，⊗地点は見えませんでしたから，おばあさんがうずくまっていた地点は，道路脇の，Ｐ４'地点に間違いありません。
6　今回お話ししたとおり，私が，
　　　　道路を横断中のおばあさんとぶつかり，
　　　　道路脇にうずくまった状態を見て，
　　　　怪我をさせてしまったと思ったにもかかわらず，
　　　　怖くなって逃げてしまったこと
　　は，間違いありません。
　　　今回のことで，相手のおばあさんに大怪我をさせてしまい，本当に申し訳なく思っています。
　　　その気持ちは，最初から変わりません。
　　　しかし，今までは少しでも罪を軽くしたいという思いがあり，自分を守る話しかできていませんでしたが，もっと早く，しっかり話をしていればよかったと，後悔しています。
　　　お父さんやお母さんも，今後の生活とか心配しなくていいから，早く帰っておいでと言ってくれており，本当にありがたく思っています。
　　　今後，私が外に出られるようになったら，まず，何より先に，相手

のおばあさんに会って，しっかり謝ってきたいです。[18)

山本　沙也加　指印

〈以下省略〉

> **検察官の着眼点**

- 1）　否認時の供述「倒れているようには見えなかった」の背景は，ここ（うずくまっているのを目撃していたこと）にある。
- 2）　衝突の前からこの信号を気にしていたことから，この信号が右折の青色矢印信号に変化したため逃げたいとの欲求と相まってそれまでの行動予定どおりに行動しようとする心理的機制が働いた可能性もある。いずれにしても，信号が変わったことから，逃げようとしたという供述は，素直な気持ちを述べたものと考えられる。
- 3）　「怖くなった」ということは，誰でも納得する気持ちである。しかしながら，「怖い」ことの内容は，色々とあり得ることであり，その抱いた怖さは，実は一人ひとり異なっていると考えられるので，怖さの内容も聴取すべきである。例えば，事故の責任，警察沙汰，相手の重傷や死の可能性，仕事への影響，その他である。
- 4）　その前で「重傷とか死んじゃったわけではないので」と述べてはいるが，重傷でないという保証はないので，これが逃げた理由になるかは疑問である。また，怪我が軽いのであれば，不安は和らぐはずなので，逃げる理由とはならない。むしろ，「たいした怪我ではないだろうと思った」という供述は，重傷であるかもしれないという不安を抱いていることを示すものと考えるべきである。このような動揺している時は，当時の色々な気持ちが錯綜していた時の自分の気持ちを整然と説明することは難しいと言える。
- 5）　ここは，具体的な記憶によって述べているかは疑問がある。取調官の誘導を否定しなかっただけである可能性もある。逃げているからと言って，早く走って帰るのが当然ともいえないのではないだろうか。周囲の車以上に速度を出せば目立つし，再度事故を惹起しないとも限らないからである。再度事故を起こせば，それこそ逃げた意味がなくなるであろう。むしろ，怪しまれないように普通の速度で走る可能性もあろう。
- 6）　りんごジュースは車を見た後で買っているので，損傷を見ることの方がコンビニエンスストアに寄った主たる理由である可能性がある。また，コンビニエンスストアで買物をしないで，車の損傷を見ること自体，不自然な行動となるので，避ける必要もある。確かに，不安であったことから，喉も渇くであろうが，一番気にかかっていたのは，車の損傷を確認することだったと思われる。もし，損傷が激しければ相手の傷害も重いことになるし，自分の車が事故を起こしたことがはた目にも分かって，検挙に結び付くなどという心配である。ジュースは，実はついでのことであった可能性の方が高い可能性がある。それに加えて，前の供述との整合性も考慮した可能性があろう。あまりに前の供述を嘘だったとして訂正したくないという考慮である。

7) じっくり眺めるように見たわけではなく，遠目から見ただけだというのは，虚偽である可能性が高い。コンビニエンスストアに寄ったのは，損傷を確認することが目的だったと考えられるからである。
8) 思ったほど，損傷がひどくなかったため，安心したのは事実であろうが，被害者の怪我が思ったほどひどくない可能性があることと，事故の損傷として目につかないことから，ばれないという安心を抱いた可能性が高い。前の供述はその安心を，「自分の中で，事故をなかったものにしたい。」という気持ちから「ぶつからなくてよかったよね，ぶつからなくてよかったな。」という気持ちということで，カモフラージュしたものと考えられる。もっとも，当時損傷が少ないために，事故を起こしたこと及び逃げたことを否認し通そうと考えた時に，他人にはそのように言ってごまかそうと考えていた頃から，このような表現をした可能性もある。
9) ジュースを買うのが車の損傷を確認した後である。このような順番も人の内心を測る事由になり得る。
10) 罪悪感が薄れたのではなく，事故の責任を否定して逃げおおせると考えて安心した可能性があることについては，前掲8) のとおりである。
11) 家族から，疑われず優しい言葉を掛けられたことによる安心ではないかと思われる。
12) これが本心であろう。上述の各供述は，これと矛盾しているわけである。
13) ここまでの安心を抱くことはないと思われる。看板を立てるほどの重傷事故ではなかったという程度，あるいは警察が捜査をしていることが明らかではなかった程度の安心であろう。
14) これは，事実の認識と矛盾するので，今までの供述との整合性を保とうとしての供述と思われる。
15) 実験の状況は，実験に関する実況見分調書等で立証可能であるが，実験に立ち会った被疑者供述調書で立証することも意味がある。
16) 実験の結果を供述でも確認して，争いの余地のないものとする。
17) 前掲16) に同じ。
18) 自白したからと言って，全ての事項について，正直に話すわけではないので，油断は禁物である。取調官としては，自白を得られたので，喜んでしまい，ガードが甘くなり，周辺事実に関する虚偽供述をそのまま受け入れてしまうことも少なくない。そのため，自白を撤回された時に，供述の不自然性を突かれて任意性や信用性を否定されることもあるので，兜の緒は締め直さなければならない。

## V 被害者供述調書（平成○年6月3日付）

供 述 調 書（乙）

住居　浜松市以下略
職業　無職
氏名　田中　輝子

　　　　　　　　　　　　　　　昭和○年11月24日生（88歳）

　上記の者は，平成○年6月3日○○医療センターにおいて，本職に対し，任意次のとおり供述した。
1　私は，
　　　平成○年5月27日午後7時23分頃，
　　　浜松市○区○○町にあるコンビニエンスストア○○
　の近くの道路を横断している時に，
　　　左から来た車に跳ねられて
　　　ひき逃げされる
　という事故にあったので，私が分かる事故の状況についてお話しします。
2　この事故は，コンビニエンスストアの○○で買物をして帰る途中の事故でした。
　このコンビニエンスストアの○○には，週に1日行くか行かないかぐらいで，いつもは午前中に買物に行くのですが，この日は，
　　　1人で寂しかった
　のと
　　　牛乳が急に飲みたくなった
　ので，散歩することを兼ねて○○に歩いて行ったのです。○○で買物を終えた後，小雨が降っていたので，薄いベージュの傘を右手でさして，左手で買物袋を持って帰宅することにしたのです。
3　次に事故のあった交差点を渡っている時のことについてお話しします。

もう暗くなっていたので，
　　少しでも早く帰ろうと
と思い，
　　　○○の駐車場内を北東に進んで行き，
事故のあった交差点まで来たのです。
　左右から車が何台か来ていたので，やり過ごした後，ふと右を見ると，右からは車が来ていなくて，左は傘越しではありましたが，車のライトが確認できなかったので，車は来ていないと思って，
　　　交差点の中を斜めに横断して行った
のです。
　そして
　　　車道を渡り終えるぐらい
で，
　　　周囲が急に明るくなり，
　　　左から大きな物が当たるような衝撃
を感じたのです。
　その時，とても驚いたので，
　　　言葉にならないような大声を上げた
と思います。
　私は
　　　同年代の人よりも声が大きい
と言われますので，
　　　かなり大きい声だったと思います。
　そして，歩道の近くに倒れたのち
　　　暗くて色は分かりません
が，
　　　小さい感じの車が南へ走って行ったのを見て，あの車にひかれたんだ，

　　　　　直前に明るくなったのは，あの車のライトだったのかもしれない
と思ったのです。
　そして，その車は
　　　　　信号のある交差点をどちらに進んだか分かりませんが，止まることなく走り去ってしまった
ことは覚えています。
　私は，
　　　　　とにかくびっくりした
ことと
　　　　　足が痛くてたまらなかった
ので，
　　　　　私の左足が相手の車のどの辺りにぶつかったかが分からなかった
ですし，
　　　　　相手の車の特徴もよく覚えていない
のです。
　事故の後，近くにいた男性が数人，私のところに来てくれて，
　　　　　110番か119番通報してくれた
ので，その人たちの方が，私より事故の状況が分かるかもしれません。
　救急車が来てくれた後は，
　　　　　○○医療センターに搬送
されたのです。
4　事故の時，私をひいた車の運転手は，
　　　　　私をひいた後，止まることなく立ち去ってしまった
ので，事故直後は，
　　　　　どこの誰なのか，分からない
状態でした。

ただ，後で息子を通じて警察から連絡があり，
　　相手の人が
　　　　浜松市に住んでいる
　　　　山本沙也加
という若い女性であることを教えてもらいました。
5　今回の事故の原因について思い当たる点は，
　　　　交差点を横断している私を確認せず，相手の人が進んできたこと
だと思います。
6　私の落ち度は，
　　　　交差点を斜めに渡らずに横断歩道を渡ればよかった
と思います。
7　私は今回の事故で車か地面に
　　　　左足
を打ち付けました。事故当初は痛くて1人で立てませんでした。
　　事故後，病院に搬送されて，医者に診てもらったところ，
　　　　左脛骨高原骨折
　　　　左腓骨遠位端骨折
　　　　受傷日より1か月の加療を要する見込み
と診断されました。
　　幸い，脳に異常などはないと言われましたが，
　　　　血液の酸素濃度が低くなったので，左足の手術のための細かい検査
をしています。
8　私の病院の治療費については，どのくらいかかるのか分かりませんが，相手の人の保険屋さんと話し合って，誠意ある対応をしてもらいたいと思っています。
9　相手の人に対しては，
　　　　倒れていた私を確認しに来てくれず，

警察や救急車を呼ばず，
　　　止まることなく逃げてしまった
ので，
　　　すごくひどいことをされた
と思っています。
　　あんなに離れたコンビニエンスストアにいた人たちが駆け付けてくれるほど，
　　　大きな音や私が上げた大声
があったので，運転手は
　　　気が付かないはずがない
と思います。
　　このことを考えると相手の人は，本当に許せません。
　　もう逮捕されていると聞いていますが，相手の人には十分反省してもらいたいので，厳しく処罰して欲しいと思います。<sup>1)</sup>

田中　輝子　指印

以上のとおり録取し，読み聞かせた上，閲覧させたところ，誤りのないことを申し立て，本調書末尾に署名指印した。
　　　前同日

浜松〇〇警察署<br>司法巡査　　〇〇〇〇　㊞

**検察官の着眼点**

1) 本調書は，88歳の高齢の女性であるにもかかわらず，事故状況について，明確に供述している。
　なお，段落下げしている箇所がやや多いという印象があるが，いずれも，具体的な記述であり，事故の具体的な状況等の内容が目立ちやすく，理解しやすいので，良い調書である。

第10章　その他の事故　575

Ⅵ　被害者供述調書（平成○年 6 月10日付）

供 述 調 書（乙）
《冒頭省略》

1　私は，平成○年 5 月27日午後 7 時23分頃，浜松市○区○○町○○番地先の交差点で，ひき逃げの交通事故に遭い，足を骨折する怪我を負いましたが，今日は，私がぶつかった身体の箇所や道路で車とぶつかった場所のことについて話します。

2　私の身体のどこが相手の車とぶつかったのか，以前話したように，

　　　はっきりとは分からない

のですが，

　　　上半身は痛いところがなく，足だけが痛かった

ので，相手の車とぶつかったのは

　　　足の辺り

だと思います。

　私が事故後救急車で搬送される時にも，手が届かなかったので，太腿辺りを押さえていましたが，実際は左足の膝辺りが痛くて押さえていたのです。ですから，相手の車とぶつかった場所は左膝辺りで間違いありません[1]。

　今日，警察の方が私の説明をもとに身体の実況見分をしていますので，そのことについて説明します[2]。

　今，私の左足は左膝の上までギプスで固定されており，足に残ったあざを確認できませんでしたが，そのあざのあった場所を説明しましたし，あざのできた部分を反対の足で靴を履いた状態で説明しています。

　私の身長は，今日もベッドで寝た状態で測りましたが，

　　　150センチメートルくらい

で，靴を履いた状態で，靴底から足のあざがあった部分までの高さが

　　　38センチメートルくらい

でした。

私の怪我は左足の膝の下の部分と左足の下の部分の骨が骨折してしまったので，相手の車とぶつかったのは左足の膝の辺りだと思います。
3　私が通称○○街道を横断中に車に跳ねられましたが，事故に遭った交差点を斜めに横断している時に事故に遭ったのです。

私は事故に遭うとは思っていなかったので，事故直後，何が起こったのか分からなかったし，事故前のことははっきり説明できませんでした。

事故現場に行って説明できれば思い出すこともあるのでしょうが，私はまだ立ったり歩いたりできません。

この時本職は平成○年6月8日付本職作成にかかる捜査報告書添付の写真及び交通事故現場見取図を供述人に示した〈写真及び現場見取図ともに省略〉。

この写真や図面を見ると，私が言っていたように，○○街道を横断し始め，横断し終える直前に跳ねられたということが分かります。

私が普段歩く速度は，普通の人が歩く速度よりゆっくりの速度ですので，この時もゆっくり歩いていたのです。

今，警察官から高齢者が普通に歩く速度が大体
　　　時速3.5キロメートル
だと説明を受けましたが，私の歩く速度はそれよりもゆっくりの大体
　　　時速約3キロメートル
の速度だと思います。[3)]

そして，私が道路を渡っている状況を警察官が事故現場の道路の形状を描いた図面のコピーを見せてくれたので，この図面を見ながら説明していきます。

この時本職は事故現場付近の道路形状を記載した図面を供述人に示した〈図面は省略〉。

私は交差点付近で右から来る車をやり過ごした後，事故に遭った交差点の西側にあるお宅のブロック塀の角付近から横断し始めたので，私が横断開始した地点をこの図面に㋐と書いておきます。

○○街道を横断し始め，道路を渡り終える頃にぶつけられたので，

ぶつけられた地点をこの図面に⊗と書いておきます。
　私が説明書きした図面を警察に渡しますので，参考にしてください。[4)]
　この時本職は供述人が任意に朱書きで記載し提出した「私がぶつけられた状況図」を本調書末尾に添付することとした〈状況図は省略〉。
4　今，説明したように，私が○○街道を横断途中，渡り終える頃に車にぶつけられ，私が相手の車にぶつけられたのは，左足の膝辺りで間違いありません。

　　　　　　　　　　　　　　　　　　　　　田中　輝子　指印
　　　〈以下省略〉

> 検察官の着眼点

1) 根拠を示して，衝突した身体の箇所を特定しているのでよい。
2) 生存被害者の身体の実況見分はあまりないことであるが，衝突地点（地上からの高さ）を特定するためには必要になる。ひき逃げで，事故車両を特定するためには，車両に残った衝突痕との突合せが必要になるからである。この被害者のように立った上での突合せが難しい場合，本調書の以下の記載のような方法で特定したのは良い工夫である。
3) 被害者の歩行速度の特定は，被疑者の発見遅滞の有無を判断するためには不可欠の捜査事項である。被害者が生存している場合は，被害者から聴取できるので必ず聴取して録取すべきである。本事例では，「普通の人の歩く速度よりゆっくり」という具体的な供述が得られているのはよい。
　さらに，具体的な速度が明らかにできればよいところ，そのためには実測するほかないが，入院中でギプスをしている状態では，退院するのを待つほかない。もっとも，身柄事件であり，時間が限られているので，その間に過失の有無（本事例で言えば発見遅滞）を判断しなければならないため実測では間に合わない（退院後であっても事故前と同じ歩行速度を図れるかは予測できない。）。そこで，どうするかであるが，発見遅滞が認められるか否かが判断できればよいので，被疑者に最も有利な速度を前提にして検討すればよいことになる。本事例の場合，被害者は，高齢者の普通の速度よりもゆっくり歩くとのことであるので，文献に紹介されている一般的な高齢者の速度の時速約3.5キロメートルを基準に約3キロメートルとしたのであるが，被疑者に最も有利な速度（速ければ速いほど被疑者には発見が遅れるので有利になる）として，時速約3.5キロメートルを前提に，この場合でも発見遅滞が認められるか否かを検討すればよいであろう。
4) 図面上の指示であるから，限界があることを認識しておくべきである。

# 交通トラブルに起因する傷害事件（簡易書式対象事件）

**事例㉝**

車の運転を注意したことにより，暴行され，負傷

## I 被害者供述調書（〔簡〕様式第7号）

供 述 調 書（乙の1）

〈住居，職業・勤務先，省略〉

氏名，年齢　　香取　史郎

　　　　　　　　　　　　　　　昭和○年6月16日（70歳）

取調官　　　　○○警察署　司法警察員　巡査部長　○○○○　㊞

取調べ及び
作成の日，場所　　　　　　　平成○年3月7日　○○警察署

《冒頭省略》

1　私は，先日3月1日の早朝，○○市内の国道1号線の路上で，危ない運転をしていた車の運転手に注意しようとしたところ，助手席から降りてきた男に殴られたり，蹴られたりする暴力を受け，鼻や目の周りに骨折などを負う被害にあった者です。

　　今日はその時のことを話します。

2　その日，私は，愛知県○○市に住んでいる北山玲さんという友達を迎えに行き，○○まで乗せて行くことになっていました。

　　北山さんを私の車に乗せて，東名高速道路で○○まで向かったのですが，浜松インターの近くで給油するため，○○インターを降りて給油し，そこからは国道○号線で○○に向かうところでした。

　　それで○○市内を走ってきた午前5時半頃のことですが，国道○号線を東に向けて走っていたところ，○○警察署の少し西側にある
　　　　ローソンの駐車場

から，突然，シルバー色の車が私の車の前に出てきたのです。
　そのため，私は急ブレーキをかけて減速し，かろうじて衝突しないで済みましたが，助手席に乗っていた北山さんが，前にのめりこんで，びっくりして寝ていたのが目を覚ましてしまいました。
　私の車の前に入ってきた車は，
　　　　シルバー色のステーションワゴンタイプの普通車
で，私の車は，国道○号線をそのワゴン車の後ろをついて行く形になりました。
　それで○○警察署の前を過ぎ，
　　　　　○○という交差点
まで行くと，その交差点が赤信号になり，2台が前後に並んで止まりました。
　私は，前に止まっているそのワゴン車に対し，セブンイレブンから急に出てきて自分の車とぶつかりそうになったことに頭に来ていたので，
　　　　無理な運転はするな
と運転手に注意してやろうと思ったのです[1]。
　自分の車から降りると，前に止まっているワゴン車の運転席の横に行きました。
　運転席には，
　　　　年齢が20歳代
　　　　黒っぽい服装
の男が乗っていました。
　それでこの運転手と話すため，窓を開けるように，運転席の窓をコツンコツンとノックしました[2]。
　そうしたところ，助手席から
　　　　40歳くらい
　　　　がっちりした体格
　　　　胸元に○○○と会社名の入った薄い色の作業着上下を着た男

が降りてきたのです[3)]。

　それで男は，ワゴン車の助手席から私の車の後ろに行ったので，私もワゴン車の運転席の横から自分の車の運転席の後ろに行ったのです。

　そして自分の車の後ろ辺りで対峙することになったのですが，その瞬間，男がいきなり私の顔面を殴ってきたのです。

　歩道の部分にいた男が歩道と車道の間の縁石を飛び越えて，車道にいる私に殴りかかってきました。

　どちらの手だったかは思い出せませんが，私の

　　　　右眼辺り

に向かって，男の拳が飛んできました。

　拳がまともに当たったので，その一発で，頭がくらっと来て，脳震盪のような感じになりました。

　それで，そのままその場に倒れてしまったのです。

　倒れている私に対して，今度は男が蹴ってきたので，それを

　　　　右肘

でガードをした覚えがあります。2，3発は蹴られたと思います。

　何とか起き上がった私に対し，再び顔面を殴ってきました。

　一発目のパンチがかなり効いていたので，その後はどういう順番でどうやって殴られたのかははっきりしませんが，

　　　　左目辺りと鼻と口

の3か所は間違いなく殴られています。

　男は，殴るのをやめると，私に対し，

　　　　窓をどんどん叩いたから，壊れている可能性がある
　　　　300万円もする値段の高い車だから損害賠償を考えているからな

などと言ってきました。

　私が，

　　　　ノック程度で壊れるわけがない

と言い返すと，男も
　　　バンバン叩いていたじゃないか[4)]
などと言ってきて，このようなやり取りをしたのです。
　私の出血している様子を見たためか分かりませんが，このようなやり取りをしているうち，男の話し方が少し冷静になったような気がしました。
　あと，いつ車を降りてきたのかは分かりませんが，その時には，運転席にいた若い男と私の車に乗っていた北山さんも車から降りてきていて，私達の近くに立っていました。
　それで私は，このような目に遭い，警察に届け出るつもりだったので，私は，車に一旦戻り，サービスエリアでもらったパンフレットをメモ代わりに，ワゴン車のナンバーをメモしたのです。
　浜松ナンバーということは，私の目で見て覚えたので，それより後の
　　　○○○え○○○○
というナンバーをメモしました。
　ですから，その時私に怪我を負わせた男が乗っていた車のナンバーは，
　　　浜松○○○え○○○○
ということになります。
　その上で男に対し，名前や連絡先や勤め先を聞いたところ，意外なことに，男は嫌がることなく，
　　　坂井英彦
という名前と
　　　080-○○○○-○○○○
という電話番号，あと
　　　○○○
という勤め先の名前を言ったのです。
　私が，それらのメモを書き終わると今度は，男が

　　　　　俺が言ったのだから，あんたも教えてくれ
と言ってきたので，私は自分の住所や名前，自宅の電話番号が書いてある名刺を渡しておきました。
　そして私が男に，
　　　　　今回のことは傷害事件になるので，警察に届けるから
というと，男も
　　　　　俺も弁護士を立てるから
と言って別れています。
　その後，私は，その場所から○○警察署に今回のことを届け出たのです。
3　私が警察署に着いたのは，午前6時頃のことでした。
　その時間から20分くらい前の出来事とだったので，殴られたのは
　　　　　午前5時40分頃
だと思います。
4　今回のことは危ない運転をしていた車に対し，安易に車を降りて注意をしに行った自分も原因を作ったという意味で悪いのですが，このようなひどい暴力は許せません。
　今回のことで，私も
　　　　　鼻骨骨折，右眼窩骨折，体幹多発打撲
という大きな怪我を負いました。
　このようなことをする人間には，ちゃんと処罰を受けてもらいたいと思います。

　　　　　　　　　　　　　　　　　　　　　香取　史郎　㊞

　　　　　　　　　　　〈以下省略〉

> **検察官の着眼点**
>
> 1）　交通方法では，一方的に被疑者が乗っていた車の運転方法に非がある。したがって，香取は怒りも大きいが，自分に正当性があるので，注意しても問題はないし，暴力沙汰に発展することもないと考えていたと思われる。70歳の高齢であるし，相手は自分より年下の人間であると予想していたと思われ，70歳の自分が運転に非のある相手に注意したとしても，相手は非を認めるであろうし，高齢の自分に対してまさか暴力を振るうこともないと考えていたと思われ

る。まして，相手に対する怒りがあったとしても，自分に暴力を振るうまでのことは考えていなかったであろう。それは，女性の友人北山を送る途中である上，暴力沙汰になれば北山にも迷惑をかけることになるからである。

　通常は，怒りが大きく，また，自分から注意に行く者が暴力に及ぶことが多いが，本事例のような事例もある。

**2）**「コツンコツンとノックした」というのは，坂井の供述（「バンバン叩いていたじゃないか」）からすると，ノックの仕方を弱めに供述している可能性がある。ノック程度のことであれば，坂井が怒って降りてくることは考え難いからである。また，相手に注意しようと考える香取の怒りは，中山の運転方法の危険さからしても，相当のものであったと考えられるので，強めのノックであった可能性が高いと考えられるからである。一般に，自分に非のあることについては，本能的に自己防御心が働き，過少に話すことが多いからである（総論→33頁と注39）参照）。

**3）**　後記の坂井の供述からすると，ノックした段階で坂井が助手席から降りたというのは，間違っていると思われる。坂井の供述からすると，香取はノックした後，中山に注意して戻って行ったと考えられるところ，香取の供述では，注意したことは触れられていないが，自車から降りて被疑者達の車に行ったのは運転を注意するためであったから，それをしないで自車に戻ることはあり得ないので，注意した上で，戻って行ったと考えられるからである。したがって，注意しないで本件被害に遭ったという香取の供述は不自然であり信用しにくい。ここの件(くだり)は，後述の坂井供述の方が正しいと考えられる。また，もし，香取が意図的に，注意したことを避けて供述しなかったのであれば，かなり強い調子で運転手を難詰した可能性もある。いずれにしても，中山に窓越しに注意して戻って行ったのを，坂井が追い掛けて行ったということになろう。

**4）**　坂井は，本件直後の対応等からすると，いくら会社の新車であったとしても，軽くノックするぐらいで香取に対して怒りを感じることはないと思われるので，「バンバン叩いた」というのはあり得ることである。もっとも，坂井がノックの程度を過少に供述している可能性がある以上，坂井にも，暴行の非を正当化するために過大に供述している可能性を完全に否定することはできない。

## II　被疑者供述調書（〔簡〕様式第6号）

供　述　調　書（甲の1）

〈本籍，住所，職業・勤務先　省略〉

氏名，年齢　　　坂井　英彦

　　　　　　　　　　　　　　　　　昭和○年11月26日（39歳）

取調官　　　　　　○○警察署　司法警察員　巡査部長　○○○○　㊞

取調べ及び
作成の日，場所　　　　　　平成○年3月15日　　　　○○警察署

　上記の者に対する傷害被疑事件につき，本職はあらかじめ被疑者に対し，自己の意思に反して供述する必要がない旨告げて取り調べたところ，任意次のとおり供述したので，これを録取して読み聞かせた上，閲覧させたところ，誤りのないことを申し立て，本調書末尾に署名指印した。

出生地　　　静岡県磐田市です。

前科犯罪　　前科はありません。

前歴　　　　警察に世話になったこともありません。
　　　　　　そのほか，現在民事事件等で争っていることもありません。

〈学歴　　　略〉

〈経歴　　　略〉

〈資産　　　略〉

〈月収　　　略〉

〈家族関係その他
　参考事項　　　　略〉

犯罪事実関係

1　私は今年の3月1日明け方，○○警察署の東方にある国道○号線の○○交差点の近くで，年配の男性に，拳で殴ったり足蹴りする暴行を加えて怪我をさせる事件を起こしてしまいました。

今日は，その時のことについて話をします。
2　私が事件を起こしたのは，
　　　　平成〇年3月1日午前5時40分頃
のことです。
　私は，前日の2月28日の午後7時か8時頃から，〇〇市内の居酒屋で会社の同僚と2人で酒を飲んでいました。
　翌3月1日の午前5時くらいまで酒を飲み，会社の別の同僚に迎えに来てもらった後のことですから，私が事件を起こした時間は，そのくらいの時間になります。
3　次に私が暴力を振るった場所ですが，〇〇警察署から国道〇号線を東に行ったところにある〇〇交差点という信号機のある交差点近くです。
　詳しい番地は知りませんでしたが，警察官から
　　　　静岡県〇〇市〇〇・〇〇〇番地1　〇〇方南側路上
と教えてもらいました。
4　私が怪我をさせた相手方は
　　　　香取史郎さん　70歳
で，私が拳で顔面を殴ったりしたことで，顔から出血する怪我をしました。
　当時，香取さんは
　　　　白色のミニバンタイプの車
に乗っており，中年の女性1名が一緒に乗っていたと記憶しています。
　香取さんの身なりは
　　　　眼鏡をかけて，全体的に黒っぽい服装
だったと思います。
5　それでは今回の事件の詳細をお話しします。私は，事件を起こす前の2月28日午後7時か8時頃から，会社の同僚と2人で，〇〇市内の居酒屋で酒を飲んでいました。

〈一部中略〉

　日が変わった3月1日の午前5時頃，自宅に帰るため，会社の同僚の中山君を電話で呼び出し，会社の駐車場に止めておいた自分の車の
　　　　普通乗用自動車　　　○○○　V70　白
　　　　ナンバー　　　　　　浜松○○○え○○○○
を中山君に運転してもらい，私は助手席に乗って自宅方向に向かいました。

〈一部中略〉

　中山君が運転する私の車の助手席で，私は酒を飲んでいたこともあったのでウトウトしていました。
　そして，事件を起こした○○交差点が赤色信号になったので停止した時，突然
　　　　ガンガン
という音が聞こえ，ハッとしたのです。[1]
　私は，一瞬何が起きたのか分からず，ぶつけられたのかと思いましたが，運転席の外に男の人が立っていて，声はよく聞こえないものの，何か文句を言っていて，その男性が私の車の窓ガラスを叩いたことが分かりました。
　その後，男性は文句を言った後，車の後ろの方に歩いて行ってしまいましたが，私は，買ったばかりの車で，しかも初めての外車だったこともあり，その男性が窓ガラスを叩いたことを許すことができず，[2]助手席から降りてその男性を追い掛けるようにして近づき，私の車の後方に止まっていた男性の車の後ろで，相手の男性を突き飛ばし，右拳で相手の顔面を殴ったのです。
　私は，腹が立っていた上に酒も入っていたので，細かいことまでは思い出せませんが，[3]その後も，
　　　　道路上に転んだ男性の体を足蹴りしたり，起き上がった男性の
　　　　顔面を再度殴ったりした
と思います。

私が男性の暴力を振るっているのを見て，男性の車に乗っていた中年の女性は，
　　　やめて
　　　何でそこまでするの<sup>4)</sup>
と言いながら私を止めに来ました。
　男性の顔から出血しているのを見た私は，最初よりは冷静になりました。
　ですが，私にしてみれば，最初に窓ガラスを叩いてきたのは男性の方でしたから，男性や女性に対して，
　　　そっちが先に叩いてきたじゃないか
と言い返しました。
　その後も言い合いは続き，男性は，私に対して
　　　眼鏡が壊れたから弁償しろ
　　　許さんぞ
などと言い，私も
　　　こっちかも弁護士を立ててやるでな
などと言った記憶があります。
　そして男性は，私に名前や連絡先を教えて欲しいと言ったので，私は
　　　名前，電話番号，会社名
を相手の男性に教え，私も相手の名刺をもらい，また自分の助手席に乗り込んで，中山君の運転で自宅に向かって出発しました。
　家に帰り着いた後，私は，少しやりすぎたと思い，男性に謝りの電話をしようと，男性からもらった名刺を探したのですが，どこかになくしてしまって連絡できませんでした。
　そして，3月11日の早朝，○○警察署の警察官が私の家に来て，2月28日のことについて聞きたいと言われたので，私は正直に男性を殴って怪我をさせたことを話したのです。
6　今回起こした事件で，私は，相手の香取さんに，

　　　　　　鼻や右眼付近の骨折や体の打撲などの怪我
　をさせてしまい，警察官から香取さんの怪我の診断書を見せてもらったところ，治るのに約4週間かかるということを知りました。
　　確かに私は，香取さんの顔面を拳では4，5回殴り，転んだところを足蹴りしていますので，診断書に書いてある怪我が，私が殴ったことによる怪我であることは間違いありません[5]。
7　この事件の原因は，先ほどもお話ししたとおり，香取さんが突然私の車の窓ガラスを叩いて因縁をつけてきたことです。
　　後で警察官から話を聞いたところで，私が乗った車がコンビニエンスストアの駐車場から道路に出た時に，香取さんが運転する車とぶつかりそうになり，香取さんはそれを注意しようとして信号待ちで停止した私の車の窓ガラスを叩いたとのことでした。
　　当時私は，酒も入っており，突然知らない男性が自分の車の窓ガラスを叩いて因縁をつけてきたと思ったので，
　　　　高い金を出して買った車に何をするんだ
　　　　壊れたらどうするつもりだ
　とカッとしてしまい，後先を考えることなく，香取さんを殴ってしまったのです[6]。
8　今回の件は，いくら酒が入っていたとはいえ，そして，香取さんが突然因縁をつけてきたと勘違いしたとはいえ，大怪我をさせるほどの暴力を振るったことは許されるものではなく，十分に反省しています。
　　今後は，香取さんに謝罪し怪我の治療費を支払うなど，誠意のある対応をしたと思っています。
　この時本職は，供述人と次の問答をした。
　問　事件直前に立ち寄った場所はどこか。
　答　コンビニエンスストアに寄りましたが，はっきりしません。
　　私は，会社の同僚に自分の車を運転させて帰る途中でしたが，所持金がなかったので，コンビニエンスストアのATMで金を下ろそ

うと思い，同中にコンビニエンスストアに２か所ほど寄りました。酒を飲んでいたせいもあり，はっきりとどこのコンビニエンスストアに寄ったかは覚えていませんが，○○警察署から国道○号線を西に行ったところにあるローソンに寄ったような覚えもあります。

坂井　英彦　指印

検察官の着眼点

1) 坂井の（香取が）「ガンガン叩いた」旨の供述は，過大に供述している可能性も否定できないが，概ね真実の供述と考えられることにつき，香取供述の 検察官の着眼点 2)（→583頁）参照。

2) 通常，被疑者（坂井）の立場とすれば，窓ガラスを叩かれて何が起きたのか，運転席の外に立っていた男性は何と言ってきたのかを知るために，運転手の中山に確認すると思われる。そうでないと，自分がどう行動すべきかについての判断がつかないはずだからである（もっとも，早合点する人間がいないと断定するわけではない。）。そうだとすれば，それに中山がどう説明したかは重要な事実となる。本調書では，その点の記述がないので，実際にどうだったのかは不明というほかない。取調官が質問していれば，坂井はそれに対する供述を行っていると考えられるので録取しないことは考え難いから，取調官が質問をしなかった可能性がある。また，他の可能性としては，坂井が事情を聞いた時に，中山が自分の非のある運転方法については明確に話さず，ただ，相手が運転方法に対して文句を言ってきた旨の説明だけにとどめたか，逆に，自分は全く非のある運転はしていないのに，急に自分が飛び出したなどと難癖をつけてきていると話したことが考えられる。前者の場合は，中山の運転に非があったか，なかったかは，それだけでは分からないので，それが犯行の動機になることはやや考え難い。後者の場合は，犯行の動機になり得る（動機の１つになり得るし，自車に被害を与えたことに対する怒りの動機を促進する事由になり得る。とんでもない奴だという思いが生じ得る。）。しかしながら，（被疑者坂井の記憶の有無にもよるが）仮に，坂井がそのような中山の話を聞いているのであれば，その旨を供述しないことはないと考えられる。というのは，運転方法の非を押し付けてきた相手に責任の一端があると弁解することが可能になるからである。しかるに，そのようなことを述べていないのは，そのような事実はなかった（中山と相手が言ってきた文句の内容に関する会話はなかった）可能性の方が高いと考えられる。

もっとも，中山との会話だけでなく，香取に注意された（文句を言われたと受け取る状況であった可能性もある）直後の中山の表情（憤慨したり機嫌の悪いのを我慢しているような）を見て，自分を迎えに来てくれた中山に同情して，味方意識から香取に対する敵愾心を起こした可能性もある（もちろん，上記の会話に中山の表情が加わっていることもあり得る（二者択一ではない）。）。

なお，坂井は，運転席の窓越しに香取を見た可能性が高い。そして，老齢で

あることを認識した上，相手が屈強でななく，暴力を振るったとしても自分がやられることはないと踏んで，助手席から降り，香取の方に向かって行ったものと考えられる。降りたはよいが，相手がどんな人間か分からずにいたのでは，相手が屈強な人間だった時に何も言えないのでは格好がつかないからである。もっとも，見えなくとも，自分の力に自信があり，相手は弱いとの見込みで降りて行く可能性を排除するものではない。特に，坂井は酩酊していたので，そのような判断も否定できないと考えられる。

3）　「細かいことまで思い出せませんが」とあるが，どこまでしつこく追及したのかは考慮のする必要がある。取調官の追及の淡泊さの言い訳に使われている可能性もないわけではないからである。

4）　この供述も重要である。事態の原因に比べて暴行が過剰であることを示すものだからである（言葉の唯一無二性〈総論→22頁参照〉）。もちろん，女性の感覚を前提としたものではある。

5）　この供述で暴行と傷害の因果関係まで間違いないと認定することはできないが，自分の行った暴行で診断書記載の程度の怪我が生じることが十分あり得ること，またそのことを認める，という意味を有する供述である。

6）　経緯として被疑者が述べることだけでは，無抵抗の高齢者に対してこのような執拗な暴行を加えるのはかなり理解し難い面がある。そういう意味で，十分な解明はできていないと思われるが，この種の事件（比較的単純で軽微な傷害事件であり，犯人性は明らかであるし，犯行を認めていること等）でその点まで明らかにする必要（被疑者に供述を求めるほかはない）までないといえばいえることではある。

# 第11章　危険運転致死傷事件

## 1　アルコール類型（自動車運転死傷処罰法2条1号前段）の捜査の要点と取調べの留意事項

(1)　立証対象

　① 「アルコールの影響により正常な運転が困難な状態」で運転をしたこと

　② 上記①についての被疑者の認識

を立証するに足りる証拠を収集する。

(2)　捜査の要点

ア　飲酒の裏付け

(ア)　客観的数値による立証

呼気検査で立証するのが一般的である。

被疑者が事故の怪我により病院に収容されている時は、病院での検査結果を証拠として収集することを考慮する。被疑者及び病院の協力が得られなければ、令状で差し押さえることも考慮する。

(イ)　呼気検査ができなかった場合（ひき逃げ等）

この場合は、自動車運転死傷処罰法4条の過失運転致死傷アルコール等影響発覚免脱罪の成立する可能性があるが、これは自動車運転死傷処罰法2条、3条の危険運転致死傷罪の立証ができない場合に初めて検討するもので、最初からその適用を考えるべきものではない。

飲酒量を裏付けて推計計算（ウィドマーク式による[175]）を行う。

この場合、被疑者の供述、一緒に飲酒した者の供述、飲食店店員の供述、

---

[175] 上野式については、配分率として式に算入されている数値（0.7）の根拠が明確でないことから、信用すべきではないとされている。前記の配分率が式に入っているため、上野式の方がウィドマーク式の計算よりも低い数値が出る。

飲酒した店の伝票，酒を買った店の売上票等を得て，可能な限り飲酒量の特定を行う。

事故から数時間後に飲酒検知を行って数値が出ている場合（例えば，0.1など基準値以下でも（もちろん基準値以上でも）），飲酒検知結果と前記ウィドマーク式計算法の両方を使って，事故時のアルコール保有量を算出する（減少率を逆に加算していく）ことも有効である。

### イ　酩酊状況の裏付け

一緒に飲酒した者，店員，車の同乗者，被疑者の運転を目撃した後続車，並進車，対向車の運転者や目撃者等から被疑者の酩酊の程度，状況を裏付ける言動，車の走行状況（蛇行運転や交差点の大回り等）の具体的事実を明らかにする。

被疑者が立ち寄ったコンビニエンスストア等の防犯カメラ等の画像の収集も有効である。

事故状況自体も，酩酊の程度を推測する重要な事実である。

### ウ　正常な運転が困難な状態

「道路及び交通の状況に応じた運転操作を行うことが困難な心身の状態」をいうとされている。「運転」の困難性ではなく，「正常な運転の」の困難性である。

酒酔いの影響で，前方注視が困難となったり，ハンドル・ブレーキ等の操作の時期や加減について，これを意図したとおりに行うことが困難になる状態であるとされる（千葉地判平成18年2月14日判タ1214号315頁，野々上尚ほか『危険運転致死傷罪の犯罪事実記載例』28頁（近代警察社，2002）等）が，前方注視が十分にできない状況に陥っている時は，それが一時的な状態でなく継続的にその状態である以上，前方注視が完全に困難な状態に至っていなくても前方注視の困難性は認められると考える[176]。すなわち，「正常な運転」は困難に至っているからである。

酒酔い運転の「正常な運転ができないおそれがある状態」（道交法117条の2第1号）では不十分とされるが，従来，道交法違反の酒酔い運転で立件さ

---

176）福岡高判平成21年5月15日高検速報（平21）287頁は，「前方注視を行う上で必要な視覚による探索の能力が低下していた」状態でも前方の注視が困難としたものである。

れているのは，多くが，正常な運転が困難な状態になっている事案であるので，従来の酒酔い運転による事故は，危険運転致死傷罪が成立する場合が多いと考えられる。

　エ 「アルコールの影響により正常な運転が困難な状態」であることの認識

　基本的には，被疑者の供述が重要となる。しかし，捜査の実際では覚えていないと弁解されることが多い。もちろんこれを鵜呑みにしてはならないのは当然であり，粘り強く取り調べることが肝要である。

　また，被疑者が上記の認識を否認していた場合，同認識の存在を立証ができないわけではなく，同乗者，一緒に酒を飲んだ者等の運転開始前及び運転中の被疑者の言動に関する供述等の間接事実から認定することも可能である。

　すなわち，同乗者等が被疑者の酔いの程度から運転が危険であることを指摘し，これに対して，被疑者が応えた状況，あるいは運転中に同乗者が危険な運転を注意し，これに対して被疑者が応えた状況やその内容等が分かれば，被疑者に記憶がなくとも，当時正常な運転が困難であることを認識していたことを推測させることに繋がる（後記の 事例㊲ →642頁は，同乗者の供述が物を言った事例である）。

　事故状況に関する被疑者の記憶がない場合であっても，飲酒後運転前に，酔いがひどくてまともに歩けず，そのことから，このまま運転すれば正常な運転ができず事故を起こすかもしれないと認識していた場合には，認識は認められるのが通常であろう。しかし，その場合であっても，現実に必要なのは，運転中の危険性（正常な運転が困難な状態であること）の認識である。

　また，事故自体が，アルコールの影響で正常な運転が困難な状態であったために起きたといえる場合でない場合には本罪は成立しない。したがって，事故態様の解明が重要となる。事故がアルコールの影響によって，前方注視が十分できずに発見遅滞のために事故に至ったとか，ハンドル操作が十分にできなかったとか，速度感覚が狂って道路状況に応じた速度を出すことができなかったとか等のために，事故が発生したと認められる場合には，認識と結果に齟齬はないので，十分に危険運転致死傷罪は成立すると考えられる。

酒の酔いによって眠くなった結果，前方注視が困難になり正常な運転が困難な状態になったとしても，その状態になった後すぐに事故が発生した場合は，認識があったといえるか疑問のある場合もあり得る。危険運転致死傷罪は故意犯であるから，この認識は必要であるので，十分記憶を喚起した上で具体的な道路状況と具体的な運転操作の状況を聴取しながら認識を録取することが重要である。

なお，前掲福岡高判平成21年5月15日は，「被告人の認識について検討するに，アルコールによる視覚への影響という事柄の性質上，その影響が本人である被告人に分からないはずはないのであって，本件事故当時，被告人は当然に自らの視覚に異常が生じて前方の注視が困難な状態であることを認識していたと認められる。」として，被疑者自身の自白がなくても認識を肯定しているのは，極めて心強い（同判決については，下記の注177）で紹介した最高裁決定でも維持されている。）。

　オ　動　機

アルコール類型の危険運転致死傷罪は故意犯であるので，動機をきちんと押さえる必要がある。アルコールの影響により正常な運転が困難であるにもかかわらず，なぜ運転を続けたのか，この点がきちんと押さえられていれば，認識（故意）の存在をしっかりと裏付けることになる。

例えば，翌日の仕事で車が必要なのでそのまま運転して帰ろうとした，代

---

177) 最決平成23年10月31日刑集65巻7号1138頁（前掲福岡高判平成21.5.15の上告審判決，いわゆる海の中道大橋事件）

「刑法208条の2第1項前段（当時）の『アルコールの影響により正常な運転が困難な状態』とは，アルコールの影響により道路交通の状況等に応じた運転操作を行うことが困難な心身の状態をいうと解されるが，アルコールの影響により前方を注視してそこにある危険を的確に把握して対処することができない状態も，これに当たるというべきである。そして，前記で検討したところによれば，本件は，飲酒酩酊状態にあった被告人が直進道路において高速で普通乗用自動車を運転中，先行車両の直近に至るまでこれに気付かず追突し，その衝撃により同車両を橋の上から海中に転落・水没させ，死傷の結果を発生させた事案であるところ，追突の原因は，被告人が被害車両に気付くまでの約8秒間終始前方を見ていなかったか又はその間前方を見てもこれを認識できない状態にあったかのいずれかであり，いずれであってもアルコールの影響により前方を注視してそこにある危険を的確に把握して対処することができない状態にあったと認められ，かつ，被告人にそのことの認識があったことも認められるのであるから，被告人は，アルコールの影響により正常な運転が困難な状態で自車を走行させ，よって人を死傷させたものというべきである。被告人に危険運転致死傷罪の成立を認めた原判決は，結論において相当である。」と判示している。

行運転の代金を節約するために運転したなどであるが，反対から明らかにする，すなわち，酔いを覚まし，正常な運転ができる状態になって初めて運転することをしなかった理由を聞くことで明らかになるであろう。

## 2 薬物類型（自動車運転死傷処罰法2条1号後段）の捜査の要点と取調べの留意事項

　基本的には，アルコール類型と同じである。しかし，アルコール類型がアルコールの薬理作用が自明であるのに対し，薬物類型の場合は，薬物の薬理作用がアルコールほど明確でない点で異なる。薬物類型の場合は，薬物の薬理作用を処方した医師，薬剤師，薬剤辞典等で明らかにする必要がある（使用した薬物の量と薬理作用の程度等も含む。）。

　また，アルコールと併用することも少なくないので，その場合には，アルコールと併用した場合の薬理作用も明らかにして，実際に被疑者に現れた症状（正常な運転を困難にするもの）が，その薬理作用であることを示す必要がある。

　なお，基本的には，被疑者が当該薬物を使用した事実を客観的な証拠（尿鑑定，薬物及び薬物の錠剤の殻や袋等の押収，医師の処方の事実等）により裏付ける必要がある（厳密にいえば，覚醒剤の使用事犯同様，いわゆる物なしでも立証は不可能ではないであろう（自白及び処方の事実や一部薬剤の存在，薬理作用の症状の内容等を総合する。）が，例外と考えるべきである。）。

　尿検査については，検挙直後の機敏な判断が重要である。

## 3 高速度類型（自動車運転死傷処罰法2条2号）の捜査の要点と取調べの留意事項

(1) 立証対象

　① 進行を制御することが困難な高速度で走行したこと
　② 上記①についての被疑者の認識

を立証するに足りる証拠を収集する。

## (2) 進行を制御することが困難な高速度

　速度が速すぎるため，道路の状況に応じて進行することが困難な状態で走行させることであり，具体的には，そのような速度で走行すれば車両の構造・性能等の客観的事実に照らし，あるいは，ハンドルやブレーキ操作のわずかなミスによって自車を進路から逸脱させて事故を生じさせることとなる速度での走行を意味する。

　速度が速すぎるか否かは，具体的な道路の状況に応じて判断されるので，具体的な道路の状況を明らかにする。

　○　道路のカーブの半径，限界速度，幅，道路の湿潤状況，路面の摩擦係数を明らかにする。
　○　実際の走行速度を明らかにする。
　　　エネルギー保存法則，運動量保存法則，横滑り痕等から，被疑車両の走行速度を明らかにする。その際使う摩擦係数も，可能であれば実車を事故現場で使って計測する。
　　　前記の計算を行うためにも，現場及び被疑車両，被害車両，被害者等に印象された痕跡等の現場の徹底的かつ詳細な見分を行う。横滑り痕は，綿密な見分が必要である。湿潤時は見つけにくいので現場を保存した上で，翌日に行うことも必要である。
　○　被疑車両の故障の有無，性能（ABS の装着，ターボエンジン等その他）を確認する。

## (3) 具体的な事故状況

　事故になるまでの走行状況を明らかにし，鑑識係による事故時の被疑車両及び被害車両等の挙動解析等を実施する。

## (4) 被疑者の認識

　被疑者の供述が重要になる。
　○　被疑者の現場の道路状況に関する認識（道路が湿潤等で滑りやすいことを認識していたかどうか，カーブの程度の認識，現場道路の走行経験・回数，普段の現場の走行速度，事故時の自車の速度に関する認識及び認識

の根拠）
- ○ 具体的な事故状況（どのような速度で，いつ，どのようなハンドル操作，制動を行ったのか，なぜ，そのようなハンドル操作，そのような制動措置を講じたのか，そして，どのような車両の挙動で事故に至ったのか。）についての認識を聴取する。
- ○ 高速度を出した動機（運転の目的――どこに，いつまでに行くつもりだったのか。）については，被疑者の供述だけで満足することなく，裏付けを必ず行う。

　裏付けのない供述は，吹けば飛ぶ紙切れ同様と認識する。逆に裏付けのある正確な動機を録取できていれば，公判での否認を防ぐことに繋がる。

　弁解として，速度の出し過ぎではなく，意図せず路面が滑った（湿潤等滑走の原因となる道路状況であることを認識せず），間違って，アクセルを踏みすぎて速度が出過ぎてしまった，路面のマンホールに滑った等意図的な高速度運転ではなく横滑りの原因となる道路状況を知らなかった等の弁解が出る可能性がある。[178]

## 4　殊更赤色信号無視（自動車運転死傷処罰法2条5号）の捜査の要点と取調べの留意事項

(1)　立証対象
- ①　赤色信号（又はこれに相当する信号）を無視したこと
- ②　殊更に無視したこと
- ③　重大な交通の危険を生じさせる速度で運転したこと
- ④　上記③についての被疑者の認識

を立証するに足りる証拠を収集する。

---

[178] 現実の警察実務では，被疑車両の走行速度が現場カーブの限界速度を超えていないと，高速度類型の危険運転致死傷罪での立件はしない傾向があるようである。しかし，進行を制御することが困難な高速度とは，前記のとおり，わずかなハンドル操作やブレーキ操作のミスでも進路から逸脱させてしまう速度なのであるから，限界速度と同じ速度であっても，危険運転致死傷罪の成立する余地はあると認識しておく必要があろう。

## (2) 赤色信号を無視したこと

基本的には，信号看過又は無視による交通事故の場合と同様の捜査を行う。

例えば，事故時の被疑者及び被害者の対面信号の状況，信号サイクルの裏付け，目撃者の確保及び取調べ等，衝突地点の特定，被疑車両，被害車両の速度等である。

## (3) 殊更に赤色信号を無視したこと[179]

殊更の赤色信号無視とは，故意の赤色信号無視のうち，「およそ赤色信号に従う意思のないもの」をいう。

例えば，

○ 赤色信号であることの確定的な認識があり，停止位置で停止することが十分可能であるにもかかわらず，これを無視する場合

○ 信号の規制自体を無視し，およそ赤色信号であるか否かについて一切意に介することなく，赤色信号の規制に違反して進行する場合

がある。

なお，事故時の同交差点における通行車両の状況（車両の多寡）において早朝等で交差道路の交通量が極めて少ないこと見越して赤無視をすることがある。

## (4) 動 機

運転の目的ないし動機（赤色信号を無視してまで急ぐ必要があったか否か等）は重要である。正確な動機をきちんと録取できていれば，公判で否認するこ

---

179) 判例として次のものがある。
- 高松高判平成18年10月24日高検速報（平18）319頁
  赤色信号の意味は，停止線を越えたとしても，なお，その進行を禁ずる趣旨のものであると解するのが相当であり，赤色信号に気付いて急ブレーキをかけることにより停止可能な位置を越えて自動車を進行させた場合にも，殊更赤色信号無視が成立する。
- 最決平成20年10月16日刑集62巻9号2797頁
  赤色信号であることの確定的な認識がない場合であっても，信号の規制自体に従うつもりがないため，その表示を意に介することなく，たとえ赤色信号であったとしてもこれを無視する意思で進行する行為も「殊更に無視」に含まれる（本事例は，事故交差点手前で，他の車が止まっているのを見て赤色信号だと思っていた事例）。

とを防ぐことに繋がる。
　被疑者の交通違反歴（これまで，赤色信号無視で検挙されたことがあるか。），どの地点で，赤色信号を認識したのか，なぜ，停止しなかったのか，黄色信号を見て，その後信号を確認していないと供述する場合，黄色信号を見た地点が重要になり，被疑車両の速度から，交差点進入の前に赤色に変化していると認められる場合には，未必的な殊更赤色信号無視の可能性もあるので追及する。
　交差道路も赤で車両はないと思っていた（「赤赤」で抜けられると思っていた）との弁解も多いが，危険運転致死傷罪の成否は，交差道路の信号表示とは直接には無関係である（もっとも，「赤赤」が想定される場合は，被疑者の対面信号も変わり目で，微妙な判断になることに留意する。）。
　また，傷害の結果と，殊更赤色信号無視の成否は無関係である。傷害の結果が軽微であるから，あるいは被害者が宥恕しているからといって，危険運転致死傷罪の適用を避けるべきではない。

## 5　3条危険運転致死傷事件（自動車運転死傷処罰法3条1項）の捜査の要点と取調べの留意事項

(1)　立証事項
　　①　アルコールの影響により，走行中に正常な運転に支障が生じるおそれがある状態であること
　　②　上記①についての被疑者の認識
　　③　①の結果，正常な運転が困難な状態に陥って，人を死傷させたこと
である。

(2)　アルコールの影響により，走行中に正常な運転に支障が生じるおそれのある状態
「正常な運転に支障が生じるおそれがある状態」とは，
　　①　「正常な運転が困難な状態」までには至っていないが，自動車を運転するのに必要な注意力，判断能力又は操作能力が，そうではない時の状態と比べて相当程度減退して危険性のある状態

② 現にそのような危険性のある状況にはないが，そのような状態になり得る具体的なおそれがある状態

の2つの場合が含まれる。

## (3) アルコールの影響により走行中に正常な運転に支障が生じるおそれのある状態であることの認識

本罪の故意である。

酒気帯び運転の罪に当たる程度のアルコールを保有する状態は，客観的には上記(2)②に当たるが，それだけでは本罪は成立しない。上記認識が必要である。道交法の酒気帯び運転の罪に当たる一定程度のアルコールを身体に保有している認識があれば，本罪の認識は認められる。

アルコールの影響により，自動車を運転するのに必要な注意力，判断能力又は操作能力が，アルコールを身体に保有していない時と比べて，相当程度減退して危険性のある状態であることを認識していることでもよい。

正常な運転が困難な状態であることを認識している場合は，自動車運転死傷処罰法2条1号の危険運転致死傷罪の問題となる。本罪はそこまでの認識がない場合である。

## (4) 正常な運転が困難な状態に陥って人を死傷させたこと

客観的に，正常な運転に支障が生じるおそれがある状態で，かつその認識があったとしても，正常な運転が困難な状態に陥っていない状態で事故が起きた場合には，本罪は成立しない。

自動車運転死傷処罰法4条の過失運転致死傷アルコール等免脱罪が成立する場合は別として，通常の過失運転致死傷罪（同条5条）が成立するにとどまる（道交法違反が成立することもあるのは別論である。）。

# アルコール類型の事故①

> 事例㉞
>
> 普通乗用自動車を飲酒による居眠り運転により暴走させ，道路右側を歩行中の歩行者と衝突

## Ⅰ　被疑事実の要旨

　　被疑者は，平成○年○月○日午前6時30分頃，神奈川県大和市○○番地先道路において，運転開始前に飲んだ酒の影響により，前方注視及び運転操作が困難な状態で，普通乗用自動車を時速約50キロメートルで走行させ，もってアルコールの影響により正常な運転が困難な状態で自車を走行させたことにより，前記日時頃，同市○○1番地先道路に至って仮睡状態に陥り，自車を右斜め前方に暴走させ，同所道路右端を歩行中の田中純一（当時62歳）に自車前部を衝突させ，よって，同人に脳挫傷等の傷害を負わせ，同日午前8時20分頃，同市○番地○○病院において，同人を前記傷害により死亡させたものである。

## Ⅱ　被疑者供述調書（事実関係調書）

供 述 調 書（甲）

〈氏名等　略〉

　　上記の者に対する過失運転致死・道路交通法違反被疑事件につき，平成○年○月○日神奈川県大和警察署において，本職はあらかじめ被疑者に対し，自己の意思に反して供述する必要がない旨を告げて取り調べたところ，任意次のとおり供述した。[1)]

1　私は，今日の早朝，自分の車を運転して大和市内の○○川沿いの道路で，人身事故を起こし，相手の人が死亡していますので，これから，事故の状況等についてお話しします。

2　事故が発生した日時は、平成○年○月○日午前6時30分頃ということですが、私は、事故の直前に眠り込んで意識を失っていたので、事故が発生した正確な時間は分かりません。もっとも、私も今度の事故を起こして車を転覆させて気が付き、その後、携帯電話で警察に110番通報をしましたが、その時間は、午前6時50分です。しかし、警察官の話によると、それよりも前に、目撃した人から110番通報が入っているということで、その時間が午前6時30分ということですので、事故の時間はその頃に間違いないと思います。

3　事故の場所は、ただいま、大和市内の地図を見せてもらい

　　　大和市○○１番地先の道路上

であることが分かりました。

4　同乗者はいませんでした。

5　私が運転していた車は、自家用普通乗用自動車（○○－○○○○）ダイハツ製○○右ハンドル黒色です。

6　事故発生時の運転目的は、帰宅のためです。事故は、今朝午前6時頃まで、横浜市○○区○○駅南側に近いパチンコ店○○の近くのスナック店（店の名前はよく覚えていません）で、仕事仲間の古屋さん（35歳くらい）、山口さん（34歳くらい）と私の3人で昨夜の午後11時頃から、今朝の午前6時頃まで、ビールや焼酎を皆で飲んで、仕事の話などをして過ごし、朝になったので、車で帰ろうと自分の車で自宅に向かっている時に起きたのでした。

7　事故前の私の健康状態や精神状態ですが、病気はありませんでした。また、心配ごとはなく精神状態も普通でした。[2)]

　　飲酒ですが、先ほども話したようにスナックで飲む前に、仕事仲間の古屋さんと2人で、昨日の午後8時頃から、午後10時頃まで、瀬谷区内の古屋さんのアパートで、缶ビールを飲みました。2人で350ミリリットルの缶ビール6本を飲みました。私は、その半分の缶ビール3本を飲みました。そして、古屋さんから、「俺の知っているスナックに行って飲まないか。」と誘われたので、行くことにしました。私

達が部屋から出る時，古屋さんの奥さんが「ビール飲んだのだから車はやめなさいよ。」と注意してくれたのですが，さほど酔っておらず，足元がふらつくわけでもなかったので，「警察に捕まらなければいいや。」と軽い気持ちで，アパートの脇の道路に止めてあった私の車に乗り込んで，古屋さんは，助手席に乗り込んで，私の運転で，古屋さんの道案内に従って，○○駅南側に向かったのです。古屋さんの話によると，行こうとしていたスナックには，駐車場がないということだったので，○○駅南側のパチンコ店○○近くの100円パーキングに車を止めました。

8　車から降りて，約50メートル，パチンコ屋の裏の方に歩いて行った5階建てのビルの1階に入っているスナックがあり，その店に入って行ったのです。店の名前は，カタカナの名前というのは覚えていますが，何という名前だったかを覚えていません。その店に入った時間は，午後11時頃でした。店には，2，3人のお客さんと50歳くらいの着物を着たママと20歳代のホステスさんが，2人いました。その店の奥のテーブルで飲んでいたのですが，午後11時30分頃，私は，携帯電話で仕事仲間の山口さんを「今，古屋さんと飲んでいるので来ないか。」と言って誘いました。すると，彼が来るというので，私がスナックの外に出て待っていると，午前0時頃，山口さんが普段仕事で使っている1.5トンのトラックでやってきたので，車をスナックの近くの道路脇に止めさせて，店に入りました。

　そして，その頃から，スナックで3人で飲んだり店の女の子と話したり，カラオケを歌ったりして過ごしました。この間，ジンロのボトル（1リットル）を1本キープし，この焼酎をウーロンハイにして，3人で飲みました。そして，このボトルを飲んでしまいました。私は，ウーロンハイを250cc入りのコップで，約10杯飲みました。

9　そして，午前6時頃，店の人に閉店すると言われて，私達3人は，帰ることにしたのです。こんな時間まで飲んだのは，次の日の仕事が，午後0時からだったために，遅くまで飲んでもいいだろうと思っ

ていたからです。店を出た時には，夜も明けて白々としていました。店を出た時，古屋さんも山口さんも酒で顔を真っ赤にしていました。私も，出る前に店のトイレに行った時，トイレの鏡で見ると顔が真っ赤になっており，目は充血し，トローンとしていました。それで，少し，飲み過ぎたかなと思ったのです。店を出て，山口さんは，乗ってきた1.5トンのトラックに乗って帰りました。私は，古屋さんと歩いて，パチンコ屋近くの100円パーキングに行って，私の車に乗り込みました。車に乗り込む前の私の酔いの程度ですが，車を止めていたパーキングまで歩く途中，左右にふらつくのを2，3回感じたのですが，古屋さんを家に送らなければならないと思っていたので，タクシーで帰るとか，代行運転を頼むとか，友達に来てもらうなどということも頭の中に思い浮かんだものの，目の前に古屋さんがいることや，事故を起こさないように注意して運転すれば大丈夫だし，明け方なので，警察の検問もないだろうと考え，古屋さんをアパートまで車で送り，自宅に帰ることにしたのです。私が運転席に乗り込んで，古屋さんは助手席に乗り込みました。そして，車を発進させて，古屋さんを，古屋さんのアパートの横の道路まで送り，彼を車から降ろして，また，発進させて自宅に戻ろうとしました。

　私が運転したのは，100円パーキングから古屋さんのアパートまでが，約2キロメートル，古屋さんのアパートから事故現場までが，約3キロメートルですが，この間，運転し慣れている自分の車なのに，車が左右にふらつくことが2，3回ありました。また，眠気を催したことも2，3回ありました。途中，危険防止のために，車を止めて休憩を取ることは考えませんでした。昼からの仕事に備え，少しでも早く寝ようと考えていたからです。もちろん，アルコールが身体に残っている感じは十分にありました。

10　事故を起こす前，私は，古屋さんをそのアパートまで送って行った後，自宅に戻る途中でした。横浜市道を横浜市○○区方面から，○○川の橋を渡って，○○方面に向けてダイハツ○○を運転して，時速約

40キロメートルの速度で，走行していました。積荷は，後部席に仕事道具のコンプレッサー約20キログラムと集塵機約5キログラムを積んでいましたが，ハンドルを取られる重さではありませんでした。

　また，ハンドルやブレーキの故障は一切ありませんでした。走行中にエンジントラブルもありませんでした。

11　事故当時の天候は晴れでした。道路は平坦で，アスファルトは乾燥していました。車の通行量は，早朝だったので，パラパラとしかなかったと記憶しています。今回の事故現場付近の道路は，私は6年間ほぼ毎日通っているので，道路の状況はよく分かっています。後に述べますが，眠気を催したグラウンド横で道路の前方を妨げるものはなく見通しの良い道路です。また，事故を起こした道路も○○川の橋を渡り，右折した先の地点ですが，ここも道路の見通しは良いところです。道路工事もしておらず，駐車違反車両はもちろん，落下物等の障害物は全くありませんでした。事故現場付近は，○○方面に向かって右側に○○川が流れ，幅約7メートルの単路が緩やかに左カーブになっているところです。右側の○○川沿いには，カードレールが設置されています。

　この時本職は，供述人に，平成○年○月○日司法警察員警部補○○○○が作成した交通事故現場見取図の略図を示し，本調書末尾に添付することとした〈略図は省略〉。[5]

　お示しの図面は，本日先ほど，私が立ち会って説明した実況見分の結果を略図にしたものということですが，実況見分の結果をそのとおりに記載しています。これから，この略図に従って説明します。

　事故の前，私は横浜市○○区○○町から○○川の橋を渡って○○の自宅アパートに戻るところで，道路の左側を時速約40キロメートルで走行していました。略図の①地点の右側が公園，左側がグラウンド場のところで，前を向いて運転していた時，両目の目蓋が下がってきて眠気を感じたところなのですが，昨夜から朝まで飲んで起きていたので眠くなったのだと思いました。しかし，家までもう少し，1キロ

メートルくらいで２，３分で帰り着く距離なので，眠るんじゃないぞと言い聞かせながら○○川の○○橋を渡って，右折した時に，「ああ，やっとここまで来た。もう少しだ。」と思って安堵感を覚えました。そして，時速約50キロメートルに加速して，②の地点に来た時に，ぐったりと居眠りをしてしまったのです。そして，車が道路右側のガードレールを擦って進行している時だと思うのですが，ガガガガーっという音が，夢見心地の私に聞こえてきましたが，③地点でドーンと何かに当たる音が聞こえ，その直後に④地点で車は左を下にして横転し，止まったのです。⊗地点は，歩行者を後ろの背中から衝突させた地点です。㋐地点は，歩行者を跳ねた反動で跳ね飛ばした地点です。

　私は，転倒した衝撃で完全に目が覚め，横転した車から這い出して，車を見ると，前部バンパーが凹損し，右側ヘッドライトが破損し，フロントガラスが蜘蛛の巣状に割れていました。

　私は，シートベルトをしていなかったので，横転した時の衝撃で，座席から身体が放り出されて頭をフロントガラスにぶつけて，左腕外側の肘を助手席ドアにぶつけて出血する怪我をしていました。

　車から這い出して，車が走ってきた方を見てみると，記憶のある橋を渡って右折し，直進となり，やや加速して時速約50キロメートルで，道路左側の民家のある方を走行していたと思っていたのですが，道路右側端のガードレール側に車が横転していました。それで，道路が緩やかな左カーブになっていたのに，真っ直ぐ走行して行ったために，右側のガードレールに接触して横転したことが分かりました。それで，自分が，居眠りしたために，左カーブになっていることに気付かずに道路を右斜めに走行して行って，道路の右側端を歩いていた歩行者を跳ね飛ばしたのだということが分かったのです。

　私が，被害者の人を発見したのは，事故後駆けつけた警察官が，㋐地点にうつ伏せに転倒しているのを発見して教えてくれたので，一緒に見たのです。警察官が，声を掛けたのですが，動かず返事も全くな

かったので，死んでいると思いました。その後間もなく来た救急車で運ばれて行きました。

〈以下省略〉

### 検察官の着眼点

1) この時点では，警察はまだ，危険運転致死事件が成立すると判断していない（あるいは可能性は認識しているものの現在の証拠関係では認定できるとまで判断できないと考えている。）ため，過失運転致死及び道交法違反（酒気帯び）の容疑で取調べをしている。

2) 基本的な聴取事項である。事故の原因を絞り込むためにはここが重要である。他の身体的な問題がないことが確認でき，初めてアルコールの影響だけを考えればよいことになる。

3) 酔いの程度を被疑者に語らせているが，認識を裏付ける事実であるので重要である。もっとも，これが正常な運転の困難性に明確に繋がる供述であればなおよい。「目がトローンとしていた」という供述の意味はよく分からない。トローンとしていた，というのは，「眠気や酒の酔いなどで，目つきがぼんやりしている」状態を意味する（松村明編『大辞林（第三版）』（三省堂，2006））が，そのことが周りのものに対する視覚にどのような影響があったのかは明確でないので，その点についての具体的に供述を得て記載するとなおよかった。例えば，「目がとろんとして，人の顔がぼんやりとしか見えませんでした」等である。

4) 正常な運転の困難性についての認識供述である。一応はこれでよいとは思われるが，ただし，具体性に欠けるため，後に取調官に押し付けられた供述であるなどと弁解し，撤回することができないように，可能な限りふらついたり，眠気を催したりした際の状況について具体的な状況についての供述を得るべきである。

5) 実況見分後，現場見取図が未作成の時点で，被疑者に事故状況を説明させる場合には，実況見分の数字を入れた略図を作成した上で，これを被疑者に示し，調書末尾に添付する扱いをしている県警もある（神奈川県警はその例である。）。

# アルコール類型の事故②

**事例㉟**

飲酒による意識もうろう状態による普通乗用自動車の運転により，対向普通自動二輪車と衝突

## I 被疑事実の要旨

被疑者は

第1　平成○年○月16日午前1時15分頃，神奈川県○○市○○番地付近道路において，運転開始前に飲んだ酒の影響により，前方注視及び正常な運転操作が困難な状態で，普通乗用自動車を時速約80キロメートルで走行させ，もってアルコールの影響により正常な運転が困難な状態で自車を走行させたことにより，同日午前1時20分頃，同市○○1番地付近道路において，意識もうろう状態に陥り，自車を対向車線に進出させ，同市○○地点付近道路において，折から，対向進行してきた小田弥生（当時20歳）運転の普通自動二輪車に自車前部を衝突させて同人運転車両もろとも同人を路上に転倒させ，よって，同人に外傷性クモ膜下出血等の傷害を負わせ，同日午前7時30分頃，同市○○4丁目○番○号所在の医療法人○○会○○病院において，同人を前記傷害により死亡させた

第2　前記日時場所において，前記小田に傷害を負わせる交通事故を起こし，もって自己の運転に起因して人に傷害を負わせたのに，直ちに車両の運転を停止して，同人を救護する等必要な措置を講じず，かつ，その事故発生の日時及び場所等法律の定める事項を，直ちに最寄りの警察署の警察官に報告しなかった

ものである。

## Ⅱ　被疑者供述調書（身上調書，過失運転致死・道交法違反容疑）

供　述　調　書（甲）

《冒頭省略》

1　ただいま，取調べを受ける前に，警察官から自分の話したくないことは無理に話す必要はない旨を告げられ，供述拒否権について説明を受けましたが，その意味はよく分かりました[1)]。

2　私の生まれは，神奈川県と父から聞いていますが，神奈川県のどこかは知りません。

3　位記・勲章・年金等はまだ若いので何も受けておりませんし，また，公務員になったこともありません。

4　前科前歴について話しますと，前科はありませんが，去年12月に東京都○○市の有料駐車場出口のバーを料金を踏み倒すために車で突っ込んで，バーを壊し，今年11月に警視庁○○署で器物損壊ということで取調べを受けました。この件に関しましては，まだ検察庁や裁判所から呼び出しはありません。

5　学歴は，平成○年3月に○○市立○○中学校を卒業し，これが最終学歴となります。高校には進学していません。

6　中学を卒業後，ビルやマンションの内装工の見習い，それに，土木・解体工・ペンキ屋等の職人見習いの仕事を転々とし，1年か半年で次の仕事に移るという生活を繰り返していたのです。職人の多くは口うるさい人ですので，すぐにけんかになってしまうことから，1か所で仕事を続けることはありませんでした。

　　現在働いているところは，東京都○○市にある○○内装というビル内装の会社で，ここで働くようになったのは，約3か月前からです。

7　家族は，先ほど話した住所地で，介護士をしている

　　　　母　○○良子（50歳）

と2人で生活しています。

　　父は，○○義之といい，母より2歳年上ですが，3年くらい前に母

と離婚し，今は，○○市内に独りで住んでいます。
8 財産収入についていいますと，
 (1) 財産については，
  現在住んでいるところはアパートですし，私も母も貯金等は全くありません。
 (2) 収入は，
  私が内装工の仕事をして月にもらう給料は約35万円
  母が介護士をして約15万円
  合計50万円くらいになりますが，私は，車のローン，外食，飲み代等の小遣いでほとんど使ってしまいますし，母の稼いだ金も家賃や生活費でほとんど消えてしまいます。
9 趣味嗜好は，
 (1) 趣味は
  ヒップホップ等の洋楽を聞くのが趣味です。
 (2) 嗜好は，
  マルボロメンソールライトが好きで，一日に約20本吸います。
  酒は，ビールか焼酎で，晩酌は焼酎のお茶割りをコップ3杯程度です。酒はわりと強い方で，友達と飲むような時には，720ミリリットルの焼酎でしたら，1本半くらいは飲めると思います。
10 運転免許は，普通，普通二輪それに原付の免許を持っており，過去，違反が放置駐車違反2件，シートベルト着用義務違反3件，それに5年前に人身事故をやって安全運転義務違反で行政処分，免許停止120日の処分を受けたことがあります。現在行政処分は終了しています。
  自分の免許を確認したところ，交付が平成○年○月○日神奈川県公安委員会交付免許番号が○○○○○○○○○○○○となっていました。
  普通免許は，平成○年○月○日に取得し，以後，普通車の運転は続けていますので，運転歴は5年7か月になります。

11　身体に悪いところはなく，健康です。

○○○○　指印

〈以下省略〉

> **検察官の着眼点**
>
> 1)　県警の中には，調書用紙の印刷された定型文に加えて，被疑者の供述として，黙秘権を告げられた旨記載することを指導しているところがある。黙秘権告知の事実を立証する上において，有効な方法である。

## Ⅲ　被疑者供述調書（事実関係調書①，過失運転致死・道交法違反容疑，逮捕当日のもの）

供　述　調　書（甲）

《冒頭省略》

1　私は，本日○月16日の午前1時20分頃，神奈川県○○市○○の国道○号を自分の車トヨタ○○（○○－○○○○号）で走っていて，対向のオートバイと衝突し，そのまま逃げてしまいましたが，事故現場近くに運転していた車を乗り捨てていたため，現場近くの裏通りを1人でふらついた後，事故現場に戻り，事故現場にいた警察官に自分が事故を起こしたと告げたのです。

2　事故後，現場近くに車を乗り捨てて逃げた理由は，以前にも人身事故を起こしたことがあり，かなりの額の賠償額を取られたことがあるし，今回は，酒を飲んでいたこともあり，とにかくその場から逃げたいという気持ちになってしまったのです。[1)]

3　その後10分か15分ほどして，逃げてもしょうがない，なるようになれ，という気持ちになり，今までの自分自身の生活にも投げやり的な気持ちになっていたので，出頭しようと思い，事故現場に戻って警察官に，自分が事故を起こしたことを告げたのです。

4　事故現場は，○○市○○の国道○号線上で，「かつ新」というとんかつ屋が近くにありました。自分は，○○方面から○○方面に向かっ

て進行していたのです。しかし，酒を飲んで運転していたため，知らず知らずの内に対向車線へと入ってしまい，気が付いた時には目の前に対向のバイクがあり，ブレーキを踏んだのですが，間に合わず，そのまま衝突してしまったのです。[2]

〇〇〇〇　指印

〈以下省略〉

### 検察官の着眼点

1) 人身事故の場合は，自動車運転過失傷害（過失運転致傷）ないし業務上過失傷害の前科になっている可能性があるところ，被疑者は，身上調書で，同前科の存在は述べていない。この点は，矛盾しているので調査した上で，調書上も記載する必要がある。また，賠償額のことが逃げた動機と述べている以上は，いくら支払ったのか（虚偽であるのか）裏付け捜査で明らかにすべきである。

2) 詳細な供述を得る前に，事故の状況や逃走した理由につき，簡潔に逮捕直後の被疑者から聴取した内容を録取する必要性は高い（総論における早期供述の重要性→58頁参照）。

　本事例では，後に，被疑者が弁解のために供述を変遷させたのであるが，再度自白するに至っているところ，それには，この供述を録取していたことも大きな力になったものと考えられる。捜査の初期は被疑者は事故の重要性の自覚や心理的な動揺等から事実を素直に供述することが多いので事実を認めている時点でその初期供述を証拠化する価値は極めて高い。捜査が進んでくると落ち着いてくるし，事件の処分や刑事責任について意識が強くなり供述を後退させることも少なくない。このことをわきまえて機敏に調書化するとの判断は，捜査官として極めて重要なことである。

## Ⅳ　被疑者供述調書（事実関係調書②，過失運転致死・道交法違反容疑，逮捕当日のもの）

供　述　調　書（甲）

《冒頭省略》

1　取調べの前に警察官から再度言いたくないことまで無理に話さなくてもよいと告げられましたが，供述拒否権のことについては説明を受けていますので，よく分かっています。

2　先ほど警察に来て話したとおり，本日つまり○月16日の午前1時20分頃，酒を飲んですぐ車を運転中の神奈川県○○市○○の国道○号において，対向から走ってきた自動二輪車と衝突し，大破した自分の車を事故現場に残したまま逃げたことは間違いありません。先ほど警察官から衝突した自動二輪車を運転していた小田弥生さん（20歳）が病院で亡くなられたということもお聞きしました。

3　今回の交通事故については，自分の違反や誤りが大きいことは分かっており，亡くなった相手の運転手に対する謝罪の意味からも事故に至った経緯については，正直にお話しすることにします。

　事故の時私が運転していた車は通勤で毎日使用していた私名義のトヨタ○○白色で，ナンバーが○○－○○○○号の車でした。この車については，毎日乗っており，ハンドル，ブレーキ，アクセル等，どこにも故障等はありませんでした。

　事故前の飲酒について言いますと，昨日仕事を終え，自宅に帰ったのは，午後6時15分頃でしたが，帰ってすぐ食事の代わりとして焼酎のお茶割りをコップに3杯飲んでいるのです。焼酎を飲み終えたのは，午後7時30分頃でしたが，まだ少し飲み足りなかったことから，女の子のいる店にでも行って遊んでこようと思い，その後，自宅から自分の車を運転して○○市内○○の「ピアス」というキャバクラに行ったのです。

　「ピアス」という店には過去30回くらい行っており，既に常連のうちに入ります。運転して行った自分の車を○○駅東口のロータリーに駐車して，そのロータリーから歩いて5分ほどのところにある「ピアス」に行ったのです。

　「ピアス」に酒をキープしていたわけではなく，いつもその都度注文し，午後9時頃から午前1時頃までの間，ここで焼酎の水割り10杯ほどを飲んだのです。キャバクラですので，友達を誘わなくても楽しく遊べるので，この時は私1人でこの店に行きました。

　「ピアス」は午前1時に閉店となり，午前1時5分頃，代金2万円

を支払い，店を出たのです。その後歩いて自分の車を置いてあった○○駅のロータリーに戻り，そこから自宅へ帰ろうと車の運転を開始したのです。運転を開始する前，目蓋が重く感じ，頭がぼーっとして体がだるい感じだったのですが[1]，事故さえ起こさなければ捕まらないだろうという考えから，車の運転を開始してしまったのです。

　○○駅のロータリーを出発したのは，○月16日午前1時10分頃で，駅前から国道○号へと出て○○方面へと向かって走り出したのですが，国道○号に出てすぐに頭がぼーっとなって考える力が弱っていることに気付きました。道路は空いており，注意力がなくなった状態であったことから，ついスピードも上がってしまい，時速約60キロメートルほどで走っており，前方を走っていた車にすぐ追い付いてしまい，この車を追い越そうと右側の対向車線に出た時も頭がまだぼーっとした状態であったため，対向から走ってきた自動二輪車の発見が遅れ，その自動二輪車と正面衝突してしまったわけです[2)3)]。

　この事故の状況については，先ほど事故現場に一緒に行った警察官に詳しく説明しております〈略図は省略〉。

　この時本職は平成○年○月16日司法警察員巡査部長○○○○が作成した交通事故現場見取図の略図を供述人に提示し，供述人の説明を求めた後，本調書末尾に添付することとした。

　ただいま確認した略図に，先ほどの私の説明が書かれてありますので，この図でもう一度，説明しますと，①～⑥と書かれてあるのが，私の進路です。①付近で前車に追い付いてしまい，②へと追越しをかけ，③付近から対向車線上をぼーっとした状態で加速しながら走ってしまったのです。この時の速度は時速約80キロメートルになっていたと思います。

　その後で，④で対向の自動二輪車をⒶに認め慌ててブレーキを踏んだのですが，間に合わず，⑤の時，前部左側が相手の自動二輪車と衝突してしまったのです。衝突地点は，⊗です。相手の運転手は私の車のフロントガラスにぶつかった後，Ⓑに転倒し相手の自動二輪車は

ⓒに転倒しました。私の車は前部左側がかなり凹損し，走行できない状態で，⑥地点に停止していまい，私はそこで車を乗り捨て，駆け足で町田方向へと逃げたのです。

　事故後徒歩で逃げた経路についても先ほど警察官を案内し，説明してきています。

　この時本職は平成○年○月16日司法警察員巡査部長○○○○が作成した逃走経路略図を供述人に提示し，説明を求めた後，本調書末尾に添付することとした。

　この図を見ながら，もう一度説明しますと，町田方面へと逃げた私は「上ノ原入口」と書かれた信号機のある交差点を右方向に曲がり，次の路地をまた右に曲がり，㊑と書いてある道端に座って時間をつぶしていたのです。

4　先ほど警察官に逃げた理由を既に説明しましたが，賠償金がかなりの額になると思ったこと，酒を飲んでいたことからその場から離れたかったことからです。また，出頭したのは，もうどうにでもなれ，という気持ちが自分の中に出てきたからです。[4)]

　なお，先ほど，10分から15分後に出頭したということを言いましたが実際は出頭するまで1時間以上は経過していたはずです。出頭後警察官に飲酒検知されましたが，その時の検知管を再度確認したところ，0.6という目盛りの先まで色が変わっていることが確認できました。

5　今回の事故でもし自分が酒を飲んでいなかったら追越し禁止のあんな場所で間違っても追越しなどかけなかったと思いますし，このような他人の命を奪うような結果は発生していなかったと考えています。

○○○○　指印

〈以下省略〉

## 検察官の着眼点

1）　正常な運転が困難な状態になることに繋がる状況とはいえるが，これだけでは，正常な運転が困難な状態というには問題がある。運転行為自体に対する

影響はまだ不明と言わざるを得ないからである。同供述を得た時点で，その状況が，視覚や行動にどのような影響があったのかは明らかにさせるべきである。

2）　「頭がぼーっとなって考える力が弱っている」，「注意力がなくなった状態」と供述しているのであるから，そう判断した根拠ないし状況を具体的に聴取して録取する必要がある。この時点での供述は，追い越すために対向車線に進出したために起きた事故ということになっているため，直ちには危険運転致死罪の成立には結び付かないものの，直前の供述（**事実関係調書①→611頁**）が，「酒を飲んで運転していたため，知らず知らずの内に対向車線へと入ってしまい，気が付いた時には目の前に対向のバイクがあった」というもので，危険運転致死罪の認められる可能性が高いこと，仮に，追越しによる事故であるとしても，呼気検査で0.6ミリもアルコールが検出されていること，注意力がないということは正常な運転が困難な状態に陥っているものと考えられ，その状態が追越しの判断や衝突までの運転操作に繋がっていれば同罪が成立する可能性もあるので，前記の状態の具体的な内容等は聴取すべきである。常に運転についての影響を意識した供述を得るように努める。

3）　事故の状況に関する供述が変遷した（知らず知らずの内に対向車線に入った→追い越そうとして意図的に対向車線に入った）のであるから，なぜ供述を変えるのかについては追及して，述べた変遷の理由を記載する必要がある。

　もっとも，本事例では，後記被疑者の**事実関係調書④⑤→621，625頁**のとおり，前の供述の方が正しく，ここにおける追越しのための対向車線進入は虚偽だったわけであるが，そのような供述の変遷理由を追及することで，逆に変遷を防ぐことにも繋がる。

　なお，供述の具体性の観点からみると，遅い車がいたためにそれを追い越そうとして対向車線に入った旨の供述の方が信用できるようにも考えられるが，「正常な運転の困難性」の観点からみると，その方が被疑者にとって有利であり，また，刑の重い危険運転致死罪の適用を免れるため，虚偽供述を行う動機がある（総論→31頁参照）ので，判断は慎重に行う必要がある。

4）　この時点で，事後飲酒していないことは調書に記載して押さえておくべきである。後記**事実関係調書⑤→625頁**で初めて記載しているが，それでは遅い。

## V 被疑者供述調書（事実関係調書③，過失運転致死・道交法違反容疑）

### 供述調書（甲）

《冒頭省略》

1 今，自分の意思に反してまでして供述をする必要がないと供述拒否権を告げられましたが，その意味については，既に取調べを受けていますので，よく分かっています。

　私は，平成○年○月16日午前1時20分頃，私所有の自家用普通乗用自動車（○○－○○○○）トヨタ○○白色を飲酒運転中，国道○号線上の神奈川県○○市○○1番地先路上を，○○方面から○○方面に向け，対向車線を進行中，対向から来た小田弥生さん運転のオートバイと正面衝突し，私は車両を放置し逃げたことは間違いありません。この事故で私は○○警察署に逮捕され留置されています。

2 私が大怪我をさせた小田さんは，外傷性クモ膜下出血で事故当日の午前7時30分死亡されたと，事故当日警察官から聞きました。事故当日，私は調べを受けた時，酒は自宅で飲んで寝つけなかったので，ドライブに出て，途中事故を起こしたと話しました。

　しかし，嘘がばれ，実際は，自宅で焼酎のお茶割りを約3杯飲んで，それから飲み足りなかったので，女の子のいる小田急線の○○駅近くにある行きつけの「ピアス」というキャバクラに，先ほど話した乗用車を運転して1人で行ったことを話したのです。この店は今までに30回くらい行ったことがあります。

3 私が自宅で飲んだ焼酎の銘柄はジンロという焼酎で，私はいつも自宅ではジンロは安いので700ミリリットルの瓶を買って飲んでいるのです。私は事故前日，つまり，○月15日は午後6時15分頃から夕食を兼ねて飲み出したのです。この時母親と食事をしたのですが，母親は食事だけでアルコールは飲んでいませんでした。この時のつまみについては，ご飯のおかずだったと思いますが，何を食べたか思い出せま

せん。

4　自宅で飲酒していましたが，女の子のいるところで飲みたくなり，私はいつも行っている小田急○○駅近くにある「ピアス」に行こうと思って，自宅から歩いて約2分のところにある私が借りている月極駐車場に向かったのです。私が飲みに行った，「ピアス」は，友達と行ったりしますが，ほとんど1人で行っていて，私が指名する女の子は，源氏名が，ゆきちゃんです。この「ピアス」という店は，警察官から神奈川県○○市○○1番地と教えてもらいました。

　　ここで次のとおり問答した。[2)]

問　この「ピアス」というキャバクラに何回くらい行っていますか。

答　約30回です。

問　今まで自宅からこの店までの交通手段は。

答　自分の車で行きました。車は○○駅前のロータリーに駐車して飲みに行きました。

問　今までの飲酒後の店からの帰りは。

答　自分の車を運転して帰りました。

　　ここで問答を終えた。[2)]

5　先日の取調べの時，私は，この店に行ったのが，事故前日の午後9時頃と話しましたが，警察官にこの店の会計票を見せられ，事故前日の午後9時30分に店に入っているのが分かりました。この店で，焼酎の水割りを頼んでゆきちゃんに作ってもらって飲み，つまみは特に頼みませんでした。店ではゆきちゃんが私の隣に座っていましたので，2人で雑談をしながら飲み，アルコールで体が火照ってよくしゃべっていたので，自分でも酔っていたのは分かりました[3)]。ここでは，焼酎の水割りを約10杯は飲みました。お店では，車で飲みに来ていることは話していません。

6　私がこの店を出たのが，事故当日の午前1時頃で，この店は，閉店が午前1時で，私は時計で確認していませんが，店の雰囲気から料金を支払って出たのだと思います。料金について，2万円支払ったのは

覚えていますが，詳しい料金は覚えていません。
7　店を出る時，店の出口で店の人に見送られ，私は車で帰るため駐車している○○駅のロータリーに向かって行き，車に乗り込んだのです。車に乗り込んだ時，私はアルコールの影響で目蓋が重く，頭がぼーっとして体がだるい感じ[4)]でしたが，その日は午前8時から仕事で自宅を午前6時25分頃に出て親方の安井さんと安井さんの車で○○まで行く予定でしたので，自宅に帰って早く休もうと思って，十分に酔っているのは分かりましたが，今まで何回も飲酒運転をしていますので，運転を始めたのです。
8　私は○○駅前ロータリーから運転を始めて，すぐ国道○号線に左折し，○○方面から○○方面に向けて走り，自宅に向かったのです。そして今回の事故を起こして車を放置して逃げたのです。
　　　　ここで次のとおり問答した。
　　問　国道○号線を走っている時，運転操作は。
　　答　分かりません。たださっきも話したように，アルコールの影響で目蓋が重く，体がだるかったです。
　　問　事故を覚えていますか。
　　答　はい。対向車線で相手のオートバイとぶつかりました。
　　問　なぜ，対向車線を走りましたか。
　　答　遅い車を抜かそうと走りました。
　　問　事実そのような車がありましたか。
　　答　はい，ありました。それで対向車線に出ました。
　　問　当時のあなたの進行方向の通行車両[5)]は。
　　答　少なかったと思います。
　　問　その遅い車はどのような車でしたか。
　　答　覚えていません。
　　問　その遅い車を追い抜いた後は。
　　答　右側を走っていました。
　　問　右側とは。

答　対向車線を走りました。
問　すぐに自分の車線に戻らなかった理由は。
答　分かりません。
問　なぜ分かりませんか。
答　対向車もないようだったので，このまま対向車線を走って，対向車が来たら自分の車線に戻ろうと思っていました。[6]
問　あなたの進路の事故場所手前の信号は何色。
答　青色信号だったと思います。
問　事故場所から先の信号は。
答　分かりません。
　　ここで問答を終えた。
　　私は，今までも同じような運転をしたことがあります。アルコールが入ると気が大きくなって運転が荒っぽくなり，今回の時の速度は，先日も話したように，飛ばしていましたので，時速約80キロメートルは出していました。

9　事故の時，私の車には私1人で，他には誰も乗っていませんでした。[7]

10　今回の事故の原因は，遅い車を追い越すため対向車線に出てそのまま前方の安全を確認しないで対向車線を走ったのが原因で，亡くなった小田さんに事故の原因はないと思います。小田さんには，言い訳ができないことをしてしまいました。私の自分勝手な行動から，小田さんを死亡させてしまい，家族の人にも大変申し訳なく思っています。小田さんのご冥福をお祈りします。

　　　　　　　　　　　　　　　　　　　　　　　○○○○　指印

〈以下省略〉

> **検察官の着眼点**
> 1）この点は，逮捕当日の調書には記載がない。記載がなかったとしても，そのことを被疑者が認めている以上は，調書に録取することに問題はない。
> 2）「ここで次のとおり問答をした。」，「ここで問答を終えた。」旨の記載はなくともよい。

3）「体が火照ってよくしゃべる」ことが酔っていることを自覚した根拠となるとは言い難い。もう少し，具体的に聴取する。例えば，「普段酒に酔っている時は顔が火照ってよくしゃべるので」等の一言が欲しい。

　　　4）「目蓋が重い」，「頭がぼーっとして体がだるい」というだけでは不十分である。前述のとおり，それが，前方注視や運転操作にどのような影響があったかについて，具体的に聴取する必要がある（危険運転の認識で必要なのは，「運転中の運転行為の危険性」の認識である。）。

　　　5）「進行方向に通行車両はあったか。」と質問を最後まで記載すべきである。以下同じ。

　　　6）逮捕当初の取調べで，「知らず知らずの内に対向車線へと入ってしまった」旨供述したことについて，追及し，自白しない時は，その点の問答も記載すべきである。

　　　7）同乗者の存否は，犯人性の判断や同乗目撃者の存在，同乗罪等の立件や犯行動機，事故態様等の解明に重要であるので，必ず確認すべき事項である。

## Ⅵ　被疑者供述調書（事実関係調書④，過失運転致死・道交法違反容疑）

---

供 述 調 書（甲）

《冒頭省略》

1　取調べの前に自己の意思に反してまで話す必要のないことを告げられましたが，そのことについては，何度も取調べを受けていますので，理解しています。

2　私は，平成○年○月16日午前1時20分頃，小田急線の○○駅の側にあるキャバクラ「ピアス」で酔っ払うほど酒を飲んだ帰りに，私の車である自家用普通乗用自動車（○○－○○○○号）を運転中に対向から来た小田弥生さん（20歳）の運転する自動二輪車に衝突する事故を起こし，小田さんを死亡させて，神奈川県警察○○署に逮捕され，留置場に留置され，○○警察で取調べを受けている身です。

3　留置場は3人部屋で，夜もゆっくり眠ることができますので，健康面での悩みや心配ごとはありません。[1)]

4　私は以前の実況見分に立ち会って説明した時に，進路右側に遅い車が走っていたので，右側車線に出たと話しましたが，本当は，相手の

バイクと思われる黒っぽいものに気付き，初めて我に返り，危ないと思い思いっきりブレーキをかけたというのが事実です。
　　ここで次の問答をした。
問　なぜ，遅い車がいたと言っていたのですか。
答　警察官の質問に詰まってしまい，思い付きで前に遅い車がいたと言ったのです。
問　なぜ，本当のことを話す気持ちになったのですか。
答　その時は，理由もなく話したのですが，ここ2，3日のうちに考えていたのですが，本当は覚えていないうちに，相手のバイクと思われる黒っぽいものに気付き，ブレーキをかけたのが本当ですので，次の取調べの時には真実を話そうと決めていました。[2)]
5　私は今日，キャバクラ「ピアス」から出て，車を置いてあった〇〇駅ロータリーから事故現場までのコースについて，警察官の実況見分に立ち会い，説明しました。
　　ここで次の問答をした。
問　真実を話して，今はどんな気持ちですか。
答　すっきりしています。もやもやがとれました。
　この時本職は，司法警察員巡査部長〇〇〇〇作成の「走行経路図の略図」と題する図面を示し，説明を受けるとともに，同略図を本調書末尾に添付することとした〈略図は省略〉。
　この図面は，私が説明したとおりに作成されていますので，この図面を見ながらお話しします。私が飲んだキャバクラ「ピアス」は，図面の㊙の地点です。私は店を出て図面の点線の方向に歩いて〇〇駅ロータリーに向かったのです。自分の車に乗り込んだのは，図面の㊙の地点です。
　　ここで，次の問答をした。
問　運転席に乗り込んですぐに発進したのですか。
答　はい。
問　前回の取調べでは，目蓋が重くなるほど酔っていたと言っていま

したが，普段とどう違っていたのですか。
問
答　普段も酔っ払い運転をしていたのですが，今回は普段より頭が重く，今にも眠りそうな感じでした。[3]
問　なぜ，車の中で休もうとしなかったのですか。
答　仕事のことが頭にあり，無理をおして運転したのです。
　　ここで問答を打ち切った。
　　ロータリーから出て右折後図面のⒶの地点の信号機のある交差点を左折したのです。信号機は青色でした。その後，国道○号線に入ったのは，図面のⒷ地点です。
　　ここで次の問答をした。
問　この付近では眠気を感じませんでしたか。
答　眠気はあったが，無理をして運転をしたのです。
　　国道○号線に入って若干走った先に○○交差点のあるのは何度も通っている道路なので頭に入っていましたが，この交差点である図面のⒸの地点を通り抜けたのは何となく分かりますが，信号機の色までは覚えていません。
　　ここで，さらに本日付司法警察員巡査部長○○○○作成の「交通事故現場見取図の略図」と題する図面を示し，説明を受けるとともに，同略図を本調書末尾に添付することとした〈略図は省略〉。
　　今話したとおり，図面のⒸの地点から，意識がなくなり，前方から黒っぽいものが近づいてきたのに気付いたのは図面の①の地点辺りで，相手は進路前方のⒹの地点付近で，まるで，私の車に向かって来るような感じになり，夢中でブレーキを踏んだのですが，図面の②地点で相手と正面衝突をしたまま相手を前方に押し出しながら，図面の③の地点で右斜めの状態で停止したのです。
　　私が停止した③と相手が転倒した⑤，バイクが転倒した⑥については，以前の取調べでお話ししたとおりです。
6　最初気付いた時には，黒っぽいものと思ったのですが，衝突した時には相手の人がフロントガラスに飛んできてバイクが前部に刺さって

いましたので,すぐに大変なことをしたと思ったのです。
7　私が右側の車線に出ていると思ったのは,運転席側に明かりや建物が見え,本来であれば,左側に見えるべきですので,いつの間にか右側を走っていたのは間違いありません。
8　右側に出たのは意識しないまま出ていたのです。
　ここで次の問答をした。
問　右側に出た理由は何ですか。
答　アルコールの影響で,眠ってしまい,右側に出たのに気付かないまま走行していたことです。
　ここで問答を打ち切った。

〇〇〇〇　指印

〈以下省略〉

검察官の着眼点

1) この点の録取は,任意性の立証には意味があるであろう。
2) 理由もなく自分に都合の良い嘘をつくことは考えられないので,もう少し追及すべきである。
3) これで十分と考える向きもあるかもしれないが,抽象的な供述と言わざるを得ない。運転との関係でどうだったのかを具体的に聞く必要がある。例えば,「運転中時々目蓋が閉じ,数秒間前方を見ないで進行していた。」等である。それで初めて,公判で撤回できない具体的で信用性のある供述といえる。

## Ⅶ 被疑者供述調書（事実関係調書⑤，危険運転致死・道交法違反容疑）

供 述 調 書（甲）

《冒頭省略》

1 本日，取調官から，私の容疑を酒酔い運転，過失運転致死，ひき逃げから，危険運転致死とひき逃げの容疑に切り替えて取り調べる旨告げられ，これまで同様，言いたくないことを言わなくともよいという供述拒否権があることも告げられましたが，そのことは，よく分かりました[1)]。包み隠さず，本当のことを話します。

2 私が，今回事故を起こす前に酒を飲んだ「ピアス」というキャバクラには，5年くらい前から行き始め，これまで，合計で30回くらい行っています。3年くらい前から，ゆきという女の子を指名するようになりました。「ピアス」に行って飲む時には，大体，今回と同じ酒の量，つまり焼酎の水割りを10杯くらい飲んでいました。飲みに行く時は，いつも自分の車で行き，今回と同じように小田急線の○○駅のロータリーに止めていました。そして飲んだ後は，自宅までさほど距離がなく，仕事にも車が必要なため，いつも，今回と同じように車を運転して家に帰っていました。

3 ところで，これまで，「ピアス」から酒を飲んで自動車を運転し，家に帰る時，知らず知らずの内に自動車を道路の端に寄せてしまい，道路の縁石に車の横側を擦ってしまったことが2回くらいありました。今回も，「ピアス」を出る時，いつも同様にかなり酒に酔っていて，体がだるく，少しふらつく感じで，また，運転を開始しようとする時，目蓋が重く，頭がぼーっとしていました。それで，このまま運転すれば，事故を起こしてしまうかもしれないという気持ちがわいたのは事実です。しかし，次の日の仕事には車が必要ですし，家まで15分くらいの距離ですし，深夜で交通量も少ないし，これまで，人に衝突させたり，他の車に衝突するような事故は起こしたことがなかった

ので，運転を開始しました。

　もちろん，目蓋が重かったり，体がだるかったり，頭がぼーっとしていたのは，酒の酔いのせいであることは分かっていました。

4　運転経路は，以前お話ししたとおりです。私は，運転中も，目蓋が重く，時々，目蓋が閉じ，今にも眠りそうな状態で運転していました。目蓋が閉じるたびに，これでは危ないと思って[2]，意識して目を開けるようにしていたのですが，運転中，いつの間にか意識がなくなり，気が付いたら対向車線を走っていた[3]のです。

この時本職は，供述人に対し，平成○年○月○日付司法警察員巡査部長○○○○作成にかかる実況見分調書添付の交通事故現場見取図を示した〈見取図は省略〉。

5　お示しの図面は，私が事故を起こした現場の道路の地図に間違いなく，この図面には私が指示したとおり，事故の状況が書かれています。

　この図面の①の位置で，私は意識がなくなってしまいました。そして，①の地点ではいつの間にか対向車線を走っていて，この時，前方の②に何か黒っぽいものが走って私の方に向かってきていることに気付きました。

　その時，私の車の速度は，大体時速80キロメートルでした。以前，先行車に追い付いて，その車を追い越すために対向車線に出たと嘘を話していた時，時速80キロメートルくらいで走っていたと話しましたが，そのことは，本当です。先行車を追い越すために嘘を言おうとして，時速60キロメートルから80キロメートルに速度を上げたと嘘をついたのではありません。交通量が少なかったので，早く家に帰ろうとして，大体，そのくらいで走行しており，そのことは，運転中にスピードメーターを見て分かっていました[4]。

　私は，黒いものが私の方に走ってきているのに気付いて，これは危ないと思い，急ブレーキをかけたのですが，止まり切れず，②地点で，私の車の左前部の⊗にぶつけてしまいました。ぶつかる直前に

は，それがバイクであることは分かりました。また，バイクがライトを点けていることも分かりました。バイクは，私の車の左前部の⊗にぶつかり，それと同時にバイクから何かが投げ出されて私の車のボンネットにぶつかった上，すごい衝撃でフロントガラスにぶつかってきて，フロントガラスに蜘蛛の巣のようなひびが入りました。そのぶつかってきたものが，バイクを運転している人間だということも分かりました。それが，今回亡くなった小田弥生さんだったのですが，私は，この衝撃なので，相手の人は死んでしまったかもしれないし，そうでなくとも，死ぬほどの怪我をしているに違いないと思いました。救急車を呼ばなければならないということも，すぐに頭をよぎりました。しかし，そうなれば，警察に捕まってしまい，刑務所にも入らねばならないと思うと，恐くなり，車から降りて，現場から逃げたのです。[5)]

現場から逃げる時，ぶつかったバイクの状況や運転していた人の様子などは全く見ませんでした。見るのが怖かったからです。

なお，事故後，逃げてから現場に戻って，警察官から飲酒検知を受けるまでに，一切酒は飲んでいません。[6)]

6 亡くなった小田さんやご家族の方には，申し訳ないことをしたという気持ちで一杯です。一生かけて償おうと思っていますが，具体的に何をすればよいのか，今の段階では，正直，思い付きません。

〇〇〇〇　指印

〈以下省略〉

> **検察官の着眼点**
>
> 1）軽い罪名から重い罪名に容疑を切り替えて取調べを行う場合には，その旨告知し，改めて供述拒否権（黙秘権）を告知する。そうすることによって，任意性を争われる余地を防ぐことができる。
>
> 2）危険運転の「正常な運転の困難性」及びこれに対する被疑者の認識を録取したものであるが，もう少し具体的に録取した方がよい。同記載はかなり抽象的な供述であり，もう少し走行場所や周囲の状況等に関して具体的に録取できれば，信用性は増す。全て認めているからといって油断しない。

3）「気が付いたら対向車線を走っていた」というのは，事故前に，対向車線を走行していたことを認識したということであるから，（対向車線を走行していることについて）気が付いた状況，根拠等を具体的に供述させる必要がある。

4）「追越し」と嘘を言った時には，「追越し」と言うために，速度を上げたことをセットで虚偽供述した可能性があるので，再度，確認して，追越しという虚偽供述とは無関係であることを明らかにしたものである。なお，速度判断の根拠は聴取した上，録取すべきである。

5）当初，賠償金が多額になることを考えて逃げたと言っていたことはどうなのかについても，記載する必要があると思われる。

6）事後飲酒の事実は，事故後の飲酒検知の結果の判断に影響を与えるので，必ず押さえておくべきことである。逮捕当初から聴取して録取すべき事項である。

# アルコール類型の事故③

> **事例㊱**
> 飲酒後の普通貨物自動車の運転により，大回りに左折して左方道路進行の普通乗用自動車と衝突

## I 被疑事実の要旨

　被疑者は，平成○年○月21日午前1時31分頃，神奈川県○○市○○2丁目○番付近道路において，運転開始前に飲んだ酒の影響により，前方注視及び運転操作が困難な状態で，普通貨物自動車を時速約20ないし30キロメートルで走行させ，もってアルコールの影響により正常な運転が困難な状態で自車を走行させたことにより，同日午前1時33分頃，同市○○1丁目○番○号先の信号機により交通整理の行われている交差点を○○方面から○○方面に向かい左折進行するに当たり，大回りに左折進行して自車を道路右側部分に進入させ，折から，左方道路から進行してきた水沼捷之（当時20歳）運転の普通乗用自動車右側後部に自車右前部を衝突させ，よって，同人に加療約4週間を要する右第10肋骨骨折等の傷害を，前記井上運転車両の同乗者新藤透（当時21歳）に加療約2週間を要する頚椎・腰椎捻挫の傷害をそれぞれ負わせたものである。

## Ⅱ 被疑者供述調書（事実関係調書①）

供 述 調 書（甲）

《冒頭省略》

1 ただいま警察官から自分の言いたくないことは言わなくてよいと言われましたが、その意味は、分かっています。

2 私は、先日、つまり平成○年○月21日に、会社の車である普通貨物自動車（○○－○○○○号）を、酒を飲んで運転して、○○市内で、交通事故を起こし、現在警察に逮捕され留置されている身です。

　留置場では、食欲もあり、健康状態については、良好です。

3 それでは、私が起こした事故のことについて、お話しします。

　私が、事故を起こした場所は、今、警察官から聞いて、神奈川県○○市○○１丁目○番○号先道路と聞き、分かりました。

4 それでは、私が飲酒したことから話しますと、○月19日は、深夜まで仕事をしており、一旦、事務所に立ち寄り、事故を起こした車を運転して自宅に帰ったのです。

　私が事故を起こした車は会社名義の車でナンバーは先ほども話しましたが、○○－○○○○号の貨物自動車で、メーカーは、スズキで、色は白です。

　この車は、私の車が壊れて修理に出していることから、10日前から、勤め先の社長から借りている会社の車です。

　そして、事故前日の○月20日は、会社が休みだったので、以前から、会社の同僚である大久保さんと、小山洋一さんと、沢村啓と小平さん、それに自分の５人で飲む約束をしていたのです。もっとも、飲む場所までは決めていませんでした。それで、○月20日午後５時過ぎに、沢村から私の携帯電話に連絡があり、午後６時に○○駅で集合しましょうという連絡がありました。しかし、その時私は、中古車屋を回って、中古車を見て回っていたので、「用事があるから遅くなる。」と伝えたところ、沢村は、「分かりました。」と言って電話を切りまし

た。その後，午後６時過ぎに，沢村から再度私の携帯に電話があり，「今どこですか。みんな遅くなるそうです。」と言って来たので，「自分は近くにいるので，すぐ行く。」と答え，その後，〇〇駅の方に先ほど話した会社の車を運転して，その時いた横浜市〇〇区の方から向かったのです。酒を飲むのに，どうして車で行くことにしたかということですが，飲んだ後，車は駐車場に置いて帰るつもりでした。[1]

5 　午後６時15分頃，〇〇駅前の駐車場に車を止め，〇〇駅に歩いて向かったのです。そして，〇〇駅で沢村と会いましたが，他の人はまだ来ていませんでした。

　それで，私と沢村は，先に２人で，〇〇駅前にある居酒屋「〇〇」に入ったのです。私は，この店でウーロンハイや刺身，焼き物，揚げ物等を注文し，ウーロンハイは中ジョッキ８杯くらい飲みました。

　午後６時過ぎから飲み始め，午後７時頃に小山さんが来て，７時30分頃に，大久保さんが来ました。最後に来たのは，小平さんで，午後８時頃に来ました。そして，午後９時頃まで，皆で飲んだのです。

　その後，２次会にどこの店に行くかという話になり，皆で，〇〇駅前のキャバクラ「ピンキー」に行きました。「ピンキー」に行く時，私は，かなり飲んでいると思いました。どうしてかと言いますと，呂律が回らなくなったからです。私は，その後，キャバクラ「ピンキー」で，皆と同じ，ウィスキーの水割りを注文し，私自身は，水割りコップ５杯を飲みました。つまみはありませんでした。

　そして，午後11時過ぎ頃，小平さんが，終電がなくなるということで，先に帰り，残った４人で，翌21日の午前１時頃まで，飲んでいたのです。

　店を出て，店の前で10分ほど雑談をしていたのですが，午前１時20分頃，皆と別れたのです。

6 　私は皆と別れた後，車を取りに駐車場まで行き，車を運転して，自宅に戻ったのです。車を運転した経路については，今日，警察官を車で案内して，説明しました。[2]

この時本職は，供述人に，平成〇年〇月〇日に司法警察員巡査部長〇〇〇〇が作成した走行経路図を示し，説明を求めた〈走行経路図は省略〉。
　この図面は，私が，今日説明したとおり書かれていますので，この図面で説明します。
　車を運転した地点は，①'地点で，次の交差点〇〇交差点を左折した地点は，②'地点です。そして近道になると思い，次の信号の〇〇駅南交差点③'地点を左折したのです。そして，④'地点まで行き，ここの一方通行を右折し，逆行したのです。そして警察の車で距離を測りましたが，事故を起こした場所まで約280メートルと聞き，分かりました。

7　次に，事故を起こす直前のことについて話しますと，天候は晴れでした。路面はアスファルト舗装され，乾燥していました。一方通行の交通規制がかかっていることには気付きませんでした。道路の幅員は約5メートルです。

8　事故発生時の状況についてお話しします。私は時速約25キロメートルで進行していました。私は，先ほど，実況見分ということで事故現場に行って，事故の説明をしました。
　この時本職は，供述人に，平成〇年〇月〇日に司法警察員巡査部長〇〇〇〇が作成した交通事故現場見取図の略図を示し，同図面を本調書末尾に添付することとした〈略図は省略〉。
　この図面は，私が実況見分の時に事故現場で説明したとおり作成されておりますので，この図面で説明します。
　私は，自宅に戻るために〇〇方面から〇〇東方面に進行していました。前方の交差点を発見したのは，①地点です。その時，略図の㊝という左右の交差道路の対面信号機の脇の私の進行方向の歩行者用信号をちらっと見たところ，その信号は確か青色のようでした。私は，ちらっとその青色信号を見て，対面信号機が青色だと思い，そのままこの交差点を左折しようと考えていました。そして，②地点の時，左

から来た白色の車を㊥地点に発見し，ブレーキをかける暇もなく，私が④地点の時，⊗で相手の車の右後部のフェンダーに私の車の右バンパー付近がぶつかったのです。そして，相手の車は㊆地点に止まりました。

　事故後すぐ，私は，そのままでは他の車の通行の邪魔になると思い，⑤地点までバックした後，⑥地点まで前進させ，さらに，⑦地点まで後退し，その後，前進して⑧地点で停止したのです。逃げようとしたためではありません。

9　事故の後，車から降りて相手の車のところに行って，運転席に乗っていた人に

　　　　　大丈夫ですか

と声を掛けたのですが，相手や周りに集まっていたギャラリーの人が

　　　　　ここは一方通行だろう

　　　　　酒を飲んでいるな

等と言って，怒っていました。私は，当時は，相手の車が信号無視をしたと勘違いしていたため，口論となりました。

　その後，私は車に戻り，発進したかどうかは覚えていないのですが，相手の人が，事故後，私にぶつけられたと言っているのであれば，そうかもしれません。その時，私はまだ，相手の方で信号無視して事故を起こしておきながら，私が悪いなどと一方的に言っていたと思っていたため腹が立っていたので，車を発進したかもしれません。仮に，発進したとしても，それは，逃げようとしたのではなく，相手を脅そうとしたのだと思います。その時，軽くぶつかったのだと思います[3]。

　その後，私は，警察官が来るまでたばこ1本くらいは吸ったかもしれませんが，飲み物は飲んでいません。まして，アルコール類は一切飲んでいません[4]。

10　今回の事故の原因は，私が酒を飲んで運転したことと，交差点で左右の安全確認をしないで左折しようとしたことにあります。

11　なぜ，不注意な運転をしたかと言いますと，酒を飲んでいたことと，信号が青色だと勘違いし，左右からの車はないと勘違いしたからです。

12　相手に対する示談は，私の勤務先の社長が相手と話し合い，対応してくれていると聞いています。私は，留置されているので，どうすることもできません。

13　相手の人は

　　　　横浜市〇〇区〇〇１丁目〇〇番地
　　　　水沼捷之さん（20歳）

と

　　　　藤沢市〇〇１番地
　　　　新藤透さん（21歳）

と聞きました。大変迷惑をかけましたので，後日，謝りに行きたいと思っています。

14　今後，飲酒運転は絶対にしませんので，ご寛大な処分をお願いします。

　　　　　　　　　　　　　　　　　　　〇〇〇〇　指印

〈以下省略〉

### 検察官の着眼点

1）　飲みに行くのに車で行った時は，当然帰りも車で帰るつもりであったと思われるので，この点は，必ず聴取しておく必要がある。本事例のように，当初は車を置いて帰るつもりであったという弁解が出ることが多いが，鵜呑みにすることなく，なぜ，それにもかかわらず車を運転して帰ろうとしたのか，車を運転しない時は，どうやって帰るつもりだったのか，以前はどうだったのか等も併せて追及することが重要である。

2）　飲む前は，車を置いて帰るつもりであったと述べている。それが，車を運転して帰ることになったというのでは，前の供述と矛盾する。必ず，なぜ運転して帰ることにしたのか，変更の事情を聴取する必要がある。そうでないと，取調べの粗雑さを示すこととなり，調書の信用性が揺らぐ。この点を聴取することによって，場合によっては，車を置いて帰るつもりであったとの当初の供述が嘘であったことが明らかになることもある。

3）　この部分は，否認とみるべきであろう。

4）　この押さえは，必要である。

## Ⅲ 被疑者供述調書（事実関係調書②，危険運転致傷）

供 述 調 書（甲）
《冒頭省略》

1 今日から，私の容疑事実を，それまでの過失運転致傷罪と道路交通法違反（酒酔い運転）から，危険運転致傷罪に切り替えて取調べをする旨告げられました。また，改めて，自分の言いたくないことは言わなくてもよいということも告げられましたが，その意味は分かっています[1]。

2 私は，事故を起こした平成○年○月20日は，仕事が休みだったので，昼過ぎ頃から，会社から借りていた普通貨物自動車を運転して，会社近くの横浜市内の中古車屋を何軒か回りました。そして，午後5時過ぎ頃，会社の同僚である沢村から，電話があり，午後6時に○○駅に集合しようと言われたのです。私は，中古車屋を回っている途中だったので，少し遅れると言いました。その後，沢村から電話があり，午後8時くらいに○○駅前のスナックに行くので，それまでに○○駅に来てくれと言われました。それで，私は，そのつもりで自宅近くの駐車場に車を置きに向かっていたところ，午後6時過ぎ頃，また，沢村から電話があり，彼は，他の皆が遅れて来るというので，私だけ先に来られないかと言ってきました。その時私は，ちょうど○○駅から車で5分くらいのところにいたので，そのまま○○駅に車で向かったのです[2]。

それで，私は，○○駅前近くのコインパーキングに普通貨物自動車を止めた後，午後6時15分頃，○○駅に行き，そこで沢村と落ち合いました。

この日は，仕事が休みの日だったことから，以前から私を含めた職場の同僚と一緒に○○駅前で飲む約束をしており，そのために，○○駅に集まったのです。ただ，他の人は遅れて来るということだったので，私と沢村の2人は，先に○○駅近くの居酒屋で確か名前は，「○

○」だったと思いますが，その店に行ったのです[3]。

3 　その居酒屋では，午後6時30分頃から酒を飲み始め，私は，中ジョッキのウーロンハイを注文し，沢村は，最初はビールを頼んでいたように記憶しています。その後，午後7時頃だったと思いますが，小山さんが来て，その後，午後7時30分頃，大久保さんも来ました。そして，午後8時30分頃になってようやく，小平さんが来たのです。その店では，話が盛り上がり，楽しく過ごしました。そして，つまみの刺身などを食べながら，私は，午後9時にこの店を出るまでに，ウーロンハイを中ジョッキで8杯くらい飲みました。

　　私は，普段焼酎の水割り3杯くらいを晩酌で飲む程度なのですが，この時はかなり飲んでしまい，酒に酔って呂律が回らなくなってきましたが，話は何とかできていました。

4 　その後，コンビニエンスストアに寄った後，「○○」からだと歩いて5分もかからないくらいのところにある「ピンキー」というキャバクラに行きました。ここでは，午後9時過ぎ頃から，焼酎の水割りを飲みました。ここでも楽しく過ごし，途中，午後10時30分頃だったと思いますが，小平さんが帰るということだったので，一度清算した後，また「ピンキー」に戻り，翌○月16日の午前1時過ぎ頃までの間，そこで飲んでいました。私は，この店では，焼酎の水割りを5杯くらい飲みました。

5 　その後，私の記憶では，私達は，店を出てエレベーターで1階に降り，店の前で，見送りに来た店の女の子と少し雑談をした後，皆と別れました。私は，その頃，酒に酔って呂律が回らなくなっており，自分でもだいぶ酔っているなと思いながら，ちょっとフラフラしながらコインパーキングに止めていた私の車に戻りました。

　　私は，「ピンキー」の前にぼーっと立っていて数分間程度，タクシーが通るのを待っていましたが，通らなかったので自分の車で家に帰ることにし，車に戻ることにしたのです。私は，コインパーキングの清算をした後，車に乗り込み，携帯電話を出してメールを確認した

りしましたが，普段はちゃんと見える携帯電話の画面がぼやけて見えていました。それは，酒に酔ったためであることが自分で分かりました。それで，だいぶ酒に酔っていることは分かったのですが，時間も遅いし，人通りや車の通行量も少ないので，事故を起こさないように，そこそこの運転はできると思って，車の運転を始めました。

問　この時，君はかなり酒に酔っていたことを自覚していたということだが，普通どおり，的確にハンドルやブレーキを操作するなどして安全な運転をすることができると思っていたのか。

答　普通どおりに的確にハンドルやブレーキを操作するなどして安全な運転をすることはできないと思っていました[4]。それで，ゆっくり速度を出さないで，運転していれば，大きな事故にはならないだろうと思っていました。

　この時，本職は，供述人に，平成○年○月○日付司法警察員巡査部長○○○○作成にかかる実況見分調書添付の走行経路図を示した〈走行経路図は省略〉。

6　この走行経路図は，私が警察官を案内して説明したとおり作成されています。

　私は，①'の○○駐車場から車を出して，②'の○○交差点を左折し，○○駅南交差点に向かい進行しましたが，○○駅南交差点に信号機があるのを見て，左に曲がれば近道があるかもしれないと思い，ゆっくりした速度で③'を左折しました。私は，左折後，真っ直ぐに進む近道になっているのではないかと思っていましたが，突き当たりになっていたので，元の道に戻ろうと思い，突き当たりの④'の交差点を左折しました。

　すると，突き当たりの④'の交差点が見えました。私は元の道に戻ろうと思って④'の交差点を右折することにしたのです。

問　④'の交差点には一方通行の標識が設置されているが，なぜ逆行することになる右折をすることにしたのか。

答　酔っていてぼーっと考えごとをしていたため，標識に気付かな

かったので，元の道に戻ろうと単純に考えてしまったためです。[5]

7　私は，その後，○○方面に向かって進行して事故現場の交差点に差し掛かりました。

　この時本職は，供述人に，平成○年○月○日付司法警察員○○○○作成にかかる実況見分調書添付の交通事故現場見取図を示した〈見取図は省略〉。

　この見取図は，事故現場に私も立ち会って，警察官に指示説明したことに基づいて作成されたということをお聞きしました。[6]

　私は，時速20キロメートルから25キロメートルくらいで，○○方面から○○方面に向かい進行していました。そして，走行経路図の④'を右折してから40メートルから50メートルくらい進んだ地点付近で事故現場の交差点に気付きました。前回は，この時，図面の㊥の信号機の北側にある歩行者用信号機が青色だったのをちらっと見て，対面信号機が青色だと思い左折するつもりで交差点に入った旨話しました。しかし，その後，警察官から，④'地点から40メートルないし50メートル進行した地点では，交差道路を横断する横断歩道の歩行者用の信号は見えないのではないかと言われましたが，確かに，その歩行者用信号機は見えなかったと思います。しかし，その頃，歩行者用信号機が青色だった記憶があるので，その時見た歩行者用信号機は，私の進行道路を横断する横断歩道の歩行者用信号機だったのだと思います。そして，それを，交差道路を横断する横断歩道の歩行者用信号機と勘違いし，自分の対面信号も青色だと思い込んだのだと思います。

　その後は，進路前方がぼやけて見えるので，目を細めながら進行して行きました。そして，この交差点を普通に左折するつもりだったのですが，酒に酔っていたためぼーっとしており，何を考えていたのかはっきり分かりませんが，自分の身辺のこととか何かを考えながら，交差点に入りました。[7]

　そして，③地点付近から左折のためにハンドルを切ったのですが，その直後頃，左方道路からの車が㊥地点に付近に来ているのに初め

て気付き，私は急ブレーキをかけようとしましたが，どうすることもできないまま④地点付近で，対向車線にはみ出した⊗地点付近でその車と衝突しました。

8　その後，私の車は④地点付近で止まりましたが，私はかなり酔っていたため，衝突の衝撃で一瞬方角が分からなくなり，④地点付近から1メートル程度私の車を⑤地点の方向に後退させ，ⓒ地点付近に停止した相手の車の後方に私の車をつけようと思いました。

　それで，④地点付近から1メートル程度後退した地点から右折してⓒ地点付近に停止していた相手車の後方に向けて進行しようとしたのですが，酒に酔っていたため，うまくハンドルを切れず，⑥地点付近に車を進めてしまったため，⑥地点付近から⑦地点付近に向け，私の車を後退させました。

　そして，⑧地点付近の左側の駐車場に私の車の前部を入れた後，後退させて，⑧地点付近に私の車を停止させました。

9　その後，私は，車から降りて相手の人に「あんちゃん，大丈夫か。」と言いました。相手の人は，首が痛いと言っていました。その後，集まった野次馬が，私のことを酒臭いとか言ってきて，私は頭に来ました。そして私は，車に携帯電話か何かを取りに戻ったのです。何を取りに戻ったのかよく思い出せません。

　問　衝突させた車の運転手は，君の車の前に立っていたところ，君が車を前進させてきたため，車が体に当たったと述べているが，そのような記憶はあるか。

　答　覚えてません。車を前進させた記憶もありません。

10　今回の事故を防ぐためには，酒に酔っており，呂律が回らなかったり，歩く時，少しふらついたり，物がぼやけて見えるような状態では，的確なハンドルやブレーキなどの操作はできないのが分かっていましたから，車の運転するのは止めておくべきだったと思います。[8)]

　事故現場の交差点を大回りに左折してしまって今回の事故になりましたが，この時の私の状態では，そのような運転しかできなかったと

思います。
11　この事故で相手の車に乗っていた水沼捷之さんと新藤透さんに怪我を負わせてしまいました。今回の事故については，私が悪いということは分かっています。以前にも酒を飲んで検挙されたことがあったのに，また今回の事故を起こしてしまい，こんなことをするんじゃなかったと後悔し，反省しています。現在勾留中ですが，出ることができたら，水沼さん達には，きちんと謝罪や弁償をしたいと思っています。

〇〇〇〇　指印

〈以下省略〉

> **検察官の着眼点**

- 1）　被疑事実が変わった場合で，重い容疑になったときは，改めてその旨伝えた上で，供述を求め，任意性の確保を行うべきである。その旨告知していないと，重い罪で起訴されることはないと思って虚偽供述を行った（あるいは重い罪では起訴されないと取調官に言われた）などとの弁解が出てくる可能性がある。
- 2）　この集合時間の変遷の経緯は，よく分からない。このような経緯は，事故の態様や被疑者の刑事責任を明らかにする上で，あまり関係のないことということで（面倒くさいから？），聴取はしたものの経緯の説明を省いた（聴取しないで省いた可能性もあるが，そうだとしたら問題はより大きい）ものと思われる。取調べや供述の信用性にも影響しかねないので，調書上その経緯はきちんと説明しておくべきであろう。その経緯が録取されて初めて，集合時間の変遷は過失や情状等の事実認定に影響のないものであることが分かることにもなる。
- 3）　運転して帰るつもりであったのか否かは，録取しておくべき事柄である。
- 4）　正常な運転の困難性の認識を録取しようとするものである。しかしながら，この時点での認識は，それが直ちに危険運転の認識に結び付かないことに留意すべきである。危険運転の故意（認識）は，運転行為の危険性の認識（正常な運転が困難であることの認識）であるから，運転前の認識が正常な運転の困難性を認識していたとしても，それは予想に過ぎないため，いざ運転してみて正常な運転ができるとの認識に変わることもあり得ないわけではないからである。もっとも，事前に認識できる場合は多くの場合，正常な運転が困難な状態になっていると思われるので意味はある。しかし，運転中の認識に繋げるためには，酔いのために，ハンドルやブレーキ操作等のどの点で安全運転ができないと思っていたのか等その根拠を，もう少し具体的に述べさせるべきである。「呂律が回らない」，「足がふらついた」，「メールがかすんだ」ということと，ハンドルやブレーキ操作等の運転行為は次元の異なることであるので，これらの現象が運転行為のどの点に影響を与えて，正常な運転が困難になると判断し

たのか，等をきちんと具体的に聴取して録取すべきである。このような抽象的な記載では，後に公判で認識を否認した時は裁判所の認定の根拠にならない可能性がある。

5） 危険運転の認識を述べた供述（標識に気付かなかったので，道を間違えたと思った上，元の道に戻ろうとしたという意味）のようにも思える。しかしながら，当時の認識とは別に客観的な事実を確認しただけの供述とも考えられる。おそらく後者と思われるが，紛らわしいので，どちらか明確にすべきである。かりそめにも，曖昧な形に録取して，危険運転の認識が肯定されるように意図したのであれば不当である（総論→25頁参照）。

6） それだけでなく，説明したとおりに作成されていることを録取する必要がある。

7） 「進路前方がぼやけて見えるので，目を細めながら進行して行きました」という供述は，危険運転の認識があることを示すものである。目を細めて運転した記憶がある以上，進路前方がぼやけて見えることは認識していたと考えられるからである。しかし，「酒に酔っていたためぼーっとしており」という供述も危険運転の認識を示すもののようにも思われるが，前掲 5 ）で述べたと同様，客観的な事実を確認しただけの供述とみる余地がある。

8） 危険運転の認識を録取したつもりのようであるが，ここでの認識は運転開始前の認識を録取したものと考えられる（運転を中止すべきという判断に結び付けている以上，そうとしか受け取ることはできない）ところ，前掲 4 ）記載のとおりそれは運転行為時の認識ではないので，必ずしも十分なものではない。

# アルコール類型の事故④

**事例㊲**

普通貨物自動車の危険運転の認識を否認している運転者に対して，同乗者の供述により危険運転致傷罪が成立

## I 被疑事実の要旨

被疑者は，

第1　平成〇年2月4日午前4時50分頃，浜松市〇区〇〇・〇丁目〇番〇号付近道路において，運転開始前に飲んだ酒の影響により，前方注視及び運転操作が困難な状態で普通貨物自動車を走行させ，もってアルコールの影響により正常な運転が困難な状態で自車を走行させたことにより，同日午前5時4分頃，同市〇区〇〇・〇丁目〇番〇号付近道路を〇方面から〇方面に向かい時速約50ないし60キロメートルで走行中，進路前方を自車と同一方向に進行中の毛利潤一郎（当時48歳）運転の自動二輪車後部に自車前部を衝突させて運転車両もろとも同人を路上に転倒させ，よって，同人に加療約1か月を要する右腓骨骨折等の傷害を負わせた

第2　前記日時・場所において，前記普通貨物自動車を運転中，前記のとおり，前記毛利に傷害を負わせる交通事故を起こし，もって自己の運転に起因して人に傷害を負わせたのに，直ちに車両の運転を停止して同人を救護する等必要な措置を講じず，かつ，その事故発生の日時及び場所等法律の定める事項を，直ちに最寄りの警察署の警察官に報告しなかった

ものである。

## Ⅱ 被疑者供述調書（事実関係調書①，平成○年2月11日付警察官面前調書）

供 述 調 書（甲）

〈本籍，住所，職業　省略〉
氏名　兼子　徹

昭和○年12月3日生（35歳）

1　深田智弘君と一緒に飲むことになった経緯は，先ほど話したとおりですが，今からは，お酒を飲んだ場所や飲んだお酒の量について詳しく話していきたいと思います。
2　それでは，○○街のローソンで，深田君と合流した後のことについて話していきます。○○街で深田君と合流した時間は，私が駐車場に車を止めたのが，

　　　平成○年2月3日午後8時40分過ぎ頃

で，ここから，○○街のローソンまでは10分もかからないくらいなので，午後8時50分くらいには，深田君と合流できていると思います。
　そして，合流した後は，深田君が，すぐ近くにおいしい店があるということだったので，歩いて2，3分のところにあった

　　　　○○○

という名前の居酒屋に入りました。
　ですので，居酒屋の○○○に入ったのは，午後9時前には入って午後9時頃から飲み始めていると思います。
　○○○に入ってから，私は，深田君とはまず初めに

　　　　ビール

を1杯ずつ注文し，2人で子供の話や深田君の今後の○○の代表と活動等のことについて話をしながら飲み始めました。
　このお店で飲んだビールは，400mlくらい入るグラスで出てきて，その後，食べ物も注文し，食べ物はつくね等の串やクリームチーズとわさびのあえた食べ物を食べたことを覚えています。

私はビールを，深田君と話をしながら飲んでゆき，深田君の話を聞きながら飲んでいたので，深田君より飲むペースは速く，深田君より先にグラスのビールがなくなってしまったので，追加でもう1杯同じビールを注文しました。
　ビールを飲み終わった後，深田君がおいしい日本酒があるということだったので，その日本酒を一合瓶を1本ずつ頼むことにしました。
　その日本酒は，名前が
　　　　○
という名前の日本酒で，アルコール度数は15度くらいはあると思うのですが，甘口で飲みやすかったので，それぞれ1本ずつ飲み，おいしかったので，もう一本飲んで，2人で分けようかという話をし，追加で1本頼み，半分ずつ分けて飲んだのです。
　その後，このお店では，2時間くらい飲み食いし，午後11時近くになったため，店は出ることにしました。
　ですので，1件目の○○○で飲んだ時間とお酒は，
　　　平成○年2月3日午後9時頃から午後11時頃
までの間に，
　　　ビール　2杯
　　　日本酒　1本と半分
を飲んだことは間違いありません。
　この時本職は，平成○年2月6日当署司法警察員警部補○○○作成の実況見分調書に貼付の写真10枚を供述人に示した〈写真は省略〉。
3　この実況見分調書についている写真には，私が飲んだグラスや日本酒の徳利が写っていますので，この写真を見ながら，私が飲んだお酒の量を話していきます。
　まず，写真1番には○○○のお店で出しているビールのグラスが写っています。
　私は，このグラスでビールを飲んだことは間違いありません。
　次に，写真2番から5番までを見ると，このグラスに水を入れ，計

量カップで量を量った状況が写っており，写真5番を見ると，このグラスの容量が1杯当たり，

　　　380ミリリットル

であることが分かりました。

　先ほど話したとおり，私は，このグラスのビールを2杯飲んでいますので，私が飲んだビールの量は，

　　　760ミリリットル

になることが分かりました。

　次に，写真6番には，私が飲んだ○という日本酒を入れる徳利が写っています。

　私は，この徳利に入って出てきた日本酒を飲んだことは間違いありません。

　また，先ほど話したとおり，私は，この徳利の日本酒を1本と半分飲んでいます。次に写真7番から10番には，この徳利に水を入れ，日本酒がどのくらい入っていたか計量カップで量った状況が写っており，写真10番を見るとこの徳利の日本酒の量が1本当たり

　　　180ミリリットル

であることが分かりました。

　私は，先ほども話したとおり，この日本酒を1本と半分飲んでいますので，私が飲んだ日本酒の量は

　　　270ミリリットル

になることが分かりました。

　私は，この量のお酒を○○○で飲んだことは間違いなく，これだけ飲んだので，お店を出る頃には，既にお酒が入り，陽気になっていました。

　1件目の○○○の支払いは，私が全て現金で支払いました。

　1件目の○○○を出る際に，深田君は，電車で帰るなら終電の時間が近いということだったのですが，私は，深田君とまだ話し足りなかったので，私は，深田君に

　　　　自分の家に泊まっていけばいいよ
　と言ったところ,深田君もそうするということだったので,次のお店に行くことにしました。
　　2軒目以降の話はまた別の機会に詳しくお話しします。[1]
　　　　　　　　　　　　　　　　　　　　　　　　　兼　子　　徹　指印
　　　　　〈以下省略〉

> **検察官の着眼点**
>
> 1) 本事例は,逮捕時の呼気検査ではアルコールが検出されなかったため,ウィドマーク方式による飲酒量から推認する方法で,事故時のアルコール保有数を算出するので,このように飲酒量の正確な特定が必要である。
> 　そして,供述調書でこのように被疑者に確認させたことを録取しておくことは,後日の公判での撤回や新たな弁解を防ぐ趣旨でも有効である。

## Ⅲ　被疑者供述調書(事実関係調書②,前同日付警察官面前調書)

　　　　　　　　　　　供　述　調　書（甲）
　　　　　　　　　　　　　《冒頭省略》
1　私が,事故前に飲んだ場所は,最初は,先ほど話したとおり,○○○という居酒屋で間違いありませんが,その後も,別のお店に行っていますので,今からそのことについて詳しく話していきます。
2　私は1軒目の○○○を午後11時頃出た後は,私が深田君にキャバクラにでも行こうかと話したところ,深田君が行ったことがないということだったので,行くことにし,私が知っている○○というキャバクラに歩いていくことにしました。
　　○○までは,歩いて2分くらいですので,午後11時少し過ぎた頃には店に入っています。
　　そして,お店に入り,この日は空いていたため,すぐに席に着くことができました。その後,私と深田君は,別々の女の子が1人ずつ付き,私は以前に,
　　　　○○

という焼酎のボトルをキープしていたので，そのボトルを出してもらい２人で水割りで飲むことにしました。

しかし，キープしてあったボトルは，それぞれ１杯ずつグラスに入れて作ってもらったところ，なくなってしまいました。

ですので，もう１本同じ焼酎のボトルを注文しました。

そして，ここでは，女の子が，グラスに焼酎がなくなれば，また焼酎の水割りを作ってくれ，深田君と私は同じ焼酎のボトルを注文しました。

深田君と私は同じペースくらいで女の子を話しながら飲んでいき，お店の閉店の午前１時30分過ぎまでの間に，それぞれ

　　　４杯ずつ

グラスで焼酎の水割りを飲みました。

この時本職は，平成○年２月６日当署司法警察員警部補○○○作成の実況見分調書に貼付の写真８枚を供述人に示した〈写真は省略〉。

3　この実況見分調書に貼付されている写真には，私が今言った○○のい店で飲んだ焼酎やグラスが写っているので，この写真を見ながら，私が飲んだお酒のことについて話します。

まず，写真番号１番には，私がキープしてある○○の焼酎のボトルが写っています。私が飲んだ焼酎は，この○○という名前の焼酎に間違いありません。

次に，写真番号２番を見ると，ラベルが写っており，この焼酎はアルコール度数が25パーセントであることも分かります。

次に，写真番号３番には，新品のボトルと私が残してキープしたボトルが並べて写っており，大体300ミリリットルなくなっている状態であることが，説明を受けて分かりました。

次に，写真番号４番には，私が以前キープしてあったボトルがどれくらい残っていたか黒色の矢印で示している写真が写っていますが，このくらいの量しか残っていなかったことは間違いないです。

次に，写真番号５番を見ると，焼酎を飲む際，お店で出しているグ

ラスが写っています。そして、写真番号7番に写っている感じで、このグラスの氷を入れてもらい、焼酎を飲んだことも間違いありません。
　次に、写真番号8番には、1杯当たりの焼酎の量を計量カップで量った状況が写っていますが、この写真に写っているとおり、1杯当たりの焼酎の量は、
　　　50ミリリットル
になることが分かりました。
　女の子は、大体同じくらいの量を入れて私と深田君に作ってくれていましたので、この焼酎の水割りを私と深田君は4杯ずつお店の閉店までに飲んでいます。ですので、このお店で、私が飲んだ○○という銘柄の焼酎の量は、4杯分の
　　　200ミリリットル
になることは間違いありません。
　そして、このお店には、午前1時30分過ぎ頃までいて、お店を出る前に、私が女の子に、
　　　次、飲みに行かない
と誘ったところ、深田君についていた女の子はいくということだったので、お店を出た東側にあるセブンイレブンで待っているということを伝え、お店の支払いを私がカードでして、お店を出ました。
　その後、私と深田君は、セブンイレブンまで歩いて行き、セブンイレブンで温かいお茶を買い、セブンイレブンの前で飲みながら女の子が来るのを20分くらい待ち、女の子が来たため、私は、○○の隣のビルの2階にある○○○というバー遅くまでやっているのを知っていたので、そこに行こうと言い、3人で歩いて行くことにしました。

4　○○○に着いたのは、女の子を待っていた時間があるので、平成○年2月4日午前2時頃になってしまっていたと思います。
　そして、○○○に入り、カウンターに3人で座り、私は最初に
　　　シャンディーガフ
というビールとジンジャーエールを割ったカクテルを1杯注文し、話

をしながら飲み始め，その次に，
　　　コロナ
というメキシコビールを注文しました。
　コロナは，瓶で出た来たのでそのまま飲みました。
　コロナを飲み終わった後は，
　　　ロングアイランドアイスティー
という名前の何が入っているか詳しくは分かりませんが，ウォッカやテキーラなどの強いお酒が入っているカクテルを1杯飲みました。
　その後は，最後に
　　　コロナ
をもう1杯注文し飲みました。
　この時本職は，平成○年2月6日当署司法警察員警部補○○○作成の実況見分調書に貼付の写真22枚を供述人に示した〈写真は省略〉。
5　この実況見分調書についている写真には，○○○で出しているグラスやお酒が写っているので，この写真を見ながら私が飲んだお酒について説明します。
　まず，写真番号1番には，大きめのグラスが写っていますが，私は，このグラスでシャンディーガフというカクテルを飲んだことは間違いありません。
　次に，写真番号2番には，小さめのグラスが写っていますが，このグラスでロングアイランドアイスティーというカクテルを飲んだことは間違いありません。
　次に，写真番号3番を見ると，私が飲んだメキシコビールのコロナの瓶が写っており，この瓶は，写真番号4番に写っているとおり，容量が355ミリリットルで，アルコール度数が4.5パーセントであることが分かりました。
　私は，この瓶を2本飲んでいますので，私が飲んだ量は
　　　710ミリリットル
になることは間違いありません。

次に，写真番号５番を見ると，シャンディーガフのビールの量が写っており，シャンディーガフは，ビールを半分入れてジンジャーエールで割っていることがよく分かりました。　また，シャンディーガフのビールは，アルコール度数５パーセントのスーパードライで，グラスの半分の容量は，写真番号６番に写っているとおり，
　　　160ミリリットル
であることが分かりました。
　私は，このシャンディーガフは１杯しか飲んでいないので，スーパードライのビールを
　　　160ミリリットル
飲んだことになるのは間違いありません。
　次に，写真番号11番から20番には，ロングアイランドアイスティーに入っているお酒のボトルが写っており，これを見ると，ロングアイランドアイスティーには，

　　コアントロ　アルコール度数　54パーセント
　　テキーラ　　同　　　　　　　40パーセント
　　ジン　　　　同　　　　　　　40パーセント
　　ウォッカ　　同　　　　　　　40パーセント
　　ラム　　　　同　　　　　　　40パーセント

のお酒が入っていて，これとレモンジュースとコーラ，グレナデンシロップを入れて作っていることが分かりました。
　そして，写真番号21番には，それぞれのお酒の１杯当たりの量をグラスに入れた状況が写っており，写真番号22に写っているように，計量カップで量ったところ，お酒はそれぞれ10ミリリットルずつ入れていることも分かりました。
　ですので，私は，このカクテルは１杯しか飲んでいないので今言ったお酒をそれぞれ10ミリリットル合計で50ミリリットル飲んだことは間違いありません。
　今まで話したお店３軒の場所については，○○街の辺りの地図を見

せてもらえば，説明できます。

　この時本職は，供述人に○○街付近が入っているゼンリンの地図のコピーを供述人に示した〈コピーは省略〉。

　この地図のコピーには，私が行ってお店の場所が全てありますので，この地図に私が行ったお店の場所を記載して提出しますので，参考にしてください。

　この時本職は，供述人が任意に飲酒先の場所について記載したゼンリンの地図1枚を本調書末尾に添付することとした〈地図は省略〉。

　今話したとおり，私は，この3軒のお店でお酒を飲んでいることは間違いありません。○○○を出てからの話は，また別に詳しく話していきます。[1)]

兼子　徹　指印

〈以下省略〉

**検察官の着眼点**

1）飲酒量については，646頁 **検察官の着眼点** 1）参照。この飲酒量をウィドマーク方式で計算した場合，事故時被疑者は，呼気1リットル中，0.54ミリグラムから1.63ミリグラムのアルコールを保有していることが明らかとなっている。

## Ⅳ　被疑者供述調書（事実関係調書③，平成○年2月12日付警察官面前調書）

供　述　調　書（甲）

《冒頭省略》

1　私が，今回の事故前にお酒を飲んだお店や飲んだお酒の量については，昨日話したとおりですが，今からは，普段私がお酒を飲む量や，お酒を飲んで事故を起こすまでのことについて詳しくお話しします。

2　それでは，私の普段の飲酒状況についてから話します。

　私は，普段，晩酌でお酒を飲むということはなく，お酒を飲むとい

うと，所属しているサッカーチームの仲間，私の会社の従業員である○○○君と月に，1，2回自宅近くの居酒屋にお酒を飲みに行く程度で，頻繁に飲みに行くわけではありません。また，飲みに行っても1軒で終わることがほとんどで，今回のように3軒もはしごするということは，ほとんどありません。

　あるとすると，年1回の所属しているサッカーチームの忘年会の後に行くかどうかくらいになります。

　また，普段は，飲みに行っても1軒だけで終わりますので，2，3時間かけて，せいぜい飲んでも

　　　　ビール　ジョッキ　3，4杯
　　　　日本酒　2合

程度飲むだけで終わります。

　飲むお酒も，普段は，ビールや日本酒を飲む程度で，カクテルや焼酎は飲むことはありませんでした。

　ですので，今回は，お店を3軒も行き，普段の倍くらいお酒を飲んでおり，普段飲まないカクテルや焼酎も飲んでいますので，普段より酔っ払ってしまっていたことは間違いありません。

　また，私は，お酒を飲んで暴れたりすることはないのですが，普段よりは饒舌になり，よくしゃべるようにはなると思います。

3　次に，今回最後に飲んだお店である○○○というバーで飲み終わってからの話をします。

　事故があった日に最後に飲んだのは，昨日も話したとおり，○○○というバーで，そこで私は，平成○年2月4日午前5時前くらいまで飲んでいました。そして，私が現金で3人分の料金を支払い，一緒に行っていた○○○の女の子が，代行で帰るということだったため，私は，深田君に，

　　　　代行を呼んであげなよ

と伝え，深田君が携帯で代行を頼みました。

　その後，代行が来たということで，○○○の女の子は，○○○の

入っているビルの前で分かれ，その後，深田君が私に，
　　　この後どうします
ということを聞いてきたため，私は，さすがにかなりの量のお酒を飲んでいましたし，この日は，仕事にも行こうと思っていたので，
　　　そろそろ帰ろうか
と言ったところ，深田君は，私に
　　　代行を呼びましょうか
と聞いてきました。
　しかし，私はこの時，代行を支払うお金がなかったわけではなかったのですが，早く帰って少し寝てから仕事にも行かないといけないと思っていましたし，代行を呼んで待つより，自分の車で早く帰ってしまおうと思い，
　　　代行はいいでしょ
と深田君に伝え，私の会社の車が駐車してある駐車場まで2人で歩いて行くことにしてしまったのです[1]。
　また，駐車場に歩いて行く際に，普段の倍くらいのお酒は飲んでいて，普段より酔いの程度は強かったのは間違いないのですが，フラフラの状態ではなかったですし，ふらついて転んでしまったりすることもなく駐車場まで歩いて行けました[2]。深田君も私と同じで，特にふらつくということもなく，一緒に駐車場まで行けました[3]。
　そして，駐車場に着いた際も，当然まだ体の中にアルコールが残っていたのですが，フラフラという状態ではなかったため，このくらいなら大丈夫かと勝手に考え，運転していってしまうことにしたのです。
　ですので，私は，事故を起こした
　　　トヨタ　△△△△
の運転席に乗り込み，深田君が助手席に乗り込み，私は運転を開始してしまいました。この時，深田君は，私が代行はいいでしょと言ってしまったことから，飲酒運転は悪いことだと分かっていながらそのまま乗ってしまったと思います。

まず，私は，駐車場出口の料金所で，料金を支払い，駐車場から左折して車道に入り，すぐの信号交差点を左折して行きました。
　その後，浜松市○○前の交差点を敷設して国道○号線を北に向かって走っていき，次は，○○町の信号交差点を左折して，○○学院の方へ行きました。
　左折した後，私は，○○病院の看護師と以前に付き合っていたことがあり，そのことを深田君に話そうと思い，○○学院高校前の信号交差点を左折して，○○病院方向に向かって行きました。
　この辺りまでは，会話をして行っているので，何とかお酒を飲んでいない状態とまでは当然いかないですが，自分では普通に運転して行けたと思います。
　そして，○○病院の辺りで，私の元彼女の話をしながら通って行ったのは何となく覚えています。
　その後は，○○街道の通りまで行き，そこの信号交差点を右折して○○街道を北に向かって走って行ったのですが，この辺りから車内が暖房で暖かくなってきたことから，少しウトウトしてしまいました。[4]
　そして，○○というラーメン屋がある信号交差点で信号待ちで停止したことは覚えていて，その際に，既にお酒がかなり回ってきていて，私が普段お酒を飲んだ後とは違い，頭が周り，ぼーっとし，ウトウトしてきて，前もしっかり見られない状態になってきてしまいました。[4]
　ですので，信号が青信号になっても私は発進できず，助手席に座っていた深田君から
　　　　青ですよ
というようなことを言われ，ようやく発進したのを覚えています。
　そして，発進した後，私は，直進して行ったのですが，既にお酒が回ってきていたため，またすぐ，頭が回りぼーっとしてきて，ウトウト眠ったような状態で，今回の事故現場まで運転して行ってしまい，今回の事故を起こしてしまったのです。[4]
　私が飲酒運転した道順については，今話したとおりですが，事故の

ことについてはまた別に話します。

兼子　徹　指印

〈以下省略〉

### 検察官の着眼点

1） 飲酒運転を行う動機として，このように代行料金を節約する，あるいは代行料金の持ち合わせがない等の金銭的な動機が認められる場合が少なくないことは，注目してよい。従来，所持金や代行運転代等を明らかにする捜査は，あまり行っていないと考えられるが，留意を要する。先の事例（ 事例㉙ →473頁）も，これが動機であった可能性が濃厚であることを参照して欲しい。

2） 運転開始時の酩酊の状況については，必ず聴取しておくべきである。仮に，被疑者が正直に言わない可能性があるとしてもである。

3） 一緒にほぼ同様の飲酒をした仲間の酩酊状態についての認識も聴取した上で，明らかにする。飲んだ酒の量は必ずしも同じではない上，酒の強弱があるので，同じ酩酊状態になるとは限らないが，それでも，一緒に飲んだ仲間の酩酊状態は，被疑者自身の酩酊状態の認定にも影響を及ぼすからである。その仲間が，ベロベロに酔っていて正常に歩けなかったにもかかわらず，それと異なる酩酊状態を述べるとすれば，自分の酩酊状態への波及をおそれて程度を軽く述べている可能性が生じてくる。

4） この調書の各記述は，留意が必要である。この記載では，被疑者が，運転当時そのことを認識していた，すなわち認識していながら運転をしていたことを認めた供述と理解される余地がある。後記（→665頁）のとおり，被疑者は検察官の取調べにおいては，このことを否定しているので，被疑者が警察官の取調べで同事実を認めていたのかについては疑問の余地があるからである。すなわち，被疑者が，事故後の取調べ時点で，当時の客観的な運転状況を推測して述べたものに過ぎない可能性が高い。仮に，そうではなく，被疑者が，当時の認識としても，ウトウトしながら半分眠った状態で運転していたことを認識していたというのであれば，その旨明示して記載しなければならない。例えば，「既にお酒が回ってきていたため，またすぐ，頭が回りぽーっとしてきて，ウトウト眠ったような状態で，今回の事故現場まで運転していることは，分かっていたのです」等である。そうでなければ，裁判官を誤解させてしまう危険があるし，取調官が被疑者をごまかして調書を作成させたとの非難を許しかねない。

## V　被疑者供述調書（事実関係調書④，平成○年2月17日付警察官面前調書）

供述調書（甲）

《冒頭省略》

1　私は，平成○年2月4日午前5時過ぎ頃，○○街道上を進行中に，相手のバイクに追突する交通事故を起こし，相手に怪我をさせたのにそのまま逃げてしまったということで逮捕されていますが，今からは，事故の状況について詳しく話します。

2　まず，私が事故を起こした日時や場所についてから話します。

　事故の時間は，私が最後の飲み先である○○○を出たのが午前5時少し前頃で，そこから，歩いて10分もかからないところにある○町のサークルKの南側にある駐車場まで歩いて行き，駐車場を午前5時頃出発していると思います。

　駐車場から事故現場まではどこにも寄っていませんし，事故現場までは，かかっても15分前後で行きますので，事故の発生時間は，午前5時15分頃ではないかと思います。

　ただいま，警察官から，私が逃げた直後，たまたま事故現場を通りかかったパトカーがいて，被害者の方に声を掛けた時間が，

　　　平成○年2月4日午前5時15分頃

で，被害者の方はその1分前くらいが事故の発生時間ということだったため，事故の発生時間は，

　　　平成○年2月4日午前5時14分頃だということが分かりました。

　事故の時間については，そのくらいの時間で間違いないです。

　事故の場所にあっては，私が先日案内した場所で，一番近い店舗の番地が，

　　　浜松市○区○○・○丁目○番○号

ということを今聞き，分かりました。

　事故の場所はここに間違いありません。

3　事故現場は，何回も通ったことのある道ですのでよく分かります。

　　事故のあった際は，午前5時過ぎでしたので，車通りは少なかったです。

　　歩行者はぶつかった際，周りにはいなかったと思います。

　　事故の時の天気は晴れていました。

　　道路は，平らな道路で，雨は降っていなかったので道は乾いていました。

　　事故の場所は，制限速度が40キロメートルのところで，駐車が禁止となっている場所です。

　　見通しは，直線道路ですので前方はよく見える場所ですが，私はウトウトしながら走っていたため，相手のバイクはぶつかる直前に，助手席に乗っていた深田君から声を掛けられるまで気付きませんでした。

　　私が，事故の時，運転していた車は，

　　　　普通貨物自動車

　　　　トヨタ　△△△△

　　　　ナンバー　浜松○○○え○○○○号

　で，事故の時，ハンドル，ブレーキ等に故障はありませんでした。

　　また，この車は，私が会社の営業で乗っている車で，仕事で毎日のように運転していますので，車の運転には慣れていました。

4　事故を起こした状況について詳しくお話しします。

　この時本職は，本職が平成○年2月14日に作成した実況見分調書添付の交通事故現場見取図1，2の2枚を供述人に示した〈見取図は省略〉。

　　　この見取図は，私が昨日，事故の現場で説明したとおり作成してあるので，今からこの見取図の記号を使って事故の状況を話します。

　(1)　まず，交通事故現場見取図1を見ながら話します。

　　　事故を起こす前の私の状況は，私が先ほど話したトヨタ△△△△を運転して，○○街道を西に向かって，○○1丁目方面へ向かって直進して行くつもりでした。

私は，○○町のサークルKの南側にある駐車場から事故現場のかなり手前の○○亭というラーメン屋さんがある信号交差点のところまでは，当然，お酒が入っていない時と比べれば，普段どおりの運転ができていたとはとても言えないと思いますが，何とか，右左折もしながら運転して来られました。
　しかし，○○亭というラーメン屋さんがある信号交差点に来た際，対面信号が赤信号だったため，交通事故現場見取図の1に記載してある
　　①地点
で先頭で停止しました。
　その際，お酒を多く飲んでしまっていた影響で，お酒が回ってきていて，頭がぼーっとし，ウトウトして，少し眠気が出てきてしまったのです[1]。
　そして，信号待ち中に，ウトウト半分眠ったように信号待ちをしていて[1]，前を見ていなかったので，青信号に変わったのに気付かなかったのです。
　そうしたところ，助手席の深田君から，
　　青ですよ
と声を掛けられるのが分かり，私は，その声で起き，青信号に変わったことにハッと気付き，
　　①地点
からようやく発進したのです。
　そして，深田君に起こされて発進して行く際は，また私の元彼女の話を少ししながら直進して行った記憶なのですが，既に大量の飲んだお酒の影響がなくなるわけもなく，頭がぼーっとしていたのとウトウトして，眠気はおさまっていなかったのは確かで[1]，しばらく直進した
　　②地点
から，再度ウトウトしだしてしまい，ウトウトしながら半分眠った

ような状態でしっかり前を見ないで走って行ってしまったのです[1]。
　ですので，この後にセブンイレブンのある信号交差点があるのですが，このセブンイレブンは，さすがに明るいので記憶に残ると思うのですが，セブンイレブンの横を通った記憶がないですし，さらに交差点の先には，「○○苑」というラーメン屋さんがあるので，ラーメン屋さんの店舗の記憶があってもいいのですが，ここの記憶もないのです。
　さすがに，お酒の影響がなく，ウトウトも何もしないでしっかり運転できていたなら，これらの店舗には気付くのでこの辺りをどうやって走って行ったか記憶があるはずなのですが，その記憶がないので，この頃には，深田君との会話の口数も少なくなっていき，ウトウトしながら半分眠ったような状態で運転していたと思います[1]。
　そういう状態だったので，相手のバイクが前を走っていたのも当然全く気付いていませんでした。
　そして，私が，次に気付いたのは，事故直前の
　　③地点
になるのですが，ここから先は，交通事故現場見取図2を見ながら話します。
　私は，先ほど話したとおり，②地点から，再度ウトウトしながら走っていて，次に気付いたのは，
　　③地点
で，助手席の深田君の
　　あー
という叫び声でハッと気付き，その声と同時にパッと前を見たところ，相手のバイクの後部が
　　⑦地点
に見え，私は危ないと思い，慌ててブレーキをかけたのですが，間に合わず，相手のバイクに追突してしまったのです。
(2)　ですので，私が最初に，相手のバイクに気付いたのは，私の運転

席が，
　　③地点
で，相手のバイクは
　　㋐地点
にいて，相互の距離は，
　　10.1メートル
でした。
　その時，私の車のスピードは，○○亭から発進してそのまま，△△のショッピングセンターの辺りまで，制限速度より少し速い時速約50キロメートルで走っていたと思います。
(3)　その時，相手のバイクの動きは，私の前方をバイクで直進していたのです。
(4)　そこで，私が執った措置は，危ないと思い，慌ててブレーキをかけたのですが間に合わず，ぶつかってしまったのです。
(5)　ぶつかったのは，
　　⊗地点
で，私の運転席が
　　④地点
の時，私の車の左前部の辺りと相手のバイクの後部がぶつかったのです。
　そして，私は，
　　⑤地点
に停止したところ，相手の人は
　　㋑地点
の道路上に転倒し，相手のバイクは，そのまま押し出されるように道路をそのまま走って行き，交差点内の
　　㋒地点
に転倒してしまったのです。
　そして，私は，一旦は停止したのですが，ぶつかった際，かなり

大きな音がして，相手の人が道路に転倒し，相手のバイクも交差点の方まで飛ばされていったため，飲酒運転でウトウトしながら半分眠ったような状態で運転していましたし，一瞬にしてやばいと思うのと同時に，大きな音がして，相手の人が道路に転倒してしまったので，相手の人は，大怪我どころか死んでしまったと思いました。

　ですので私は，事故直後は青ざめるとともに，一気に目も覚めました。

　そして，停止してすぐ助手席に座っていた深田君とも目が合い，
　　逃げるぞ
と言い，
　　⑤地点
から逃げることにし，
　　Ⓐ地点
に信号待ちをしていた車がいるのも分かったため，その車と相手の人を避けるように対向車線に出て，信号交差点に入り，そのまま赤信号で交差点を右折して逃げて行くことにしたのです。

この時本職は，平成○年２月14日浜松○○警察署司法警察員警部補○○○作成の実況見分調書添付の走行経路図を供述人に示した〈走行経路図は省略〉。

　この走行経路図は，私の車に同乗していた深田智弘君が説明した状況が書いてあることを今警察官から説明を受けました。

　この走行経路図に書いてある危険運転地点について覚えがあるかお尋ねですので，そのことについて話します。

まず，走行経路図の
　　③地点
の○○町の交差点で左折する際，膨らんだかどうかですが，ここの交差点では，確かに左折して第二車線を行ったので，深田君は膨らんだと思ったかもしれませんが，私としては，この交差点では，危険な曲がり方をしたという感覚はありません。

次に,
　⑤地点から⑥地点
にかけて急加速，急停止があったかどうかですが，⑥地点の○○亭というラーメン屋さんがある信号交差点に行った際には，お酒が回ってきていて，眠気でウトウトしてしまいましたが，信号で停止する際も，自分の感覚としては，そんなに急停止したという感覚はなく，その前に，急加速したという感覚もありません。ただ，かなりの量のお酒を飲んで運転していましたので，普段とは，当然平衡感覚が鈍っていましたし，いつもどおりの運転ができたかと言われると，できていたとは言えません。

次に,
　⑥地点
の青信号の確認遅れがあったかどうかですが，これは，先ほども話したとおり，深田君に声を掛けられて発信しましたのでこれは間違いないことです。

次に,
　⑦地点
でふらつきがあったかどうかですが，⑥地点で深田君に起こされてから，△△辺りまでは，話をしながら進んで行ったという記憶なので，私は，ふらついたかどうかははっきり分かりません。

次に,
　⑧地点
でふらつきがあったかどうかですが，私は，△△を越えたくらいから，またお酒の影響で頭がぼーっとして，ウトウトしてきましたので，⑧地点辺りでは，自分は真っ直ぐ走っていたつもりですが，多少のふらつきがあった可能性はあります。[2)]

　今話したとおり，深田君が危険に感じた場所に，私も覚えがある場所がありますので，深田君が飲酒運転していた私の運転に危険を感じたということも理解できます。

5 この事故の相手の人は,
　　　毛利　潤一郎
　さんという48歳の男の人です。
6 毛利さんの怪我については, 今診断書の内容を警察官から説明を受けましたが,
　　　右肩臀部打撲傷
　　　右肘擦過傷
　　　右腓骨骨折
　等で,
　　　約1か月間
　の加療を要する怪我をしたことが分かりました。
　　私は, 相手のバイクに追突し, 相手の人は, 道路に転倒してしまうのが見えましたので, このような大怪我をしてしまったのです。
7 この時本職は, 供述人と次の問答をした。
　問　相手は怪我したと分かったのか
　答　ぶつかった際, すごい大きな音とともに相手の人が道路に倒れていったので, 大怪我を負っているか死んでしまったと思いました。
　問　なぜ逃走したのか。
　答　事故直後は, 一瞬にして青ざめ, 目が覚めたのですが, それと同時に, 相手の人は死んでしまったと思ったこと, 飲酒運転でウトウトして半分眠ったような状態で運転していたこと, 深田君や深田君の家族に迷惑がかかると思ったこと, 逃げてお酒だけでも飲んでいないことにしようと思ったことから, 救急車を呼ぼうともせず, 相手の怪我も確認することなく逃げて行ってしまうことにしたのです。
　問　相手の怪我を聞きどう思うか。
　答　正直, 亡くならなくてほっとしているのが正直な感想です。しかし, 相手の方は, 右足の腓骨を骨折してしまっていることが分かりましたし, 私はこんなに大怪我をさせておいて, 救急車を呼ぶこともしないで逃げてしまい, 反省するとともに, 相手の方には1日で

も早く治ってくれることを祈るばかりです。

問　事故前に，正常な運転ができていたと思うか。

答　普段の倍くらいのお酒の量を飲んでいましたし，お酒が回ってきて，眠気もあって深田君との会話もだんだん少なくなってきて，ウトウトして半分眠ったような状態で運転していたので，普段どおりの正常な運転はできていなかったと思います[3]。また，正常な運転をしていたなら，事故現場は直線道路で遠くまでよく見えるところなので，当然，会話をしていても，ずっと前を見ないということはないですし，深田君の声を聞くまで相手のバイクに気付かないこともあり得ないと思います。

以上で問答を終わる。

8　この事故の原因は，私が，○○街道を走っている際，お酒を普段の倍くらい飲んでおり，運転して行く途中で，だんだんお酒を大量に飲んだ影響が出てきてしまい，頭がぼーっとし，眠気でウトウトしてきてしまい，深田君との会話も少なくなってきて，半分眠ったような状態で走っていて前をしっかり見ていなかったため，相手のバイクに助手席の深田君の叫び声が聞こえるまで分からなかったことです[4]。

9　私が，このような運転をした理由は，○○亭というラーメン屋さんがある信号交差点で，大量に飲んだお酒の影響で頭がぼーっとし，ウトウトしてしまい，青信号に気付かず，深田君に起こされたのですが，本当ならその時点で，どこかで休むなどして運転をやめればよかったのですが，自宅までそんなに遠いわけでもありませんので，そのまま発進して行ってしまいました。

その結果，発進してからは，また元彼女の話をしながら△△というショッピングセンターを越えた辺りまで走って行ったという記憶なのですが，急に酒の影響がなくなるわけもなく，再度ウトウトして半分眠ったような状態になってしまい，今回の事故を起こしてしまったのです。

ですので，私は，○○亭の信号交差点で起こされてから少しの間，

元彼女の話をしていたので，逮捕される前は，会話に夢中になっていたと言ったのですが，事故の直前では，会話に夢中になっていたという状況はなく，△△を越えたくらいからは深田君との会話をする口数も少なくなっていき，ウトウト半分眠ったような状態で運転してしまっていたのです。[5]

10　事故後は，先ほども話したとおり，飲酒運転をしていたことや，相手の人が死んでしまったと思ったことや，深田君に迷惑をかけたくないということが頭に浮かび，救急車を呼ぶこともせず，何もしないで逃げてしまったのです。

11　相手との話し合いについては，今後，誠意を持ってやっていきたいと思っており，私が全て悪い事故ですので，弁護士さんとも相談して，治療費やバイクの修理費についても責任を持ってしっかりやるつもりです。また，相手の人には今すぐにでも直接謝りに行きたい気持ちで一杯です。

12　私は今回，飲酒運転をし，相手のバイクに追突する交通事故を起こし，相手の人に怪我をさせたのに逃げてしまうというあってはならないことをしてしまい，今は反省する毎日です。

　　今回の事故は，私が飲酒運転で事故を起こし逃げてしまったことは間違いないことですので，重い処罰になることも覚悟しています。

　　しかし，自分がやってしまったことなので，どういう処罰がきてもしっかり受け止め，罪を償いたいと思います。

　　　　　　　　　　　　　　　　　　　　　　　兼子　徹　指印
　　　　　　　　　　　〈以下省略〉

検察官の着眼点

1）各「ウトウトしながら半分眠ったような状態で運転していた」旨の供述は，正常な運転の困難性についての認識があるように読める記述ではあるが，前掲655頁 検察官の着眼点 4）のとおり疑問がある。「その旨の認識がありつつ運転した」という明確な記述はなく，最後の段に至って，「ウトウトしながら半分眠ったような状態で運転していたと思います」と推測であることをうかがわせる記載になっていることからもいえる。もし，明確なその旨の認識を有して

いたのであれば，危険運転の故意としては十分であるが，立証命題については
ごまかすことなく，明確に認めているのか，否認であるのかは明らかにしなけ
ればならない。
- 2）「またお酒の影響で頭がぼーっとして，ウトウトしてきました」という供述
  も，客観的な事実を（取調時に）確認しただけの供述であるのか，運転中の認
  識まで述べたものなのか不明であり，おそらく前者であるものと考えられる。
  読む者にそのような誤解を抱かせる録取は相当ではない。
- 3）事故後の認識である。
- 4）前掲1）のとおり。
- 5）前掲4）に同じ。

## Ⅵ　被疑者供述調書（平成○年2月24日付検察官面前調書）

### 供述調書（甲）

《冒頭省略》

1　私は，平成○年2月4日午前4時50時分頃，浜松市○区○○の○○街道で，酒を飲んだ状態で，会社の△△△△を運転し，前を走っていたビッグスクーターが赤信号で減速していたことに気付かず，ビッグスクーターに追突し，ビッグスクーターを運転していた毛利さんを路上に転倒させるなどして，全治1か月の腓骨骨折等の傷害を負わせたことに間違いありません。

2　この事故を起こした後，その場から走り去って，毛利さんを救護しないで，また，事故を警察に報告しなかったことも間違いありません。
　この時の詳しい話は，警察でお話しているとおりですが，一部訂正して欲しいところがあります。

3　私は，酒を飲んで車を運転してはいけないこと，交通事故を起こしたら怪我人を救助したり，事故を警察に報告したりしなければならないことは分かっていました。
　また，酒を飲んで運転してはいけない理由は，酒の影響で注意力が落ちたり判断力が鈍ったりして，事故に繋がるからだと思っています。

4　事故を起こした前日，午後9時頃からだったと思いますが，サッカーを教えていた深田智弘君から相談を受け，2人で飲食しに行きま

した。
　1軒目は，居酒屋に行きました。
　居酒屋で飲んでいる時，深田君が終電がなくなると言ってきたのですが，私の家に深田君を泊めることにして，その後，一緒に3軒の飲食店をはしごしたのです。
　2軒目は，キャバクラへ行きました。
　3軒目は，キャバクラの女の子1人を誘って深田君と3人でバーへ行きました。
　3軒目のバーの店内でキャバクラの女の子が帰るとのことでしたので，深田君に代行を呼んでもらいました。
　なぜ，この時，私の車の代行も呼ばなかったのかと聞かれましたが，私の車は，私が運転して帰るつもりでしたので呼ばなかったのです[1]。
　先ほどお話したように，酒を飲んで運転すれば，注意力が落ちたり判断力が鈍ったりして，事故に繋がるおそれがあるというのは承知していたのですが，これまでに，酒を飲んで運転しても交通事故を起こしたことがありませんでしたので，この時も交通事故を起こすことはないと思ったのです[2]。
　ですから，深田君から代行を呼ぶか聞かれても，大丈夫，つまり事故を起こすことはないだろうという意味で大丈夫と答えたのです。
　また，この時，足元がふらついたり，目が回ったりもしていませんでしたので，深く考えることなく今までの経験上事故を起こすことはないだろうと考えてしまったのです。
　そして，車を止めていた駐車場まで行き，私が運転席に座り，深田君が助手席に乗り，車を発進させました。
5　私がその後運転した経路は，警察官を案内し，走行経路図というものを作ってもらっているとおりで間違いありません。
　自分の記憶のみで警察官を案内し，警察官に指示説明したとおりに書かれていることを確認しています[3]。
　今回，事故を起こすまでの車内で深田君と昔付き合っていた彼女の

話をしたり，キャバクラでの話をしたことは覚えています[4]。

そのほかにも話をしていますが，どのような話だったかはよく覚えていません。

赤信号で止まった後，深田君に青ですよと言われて発進したことがありましたが，この時，信号をよく見ていなかったことは間違いないのですが，なぜ，信号を見ていなかったのかについてはよく覚えていません[5)6)]。

寝ていたのではないかと言われましたが，寝ていた記憶もありませんし，何かをしていた記憶もなく，分からないというのが正直なところです[7]。

深田君から青だと言われて発進した後，深田君と話をしていた記憶はあります。

ふらついて反対車線にはみ出して走っていないかと言われましたが，そのような記憶はありません。

深田君と話をして，深田君の方を向いたりしていましたので，知らないうちに反対車線に出ていたのかもしれません。

この時本職は，平成○年2月14日付司法警察員作成にかかる実況見分調書添付の走行経路図を供述人に示し，その写しを本調書末尾に添付することとした〈走行経路図は省略〉。

6　ただいま，見せていただいた図面が，お話しした図面であることは警察でも確認していますので，分かっています。

私が説明したとおり書かれているので間違いありません。

私が青信号でも発進せず，深田君に声を掛けられた地点が⑥地点，その後，記憶がはっきりしない地点が⑧地点付近にあるセブンイレブンであるとか「○○苑」というラーメン屋であるとか，その辺りです。

その辺りの記憶が曖昧なところについて，警察官に事故現場付近でウトウトしたとお話しして作成してもらった図面上，長い距離にわたって眠気でウトウトしたかのようになっていますが，長い距離ウト

ウトしていませんので，訂正して欲しいです。[8]

　青信号で，深田君に声を掛けられて，事故を起こすまでの間，ウトウトしたとしても1か所くらいだと思います。

　ウトウトしたかどうかは，分かりません。

　記憶がないだけで，もしかしたらウトウトしていないかもしれません。[9]

　なぜ，記憶がないのか分かりません。

　ただ，今お話ししたように1か所くらいでウトウトしたかもしれませんが，少なくとも長距離にわたってはしていませんし，多数回にわたってもしてません。[10]

　その後，前を走っていたビッグスクーターに追突したのです。

　追突する直前，深田君が危険を知らせるような感じで，前などと叫んだので，私は何事かと思って前を見たところ，目の前にビッグスクーターが見え，追突するととっさに思って，急ブレーキをかけたのですが，間に合わずにビッグスクーターの後部に私の車の前部が衝突してしまいました。

　衝突した勢いで，バイクを運転していた人は，後ろ向きに私の車のボンネットに落ち，その後，ボンネットから路上に落ちたと思います。

　バイクは，無人のまま，先の交差点の中まで飛ばされて行きました。

　この時本職は，平成○年2月14日付司法警察員作成にかかる実況見分調書の交通事故現場見取図を供述人に示した〈見取図は省略〉。

7　ただいま，お示しの見取図は，事故現場付近の道路で，私が事故の状況を警察官に指示説明して作成されたものであるということは警察でも確認して分かっています。

　交通事故見取図の中にある①地点が，深田君に青ですよと言われ，眠気がしてウトウトした地点と説明していますが，寝ていたのではないかと言われて，はっきりした記憶がなかったので，寝ていたのかもしれないと思い，警察官にウトウトしたと説明したのです。[11]

　何度も言いますが，寝ていたと断言しているわけではありません。

記憶がないので[12]，寝ていたと言われればそうかもしれませんが，自分自身分からないというのが正直なところです。
　②地点で再度眠気でウトウトしたと説明していますが，よく思い出してみれば②地点辺りでは，まだ深田君と何か話していたと思っており，お話ししましたように，右手にセブンイレブンや「○○苑」というラーメン屋が見える交差点辺りから事故現場までの記憶が曖昧で，寝ていたのではないかと言われればそうかもしれませんが，お話ししていますように，寝ていたとは断言できません。
　記憶がないのは，ウトウトしたのか，しっかり前を見ていなかったのか，はっきりとは分かりませんが，少なくとも②地点から③地点まで，全く前を見ていなかったというわけではありません[13]。
　私は，普段から寝る時間は，深夜の3時とか4時とかですので，今回の5時前くらいでしたら，通常の眠気がするというわけではありません。
　まさに，私が言っていた酒の影響で注意力が落ちて，前をよく見ずに運転していたのだと思います。
問　深田君は，あなたに「青ですよ」と言った後，あなたと会話をしている時，あなたが，2回くらい中央線をまたぐように右へ寄って行ったと説明しているが，なぜそのような運転になったのか。
答　私は中央線をまたいだ運転をした記憶はありません。ただ，深田君がそう言っているのであれば，彼が嘘をつくような人間ではないので，そのような運転をしたのだと思いますが，そうであれば，話に夢中になって前をよく見ず，ハンドルをしっかり持っていなかったのだと思います[14]。
問　深田君から，危ないというようなことを言われた時，何をしていたのか。
答　深田君と話をして，深田君の方を向いていたのだと思います。
問　深田君は，この時は会話は途切れていたと言っているがどうか。
答　私は事故を起こす直前，左を向いていた記憶があることから，深

田君と話をしていたと思っていますが，深田君は嘘をつくような人間ではないので，深田君が勘違いをしているか，私が勘違いをしているのかだと思います。

　私が勘違いをしているのであれば，深田君が危ないということを叫ぶまで，私がどこを向いていたのか分からなくなります。

8　私が，訂正して欲しかったのは，②地点がもう少し後の交差点付近であることと，②地点以降，事故を起こすまで，ずっとウトウトしていたのではないということです。

　何度もお話ししていますように，あくまでもはっきりとした記憶がないだけで，ウトウトしていたかどうかは，終始分からないというのが素直なところですが，②地点以降，ウトウトしていたというのは絶対に違います。

　ウトウトしていたとしても①地点と，先ほど言ったもう一か所くらいです。

　そのほか，警察でお話ししたことで，訂正したい点はありません。[15]

9　事故後，私が毛利さんを助けたり，警察に通報しなかった理由は，これまでもお話ししているように，飲酒していたことと深田君が乗っていたことを隠すためです。

　私は事故を起こした当日の午後1時頃には，飲酒していたことと深田君が乗っていたことを隠した上で，警察に出頭しようと思っていました。

　私は，飲酒後8時間くらいで酒が抜けると思っていたことから，深田君が帰ってから，風呂に入って汗をかいて完全に酒を抜いて，午後1時に警察へ出頭しようと思っていたのです。

　それで，風呂に入って，湯船に浸かっていた時に，警察官が来て逮捕されてしまったのです。

10　毛利さんに対しては，本当に申し訳ないことをしてしまったと思っています。一日も早く謝りたい気持ちで一杯です。

　　　　　　　　　　　　　　　　　　　　　兼子　徹　指印

〈以下省略〉

### 検察官の着眼点

1) 代行運転代を節約しようとしていたことについての言及がない。警察官調書と異なる事実を述べたのであれば，警察官調書における供述の訂正となぜ，そのようなことを述べ，検察官に対しては違うことを述べるに至ったのかを明らかにすべきである。

2) 一般的な飲酒運転の危険性の認識及びこれまでの経験は明らかにしておくべきことである。

3) どのように確認したか具体的に明示した方がよい。実際の取調べでは，簡単な誘導で確認した可能性がある（自分で案内したか，自分の指示どおり書かれていたか，程度の質問で確認している可能性があるが，その程度の確認ではあまり確認の意味がないからである。「実は違うところもありました。」と弁解された時に押さえにならない。）。

4) 具体的な話を聴取して録取すること。あまり立証と関係ないからという判断で具体的な話の内容を聴取しないことが多いと思われるが，内容は酩酊状態の判断資料にも繋がるので，聴取すべきであろう。

5) 検察官の取調べで，警察官調書の内容を否定したものである。検察官としては，警察官調書の記載があったとしても，自らの取調べでその内容を否定している以上，その旨の調書は作成せざるを得ない。もっとも，安易に録取すべきではなく，なぜ，警察官調書と異なる供述を行うのかについては，被疑者からその点の供述を得て合理的で納得できる場合に初めて録取すべきである。納得できない場合は，改めて真偽を確認し，あるいは嘘と考えられる場合は説得を試みる。それでも，供述を変えない場合は，その旨の調書を作成するほかないが，問答式にするなどして信用できないものであることが分かる記載にすべきである。

6) 青だと言われて気が付いたというのであるから，青色信号に気付かなかったことについての認識があるのは明らかである。また，その認識は正常な運転が困難（前方注視が困難）な状態に至っていることの認識そのものではないが，ほとんど直結する認識といえる。したがって，被疑者に対して明確にこの点の確認と青に気が付かなかった理由についても聴取した上で，得られた供述は録取すべきである。弁解をされたからといって録取しない（あるいは弁解される可能性があるからといって聴取もしない）というのは妥当ではない。

7) 前掲5）と同じ。

8) 前掲5）と同じ。警察官調書の記載内容に対する訂正である。

9) 警察官調書の記載の訂正（前掲5），7））である。もっとも，否認しているだけである可能性もないわけではないので，なぜ，警察官の調書を異なる（と思われる）供述を行うに至ったのかは，明らかにすべきである。その際，警察官の取調べの問題点を主張される可能性があるが，それを避けてはならない。いずれ公判で出てくることであるし，検察官としては，捜査段階で，問題点を明らかにしておくべきだからである。そして，問題があれば警察の取調官からも事情聴取して判断すべきことである。

10) 前同。もっとも，記憶がないのであれば，「少なくとも長距離にわたっては

していませんし，多数回にわたってもしてません」とも断言できるはずもないので，この部分は，被疑者の弁解の心情が現れている。

- **11)** ここで，警察の調書で「飲酒運転でウトウトしながら半分眠ったような状態で運転していました」（→661頁），「眠気でウトウトしてしまいました」（662頁），「大量に飲んだお酒の影響で頭がぼーっとし，ウトウトしてしまい」（664頁），「ウトウト半分眠ったような状態で運転してしまっていたのです」（665頁）などの記載がなされた事実が明らかにされている。しかしながら，もう少し，追及すべきであったと思われる。すなわち「はっきりした記憶がなかったので，寝ていたのかもしれないと思い」というのは，曖昧である。不明確であるが，おぼろげながら寝ていた記憶があるからそのように述べたのか，記憶が全くないにもかかわらず，結果から推測で述べたに過ぎないのか，調書の記載上からは，おぼろげながら判断できる記憶はあったようにも思われるが，ならば，その点を明確にした上で，問答式でもよいので，明らかにすべきである。そうすると，警察の取調べにおいても，おぼろげながらのウトウトして半分眠ったような状態で運転していた記憶があるため，そのような供述をした可能性を明らかにできるからである。
- **12)** ここでは「記憶はない。」と明言している。要するに被疑者の供述にはぶれがあるわけである。そうだとすれば，事故の責任を否定するために過小に供述しようとしている可能性が高いので，追及ないし説得を行うことも考えられたところである。もっとも，本供述は説得の上での供述である可能性もある。
- **13)** ならばその記憶（前を見ていたという記憶）はあるはずであるので，どのような記憶があるのかは，明確にすべきである。常に「反」を想定することが大切である（総論→57頁）。
- **14)** このように明確に断言できるはずもないので，弁解的な供述である。
- **15)** 調書の訂正には応じざるを得ない。少なくとも，検察官の前では，そのような供述であることは明らかにしなければならない（前掲**5**）参照）。

## Ⅶ　被疑者供述調書（同乗罪：深田智弘，平成○年2月12日付警察官面前調書）

　　　　　　　　供　述　調　書（甲）

　　　　　　　　　《冒頭省略》
　　　　　　　　　〈一部省略〉
2　……駐車場内では，兼子さんは，当然酒が入っているので，
　　　　いつも以上に陽気に話をして，目元も緩んでいた
のですが，酔っ払い特有の
　　　　呂律が回らないとか，千鳥足とか
ではなかったため，私は
　　　　車の運転はできる状態
だと思い，だまって助手席の方に行き，兼子さんが運転席の鍵を開けたタイミングで自分から助手席のドアを開け，車に乗り込んだのです。
　　そうして，私は兼子さんが運転する
　　　　白色のトヨタ△△△△
の助手席に乗り，駐車場を出発しました。
　　駐車場を出発する時も，兼子さんは，飲酒運転をしているにもかかわらず，陽気にサッカーの試合のことなどを話していたと思いますし，やはりその中で
　　　　呂律が回らない
などということはなかったので，私から見たら
　　　　普通に運転しているように見えた
のです。[1)]
　　兼子さんが走った道のりについては，兼子さんのアパートに行くので私が何かを言ったりすることはなく，全て兼子さんに任せていました。
　　ただ，私もよく浜松には飲みに出かけたりして，市内の大きい道は

知っているので，兼子さんがどの道を通って事故現場まで行ったかは分かります。

　私達は駐車場を出た後，○○前の交差点を左折し，国道○号線に入り真っ直ぐ北進しました。

　この時の時間帯がもう朝方で，交通量も少なかったので，速度は少し出ているなとは思いましたが，普通に車線の真ん中辺りを走っていたのです。

　兼子さんは，国道○号線を北進したのですが，走っている最中，少し車のエアコンで車の中が暖かくなってきたのです。

　そして私達は一番左側の車線を走り，そのままの車線が左折専用先のレーンとなり，○○信用金庫などが交差点角にある

　　　○○町の信号交差点

を左折したのです。

　この○○町の交差点を左折した先は，片側二車線道路で広い道路だったのにもかかわらず，兼子さんは，

　　　ぐーっ

と大きく乱暴な曲がり方をして

　　　中央分離帯にぶつかりそうだった

ため，普段なら私が兼子さんに物を言うことはまずないのですが，さすがに怖くなり，声掛け程度に

　　　危ないですよ

というようなことを言ったのです。[2]

　兼子さんはその時，特に返事はしてくれなかったので，私の声が聞こえていたかは分かりませんし，暗かったので兼子さんがどんな顔をしていたかは分かりませんが，[3]この辺りから徐々に兼子さんの運転に

　　　おかしいな

と思うようになったのです。

　兼子さんは○○町の交差点を左折後，そのまま真っ直ぐ○○高校の方へ向かって走り，○○高校前の交差点を左折したのです。

そして左折後，片側一車線の道路に入り，○○病院の方に向かって走り，突き当たりの丁字の交差点を右折し国道○○号で○○街道と呼ばれている道路に入ったのです。
　それから，○○街道を真っ直ぐ北進したのですが，それまで，速度については少し早いなと思うことはあっても，徐々に加速して行くような感じだったので気にしていませんでしたが，○○街道に入って間もなく，
　　　　うわっ
と思うほど，
　　　　急に加速
し，そのまま速度を上げ，○○というパチンコ店が角にある○○町の信号交差点に向かって走って行ったのです。[4]
　信号交差点付近に近づいてきた時，信号が赤色だったのに，かなりの勢いで走っていて，兼子さんは，
　　　　急ブレーキのような形で減速
をして，私は
　　　　前のめりになり，
車は止まったのです。[5]
　私は，酒をかなり飲んでいたし，エアコンが効いて車の中が暖かくなっていたため，けっこう眠たかったのですが，この兼子さんの運転のせいで少し目が覚めたのを覚えています。
　そうして，兼子さんは，○○町の交差点で赤信号のため止まっていて，しばらくしたら信号が青に変わったのですが，前方に何も障害物などないのに，少しも動き出さなかったため，おかしいなと思い，兼子さんに向かって
　　　　青信号ですよ
といったのです。
　その時私は兼子さんお顔をしっかり見ていないので，兼子さんが寝ていたのかなどは分かりませんが，まるで眠っていたかのように，

　　　　ハッとした様子
で，私に，
　　　　おーおぅ
と何ともいえないような曖昧な返事をして車を動かしたのです[6]。
　その後からは，今考えると兼子さんは，本当に怖い運転をしていたのですが，信号を越えた少し先の道路右側に銀行などが見える辺りで，一度
　　　　右に少しふらつき
さらに，その後道路右側の△△という大きなスーパーの過ぎた辺りでもう一度
　　　　右に少しふらついた
のです。
　どの程度のふらつきかというと，反対車線に出るほどではなかったのですが，例えというならば，
　　　　道路左側にバイクが走っていてそれを避けながら通るくらいのふらつきで，ふらっとしたというよりもふらーっと緩やかに右にふらつく
という感じでした。
　私は，兼子さんが少し前から口数も少なくなっていたので
　　　　あれ，大丈夫かな，おかしいな
とは思いましたが，まさか寝ていることはないだろうと思い，声を掛けずにいたところ，少し遠くの信号交差点の信号の色がぽやっと赤色であることが見え，それと同時くらいに前方の道路真ん中付近に
　　　　ビッグスクーター風のバイク
が走っているのが見えたのです。
　私はその時はまだ，距離が離れていたのであまり信号のこともバイクのことも気にしなかったのですが，そのまま走り，かなり交差点に近づいてきたところで，ぱっと前を見るとまだ信号が
　　　　赤色

で，前のバイクとの距離も近くなっているにもかかわらず，兼子さんは速度を落とす様子がなかったので，私は
　　　　危ないなー
と思ったのですが，やはり速度は変わらずそのまま走ったので，バイクと徐々に近づき，
　　　　うわー危ない，危ない，危ない
と思っているうちに，前のバイクが減速したのか，
　　　　ぐっと
距離が縮まり，私は
　　　　ぶつかる
と思い，恐怖を感じて
　　　　危ない
など，とにかく正確な言葉は覚えていませんが言葉にならないような
　　　　悲鳴を上げた
のです。
　兼子さんは，私の悲鳴を聞いてなのか，私の悲鳴と同じようなタイミングで，急にブレーキをかけましたが間に合わず，私達の車は，前を走っていた
　　　　バイク
に追突してしまったのです。
　前を走っていたバイクはぶつかった衝撃で，私達の車に少し乗り上げるような形になり，乗っていた人はそのまま道路右側の方に投げ出されてしまいました。
　相手のバイクは人が乗っていない状態で反対車線を走り，そのまま交差点内で転倒したのです。
　そして，相手の人が道路上に倒れ込んでいるにもかかわらず，私と兼子さんは車を発進させ，そのすぐ先の交差点を赤色信号のまま右折したのです。
　その時ですが，事故が起きるまで気付きませんでしたが，交差点前

方で小型の車が停止していました。
　逃げた時のことなどは別に詳しく話します。
　事故の時の兼子さんの車の速度ですが，走っていた○○街道は時速40キロメートル制限のところだということは何度も通ったことがあるので知っていて，兼子さんの車は少し早かった気がするので，
　　　　時速約50キロメートル[7)]
は出ていたと思います。
　ここまでが私と兼子さんが，駐車場から事故現場まで走った道のりなどのことで間違いありません。
この時本職は平成○年２月７日付本職作成の実況見分調書に添付された走行経路図を供述人に示した〈走行経路図は省略〉。
3　今，見せてもらった図面は私が以前警察官に説明したとおりに書いてあるので図面の記号などを使って説明します。
　　　　　　　　〈一部省略〉
　　　　④地点
の○○学院前交差点を左折後，片側一車線道路を北西方向に向かって走り，
　　　　⑤地点
の丁字の交差点を右折しました。
　それから，⑤地点から⑥地点に向かって急に
　　　　急加速
をして，
　　　　⑥地点
の交差点が赤色信号で
　　　　急に減速
をして止まったのです。
　兼子さんは，
　　　　⑥地点
で信号が青に変わったのに気付かず，私が声を掛け発進したのです。

その後，兼子さんは
　　　　⑦地点
付近で右に少しふらつき，その後，さらに
　　　　⑧地点
付近でふらついたのです。
　そして，
　　　　⊗地点
で，前を走っていたバイクに追突したのです。
　私が兼子さんの車に乗って走った距離ですが，警察官に道のりを説明した時に確認し，今説明を受け駐車場から事故現場までが
　　　　4.2キロメートル
だということは分かりました。
　この時本職は，平成〇年2月7日付本職作成の実況見分調書に添付された交通事故現場見取図を供述人に示した〈→683頁〉。
4　今，見せてもらった図面は私が以前事故の状況を説明したとおりに書かれていますので，今からこの図面に書いてある記号などを使って説明します。
　　私が，少し遠くの信号交差点に気付いたのは
　　　　①地点
で，その時
　　　　㊂地点
の信号が赤色で，
　　　　⑦地点
に相手のバイクが走っていました。
　そして，兼子さんの車が
　　　　②地点
まで走ってきた時，まだ
　　　　㊂地点
の信号が赤色で，相手のバイクが

　　　　㋑地点
で距離が縮まってきているのが分かりました。
　それにもかかわらず，兼子さんは速度を落とさなかったので，
　　　　②地点付近
で危険を感じたのです。
　そうして，兼子さんの車はそのままの速度で前のバイクに近づいて行ったところ，
　　　　③地点
で，
　　　　㋒地点
のバイクとぐっと距離が縮み，私は恐怖を感じ悲鳴を上げ，兼子さんはブレーキをかけたようでしたが間に合わず，私が
　　　　④地点
の時に，相手のバイクと
　　　　㋯地点
で衝突したのです。
そして，兼子さんの車は
　　　　⑤地点
で停止し，その時，私の右前方で道路中央付近の
　　　　㋓地点
にバイクを運転していた相手の人が倒れていました。
　また，交差点前方の
　　　　㋴地点
に停止している車の後部が見え，前方交差点の中央付近
　　　　㋵地点
に相手のバイクが転倒していました。
　この後私達は，倒れている相手の人を助けることもなく，相手の人の右側を通り抜ける形で，反対車線に出ながら交差点に向かって走って行き，その先の交差点を右折したのです。

〈一部省略〉

深田　智弘　㊞

〈以下省略〉

> **検察官の着眼点**
>
> 1) 運転開始時の被疑者の状態については，このように詳細に聴取した上で，録取すべきである。
> 2) 重要な供述である。後記のとおり，はっきり聞こえていなかった可能性もあるが，同乗者からの注意を聞いているのであれば，自身の運転が正常な運転でないことの認識に繋がった可能性が高い。
> 3) 深田が被疑者にかけた言葉を，被疑者が認識していた場合には正常な運転が困難な状態になっていることを認識することになった可能性が高いので，重要である。したがって，本調書のように，被疑者が深田の言葉が聞こえたかどうか，その点についての深田の認識を明らかにすべきである。
> 4) このように被疑者が客観的に正常な運転が困難な状態に陥っていることを示す事実は，詳細に聴取して録取すべきである。
> 5) 前掲4）と同様である。
> 6) 深田から青色信号ですよと言われて眠っていたのが目を覚まして運転を開始したことは，被疑者のアルコールの影響によって運転が困難な状態に陥っていることの認識に関して，決定的に重要な事実である。被疑者が前記のように，ウトウトと半分眠った状態で運転していたことについての認識がないとしても，深田の本供述だけで（もちろんその信用性が認められることが必要であるが，深田と被疑者の親しい関係からすると，特段の事情がない限り，事実でないのに被疑者に不利な事実を述べることは考え難いので信用できる。），アルコールの影響により運転が困難な状態に陥っていること（前方注視が困難である）を認識した上で運転を継続していること（もちろんその認識もある）を認定することは十分可能である（おそらく，裁判官で否定する者はいないであろう。）。
> 7) このように速度判断の根拠は必ず記載する。

## Ⅷ　交通事故現場見取図

交通事故現場見取図（図面は縮尺ではない。基点，道路増員等は省略した。）

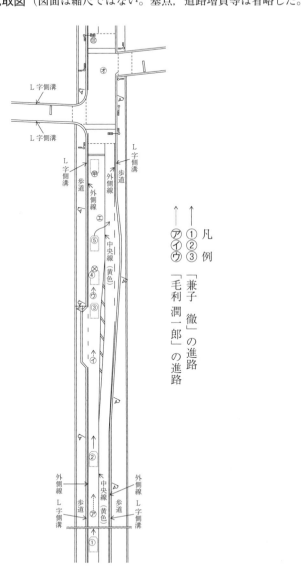

**立会人（助手席同乗者深田）の指示説明**

信号交差点を認めた地点は①，その時の信号は㊀が赤色
前を走っていたバイクを認めた地点は①，その時のバイクは㋐
再度信号を確認した地点は②　その時の信号は㊀が赤色，その時のバイクは㋑
速度が落ちず危険を感じた地点は②付近
恐怖を感じ叫び声を上げた地点は③，その時のバイクは㋒
衝突した地点は㋭，その時の私は④
停止した地点は⑤，その時相手は㋭，その時の先頭停止車両は㋺（後部）
バイクに乗っていた人が転倒した地点は㋓，バイクが転倒した地点は㋔
逃げるぞといわれた地点は⑤
逃走を開始した地点は⑤

**関係距離**

| | | | | | |
|---|---|---|---|---|---|
| ▽～㋭ | 11.0 m | ②～③ | 42.8 m | ⑤～㋓ | 7.8 m | ㋭～㋔ | 57.3 m |
| ①～㊀ | 181.1 m | ③～㋒ | 10.2 m | ⑤～㋔ | 49.9 m |
| ①～㋐ | 41.4 m | ③～④ | 12.9 m | ㋐～㋑ | 43.8 m |
| ①～② | 55.7 m | ④～㋭ | 2.1 m | ㋑～㋒ | 24.8 m |
| ②～㊀ | 125.4 m | ④～⑤ | 9.6 m | ㋒～㋭ | 4.8 m |
| ②～㋑ | 28.2 m | ⑤～㋺ | 20.2 m | ㋭～㋓ | 14.9 m |

# 薬物類型の事故

> **事例㊳**
> 睡眠導入剤服用後の普通乗用自動車の運転により，対向歩行者と衝突

## Ⅰ 被疑事実の要旨

> 　　被疑者は，平成○年○月○日午後9時35分頃，横浜市○○区○○町○丁目○番地○○付近道路において，運転開始前に服用した睡眠導入剤「ハルシオン」の影響により，前方注視及び運転操作が困難な状態で，普通乗用自動車を時速約30キロメートルで走行させ，もって，薬物の影響により正常な運転が困難な状態で自車を走行させたことにより，その頃，約200メートル走行させた同区○○1丁目○番○号先道路において，折から，道路左側を対向歩行していた福岡孝（当時56歳）に自車前部を衝突させて同人を路上に転倒させ，よって，同人に加療約8か月間を要する頸椎捻挫等の傷害を負わせたものである。

## Ⅱ 被疑者供述調書（身上調書）

> 供 述 調 書（甲）
> 《冒頭省略》
> 1　ただいま，自分の意思に反してまで話さなくてよいと聞かされましたが，その意味はよく分かりました。
> 2　私が，昨日平成○年○月○日の夜，車を運転して交通事故を起こし，相手が怪我をする事故を起こしたことは間違いありません。
> 3　私の生まれは，神奈川県横浜市です。
> 4　位記，勲章，年金等をもらったことはありませんし，公務員として働いたこともありません。

5　前科はありません。また，これまで，交通違反以外で警察の取調べを受けたことはありません。
6　私の学歴は，横浜○○小学校，横浜○○中学校，横浜○○高等学校を卒業しましたので，最終学歴は高校卒業です。
7　私の家族は，
　　　　妻　　　小柳　万紀子　　50歳
　　　　長男　　小柳　一郎　　　26歳
　　　　次男　　小柳　二郎　　　24歳
がいましたが，妻と次男は，平成○年から私の浮気が原因で別居することになり，私はそれまで住んでいた横浜市○○区○○１丁目○番○－○○○号から出て，横浜市○○区○○１丁目○番○号の私の両親及び兄夫婦と一緒に住んでいます。今，一緒に住んでいるのは，
　　　　父　　　小柳　正　　　　87歳
　　　　母　　　小柳　百合　　　83歳
　　　　兄　　　小柳　誠　　　　55歳
　　　　兄嫁　　小柳　景子　　　51歳
です。妻と次男は，それまで私も住んでいた先ほど言った横浜市○○区○○１丁目○番○号の○○団地○○○号室に住んでいます。そして，今回の事故の２日後に妻が離婚届を提出し，離婚しました。長男は独立して，東京の○○市に住んでいます。
8　趣味は，囲碁や釣り，ドライブで，酒は晩酌として500ミリリットルの缶ビール１本程度で，付き合いで時々飲みますが，たばこは吸いません。
9　財産はありません。
10　月収は，今勤務する会社から約25万円から30万円の間の給料をもらっており，生活は普通だと思います。
11　私は高校卒業後，横浜市○○区にある○○化学という会社に就職し，5年くらい勤めたのですが，給料が少なかったことから退職し，横浜市○○区にある○○商事という会社に約10年勤めたのですが，

結婚して子供ができた後，給料が安かったことから退職して，○○運送で運転手として働きました。○○運送は，約18年勤めたのですが，平成○年に，私が会社の女性と浮気問題を起こしたことから，会社に居づらくなったので辞め，3か月くらいアルバイトをし，1年後の平成○年○月から横浜市○○区の○○警備株式会社に契約社員として勤め，警備員として働き始めて現在に至っています。

12　私の運転免許について話します。

　　私の運転免許は，

　　　普通免許，普通自動二輪免許

で，普通免許を取得したのは，昭和○年○月○日で，神奈川県公安委員会から交付を受け，平成○年○月○日に更新しました。免許番号は，○○○○○○○○○○○○号で，平成○年○月○日まで有効となっています。

13　交通違反歴は，駐車違反があります。今，警察の方で調べてもらったところ，平成○年○月○日○○警察署指定放置駐車違反となっていることが分かりましたが，このほかにも，かなり前に駐車違反を1回したことがありますが，日にちなどは覚えておりません。行政処分は受けたことがありません。

14　私の健康状態ですが，身体的には健康で，どこも悪いところはありません。ただ，妻と別居してから夜眠れなくなり，かかりつけの医院で睡眠薬をもらって眠れない時に飲んでいます。

　　　　　　　　　　　　　　　　　　　　　小柳　実　指印

〈以下省略〉

## Ⅲ 被疑者供述調書（事実関係調書）

供 述 調 書（甲）

《冒頭省略》

1 　私が，事故を起こした時間は，
　　　平成○年○月○日午後9時35分頃で
　　事故の場所は，
　　　横浜市○○区○○1丁目○番○号先路上
と聞いています。事故の時，私はハルシオンのために眠り込んでいたので，事故の詳しい時間や場所については，警察官に教えてもらうしかありません。

2 　今回私が事故を起こした時に運転していた車は，平成○年3月頃，次男が新しい車を購入し，それまで乗っていた車が不要となったために，私が使用するためにもらい受けた
　　　自家用普通乗用自動車（軽自動車）
　　　ダイハツ○○　白色
　　　○○-○○○○
で，マニュアル車です。

3 　それでは，私が今回の事故を起こした経緯や事故の状況などをお話しします。

　　私は，平成○年に会社の人妻との不倫が発覚し，そのために，相手女性の旦那に400万円の慰謝料を払いました。その経済的な負担や，不倫をしたことで，妻との間がまずくなり，結局，その年の○月に，妻と次男が家を出て，それ以来別居状態が続いていました。しかし，私は，妻とはいずれ，また一緒に生活をしたいと考えていました。今回の事故後，妻とは離婚していますが，この時は，まだ離婚していませんでしたので，妻と言って話します。

　　たまに，私は，妻と外で会って，食事をしたりしていました。しかし，今年の3月頃会った時に，妻から離婚の話が持ち上がりました。

しかし，私は，離婚したくなかったので，離婚するつもりはないと言いました。でも，妻が私とやり直すつもりがないのだと思い，それ以来，将来のことを考えると気持ちが落ち込んで，夜眠れなくなることが多くなってきました。実は今回事故の前に飲んだハルシオンは，不眠症の薬として医者から処方されたものでした。
　事故の日も妻と食事をしたのですが，その日は，仕事が休みだったことから，私が妻の携帯に「たまには会おうよ。」とメールして誘ったところ，最終的には飲もうということになり，午後5時半頃，自宅近くの〇〇駅の側にある居酒屋の「〇〇」で待ち合わせしたのです。
　私が自宅から歩いて店に行き，店に着いたのがちょうど約束の午後5時半頃であり，同じ頃，妻も店に来ました。私達は店に入って左側カウンター席脇のテーブル席に座りました。そこで，私はビールの大ジョッキを注文し，妻は中瓶の瓶ビールを頼んで，つまみは刺身の3点盛り，肉じゃが等を頼んだのです。そして，2人で子供の小さい時の話などをしながら飲んでいたのですが，途中で，妻が突然私に
　　　　扶養を外して欲しい
と言って，私に，保険証を返してきました。この保険証は，私が妻に渡していた保険証です。私は，妻にその理由は聞きませんでしたが，妻が私と離婚することを考えていて，経済的にも自立しようとしているのだと思いました。しかし，私としては，妻を裏切ったのは私だし，妻が私と離婚したくなるのも十分に理解できることなので，それに反対することはできず，
　　　　いいよ
と答え，扶養から外すことに同意しました。その後，同居していた時の昔話をしたと思いますが，具体的にどのような話をしたのかは覚えていません。離婚して欲しくない気持ちは十分にあったのですが，そのことにはあえて触れず，昔話などをしていたと思います。
　この時私が飲んだものは，大ジョッキのビール1杯と妻が飲めなかった瓶ビールの残りをコップに半分くらい飲んだだけでした。

そして，この日は，また会おうということになり，午後7時過ぎ頃，私が会計をして店を出て歩いて，妻を○○交番すぐ横のバス停まで送って別れ，私は歩いて自宅に戻ったのです。
4　私は，午後7時半過ぎには，自宅に戻りました。兄夫婦は2階で生活していて，両親は寝る時は2階で寝るのですが，私が戻った時は既に2階で寝ていたので，1階には誰もいませんでした。私は，しばらくテレビを見ていたのですが，しばらくして，私の携帯電話に妻から
　　　　これまでありがとう。今日はありがとう
というメールが入ってきました。私は，妻が今後私と会うつもりがないかのようなメールだったので，離婚どころか，今後妻と会えなくなるのではないかと思って，とても寂しくなりました。テレビを見ていても寂しさが紛れることはありませんでした。そこで，私は，気分を紛わすために，ドライブにでも行こうと思って午後8時45分頃，自宅駐車場に止めてある次男名義の車（ダイハツミラ）を運転して自宅を出ました。お酒を飲んだ後であり，酒も少し残っている感じはしたのですが，妻との離婚のことなどを考えて気持ちがむしゃくしゃしていたので，飲酒運転などどうでもよいと思って運転してしまいました。
　私は，車に乗り込んで，すぐに，セカンドバッグの中から携帯電話を取り出して，妻に
　　　　寂しいこと言うなよ
とメールを送りました。
　そして，車を運転して自宅を出て，○○方面に向かって車を走らせました。○○方面に向かったのは特に何かをしようという目的があったわけではありません。○○に出て，○○道路を○○方面に向かい○○駅のところを右折して，橋を渡ってすぐに左折して川沿いの道路に入ってから車を止めて，リクライニングを倒して，しばらくぼーっと考えごとをしながら横になっていました。考えることは，妻と一緒に生活していた頃のことでした。妻のことを考えるたびに，もう一度妻

と生活したいという思いが募りました。しかし，妻から扶養を外して欲しいと言われ，もう二度と同じ家の中で暮らすことはできなくなると思い，寂しい気持ちが募りました。妻に送ったメールの返信はあるはずもないのですが，なければますます妻の決意が固いと思われ，悲しい気持ちが募ってきました。そして，私は，何とかしてこの寂しさから逃れたいと思いました。その時，私は，セカンドバッグの中に，医者から処方されたハルシオンが入っていることを思い出しました。そして，このハルシオンを飲んで眠ってこの寂しさから逃れようと考えたのです。

　このハルシオンは，横浜市○○区内の○○内科クリニックという医院で処方箋を出してもらい，その医院の隣の○○薬局で出してもらったものです。ハルシオンについては，寝る前に1回1錠飲むように説明されていますが，それでも眠れない時は，もう1錠飲んでもよいと言われています。実際，眠れない時でも大体2錠飲めば眠れていました。

5　私は，この寂しさから逃れるには普段よりたくさんのハルシオンを飲んで深く眠るほかないと思いました。しかし，ハルシオンをたくさん飲むには水分がいると考え，近くにあるローソンというコンビニエンスストアで飲み物を買おうと考え，車から降りて，コンビニエンスストアに入り，500ミリリットルの缶酎ハイを1本買って車に戻りました。そして，セカンドバッグの中から，ハルシオンを取り出し，15錠か16錠を缶酎ハイと一緒に飲んだのでした。もっとも，缶酎ハイは，一口飲んだだけです。

　問　あなたは，医師からハルシオンと酒を一緒に飲んではいけないと言われたことはないか。

　答　言われた記憶はありません。医師から言われたことで覚えているのは，1度に2錠より多くのハルシオンをあまり飲まないようにということだけです。

　問　自殺するつもりではなかったのか？

答　いいえ。飲む時にそんな大それたことをするつもりはありませんでした。ハルシオンを飲み過ぎて死んだということも聞いたことはありませんし，ただ，寂しさを忘れるために眠りたかったのです。

　自殺など全く意識に上っていなかったのですが，私はハルシオンを飲んだ後，ひょっとすると死ぬか，死なないまでもこのまま意識が戻らなくなってしまうのではないかという恐怖感に襲われたのです。医師から言われていた最大2錠の何倍ものハルシオンを飲んでしまったと思うと急に恐怖感が襲ってきました。そして，そうなる前に妻の声をどうしても聞きたいと思いました。そして，私はいつも携帯電話を入れているセカンドバッグの中を探しましたが，ありませんでした。実は，運転を始める前に車の中で，携帯電話でメールを送ったのに，そのことを忘れてしまっていました。事故後，意識を取り戻して取調べを受けている際に，車の助手席の上に置いていたのが分かったのですが，その時は，気が動転していたのか，そのことを全く思い出さず，携帯電話を自宅に置き忘れてきたと思ったのです。そして，ハルシオンが効き始めて意識がなくなる前に，車を運転して自宅に戻り，携帯電話で妻の声を聞こうと思いました。

　ハルシオンをたくさん飲んだので，運転途中に眠気が出て眠ってしまうかもしれないことは分かっていたのですが，どうしても，妻の声を聞こうと思って運転することにしました。

この時本職は，平成○年○月○日付司法警察員○○○○作成にかかる実況見分調書添付の走行経路図を示した〈走行経路図は省略〉。

6　お示しの走行経路図は，私がハルシオンを飲んだ後車を運転して事故を起こすまでの経路を示しています。私は，○○川沿いの①地点から車の運転を始めました。そして，この経路図のように運転し，道路左側に○○銀行がある④地点を右折して進み，しばらくした信号交差点で赤色信号に従って止まりました。対面信号が青色に変わって私は車を発進させ，さらに真っ直ぐ進みました。その信号交差点を越えた

⑤地点に来た時，私は，頭の中がぼーっとしてくるのが分かりました。車を発進させる前に多量に飲んだハルシオンが効いて眠気が襲い始めてきたのだと思いました。

　ハルシオンが効いてきた以上，車の運転をやめて止めるべきだったのですが，私は，早く自宅に戻って携帯電話で妻と話をしておきたいという思いが強かったので，車を止めようとは考えていませんでした。私はハルシオンが効き始めたので，眠気がどんどん襲ってくることは分かりましたが，だからこそ，早く自宅に帰りたいという一心で車の運転を続けました。その時の車の速度は時速約30キロメートルだと思います。しかし，運転をしている間，周りの景色や道路の状況が目に入っても，頭の中がハルシオンの影響で，どんどんぼんやりしてくるので，私は道路状況に応じたハンドル操作が鈍くなっているのも分かりました。更に運転をして，○○川にかかっている○○橋を渡っていた頃にはアクセルペダルを踏んでいた右足にも力が入らなくなってきました。そして，○○橋を渡り終えて，緩やかな下り坂になっている⑥地点で意識がなくなってしまいました。というのは，記憶に残っているのがそこが最後だからです。その後，事故を起こすまで，私は自分がどのように運転していたのかは全く分かりません。

　ただ，福岡さんと私の車が衝突したことで，ぼーっとではありますが，少し意識が戻ってきて，車を道路脇に止めて車から降り，倒れている福岡さんのところに駆け寄った記憶はあります。その時私は，身をかがめながら倒れている福岡さんに対して，「大丈夫ですか。」などと声を掛けました。しかし，私の問いかけに対して福岡さんが何を言ったのか聞く前に，私は再び意識がなくなってしまいました。

　次に私の記憶があるのは，事故の翌日の夕方頃，自宅で目が覚めた時のことです。ですから，事故後，私自身が警察官と話をしたこと，飲酒検知を受けたこと，救急車で病院に運ばれたことなどは全く記憶にないのです。

　この時本職は，「被疑者小柳実」と記載された茶封筒在中の検知管を

示した〈検知管は省略〉。
7　警察官から封筒に入った検知管を見せてもらいましたが，飲酒検知を受けた記憶がないのですが，検知管に私の名前を書いたシールを貼ってあり，名前は私の筆跡ですので，私の検知結果に違いないと思います。シールの赤色のラインが0.15の数字の下に貼られており，そこまで色が白く変色しているのを確認しました。私は，妻と一緒に飲んだ時にビールを飲んでいますし，また，ハルシオンを飲んだ時に一緒に缶酎ハイを一口飲んでいますので，アルコールが検出されたのは，当然のことと思います。
8　事故の状況は，福岡さんの話によると，道路の右側，つまり私にとっては左側を私の車と反対方向に歩いていた福岡さんが，私の車が自分の方に向かって来ていてこのままではぶつかると，5メートルくらいのところに迫った時に気付き，道路脇に避けようとしたものの，避け切れず，私の車の前部左側に衝突して，転倒したということですが，間違いないと思います。私の車は，ボンネット前部左側が少し凹んでおり，左ミラーが壊れていました。
9　福岡さんは，この事故で，重い頚椎捻挫の怪我を負ったと聞いています。私の車は次男名義で，まだ任意保険に入っていなかったので，自賠責保険で払うことになりますが，今度，福岡さんが，自賠責保険の方に請求することになっています。それとは別に，私は，一度，福岡さんが入院していた病院にお見舞いに行った時に20万円を支払っています。福岡さんが，死んでもおかしくなかった事故で，今回の程度の怪我で済んでよかったと思いました。福岡さんには大変ご迷惑をかけて申し訳なかったと思います。怪我の治療費やその他の損害については，私にできる限りのことはしたいと思っています。
10　二度と今回のような愚かな運転はしません。[2)]

小柳　実　指印

〈以下省略〉

## 検察官の着眼点

**1）** 薬物類型の場合，故意として，アルコール類型と同様に「正常な運転が困難な状態であることの認識」が必要とされるが，正常な運転が困難な状態になった理由が薬物の影響であることの認識も必要とされている。正常な運転が困難な状態であることの認識としては，運転中の認識であることが必要である。行為と責任の同時存在の原則（責任能力は行為時に存在することが必要であるとする原則）からである。

もっとも，運転開始時にハルシオンの影響で前方注視が困難となることを認識していた場合に，運転開始後睡眠状態に陥って事故を起こしたときには，運転中に正常な運転が困難な状態であることの認識がない場合であっても，原因において自由な行為の法理（ある違法行為が責任無能力又は限定責任能力の状態でなされた場合であっても，その状態が行為者の責任能力ある状態における行為（原因行為）によって自ら招いたものであるときは，その違法行為（結果行為）に対し完全な責任を問うことができるとする法理）により，危険運転致死傷罪の成立は免れないと考える。もっとも，本事例は，運転中にも，その認識が認められる事案である。さらに言えば，運転中に意識喪失して事故を起こすことの認識を有していたのであれば，（当然人の死傷についての未必的認識も認められると考えられるので）危険運転致死傷罪というより，傷害罪ないし傷害致死罪の責任を問うことが可能である。

**2）** 本事例は，被疑者逮捕後，被疑者の尿を採取し，薬物鑑定を行って，ハルシオンが検出された事例である。薬物類型の場合は，薬物の影響か否かが問題となるところ，鑑定がない場合には，認定できない可能性が高いので，薬物類型の可能性のある事例の場合には，機敏に採尿及び鑑定を行っておく必要がある。

# 高速度類型の事故①

> **事例㊴**
>
> 湾曲する道路における普通乗用自動車の高速度運転により，対向普通乗用自動車と衝突

## I 被疑事実の要旨

　　被疑者は，平成○年○月21日午後9時10分頃，横浜市○○区○番地○先の最高速度を時速30キロメートルと指定されている左方に湾曲する道路において，その進行を制御することが困難な時速約85ないし95キロメートルの高速度で普通乗用自動車を走行させたことにより，自車を道路の湾曲に応じて進行させることができず，自車を対向車線に暴走させ，折から，対向進行してきた白川道広（当時29歳）運転の普通乗用自動車右前部に自車前部を衝突させ，その衝撃により，前記白川運転車両の後方で自車との衝突の危険を感じ停止した中田憲司（当時37歳）運転の自家用普通乗用自動車右側面部に自車前部を衝突させ，よって，前記白川に胸腹部内臓損傷等の傷害を負わせ，同月○日午前0時35分頃，同市○○区○丁目○番地所在の○○総合病院において，同人を前記傷害に基づき出血死するに至らしめ，前記中田に加療約20日間を要する頚椎捻挫の傷害を，自車の同乗者鈴木智宏（当時21歳）に加療約1週間を要する前胸部挫傷等の傷害をそれぞれ負わせたものである。

## Ⅱ　被疑者供述調書（事実関係調書①）

供 述 調 書（甲）
《冒頭省略》

1　ただいま，自分の意思に反して話さなくてもよいと聞かされましたが，その意味はよく分かりました。
2　私は，平成○年○月21日午後9時10分頃，父名義のスバルインプレッサ（紺色，○○－○○○○号）を運転して，○○スポーツセンターから友達を家に送る途中の横浜市○○区○番地○先路上で，対向車線にはみ出し，対向から来た車に正面衝突し，相手の車を運転していた白川道広さんを死亡させる交通事故を起こし，現在○○警察署に勾留中です。
3　私は今日の午前中に警察官と一緒に事故を起こす前の運転状況について，事故現場に行って，説明してきましたが，今回は，まず，事故現場に至るまでの走行状況について説明します。

　この時本職は，平成○年○月○日付司法警察員巡査部長○○○○が作成した走行状況の略図を示し，説明を求め，本調書末尾に添付することとした〈走行状況の略図は省略〉。

　この図面は，先ほど警察の車に乗って事故現場に行き道路を走りながら運転状況について説明しましたが，そのとおりに書かれていますので，この図面に沿って説明します。

　私は，事故の日，○○スポーツセンターから友人の鈴木翔平君を乗せてドライブがてら○○公園を回って環状○号線に出て鈴木君の家まで行こうと思い，○○公園方向に進み，○○公園入口の信号が赤色だったので，交差点の停止線の手前の①地点で停止したのです。この時，私は鈴木君と話していたのですが，この道は以前何回か走っていて，○○公園入口交差点を左折して行くと，カーブが多く，夜は車の通行も少ないので，スピードを出してカーブを曲がる時の運転操作・スリル感と曲がり切った後の爽快感が気持ち良く，気分がふさいでい

る時などに走ると気分がすかっとしていたので、時々、スピードを出して走っていました。また、私は、走り屋ではありませんが、漫画の「イニシャルD」を愛読していて、カーブでスピードを出して走る走り屋のテクニックにも興味があり、自分なりに、カーブでスピードを出して走る時のテクニックも工夫してきていました。それで、鈴木君に、スピードを出してスリル感を味わってもらってびっくりさせるとともに、私のテクニックを見せてやろうと思って、この道を通って、彼の自宅まで送ろうと考えました[1]。

　停止してしばらくすると、信号が赤色から青色に変わったので、交差点を左折し、ギアを1速から、2速、3速まで入れて加速して行き、時速40キロメートルくらいの速度で、鈴木君と話しながら進行して行きました。②地点辺りで鈴木君との話が途切れたのと前方が緩やかな登り坂の直線だったので、3速のままアクセルを深く踏み、加速して時速約60キロメートルまで上げていき、③地点でギアを4速に入れて更に加速し、時速約70キロメートルの速度で走り、前方が少し下り坂でその先に左カーブが見えたので、④地点でシフトダウンして4速から3速に落として、エンジンブレーキを効かせながらフットブレーキを少し踏んで左カーブを曲がって行きました。

　この時、左カーブを曲がった時の速度は時速約60キロメートルでした。私は○○公園を左折してすぐに対向車1台とすれ違ったことは覚えていますが、その後は、対向車はなかったので、危険と思うこともなく、気持ち良く運転して行きました。

　そして、左カーブを曲がり切ると、前方は緩やかな下り坂の直線に入り、その前方が左カーブになることは知っていましたが、ここで加速しても曲がって行けると思い、⑤地点で3速のままアクセルを深く踏み込んだのです。そして、その先で対向車線に入り込んで今回の事故を起こしたわけです。事故の状況については、後にお話しします。

○○○○　指印

〈以下省略〉

> 検察官の着眼点
> 1）危険運転の動機の録取である。

## Ⅲ　被疑者供述調書（事実関係調書②）

供 述 調 書（甲）
《冒頭省略》

1　ただいま，自分の意思に反して話さなくてもよいと聞かされましたが，その意味はよく分かりました。

2　先日に引き続きお話しします。これまで，私が平成○年○月21日午後9時10分頃，横浜市○○区○番地○先路上で起こした事故のことについてお話しした内容に間違いはありません。今回は，事故の状況についてお話しします。

　この時本職は，平成○年○月○日付○○警察署司法警察員○○○○作成にかかる実況見分調書末尾の交通事故現場見取図を供述人に示した〈見取図は省略〉。

3　今見せてもらった図面は，平成○年○月○日の事故現場で，私が警察官に説明したとおり作成されていますので，内容は間違いありません。これから，この図面で事故の状況を説明します。

　私は，この見取図の道路を△△方面から○○方面に向けて進行していました。見取図①の手前の左カーブで，私は時速約60キロメートルの速度に減速して3速で進みました。そして，①の地点で直線道路だったことから，私はアクセルペダルをベタ踏みという床につくほどまでは踏み込んではいないものの，強く踏み込みました。この時ギアは3速でした。なぜ，この直線道路でアクセルペダルを踏み込んで速度を上げたのかというと，以前この道路を今回と逆の順路で○○方面から△△方面に向けて進行していた時，この直線道路で速度を上げて進行したことがあったからです。その時は，時速80キロメートルくらいで走行しました。今回と逆の順路で走行した時，時速80キロメート

ルくらいで走行したのが5回くらいありました。いずれも，ドライブの途中であり，速度を出すことによって気分をすっきりさせるためでした。しかし，今回と同じ方向を走る時は時速約50から60キロメートルの速度でした。というのは，今回の方向で走った回数が少なく，カーブの角度が詳しく頭の中に入っていなかったからです。

4　話は戻りますが，私は，①の地点で時速約60キロメートルから約100キロメートルに加速しました。私は，普段，50から60キロメートルで走行していたのですが，事故の日は，友達の鈴木君を乗せていたこともあり，スリル感を味わわせ驚かせてやるとともに，自分の運転テクニックを見せてやりたいと思って，普段より大幅に加速してしまいました。普段，△△方面から○○方面に向けて進行する場合には，カーブの角度の感覚がいまいちつかめていないと思って，逆方向に進行する場合と違って時速80キロメートルもの速度は出したことがなかったのですが，この日は，鈴木君が乗っていたことから，今言ったような欲があったのと，逆方向に進行する場合に80キロメートルくらいの速度で走行できていたので，逆も同じで，十分曲がり切れると思って，高速で進行してみようと思ったのです。

　そして，アクセルペダルを強く踏み込みグンと加速しました。そして，加速を実感したところで，アクセルペダルを踏んでいた足の力を少し緩めたのです。現場見取図では，アクセルペダルを緩めた地点が入っていませんが，見取図の②の地点よりも手前の地点です。

　私は，運転席の窓を少し開けていたのですが，①地点で加速した時，風を切るザーッという音が聞こえました。また，高速道路で自動車を運転しているような細かい振動があり，いつもより，速度が出ており，時速100キロメートルくらい出ている感じがして，少し緊張しました。

　私は，見取図②の地点で前方の左カーブを曲がるため速度を落とそうと軽くブレーキを踏み込みました。私が②地点でブレーキを踏み込んだタイミングですが，速度がいつもより出ていたために，早めに踏

み込みました。しかし，速度が出ていたために，軽くブレーキを踏み込んでも私が考えているより速度が落ちませんでした。それで，私は，このままではカーブを曲がり切れず，道路からはみ出してしまう事故の危険を感じて怖くなってしまいました。そのため，③地点で，②地点の時よりも少し強めにブレーキを踏み込んで減速しました。この時の速度は時速約90キロメートルになっていたのではないかと思います。私は，強くブレーキを踏むとタイヤがロックしてしまうと考え，また，ブレーキを踏まないと対向車線に出てしまうと考え，②地点よりも少し強めにブレーキを踏み込んだだけにしました。

　その後，③の地点から④の地点まで進行した時，このままでは対向車線にはみ出してしまうと考え，ハンドルを少し強く左側に切りました。ところが，私がハンドルを左に切り終えた直後頃の④の地点で，車体の後部が横滑りを始めたのです。この時，私の自動車は，ハンドルを左に切ったものの前に進む力が強かったため，タイヤのグリップがきかず道路に沿って進むことができなくなってしまい，横滑りを始めたのでした。速度が，時速90キロメートルくらいだったため，道路に沿って進行させることができなくなってしまったのでした。

5　それでも，私はハンドルを右に切って車体を立て直そうとしたのですが，⑤の地点まで進行した時，ハンドルの自由がきかなくなりました。私の車は，その後，⑥の地点まで進行して対向車線上に向かい，⑦の地点に来た時，○○方面から△△方面に進行してきたトヨタ○○と⊗１地点で正面衝突してしまいました。しかし，私の車はそれでも停止せず，⑧の地点に来た時，ニッサン△△と⊗２で衝突し，⑨の地点で，ようやく停止したのです。

　私は，⊗１の○○と衝突した後，自動車を左側に反転させながら⊗２地点で，△△と衝突したため，⑨の地点では，△△方面に前部を向けて停止しました。[1)]

6　今回の事故の原因は，私が制限速度時速30キロメートルの道路を，２倍から３倍の速度で自動車を運転したため，左カーブを道路に沿っ

て進行させることができなくなり，対向車線に進出させてしまったことです。友達をびっくりさせようと思ったり，自分のテクニックを見せてやろうなどという軽はずみな考えから，危険を顧みないで，このような運転をした私が愚かでした。

7　今度の事故で，○○に乗っていた白川さんが亡くなってしまいました。もう１人の△△に乗っていた中田さんという方も怪我をしたと聞いています。また，私の車の助手席に乗っていた鈴木君にも怪我をさせてしまいました。中田さんと鈴木君の怪我が頚椎捻挫というそれほど重傷でない怪我と聞いて，ほっとしていますが，申し訳ない気持ちで一杯です。白川さんはもちろんご家族には，何と言ってお詫びすればよいのか分かりません。申し訳ない気持ちで一杯です。私は，今度の事故で刑務所に服役する覚悟はできていますが，白川さんのご冥福を祈り，出所後，ご家族のために，私にできることは何でもしたいと考えています。

　　　　　　　　　　　　　　　　　　　　　○○○○　指印

〈以下省略〉

検察官の着眼点

1）　4ないし5の項目の供述において，ここまで正確に事故状況を説明できる運転者はあまりいないと思われる。被疑者は走り屋であり，普段から運転技術に興味と関心を抱き実践していた者ならではの説明である。運転未熟者であればこうはいかないであろう。

# 高速度類型の事故②

> **事例㊵**
> 湾曲する道路における酒気帯びによる普通乗用自動車の高速度運転により，対向普通乗用自動車と衝突

## I 被疑事実の要旨

> 被疑者は
> 第1 酒気を帯び，呼気1リットルにつき0.15ミリグラム以上のアルコールを身体に保有する状態で，平成○年○月19日午前1時40分頃，横浜市○○区○○町○番地付近道路において，普通乗用自動車を運転し
> 第2 前記日時頃，前記場所先の最高速度が時速40キロメートルと指定されている右方に湾曲する道路において，その進行を制御することが困難な時速約90ないし110キロメートルの高速度で前記普通乗用自動車を走行させたことにより，自車を道路の湾曲に応じて進行させることができず，自車左後輪を道路左側の縁石に衝突させ自車を対向車線に進出させ，折から，対向して進行してきた高村達也（当時20歳）運転の普通乗用自動車前部に自車前部を衝突させ，よって，同人に心臓破裂等の傷害を負わせ，同日午前3時50分頃，同市○○区○○丁目○番地所在の○○大学附属○○病院高度救命救急センターにおいて，同人を前記傷害により死亡させ，前記高村運転車両の同乗者小島大輔（当時20歳）に全治約15日間を要する頭部打撲等の傷害を負わせたものである。

## Ⅱ 被疑者供述調書（身上調書）

**供述調書**（甲）

《冒頭省略》

1　ただいま，自己の意思に反して供述をする必要がないことを告げられました。
2　私は，平成○年○月19日午前1時40分頃，横浜市○○区○○町○番地先道路において，交通事故を起こし，相手を死亡させましたが，まず，私のことから話します。
3　私が生まれたのは，住居地です。
4　私は公務員になったことはありません。表彰を受けたことも，位記，勲章をもらったこともありません。
5　私は，少年の時バイクを盗んで捕まって，成人になる少し前に木刀を持っていて軽犯罪法違反で捕まりましたが，いずれも処分はありませんでした。
　　交通関係では，定員外乗車，通行区分違反，通行禁止違反で，平成○年○月○日免許停止30日の処分を受け，その後，乗車用ヘルメット着用義務違反，通行禁止違反，座席ベルト装着義務違反で，平成○年○月○日免許停止60日の処分を受け，その後，指定放置駐車違反で，平成○年○月○日免許停止90日の処分を受け，平成○年○月○日放置駐車違反で，平成○年○月○日免許停止120日の処分を受けましたが，その後は，違反はありません。
6　私の学歴は，平成○年3月，横浜市○○区にある市立○○中学校を卒業して，同年4月，県立○○商業高校に入学し，翌年3月に中退しています。中退したのは，右足の靱帯の手術のため，長期休学したためでした。平成○年4月，市立○○高校の定時制に入学し平成○年3月に卒業しました。
7　私の家族は，
　　　父　　　安達　譲吉　　　56歳　会社員

　　　　　母　　　安達　美智子　　54歳　パート
　　　　　姉　　　安達　五月　　　34歳　アルバイト
　　　　　兄　　　安達　敏夫　　　30歳　調理師（和食の店）
　　で，私は一番下で，5人家族です。
8　私の趣味は車とサッカーですので，車の運転とサッカーをするのが好きです。
　　嗜好については，たばこを1日1箱くらい吸います。お酒については，毎日は飲みませんが，飲む時はビールやウィスキーや焼酎などを飲み，アルコールは好きな方です。
9　私の財産は，何もありません。車は240万円で購入しましたが，今度の事故で，大破し，財産としての価値はありません。貯金は，30万円ほどありましたが，親に渡して何もありません。親は私のお金と併せて，200万円以上，相手方に渡したそうです。ですから，私には財産は何もありません。
10　私の収入は，横浜市○○区○○にある株式会社○○工業で，重機解体などの仕事をしており，平均月35万円くらいです。車のローンが月7万円でしたので，生活は普通にできました。
11　私の経歴は，高校を卒業後，現在勤めている○○工業に入社して，初めはアルバイトで仕事に慣れて，数年したら社員になれるということでがんばって仕事をしていたところです。仕事は，工場などに設置されている大きな機械などを搬入し，解体したりする仕事です。
12　私の運転歴は，平成○年○月○日，普通免許を取得しましたので，4年です。ちなみに免許証は，平成○年○月○日交付の大型，普通，普通自動二輪車，原付免許で，番号は○○○○○○○○○○○○です。大型免許は，平成○年○月○日に取りました。
13　私は，今回の事故当日の午後9時頃まで仕事をしていて，健康状態は普通でしたが，今度の事故による左足大腿骨骨折と半月板解放骨折で治療とリハビリを受けています。

　　　　　　　　　　　　　　　　　　　　　　安達　修吉　指印
　　　　　　　　　　　〈以下省略〉

## Ⅲ 被疑者供述調書（事実関係調書）

### 供 述 調 書（甲）

《冒頭省略》

1　自己の意思に反して供述する必要がないことは，前に教えられたので，分かっています。<sup>1)</sup>
2　今回は，私が今年（平成○年）○月19日深夜，横浜市○○区内の道路で起こした死亡事故のことについて，お話しします。
3　私が事故の時，運転していた車は，レクサス（黒色，車両番号は横浜○○さ○○○○）で，保有者は私です。車にハンドルブレーキ，前照灯などの故障はありませんでした。
4　私が事故を起こしたのは，○○線を○○方面から○○方面に進行し，右側に出た

　　　横浜市○○区○○町○番地先路上

であることを確認しました。

　事故の日時については，

　　　平成○年○月○日午前1時40分頃

であることも分かりました。
5　私は事故時，1人で運転しており，同乗者はいませんでした。
6　事故当時の天候は，夜で，晴れであったと思います。道路は，アスファルト舗装道路で，平坦で乾燥していました。
7　それでは，今回の事故のことについて，事故を起こす前のことから，順次話して説明します。今回の事故のあった前日の○月18日は，高校の同級生であった山田公一君，池田修二君，榎本孝宏君，新開満夫君の4名と午後8時に，横浜市○○区○○駅近くの居酒屋「○○屋」で会おうということになっていました。彼らと会って飲むのは，2年ぶりでした。会社を午後9時頃出て，レクサスで自宅に戻り，シャワーを浴び，母が用意してくれた夕食のおかずだけをつまんで，レクサスで自宅を出発しました。私は，酒を飲むことになるので，初

めは電車で行くつもりだったのですが，その日は，仕事が午後9時頃までかかり，約束の午後8時から大幅に遅れたので，自分の車で行くことにし，レクサスを運転して行ったのです。

　そして，○○駅近くに着いてから，山田君に電話して，居酒屋「○○屋」の場所を聞いて，その店に歩いて行ったのです。私は事故を起こしたレクサスを，○○駅北口にある有料駐車場（コインパーキング）に止めて，駅の構内を通り抜けて南にある居酒屋「○○屋」に行きました。着いたのは，午後10時にはなっていたと思います。

8　店に入ってテーブル2，3個行った右側のテーブルで，私以外の4人は，盛り上がっていました。2年ぶりに友達に会えたことから，既にできあがっていた仲間4人と，楽しく飲み交わしました。

　私は，テーブルに座り，最初に生ビール中ジョッキなどを注文し飲みました。

　私達が飲食した際のジャーナルが提出されており，そのジャーナルを見せてもらいましたが，私が遅れて加わってから私達が注文しているアルコール類のうち，私が自分で飲んだと記憶しているのは，生ビール中ジョッキ2杯とウィスキー50度のグラス1杯です。瓶ビール1本も飲んだのを覚えていますが，それは，4人で飲んだもので，私1人が飲んだのではありません。そのほか，シークヮーサー酒や焼酎のお湯割りや梅干しサワーなどが注文されていますが，飲んだ記憶はありません。もっとも，記憶がないだけで，飲んだ可能性がないとまで断言することはできません。

9　午後11時40分頃まで飲んで店を出て，○○駅まで行って4人と分かれました。この時の私の状態は，気持ちがいいと思うくらいで，千鳥足になるほど酔っ払っていたことはなかったと思います。そして，私は1人でレクサスを止めている駐車場に向かったのです。コインパーキングで800円を精算機に入れてレクサスに乗り込んで駐車場を出発しました。出発した時間は午前0時頃になっていたと思います。そして，私は，○○駅近くの高架橋を渡って，自宅に向かいました。その

途中で今回の事故を起こしたのです。
10　私がこの時走行した経路は，先日警察官を警察車両に乗って案内しました。
　この時本職は，本日司法警察員巡査部長○○○○が作成した運転経路図を示した〈運転経路図は省略〉。
　この図面は，私が警察車両に乗って運転経路を指示したとおりに書かれていますので，これでお話しします。
　Ⓐの居酒屋「○○屋」を出て，みんなと○○駅で別れ，北口にある駐車場「マイパーキング○○川」のⒷから，置いてあったレクサスに乗り，道路に出ました。そして，○○線にかかる陸橋を渡り○○交差点を左折して，○○方面に向かったのです。
　そして，運転しながら，アルコールも回ってきて，身体が火照ってきたので，Ⓒ地点の，左側が林になっていて，あまり人通りのないところに停止して，用を足すついでに休んでいこうと思って，停止しました。そこで，用を足した後，座席を倒して寝たのです。そして，時刻は覚えていませんが，目が覚めました。どれくらい眠ったのかは時計を見ていないので分からないのですが，私の記憶では，眠っていたのはそんなに長い時間ではなかったと思います。その時の身体の感じですが，寝た時とさほど変わらず，気持ちがいいと思ったくらいで，アルコールが身体に残っているのは感じたのですが，早く帰ろうと思って車を発進させました。
　今回の事故を起こしたカーブの手前の電話局前の信号交差点で信号が赤になっていたので，①に来た時，前に，右折の合図を出して停止しているシルバーメタリックのベンツが停止していたので，その車に続いて右折の合図を出して停止しました。そのベンツは無灯火でした。その車がベンツであることは，トランクについているエンブレムで分かりました。この時私は，眠気も覚めていて頭もすっきりしていました。そして，信号が青に変わり，ベンツに続いて右折しました。その時まで，このベンツとトラブルになったという記憶はありません。

11　しかし，私は，この交差点を右折した後，記憶が飛んでしまっていて，今のところ，思い出せないのです。ただ，車の左後ろがガガガガと何かに擦った感じだけが頭の中に残っています。

　私としては，今のところ，何も思い出せませんが，パニックに陥ったので，強烈に頭に残っているのかもしれません。気が付くと，病院で寝ていたのです。

　この交差点を右折した後，500メートルくらい行ったところで，私の車の左後輪を左縁石に擦り，その後，対向車線に出て今回の事故を起こしていることは，気が付いた後，警察官などに聞いて分かっていますが，事故前の運転状況はいまだに思い出すことができません。対向車両を運転していた高村達也さんを死なせ，小島大輔さんに重傷を負わせるという重大な結果を起こし，申し訳ない気持ちで一杯であり，きちんと責任を取るつもりでいますし，何とか思い出そうとしているのですが，思い出せないのです。

　目撃者の話によりますと，私は，前を走っているベンツの後を5メートルくらいの後方につけて，時速100キロメートルくらいの高速で追い掛けていたということですが，それも思い出せません。普段，一般道を100キロメートルくらいの速度で走ったことがないかといえば，それはありますが，この日，そのような高速で走行した記憶がないのです。もっとも，それも，そのような速度で走った記憶がないというだけであり，走っていないという記憶があるわけでもないので，目撃者の話を否定する根拠があるわけでもありません。

問　本当にベンツと走行上のトラブルはなかったのか。
答　先ほど話したようにトラブルはありませんでした。
問　ベンツに対抗意識を出して，追い掛けたのではないか。
答　それもありませんでした。
問　それなら，ベンツは，君の友達の車だったのではないか。
答　いいえ，それもありません。私の知り合いで，ベンツに乗っている人間はいません。

問　これまで，2台の車で高速度走行をして，カーチェイスをしたことはないか。
答　いいえ，ありません。[3)4)]

12　ただ，警察官から現場の状況や車の写真や図面等で説明してもらい，私の記憶と照らし合わせて，私なりに今度の事故の原因を考えた結果をお話しします。

　今回の事故の原因は，私が事故現場付近の右にカーブする道路を高速度で走行し，そのカーブに対応できなくなってレクサスの左後輪を縁石に擦ってしまい，慌ててハンドルを右に切ったもののスピードが出過ぎていたために，思うようにコントロールができず，対向車線に出てしまったことだと思いました。いろいろと原因を考えてみたのですが，スピードの出し過ぎが原因だとしか考えられません。酒の酔いの影響かもしれないとも考えてみたのですが，私の記憶では，現場付近に来るまでは，運転に危険を感じたりするようなこともなく，事故を起こさないで運転できる状態でした。多少，アルコールの影響はあったとは思いますが，それが原因だとは思えません。

　交差点を右折した後，居眠り状態になって自分が出しているスピードもハンドルを取っている舵の方向も分からなくなっていて，そのために縁石に擦りつけてしまったのではないかとも考えましたが，その直前まで，前を走っている車の車種や色，その車が無灯火だったことまで分かりましたので，居眠りの可能性も低いと思います。[5)]

13　今回事故を起こした場所は，何度も通ったことがあり，事故現場手前の交差点を右折した後，緩やかなカーブになることは分かっていました。普段このカーブを通る時は，時速50ないし60キロメートルくらいで走り，カーブの手前では，若干減速して通過していました。というのは，そもそも，この道路は制限速度が時速40キロメートルと規制されていたことや，自分の感覚でも，普段ここを通る時，このカーブを高速で走れば，うまくコーナリングできず，危険かなという感覚があったからでした。

14　今回，私1人の浅はかな運転のために，人の命を奪うという取り返しのつかないことを仕出かしてしまいました。亡くなられた高村さんや怪我をした小島さんの苦しみはもちろんですが，高村さんのご家族の方に対しては，大変な悲しみを与えてしまいました。本当に後悔しています。自分の責任はきちんと取るつもりです。また，社会に出てきても，高村さんのご遺族のために，できる限りのことをしていきたいと思っています。

　　　　　　　　　　　　　　　　　　　安達　修吉　指印

〈以下省略〉

## 検察官の着眼点

1）　一部の県警では，被疑者供述調書の冒頭の黙秘権告知に関する定型不動文字とは別に，被疑者の供述という形で，被疑者に黙秘権を告知し，被疑者自身も黙秘権の意味を認識した上で，供述していることを示すことにしている。

2）　車に乗って行った以上，帰りも車を運転して戻る予定であったと思われる。その点の追及は必要である。その場合代行運転を頼むつもりであったとか，酔いを覚ましてから運転するつもりだったなどと弁解することもあるが，聴取すべきことは聴取する。不自然な供述の場合は，問答式を用いるなどして追及する。

3）　本事例の走行状況からすると，被疑者がいわゆる走り屋であるか，ないとしても走り屋に興味があり，意図的に高速度走行をした可能性も否定できない（高速度走行をした仲間をかばっていたり，知らない人間であっても飲酒の上で高速度走行をしたという悪質さを隠す趣旨で話していない可能性もある。）ので，その可能性は追及すべきであるが，被疑者の周囲にそのような走行を推測させる証拠がない以上，被疑者が否認すれば，真実を解明することは難しい。

4）　本事例では，被疑者が運転中の状況を覚えていないということで，自白のない事例であるが，自白しているか否かと，高速度運転の故意が認められるか否かは，もちろん別である。本事例は，横滑り痕等及び目撃者供述から，意図的な高速度走行の故意が認定できる事案である。

5）　事故当時の記憶がない被疑者にいくら事故当時の状況を推測で説明させても事故当時の認識に代えることはできないが，次善の策である。他の実況見分結果や速度鑑定等の客観証拠とともに，事実認定の資料となり得る。

# 殊更赤色信号無視の事故①

> **事例㊶**
> 交差点の赤色信号機を殊更無視した普通乗用自動車の運転により，横断歩道上を左方から右方へ横断中の歩行者と衝突

## Ⅰ　被疑事実の要旨

被疑者は，
第1　平成○年○月3日午前9時45分頃，普通乗用自動車を運転し，神奈川県鎌倉市○○丁目○番○号先の信号機により交通整理の行われている交差点を時速約20キロメートルで先行車両に追従し，○○方面から○○方面に向かい左折進行するに当たり，対面信号機が赤色の灯火信号を表示しているのを同交差点の停止線の手前約17.8メートルの地点で認め，直ちに制動すれば同交差点の停止線手前で停止した先頭車及びその後方に停止した先行車両の後方で停止することができたにもかかわらず，先を急ぐあまり，これを殊更に無視し，前記先行車両の右側方のゼブラゾーンを通過した上，重大な交通の危険を生じさせる速度である時速約20キロメートルで自車を運転して同交差点内に進入したことにより，折から，同交差点入口に設置された横断歩道上を信号に従って左方から右方へ横断歩行中の立山寛人（当時57歳）を左前方約5メートルの地点に認め，急制動の措置を講じたが間に合わず，同人に自車前部左側を衝突させて同人を路上に転倒させ，よって，同人に加療約1か月間を要する右腓骨骨折等の傷害を負わせた

第2　前記日時場所において，前記のとおり，前記立山寛人に傷害を負わせる交通事故を起こし，もって自己の運転に起因して人に傷害を負わせたのに，直ちに運転を停止して，同人を救護する等必要な措置を講じず，かつ，その事故発生の日時及び場所等法律の定める事項を，直ちに最寄りの警察署の警察官に報告しなかった

ものである。

## Ⅱ　被疑者供述調書（事実関係調書①）

### 供述調書（甲）

《冒頭省略》

1　ただいま，自分の意思に反して言いたくないことは言わなくてもよいと聞かされましたが，その意味については，分かりました。質問されたことは，全部正直にお話しします。

2　私は，昨日，ひき逃げ事故を起こしたことで，逮捕されましたが，私が交差点を左折する時に，赤色信号を無視して交差点に入ったため，横断中の歩行者にぶつかり，相手に怪我をさせ，そのまま逃げたことについては，間違いありません。

3　昨日逮捕された時には，私の逮捕容疑は，過失運転致傷と道交法違反と聞きましたが，私が交差点の対面赤色信号を無視して左折しようとした行為が，危険運転に当たると今，警察官から説明を受け，私の罪名も，危険運転致傷と道交法違反に変更になると聞き，その点も分かりました。私としては，ものすごいスピードを出してカーブを曲がり切れず，人にぶつかったとか，酔っ払って運転して事故を起こしたとかの行為が危険運転になるということは，知っていましたが，対面の赤色信号を無視して交差点に入る行為も危険運転になるということは，今分かりました[1]。

4　私が事故を起こした○月3日は，朝，出勤途中でしたが，会社に午前10時15分までに入りたかったので，焦っていた上，1つ手前の交差点で左折するところを，曲がり損ね，さらに，気持ちに余裕がなかったため，無理して赤色信号なのに，交差点に入ってしまい，事故になったのです。

5　事故を起こした時の車の速度は，時速約20キロメートルだったと思います。それまでは，車の流れもよかったので，時速60キロメートルくらいで走っていたのですが，事故を起こした交差点の信号が黄色になったのを見て，減速したのです。

6　事故を起こして逃げた理由は，今まで，自損事故はありますが，人とぶつかった事故は初めてで，その時，頭の中が真っ白になり，気が動転してしまい，とっさに，逃げてしまったのです。事故を起こした場合は，相手の怪我人を救護して，119番や110番に連絡して，事故を届け出なければならないことは分かっていたのですが，相手の歩行者は，車の左前部にぶつかったというよりも，擦ったような感じで倒れ込んだように見えたので，大怪我をしているとは思わなかったという点もあります。

7　それでは，事故の状況を詳しくお話しします。
　　　事故の発生時間は，
　　　　　平成○年○月3日午前9時45分頃
　　で，場所は，
　　　　　鎌倉市○○丁目○番○号先国道○号線上
　　と聞きましたが，そのとおり間違いありません。
　　　事故の相手方は，
　　　　　立山寛人さん，57歳
　　ということも，警察に教えられて分かっています。

(1)　私が自宅アパートを，自分の車に乗って出発した時間は，午前9時でした。私はアパートを出発してからそのまま○○バイパスを通り，国道○号線を○○方面に向かって走ってきたのですが，○○，○○付近の車の流れが悪くなって，予定よりも10分くらい遅くなっていました。そして，○○を通ってすぐ1つ目の交差点で，左折するはずだったのですが，左車線に入っていなかったので，左折できず，仕方がないので，先の交差点で左折して戻ろうと思っていました。

(2)　会社は，フレックスタイム制なのですが，午前10時15分までには出勤するという決まりがあるので，気持ちに焦りが出ていたのです。
　　　私は，前の軽トラックに続いて走っていたのです。
　　　この時本職は，供述人に，平成○年○月3日に司法警察員巡査部長

○○○○が作成した交通事故現場見取図を示した〈見取図は省略〉。
　　お示しの図面は，私が事故現場で警察官に説明したとおりに書かれていますので，この図を見ながら，説明します。
　　私は，この図面のように，○○方面から○○方面に向けて進行し，私が①地点の時，前車のⒶに追従を始めました。そして，私が②地点に来た時，対面信号の㊡が黄色になったのを見ました。そして，減速し，時速20キロメートルくらいに落としたのです。その時，前車は，Ⓑ辺りでした。そして，私が③地点の時，対面信号が赤色になったのを見たのですが，時間がなくて焦っていたので，このまま交差点に突っ込もうと判断したのです。その時，前車は，Ⓒ地点辺りでした。私はそのまま右にハンドルを切り，中央のゼブラゾーンに入りながら，信号待ちの車を抜いて，その交差点を左折するために，前に出たのです。私が，初めて相手の人を発見したのは，私が④地点に来た時で，相手はⒹ地点辺りでした。私は，
　　　あっ
と思って，ハンドルを右に切ったのですが，間に合わず，⑤地点に来た時，相手の人と⊗地点でぶつかったのです。その時，車の左前部が相手の身体の左側面に擦れたように見えたのです。
　　私は，その時，心臓がバクバクした状態で，頭が真っ白になり，⑥地点で，左折を終わった時，とっさに，逃げようと決心したのです。
8　そして，そのまま加速して次の交差点を左折し，○○交番前の江ノ電の電車通りを走って，○○駅方向に走ったのです。途中，住宅街に入った時，車の傷がどの程度か心配になり，一度車を止めて降り，車の特に左前部の傷があるかどうか確認したのです。その後，再び発進し，会社近くの駐車場まで逃げ，車を止めて，そのまま出社したのです。
9　会社に出勤してからも，どきどきして仕事に手がつかず，1人でどうしようか悩んでいたのです。次の日も出勤したのですが，同じ気持

ちで，上司に相談しようかとも思ったのですが，決心がつかず，悩んでいた時に，警察官が3人来たので，諦めたのです。
10　今回の事故を起こした原因は，私が対面信号を無視して，交差点に入り，左折しようとしたことにあります。私が，赤色信号を見た地点で，そのままブレーキを踏んで，信号待ちしていた前車の後ろに停止していれば，よかったのです。もちろん，停止しようと思えば，いくらでも余裕を持って停止できる状態でした。
11　私が，そのような危険な運転をした理由は，会社に行く時間が予定より遅れていたことと，まさか横断歩行者などいないだろうと軽く考えていたからです。
12　今は，被害者の方を怪我させてしまったことを，誠に申し訳なく思っており，心から謝りたいと考えています。被害者の方には，自分でできる限りの誠意を持って対応したいです。

〇〇〇〇　指印

〈以下省略〉

検察官の着眼点

1）　過失運転致死傷罪から危険運転致死傷罪に容疑を切り替えて取調べを行う場合は，その旨告げた上，改めて黙秘権を告知すべきことは前述（→627頁）のとおり。

## Ⅲ　被疑者供述調書（事実関係調書②）

供　述　調　書（甲）

《冒頭省略》

1　私が平成〇年〇月3日鎌倉市〇〇丁目〇番〇号先で起こした交通事故と，その後被害者の救護等をしないで逃走した事件について，補足してお話しします。
2　その日は，自分の車を運転して出勤途中で事故を起こしたのですが，午前9時頃，〇〇市内の自宅を出発し，会社のある鎌倉市内に向

かったのです。この日は，月曜日で週の初日だったことから，身分証明書等の忘れ物がないかどうかを確認していたため，普段なら午前8時50分頃，家を出発していたのが，10分ほど手間取って，出発の時間が遅れてしまったのです。

　普段，出勤する車には私1人しか乗らず，その日も私1人しか乗っていませんでした。

3　私は，その日も普段と同じコースを通って進行していました。つまり，自宅を出た後，○○バイパスを通って，国道○号線を○○方面に向けて進行していたのですが，月曜日だったということもあり，道路は渋滞していて，事故現場の1つ手前の交差点付近に差し掛かる時には，家を出る時の10分の遅れに加え，渋滞のためにさらに5分くらい遅れ，合計で約15分遅れていたのです。そこで，普段であれば，今回事故を起こした交差点の1つ手前の交差点を左折して鎌倉市内の会社に向かうところだったのですが，事故当日は，左折車線が渋滞していたため，途中から左折車に割り込むことができず，結局，左折できないまま直進し，今回の事故現場交差点に差し掛かったのです。

4　事故の状況は，以前お話ししたとおりです。

　この時本職は，供述人に，平成○年○月3日に司法警察員巡査部長○○○○が作成した交通事故現場見取図を示した〈見取図は省略〉。

　お示しの図面は，○月○日の取調べの時に見せてもらった現場見取図です。その日の取調べでお話ししたように，この図面の③地点に私が来た時，対面信号が赤色に変化したのを見たのですが，このまま前車に続いて停止した場合，午前10時15分の始業時間に間に合わないと判断したのです。もし，始業時間に間に合わなかったとしても，すぐに懲罰があるということはないのですが，私が執務している席は，上司の部長の席からも見える位置にあって，時間に遅れると，部長の私に対する評価が下がるのではないかという不安があり，遅刻するわけにはいかないと思いました。それで，遅刻しないで出社するために，停止しないで交差点を通過して行こうと考えたのです。[1)]

その時，横断歩行者がいるかどうかに関しては，どう考えたかということですが，普段，あまり横断者は見かけない交差点だったので，横断者はいないだろうと，勝手に考えて，そのまま突っ切ろうと思ったのです。

　それで，停止しないまま，ハンドルを右に切ってゼブラゾーンを進行して信号待ちの車2台を抜いて，左にハンドルを切ってその前に出ようとして④地点まで来た時，横断歩道を私から見て左から右に横断中の歩行者である立山さんをⒷ地点に発見して，急ブレーキをかけながら，ハンドルを右に切って衝突を避けようとしたのですが，間に合わず，私が⑤に来た時に⊗地点で，私の車の前部バンパー左側に衝突させ，転倒させてしまったのです。前回は，ぶつかった車の箇所は左前部と言っていますが，正確に言うと，左前部にぶつかったのではなく，前部の左側の方にぶつかっていますので，表現がまずかったと思いますので，訂正しておきたいと思います。

　相手の人が転倒した状態を見たわけではないのですが，相手の人が転倒したことは，当たった直後の相手の人の動きから分かりました。

5　相手の人，つまり後で名前を知った立山さんが怪我をしたかどうかですが，私の車にぶつかって転倒しているので，怪我をしていると思いました。そして，ひょっとすると，大怪我をしているかもしれないと思い，赤色信号を無視して交差点に入ったことが原因なので，大変なことを仕出かしてしまったと怖くなり，頭が真っ白になって，逃げようと思って，被害者の方を救護することも，救急車の手配や警察に連絡することもしないで，そのまま走り去って，会社に出勤したのです。[2)]

6　会社に着く前，走行中に，逃げてもナンバーを目撃されていれば，警察に捕まると思ったのですが，ナンバーは覚えられていないかもしれない，そうなれば，捕まらなくても済むかもしれないが，車に衝突した時の傷があれば，それが根拠となって，突き止められるかもしれないなどと考え，○○の住宅街に入った時，心配になり，一度車を止

めて降り，車の特に相手の人にぶつかった前部左側に傷があるかどうか確認したのですが，その時は，壊れたところは見当たらなかったので，ひとまず安心して，会社に向かったのです。

しかし，その時は，じっくり見たわけではなく，事故を起こして間もない時で，動揺していたこと，早く会社に出勤しなければならないと思っていたことなどから，冷静に観察したわけではなかったので，傷が分からなかったのだと思います。今日，警察官と一緒に見たところ，私の車の前部左側のバンパーとボンネット左側から左前部フェンダーに傷があるのが分かりました。これらの傷は，事故前にはなかったので，今回の事故でできた損傷だと思います。

7　立山さんは，今回の事故で，右足の骨を折り，入院し，仕事もできない状態だと聞いています。大変申し訳ないことをしたと反省しています。できる限りのことをして，償っていくつもりです。

私の両親が，私の代わりに病院に謝罪に行ってくれ，その時，立山さんから逆に，励ましの言葉をもらったと聞いています。立山さんの怪我が早く治り，後遺症もないことを心から祈っています。

〇〇〇〇　指印

〈以下省略〉

### 検察官の着眼点

1) 一応赤色信号を無視する動機は述べられているが，一度遅刻しただけで，評価が下がるというのは考え過ぎと思われ，必ずしも十分な理由が述べられているとは考えられない。以前も遅刻したことがあるとかの理由で被疑者が上司の部長からにらまれていたとか，その他の部長との関係上，遅刻することがその評価を大きく損なう事情にあるとか，被疑者が特に部長の自分に対する良い評価を維持したかったとか等の事情がなければ不自然であるので，その点を明らかにする。場合によっては，部長の評価とは関係ない別の理由が真実である可能性もある。したがって，裏付け捜査も行わなければならない。

2) 怪我の認識に関しては，被疑者が曖昧な話をして話題をそらそうとすることが多いが，じっくり追及して，明確な供述を得るように努めるべきである。また，その際に，具体的な供述を得ること及び怪我の認識の根拠についても，具体的な供述を引き出す。本事例は，怪我の認識についての供述はとれているが，この点で物足りない。

# 殊更赤色信号無視の事故②

> **事例㊷**
> 
> 交差点の赤色信号機を殊更無視した原動機付自転車の運転により，右方向から進行の原動機付自転車と衝突

## I　被疑事実の要旨

　　被疑者は，平成○年○月20日午前7時頃，原動機付自転車を運転し，横浜市○○区○○丁目○番先の信号機により交通整理の行われている交差点を○○方面から国道○号方面に向かい直進するに当たり，対面信号機が赤色の灯火信号を表示しているのを同交差点の停止線手前約62.2メートルの地点で認め，直ちに制動措置を講じれば同停止線手前で停止することができたにもかかわらず，これを殊更に無視し，重大な交通の危険を生じさせる速度である時速約40キロメートルの速度で運転して同交差点に進入したことにより，折から，同交差点に右方道路から青色信号に従い進行してきた山口桂子（当時40歳）運転の原動機付自転車左前部に衝突させて同人運転車両ともども同人を路上に転倒させ，よって，同人に加療約4週間を要する左足関節脱臼骨折等の傷害を負わせたものである。

## Ⅱ 被疑者供述調書（事実関係調書）

### 供述調書（甲）

《冒頭省略》

1　私は，昨年の平成〇年〇月20日午前7時頃，横浜市〇〇区〇〇丁目〇番先の交差点を赤色信号を無視して，原動機付自転車で直進し，右方道路から走行してきた山口桂子さん運転の原動機付自転車に衝突させ，山口さんに，左足を骨折させる等の怪我を負わせる事故を起こしたことは間違いありません。

2　私がその時運転していた原動機付自転車は，私名義のスズキ〇〇で，平成〇年〇月に購入した新車で，ブレーキ等どこにも異常はなく，乗り慣れた運転しやすい原動機付自転車でしたが，今回の事故の後，運転はもう止めようと思い，〇年〇月処分しました。

　当時，私の身体に，具合の悪いところはありませんでした。

3　当時，私は，〇〇〇〇という人材派遣会社に登録していて，横浜市西区〇〇町にある老人ホームに派遣され，事故の前日の19日の夜9時頃，その老人ホームに出勤し，翌日の20日午前2時頃まで，夜勤をしたのです。

　その老人ホームに行ったのは，その時が2回目で，3日前に初めて派遣された時は，自宅から今回事故を起こした原動機付自転車を運転して行ったのですが，自宅から20キロメートル近く離れており，帰りは渋滞に巻き込まれるおそれがあったこと，また3日後，その老人ホームに派遣されることも分かっていたし，その老人ホームが〇〇駅からとても近いところにあったので，次に来た時に乗って帰ることにして，その日は原動機付自転車は同老人ホームに置いたまま，電車で自宅に戻ったのでした。

　それで，事故当日午前2時頃，老人ホームでの夜勤を終えて，老人ホームに置いていた原動機付自転車を運転して，帰途につきました。

　そして，途中の〇〇町に来た時，通りかかったファミリーマートと

いうコンビニエンスストアに寄って，スーパードライの500ミリリットル入りのロング缶2本を買いました。その時は，家に帰って飲むつもりでした。普段，夜勤の派遣先の仕事から帰る時でも，500ミリリットルの缶ビール1本を買うのですが，その日は，老人ホームで他のヘルパーの人と介護の仕方に関してトラブルとなり，気持ちがむしゃくしゃしていて，2本飲みたい気持ちになっていたのです。そして，普段は，家に帰ってから飲んでおり，その日も買う前は，家に帰ってから飲もうと思っていたのですが，買った後，家に帰るまでにはまだ10分以上かかるし，むしゃくしゃしていたことから，すぐに飲んで憂さを晴らそうと思って，コンビニエンスストア近くのビルのエントランスに行って，そこで，缶ビールを飲み始めたのです。そして，約30分で，ロング缶2本を全部飲んでしまいました。飲んだら，しばらく酔いを覚まして，また自分の原動機付自転車を運転して帰るつもりだったのですが，私は，酒には弱い方で，酒を飲んだ時は眠くなり寝てしまうことも多かったのですが，この日も，特に夜勤だったせいもあるかと思いますが，眠くなって，そのビルのエントランスのところで眠り込んでしまいました。

4 そして，目が覚めたのが，午前6時30分頃だったのです。目が覚めて，午前6時30分にもなっていることから，私はびっくりしました。というのは，その日朝，兄が出勤するまでに，兄に借りたJRの定期券を返さなければならなかったのに，間に合わないかもしれない時間だったからです。

　私は，自分の原動付自転車を老人ホームに置いて帰っていたため，その日老人ホームに出勤する時，兄から兄が東京の新橋の会社まで通勤で使っているJRの定期券を借りて，電車に乗って老人ホームに行ったのですが，兄には，兄が出勤するのが大体午前7時頃なので，それまでには返すという約束をしていたのでした。

　それで，慌てて，原動機付自転車に乗って，自宅に向かったのです。出勤までに定期がなければ，切符を買って会社に出勤するとは

思ったのですが、往復の切符代も馬鹿にならないし、いつも兄には面倒をかけているので、兄には迷惑をかけてはいけないと思って、原動機付自転車を飛ばして、自宅に戻ろうとしました。急げば、兄が出勤する前に、戻れるかもしれないという気持ちもあったからです[1]。

　酒の酔いは、少しはあるかなとは思っていましたが、ほとんど覚めており、運転に影響することはないと思っていました[2]。

　途中、信号機のある交差点でも、交通量が少ない場所や信号の変わり目の時は、赤色信号の場合でも、止まらないで進行したことも、2、3か所ありました。

　この時本職は、供述人に、平成〇年〇月20日付司法警察員〇〇〇〇作成の実況見分調書添付の現場見取図を示した〈見取図は省略〉。

5　お示しの図面は、私が、交通事故現場で、事故直後、警察官に指示・説明したとおり書かれており、事故の状況は、この図面に書かれているとおりです。この図面で改めて説明します。

　私は、時速40キロメートルくらいで走行し、①地点で前方交差点の対面信号機㊙が赤色であるのを見ました。①地点は、警察官が測ったところによると、停止線の手前約62.2メートルだったということですが、間違いないと思います。

　この交差点は、何度も通ったことがありますが、左右の交差道路からの車の量はとても少ないのです。しかも、まだ午前7時前後で、時間が比較的早かったので、さらに、通行車両は少ないと思いました。

　私が、①地点で対面信号の赤色を見たのは、信号が黄色から赤色に変わった時ではなく、既に赤色になった時であり、いつ赤色になったのかは分かりませんでした。

　でも、私は、自宅に近づいて、もう2、3分で自宅に着ける場所だったし、交差道路から出てくる車はないだろうと思っていたので、早く家に帰って、兄に、定期券を渡そうと思って、信号とは無関係に、交差点を突っ切って、直進して行くつもりでした。ですから、①で赤色信号を見た後は、交差点に入る時には、信号が赤色から青色に

変わっているかもしれないということも考えなかったのです。[3)]

　停止線手前には，信号待ちで停止している車が2台ありましたが，私は，その2台の車の右後方の②の地点から，それまでと同じ時速約40キロメートルで，その2台の車の右側の右折専用車線に出て2台を追い抜き，③地点まで進行し，対面信号を見たところ，まだ赤色でした。そして，そのままの速度で，交差点に進入したところ，⊗地点で，右方の道路から進入してきた山口桂子さん運転の原動機付自転車の左側面に，自車の前部を衝突させて転倒させてしまったのです。それまで，山口さんの原動機付自転車には全く気付いていませんでした。

　転倒した山口さんの原動機付自転車は，㋐地点に停止し，私も転倒して，⑤地点で止まりました。

6　私は，転倒して右肩や腰を強打してとても痛かったのですが，すぐに起き上がって，仰向けに転倒していた山口さんのところに行き，「大丈夫ですか。」と声を掛けたところ，山口さんは，左足を押さえて，「痛い，痛い。」と言っており，履いている左足のズボンが裂けて，その中の肉が切れて血がかなり出ていました。

　そして，すぐ近くにいた通行人の男の人が119番通報をするからと言って，その人の携帯電話で119番通報してくれました。私も，自分の携帯電話で警察に110番通報しました。119番通報した人は，警察官が来るまで，現場にいてくれました。

7　今回の事故の原因は，私が先を急ぐあまり，左右道路から走行してくる車などはないと勝手に判断し，赤色信号を無視して交差点に進入したことです。

　また，速度も，時速30キロメートルまでしか出せない原動機付自転車なのに，時速40キロメートルも出してしまったことです。

　私は，赤色信号を認めた時点で，ブレーキをかけていれば，停止線手前で停止することは十分できていました。そうしていれば，事故が起きなかったことも明らかなことでした。

8　私が怪我をさせてしまった山口さんには，申し訳ない気持ちで一杯です。事故当日と年末頃に，母に付き添ってもらい，山口さんが入院している病院に，お見舞いに行きました。

　私は，原動機付自転車に任意保険はかけていませんでしたし，預金もないので，山口さんの原動機付自転車の補償に関しては，母に30万円を出してもらいました。治療費については，自賠責保険から支払われることになっています。

9　行政処分については，今月〇〇日に免停120日の予定で，同日〇〇の免許センターに出頭するようにとの通知が来ています。

　山口さんを始め，家族にも大変な迷惑をかけたと思い，反省しています。交通ルールを守ることの重要性を改めて認識しました。二度とこのような危険な運転はしません。

〇〇〇〇　指印

〈以下省略〉

---

**検察官の着眼点**

1）　危険運転致死傷事件は，故意犯であるので，動機は必ず聴取しておく必要がある。

2）　本事例は，事故後の呼気検査で，0.1ミリグラムのアルコールが検出されている。酒気帯び運転で起訴できるわけではないが，運転時の酔いの程度及びそれに関する認識は，録取しておく必要がある。

3）　殊更赤色信号無視の犯意（故意）の録取である。

# 殊更赤色信号無視の事故③

> **事例㊸**
> 交差点の赤色信号機を殊更無視した普通乗用自動車の運転により，左方向から進行の普通乗用自動車と衝突

## Ⅰ 被疑事実の要旨

　被疑者は，平成○年○月○日午前5時○分頃，普通乗用自動車を運転し，浜松市○区○○町○○番地先の信号機により交通整理の行われている交差点を，○○方面から○○方面に向かい直進するに当たり，対面信号機が赤色の灯火信号を表示しているのを同交差点入口の停止線手前約154.5メートルの地点に認め，直ちに制動措置を講じれば同停止線手前で停止することができたにもかかわらず，先を急ぐため，前記赤色信号を殊更に無視し，重大な交通の危険を生じさせる速度である時速約60キロメートルで同交差点に進入して進行したことにより，折から左方道路より黄色信号に変わった直後に停止線を越えて同交差点に進入してきた山下隆一（当時35歳）運転の普通乗用自動車右側面部に自車前部を衝突させ，よって，同人に加療約1週間を要する左頚椎捻挫，全身打撲の傷害を負わせたものである。

Ⅱ　被疑者供述調書（様式第4号，特例書式。警察官の取調べにおいては赤信号看過の認識しか認めていなかった被疑者が，検察官事務取扱検察事務官の取調べで殊更赤色信号無視の犯意を認めたため副検事に割り換えて副検事が殊更赤色信号無視の自白調書を作成した事例）

---

被疑者供述調書（平成○年○月○日○○警察署において取調べ）

氏名　藤原　信介　　昭和○年○月○日生（○歳）

〈身上部分　略〉

1　私が事故を起こしたのは，平成○年○月○日午前5時○分頃です。

2　同乗者はありませんでした。

3　事故を起こした場所は，浜松市○区○○町○○番地先信号交差点です。

4　事故を起こす前，私は，会社に出勤するために事故を起こした通りを○○町方面から○○町方面に向けてトヨタ・86を運転し時速約60キロメートルで，道路の左側車線を進行していました。

　　積荷はありませんでした。

5　ハンドル，ブレーキ等の故障はありませんでした。

6　事故当時の天候は，晴れていました。

　　道路の状態は，アスファルト舗装の平坦路で，路面は乾燥していました。

　　見通しは，左方は人家，右方は植込みにより見づらくなっていました。

　　照明はありません。既に明るい時間帯で，前照灯も点けていませんでした。

　　歩行者，車両の状況は，歩行者はいませんでした。車両は，前後車両はなく，交差道路側は分かりませんでした。[1)]

7　事故を起こした状況を，交通事故現場見取図で説明します〈→735頁〉。

　(1)　事故前の私の状況は，毎日の通勤路ですから道路状況については

知っていました。①地点で前方信号㋑が赤色を示しているのが分かったのです。交差点までは距離があり，いつも青色のタイミングで通れるため，直に青色になるものと信号に注意しないまま走っていたのです。

(2)　私が最初に被害者（相手の車）を発見した時，私は運転席が②地点，相手側は右前が㋐'の地点におり，相互の距離は約17.2メートルでした。その時の私の車の速度は時速約60キロメートルでした。[2)]

(3)　その時の被害者（相手の車）の動静は，左側から交差点に向かい走ってきていたのです。その時，交差道路側信号㋑$^2$が青色から黄色に変わったのです。対面信号は全く見ていないのですが，交差道路の信号の黄色を見て私の進路は赤色信号だったと初めて気付いたのです。[3)]

(4)　そこで私の執った措置は，このままではいけないと思い，慌ててブレーキをかけたのですが間に合わず，私が③地点の時，㊉地点でぶつかってしまったのです。

(5)　ぶつかったのは㊉の地点で，私の車の前部が相手方の右側面にぶつかり，相手方はさらに㊉$^1$地点でガードレールにぶつかり，㋒地点に横転停止し，私の方は④地点に止まったのです。

8　この事故の結果，相手の人が頚椎捻挫，全身打撲傷により1週間の加療を要する怪我をしたことを診断書により確認しました。

9　この事故を起こした原因は，私が信号交差点に赤色信号を無視して入ってしまったことです。相手の車が分かった時，相手側信号が青色から黄色に変わったのを見ましたから，私が赤色信号を無視したことは間違いありません。

10　私がそのような不注意な運転をした理由は，交差点手前で青色信号を見た際，交差点までは距離があり，間もなく青色信号に変わるものと勝手に判断してしまい，青色信号を見た後は，全く対面信号に注意しないまま交差点に入ってしまったのです。

11　事故後の措置は，私が警察に連絡し，相手の人と現場で警察官が来

るのを待り，事故の状況を説明したのです。
12　相手方の治療代等については，車の保険を利用しています。任意保険は○○海上に加入しています。対人，対物無制限に加入しています。
13　信号に故障はなく，手前からはっきりと見えました。私は視力に問題はなく，運転免許の適性試験にも合格しています。この事故で相手側に言いたいことは何もありません。私が全て悪い事故と反省しています。

供述人　藤原　信介　指印

〈以下省略〉

### 検察官の着眼点

1）　特例書式の被疑者供述調書の様式は，簡便に過失判断の前提事項が基本的にもれなく記載できるようになっている。

2）　①から②まで155メートルもあり（Ⅳ交通事故現場見取図・関係距離→735頁参照），その間ずっと信号を見ないことは，通り慣れていて信号の変化の状況を知っていたとしても考え難い。前を向いている以上，信号は視線の範囲内にあり，わざと見ないようにするのであればともかく，見えるのにあえて見ないこと自体，考え難いことである。したがって，そこに，本事例の核心が潜んでいるということなのである。

3）　7の項目の(1)～(3)の説明は，きれいな赤色信号看過の供述になっている。後記の検察官に対する供述と異なっている。なぜ，このような食い違いが生じるのか，という点に取調べの問題が示されている。取調官に特例書式にまとめて手短に捜査を終えるという意識がなかったか，被害者の受傷も軽微であることから，危険運転の責任を問うまでもないとの判断があったのだろうか，それとも，被疑者が否認したからやむを得なかったのだろうか。

## Ⅲ　被疑者供述調書（検察官面前調書）

供 述 調 書（甲）

《冒頭省略》

1　私がこのたび危険運転致傷罪で取調べを受けているとの説明を受け，分かりました。

　過失運転致傷罪と違い，罰金刑がなく，重く処罰され，刑務所に行

く可能性がある処分しかない罪名であることは，説明を受けて分かりました。

　そのように危険運転致傷罪としての責任を問われかねないということを理解した上で，お話ししていきます[1]。

　この時本職は，平成○年○月○日付○○警察署司法警察員○○○○作成にかかる実況見分調書末尾添付の交通事故現場見取図及び写真①を供述人に示した〈写真は省略〉。

　お示しの図面及び写真は，私が交差道路の信号機を一番遠くから見える地点として，説明した場所の図面と，その地点から撮影してもらった写真に間違いありません。

　私は，事故の前には，私の目の前の信号が青であれば，交差道路の信号は気にせず進んで行きましたが，目の前の信号が赤色を表示していた時には，交差道路の信号機が何色を表示しているのかを気にしながら運転していたことが何度かありました。

　そのように交差道路の信号の色を気にしながら運転するのは，停止線を越える時のタイミングを計るためでした。

　この交差点も，そのような運転をしたことがある交差点で，この交差点の私の前の信号が赤色だった時には，写真の地点か，それよりも少し交差点に近い場所辺りで交差道路の色を見て，タイミングを計って停止線を通過する運転をしたことがありました。

　この交差点でタイミングを見計らって通過した，この時以前の運転では，この写真の地点辺りで交差道路の信号が青色を表示していた時には，ブレーキをすぐに踏んで速度を落とし，時速20キロメートルから30キロメートルくらいまで落としました。

　また，それでもタイミングが早い時には，更にブレーキを踏んで速度を落として，私の前の信号の色が青色に変わるのを待って停止線を越えていきました。

　ただ，必ず青色に変わってから停止線を越えたわけではなく，急いでいた時には，赤信号のまま停止線を越えて青信号に変わるというこ

ともありました。
　しかし，このような運転をしてきた時には，停止しないまでも時速10キロメートル以下の遅い速度で走っていました。
2　平成○年○月○日，私は前日の仕事が遅くなって寝不足で朝寝坊をしてしまいました。
　この日の出勤時刻が午前6時で，自宅から約30分かかるのですが，家を出たのは，午前5時半頃でした。
　そのため，遅刻しそうだったので，家を出る時，上司に電話を掛けました。
　上司は，「分かった。」と言ってくれていたのですが，迷惑をかけてはいけないと思い，気が焦ってしまい，車を運転し始めても，いつもの出勤の時よりも速い速度で車を運転していました。[2)]
　そして，その日も先ほどお話しした，交差道路の信号機の色が見える地点まで差し掛かりました。
　この地点よりも手前から，私の目の前の信号機は赤色を表示していました。
　私は交差道路の信号機の色が見える地点まで来た時，どのくらいのタイミングでの赤なんだろうと考えながら，交差道路の信号機の色を見ました。
　そうしたところ，交差道路の信号機の色は，青色でした。
　私は，普段なら，この地点で青色を見た時には，ブレーキを強く踏んで速度を落とし，時速20キロメートルから30キロメートルまで速度を落としていましたが，この日は，早く職場に行かないと迷惑がかかると思い，気が焦っていて，速度をあまり落としませんでした。
　ブレーキを踏んだ後，速度が落ちた後の速度は，時速60キロメートルくらいだったと思います。
　そして，停止線手前で止まるためにはブレーキを踏まなくてはならないと感じた地点辺りに差し掛かった時にも，交差道路の信号機の色を見ましたが，青色のままでした。

私はその時，
　　　ここでブレーキを踏まないと，赤信号で交差点に進入してしまうことになる
と思いましたが，遅れて迷惑をかけたくないとの思いに捉われていて，ブレーキを踏むことはしませんでした。
　その時，なぜブレーキを踏まなかったのかと言えば，
　　　そのままでは赤信号のまま停止線を越えて交差点に進入してしまう
　　　交差道路の信号も青色のままだ
　　　停止線を越えて交差点を通過する時，私の目の前の信号機が青色に変わることはないだろう
と分かっていたものの，
　　　赤信号だけど，止まれないんだよな
と考えてしまい，ブレーキを踏むことなく，時速約60キロメートルで進んでしまいました。
　私が言う「赤信号だけど，止まれないんだよな」とは，その時にブレーキを踏んで停止することが不可能だったという意味ではありません。
　私の気持ちの問題として，赤信号だとは分かるけれども上司に迷惑をかけられないからここで止まるわけにはいかないという意味です[3]。
3　この時本職は，平成○年○月○日付○○警察署司法警察員警部補○○○○作成に係る実況見分調書添付の交通事故現場見取図を供述人に示した〈→735頁〉。
　お示しの図面は，私が事故直後に事故現場で警察官に指示説明した内容が書かれている図面に間違いありません。
　私は，ただいまお話ししたような意味で，赤信号のまま交差点を通行することになると分かりつつも，②に向けて進んでいました。
　交差道路の青色信号表示を見て，早く赤に変わってくれと思っていました。

また，交差道路から車が来ないかどうかも確認しました。

車は，来ていなさそうに見えました。

②地点辺りで，交差道路の信号表示を見ると，青色から黄色に変わったのが見えました。

私は，さすがに交差道路が赤にすらなっていないのに，交差点にこのままの速度で進行しては危ないと思い，ブレーキを踏みました。

ブレーキを踏むと同時に，ふと左の方を見ると，⑦'地点に車が見えたのですが，あっという間もなく，私の車の前部をその車の右側面に衝突させてしまいました。

4　この事故の結果，相手の車の運転手に加療約1週間を要する頚椎捻挫，全身打撲傷などの怪我を負わせました。

事故現場で，警察官から尋ねられていた時，相手の人は首が少し痛いなどと言っていたので，この事故で負わせた怪我に間違いありません。

5　この事故を起こした原因は，私が赤信号で停止線を越え，赤信号で交差点を通過してしまうことになると分かっていながら，停止線を越え，交差点を進んで行ったことでした。

停止線を越える時には，交差道路の信号は，青色から黄色に変わるところでしたから，私が交差点を通過する時には，私の前の信号が青色に変わることはないと分かっていました。

なぜこのような運転をしたかと言うと，普段からタイミングを計って交差点を通過する運転に慣れていたことと，前日からの寝不足で少し判断力が鈍っていて先を急ぐことばかりに気を取られてしまったこと，上司に迷惑をかけたくない，怒られたくない，と気が焦ってしまったこと，朝寝坊をしてしまったため気が焦ってしまっていたからでした[4]。

交差道路の信号表示を確認してタイミングを計る運転に慣れていなければ，赤信号を見た時に停止線で止まろうという運転をしていたはずで，そういう運転をしていれば，赤信号を遠くから見ていた時に停

止線で止まっていたはずですから，赤信号だと分かりながら交差点を通過しようなどと考えなかったので，この事故は起きませんでした。

　また，先を急いでいても，寝不足で判断力が落ちていたといっても，やはり停止線で止まろうと考えていれば止まっていたはずですから，結局は言い訳になってしまうかもしれません。[5]

　　　　　　　　　　　　　　　　　　　　藤原　信介　指印

〈以下省略〉

### 検察官の着眼点

1）　それまで取調べの対象であった容疑事実が刑の重い容疑に切り替えて取調べを行う場合には，その旨伝えた上で取調べを行う必要がある。通常は被疑事実を伝えることで足りるであろうが，本取調べのように，どのように刑が重くなるかを告げることも，もちろんよいであろう。

2）　運転目的の聴取であるが，急ぐ必要があったか否かを，事故日の事情だけでなく普段の事情も聴取した上で，時間の観点から具体的に明らかにしている。常にこのような取調べの姿勢が重要である。

3）　殊更赤色信号無視の認識が述べられている。警察の取調べの段階では信号看過であったのが，きれいに殊更色信号赤無視の犯意があった旨自白するに至っている。上記自白もやや微妙で複雑な認識ではあるが，よくその微妙複雑な認識が吐露され説明されている。丁寧に質問を行えば解明は可能なのである。

4）　危険運転（殊更赤色信号無視）の動機である。

5）　被害者が軽微な怪我にとどまっていたとしても，だからといって，過失犯（信号看過）の過失運転致傷事件として処罰すれば足りるわけではない。被害が軽微な事案等の一部の赤色信号無視事件では，殊更赤色信号無視事件として送致されず，過失運転致傷として調書を作成し，送致されることが散見される。本事例はたまたま怪我が軽微なものにとどまっただけで，事故態様自体は極めて激しいもので，実態に沿うべく事実を解明した上で送致すべきである。取調官の予断や裁量で取調べを適当に済ませることは許されない。

## Ⅳ 交通事故現場見取図

交通事故現場見取図（特例書式の様式。図面は縮尺ではない。基点，道路幅員等は省略した。）

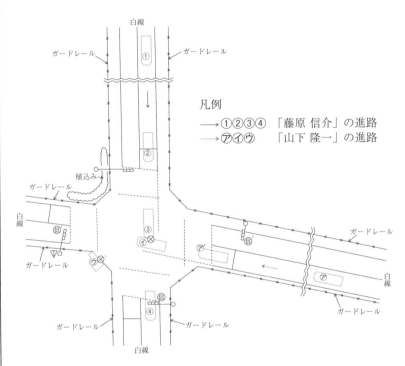

関係距離

| ▽〜⊗ | 14.2 m | ②〜③ | 11.7 m | ㋐〜㋑ | 39.3 m |
| ①〜㊙ | 178.5 m | ③〜⊗ | 1.6 m | ㋑〜⊗ | 0.8 m |
| ①〜② | 155.0 m | ③〜④ | 12.7 m | ㋑〜㋒ | 8.7 m |
| ①〜㋐' | 17.2 m | ⊗〜⊗¹ | 8.5 m | ㋒〜⊗¹ | 1.2 m |
| ②〜㊙² | 20.2 m | ㋐〜㊙¹ | 52.0 m | | |

立会人（被疑者藤原信介）の指示説明
事故時の天候は晴れ
見通しの距離は①の地点で前方約200m
赤色信号を認めた地点は①，その時の赤色信号は㉑
交差道路側黄色信号を認めた地点は②，その時の黄色信号は㉑[2]
最初に相手を発見した地点は②，その時の相手は㋐'（右前部）
危険を感じた地点は②，その時の相手は㋐'（右前部）
ブレーキをかけた地点は②，その時の相手は㋐'（右前部）
衝突した地点は⊗，その時の私は③，相手は㋑
私の車が停止した地点は④，相手車が横転・停止した地点は㋒
見通しを妨げたもの，運転操作等に影響を及ぼしたものはなかった。
相手車がガードレールに衝突した地点は⊗[1]

立会人（被害者山下隆一）の指示説明
青色信号を認めた地点は㋐，その時の青色信号は㉑[1]
衝突した地点は⊗，その時の私は㋑，相手は③，その時の黄色信号は㉑[1]
私の車が横転停止した地点は㋒

# 過失運転致傷アルコール等影響発覚免脱罪の適用が問題となる事故

**事例㊹**
信号交差点における右直事故後，アルコールの影響による事故であることの発覚を免れようとした

## I 被疑事実の要旨

被疑者は，
第1　酒気を帯び，呼気1リットルにつき0.15ミリグラム以上のアルコールを身体に保有する状態で，平成○年7月28日午前1時30分頃，浜松市○区○○町○番地の○付近道路において，普通貨物自動車を運転した
第2　前記日時頃，前記車両を運転し，前記場所先の信号機により交通整理の行われている交差点を，信号に従って同交差点入口の停止線手前で一時停止した後発進して○○方面から○○方面に向かい右折進行するに当たり，前方左右を注視し対向直進車両の有無及びその安全を確認しながら進行すべき自動車運転上の注意義務があるのにこれを怠り，右折を急ぐあまり右折方向等に気を取られ対向車両の有無に留意せずその安全確認不十分のまま漫然時速約10キロメートルないし20キロメートルで進行した過失により，折から対向直進してきた松島澄子（当時53歳）運転の普通乗用自動車に気付かず，同車右側面後部に自車前部を衝突させ，よって，同人に加療約1週間を要する右肩打撲傷等の傷害を負わせた
第3　前記日時頃，前記場所において，前記車両を運転中，前記のとおり，松島澄子に傷害を負わせる交通事故を起こし，もって事故の運転に起因して人に傷害を負わせたのに，直ちに車両の運転を停止して，同人を救護する等必要な措置を講ぜず，かつ，その事故発生の日時及び場所等法律の定める事項を，直ちに最寄りの警察署の警察官に報告

しなかった
ものである。

## Ⅱ　被疑者供述調書（事実関係調書①）

供　述　調　書（甲）

〈本籍　略〉
〈住居　略〉
職業　塗装工
氏名　小田　康晴

　　　　　　　　　　　　　　昭和○年○月○日生（39歳）

　上記の者に対する過失運転致傷・道路交通法違反被疑事件につき，平成○年8月5日○○警察署において，本職は，あらかじめ被疑者に対し，自己の意思に反して供述をする必要がない旨を告げて取り調べたところ，任意次のとおり供述した。
1　私は，現在飲酒運転で交通事故を起こし，
　　　逮捕されて○○警察署
　に勾留されています。
2　私は，平成○年7月28日午前1時30分頃，
　　　浜松市○区○○町○番地の○
　地先の信号機のある交差点で，交通事故を起こしました。
　　この事故で相手の人に怪我があったことは警察官から聞いて分かりました。
3　事故を起こした状況は，後でしっかり話します。
　　今からは，私が交通事故を起こす前の飲酒した状況を話します。
　　事故を起こした日は，仕事で
　　　浜松市○区○○○にある
　　　　○○○

という会社で，外壁の塗装の仕事をしていました。
　この仕事は，同じ会社の同僚1人と行いました。
　午前8時に仕事を始めて，仕事が終わり家に帰ったのが午後8時頃でした。
　この日仕事が終わったので，子供の時からの友達で，
　　　浜松市○区○○○丁目
に住んでいる
　　　鈴木　康之
と酒を飲もうと思い，私が，仕事を終えてから，携帯電話で康之の携帯電話にかけて誘いました。
　この日，酒を飲むことにした店は，
　　　浜松市○区○町
にある沖縄料理の居酒屋で
　　　○○○
という店です。
　酒を飲もうと思った理由は，友達と楽しく飲めば，仕事のストレスも解消されると思って康之に連絡したのです。
　康之とは，よくこの店には飲みに行っています。
　店の人も，私のことは知っていると思います。
4　私は，仕事の現場から，一旦店に帰り，私の車を運転し，午後9時に○○○で康之と会う約束をしたので，店に向かったのです。
　私は，飲みに行く時は，常に車を利用して飲み屋の駐車場に車を止めています。
　しかし，帰りは，飲酒していますので，代行運転を使って家に帰ります。1)
　この日は私の車を店の前の駐車場に止めました。2)
　店には，康之が先に来ていて，私と康之は，カウンターの席に並んで座り焼酎を飲んだのです。
　この日，キープしてある焼酎が切れたので，新しくボトルを入れる

ことにして，残波（白）という泡盛を１本注文したのです。
　私は，この店で康之と２人で焼酎を水割りで飲んでいたのです。
　私が飲んだ焼酎は，アルコール度数25から30度あります。
　　　250ccくらい入るガラスのコップに
焼酎をコップ３割くらい入れて，後は氷と水で割って飲んでいました。私が飲んだ量は，コップで焼酎は，５杯くらいを飲みました。
　私は，最初の１杯を飲めば体にアルコールが入り，気分もよくなってきます。飲んでいるうちにさらに，陽気になり，よくしゃべる性格です。
　この日は，店を出る時に，普段より多く焼酎を飲んでいたので，酒の影響でよくしゃべるようになっていたし，体も火照ってきて，
　　　フラフラ
するような感じになっていたと思います。
　私が，酔っ払ってしまうと
　　　目が回って，千鳥足になり，歩くと転倒してしまう
のですが，そこまでは，酔っていなかったので，
　　　フラフラ
する感覚で店を出たのです。
　その時，私の体に酒の影響があったことは分かりました。
　この店を午後11時半頃出て，少し離れたところにある
　　　キャバクラの店で△△△
に行きたくなり，私から康之を誘ってキャバクラに行ったのです。
　キャバクラに行く時は，代行運転を頼まなかったのですが，それは代行運転は混んでいて，手配が付かなかったので，タクシーを頼んだのです。
　この店は，私は２回目で，康之は初めて来た店でした。
　この店には７月28日の午前０時ことから午前１時頃まで飲んでいたと思います。
　このキャバクラで，私は，飲める焼酎がなかったので，ウィスキー

を注文しました。
　　　ウィスキーの水割りを２杯飲んだと思います。
　私は，普段焼酎しか飲まないのですが，ここでも若い子と話をするのに酒を飲んでいた方が話しやすいので，普段飲まないウィスキーを頼んだのです。
　ここでウィスキーを飲んで，私の酔いは，普通の酔っている状態よりも，もっとアルコールが入って，行動がスムーズに動かなかったようで，
　　　よろける
ような感じがしていました。
　康之はビールを注文して，飲んでいました。
　この店は，若い女の子が接待をしてくれるので，たまには若い女の子と話もしたくなり，キャバクラに行ったのです。
　この店の料金は，帰る時に，私が２人分の１万円くらいを払いました。
　キャバクラからもタクシーを呼んで，帰ることにして，康之を家に送りました。その後，タクシーで私の家まで行けばよかったのですが，車を運転して帰ろうと思った理由は[3]，私が，次の日も仕事があって，私の車を使わなければ，仕事の現場に行くことができないことから，○○○に駐車してあった，私の車を運転して家に向かって出発したのです。
　この時本職は，平成○年７月30日付当署司法警察員警部補○○○○作成の実況見分調書に添付された飲酒場所の写真及び飲酒経路図を供述人に示した〈写真，経路図は省略〉。
　この図面や写真は，私が案内した飲酒した場所と飲酒後の経路が，私が説明したとおりに作成されていますのでこの写真や図面で説明します。
　最初に写真で説明します。
　写真①②は私と康之が飲んだ居酒屋の○○○の店です。

写真③④はキャバクラの△△△の店です。
　写真⑤は私の車を○○○の駐車場に止めた場所です。
　写真⑥は家に向かって車を進行させた方向を説明しているところです。
　写真⑦は国道○号を左折した交差点です。
　写真⑧は，国道○号のセブンイレブンのある交差点を右折した交差点です。
　写真⑨は○○街道の交差点を左折した交差点です。
　写真⑩は私が交通事故を起こした交差点です。
　走行経路図で説明します。
　私が車を駐車した店は○○○の駐車場で①番号のところです。
　○○○をタクシーで出発して，次に飲酒した場所は②番号と書かれた
　　　キャバクラの△△△
という所です。
　タクシーで○○○に戻り，駐車しておいた私の車を運転して出発したのです。
　私は，○○○の駐車場を出発する時は，酒の影響で，まだ体が
　　　ふらつく
状態で車を運転してしまったのです。[4)]
　この時，私は体に酒の影響があり，飲酒運転はしてはいけないことは十分知っているのに，仕事で車を使いたかったことや，夜間で交通量も少なく交通事故を起こさなければ警察に捕まることもないと，安易な気持ちが働き，車を運転してしまったのです。
　店の駐車場を北に向かって走り，③地点の国道○号を左折して西進して行きました。
　左折する時に，どこかに車をぶつけることもなく，これなら家まで帰れると思って，そのまま車を運転して，国道○号のセブンイレブンがある④地点の信号機の交差点で赤色信号で停止して青色信号に変

わってから発進した交差点を右折して，東海道線の上を通る道路を北に向かって，○○街道と呼ばれる道路の⑤地点の信号機の交差点を青色信号だったので，停止しないで左折して○○街道を西進しました。[5)]

　私が交通事故を起こした交差点は⊗と書かれた交差点です。

5　交通事故を起こして，すぐに交差点に停止しないで，一旦交差点から40メートルくらい離れた道路に車を停止させ，すぐに発信して自宅の駐車場に私の車を駐車してから，徒歩で事故の交差点に戻り，相手と話してから家に帰ってしまいました。

　私が，家で寝ていた妻に事故を起こしたと話していると，警察官が私の家にきて，

　　　　何で逃げた

と聞いてきたのです。

　その時，私が飲酒していることが分かったようで，私を駐車場で飲酒検査をしたのです。

　私は，事故のことを妻に話したので逃げたつもりはなかったので，素直に飲酒検査を受けました。

　検査を受ける前に水で口をうがいして，ビニール風船に息を吹き込んでから検査を受けたのです。

この時本職は，平成○年7月28日当署司法警察員巡査部長○○○○が作成した飲酒検知管収納封筒を供述人に示した〈飲酒検知管収納封筒は省略〉。

　この飲酒検知管収納封筒は，私の書いた字で

　　　　小田康晴，水でうがいしました

と書いてあり，私の指印がしてあるので，私の飲酒検知をしたもので間違いありません。

　この封筒の中に入っている検知管を見ると，

　　　　0.55の数字と0.60の数字が書いてある間に赤いライン

の印が付いています。

　これから，私の呼気1リットルにつき，0.55ミリグラムのアルコー

ルが検出されたことが分かりました。

　この飲酒検査の結果は，居酒屋やキャバクラで焼酎やウィスキーを飲んでいますので，アルコールが検出されるのは当然だと思いました。

　飲酒検査をしてから，警察官に私が質問して，歩行したり，直立したりしましたが，真っ直ぐに歩くこともできましたし，直立することもできました。

　私が交通事故を起こしてから飲酒検査を受けた時間は，交通事故後，約40分後だったと思います。

　私は，飲酒検査の結果は酒気帯び運転だと言われたのです。

　私が，事故を起こしてから，事故現場を離れ，警察官の飲酒検査を受けるまで，お酒は一切飲んでいません。6)

6　飲酒運転はしてはいけないことは，誰でも知っていますし，重い罪になることも十分知っていたのですが，安易に，仕事の都合や事故を起こさないようにして警察に捕まらなければ違反は見つからないと思ってしまったようです。

　ですから，飲酒運転をして交通事故を起こしたことは間違いありません。

　私は，逃げるつもりはなかったと言いましたが，現場からいなくなれば，

　　逃げたことになる

と言われても仕方のないことだと思います。

7　私が事故を起こした状況は，後で話します。

　　　　　　　　　　　　　　　　　　　　小田　康晴　指印

以上のとおり録取して読み聞かせた上，閲覧させたところ，誤りのないことを申し立て，各葉の欄外に指印した上，末尾に署名指印した。

　　前同日

　　　　　　　　　　　○○警察署

　　　　　　　　　　　司法警察員巡査部長　　○○○○

## 検察官の着眼点

1) 普段そのようにして代行運転しているかどうかは，裏付け捜査が必要である。

2) 本調書の前後の関係から，この日最初の居酒屋の駐車場に車を止めた時は，代行運転で帰るつもりだったように読める。しかし，調書は，読者に推測させるものはよくない。代行運転で帰るつもりだったのであれば，その旨明確に録取すべきであった。にもかかわらず録取していないのは，被疑者が明確に答えなかったためではないかとの疑念も生じさせることになっている。

3) この時に初めて運転して帰るつもりになったようにも読めるが，明確ではない。この点は明確にすべきである。居酒屋からキャバクラに行く時に既に代行運転が混んでいて呼びにくい状態にあったとすれば，翌日の仕事で車を必要とすることは分かっていたことであるので，既にその時点で車を運転して帰るつもりであった可能性がある。もし，その時点ではまだそのつもりがなかったのであれば，キャバクラを出た時点で代行運転を呼ぼうとした事実があるはずであるから，その裏付け捜査を行う。その事実がないのであれば，代行運転を依頼するつもりはなかった可能性が高く，居酒屋を出て代行運転を呼びにくいと分かった時点で，車を運転して帰るつもりになっていた可能性が高い。いずれにしても，キャバクラからタクシーを呼んで友達を送って居酒屋に戻った時点で，車を運転して帰ることになったというのは考え難い。

4) 酒の酔いがあること及びその認識を録取したものである。酒気帯び及び酒酔い運転（さらに自動車運転死傷処罰法の危険運転死傷罪等）の基本となる認識であるので重要である。酔いの認識については，ここでの記載にあるようなふらついている等の具体的な根拠を明らかにするように努めるべきである。

　ただ，この取調べの時点では，成立する可能性のある犯罪のうち，最も重い2条危険運転致傷罪の要件，すなわち正常な運転が困難な状態であるか否かを判断するため，「体がふらつく」ことが，運転行為のどの部分に影響を与えるのかについて，もう少し具体的に聴取して記載すべきである。もっとも，本事例程度の認識があれば，3条危険運転致傷罪の要件である「正常な運転に支障が生じるおそれがある状態」の認識としては十分である。

5) 危険運転致傷罪が成立するか否かを判断する上で，運転状況の聴取は重要である。ここでは，概略，客観的な運転状況を聴取することによって，正常な運転が困難な状態か否かを判断させるものとして録取したものである。もっとも，客観的に事故を起こしていなかったことで，正常な運転ができているということにならないので，留意が必要である。酒の酔いのためにうつらうつらして，前方注視が正常にできないような時は，既に正常な運転ができる状態ではないからである。

6) この押さえは必要である。このように被疑者のその旨の供述を得て録取していないと，後に家に帰ってから酒を飲んだ旨供述を変遷させた場合，後で立証に苦労することになる。他方で，被疑者の事後飲酒の否定は，被疑者にとっては過失運転致傷アルコール等影響発覚免脱罪の成立を否定する可能性のある供述でもある。事後飲酒を認めれば呼気検査の結果を否定することはできて

も，逆に同罪の成立が認められる可能性が高くなる。正常な運転が困難な状態になっていないとの自信があれば，むしろ，過失運転致傷アルコール等影響発覚免脱罪が成立する方が不利になる（法定刑が重い）ため，事後飲酒を否定する方がよいからである。被疑者がそこまで考えて供述を変えることは考え難いが，その点は念頭に置いて取調べは行う必要があるであろう。

## Ⅲ　被疑者供述調書（事実関係調書②）

### 供　述　調　書（甲）

《冒頭省略》

　上記の者に対する過失運転致死傷・道路交通法違反被疑事件につき，平成○年8月6日，○○警察署において，本職は，あらかじめ被疑者に対し，自己の意思に反して供述をする必要がない旨を告げて取り調べたところ，任意次のとおり供述した。

1　私は，飲酒運転で交通事故を起こしましたので，交通事故を起こした時のことを話します。

2　私が事故を起こしたのは，

　　　　平成○年7月28日午前1時30分頃です。

　場所は，

　　　　浜松市○区○○町○番地の○

地先の信号機のある交差点です。

　事故を起こした時間は，私が飲酒検査を受ける30分から40分くらい前だったので，間違いありません。

　事故の場所は，警察官から，事故を起こした交差点の信号機の地番であることを聞きました。

3　事故の時に運転していた車は，私の所有する車で，

　　普通貨物自動車

　　　　スズキ　　キャリー　　白色

　　　　ナンバー　浜松　460　あ　6785号

です。

この車は，平成〇年頃に，〇〇ステーション浜松という店で中古で購入した車です。
　　　常に私が仕事や仕様で運転していますので，この車の運転には慣れています。
　　　事故の時には同乗者はありませんでした。
　　　積荷は，後部の荷台に仕事の道具などがあり，約5から6キログラムを積んでいました。
4　運転していた車は車検や点検を受けていたので，ハンドルやブレーキ等の故障はありませんでした。
5　事故当時の天候は，雨が降りそうな曇りでした。
　　　道路の状況は，アスファルト舗装された十字路の交差点で路面は乾燥していました。
　　　交差点は信号機が設置されていて信号機の視認性はよかったです。
　　　見通しは，前方はよかったです。交差点の手前では，左右の見通しは悪いのですが，停止線で止まれば，交差点の左右はよく見えました。
　　　照明は，街路灯があり，明るかったです。
　　　歩行者はいませんでした。
　　　車両の状況は，私の前方に車は走っていませんでした。
　　　私の後方は，車がいたのか分かりません。
　　　対向車がいたのかどうか覚えていません。
6　事故を起こす前に，居酒屋とキャバクラで飲酒し，タクシーで居酒屋に戻ってきて，居酒屋に駐車していた私の車を運転して家に帰るため出発したのです。
　　　駐車場を出発する時に，車の鍵は，自分で持っていたので，タクシーがいなくなってから，自分の車に乗り込んで，エンジンをかけて，ライトを下向きにして点けて出発しました。
　　　この時，酒の影響で少しふらつくような感じがありましたが，店から私の家まで，約4キロメートルくらいの距離なので，警察に見つからないように，慎重に事故に気を付けて出発したのです。

私は，出発して事故の現場まで，制限速度を守り，信号機を守って，車をふらつかせないで，ガードレールや縁石にも衝突しないで走っていたのです。

　事故を起こした道路は○○街道と呼ばれている道路を○○方面から○○方面に向けて時速約40キロメートルで走っていき，交差点を右折するため，右折車線で停止したのです。

　この時，車のライトは下向きにして走っていました。

　この道路は，片側二車線道路で，交差点は右折車線があり三車線になっていました。

この時本職は，平成○年8月5日付本職作成の実況見分調書に添付された交通事故現場見取図を供述人に示した〈→753頁〉。

　この図面は，私が交通事故の現場で事故を起こした時の状況を説明したとおりに記載されていますので，この図面で説明します。

　私は，交通事故を起こした交差点の手前の信号機交差点が青信号だったので止まらないで交差点を左折して，交通事故を起こした通りに出て，片側二車線ある直線道路の右側車線に入り，直進して行くと前方の交差点が赤信号だったので，私は右折車線の停止線手前で，先頭で停止したのです。[1)]

(1)　私が交差点で停止した地点が①地点です。

　　この時私は，右折の合図を出してセレクトレバーをドライブに入れて右足でフットブレーキを踏んで停止していました。

　　交差点の前方の信号機信信₁の信号が青信号に変わり，①地点から発進しました。

(2)　青信号に変わり，交差点を右折するため，発進して②地点から，右折方向に気を取られハンドルを右に切って右折を開始したのです。

　　私は，発進する時は，信号に気を取られ，ハンドルを右に切って右折を開始したのです。

　　その後は，右折方向に気を取られていたのです。

　　私が最初に相手を発見した時，私は交差点を右折中の③の地点

で，相手は⊗が相手車両の右側面の地点です。
　その時の私の速度は発進して右折する時だったので時速約10から20キロメートルでした。
(3)　その時の相手の車は，対向車線の左側の車線を直進して対向してきていたのです。
　そこで，私の執った措置は，衝突して相手の車に気付いたので，ブレーキをかけることもできませんでした。
(4)　私が衝突したのは⊗の地点です。
　私の車の右前部が，相手の右側面に激しく衝突したのです。
　この時に，かなり衝撃があったので，
　　相手の人が怪我
をしたことはすぐに想像ができました。
　車も，
　　ガシャーン
という音がして，部品が飛び散りましたので，かなりひどく壊れたことが分かりました。
　私は，衝突後，すぐに交差点の中で停止しないで，交差点を約30から40メートル北に進んだ④地点に一旦停止したのですが，またすぐに発進して前方道路右側にある私の住んでいるマンションの駐車場に車を駐車したのです。
　私が一旦道路に止まった時に，車の中で，右に体を振り向き目で後方を見ると，相手の車が交差点の中でどっちを向いて止まっていたかよく分かりませんでしたが，停止していたことが分かりました。
　私が，相手の車が交差点の中に停止していたのは，分かりましたが，相手の車が動いたか確認もしないで，私の車を発進させて自宅のマンションの駐車場へと動かしてしまったのです。
この時本職は，供述人と次のとおり問答をした。
問　事故現場に止まらなかったのはなぜですか。
答　よく分かりません。

問　事故現場から逃げたのではありませんか。
答　逃げたという気持ちはありません[2]。
問　衝突後，交差点の中に相手の車が止まっていたのに，なぜ道路に止まった場所から駐車場に移動したのですか。
答　駐車場が近かったからだと思います。
問　衝突直後に相手の人の怪我を確認しないで事故現場を離れれば，ひき逃げ事件ではないですか。
答　そのとおりです[3]。
問答を終了した。

(5)　この事故の結果，相手の
　　　　横浜市○○区
　　に住んでいる
　　　　松島澄子
さんが，右肩打撲傷，胸部打撲傷，頚椎捻挫
の怪我をして，1週間程度の加療が必要だということは診断書を見て分かりました。

(6)　この事故で私の車は右前部が破損して，相手の車の右側面が破損しました。
　この時本職は，平成○年8月5日付当署司法警察員警部補○○○○が作成した実況見分調書に添付された写真を供述人に示した〈写真は省略〉。
　この写真は，私の車と相手の車の壊れた箇所を私が説明しているものです。
　この写真の説明をします。
　写真⑥⑦⑧が，私が運転していた車の右側面部が破損している状況を写したものです。右前部のバンパー，右前のライト，ボンネットや右前のフェンダーが破損しています。
　写真⑪は相手の車を写したものです。
　写真⑬⑯⑰⑱は，相手の車の，右側面が破損している状況です。

相手の車は，右側面部のドアが押し込まれています。
　　写真㉑㉒㉓は，私の車と相手の車が衝突した状況を写したものです。私の右前と相手の車の右側が衝突した状況です。
　　こんなに車が壊れているのですから，衝突した時の衝撃もあるので，相手の人に怪我があるのは分かります。
7　この事故を起こした原因は，私が交差点を右折する時に，対向車の安全を確認しなかったためです。
　　自宅が100メートルと近づいて緊張していた気が抜けてしまい，信号が青色に変わって右折することばかり考えて，右折方向に気を取られたまま右折してしまいました。
　　対向車が走ってくることを考えていませんでした。
　　私が，右折する時に対向車を確認すれば，対向してくる相手の車に気が付いて右折しなかったと思います。
8　事故後の措置は，一旦道路に停止したのですが，現場を離れ自宅のマンション駐車場に車を駐車しました。
9　相手の治療費については，車の保険で支払います。
　　示談は，保険屋と相談して解決したいと思っています。
10　事故を起こした後の逃げたという状況はまた改めて話します。

小田　康晴　指印

　以上のとおり録取して読み聞かせた上，閲覧させたところ，誤りのないことを申し立て，各葉の欄外に指印した上，末尾に署名指印した。
　　　前同日
　　　　　　　○○警察署
　　　　　　　　司法警察員巡査部長　　○○○○　㊞

## 検察官の着眼点

１）被疑者は呼気検査の結果，呼気１リットル当たり0.55ミリグラムのアルコールが検出されており，相当な酔いである。運転開始前にふらつく状態であったので，運転中も完全に正常とは言えなかったはずであるが，この点は，運転状況を見ている者がいないため，被疑者が認めない限り認定は困難であるのでやむを得まい。ゆえに，自動車運転致死傷処罰法３条の危険運転致死傷罪が新設されたわけであるが，こちらは，事故自体が正常な運転に支障が生じるおそれが

ある状態に陥って起きたことが必要であるところ，本事例の事故は，進路の右折先前方に気を取られたために直進車である被害車両に気付かなかったために起きたものであり，通常の前方不注視と区別がつかないため，この点の立証も難しい。

**2）** 前に「よく分かりません」と言っているのに，「逃げたという気持ちはありません」と言えるのは，矛盾である。このような矛盾のある供述を行った場合には，直ちに，更に質問をして追及すること。例えば，「よく分からないのに，逃げたという気持ちがない，というのは分かるのですか」などである。

**3）** 本事例では，被疑者は，事故を起こして直ちに運転を中止して負傷者を救護する措置を執らなかった事実は認めているので，救護義務違反は成立している。救護義務違反事件は，通常「ひき逃げ事件」と言われるが，逃げなくても成立する（東京高判昭和45年5月21日高検速報1804号等。運転の停止のほか，負傷者の救護，道路における危険防止等の措置を講じたか否かの問題である。）。したがって，その意味ではあまり価値のない問答と思える。しかしながら，本事例の取調官は，逃げようとして現場から離れたことを被疑者に認めさせ，更に逃げようとしたことも認めさせた上，そこから過失運転致傷アルコール等影響発覚免脱罪の成立までも認めさせようと考えていた可能性がある。

　ところで，同罪は，①運転時の「アルコール（又は薬物）の影響の有無又は程度が発覚することを免れる目的」を持って，②さらにアルコール（又は薬物）を摂取することやその場を離れて身体に保有するアルコール（又は薬物）の濃度を減少させること，その他アルコール（又は薬物）の影響の有無又は程度が発覚することを免れるべき行為を行うことで成立する。

　本事例でいえば，自宅に戻ることで，時間の経過により保有しているアルコールを検出されないようにし，あるいは顕出されたとしてもその程度を低めようという意図を有していたのであれば，仮にアルコールの影響の有無や程度の発覚が免れなかったとしても成立する。「逃げる」という言葉には，責任を回避するという意味が含まれると言ってよいであろう。責任回避というのは，事故自体の責任を回避するということと，さらに「飲酒」運転自体の責任を回避するということの2つが考えられる。そこで，逃げようとしたことを認めた場合には，さらに何のために逃げようとしたのか，という次の質問ができるわけである。しかるに，被疑者が逃げようとしたこと自体を認めないため，そこから先に進まなかったということであったと考えられる。

　ただし，質問の在り方が拙劣である。問題は，なぜ現場から立ち去ったかである。駐車場に行ったのは，近かったからということもあるであろうが，近かったからといって，なぜ現場に残らないで駐車場に行ったのか，である。その件について更に質問が必要であった。このように質問に答えているようで答えず，はぐらかされているのに，それを封じるための質問が思い付くことは優れた取調官には必須である（検察官の場合も同じである。）。

## Ⅳ　交通事故現場見取図

交通事故現場見取図（図面は縮尺ではない。基点，道路の幅員等は省略した。）

関係距離
▽〜⊗　　13.8 m
①〜②　　9.2 m
①〜信　　33.5 m
①〜信₁　33.5 m
②〜③　　9.0 m
②〜⊗　　1.2 m
③〜④　　41.4 m

凡例
──→①②③　「小田　康晴」の進路
┄┄→アイウ　「松島　澄子」の進路

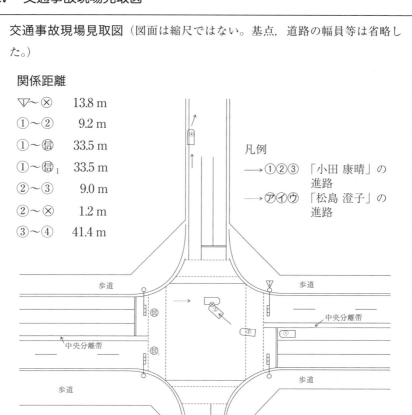

立会人（被疑者小田）の指示説明

赤信号で停止した地点は①，その時の信号機は信信₁
青信号で発進した地点は①，その時の信号機は信信₁
交差点を右折した地点は②
衝突した地点は⊗，その時の私は③，相手は⊗が右側面
私が停止した地点は④
一旦停止した後，駐車場に入れるために発進した地点は④

## V 被疑者供述調書（事実関係調書③）

供 述 調 書（甲）

《冒頭省略》

　上記の者に対する過失運転致傷・道路交通法違反被疑事件につき，平成○年8月10日○○警察署において，本職はあらかじめ被疑者に対し，自己の意思に反して供述をする必要がない旨を告げて取り調べたところ，任意次のとおり供述した。

1　私は，前回の調書でも話したとおり，私がスズキキャリーを運転して交通事故を起こしたのに，事故の現場に停止しないで自宅の駐車場に車を移動したのです。

　　私が，相手の怪我を確認して救急車を呼ぶこともなく，事故の届出もしないで，事故現場から逃げてしまったことに間違いありません。

　　事故の状況については，前回の調書でお話ししたとおりですが，今からは，私が事故後，逃げた経路[1)]等に詳しく話します。

2　逃げた経路[2)]については，先日，私が実際に案内したとおりなので，図面などがあればその図面で説明します。

　この時，本職は，平成○年8月4日本職作成の実況見分調書添付の逃走経路図及び写真9枚を供述人に示した〈逃走経路図，写真は省略〉。

　　この逃走経路図は，私が先日，逃げた経路を警察官に説明したとおり作成してあり，私が指示している写真もありますので，今からこの逃走経路図や写真を使って話します。

　　まず，初めに，写真①で私が指示している場所が，事故後に一旦自分の車を停止させた場所に間違いありません。

　　写真②は，一旦停止させた車を，発進させて向かった自宅マンションの駐車場がある方向を説明している写真です。

　　写真③は，道路からマンション駐車場の入口を説明している写真です。

　　写真④⑤は，マンションの駐車場に車を止めた位置を説明している

写真です。
　写真⑥は，駐車場から徒歩で相手の止まっていた車のところに行って，相手と話した場所を説明している写真です。
　写真⑦は，私が住んでいる○○パレスのマンションの建物を写した写真です。
　このマンションの東側に自宅の部屋があります。
　写真⑧は，○○パレスに入る入口を説明している写真です。
　写真⑨は，○○パレスを説明している写真です[3]。
　それでは，私が事故後逃げた経路については，逃走経路図で説明します。
　私が相手方の車と衝突した交差点は，
　　　　X地点
で，ここから交差点北側の道路左側に一旦車を停止させたのです。
　私は，どうして衝突した現場に停止しなかったかよく分かりませんが，事故の衝撃があり，相手の怪我があることは分かったのに，直ちに停止して相手の救護をしなかったことは間違いありません。
　交差点を右折して，一旦車を停止させた地点は図面に書かれている①のところです。
　①地点から，車から降りることなく事故現場から，100メートル程度離れた自宅マンションの駐車場まで，車を運転してしまったのです[4]。
　私は，マンション駐車場の入口は2か所あり，私は北側の入口を道路から右折して駐車場に入り，私の車を止める場所は決まっているので常に車を止めている場所の②地点に車を駐車したのです。
　交差点で事故の衝撃がかなりあったので，相手の人の怪我が気になり，駐車してすぐに事故を起こした交差点に徒歩で戻ったのです。
　この時，相手の人の車が③地点の歩道に移動してあり，相手の人は車の中で運転席に座っていたので，相手の運転席の横に行って
　　　　大丈夫，怪我はない

と言って，相手の人に話し掛けたのです。
　相手の人は何も話しませんでした。
　この時，相手の人は
　　　車の中で，かなり動揺した状態で
何も話せなかったように見えました。
　相手の人が怪我をしているのが分かるのですから，車から出してあげて救護してあげなければいけないのに，救急車も呼ばないで家に帰ってしまったのです。
　事故の相手の車の近くには，40歳くらいの男の人がいて，私は，その人が既に警察に連絡してあることはその男の人から聞いて知っていました。私が警察に連絡をすることはしませんでした。
　私は男の人が警察に連絡したと言っていたので，私が直接，警察には連絡をしなかったのです。
　その男の人に，
　　　妻を連れてくる
と言って，誰にも私の住所や名前，連絡先を言わないで，④地点の家に帰ってしまいました。
　私が相手の車が止まっているところにいた時間は，私が思うには，5分くらいだったと思います。
　私は，飲酒運転で事故を起こしたのですから，警察が来たら逮捕されると思っていたので，家に帰って妻に話したかったのだと思います。[5]
この時本職は次の問答をした。
問　なぜ，妻を連れてくる必要があったのですか。
答　私が飲酒運転をしていたため，動揺していて，自分1人では対処できないと思ってしまったのだと思います。
問　飲酒運転をして事故を起こしたので，連絡先を告げないで現場から逃げたのではないですか。
答　ただ，動揺していたのだと思います。

問　警察が来るのが分かっていて，逃げたのではないですか。
答　飲酒運転をして事故を起こしたら逮捕されることは知っています。ただ，妻に事故のことを話しておこうと思って家に帰ったと思います。
問答を終了した。
3　私は，家の住所や私の名前を告げずに自宅に戻り，私が持っていた家の鍵を使って，玄関の鍵を開けました。
　私は，事故現場に戻るつもりだったので，玄関の鍵はかけないままにして妻が寝ている，一番奥の寝室に行って，
　　　　おい
と言って，妻を起こし，リビングに呼んで，私が事故を起こした話をしたのです。
　　　　今，車でぶつけちゃって
と言って事故を起こしたことを話しました。
　妻は
　　　　えーっ
とか言って，驚いていました。
　妻には，ほかにも
　　　　飲酒してたもんで，警察も来る
というようなことを話していたと思います。
　私は，妻と話をしている時に喉が渇いてきたので，冷蔵庫に入っていた1リットルくらい入るプラスチックの器に作ってあった麦茶を取り出して流し台のところに置いてあった
　　　　200ミリリットルくらい入るガラスのコップ
を使って1から2杯くらいを飲んで妻と話をしていたのです。
　私が妻とリビングで話をしていた時に，警察官が私の部屋に来たのですが，私が家に帰ってきてから，10分くらいで警察官が家に来た感覚でした。
　もっと早く，現場に戻ることもできたのに，しなかった理由は，

うまく妻に話ができなかった

ので事故の説明をして妻に理解してもらうのに時間がかかってしまったからだと思います。

　　警察官が家に来て，私に

　　　　何で逃げた

と言ってきたので，

　　　　逃げてない

と言ったと思います[6]。

　　しかし，すぐに私の飲酒が分かったようで，すぐに私の車が駐車してある駐車場に行って，飲酒検査を受けることになったのです。

5　今まで話したとおり，飲酒運転をしたことも，現場に停止しないで，相手の怪我を確認しないで事故現場を離れたことも間違いありません。

　　私がしたことは，飲酒運転でひき逃げになることも分かりました。

　　今回の事故で相手の人に怪我をさせてしまい，本当に申し訳ないと思います。

　　相手の人ばかりか，家族や友達，会社の関係者，みんなに迷惑をかけてしまいました。

　　本来，飲酒運転は危険な運転に繋がって，人が死ぬような大きな事故を起こすことになるのに，禁止されているにもかかわらず，私が法律を破ってしまったことも十分反省しています。

　　私が犯した罪の責任はしっかりと取りたいと思っています[7]。

　　　　　　　　　　　　　　　　　　　　小田　康晴　指印

　　　　　　　　　〈以下省略〉

### 検察官の着眼点

1）前の調書（事実関係調書②→746頁）で，事実として逃げたことを認めたわけではないので，この段階で逃げたことを認めたのであれば，前の取調べで逃げたという事実を否定しておりながらこれを認めるに至った経緯や理由について説明させる必要があろう。もっとも，後記の供述で逃げた旨の表現はないので，完全には逃げたことを認めてはいないことが推測されるので，逆にこの部分の録取は，やや強引であった可能性もある。

2）前掲1）に同じ。

3）「逃げた」経路について供述を求めて調書化することは，ひき逃げ事件の必要的捜査事項である。

4）停止して救護せず，自宅マンションまで戻った理由が重要であるが，被疑者が明確にしないため，このような事実だけを確認する供述になったものと考えられる。問答式にして，理由については聴取すべきであったと思われる。しかし，また，「逃げたつもりはない」という問答を記載するのは，調書の体裁上（「逃げた経路」を説明すると言って調書化している以上）それと矛盾する供述を録取できなかった可能性がある。とすれば，「逃げた経路を説明する」という供述自体が，被疑者の供述を正確に述べていないことになるので，問題のある調書といえる。

5）相手の怪我が気になって被害者に「大丈夫，怪我はない」と聞いたのであるから，その際の被害者の様子や反応から，どの程度の怪我と認識したのか，そして，どう思ったのかを聴取しなければならない。怪我が気になって戻ったのであるから，どのような怪我か判断しているはずであり，また，それに対する感想を持っていないはずがないからである。そして，仮にはかばかしい供述を得られなかったとしても，その点を聴取したこと，及びそれに対する被疑者の供述は，調書に残すべきである。

なお，後の経過から，家で妻と話している時に，警察が来ることを予測しているので，現場で男の人に，「妻を連れてくる」と言ったのは，嘘である可能性がある（連れてくるつもりはなく，現場を離れる口実であった可能性が高い。）。次の問答を行うのは当然であるが，妻に相談するのと，妻を現場に連れてくるのは別のことなので，ここでは，妻を連れてくるつもりはなかったのではないか。連れてくるつもりがあるなら，どうして連れてこなかったのか，妻に現場に行くことを提案したのか，なぜ，妻と話している時に，家に警察が来るなどと話をしたのか等の問いを行って供述を得るべきであった。

6）「逃げてない」と答えた理由は，聴取しておくべきである。その答えの趣旨は，現場に戻って，被害者に自分の犯人性を肯定する言動をしていること，その後自宅に戻ったが，責任を取らざるを得ないと考えており，最後まで自分の責任を逃れようとしていたわけではないという気持ちが反映した言葉であったと考えられる。

7）結局，被疑者のこの供述では過失運転致傷アルコール等影響発覚免脱罪の責任を問うことはできない。アルコールの影響の有無又は程度が発覚することを免れる目的で，免れる行為をしたということはできないからである。しかし，現場に戻るつもりであったということは嘘である可能性が高く，嘘であるとすれば，当然アルコールの影響等の発覚を免脱する目的を有していたことは推認できると考えられる。

## Ⅵ 被害者供述調書

供 述 調 書（乙）

〈住居　略〉
職業　無職
氏名　松島　澄子

　　　　　　　　　　　　　　昭和○年○月○日生（53歳）

　上記の者は，平成○年7月28日，○○警察署において，本職に対し，任意次のとおり供述した。
1　私は，
　　　　平成○年7月28日午前1時30分過ぎ
　　に
　　　　浜松市○区○○町の○○バイパス○○橋南信号交差点
で，交通事故に遭い，怪我をしましたので，今から事故の状況等について，お話しします。
2　まず，事故の時間について，お話しします。
　事故後，事故を目撃していたタクシー運転手の方が，直接○○交番に事故の届出をしていただいたのですが，その時間が，
　　　　平成26年7月28日午前1時35分
ということを聞きました。
　事故が起きて，タクシー運転手の方が，
　　　　事故は5分くらい前
に起きたと警察官に説明してくれているということですので，事故の時間は，
　　　　平成○年7月28日午前1時30分頃
で間違いないと思います。
　次に事故の場所についてですが，○○バイパスの○○町の○○橋南信号交差点ということは分かりますが，詳しい番地等は分かりません。

　　　　今警察官から，○○橋南の信号機の設置場所が
　　　　　　浜松市○区○○町○番地の○
　　　ということを聞いたので，事故の場所は，
　　　　　　浜松市○区○○町○番地の○先路上
　　　で間違いありません。
3　それでは，事故の状況等をお話しします。
　　　私は現在，名古屋市に住んでいますが，一昨年の12月に名古屋に引っ越すまで浜松に28年住んでいました。
　　　名古屋に引っ越す前は，○○町にあるマンションで
　　　　　　○○マンション203号室
　　　に約22年住んでいました。
　　　このマンションは分譲で購入したもので，名古屋に引っ越しをした後も売却はせず，今でも残しています。
　　　今回，私が浜松に来た理由は，
　　　　　　浜松に住んでいる親戚の法事に出席すること
　　　というのが主な理由で，7月25日の午後3時に来ました。
　　　浜松には，私名義になっている
　　　　　　普通乗用自動車　　ホンダ　　○○　　白色
　　　　　　ナンバー　名古屋○○え○○○○
　　　を運転し，私1人できました。
　　　浜松で法事に出席し，今月28日に名古屋に帰る予定だったので，事故の前は，27日午後11時から○○にある「○○○」というステーキ店で友人と会い，28日の午前1時まで会っており，それから先ほど話したマンションまで帰るために車の運転を始めて，1人で帰るところでした。
　　　「○○○」を出て，すぐに○○のショッピングモール○○の前の交差点から○○バイパスに出て，一番左側の車線を走っており，夜だったので，車の数は少なく，私の前には遠くに車がいるくらいでした。
　　　そして，○○方面から○○方面に向け，時速約50キロメートルで

走っており，今回事故が起きた交差点に差し掛かり，信号機が赤色だったので，一番左側の車線の先頭で，信号待ちのため停止しました。

　しばらく待っていると，信号が赤色から青色に変わり，発進する時に交差道路を見て車が来ないのを確認し，大丈夫だと思い，発進しましたが，この時，対向車線の右折レーンの停止線付近に，車のヘッドライトが分かりましたが，私が直進なので

　　　　　右折してくることはない

と思い，アクセルを踏み，交差点に入ったところで，私の車のすぐ横に車のライトがありました。

　　　私は

　　　　　私の方に突っ込んでくる，危ない

と思った瞬間，

　　　　　ドッカーン

という音がして，私の車の右側面と相手の車の右前がぶつかり，体が左右に揺れました。[1]

　ぶつかった時に，相手の車の運転手の顔が見え，私は目が合ったように見えましたが，相手の運転手は，

　　　坊主ではなく，短めの髪

　　　色黒

　　　眼鏡はなし

　　　40歳前後

　　　小太り[2]

の男性で，他に乗っている人はいたのか分かりませんが，気が付きませんでした。

　ぶつかった時の，私の車の速度は，発進してすぐなので，10から20キロメートルくらいだと思います。

　私は交差点内で停止し，すぐに車を交差点角の自動販売機がある空き地に車を移動させ，当然，私は相手の車も私の車の後についてくる

と思っていましたので，後ろを見ましたが，一切車はなかったです。
4　その後，
　　　　○○タクシーの運転手さん
　　　　○○○○という若い女性
　　　　30歳代くらいの男性
が来てくれ，皆さんが，
　　　　逃げたよ，○○○○だよ
と
　　　　相手の車が逃げたことや逃げた車のナンバーが○○○○
ということを教えてくれました。
　私は事故に遭ったことで，
　　　　体が震えて動揺
していたのだと思いますが，○○タクシーの方が，○○交番に直接事故の届出をしてくれたのですが，○○タクシーの方が○○交番に行く前に，事故を見てくれていた皆さんと話をしている時に，
　　　　坊主ではなく，短めの髪
　　　　色黒
　　　　眼鏡はなし
　　　　40歳前後
　　　　小太り
の男性が，○○町方面から1人で歩いてくるのが分かりました。
　私は，私の車の運転席に座っていたのですが，その男性は私のすぐ横に来て
　　　　ゴメン，ゴメン
　　　　大丈夫，たいしたことないよね
と一方的に言ってきました。
　私は，それについて，特に答えることなく，何も話さずにいると，その男性は続けて，
　　　　人生終わりや，嫁さんに話してくる

と言ってすぐに立ち去ってしまいました[3]。
　相手の人とは特に会話はしませんでしたが，相手の人は
　　　お酒の臭い
がしたので，飲酒していることは分かりました[4]。
　事故から相手の人が来るまでは，時間的には何分とは言えませんが，○○タクシーの運転手の方が警察に届出に行く前なので，事故から時間はかからずに相手の人は戻ってきました。
　そして，私が事故が起きた瞬間に見た相手の車の運転手と，事故後戻ってきた男性は，
　　　髪型，顔の色や特徴，年齢
等が一致するので，同一人物で間違いありません[5]。
　その後，事故の状況や逃げて行った車のナンバーや特徴，運転手の特徴を事故現場に来た警察官に説明しました。
5　今回の事故で私は，まだ病院へは行っていませんが，
　　　右首から右肩の部分
が張っている感じで，
　　　右側の脇腹
にピリピリした痛みがあり，
　　　左手の親指
の爪が少しまくれて内出血した怪我をしました[6]。
　これから病院へ行き，しっかりと診察を受け，その後診断書は提出します。
6　今回の事故の原因は，相手の人は
　　　右折する時に，対向車線を全く確認していない
と思います。
　私としては，相手の車が分かったので，右折してくるかもしれないと思ってもう少し注意すればよかったです。
7　治療費については，病院へはこれから行きますが，これから話し合っていきます。

車の壊れた部分は，
　　　　右側の前後部ドア等
　でしたが，修理費はこれから話し合っていきます。
8　相手の人に対する処罰については，相応の処罰をして欲しいです。
　これだけ，世間で飲酒運転が問題になっている中で，飲酒運転をした上，さらに事故を起こすというのは，見逃せません。
　仮に飲酒運転がなければ，ちょっとした不注意で事故になりますし，許せる気持ちになりますが，飲酒運転となると話は別です。
　厳重処分とは言いませんが，世間一般的な相応の処罰をして欲しいと思います。[7)]

　　　　　　　　　　　　　　　　　　　　松島　澄子　㊞

　以上のとおり，録取して読み聞かせた上，閲覧させたところ，誤りのないことを申し立て，末尾に署名押印した。
　　前同日
　　　　　　○○警察署
　　　　　　　　司法警察員巡査部長　○○○○　㊞

### 検察官の着眼点

1) 身体が左右に揺れただけでは，怪我をするほどの衝撃かどうか分からない。身体が左右にどの程度，強く揺れたのか，また，身体のどこが何にぶつかったりしたのか否か等，怪我の発生の機序が分かるように聴取して録取しなければならない。この時点で，診断書が出ていないとしても，被害者に分かる限りの身体の受けた衝撃等を詳しく聞いて録取すること。

2) これは，事故直前に見た記憶に基づいたものか分からない。現実問題として，衝突直前の短い時間で，「坊主ではなく，短めの髪，色黒，眼鏡はなし」はともかく，「40歳前後，小太り」まで，判明し記憶に残るかは疑問である。これは，後に被疑者が自車まで近寄ってきた時の目撃による記憶を，衝突直前の記憶として述べている可能性が高いと思われる。犯人の特定に関する供述は，記憶に正確に録取しないと，公判で予断に基づく供述として排斥される可能性があるので，留意しなければならない。本来であれば，まず，被害者に衝突直前の記憶を正確に思い出してもらう。その際，後に見た被疑者の記憶と混同しないでこの時見た記憶のみを思い出すように注意すべきである。そうすると，「衝突直前では，男で眼鏡はかけていなかったということは分かりましたが，そのほかはよく分かりませんでした」というくらいの供述に落ち着くのではないかと思われる。

3） 被疑者が,「ゴメン,ゴメン。大丈夫,たいしたことないよね。」及び「人生終わりや,嫁さんに話してくる。」などと言ったりした言動を録取しているのは,意味が大きい。事故直後の事故関係者の言動は,事故について当事者が,自分の責任をどう考えていたか等を端的に示すもので,証拠価値が高い（信用性が高い）からである（総論→22頁「話し言葉の唯一無二性」参照）。もっとも,本事例では,被疑者は,事故の責任回避のための逃走を否認しているところ,この目撃状況は,被疑者の弁解と必ずしも矛盾するものではない（妻を連れて戻る意思はなく,逃げ口上であったとしても,それが虚偽であるとは断定できず,弁解に沿う言動と認定される可能性もある）ので,決め手にはならない。

なお,どういう状況で声が聞こえたのか,すなわち,車の窓を開けていたのかどうかも明らかにすべきである（おそらく開けていたであろう。）。それは,タクシーの運転手らが来てくれた時に窓を開けたと思われるが,そのような事実も明らかにしておく。

4） これも,重要な供述である。もっとも,どの程度近づいて,どのような酒の臭いがしたのか,その強さはどうだったのか等の具体的な状況が述べられていないので,やや信用性は劣る。

5） 同一人物だと述べたこの供述は重要で,価値がある。しかしながら,「髪型,顔の色や特徴,年齢等が一致する」から同一人物に間違いがないと言えるのか疑問がある。同一人物だと思ったのは分かるが,人が同一人物に間違いないと判断するのは,髪型,顔の色や特徴,年齢その他の項目が一致するからというような分析的な判断で行っているのだろうか。そのほかに,その者が事故の認識を持っていること,事故の犯人性を肯定する供述を行っていたことなどを総合して判断しているのではなかろうか（服装,表情等の雰囲気や声,言葉遣い等も判断根拠になっていると思われる。）。本事例では,そのような細かな心配は無用かもしれないが,真に犯人性が問題にある事件では,このような大雑把な供述を得ただけ満足していてはならない（身代わり犯人が出頭してきた事案で,犯人性を誤認した事件でも同程度の目撃供述であることが多いのである。）。そもそも,目撃による人の同一性判断は極めて難しいと考えるべきである。したがって,供述者が供述する以上はやむを得ないにしても,その同一性の判断根拠は,ち密に聴取して,例えば,顔の特徴ならどのような特徴だったのか,それが自車に近づいてきた男とどの点が同じだと思ったのか等を聴取するべきである。さらに言えば,そもそも,男が自車に近づいてきて話し掛けてきた時,その男が衝突した車の運転手だと思ったのであるから,その時の判断根拠を思い出させればよいのである。しかるに,本事例の調書では,当時の判断根拠を聞いているのではなく,取調べ時点での情報を得た上での後付けの根拠を前提に聴取して録取しているとみられる（おそらくそうだと思われる）点で問題がある。

6） これらは,診断書がなくても,事故直後に被害者が事故で負っていた怪我であることから,少なくとも受傷の経緯は,前の身体が左右に揺れた事実を録取したところで,詳細に触れるべきであったと思われる。もちろん,この場所で触れることでもよいであろうが,これらの怪我についての発生の機序は不明

なのである。

**7）** 被害者の処罰感情は，被疑者の刑事責任を決する上で重要な意味を持つ。被害者のある事件において，公判請求される事件で，被害者が被害者参加する事件や意見陳述を行うなどしてその権利を行使する場合だけでなくとも，被害者は，被害者として個人の尊厳が最大限に尊重される必要がある。その中で，最も重要な権利は，加害者である被疑者の処罰に関して意見を述べることであり，その意見は，現実の裁判において尊重される必要があり，現実にも考慮されている。

　もっとも，本事例の処罰意見は，「厳重処分とは言いませんが，世間一般的な相応の処罰をして欲しい」ということである。被害者のいう「厳重処分」と「相応処分」の違いは，分かるようで分からない。飲酒運転事故の「世間一般の相応処分」は，「厳重処分」ということになると思われるからである。本来，飲酒運転事故で被害に遭い，しかも被疑者が逃走した事例では，被疑者に対する憤りの念は強く，厳重処罰意見を述べる被害者が多いと考えられるのに，この被害者はそうでない。それには，理由があると思われるので，その点はきちんと被害者から聴取した上で，明らかにすべきだと思われる。本事例の被害者は，両者を区別して述べているわけであるから，その趣旨を明確にしてもらわなければならないし，できるはずだからである。にもかかわらず，このような供述であるのには，もしかすると，事故後被疑者と直に接し，その「人生終わりや」という言葉に影響されて同情心を起こし，軽い刑でもよいと申告したのを，取調官の，飲酒運転は厳罰にしないといけないなどの説得があり，このような曖昧な供述になった可能性も考えられる。しかしながら，もし，そうであるなら，そのことが分かるように記載すべきである。例えば，「私は，被疑者が飲酒運転をして事故を起こして私に怪我をさせ，しかも，逃げたというので，卑怯な人間だと思い，最初はとんでもない人間だと思い，厳しく責任を追及すべきだと思っていましたが，間もなく現場に戻ってきて，事故を起こしたことを認め，「人生終わりや」と言っているのを聞き，家族を抱えている身で，仕事を首になったりして生活ができなくなるとすれば，かわいそうだと思いました。私は，幸いにも軽傷でしたし，逃げたとは言ってもすぐに出頭してきて，罪も認めているので，さして重く処罰しないでもよいと思いましたが，今，警察官の人から，飲酒運転の事故は人が死んだりする悲惨な事故になることの多い，大変危険な事故なので軽く処罰したのでは，飲酒運転をなくすことはできません，ですから，警察は厳しく対処しているのです，その点どう思いますか，と言われ，なるほど，軽く処罰することはよくないと思い，飲酒運転して事故を起こした他の人と同じ程度の処罰にすべきだと思うに至りました。」などである。

## 著者紹介

富松　茂大（とみまつ　しげひろ）

　　昭和31年11月23日　　大分県国東市に生まれる。
　　昭和50年3月　　　　大分県立国東高等学校卒業
　　昭和56年3月　　　　東京大学法学部卒業
　　昭和59年4月　　　　東京地検検事
　　平成7年4月　　　　 大分地検三席検事
　　平成9年4月　　　　 法務総合研究所研修一部教官
　　平成16年4月　　　　広島地検刑事部長
　　平成18年4月　　　　東京地検刑事部副部長
　　平成19年4月　　　　横浜地検交通部長
　　平成21年4月　　　　札幌高検総務部長
　　平成23年5月　　　　東京高検公判部検事
　　平成24年4月　　　　さいたま地検熊谷支部長
　　平成25年4月　　　　千葉地検松戸支部長
　　平成27年4月　　　　静岡地検浜松支部長
　　平成28年7月　　　　名古屋高検金沢支部長
　　平成30年1月　　　　最高検検事
　　平成30年3月　　　　退官
　　平成30年4月　　　　弁護士

## 著書紹介

　新　自動車事故供述調書記載要領〔実況見分調書現場見取図付〕
　　（立花書房，2010）
　自動車事故の過失認定
　　（立花書房，2015）

★本書の無断複製(コピー)は,著作権法上での例外を除き,禁じられています。また,代行業者等に依頼してスキャンやデジタル化を行うことは,たとえ個人や家庭内の利用を目的とする場合であっても,著作権法違反となります。

### 自動車事故の供述調書作成の実務

平成28年11月25日　第1刷発行
令和2年10月25日　第3刷発行

著者　富松　茂大
発行者　橘　　茂雄
発行所　立花書房
東京都千代田区神田小川町3-28-2
電話　03-3291-1561(代表)
FAX　03-3233-2871
http://tachibanashobo.co.jp

Ⓒ2016　Shigehiro Tomimatsu　　　（印刷・製本）　倉敷印刷
乱丁・落丁の際は本社でお取り替えいたします。

**交通捜査官のバイブル！警察署交通課長必読の書**

立花書房 好評書

# 自動車事故の過失認定

前最高検察庁検事
**富 松 茂 大 著**

## 自動車運転死傷処罰法に完全対応！

過失認定について、
**道路交通法上の義務、
自動車運転上の注意義務**
に応じて体系化

交通判例を多数掲載。
**類似事例の判例の検索に最適**

元横浜地検交通部長の**現役検事**が、
交通事故の捜査・公判に携わってきた
**「経験」**及び**「過失認定の判断」**に当たり
考えてきた問題意識・見解等を整理し、
過失認定について、**「道路交通法上の義務」**・
**「自動車運転上の注意義務」**に応じて
実例を中心に解説した一冊。
**実務参考判例を多数掲載**し、
捜査上の留意事項等にも言及した、
交通警察官・検察官の
実務的な考え方の方向性を示す必携書。

自動車事故の過失認定

富松 茂大 著

立花書房

A5判・並製・672頁
定価（本体2800円＋税）（送料：300円）